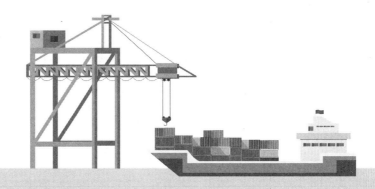

港口装卸
工艺与组织

朱玉华 主 编
张华歆 周 勇 副主编

上海交通大学出版社
SHANGHAI JIAO TONG UNIVERSITY PRESS

内容提要

本书作为交通运输(水路运输)专业的核心课程教材,注重将港口生产的基本业务与港口生产组织管理相结合,重点介绍从事港口装卸工艺和港口生产组织工作所需掌握的基础知识,主要内容包括港口装卸工艺与组织概述、件杂货装卸工艺与组织、集装箱装卸工艺与组织、干散货装卸工艺与组织、散粮装卸工艺与组织、液体散货装卸工艺与组织、滚装货装卸工艺与组织、重大件货装卸工艺与组织、港口生产计划与调度以及港口装卸工艺设计等。

本书既可作为水运类院校交通运输相关专业和职业培训的教材和参考书,也可以供从事港口航运方面工作的业务人员学习参考。

图书在版编目(CIP)数据

港口装卸工艺与组织 / 朱玉华主编. —上海：上
海交通大学出版社,2024.1
ISBN 978 - 7 - 313 - 29625 - 2

Ⅰ.①港… Ⅱ.①朱… Ⅲ.①港口装卸－装卸工艺
Ⅳ.①U691

中国国家版本馆 CIP 数据核字(2023)第 202307 号

港口装卸工艺与组织
GANGKOU ZHUANGXIE GONGYI YU ZUZHI

主　　编：朱玉华	
出版发行：上海交通大学出版社	地　　址：上海市番禺路 951 号
邮政编码：200030	电　　话：021 - 64071208
印　　制：苏州市越洋印刷有限公司	经　　销：全国新华书店
开　　本：787 mm×1092 mm　1/16	印　　张：33
字　　数：700 千字	
版　　次：2024 年 1 月第 1 版	印　　次：2024 年 1 月第 1 次印刷
书　　号：ISBN 978 - 7 - 313 - 29625 - 2	
定　　价：90.00 元	

前言 | Foreword

近年来我国港口业取得了举世瞩目的成就,我国港口吞吐量规模已持续多年稳居世界第一。港口是基础性、枢纽性设施,是经济发展的重要支撑,习近平总书记曾多次亲临港口视察,深刻指出"经济要发展,国家要强大,交通特别是海运首先要强起来。要志在万里,努力打造世界一流的智慧港口、绿色港口",并强调"要把港口建设好、管理好、运营好,以一流的设施、一流的技术、一流的管理、一流的服务""努力打造世界一流强港,为国家发展作出更大贡献"。当前,我国正在加快建设交通强国、推进世界一流港口建设,港口正朝着安全便捷、智慧绿色、经济高效、支撑有力、世界先进的世界一流港口的方向发展,港口的发展正是建设交通强国、当好中国式现代化开路先锋的重要内容。

随着我国一流港口建设和新工科教学新理念的发展,港口装卸工艺较以往有了日新月异的变化,智慧、绿色、安全、高效、经济等成为各港口发展的主要目标。同时,随着教学手段的改变,智慧教室、云课堂、翻转课堂等新的教学方法也在不断进入现代大学教育教学中。《港口装卸工艺与组织》是交通运输专业(水运管理方向)的核心课程教材,上海海事大学从 20 世纪建立水运管理系以来,该课程在学校已拥有半个多世纪的教学历史,一代又一代的专业教师为这门课程的发展倾注了大量的心血,为交通运输专业的发展作出了重要贡献。进入 21 世纪以来,本版教材是在宗蓓华教授、真虹教授主编的《港口装卸工艺学》(2003 年第一版)、真虹教授主编的《港口装卸工艺学》(2015 年第二版)的基础上进一步充实完善的,上海海事大学施欣教授对新版教材的结构调整和内容改进做了重要的指导。本版教材与以往教材相比,在以下几方面做一些改进:

(1) 更适合阅读的教材。本版教材在内容结构编排上做了一些改进,每章节包括教学目标、导入案例、引言、知识卡片、思考题、本章小结、本章关键词和本章习题等内容。教学目标明确了学生学习的知识目标、能力目标和素质目标,也更符合当前课程思政的教学要求;精心准备的导入案例,会引发学生的思考,提升兴趣;知识卡片拓宽了学生的视野;思考题,引导学生对行业变革和发展的思考;本章小结、本章关键词和本章习题,有利于学生复习和巩固已学的知识。

（2）内容更新的教材。随着数字化、自动化和绿色环保技术的发展，给码头的装卸工艺和布置带来了新的变化，港口装卸设施设备和管理技术与原有的教材内容有了很大的不同。此次教材在编写的时候，每位教师都重点加入智慧港口和绿色港口建设的内容，包括自动化技术、人工智能设备、绿色环保等内容。上述内容有的体现在案例部分，有的体现在章节内容中，虽然很难做到系统全面，但是也基本能体现每个货种装卸工艺的智能化、绿色化发展的趋势和思路。

（3）注重微观管理与技术的教材。本版教材增加了"计划和调度"等装卸组织的内容，这些内容在原有港口业务管理体系中是属于微观的管理与技术的，因此整本教材除了介绍各货种装卸工艺以外，还适当介绍了一些计划、调度和人员组织的内容，这和原先的教材体系是不同的。

（4）实现融媒体的教材。现在的教材我们称之为"1＋6"，即"1 本教材＋6 种资源"，除了编写这本教材以外，课程建设中还重点建设了包括视频案例、微课、教案、课件、习题、教学大纲 6 种资源，实现了纸质教材与数字资源的深度融合。

（5）装卸货种与时俱进的教材。随着我国"一带一路"倡议的提出和交通强国建设的发展，我国与"一带一路"沿线国家和地区的工程设备及车辆运输量越来越多，重大件运输和滚装运输越来越重要，与原有教材相比，我们重点增加了滚装货运输这部分的工艺及案例等。

本教材一共十章，具体编写分工如下：上海海事大学朱玉华、张华歆、周勇作为主要的编写人员，负责整本教材的编写框架的确定以及各章质量审核与全书统稿。上海海事大学郁斟兰、朱玉华负责编写第一章；上海海事大学朱玉华负责编写第二章、第三章、第十章；上海海事大学周勇负责编写第四章；上海海事大学张华歆负责编写第五章；上海海事大学蒋晓丹负责编写第六章；上海海事大学王立坤、张旖负责编写第七章；上海海事大学李文娟负责编写第八章；上海海事大学郁斟兰负责编写第九章。

在本次教材编写的过程中，还得到了诸多同行和业内专家的帮助，在此表示特别的感谢，他们是中交第三航务工程勘察设计院有限公司的史济辰、何继红，中交第一航务工程勘察设计院有限公司的肖志建，上海国际港务（集团）股份有限公司生产业务部的高超，上海国际港务（集团）股份有限公司罗泾分公司的田俊、马顺龙，上海国际港务（集团）股份有限公司张华浜分公司的黄超帅，上海海通国际汽车码头有限公司的程云波，上海浦东国际集装箱码头有限公司的董海俊，上海国际港务集团尚东集装箱码头分公司的杨力伟，中化泉州石化有限公司的张怀国，招商港口（华南）散杂货营运中心的黄炳煌，上海洋山申港国际石油储运有限公司的张鹤东等。另外，还要特别感谢上海国际港务（集团）股份有限公司宜东集装箱码头分公司原总经理倪志平、上海海事大学郑士源教授、上海海事大学郑剑副教授，他们作为本版教材的主要审稿专家为本书的顺利出版提出了十分宝贵的意见。

在本版《港口装卸工艺与组织》教材的出版过程中，上海交通大学出版社陈琳老师等付出了大量辛勤劳动，在此也深表谢意。

由于时间仓促，在教材的内容上还是留下不少的遗憾，编写组希望在教材的使用中继续听取读者的意见，并在今后教材的再版中继续完善。对于教材中的不当及疏漏之处，敬请广大读者批评指正。

编　者

2023 年 4 月于上海

目录 | Contents

第一章
港口装卸工艺与组织概述

 教学目标

知识目标

(1) 能够了解我国港口发展现状。

(2) 能够掌握港口装卸工艺概念及作用。

(3) 能够掌握港口生产活动的特点。

(4) 能够掌握影响港口装卸工艺的主要因素。

(5) 能够了解港口换装作业特点。

能力目标

(1) 根据我国港口发展现状能够描绘我国各货种码头的主要布局。

(2) 根据港口生产活动的特点分析港口内外环境的改变对港口的影响。

(3) 能够根据港口装卸工艺特点分析港口机械组成情况。

(4) 结合港口装卸工艺的性质和作用探讨港口装卸工艺的未来发展方向。

素质目标

(1) 了解现代港口装卸工艺的特征,培养为我国建设世界一流港口作贡献的精神。

(2) 了解智慧港口、绿色港口的发展趋势,培养与时俱进、勇于创新的奋斗精神。

导入案例

港口装卸工艺的发展变迁

港口装卸工艺是水运工艺的重要组成部分,是整个运输系统的一个不可分割的环节,重大的装卸工艺的技术改造,必须和货物、运输工具等的改革结合起来进行。港口装卸服务的对象是货物,因此影响装卸工艺现代化最大的因素是运输劳动的对象——货物。合理地改变货物的运输状态和扩大货物的单元是实现装卸工艺现代化、提高劳动生产率的重要途径。

　　为了适应时代的发展,提高港口的装卸效率,水运工艺发生了三次革命。在改变货物的运输状态方面,19世纪,石油运输从桶装改为散装以后,发展出用油船、泵、管道、油罐来输送、装卸和储存的新工艺,劳动生产率由此而大大提高,这是水运工艺发生的第一次革命,这次重大的工艺变化孕育了现代超级油船的诞生;第二次水运工艺革命发生在第一次世界大战将结束时,谷物由袋装改为散装以后,发展出采用连续性的输送装置和机械化粮食筒仓来装卸和储存,并为大型散粮运输船舶的发展提供了条件,件杂货改为散装运输以后,劳动生产率得到大大提高,一般估计,散货的运输和装卸劳动生产率为件杂货的10~20倍。此外,在节约包装费用、降低运输费用等方面均有良好的效果。这两次革命的相同点都是改变货物的运输状态从而大大提高了装卸效率。

　　除了改变运输状态之外,从劳动对象着眼以提高劳动生产率的另一个重要途径是货物单元的扩大。由于货物单元的扩大,人工堆码货组的作业次数大大减少,作业过程中装卸搬运机械一次转运的货物质量显著增加,从而促进了劳动生产率的提高和船舶装卸时间的缩短。

　　扩大货物单元的第一步是各种形式(货板、网络、绳索等)的成组运输,货物单元为1~3t。在外贸运输方面,成组的材料作为商品包装的一个组成部分使用。例如,进口的橡胶、袋装的化学原料、铝锭等均可采用托盘包装和钢带捆扎。我国出口的铸铁管、锌锭、水果、蔬菜等采用托盘运输后,不仅改善了装卸劳动强度,而且改进了货物包装质量,扩大了销路,增加了外汇收入。扩大货物单元促进了劳动生产率的提高和船舶装卸时间的缩短。

　　扩大货物单元的进一步发展是集装箱运输,由此引发了水运工艺的第三次革命。集装箱运输经过了40多年的发展历程,但真正高速发展则是近20年的事。目前,集装箱运输几乎要替代传统的件杂货运输,集装箱运输的发展使传统的件杂货运输进一步萎缩。集装箱运输提高了码头的生产效率,平均装卸效率为一般件杂货码头的10多倍。寻求货物单元扩大的努力并没有到此为止,人们还在继续寻求货物单元扩大化的方法。在某种程度上讲,载驳船和分节驳也是由不断寻求货物单元扩大化而产生的。

思考题:

(1) 目前港口装卸工艺经历了哪几次变迁?

(2) 你觉得未来港口装卸工艺发展的方向是什么?

(3) 你认为怎样的新思路和新技术能更好地推动港口高质量发展?

引　言

　　改革开放以来,我国港口实现了跨越式发展。目前,我国正在实现由港口大国向港口强国的转变,而港口强国的发展离不开合理先进的现代港口装卸工艺。港口装卸的货物主要有件杂货、集装箱货、干散货、散粮、液体散货和滚装货物等。港口装卸工艺是按照一定的劳动组织形式、运用装卸机械及其配套工具(或称机械化系统)等物质手段,遵照规定的技术标准和规范,完成货物在不同运输方式之间的换装作业过程。从狭义的观点看,港口作业技术标准是港口装卸工艺内容的具体体现;从广义的观点看,以港口装卸机械系统为主体,由泊位、库场、人员及集疏运系统所构成的港口通过能力,构成了全港的综合工艺过程。

第一节 概 述

一、港口及其作用

港口是指具有船舶进出、停泊、靠泊、旅客上下、货物装卸、驳运、储存等功能,具有相应的码头设施,由一定范围的水域和陆域组成的区域(《中华人民共和国港口法》)。港口可以由一个或者多个港区组成。上海洋山港码头如图 1-1 所示。

图 1-1 上海洋山港码头

港口具备装卸、储存、中转换装、临港开发、现代物流、综合服务、通信信息等功能,有些港口还具有自由贸易、现代航运服务、旅游客运功能。

港口的转运功能是通过港口设置的过驳锚地、码头及其陆上设置的装卸设备、库场以及交通运输系统实现的。此外,为维持港口业务的正常进行,港口应配备相应的辅助设施,包括供水、供电、通信、导航、海关、检验检疫、出入境管理、金融、贸易以及保险机构等。作为一个多功能的现代化国际港口,应考虑临港工业、物流仓储区、保税区、信息处理和生活供应等条件。对于有旅游功能的港口,要有必要的海岸、陆域以及供邮轮、游览观光船或游艇停泊的水域,满足旅游业的需要。

由于港口功能的特殊性,港口往往设有一定的管辖范围,即所谓"港界"。港界是港口范围的边界线,包括必要的水域和陆域。我国在审定港口总体规划的基础上,由行业主管部门和地方政府共同确定港界的具体范围。港界可根据地理环境、航道情况、港口设施以及港内工矿企业的需要规定。一般将海岛、山角、河岸突出部分,或者岸上著名建筑物,或者设置灯标、灯桩、浮筒等,作为规定港界的标志,也有按经纬度划分的,港界以内由港口管理部门统一进行管理。

从现代港口的发展来看,港口的作用主要体现在以下几个方面。

1. 港口是水运和陆运的交接点

港口既是水路运输的终端,也是陆路运输的终端。在港口,货物在船舶与车辆(或其他船舶)之间进行换装。由于码头营运活动包括货物装卸、分拣、储存,甚至交易,这些活动要求港口具有足够的活动空间。货物运输在港口所发生的费用,在总的运输费用中占有相当大的比重(具体比重根据运输距离而有所不同)。因此,高效率的港口货物装卸能力可以降低物流的成本,由此降低商品的价格,使消费者获利,也使出口商品的定价更具有竞争力。因此,港口作为水运和陆运的交接点,如果能充分发挥其应有的功能,可以为该国家(地区)的人民带来经济利益。

2. 港口是工业活动基地

城市为了获得大规模的经济增长,必须发展工业,特别是高新技术产业。发展工业,使之吸收更多的劳动力、产生更高的附加值,以获得稳定的经济增长。港口本身是从事工业的重要场所。工业,尤其是对运输有较大依赖的制造业,离不开高效率的港口。港口设施和工业用地的布局可以有机地结合起来,以便尽量提高运输、储存和加工的效率。临港工业生产所需要的原材料通过船舶运输可直接运抵企业,而无须中转。原材料经过加工,产品可再通过码头出口。因此,在中国以及其他许多国家都纷纷在临港地区建立起各种类型的工业园区、物流园区、保税区(见图1-2)等,以充分发挥港口在引导地区经济发展中至关重要的作用。

3. 港口是城市发展的增长点

如果工业在港区得到发展、经济活动在以港口为中心的地区得到加强,越来越多的人汇聚在那里,就形成了城区。如果这个城区的消费增加,那里的生产活动增加,港口的货物吞吐量也将会随之增长。这就是港口和城市相辅相成、共同发展的规律。港口城市往往比内陆城市具有更强的经济发展动力,很大程度上得益于港口这一便利的口岸作用,实现贸易的流通,促进地区经济的发展。

4. 港口是物流服务供应链的重要环节

港口作为物流服务供应链上的节点,具有货物集聚点、要素结合点和信息中心的作用,使之在物流服务供应链中发挥重要的作用,形成以港口为核心的港口服务供应链。港

图 1 - 2　港口的保税区仓库

口服务供应链是指以港口为核心的各类物流服务供应商(包括内陆运输、货运代理、船公司、装卸、海关、检验检疫、仓储、航运金融服务等组织),通过接受发货人和收货人的需求,以系统集成化和协同化为指导思想,以信息技术为手段,将物流服务流程与客户生产流程之间形成无缝连接的网链结构,它是在生产供应链各节点客户之间的一条服务供应链。

5.港口具有促进社会经济发展的效应

港口以其各种功能影响地区乃至国家的经济发展。港口发展的效应以各种互相依赖的形式出现,包括降低货物运输的成本、增加就业机会、增加居民收入、提高生活水平、促进地区和国家繁荣等。例如,港口开发可以吸引工业、创造就业机会,从而推动区域性社会经济发展。

知识卡片

我国港口的主要布局规划

中华人民共和国成立初期,我国多数港口还处于原始状态,货物装卸主要靠人抬肩扛,效率低下,经历了半个多世纪的发展,我国港口实现了跨越式发展,截至 2021 年末,全球前二十大货物吞吐量的港口中,我国占 15 个,全球前十大集装箱港口中,我国占 7 个。我国港口的发展创造了世界奇迹,为促进我国经济社会发展发挥了巨大作用。

2006 年《全国沿海港口布局规划》对我国沿海 150 多个港口(含长江南京及以下港口)布局、功能定位和发展方向做出了明确的划分和要求。根据规划,我国形成了环渤海、长江三角洲、东南沿海、珠江三角洲、西南沿海 5 个规模化、集约化、现代化的港口群体,强化了群体内综合性大型港口的主体作用,并在主要货类的运输上,形成了煤炭运输、石油运输、铁矿石运输、集装箱运输、粮食运输、商品汽车运输及物流、陆岛滚装运输、旅客运输

八大系统。总体上,我国港口布局进一步优化,功能结构不断完善,码头泊位大型化、专业化程度大幅提升。目前,我国初步建成了布局合理、层次分明、功能齐全、河海兼顾、优势互补、现代化程度比较高的港口体系,供给和服务水平得到大幅提升。

习近平总书记曾深刻指出:"经济强国必定是海洋强国、航运强国。"2019年11月6日,交通运输部、发展改革委及财政部等国家九部委联合发布《关于建设世界一流港口的指导意见》,加快了我国世界一流港口的建设工作,指出到2025年,我国世界一流港口建设将取得重要进展,主要港口绿色、智慧、安全发展实现重大突破,地区性重要港口和一般港口专业化、规模化水平明显提升;到2035年,全国港口发展水平整体跃升,主要港口总体达到世界一流水平,若干个枢纽港口建成世界一流港口,引领全球港口绿色发展、智慧发展;到2050年,全面建成世界一流港口,形成若干个世界级港口群,发展水平位居世界前列。因此,我国港口建设方兴未艾,正朝着港口大国向港口强国的转变。

二、港口装卸工艺的概念

所谓工艺,是指社会生产中改变劳动对象所采取的方法,比如在制造业中,生产工艺是指产品的加工方法。在港口企业中,港口装卸工艺是指在港口实现货物从一种运载工具(或库场)转移到另一种运载工具(或库场)的空间位移的方法和程序。具体来说,港口装卸工艺是港口按照一定的劳动组织形式、运用装卸机械及其配套工具(或称机械化系统)等物质手段,遵照规定的技术标准和规范,完成货物在不同运输方式之间的换装作业过程。对港口来说,装卸工艺即是港口的生产方法,装卸工艺现代化是港口现代化的关键,是提高劳动生产率和扩大再生产的主要手段。因此,港口装卸工艺目标往往是港口通过挖潜、革新、改进装卸工艺,使通过港口的物流更经济、更合理,从而达到安全、绿色、高效、经济地完成装卸任务的目的。图1-3所示是货轮停靠在山东港口日照港集装箱码头进行装卸作业。

图1-3　货轮停靠在山东港口日照港集装箱码头进行装卸作业

(一) 港口装卸工艺的内涵

1. 港口装卸工艺系统

港口装卸工艺系统是港口装卸工艺流程中的技术装备、技术条件、标准和规程的总和。例如,按货物流向可以分为出口装船工艺系统、进口卸船工艺系统等。装卸工艺系统设计和管理,不仅要使工艺系统内部各环节的能力和配备的机械效率达到协调,而且,还需要考虑整个运输系统的平衡。例如,泊位是连接船、车运输的,但在船、车连接的运输系统中,就不能单独追求泊位利用率,而应从整个系统出发,来统一安排和组织人力、财力、设备、物资等,以达到港口生产总的效益最优。从系统的观点来安排装卸工艺,可以提高港口的装卸船效率,也可减少车船在港停留时间,提高整体的经济和社会效益。

2. 港口装卸作业的组织

港口装卸作业的组织就是有效地把人、机(设备)、物(货物)等因素有机地协调起来,充分发挥作用,保证装卸任务顺利完成的组织工作。港口装卸工艺管理是在港口装卸生产活动中,按工艺方案拟定的目标所进行的管理。港口装卸作业的组织管理工作一般分三个阶段:一是根据作业计划,准备机具设施和进行人力安排;二是作业阶段的组织、指挥、协调及生产过程控制工作;三是进行现场整理以及各项指标的统计和分析等。

港口装卸的生产组织离不开港口装卸作业线,港口装卸作业线是港口按一定的港口装卸工艺,将劳动力和港口装卸机具组合起来完成一定的装卸操作过程的路线。港口能够同时安排的装卸作业线的数量在一定程度上反映着港口的装卸能力,故要充分发挥每条装卸作业线的能力,使人、机、设备都能发挥最大作用。在港口生产活动中,其一要防止装卸作业线数量不足影响泊位通过能力的利用,延长车、船在港作业时间;其二要防止单纯追求装卸作业线数量,以致使每条作业线的人、机、设备配备不足,降低装卸的效率。

3. 港口装卸作业机械化系统

港口装卸工艺的实现需要依靠港口装卸机械化系统。港口装卸作业机械化系统是组成港口装卸工艺过程的各种港口装卸机械及辅助设备的综合体系。港口装卸作业机械化系统主要包括起重机系统和输送机系统等,例如某煤码头装船作业线:火车→螺旋卸车机→带式输送机→堆取料机→带式输送机→装船机→船,该装船作业过程中各种起重机械和输送机械的组合,构成了整个装船工艺的机械化系统。港口装卸作业过程中,组成机械化系统的各种装卸机械和辅助设备要相互适应,并且各环节应与整体匹配。

装卸作业机械化是指货物从进港到出港的整个装卸过程中,操作工序全部或大部分用机械作业,而人力劳动只是用来操纵机械及辅助作业的装卸作业方式。当货物从进港到出港整个装卸过程的全部装卸工序都已实现机械化作业,而人力劳动只是用来操纵机械及进行辅助作业的,称为港口装卸作业完全机械化;当整个装卸过程的部分或主要工序实现了机械化,而其他工序仍由人力操作,称为港口装卸作业半机械化。港口装卸作业机械化程度是反映港口装卸工作现代化程度的一个重要指标。港口无人驾驶卡车车队如图1-4所示。

图 1-4 港口无人驾驶卡车车队

目前,自动化装卸成为港口装卸作业机械化系统的发展方向,装卸作业自动化是指整个装卸作业线上不用人工直接操作,而利用现代技术实现自动运行、调节和监控的生产方式。在此种方式下,货物在港的整个生产过程在控制室监视操作下完成。装卸作业自动化是我国目前大型专业化码头的发展方向。而如果作业过程仅部分工序实现了自动化,其余的装卸工序还是由人工完成的,则称为装卸作业半自动化。装卸作业自动化(见图1-5)进一步提高了装卸工人的劳动生产率,并将工人从繁重的体力劳动中解放了出来。

图 1-5 青岛港全自动化码头,一艘货轮在装卸货物

4. 港口装卸工艺学

港口装卸工艺学是研究货物在港口装卸搬运的方法、过程和规律的科学。它以经济学和工业工程学的理论为基础,分析、总结并概括港口装卸工艺的流程、方法和规律,达到港口生产经济、安全、优质、高效、环保的要求。装卸工艺是港口生产的基础,属于工业工程的范畴,工业工程学是从科学管理的基础上发展起来的,它是将人、设备、物料、信息和环境等生产系统要素进行优化配置,对工业等生产过程进行系统规划与设计、评价与创新,从而提高工业生产率和社会经济效益专门化的综合技术。

(二) 港口换装作业及其构成

换装作业是港口最主要的生产作业形式,它是由一个或者一个以上的操作过程组成的,而一个操作过程又可以划分为若干个作业工序。

1. 换装作业

换装作业(见图1-6)是指货物从进港到离港在港口所进行的全部作业的综合,这个过程有的经过一个操作过程就可以完成,有的则需要两个或两个以上操作过程才能完成。港口换装作业一般有两种基本形式,即直接换装形式和间接换装形式。

图1-6　港口换装作业

直接换装形式,也叫直取作业,是指货物从一种运输工具换装到另一种运输工具上,不经过库场堆存保管,直接换装的形式只有一个操作过程,例如船→车、船→驳(船)等,货物由船上卸下直接装上车辆(或船舶),不再进入库场。采用直取作业,可以减少操作次数,简化作业环节,减少货物换装所耗费的人力和物力,缩短货物在港滞留时间,并且可以减少占用码头的陆域面积。从这些方面看,理应减少入库场货物的数量,增加直取作业比重。但是,采用直取作业时,由于运载工具到港密度和时间不平衡,车船作业不能很好地衔接,往往造成车船在港停留时间延长。此外,受码头前沿场地的限制,即使车船作业能够衔接,装卸效率往往也难以提高。

间接换装形式,也叫间接作业,是指货物从一种运输工具换装到另一种运输工具上的过程中,需要经过库场堆存保管等中间环节,间接换装形式至少有两个操作过程,例如船→库场→车,货物先从船上卸入库场,经过短期堆存后再由库场装上车辆出港,整个换装作业包含了两个操作过程。间接换装形式的优点:不受不同的承载运输工具的衔接因素影响,可以更高效地进行货物运输工具的换装。由于有库场作为换装作业的缓冲,可以弥补各装卸作业环节生产的不平衡。间接换装形式的缺点:货物在港口的换装作业是由两个或两个以上的操作过程组成的,作业环节较多,所用机械设备和人力投入多,对库场需求量大,装卸成本高。因此,究竟采用间接换装形式还是直接换装形式,需要根据具体情况确定。在不影响整船装卸效率的情况下,应尽可能采用直接换装形式,以降低生产成本及生产对机械和人力的需求。但从目前的趋势看,由于船、车、货到港离港的不平衡,以及船舶的大型化、码头的专业化、经营的市场化等特点,为了保持港口装卸作业的高效和连续,港口的装卸作业多以间接换装形式进行,以减少车船在港等待时间,提高作业效率。

2. 操作过程

操作过程是根据一定的装卸工艺,货物在车、船、库场之间完成一次完整位移所进行的装卸搬运作业过程。除船舶、车辆和库场之间的装卸搬运作业外,货物在港口堆存期间,根据需要也可能进行库场之间的搬运,这一类作业也为一个单独的操作过程。而同一库场内的倒垛、转堆属于库场整理性质,与翻舱,散货的拆、倒、灌、绞包,摊晒货物等同属于装卸辅助作业,均不计为操作过程。

因此,港口内货物操作过程可归结为以下几种:

(1) 船↔船(卸船装另一艘船)。

(2) 船↔车、驳(卸船装车或装驳、卸车或卸驳装船)。

(3) 船↔库、场(卸船入库或场、出库或场装船)。

(4) 车、驳↔库、场(卸车或卸驳入库或场、出库或场装车或装驳)。

(5) 车、驳↔车、驳(卸车或卸驳装另一辆车或另一艘驳)。

(6) 库、场↔库、场(库或场之间的捣载搬运)。

3. 作业工序

港口为了做好各环节之间的衔接与配合,实现装卸作业机械化和合理的劳动组织,将操作过程划分为若干个作业工序(又称操作工序)。作业工序一般是指一定数量的码头工人(机械司机)在一个工作地段完成货物局部位移的作业过程。作业工序是操作过程的基本单元,是港口装卸作业的基本生产环节。

港口操作过程中的作业工序,主要是依据货物所处的地点(或位置)是否发生变更或转移运输工具来划分的,是形成装卸工艺流程的基础。通常,港口的操作过程划分为以下几个作业工序。

（1）舱内作业工序。其是指货物装船和卸船时，在船舱内进行的货物装卸及辅助作业，主要内容包括在舱内的摘挂钩、拆码货组、拆码垛及平舱、清舱等作业。舱内作业工序一般由人力来完成，随着机械化程度的提高，舱内作业工序部分逐渐由机械来完成。这一作业环节是整条作业线中劳动强度最大、作业最困难，且最易形成"瓶颈"的工序。因此，在组织船舶装卸作业时，应尽量使用工属具、装卸机械代替人工劳动，以提高作业线的效率。

（2）起落舱作业工序。其是指货物在装船和卸船时，货物从船舱到岸、岸到船舱、船舱到车辆、车辆到船舱以及船舱到船舱的起舱或落舱作业，主要内容是起重机的吊装作业，包括起舱和落舱的摘挂钩等。一般情况下，起落舱作业工序由机械来完成，但有时也需要人力辅助来完成。

（3）水平搬运作业工序。其是指货物在码头前沿、库场、车辆之间水平搬运作业。它是连接码头、库场与车辆之间的中间作业工序，在组织船舶装卸作业时，应与起落舱作业工序相互协调，主要内容包括搬运机械的运输搬运和装卸，摘挂钩或人力的肩挑、抬运等。搬运作业分水平作业和上下坡作业。

（4）车内作业工序。其是指货物在装车和卸车时，在铁路车辆和汽车车厢内进行的货物装卸及辅助作业，主要内容包括装卸车时货物的上下搬动、摘挂钩、拆做货组、车内的堆拆码垛作业等。

（5）库场内作业工序。其是指在仓库、货棚或露天货场进行的货物装卸、搬运、堆垛、捣垛等作业及辅助作业，主要内容包括堆拆码垛、摘挂钩、供喂料、拆做货组等作业。对于高层仓库还包括上下楼作业等。

三、港口装卸工艺工作的内容

港口装卸工艺工作内容主要包括两个方面，即新建或扩建港口时进行的港口装卸工艺设计工作和已建港口的港口装卸工艺的日常工作。

（一）港口装卸工艺的设计工作

港口装卸工艺设计是港口规划发展中的主要决策内容之一。其首先是根据港口的任务、货源、地理位置、气候条件及其他相应的交通条件等进行港口装卸工艺方案的技术经济论证。在设计装卸工艺方案时，必须根据货物的种类、流向、流量、包装、理化性质等因素，以及车型、船型、码头形式、港口的自然条件、运输组织等方面的具体情况，拟订一系列可供比较的、有价值的方案，并经过详尽的分析和比较，选择其中一个较为合理而且可行的装卸工艺方案，作为建港和配备港口装卸机械设备的依据。一个好的工艺方案必须具备可靠性、实用性、经济性和先进性。

综上，港口装卸工艺设计工作主要涉及以下几方面的内容：

（1）港口原始资料的收集及分析。

（2）港口工艺方案设计的任务及港口规模等有关参数的确定。

（3）装卸机械设备类型的选择和吊货工属具的确定。

（4）货物在运输工具和库场上的合理配置和堆码。

（5）工艺流程的合理化。

（6）对各种方案进行技术经济论证。

（7）工艺规程的制定。

（二）港口装卸工艺的日常工作

港口装卸工艺的日常工作是港口以现有的工艺系统与装卸设备为基础，通过挖潜、技术创新和有效的组织，合理运用现有的人力、物力，以达到安全、经济、高效、绿色环保等来完成港口装卸任务的目的。

综上，港口装卸工艺的日常工作主要包括如下内容。

（1）工属具的改进和创新，包括对现有装卸工属具进行研究、分析、设计、试验和定型等工作，目的是充分利用装卸工具的生产能力。

（2）装卸工艺流程的再设计。港口装卸的基本工艺流程往往在设计时已经确定，但在实际使用中会发现工艺流程在许多情况下是可以进一步优化和完善的。另外，港口在装卸中会不断遇到新的货种，还要不断地为新的货种制订新的装卸工艺方案，以适应货物装卸的需要。

（3）作业线改进。港口生产组织人员必须深入现场，密切与装卸工组的联系，通过对同一装卸线在不同条件下（如不同工组、各环节不同的配合方式等）的效果进行分析与比较，总结先进经验，找出存在的问题，并组织先进经验的推广，提出改进建议。因此，港口生产组织人员不但要熟悉装卸工艺，而且还要有丰富的生产经验，敏锐的观察能力、分析与总结能力。

（4）装卸作业技术标准的制订与修改。装卸作业技术标准，有的港口叫"装卸工艺规程"或"工艺卡"。这是按不同货类与操作过程制订计划和生产调度部门组织生产的依据，制订与修改装卸作业技术标准应该是港口装卸工艺工作人员的经常性工作。

（5）工程心理学研究。运用工程心理学的观点研究工作环境对工人体力及心理的影响，并研究对策，以达到减少疲劳、提高工作效率的目的。有的港口就曾经研究过机械外表色泽对人的影响，选择使人感到舒适的颜色，提高了机械司机工作效率，这也是装卸工艺工作中较新的一个领域。

除此之外，港口装卸工艺的日常管理工作还包括货物在运输工具与库场内的堆码方式、各种辅助作业的完成方法等。

四、装卸工艺在港口生产活动中的作用

港口主要任务是进行货物在不同运输工具（其中至少有一种是水运工具）之间的换装，在装卸过程中并没有材料的消耗，只有机械的磨损及燃料的消耗。因此，装卸成本主

要取决于机械的折旧修理费、燃料费、机械驾驶员及装卸工人的工资等。所以,降低装卸成本就是要降低上述几种费用,这要通过合理使用装卸机械及装卸工艺来达到。另外,保证装卸过程中的安全、质量、环保也必须寻找合理的装卸工艺。其他如装卸效率的高低、劳动强度的大小等也与装卸工艺有密切关系。因此可以说,制订港口装卸工艺工作计划在港口技术管理工作中是十分重要的工作,是港口生产的基础。

港口装卸工艺在港口生产管理中具有重要的作用,概括起来有以下几个方面。

(1) 港口装卸工艺是港口生产的基础。港口装卸工艺是通过装卸作业线具体实现的,而作业线实际上就是装卸工艺线。

(2) 港口装卸工艺是劳动管理的重要内容。港口装卸作业方式的选择直接影响作业的时间、定额以及奖惩制度。科学管理的鼻祖泰勒所研究的动作与时间的关系实际上就属于工艺研究的范畴。

(3) 港口装卸工艺现代化是港口技术进步的标志。长期以来,有一种倾向,就是重视码头建设,轻视设备和人员管理,影响了码头应有能力的发挥。

(4) 港口装卸工艺直接影响港口的生产绩效。港口装卸工艺选择是否合理,直接影响港口的生产绩效。合理的装卸工艺选择并不是主张设备采用得越先进越好,而是要根据港口的生产情况和货种货流情况进行合理选择。例如,在一些小型码头上,如果采用大型设备显然是一种浪费。

五、现代港口装卸工艺的特征

现代港口装卸工艺的基本原则就是从系统的角度处理港口内外的关系,以求其合理化。因此,现代港口装卸工艺大体具有如下特征。

(1) 与运输生产的专业化、运输工具和货物单元的大型化相适应。港口装卸工艺在专业化基础上向大型化、高效化、自动化、智能化、环保化等方向发展,为便于装卸机械设备的适用和充分发挥其效能,仓库的类型和结构也发生了相应的变化,出现了各种类型的机械化储货仓库等。

(2) 设计与制造多种多样的吊货工属具,特别是自动化工属具,以提高装卸机械的生产率,特别是满足多用途码头和件杂货码头的生产能力的提高。

(3) 从单个环节的作业机械化发展到整个工艺流程的综合机械化和自动化,从主要作业的机械化、自动化发展到辅助作业的机械化、自动化,实现了工艺流程的自动化控制,并发展到集成化的码头管理信息化。

(4) 从港口内部工艺流程各环节的平衡,发展到强调集疏运能力与港口通过能力相协调,港口生产过程与运输过程紧密结合。

(5) 港口建设与临港工业基地建设相结合,实现港口工艺流程与临港工业企业的生产过程之间的无缝连接,以减少物流的流转费用。

(6) 重视港口生产对社会和生态的影响,以消除污染,保护环境。

第二节　港口生产活动的特点

港口装卸系统是在港口使用的装卸搬运机械系统,是遵循一定的操作工艺,以货物装卸、搬运、储存为主要内容的生产系统。因此,为了组织好港口的生产活动,必须充分认识港口生产的特点。概括起来,港口生产活动的特点主要表现在以下几个方面。

一、产品的特殊性

港口装卸作为交通运输业的一个组成部分,正如马克思所认为的属于物质生产部门,但是其产品有别于一般的工业企业。它并不提供实物形态的产品,而只提供完成货物空间位置的转移,使货物从一种运输工具转移到另一种运输工具上或者在运输工具与库场之间进行转移,这种特殊"产品"在其生产过程中即被消费了。

二、生产的不平衡性

由于港口生产活动受自然、社会、经济以及技术等各种因素的影响,因而在不同时期港口生产任务都有可能发生变化,导致不平衡。除此之外,由于港口一般总是和若干个装卸点联系的,因此即使对某个装卸点来说,某种货物发运是平衡的,而几个装卸点合在一起也会引起港口生产任务的不平衡。也就是说,对于一个港口而言,装载货物的船舶和其他运输工具到港的密度和类型,到港货物的数量、品种和流向等都是随机性的,这种随机性产生于在港口活动的各环节之间的相互独立性,而且各种活动本身受多种因素影响。因此,各种活动的随机性导致了港口装卸企业的生产任务的不平衡性。

港口生产的不平衡性是经常的、绝对的。港口装卸工作中出现的这种不平衡性必然会涉及港口一系列重要问题的决定,如港口设备的数量、装卸工人的编制、港口基本建设的规模等。对不平衡性估计不足、港口缺少必要的储备是造成港口压船、压货,影响社会效益的主要原因之一。然而对港口生产不平衡性影响估计过高又会使港口设备、人力和财力等造成严重浪费,提高装卸成本。港口生产管理者的任务之一就是充分而正确地估计不平衡性,在生产活动中,采取一切有效的措施,减少各种因素对港口生产活动不平衡性所引起的影响,充分利用港口的设备、人力和财力。

港口生产的不平衡性可以用不平衡系数 K_N 来反映:

$$K_N = \frac{最大月吞吐量}{平均月吞吐量}$$

由该式可知,$K_N > 1$。

三、生产活动的多样性和复杂性

港口生产是一种多工种、多环节联合作业生产。港口生产的目的就是满足千家万户的运输需要。因此,经过港口换装、堆存的货物种类、品种、包装、性质多种多样,各不相同,运输这些货物的车辆、船舶等运输工具在种类、构造、尺度等各方面也不尽一致,这就给港口的装卸工艺与生产组织造成了很大的困难。例如,除大宗货物专业化泊位外,港口装卸工艺的规范化和定额的准确性都因此而受到很大影响。又由于港口具有多工种、多环节联合作业、联系面广的特点,因此要完成港口的生产任务,不仅要把企业内部各个环节的生产活动有效地组织起来,而且要把生产活动外部,甚至港口外部与车、船、货作业有关的活动,如引水、燃物料供应、联检、车船接运等很好地衔接起来。显然,环节越多,联系面越广,严密组织活动就越困难。

四、港口生产活动与经济发展的相关性

港口生产活动受地区经济、国家经济,甚至是世界经济的影响与限制较大。由于国民经济各部门的生产数量和产品结构在不断地发展、调整,原料、燃料和产品的供需情况也在不断地变动,外贸市场更是瞬息万变,自然灾害又很难预测,因此港口生产任务,包括数量、结构、流向不可避免地要受客观情况的影响,随着外界的变化而经常变动。

五、生产的连续性

港口装卸生产通常采用昼夜 24 h 连续作业方式,一方面,要对车船及时装卸,减少车船在港停留时间,提高运输工具的运力利用率,以增加社会总运力;另一方面,通过港口的货物,其目的不是滞留港内,而是尽快地转运,进行货物的生产加工或投入市场,所以从社会的宏观效益出发,港口应对随时来港的船舶、车辆及时装卸且连续作业,以减少车、船、货在港口的停留时间。

六、装卸组织的协作性

由于港口是多种运输方式的汇聚点,有许多企业和管理机构在其中运作,从港口企业的外部来看,既要和集疏运部门、船东、货主密切联系,又要和海关、检验检疫、引航、船舶供应、海事局、边防等部门相协调;从港口企业的内部来看,要协调装卸队、库场、理货等部门各工种的作业,使其形成一个有机的整体,所以港口生产是多部门、多环节、多工种的内外协作过程,具有明显的协作性。

七、货物运输信息的集聚性

港口作为运输的枢纽、货物位移的集散地,伴随着物流传递的信息流聚集于港口,并从港口扩散,通过信息引导,使货物有序地转移。因此,港口生产企业对运输过程中所产

生的信息流的管理提出了很高的要求,只有港口生产企业的信息流保持通畅,才能保证港口生产的顺利进行,保证对来港车、船做到及时装卸,减少车船的在港停留时间。

八、生产调度的层次性

目前,我国港口生产调度方式普遍采用两层管理模式,即"港务局(或港口集团公司)—下属装卸公司",不同层次上的生产调度职能有比较明确的分工。虽然这种模式有利于整个港口资源的合理调配,但也对不同层次之间的工作协调的有效性和及时性造成困难。

由于港口生产活动具有上述特点,港口生产组织变得错综复杂,这就要求有一个能灵活适应港口内外环境变化的生产工艺系统来支撑,以保证港口生产工作的顺利进行。

第三节　港口的智慧化与绿色发展

进入 21 世纪,全球信息化技术得以快速发展和应用,在当前互联网、区块链、物联网、大数据、人工智能等新兴技术以及绿色可持续性发展理念的推动下,港口装卸的数字化和绿色发展已经成为行业发展的必然趋势。

一、港口的数字化及其发展趋势

数字化港口是全面信息化的港口,是指以信息技术为手段全面实现港口管理的数字化、网络化、智能化、可视化等。数字改变港口的生产环境,通过构建平台与服务的方式,将港口管理机构、码头、航运公司、货车运输和物流公司等一系列参与货物运输的服务商连成一体,帮助系统内的各方开展业务(见图 1-7)。港口作为物流供应链的重要节点,港口的数字化转型不应是港口单方面的转型,而应配合整个物流体系进行转型,符合现代物流业发展的需求和特点。

图 1-7　数字化——港口经济转型升级的加速器示意图

港口数字化转型的本质是利用现代数字信息技术,通过"数据＋算力＋算法"融合港口业务流程,提升港口全方位的业务创新能力,实现业务模式创新和生态系统重构,使港口物流链、服务链、价值链全过程可度量、可预测、可追溯。其内涵主要包括三个层面。

(1) 数字转换。利用现代数字信息技术,贯通物理环境下的港口生产、运营、管理、服务等各个环节,实现港口物流供应链全要素的数字化采集。通过要素数字化,将所有业务转换成可存储、可计算的数据,为数字化转型赋能奠定数据基础。

(2) 数字赋能。通过现代信息网络和数据管理技术,促进数据与业务深度融合,实现全方位、全过程、全领域的数据实时共享交换,推动港口物流链、供应链、产业链上下游间数据贯通、资源共享和业务协同,实现港口业务数据化和数据业务化。通过业务数字化,促进业务流程优化和模式创新,提升综合运营与服务效率;通过数字业务化,促进综合决策和资源管理优化,提高资源配置的数字化、智能化水平。

(3) 数字重构。利用数字技术打破系统边界,创新业务服务,重构客户体验。依托数字化、网络化、智能化建设基础,特别是依托云计算、大数据、物联网、5G、人工智能等新技术,建立适应数字经济环境的新一代企业架构,实现传统业态下的组织、系统、设计、研发、生产、运营、管理、商业等各个环节的变革与重构。

由此可见,港口数字化转型不是简单的数字化新技术应用,而是对港口发展理念、战略体系、组织架构、生产管理、商业运营、价值服务的全方位、系统化的变革与重塑。既是业务转型升级,又是融合技术、业务和组织体系的重构,影响深远。虽然各个港口结合自身资源禀赋和环境条件打造出不同的、适合自身特色的数字化转型路径,但是大都呈现以下趋势。

(1) 高端技术应用引领智慧港口转型升级。港口智慧化将成为港口发展新方向,也是港口产业转型升级成长的重要技术手段。以数字化推动智慧化港口建设,以数字化带动信息流、资金流循环,以数字化推动港口资源配置能力的提升,能够提高港口综合竞争力和效益。通过高端技术的融合应用,让智能监控、响应、协同、分析、预警以及智慧展示融为一体,促使港口业务全过程实现"能知、能看、能管、能预测",引领智慧港口转型升级。

(2) 一体化链式协同平台促进数字化与港口业务深度融合。随着"互联网＋"思维不断深化,以港口、航运企业为代表的传统型劳动密集型产业亟待打破自身业务的局限,实现业务的横向合作和纵向延伸。通过共创一体化链式协同平台,在港口智能化运营、港际联盟对接、口岸监管互通、电子商务拓展、供应链金融增值服务等方面取得新进展和新突破,实现港口供应链上各种资源和各个参与方之间无缝连接与协调联动,形成数字化、智能化、最优化的现代港口。

(3) 政企合力,突破数据共享瓶颈,全面提升综合服务能力。企业是转变经济发展方式的微观主体,直接创造经济与社会效益。政府能够为企业技术创新、人才培养创造理想的发展环境和政策支持。加快港口业转型发展,充分发挥政府与企业在市场经济中的作用。企业与政府机构需要不断深化合作,携手探索新一代信息技术在港口业的多元化应用,共同突破行业数据共享瓶颈,加速整个产业链的优化与整合,全面提升行业综合服务能力,实现合作、发展、共赢。

二、智慧港口及其关键技术

港口的数字化转型带来了智慧港口的快速发展,从而给港口装卸工艺的现代化提供了重要基础。根据《智慧港口等级评价指南 集装箱码头》(T/CPHA 9—2022),智慧港口是指以现代化设施设备为基础,以完善的发展规划、管理机制为导引,通过物联网、移动互联网、云计算、大数据、人工智能等新一代信息技术与港口功能的深度融合,具备智能管理、智能装卸、数智服务等鲜明特征的新型生态港口。

智慧港口在信息全面感知和互联的基础上,使物流供给方和物流需求方共同融入港口集疏运一体化的系统,从技术层面来看,智慧港口主要涉及物联网、人工智能、大数据、信息化、自动化等技术。

(一)物联网技术

物联网是通过射频识别技术(RFID)、红外感应器、全球定位系统(GPS)和激光扫描器等信息传感设备,按约定的协议,将任何物品与通信网络相连接,进行信息交换和通信,以实现智能化识别、定位、追踪、监控和管理的一种网络技术。在港口生产作业及运营管理方面较为典型的物联网应用包括集装箱电子标签、港口设备运行状态监控、工程设备资产管理、智能能源管理系统等。物联网技术可以为智慧港口数据收集提供有力支持。物联网技术应用场景如图1-8所示。

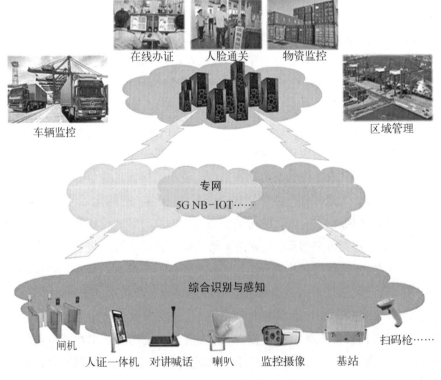

图 1-8 物联网技术应用场景

（二）大数据技术

当今社会数据已渗透到每个行业与业务领域，成为重要的生产要素。大数据的核心价值是通过对海量数据进行分析，实现数据可视化，利用分析结果进行资源优化配置。换言之，如果把大数据比作一种产业，那么这种产业实现盈利的关键，在于提高对数据的"加工能力"，通过"加工"实现数据的"增值"。

（三）人工智能技术

人工智能，也称为机器智能，是计算机科学的一个分支，主要研究应用人工方法和技术，模仿、延伸和扩展人的智能，实现机器智能。人工智能应用领域广泛，涉及问题求解、机器学习、专家系统、模式识别和机器人学等领域。人工智能在港口智能设备调度、智能场地计划和智能泊位计划等港口生产作业系统中可有广泛的应用。无人全自动集装箱码头与人工智能集卡如图1-9所示。

图1-9 无人全自动集装箱码头与人工智能集卡

（四）自动化港口装卸设备

将先进的传感器、自动定位、机器视觉、远程控制和设备智能诊断与评估等技术应用于港口大型装卸设备（如散货码头的堆料机、取料机、集装箱码头的堆场轨道吊和无人驾驶自动导引运输车等），使装卸设备自动化和无人化。自动化设备（见图1-10）发展可大

图1-10 码头上的自动化运输设备

幅提升码头效率,自动化解决方案降低了总体运营成本,提高了安全性,并带来了更佳的设备可用性。

(五) 电子信息化平台

港口电子信息化平台建设是在现代化港口发展的过程中,为了达到货主、港口企业、监管部门、港口行政管理部门以及社会其他部门之间大量、及时的信息交流和互动,为了更精确、高效地完成船舶进出港、装卸、集疏运、交易和支付等生产活动,通过现代信息技术协调港口的信息资源,利用海关、检验检疫、海事、边检、港政、引航和企业等部门的信息,建立港口公共信息服务平台和港口的重点品种大宗商品电子交易平台而推出的信息服务、管理服务、技术服务和交易服务的综合体系。

(六) 地理信息系统

港区的正常运转需要能源、电源、通信、信息、给排水系统及各类地下管线的畅通,通过建立高效的地理信息系统(GIS)管理地上设施及地下管线等基础设施的数字化系统,可以减少港区事故,保证设施设备的正常运转。地理信息系统提供港区地上设施或地下管线在施工和管理方向的全面解决方案,系统数据可以跟踪港区建设和运营管理过程,使用对象包括地下管线的设计人员、施工人员和各专业管线的运营管理人员。地理信息系统主要特点表现如下:提高港口基础性资料的信息化管理水平,提高施工和决策效率;降低管线管理人员因岗位变动而带来的工作滞后和适应期延长;为基建施工和预留工程的施工提供可靠的管线和基础地形空间位置数据;为管线事故的处理提供快速应急措施,提供辅助分析决策方案,减少事故影响范围;为管线数据更新提供快速可维护工具,保证系统数据与实地数据的一致性,减少物探和图纸重绘的成本。

 何为"物探"?

"物探"的全称是地球物理勘探,它是指通过研究和观测各种地球物理场的变化来探测地层岩性、地质构造等地质条件。由于组成地壳的不同岩层介质往往在密度、弹性、导电性、磁性、放射性以及导热性等方面存在差异,这些差异将引起相应的地球物理场的局部变化。通过测量这些物理场的分布和变化特征,结合已知地质资料进行分析研究,就可以达到推断地质性状的目的,与钻探相比,物探具有设备轻便、成本低、效率高、工作空间广等优点。

(七) 无人机及三维建模技术

除了以上智慧港口的关键技术外,在智慧港口建设中,仍有其他一些重要技术,比如无人机及三维建模技术等。通过在港口利用无人机设备进行影像及测量数据采集,实现对港口散杂货堆场高效准确管理,其成果能够解决大型露天仓储基地中散杂货堆存量难以估算的问题,进而在散货物流、码头库场调度、货物质押、物权确定和争议评估等环节,为各自领域的客户群体(如供货商、委托人、物权所有人、第三方监管、质检机构、银行和物流提供商等)提供信息。同时,从港口经营生产角度,通过将散杂货堆场进行数字化三维建模(见图1-11),将不规则的料堆形成空间坐标,用来辅助目前港口管理人员对生产现场的实时监管与调度,去除人为因素对港口作业活动所造成的主观影响。

图1-11 3D建模的集装箱码头鸟瞰图

除了以上介绍的智慧港口的关键技术以外,当前,区块链技术、数字孪生技术、数字化监测诊断技术、机器视觉技术等在智慧港口建设中应用也越来越广泛。

三、绿色港口与港口装卸工艺

在全球能源危机和环境恶化的新形势下,国内外港口界提出了绿色港口的发展理念。绿色港口是在环境保护和经济利益之间获得良好平衡的可持续发展的港口。绿色港口,又称"生态港口""环保港口""两型港口"(资源节约型、环境友好型)和"低碳港口"等,但目前尚未有统一的定义。根据《绿色港口等级评价指南》(JTS/T 105—4—2020),绿色港口是指在生产运营和服务过程中,贯彻绿色发展理念,积极履行法律责任和社会责任,综合采取节约资源和能源、保护环境和生态、应对气候变化的技术和管理措施,达到了绿色港口等级评价要求的港口或码头(见图1-12)。

图1-12 干净明亮的港口码头

绿色港口建设要围绕理念、行动、管理、效果四个方面进行。"理念"是指导绿色港口发展的思想;"行动"是为建设绿色港口采取的具体技术措施;"管理"是为建设绿色港口采取的管理措施;"效果"是绿色港口建设的水平体现,是检验绿色港口建设水平的依据。因此,首先要形成完整的战略规划以及文化理念;其次,在建设过程中各方要狠抓行动落实,从环境保护(包括污染防治、资源利用与生态保护等)和节能低碳(包括主要设备、作业工艺、辅助设施、能源消费等)两个方面重点进行,并要有完整的管理体系以及管理制度为绿色港口建设形成保证;最后,绿色港口的建设效果从对环境保护水平和码头的节能低碳两个方面体现。

在绿色港口建设的全过程(包括港口规划、建设、运营等阶段),都要注重环境保护和节能低碳,达到港口经济、社会和环境协调发展的目标。在港口装卸工艺的设计和实施过程中,应大力推广应用港口节能、节水、节材的新技术、新工艺,支持港口企业开展既有设施设备节能改造(如轮胎式起重机油改电、内集卡油改气等),加强港口环境监测、粉尘和噪声污染防治等。

《绿色港口等级评级指南》对于专业化集装箱码头、专业化干散货码头、专业化液体散货码头等不同类型码头的绿色港口建设提出了要求,其中部分与港口装卸工艺有关。例如,专业化集装箱码头的节能低碳措施,从作业工艺角度讲有如下几方面:① 采用全场设备资源调度工艺;② 铁水联运、水水中转等集疏港比例达到40%以上,或铁水联运量占吞吐量比例不小于5%且保持增长,或铁水联运量年增长20%以上。专业化干散货码头的环境保护措施,从污染防治的角度讲有如下几方面:① 堆场采用诸如封闭、半封闭等构筑物或围墙、防风抑尘网、防护林、抑尘剂、喷淋设施等防风抑尘措施;② 装卸船采取密闭、水雾、干雾、喷淋等抑尘措施;③ 装卸车采取密闭、湿法(水雾、干雾或喷淋)或干法等抑尘措施;④ 输运系统采取密闭、干雾或干法等抑尘措施;⑤ 采用隔声罩或隔声屏障等隔声减振措施等。专业化干散货码头的节能低碳措施,从作业工艺角度讲有如下几方面:① 采用全场设备资源调度工艺;② 多级带式输送机采用顺料流方向启动技术;③ 运输结构合理,矿石、煤炭、焦炭等大宗货物铁路水路年集疏运比例稳步提升,重点区域煤炭集港由铁路或水路运输,矿石、焦炭等大宗货物原则上主要由铁路或水路运输。专业化液体散货码头环境保护措施,从污染防治角度讲有采用浸没式装船工艺。专业化液体散货码头的节能低碳措施,从作业工艺角度讲有如下几方面:① 采用自流装卸工艺或其他经证明具有节能低碳效果的工艺;② 采用管道集疏运方式等。

第四节　影响港口装卸机械设备选择的主要因素

港口装卸工艺和港口装卸工艺机械化系统是两个关系密切,但又不同的概念。港口装卸工艺是货物装卸的方法,港口装卸工艺机械化系统则是用来实行装卸工艺机械化的各种机械和辅助设备的集成。例如,在件杂货装卸时,门座起重机可以和叉式装载机配合组成一个机械化系统,但同一个"门座起重机—叉式装载机"系统可以有几个不同的工艺方案,如成组运输、成组装卸及堆存、散件装卸等。

现代化的港口装卸工艺以先进的装卸工艺机械化系统为基础,而且机械化系统一经采用,更换比较困难。因此,必须根据港口的具体营运状况和自然条件,并经技术经济论证,合理地确定装卸工艺机械化系统方案,特别要注意构成主体的装卸机械设备类型的选择。所选的机械或机械化系统,要符合生产适用、技术先进、经济合理的基本原则。装卸机械设备的选择应以满足现场作业为前提;装卸机械主要性能参数的选择,应以现场作业量、货物特性为依据,要与物流量吻合,在能完成同样作业效率的前提下,应尽可能选择性能好、节能环保、利于配套、便于维修、成本较低的装卸机械。

影响港口装卸机械设备类型选择的因素大体包括货物、运输工具、自然条件、港口建筑物及其设施和运输组织等几个方面。

一、货物

货物方面要考虑的影响因素主要包括货物特性、吞吐量和货物流向等。

1. 货物特性

货物种类不同、性质不同,装卸这些货物所需的机械设备也不同。根据货物运输、装卸和搬运的方式不同,将其分为件杂货、木材、集装箱、干散货、散粮、液体货等不同货类,不同货类都有适合于各自性质的装卸机械设备(见图1-13)。

图1-13 不同种类的货物照片

货物的尺寸、质量、容重或密度、形状和包装形式影响起重量的选择。例如,件货组的大小往往受舱口尺寸、构成货组的便捷性和货物在运输及保管时的稳定性等条件制约。

因此,对积载因数大的"轻泡货"来说,选择起重量过大的起重机就会因起重量得不到充分利用而影响经济效果。

货物品种的多样性要求机械具有通用性和灵活性,能从船舶和车辆装卸多个品种的货物,要求库场内有众多的货堆。分票多、货堆小的货物,往往影响货堆的高度,也影响库场面积利用率、机械堆高性能的充分利用。

货堆的脆弱性和包装的牢固性影响装卸方法和货堆高度,要求选用较少"接头"的输送机系统,避免采用刮运或抛掷的原理来运移货物。受震易坏的货物不能用滑板装卸,焦炭不宜用抛射式平舱机装卸,怕压的件杂货在库内堆存时要用货架。

货物的冻结性和凝结性对设备的有效应用具有重大影响。如果设计时考虑不周,有时甚至使整个设备无法使用。例如,盐、化肥散运时会因凝结而结壳,煤炭、矿石在冬季运输时会冻结,而且水分越大,越易冻结。由于冻结的货物不能自流,会影响底开门车和露天地下坑道的有效应用,为了使货物不冻结,或使已冻结的货物松碎,需要根据不同情况对散货进行脱水、加防冻剂、加热、机械松碎等操作。对于黏度大、易凝结的石油,设计或选用装卸输送系统时要采取加热保温措施等。

货物的磨损性和腐蚀性会加速机械零件的损坏,因此,需要特别的防护与维修。

由于货物具有易燃、易爆、扬尘性,要求在设计装卸机械化系统时要从安全、环保的角度采取有效措施。

此外,在设计或选用机械化系统时,还需要考虑因货物的特性引起的对某些辅助作业设备的需要,如干燥、净化、精选、粉碎、分票、选材、称量、计数等因素对设备的特殊需要。

2. 吞吐量

吞吐量大小关系到是否需要设置专业化泊位和采用专业化机械。港口的专业化生产是社会化大生产的产物,也是现代化大工业发展的客观规律和基本特征。码头采用专业化生产方式,具有以下一些优点:有利于实现机械化、半自动化和自动化;有利于提高港口生产效率,增强港口通过能力;有利于提高港口生产技术水平和劳动生产率,并降低劳动强度;有利于缩短船舶在港停留时间,提高船舶运力利用率;有利于节省包装费用,降低运输成本,提高企业经济效益;有利于减少货损、货差,提高货物装卸货运质量。但是,专业化生产能否取得良好的经济效果,关键是要具备一定的产量。如果产量不足,专业化生产反而会因设备利用率不足而增加成本。

3. 货物流向

货物流向是影响机械设备选择的又一重要因素。水运货物是经铁路还是由水路转运,是双向货流还是单向货流,货物是全部需要经过库场还是有很大比重直接换装,这些对机械设备选择都有很大影响。

双向货流要求机械在装船与卸船的两个方向都能进行工作。货物是否经过仓库对机械化系统也有重大影响。货物完全不经过仓库,可以使机械化系统简单、经济。但是促使货物经过仓库的原因有很多,如货物有特殊要求(木材的分类和加工,件杂货的分票,谷物的精选、干燥和熏蒸等),水陆同时装卸的货物品种不同,各种运输方式的工作期不一致等。除此之外,货物流量、流向的稳定程度也关系到是否适宜采用专业化装卸设备。

二、运输工具

运输工具包括船舶、车辆,它们的类型对机械化系统的选择产生影响。

1. 船舶类型

船舶类型众多,大小、结构不一,对机械选型有重要影响。泊位长度主要由船长确定,船宽关系到岸上机械的臂幅。船舷及上层建筑高度决定起重机的起升高度及输送机栈桥的高度。舱口数影响岸上机械的数量;舱口尺寸影响作业方法和装卸效率;舱口面积与货舱面积之比影响舱内作业效率;船舱结构(舱内是否有支柱、隔板、二层舱等)影响舱内机械的采用。图 1-14 和图 1-15 所示分别为杂货船码头和集装箱码头装卸货物现场。

图 1-14 杂货船码头装卸货物

图 1-15 集装箱码头装卸货物

2. 车辆类型

车型方面,如棚车、敞车、自卸车等,对选择装卸机械也有不同的影响。如敞车可采用起重机垂直吊装货物,棚车需采用输送机或叉车装卸货物等(见图 1-16 和图 1-17)。

图 1-16 叉车装卸货物

图 1-17 带式输送机

三、自然条件

自然条件对于机械设备的影响因素主要有水位和潮汐、地质和地形以及气象条件等。

1. 水位和潮汐

我国海港的潮差一般不大,内河港口的水位差则很不相同,有的港口变化较小,有的则变化很大。水位变化过大会使直立式码头的造价昂贵,使水工建筑投资增加,若使用斜坡式码头,则船舶与岸线相对位置变化很大,要求机械化系统能够灵活适应,既要保证高水位时又要保证低水位时的车辆与船舶装卸作业顺利进行。

如需要地下建筑物,则须了解地下水位高度。地下水位高的港口在建造地下坑道时会加大施工方面的困难,影响地下坑道的经济合理性。

水流方向决定了船舶靠码头时艏艉的方向,在某些情况下,对工艺布置也会产生影响。

2. 地质和地形

地质条件对码头形式、结构、造价及机械设备的选用都有重大影响。例如,在土质不好的条件下安装重型机械或建造高大的储货仓和油罐会遇到技术上的困难,即使技术问题可以解决,地基处理的费用也将大大增加,从而影响系统的经济性。在土质太坚硬(如钢渣填土)的情况下,挖掘工程量太大的机械化系统会给施工造成困难。

在选择工艺方案时,应尽量利用原有地形条件,根据高站台、低货位、滑溜化等原则,利用位能进行货物装卸。

3. 气象条件

处在经常下雨地方的港口,为解决雨天装卸问题,应安装防雨设备。北方港口要防止货物在严寒季节冻结,为此应采取相应的措施。对冬季要封冻的港口,应考虑冰凌对码头形式和机械设备的影响。在南方,台风较为频繁的港口要充分考虑大型设备的防风性。

四、港口建筑物及其设施

港口建筑物及其设施对机械设备产生的影响主要表现在码头、库场、铁路、公路等方面。岸壁形式和码头结构强度是限制使用重型机械的主要原因。库场结构、仓库支柱数量、净空高度、库门尺寸等都将影响流动机械类型的选择。库场和码头的相对位置决定货物的搬运距离,影响各种流动机械的使用效率。铁路线与地面的高度差影响流动机械的应用,公路的宽度、铁路线的条数以及铁路、公路与码头平面的相对位置对机械设备的选择也有影响。

五、运输组织

车船运输组织的特点是选择装卸机械类型、决定工艺方案的又一重要因素。例如,有的港口船舶要候潮进出港,船舶作业时间和装卸机械的生产率因而与潮汐的周期有关;内河驳船往往编组航行,泊位的装卸生产率和工艺布置不仅要着眼于单船作业时间的缩短,还要考虑整个驳船队停泊时间的缩短以及整个驳船队编组航行的方便性。

另外,铁路进港的港口,铁路的成组编解或整列到发等运输组织方面也会影响港口机械设备与工艺方案的选择。

第五节　港口装卸工艺合理化原则

国内外港口生产经验表明,合理的装卸工艺总是有一些规律性的原则。揭示这些原则将有助于理解为什么这种装卸作业方法比那种装卸作业方法合理。原则的存在无疑使人们对现行装卸作业方法进行不断地深入分析、思考。其结果必将促成机械设备和人力的更好利用。遵循这些原则有利于作业流程的合理布置,有利于缩短船舶在港停留时间,有利于降低港口装卸成本等。

港口装卸工艺的合理化原则可以分为五个方面。

一、安全质量和环境保护

1. 安全质量原则

安全质量原则是指在港口生产过程中,防止货物损坏和出现差错,保护人员的生命安全,以及设备设施的正常运行。

在港口企业内部物流中,由于作业繁忙,作业中的安全质量问题显得尤为突出。港口企业员工必须坚决贯彻"安全质量第一"的方针,认真执行有关的安全质量操作规定。对于各种搬运、装卸和堆存设备应安装安全防护装置,并尽可能做到人流和物流的分离。在装卸设备、工具和操作方法采用上要符合安全质量的要求。例如,港口吊运卷钢作业时,原先的方法是采用钢丝绳从中间穿孔起吊卷钢,这种方法既不安全,也不经济(钢丝绳损耗大),又难以保证装卸过程中的质量(在起吊过程中,由于钢丝绳对卷钢的挤压造成卷钢边缘损坏),作业效率较低。现在的方法是改用 C 形钩或 L 形钩进行吊装作业,这样,既保证了货物质心平衡,确保了货物质量,又方便了操作,提高了作业效率。

2. 环境保护原则

环境保护原则是指在装卸工艺的设计和改造中,应采取有效措施,防止在作业过程中对周围环境产生有害影响。环境保护的任务是合理地利用自然环境,防止环境污染和生态破坏,创造清洁、适宜的生活和劳动环境,保护身心健康,促进经济发展。

港口在装卸某些货物时,会因货物性质不同而产生不同的污染,如灰尘污染、油污染、毒性污染、噪声污染等。为了减少或消除污染,保护人们的身心健康,要认真找出污染的原因,积极采取对策。

二、设备先进可靠

1. 充分利用机械设备原则

充分利用机械设备原则是指对于劳动强度大、工作条件差、搬运和装卸频繁、动作重复的环节,尽可能采用机械化作业方式,如件杂货装卸搬运,普遍采用的是在标准货板上堆放货物,然后用叉车搬运货物的方式,代替原先货物堆码时所采用的人工堆放方式,从而大大降低了劳动强度,提高了作业效率。

2. 减少终端站停留时间原则

减少终端站停留时间原则是指在作业过程中,增加作业的流动时间所占比重,从而减少作业两端的停留时间所占的比重。

这里的终端站是指货物在港内位移时的滞留时间。该原则表明,在终端站停留的时间越短,设备的效率越高。一台装卸搬运机械,只有在确实是移动货物的时间里才真正地创造"利润"。

3. 专业化原则

专业化原则是指尽可能采用专门的工艺、专用的设备进行货物的装卸、搬运和储存。专业化要符合货物大批量、装卸设备专门化、装卸效率高效化的原则,经济效益是决定专业化程度的衡量标准。例如,由于集装箱专业化船舶运输的发展,许多港口建造了集装箱专业化码头(见图1-18),码头采用集装箱专业机械装卸,如岸边集装箱起重机专用于集装箱船舶和车辆的装卸;集装箱跨运车、轮胎式龙门起重机、轨道式龙门起重机、集装箱正面吊运机、集装箱叉车等集装箱的堆场机械,专用于堆场上集装箱的堆码、拆垛和转运等(见图1-19～图1-21);集装箱牵引车、挂车等集装箱水平运输机械专用于集装箱货场及其公路运输集装箱。集装箱的装卸有专门的集装箱装卸工艺系统。

4. 适应性原则

适应性原则是指采用的工艺方案或者装卸设备尽可能地能应用于不同种类货物的装卸作业。

图1-18 专业化集装箱码头

图1-19 轨道式龙门起重机

图 1-20　轮胎式龙门起重机　　图 1-21　集装箱正面吊运机装卸集装箱

由于港口装卸的货种杂、变化大,采用适应性大的设备便于应对各种各样的情况,如在件杂货码头,广泛采用叉车,配以不同的工属具可以装卸不同的货物,具有机动灵活、适应性强的特点。

5.标准化原则

标准化原则是指在选择装卸工艺以及装卸设备时,尽可能采用标准化的成熟方案和设备,以及标准化的货物单元等。

标准化既指装卸机械设备、工属具的标准化,也指装卸作业标准化,还包括货物包装、搬运单元的标准化。装卸机械设备标准化可以大大减少备件的数量,提高维修人员的技术熟练程度和维修质量,降低维修费用。工属具标准化不仅可以降低制造成本,也可以减少维修费用。装卸作业标准化可以提高操作人员的熟练水平和工作效率。因此,标准化运输是符合经济性原则的,如国际集装箱的标准化,简化了整个集装箱运输系统,提高了装卸运输效率。

6.充分利用空间的原则

充分利用空间的原则是指在不影响作业有效性的前提下,货物堆存应充分利用库场允许的空间高度。随着经济的发展,土地价格会越来越昂贵,特别是城市土地显得更加珍贵。因此,港口仅靠扩充土地面积是不经济的,也不符合可持续发展思想。另外,扩大港口平面范围,必将增加港内物流距离,而无效搬运则是一种非增值的活动。因此,港口企业内部物流应该充分利用空间,并力求缩短物流位移的距离。

在已定的库场面积条件下,当高度被充分利用时,可以堆存更多的货物。为了充分利用库场高度,要采用能堆高货垛的机械。采用叉式装卸车,仓库内的货垛可堆高到 4～5 m。对于不能重压的货物,则可以采用货架堆高。对于某些可以堆高的大批量的货物,我国港口采用流动起重机在露天货场堆垛,以提高单位面积堆存量。在某些件杂货码头,为了充分利用狭小的港区陆域,用多层仓库代替单层仓库。在有的集装箱码头,为了提高堆场的单位面积堆存量,用能堆 5～6 个集装箱高度的龙门吊替代堆货高度较小的跨运车和底盘车。

7. 尽可能采用自动化原则

采用自动化原则是指在技术可行和经济可行的情况下,尽可能采用自动化设备,以减少工作人员的劳动强度,提高装卸作业效率,减少作业过程中的货损率。随着码头生产作业技术的发展,自动化、数字化和智能化装卸设备在码头上的应用成为现实。船舶的大型化要求码头作业的高效化,而自动化设备能够明显提高码头的作业效率,降低船舶在港停泊的时间。图1-22为自动化码头示意图。

图1-22   自动化码头示意图

三、工艺布置与流程合理

1. 减少作业数原则

减少作业数原则是指在满足同样作业需求的前提下,应采用工序数尽可能少的作业方案。在货物流动过程中,过多的装卸次数一方面会增加人力、设备的消耗,另一方面也导致货物损失的可能性增加。在港口装卸作业过程中,需要尽可能减少中间的交接环节,增加连续作业的过程。

2. 直线原则

直线原则是指港区物流路线设计应尽可能走直线,减少不必要的迂回,以缩短货物位移的空间和时间。货物装卸的经济效果随着工艺流程中迂回和垂直运动的减少而提高。这个原则反映了一个显见的事实——两点之间直线最短。运动意味着费用,因此,直线位移是最经济的物流方式。在允许的情况下,港口装卸物流的线路应尽可能布置成直线。例如,有时在大面积堆场布置时,为避免物流线路绕场行走所产生的迂回现象,可在堆场中间开辟一条道路。

3. 作业线各环节相互协调原则

作业线各环节相互协调原则是指组成装卸作业线的前后工序的作业能力应该相互平

衡。装卸作业线是各作业环节的有机组成,只有各环节相互协调,才能使整条作业线产生预期的效果。

作业线各环节相互协调的要求:装卸作业线上所配备的机械需要系统化;装卸作业线上所包含的各种辅助作业(如计量、称重、测温、灌包、缝包等)应机械化和电子化;各工序的生产率要协调一致,机械的起重量要相互适应。

4. 保证运载工具高效作业原则

保证运载工具高效作业原则是指装卸作业线的工艺设计,应保证船舶和车辆的装卸能力能得到充分发挥,以缩短车船在港停留时间。货物在港口的换装一方面要经济,另一方面要尽可能缩短运输工具在港口的停留时间,加速车船装卸是港口作业的主要目标之一,如在件杂货和集装箱装卸中,往往采用在装船前将货物集中在前方堆场中,以提高装船效率。

5. 防止工艺中断原则

防止工艺中断原则是指装卸工艺应防止在作业过程中,出现物流的不合理中断和运载工具的不合理等待等。在装卸过程中,作业中断的原因有很多,有的是组织工作不良造成的,如等车、等船、等货等;有的则是工艺安排不当造成的。因此,在组织装卸作业时,要提高装卸作业的组织水平,协调好各环节,尽量缩短装卸作业的不合理中断时间。

6. 灵活性原则

灵活性原则是指工艺流程中的物料可以通过多种渠道按照一定的操作过程进行装卸。例如,在散货装卸工艺系统中,某一部分机械发生故障或需要检修时,具有灵活的带式输送机工艺流程,可以将装卸影响降到最低程度。

四、装卸作业效率提高

1. 扩大单元原则

扩大单元原则是指在选择装卸工艺时,应尽可能扩大货物一次装卸搬运和储存的单元,提高装卸作业效率。

装卸作业效率随货物单元的扩大而提高。为了提高搬运、装卸和堆存效率,应根据设备能力,尽可能扩大物流的搬运单元。货物采用托盘、集装袋、集装箱等工属具进行成组运输均体现了扩大单元原则。目前,集装箱的一次吊装也向扩大单元的方向发展,岸边集装箱起重机上双箱吊具、三箱吊具、四箱吊具正在越来越多地被应用。

2. 提高机动性能原则

提高机动性能原则是指在经济合理的条件下,尽可能地提高货物从静止状态转变为流动状态的容易程度。装卸搬运操作有时是直接为运输服务,只有进行合理的装卸操作,将货物预置成容易转入运输的状态,装卸搬运才称得上合理。移动货物时的机动性能反映物流合理化的程度。物流机动性能可以采用 $0 \sim 4$ 的"机动指数"来评价,机动指数越高,机动性能就越好(见表 1-1)。从港口物流的合理化角度看,应尽可能使货物处于机动指数高的状态。

表 1-1　物流的机动性能与机动指数的关系

货物的支撑状况	示　意　图	机动指数	货物移动的机动性
直接置于地上		0	移动时需逐个用人力搬到运输工具中
置于容器内		1	可用人工一次搬运,一般不便于使用机械搬运
置于托盘上		2	可以方便地使用机械搬运
置于车内		3	不需要借助其他机械便可搬动
置于传送带上		4	货物已处于移动状态

3. 利用重力原则

利用重力原则是指装卸作业中,凡能利用重力运移货物的就尽可能利用。在货物搬运、装卸和堆存时,应尽可能利用货物的自重,以节省能源和投资,如采用高站台、低货位、滑溜化作业方法,充分利用重力。在保证货物搬运、装卸和堆存安全的前提下,应尽可能减轻工属具的自重和货物的包装物质量。

4. 利用装卸工属具原则

利用装卸工属具原则是指尽可能使用既有利于操作、简便安全,又能充分发挥装卸、搬运设备能力的工属具,以提高装卸、搬运的作业效率。

针对件杂货的装卸,出现了各种专业化工属具,如生铁网络、袋粮网络、立式油桶夹(见图 1-23)、钢板夹钩(见图 1-24)、钢卷夹、真空吸盘等。这些专业化工属具的应用在确保安全质量、改善劳动条件、提高货物装卸效率等方面发挥了重要作用。

5. 充分发挥设备效能原则

充分发挥设备效能原则是指通过合理的生产组织和工艺设计,使装卸、搬运设备在规定的技术条件下发挥其潜在的效能。

任何装卸搬运机械都有是否能够充分发挥装卸生产能力的问题。船吊和岸上起重机作为装卸船的主要机械,其生产率的充分发挥对提高整个作业效率、加速船舶装卸具有重要意义。例如,提高船吊和岸上起重机生产率的主要方法如下：在额定起重机范围内,增加每一个工作周期的吊货量,缩短起重机的工作循环周期。起重机的工作循环周期由升降时间、旋转时间、变幅时间、摘挂钩时间、稳钩时间等组成,要缩短起重机的工作循环周期,首先应致力于缩短工作循环周期组成部分的时间,提高司机的熟练程度,力求平稳制动。在缩短各部分时间的基础上,还要研究整个吊货的合理运行轨迹,在升降、旋转、变幅等各个动作的基础上,求得最短的周期,充分发挥机械生产能力。

图 1-23　装卸油桶夹

图 1-24　钢板夹钩

6. 人、机作业时间充分利用原则

人、机作业时间充分利用原则是指通过合理的作业安排,使作业线上的人力和设备都得到充分发挥,消除闲置和避免浪费。

在装卸作业过程中,人、机作业时间充分利用是一大难题。人们通常按照工时利用率、机械利用率等统计指标来衡量人、机作业时间充分利用的程度,往往会对装卸生产的组织产生盲目自满的情绪,误认为工人分配到岗位,机械安排到生产现场以后,只要不发生待时记录,工人和机械的工作时间即被充分利用了。其实不然,在人、机联合作业时,工人在舱内、车内或货场内,装或拆货组供起重机起吊,在工作周期内,工人和起重机都有可能出现空闲时间,装卸作业的组织者就要研究如何缩短和消除人机空闲时间,以提高装卸效率。

五、装卸作业成本降低

1. 系统评估原则

系统评估原则是指对港口装卸工作的评价应考虑与港口作业相关的整个大系统(由船舶 运输成本、港口装卸成本、货物在港费用等方面构成)的经济性,最好的经济评价是港口经济效益与社会效益一致。

先进的工艺要能在生产中得到推广应用、发挥作用,不但要在技术上是先进的,而且要在经济上是合理的。没有成本指标,就很难从经济的观点去评估哪个工艺方案合理,因为很可能出现生产率高的工艺方案,成本比别的工艺方案高。

根据港口生产的特点,从系统的观点去考虑、评估港口装卸工艺的经济效果要顾及港口、船舶、车辆、货物等各方面。因为往往会出现这种情况,即生产率高的工艺方案,虽然港口装卸成本增加,但由于能加速车船装卸和货物周转,车船在港停留的费用和货物在途中的资金积压都相应减少。因此,从港口企业来看是不可取的方案,但从全社会、大系统来评估,经济效果却可能比较好。

当然,在各企业实行独立核算的情况下,要实行全社会系统评估经济效果是件很复杂、很细致的工作。为了能将企业的局部利益和全社会的利益统一起来,需要采用合同约束、费用减少等一系列的经济措施进行经济补偿。

2. 规模效益原则

规模效益原则是指对港口装卸工作方案的选择应有利于形成规模合理的装卸作业能力,以利于获得规模上的经济效益。规模经济效益,经济学上指的是随着企业产量的提高和生产规模的扩大,平均成本(单位成本)下降这一现象。

同一工艺流程,当装卸量增加时,装卸成本就可能下降,增加装卸量以降低成本是港口企业经营中扭亏为盈或获得更大利润的重要手段。

从装卸成本的角度来扩大生产规模以取得较好的经济效益是普遍性的经济规律。对港口企业来讲,同样的技术、同样的设备,只要扩大生产规模,那么大规模的装卸成本就会比小规模的装卸成本低,大港口的竞争优势就会比小港口要强得多。这是因为,生产成本包括固定成本和变动成本。固定成本不随装卸数量的变化而改变,变动成本随装卸数量的增加而增加。因此随着装卸数量的增加,单位产品成本就会下降。

扩大港口生产规模,增加装卸数量,往往会取得较好的经济效益,达到一定产量,甚至可以扭亏为盈。这一规律虽然有普遍意义,但也并非绝对,其应用要根据具体条件而定。在实践中确实存在增加装卸数量不一定经济效果就好的情况。

综上,上述原则并不是绝对的,它们之间存在着相互制约的关系,对具体工艺流程来说,究竟应体现哪些原则,需要根据实际情况进行研究。尽管如此,由于这些原则揭示了装卸工艺合理化规律的方向,其价值是不容置疑的。

向港口管理人员和工人进行宣传教育,引导他们对现行工艺进行分析、讨论,找出存在的问题,提出改进的建议,是港口工艺部门的重要职责。广大港口管理人员和工人对这些原则认识的深化和有效的应用,必将有力地推动港口装卸合理化的进程。

本 章 小 结

本章首先介绍了港口的概念、作用和港口装卸工艺的概念,分析了港口装卸工艺在港口生产中的作用以及现代港口装卸工艺的特征;接着介绍了港口生产活动的特点,并结合信息技术与绿色可持续发展理念,介绍了智慧港口与绿色港口的相关技术和内涵;最后,本章对港口装卸工艺中机械设备选择的影响因素和港口装卸工艺的合理化原则进行了介绍。

本 章 关 键 词

港口装卸工艺——是指在港口实现货物从一种运载工具(或库场)转移到另一种运载工具(或库场)上的空间位移的方法和程序。具体来说,港口装卸工艺是港口按照一定的劳动组织形式、运用装卸机械及其配套工具(或称机械化系统)等物质手段,遵照规定的技术标准和规范,完成货物在不同运输方式之间的换装作业过程。

港口装卸作业的组织——是指有效地把人、机(设备)、物(货物)等因素有机地协调起来,并充分发挥其作用,保证装卸任务顺利完成的组织工作。

港口装卸作业机械化系统——是指组成港口装卸工艺过程的各种港口装卸机械及辅助设备的综合体系。

港口装卸工艺学——是研究货物在港口装卸搬运的方法、过程和规律的科学。它以经济学和工业工程学的理论为基础,分析、总结和概括港口装卸工艺的流程、方法和规律,达到港口生产经济、安全、优质、高效、环保的要求。

换装作业——是指货物从进港到离港的过程中在港口所进行的全部作业的综合,这个过程有的经过一个操作过程就可以完成,有的则需要两个或两个以上操作过程才能完成。

操作过程——是指根据一定的装卸工艺,货物在车、船、库场之间完成一次完整位移所进行的装卸搬运作业过程。

作业工序——是指一定数量的码头工人(机械司机)在一个工作地段完成货物局部位移的作业过程。作业工序是操作过程的基本单元,是港口装卸作业的基本生产环节。

智慧港口——是指以现代化设施设备为基础,以完善的发展规划、管理机制为导引,通过物联网、移动互联网、云计算、大数据、人工智能等新一代信息技术与港口功能的深度融合,具备智能管理、智能装卸、智能服务等鲜明特征的新型生态港口。

绿色港口——是指在生产运营和服务过程中,贯彻绿色发展理念,积极履行法律责任和社会责任,综合采取节约资源和能源、保护环境和生态、应对气候变化的技术和管理措施,达到了绿色港口等级评价要求的港口或码头。

本 章 习 题

(1) 什么是港口,港口的作用有哪些?

（2）现代港口装卸工艺有哪些特征？

（3）港口生产活动的特点有哪些？

（4）什么是智慧港口，智慧港口的关键技术有哪些？

（5）影响港口装卸机械设备类型选择的因素主要有哪些？

（6）港口装卸工艺的合理化原则有哪些？

第二章
件杂货装卸工艺与组织

 教学目标

知识目标

(1) 能够掌握件杂货的概念、分类及特点。

(2) 能够掌握件杂货主要吊货工属具及装卸搬运设备种类。

(3) 能够掌握件杂货码头装卸工艺布置。

(4) 能够了解件杂货港口企业的劳动分工。

(5) 能够了解件杂货装卸的主要薄弱环节及解决方向。

能力目标

(1) 能够根据件杂货的特点合理选择吊货工属具。

(2) 能够合理选择装卸机械设备,确定码头装卸工艺布置形式和工艺流程。

(3) 能够合理配置作业路数、装卸作业配工人数和机械数量。

(4) 能够根据件杂货装卸特点因地制宜地进行件杂货装卸工艺的改进。

素质目标

(1) 重视我国件杂货码头智慧化升级发展需求,培养勇于创新、开拓进取的精神。

(2) 勇于挑战港口领域关键技术"坚冰",培养攻克难题、突破瓶颈的信心。

导入案例

件杂货码头如何进行信息化升级?

我国港口信息化主要集中在集装箱码头,而件杂货码头的信息化建设和发展相对较晚。目前,件杂货码头的装卸生产以半自动控制方式为主,纸质单证流转操作为辅,系统化管理和纸质单证流转并行,工作效率低。2017年1月,交通运输部发布《关于开展智慧港口示范工程的通知》,明确提出:发挥信息化的引领作用,以互联网、物联网、大数据、人工智能等信息技术作为智慧港口的建设基础,加快推进港口信息化和智能化进程,促进港口提质增效。因此,传统件杂货码头信息化建设转型升级迫在眉睫。

(1) 加强网络基础建设,实现网络信号全覆盖。通信网络基础设施是信息化建设的基础,加强和完善通信网络基础设施是实现码头信息化建设的关键。以上海罗泾件杂货码头为例,罗泾码头公司地处上海与太仓交界处,码头生产现场作业环境复杂,无线网络信号容易受到自然气候、雨雪天气、大型移动运行机械、货物堆桩高度和仓库建筑物高度的影响,产生间歇性的阻隔,导致码头现场作业人员手持机信号不好,影响数据提交的及时性和准确性。因此,码头生产现场网络信号全覆盖问题成为制约码头信息化建设发展的瓶颈。码头生产的特殊性决定了其不适宜铺设有线网络。随着现代无线通信技术的发展,利用无线局域网技术构建通信平台,实现网络信号全覆盖,能很好地解决这一问题。因此,该码头与中国移动网络运营商进行合作,经过多次实地调研测试,不断优化解决方案,最终确定增设4座4G信号基站发射塔来增强码头网络信号的方案,彻底解决码头网络信号不稳定和全覆盖的难题,为件杂货码头信息化建设提供了技术保障。

(2) 码头视频监控系统建设,提高现场生产管控能力和分析能力。码头视频监控系统主要由前端高清摄像机、交换机、视频综合平台、中心控制主机、系统服务器、硬盘录像存储设备和软件等组成。码头利用现代化视频通信技术,安装高清可移动监控摄像头,建立码头视频监控管理系统,实现码头对前沿水域、泊位、堆场、仓库、进出场道口、内贸作业区、查验施解封区域等重点生产区域24 h昼夜视频监控全覆盖。通过高清摄像头实时反映码头现场生产作业运行情况,加强现场生产组织,优化作业方案,提高装卸效能。此外,码头视频监控全覆盖,可实时把数据信息上传、保存到公司服务器上,一旦码头发生安全生产事故,安监部门可以调取视频监控,开展事故调查,分析事故发生原因,明确事故责任人以及安全措施是否落实到位,吸取事故教训,提高码头安全管理能力。

(3) 利用互联网技术,实现信息共享,加强关港互联互通。件杂货码头作为海关监管场所,严格遵守海关规定,实行封闭化管理。海关通过一系列管理制度和管理形式,依法对运输工具、货物、物品的进出境活动实施监管。罗泾港区1号门和4号门是外来车辆进出罗泾件杂货码头的主要通道,通过对进出场道口设施的改造升级来加强对进出口运输车辆和货物的监管。件杂货道口设备和系统建设主要是建立件杂货卡口设备对接公司BTOPS(bulk terminal operation system)系统,控制车辆进出并采集车辆信息,构建BTOPS系统和海关系统间的传输渠道。另外,罗泾码头制订了《关于发送抵港报文的规定及流程》,并在码头生产管理系统中新增抵港报文发送功能界面,通过系统完成抵港报文(EDI报文)生成和上传。客户可以通过码头生产系统客户端随时查询货物进港的情况,为客户及时办理出口报关提供便利。通过在码头生产系统新增海关查验和进出口操作功能界面,实现数据共享,在方便客户办理业务的同时也加强了海关对进出口货物的监管。

（4）创新进栈模式，提高现场理货效率。件杂货码头的信息化发展离不开货方、货代和物流企业的支持。要实现件杂货码头生产系统产业升级，就要突破原有思维模式，进行功能创新。传统进栈模式是货物先受理，再安排计划进港，库场员对进栈后的货物进行理货，现场人工输入效率较低。现在利用互联网技术，开发货物进栈预录功能，外来司机或货代登录预录网站或使用手机扫描预录二维码，登录货物进栈预录平台，在进货前输入货物信息。货物到港后，根据受理号直接安排进栈卸货，库场员仅需核对进栈货物预录信息和随车清单的内容，减少了现场理货等待时间，提高了数据输入的准确性，降低了工作强度，实现了港、企双方互利共赢。

件杂货码头信息化建设要整合企业现有的生产管理系统、财务收费系统和人事管理等系统，建立集生产、管理、控制于一体的现代化码头管理系统，实现计算机信息技术与网络通信数据的整合，优化港口生产流程，提高运营效率。

思考题：

（1）件杂货码头的信息化建设发展较缓慢的原因有哪些？

（2）件杂货码头信息化建设的主要方向有哪些？

（3）你认为我国件杂货码头还可以融入哪些智能化新元素，为全球件杂货码头智慧化升级贡献"中国方案"？

引　言

件杂货码头历史悠久，装卸工艺相对简单，从古老的人抬肩扛到现在的门座起重机和流动机械装卸等方式，经历了很长的时间。人们总希望找到一种先进的装卸工艺来代替件杂货码头这种低效率、高成本、多事故的装卸方式，而集装箱运输方式的运用，大大提高了运输效率。目前，世界上很多国家和地区已经或正在以集装箱运输代替件杂货运输，有些地区的件杂货集装箱率都在 50% 以上，有的甚至超过 90%。但是件杂货码头有其自身特点，码头装卸设备具有良好的通用性，可用于多数形态的货物装卸，那些批量不大、需散件运输的货物以及某些不适箱货，仍然要采用件杂货运输。世界上还有很多的国家和地区保留着件杂货运输业务，我国的航运事业也会在相当长的时间内保持集装箱和件杂货运输并存的局面，也就是说件杂货码头仍将存在下去。虽然从货运量的角度来说，件杂货与其他货种运输相比所占的比例并不大，但是件杂货码头占用了一定的岸线资源、土地资源、人力和设备设施等资源，且能耗也较大，环境污染较集装箱码头严重。因此，改进件杂货装卸工艺对港口建设有着十分重要的意义。件杂货装卸的货种繁杂，耗用人力多，劳动生产率低，装卸费用高，如何保证货运质量，提高装卸效率，降低装卸成本，是件杂货码头装卸工艺设计需要重点解决的问题。

第一节 概　述

　　件杂货,是指在运输、装卸和保管中散件装运的货物。件杂货物可以分为包装货和裸装货,包装货是指可以用包、袋、箱等包装起来运输的货物,裸装货就是没有包装或者无法包装的货物。所谓件杂货有双重的含义,首先是件货,按件来承运和保管;其次是杂货,种类繁多,货物性质差异很大,包装形式、规格不一,单件质量不等。随着物流方式的发展,件杂货根据自身特性,其物流方式可向以下方向发展:

　　散装化方向:对颗粒状(或粉末状)货物,去掉包装,采用散装方式进行运输;

　　包装标准化方向:将各种货物外包装的尺寸、材料等用标准化手段简化、统一起来,以方便运输和储存;

　　集装箱化方向:将成组运输单元扩大,采用集装箱运输等方式进行运输。

　　然而,由于发展的不平衡,时至今日,在我国乃至全世界范围内,仍有大量的货物运输采用传统的件杂货方式进行运输。

一、件杂货的分类

　　在运输、装卸和保管中,件杂货根据其货种或者包装的方式不同,可以分为以下几类:

　　(1) 袋装货物:主要有袋粮、袋化肥、袋糖、袋装化工粒子等。

　　(2) 捆装货物:主要有捆状的棉花包、布匹、烟草等。

　　(3) 桶装货物和圆筒状货物:主要有桶装汽油、食用油,以及圆筒状的电缆等。

　　(4) 箱装货物:采用木箱和纸箱包装,货物类型有百货、食品、家电、小五金和设备等。

　　(5) 筐、篓、罐装货物:主要是水果、蔬菜等货物。

　　(6) 钢材类货物:如生铁块、钢锭、钢材、钢板、卷钢、盘圆等。

　　(7) 部分车辆及设备:如民用车、工程车、箱装钢管、锅炉水冷壁、机械设备等。

 "锅炉水冷壁"是什么设备?

　　"水冷壁"是锅炉的主要受热部分,它由数排钢管组成,分布于锅炉炉膛的四周。"锅炉水冷壁"通常垂直铺设在炉墙内壁面上,是主要用来吸收炉内火焰和高温烟气所放出来的辐射热的锅炉受热面,是锅炉水循环回路中的基本部件,因兼有冷却和保护炉墙的作用,故名"水冷壁"。

　　不同的分类方式决定了装卸工艺及收费的标准,许多码头企业按货种对件杂货进行分类,一方面是因为很多码头企业是按货种来确定收费标准的,另一方面同一类货种的装卸工艺具有一定的相似性。

二、运输件杂货的船舶和车辆装卸的要求

(一) 对船舶的装卸作业要求

(1) 充分利用船舶舱容、货物质量,但不能超载,因此在装卸中应该轻重货物合理搭配。

(2) 保持船体稳定性和前后吃水的平衡。

(3) 保证船体强度的安全(不能集中受载)。

(4) 避免货物挤压损坏和相互污染,轻货在上,重货在下。

(5) 装卸时要一层层装卸,避免发生下舱工人作业环境过小造成关路关下没地方避让的安全风险。

(6) 货物应按港序合理配载,装货时要严格按照配载图装卸,尤其要注意卸货港顺序。

(二) 对车辆装卸作业要求

(1) 充分利用车辆容积、货物质量,但不能超载,因此在装卸中应该轻重货物合理搭配。

(2) 装货分布要均匀,不准超限装车。

(3) 应根据不同货物的种类落实好相应的固定措施,如长形钢材(钢管、圆钢等)应在卡车两边安装插桩,滚动类钢材(卷钢、盘圆等)应安装托架并塞好三角垫木。

(4) 货物装车时应充分考虑卸货是否方便可行,货物与货物之间应留出合理的卸货空隙便于铲车卸货或人力挂套钢丝绳作业等。

三、件杂货装卸工作的特点

(一) 批量少、货票多

件杂货的品种多,而每批货的运量较少,进出口的件杂货一般需要在港站或库场聚集和积载,积累到一定的货运量后,才装船或装车。因此,大多数经过港站或库场装卸的件杂货均要在库场内堆放。件杂货的货票多,就容易在装卸运输和保管的过程中发生货损货差。为了防止出现差错,堆放在库场内的件杂货需要分票保管,这样就导致了件杂货库、场面积利用率降低。

(二) 货流的双向性

件杂货往往存在进出港站(或库场)同时并存的现象,这就是货流的双向性。这个特性要求装卸搬运设备的同时具备装货和卸货作业的双向性功能。

(三) 贵重物品、危险货物和军用货物需防失窃和发生危险

在装卸和保管贵重物品、危险货物或者军用货物时,特别需要注意防止失窃和发生危

险,故常常设置专门的仓库保管,贵重货物可存放在隔室内。

 **知识卡片**

件杂货码头装卸常用术语

关(码):堆码在吊货工具上起吊的货组。

标准关(码):参照港口起重机械和船舶起货设备的额定载荷,按一定的标准(货物件数与关型)在吊货工具上堆码的货组。

关型(码):根据货种的特征、包装形式、外形尺寸、单件质量和起重机、工属具的能力,而规定的各种货组的特征。

做关:又称码钩、装兜。按一定的要求将吊货工具装、捆、兜、钩等安装在货物上。

拆关:又称拆钩、拆兜。将吊货工具依次从货物上解除,堆放于指定位置的操作。

稳关:又称稳钩。吊运过程中对货物稳扶的操作。

倒关:又称倒钩。直接用吊钩拉起吊货工具将货物倾倒的操作。

拖关:又称拖钩。当货物远离吊钩正下方,起重机械不能垂直起吊的情况下,把吊钩拉至做关处,挂钩后将货物拖至起吊处的操作。

关不正:做关时,堆码不整齐,不按关型要求堆码。

重关:起重机械的吊钩载有货物的吊运。

货垛:按照一定方式和要求堆码在一起的一批货物。

垛型:货垛堆码的形状,包括联(排)数、堆高层数等。

两联垛:货物(或货组)双排堆码。

归垛:对提运剩余、零星分散的小货垛进行集中、归并的作业。

捣垛:俗称"翻桩"。交接双方对货垛件数有异议,需要复查,重点数量;或对存库货物发现异状,需要拆垛、重码(件货)或翻动(散货)的作业。

转垛:在同一码头内,对货垛的货物进行货位调整的搬运作业。

羊角:又称"索具羊角"。系拴绳索用的单角状构件,常为钢制,焊固于起重柱、桅柱或舷墙上,使用时将绳索交错盘绕于角上即可拴住。

地令:装于货舱底部或甲板上,用于拴固货物的可翻转的铁环和耳板。

落脚:在吊运过程中,暂时将货物放置在甲板、码头和货场地面等处,且吊索处于张紧的一种状态。

还手作业:重复前一个操作动作或过程的操作。

挠性:货物挠曲变形的特点,在装卸中主要指易挠曲变形的货物,如长型钢材等。

提头:使用机械力,将货物的一端提起,使吊索具及其他装卸属具放置到位的操作。

第二节　件杂货码头主要的装卸搬运设备

一、选用吊货工属具的一般原则

由于件杂货品种的多样性,件杂货码头通常配置通用性较强的装卸机械,为了使通用性机械能适应各种不同外形、不同种类的货物装卸,就必须应用各式各样的件杂货吊货工属具。吊货工属具的革新与创造是件杂货装卸工艺研究的重要内容之一。吊货工属具的改进不仅可以减轻工人的劳动强度,发挥装卸机械的效能,提高劳动生产率,而且还可促进和推动件杂货装卸工艺的改革。装卸作业线是港口生产的第一线,港口的生产事故很大部分是在装卸作业线上发生的,其中不少事故又是由于选用吊货工属具不当,或吊货工属具损坏造成的。为了保证吊货工属具能有效地配合机械的装卸作业,并能保证装卸工作高效安全地进行,吊货工属具的选用一般应遵循以下一些原则。

(一) 牢固安全

牢固安全是选择件杂货吊货工属具最基本、最重要的原则,也是港口安全生产的重要保证。港口装卸作业的事故隐患常常是由于在选择吊货工属具时忽略了它的牢固安全性产生的,如装卸长钢轨若使用单根绳索套,起吊时长钢轨就会竖起来,成为事故隐患。所以,在选择件杂货吊货工属具时要充分考虑装卸工作的安全性。

(二) 保证货物的完整无损

港口装卸作业必须要确保货物的质量,不合理地选用吊货工属具就会产生货损货差,如装卸袋粮时,应使用网络,因为在起吊网络时,网络与袋粮的接触面大,网中袋粮的受力分散,不易发生破包,若使用绳索扣套,绳索与袋粮的接触面小,接触面的受力大,容易损坏袋粮的包装,影响装卸质量;又如装卸纸箱香烟和纸袋装水泥所选用的货板要与纸箱和纸袋的货组相匹配,避免货板四角起吊时绳索破损包装箱袋。

(三) 使起重机的起重量得到充分利用

在保证装卸生产安全、可靠的前提下,选用自重轻的吊具可以充分利用机械的起重量并提高装卸效率。对于轻泡货,可以用增加组关数和每关的货组数来达到这个目的,如选用特大号的货板装卸纸箱香烟,或用一吊双关等操作充分利用机械的起重量。

(四) 便于工人操作,避免重复操作

在装卸和堆存货物时,使用货板和货架,成组地装卸和堆放都可以减少货物装卸、堆存的操作次数,也可以避免单件货堆垛的堆叠层数和翻垛造成的重复操作,提高装卸作业效率。

装卸生产的实际情况是复杂多变的,在上述四项原则不能全部满足时,首先要确保符合第一、第二两项原则。

二、件杂货主要吊货工属具

件杂货通常包装较小,提高件杂货装卸效率一般通过扩大装卸单元的方法来实现,在件杂货装卸过程中选用和设计合适的工属具显得相当重要。工属具的合理使用,不仅可以扩大装卸单元,提高工作效率,减轻工人劳动强度,而且能保证人和货物的安全。

件杂货码头装卸用的工属具品种、类型、规格繁多。根据装卸作业的要求,件杂货吊货工属具大致可分为吊货工具、承载工具两大类。

(一) 吊货工具

吊货工具简称吊具。吊货工具有通用和专用两大类。吊货工具一般配合起重机械一起使用。吊货工具包括吊钩类、吊索类、卸扣类和专用吊货工夹具等。

1. 吊钩类

(1) 吊钩。吊钩是一种可附有链条或绳索的钩环或挂钩(也称钩头),主要用来挂东西的垂吊式钩子。在起重设备中,吊钩是起重机械的重要部件,常借助于滑轮组等各个部件悬挂在起升机的钢丝绳上面。起重设备中的吊钩总成主要有单钩、双钩两种[见图2-1(a)]。单双钩选用的区别主要是起重量的不同,一般起重量较大时选择双钩吊具。在件杂货码头工属具中,常用的吊钩有环眼吊钩[见图2-1(b)]、鼻形钩[见图2-1(c)]、旋转吊钩[见图2-1(d)]等。

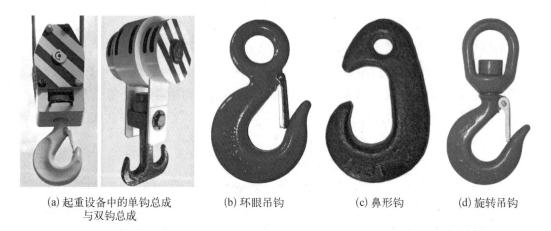

(a) 起重设备中的单钩总成　　(b) 环眼吊钩　　(c) 鼻形钩　　(d) 旋转吊钩
与双钩总成

图2-1　吊钩

(2) 人字钩。人字钩(又称马钩、对钩或两支钩)是一种双分支吊钩,它由一个吊环连接两根等长带钩的吊索,勾连起吊物的吊货工具。作业时,需要先将人字钩挂在吊机钩头上,然后再将做好关的货码挂到人字钩上起吊。人字钩按其材质可分为链条人字钩、钢丝绳人字钩、钢丝绳链条人字钩等(见图2-2)。

链条人字钩与钢丝绳人字钩相比,有绕性好、操作方便、维护费用低等优点,但链条人字钩有质量大的缺点,在严寒的冬天使用时,要注意链条的冷脆性。另外,在船舶吊杆上使用的人字钩吊索,因长度小,使用链条也较多。钢丝绳人字钩有自重轻和安全性好的优点,这种吊钩的分支下端,有的套上套管或用别的方法包扎防护,可避免工人操作时伤手。钢丝绳链条人字钩的下端采用链条,在挂摘钩时操作比较方便和安全,在门座起重机上使用的人字钩,因长度大,故钢丝绳链条人字钩使用得较多。

(a) 链条人字钩

(b) 钢丝绳人字钩

图 2-2　人字钩

　　(3) 成组网络钩类。常用的成组网络钩有四链钩、六链钩等。比如四分支成组网络钩(又称四链钩、四脚钩)由四条分支索所组成,它是由一个吊环连接四根等长带钩的吊索,勾连起吊物的吊货工具(见图 2-3)。

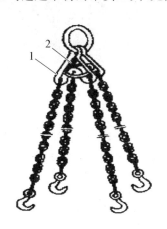

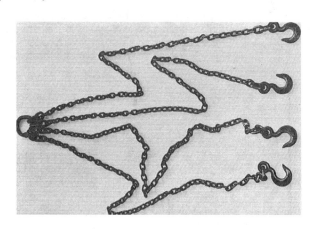

1—支架;2—支架内撑环。

图 2-3　成组网络钩的形状及组成

　　在吊装一些设备大件、车辆、钢板、型钢的装卸作业中经常使用撑架进行作业(见图 2-4)。这种作业方式是在撑架的两端用钢丝绳和圆环分别连接钢丝绳吊钩,这样,能充分发挥起重机和吊杆的起重能力,提高装卸效率等。

图 2-4　使用撑架进行装卸作业

2. 吊索

吊索(也称索具、绳扣)是用钢丝绳或合成纤维等为原料做成的用于吊装的绳索,属于通用性吊货工具。索具通常与吊钩、卸扣(一种常用的装卸工具连接件)等配合使用,可用于木材、箱类、设备、钢材等货物的装卸作业。索具具有结构简单、自重轻、成本低、应用性广、使用方便等特点。吊索按材料可以分为纤维吊索、钢丝绳吊索、链条吊索等(见图 2-5)。

(a) 纤维吊索　　　　　　　(b) 钢丝绳吊索　　　　　　　(c) 链条吊索

图 2-5　吊索

纤维吊索根据纤维种类不同,可以分为天然纤维绳和合成纤维绳等。棕绳、亚麻绳、天麻绳属于天然纤维绳索;尼龙绳等化学纤维材料制成的绳索属于合成纤维绳。

钢丝绳吊索,也称钢丝绳扣,是由单根钢丝绳的两端各绕制一个绳环,并由人工插接或铝合金套管(或钢管套)压制成绳端接头的索具。它在成组装卸和成组运输中普遍使用。一般可以装卸长型钢材和原木等货物。例如,在装卸钢材时大都采用两头带扁圆形钢环的钢丝绳扣;在装卸木材时使用一头带环、另一头带钩或琵琶头的钢丝绳扣。在使用绳扣装卸长钢材或原木时,要成对使用;成组货吊装时,要注意两根钢丝绳扣的放置位置及长短要相当,装卸木材的绳扣不能用于钢材的装卸。

链条吊索是以金属链环相互连接而成的索具,在码头小型设备吊装过程中,可以采用链条吊索。链条吊索具有使用寿命长、易弯曲、绕性好等优点。另外,由于粗的钢丝绳比较难用人力弯曲捆绑货物,很多较重货物可以用链条进行捆绑或者兜底吊装,但链条发生磕碰、卡环、扭曲时容易产生断裂。

3. 卸扣类

卸扣(见图2-6)是港口码头在装卸搬运过程中用来起连接作用的一种常用工具。卸扣通常也称作连接环,是钢丝绳之间、钢丝绳与车体之间、钢丝绳与滑轮之间、钢丝绳与吊钩之间等的必要连接器材。常用的卸扣可分为弓型(或称 Ω 型)卸扣和 D 型(或称 U 型)卸扣等。蝴蝶扣(又称双环扣或链条卸扣,见图2-7)也是件杂货码头常用的一种连接工属具,主要用于链条索具中链条与吊环、吊钩的连接。

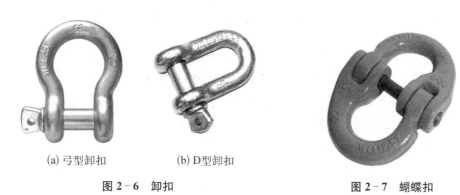

(a) 弓型卸扣　　　　(b) D型卸扣

图 2-6　卸扣　　　　　　　　　　　　　图 2-7　蝴蝶扣

4. 专用吊货工夹具

装卸工夹具是利用夹、钳、卡等原理制成的吊货工具的总称。而专用吊货工夹具是按照货物特点专门设计的吊货工夹具,一般只适用于装卸某一种货物。这类工属具使用安全、方便,省时省力,在港口装卸作业中,有结构简单、针对性强、操作方便等优点,但专用工夹具的利用率较低。专用工夹具的种类很多,常见的专用工夹具包括平放卷钢板夹具(见图2-8)、立放卷筒纸夹具(见图2-9)、立放卷钢板夹具(见图2-10)、起吊油桶的真空吸盘吊具(见图2-11)等。

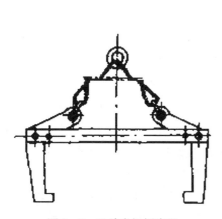

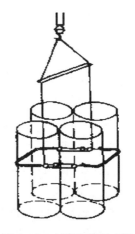

图 2-8　平放卷钢板夹具　　　　　　图 2-9　立放卷筒纸夹具

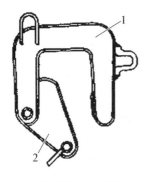

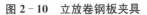

1—外卡板；2—内卡板。

图 2-10　立放卷钢板夹具

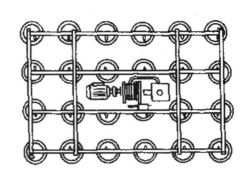

图 2-11　真空吸盘吊具

成捆铝锭吊具(见图 2-12)是由琵琶头钢丝绳连接链条,穿过两个夹钩所组成的。作业时,将吊具挂在起重机械的吊钩上,然后使夹钩钩住成捆铝锭。起吊时,链条在货物重力作用下能自动勒紧双钩,使起吊安全牢靠。

钢板夹钳(见图 2-13)的特点是夹钳上有一活动舌头,钢板起吊时舌头压住钢板避免钢板滑动,保证操作安全。

图 2-12　成捆铝锭吊具

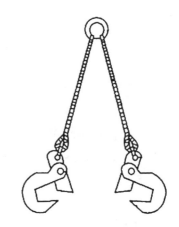

图 2-13　钢板夹钳

卧桶夹具(见图 2-14)是用来装卸卧桶装货的一种工具,由一个吊架和装在吊架下的八条铁链组成。每条链上都穿有一对活络的铁钩,作业时,先将吊具挂在起重机的吊钩上,然后使每对铁钩钩住货桶两端的凸起边缘即可起吊。

立桶夹具(见图 2-15)是由保险柄、保险板、内卡板、外卡板等组成的。作业前,先将吊具挂在起重机械的吊钩上。作业时,手提保险柄,张开卡口,卡住货桶上端的边缘,再将保险柄下压,使保险板插入卡口夹紧时形成的空隙中,防止货柄滑出卡口。

(二) 承载工具

承载工具是码头装卸作业中用于承载袋装货物、成组货物、生铁以及散货等工属具的总称。承载工具主要有网络和托盘两大类,均属于通用性的承载工具。

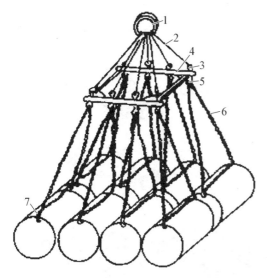

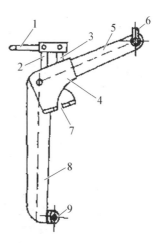

1—吊环;2—钢丝绳;3—连接环;4—吊梁;
5—卸扣;6—链条;7—钩。

图 2-14　卧桶夹具

1—保险柄;2—保险板;3—固定板;4—外卡板;5—连接支板;
6—卸扣;7—卡口;8—内卡板;9—内桶臂。

图 2-15　立桶夹具

1. 网络

网络是码头装卸货物时常用的方形或八角形网络承载工具。网络由网心筋、边框、吊系、小环、大环等组成。网络有成组网络、散货网络、散粮网络、生铁网络、木板网络等。比如棕绳网络(见图 2-16),由白棕绳编制,适用于粮食、盐、纯碱、化肥、食糖等袋装货物及其他一些捆装货物的装卸和成组运输。

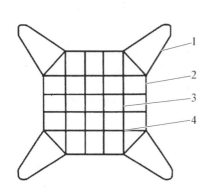

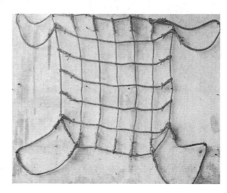

1—吊系(吊耳);2—边框;3—网心筋;4—边筋。

图 2-16　白棕绳编制的棕绳网络

2. 托盘

托盘又叫货盘、货板,是一种由木材、塑料或钢材制成的长方形的供货物成组装卸和成组运输用的承载工具,一般箱装、捆装和袋装等货物均可使用它。托盘(见图 2-17)应用很广,按制造材料不同可分为木材托盘、钢材托盘、塑料托盘等;按结构可分为双面托盘和单面托盘,双面托盘又可分为单面使用和双面使用两种;按叉式装卸车货叉插入的方向数目分,有两面插入式和四面插入式两种。

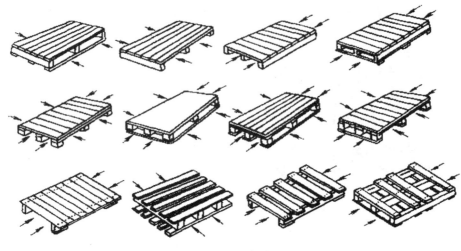

图 2‑17　托盘

(三) 件杂货码头常见货种的工属具配置实例

在码头企业,工属具的配置是装卸工艺非常重要的一部分,工属具的合理配置不仅关系到货物装卸的安全,也与装卸效率的高低有着重要的关系。按照货物的种类来配备合适的工属具尤为关键,不同货种之间特性不相同,所对应的工属具千差万别。反之,同种类的货物由于特性接近,所使用的工属具通用程度较高,而频繁更换工属具也是影响件杂货码头装卸效率的一个通病。下面对目前件杂货码头常见货种的工属具配置做一些介绍。

1. 钢材

钢材类货物是件杂货港口企业占比非常大的货种,也是港口企业生产装卸的主力货种之一。钢材类货种的分类非常广泛,主要可以分为四大类:建材(螺纹钢、线材、盘螺和圆钢等)、管材(钢管、防腐管和水泥管等)、板材(冷/热卷、中厚板、彩钢板和镀锌板等)以及型材(工角钢、H 型钢、方钢、扁钢和球扁钢)等。

1) 钢管

钢管作为长型钢材的典型货种,件杂货港口企业根据其特性可以有以下四种装卸工属具配置。

(1) 尼龙带/钢丝绳锁吊方式。使用尼龙带/钢丝绳锁吊方式(见图 2‑18)的工属具配置主要适用于单支钢管吊装,配载船型有暗舱,需装进暗舱作业等。该种方式主要优点:安全,钢管不会滑落;缺点:拆关复杂,锁吊需要降低工属具负荷,每关作业量下降,效率下降。

(2) 尼龙带/钢丝绳兜吊方式。使用尼龙带/钢丝绳兜吊方式(见图 2‑19)的工属具配置主要适用情况:打捆钢管,配载船型无暗舱。该种方式主要优点:高效,拆关简单;缺点:每关需要套平套牢,否则有滑落的风险。

图 2-18　尼龙带/钢丝绳锁吊方式

图 2-19　尼龙带/钢丝绳兜吊方式

（3）专用钢管钩作业。使用专用钢管钩进行作业（见图 2-20）的工属具配置主要适用情况：防腐管等有特殊涂层的钢管等。该种方式主要优点：能确保钢管的货运质量，工人拆挂钩简单；缺点：每关需要检查钩头是否勾到位，防腐管的长度对配载船型的舱口长度有一定的要求等。

（4）尼龙带/钢丝绳成组吊装。使用尼龙带/钢丝绳成组吊装（见图 2-21）的工属具配置，主要适用情况：钢管本体有成组吊带或者货方、船方要求套带成组等。该种方式主要优点：有利于卸货港卸货方便，提升舱内装舱质量；缺点：费用高，降低了装货港装货效率等。

图 2-20　专用钢管钩作业

图 2-21　尼龙带/钢丝绳成组吊装

以上钢管的四种装卸方式在件杂货码头装卸作业过程中都经常会使用到。工属具的选择具体要看钢管的种类以及配载船舶的船型，无论哪种工艺都有其优缺点，关键看如何扬长避短，根据实际情况选取适合的工属具及装卸工艺。

2）卷钢与盘螺

卷钢在件杂货码头主要分热卷钢和冷卷钢两种，其中冷卷又有卧卷和立卷两种包装形式。件杂货码头装卸热卷钢的专属工属具主要是 C 型钩（见图 2-22），它可以极大地

图 2‐22　热卷钢装卸作业

减少工人数量,在作业时只需 1 名工人将 C 型钩对准热卷的洞眼,后续靠门机便可以完成货物的装卸,大大提升了作业效率,降低了作业的成本。冷卧卷一般会使用化纤尼龙吊带进行作业(见图 2‐23),由于大部分冷卷质量较小,港口企业往往采用多个化纤尼龙带并吊的操作方式进行装卸。而立式卷钢往往采用尼龙带穿洞眼的操作工艺(见图 2‐24),吊装完成后需人力将尼龙带抽出,如果靠机械抽拉吊带容易造成立卷翻倒。因此,立式卷钢的装卸作业往往对拆挂钩人数有着严格的要求,并采用钢丝绳兜套作业,且必须每关套平套牢。

图 2‐23　冷卧卷钢装卸作业

图 2‐24　冷立式卷钢装卸作业

盘螺也是件杂货码头较为常见的钢材货种,其吊装方式和卧式卷钢有着异曲同工之处,区别在于卧卷单件质量比盘螺更大,因此根据盘螺的实际质量,港区工人往往会配置灵活的工属具以确保装卸效率的最大化。如图 2‐25 所示,盘螺的装卸工属具可以随时根据船舱内作业的情况来调节起吊盘螺的个数。

3) 钢板与型钢

钢板作为板材类钢材的典型货种,型钢作为型材的典型货种,它们装卸的工属

图 2‐25　盘螺装卸作业

具配置主要分为两大类。

（1）钢丝绳兜套作业。使用钢丝绳兜套作业的钢板（见图2-26）和型钢（见图2-27）的工属具配置主要适用于钢板强度足够，大船装卸舱作业。该种方式主要优点：安全，单关负荷量大；缺点：因需要衬垫包裹，使用人力较多，容易产生钢板卷边。

图2-26 钢板的钢丝绳兜套作业

图2-27 型钢的钢丝绳兜套作业

（2）钢板或者型钢专用夹作业。使用钢板专用夹（见图2-28）作业或者使用型钢专用夹作业的工属具配置，主要适用情况：驳船起驳，卡车进栈作业等。该种方式主要优点：不容易产生卷边，拆关简单，效率高；缺点：容易脱钩，安全风险比钢丝绳兜套大。

从上面装卸作业的细节可以看出，钢丝绳兜套作业需要使用铁包裹以防止钢丝绳被钢板割断，钢板夹作业时须在夹具上外包保护层防止钢板表面擦伤。

图2-28 钢板专用夹作业

从上述几个货种的比较可以看出钢管、钢板和型钢这三种货种，装卸工艺有着许多相似之处，盘螺和卧卷的工艺也有着相似之处，所以钢材类货种的工属具往往有着一些通用性。

2. 设备类

设备类货种，尤其是重大件设备，往往作业一件重大件设备的费用可以抵得上几百吨钢材类的装卸作业费。重大件设备一般货值较高，对装卸工艺有着很高的要求，港口企业往往会对该类货物采取单独的操作工艺和安全措施。同时，安排专职大件组装卸队进行作业，工艺员也会到现场对货物工属具的配置进行指导，以下为典型设备类件杂货的工属具配置。

1）变压器

变压器（见图2-29）作为件杂货码头比较普遍的重大件货物，质量、吊点和造型也是各式各样,然而使用的工属具基本为化纤尼龙吊带,吊点也是非常清晰,基本以吊耳为主,如图所示,不同质量的变压器需要吊耳的数量可能不同,使用化纤吊带的数量应该随吊耳数量进行调整,变压器作业时尤其需要注意吊点上方的小管线以及吊带和变压器本体接触的位置是否有快口容易切割化纤吊带。

图 2-29　变压器装卸作业

2）风叶与游艇

风叶(见图 2-30)与游艇(见图 2-31)都属于高附加值货物,此类货物的特点是货物价值高、易损坏,对装卸工艺要求非常高,所以该类货物的工属具配置一般要因地制宜,根据货物的质量、质心、吊点、尺寸等合理使用工属具。游艇的吊装工艺中使用到了撑架,在件杂货码头中,撑架的使用相当频繁,而且有一定的使用规范,撑架的基本作用主要在两方面:① 确保吊点垂直受力,防止吊线(钢丝绳、化纤尼龙吊带)滑动;② 撑开吊线,防止货物被吊线(钢丝绳、化纤尼龙吊带)挤压变形,游艇的吊装中撑架起到了这个作用。

图 2-30　风叶装卸作业　　　　　　图 2-31　游艇装卸作业

3）木箱类设备

木箱类设备(见图 2-32)相对于部分重大件设备来说工属具配置较为简单,主要值得注意的地方有两点：① 撑架的合理使用，有些木箱体积较大，需要配备合适长度的撑架以防止木箱被夹坏；② 钢丝绳和化纤尼龙吊带的选择，如部分箱体吊点位置没有铁包裹加固，往往会使用尼龙带作业来增加受力面积以防止木箱破损。

3. 车辆类

件杂货码头的车辆品种多样，对工属具的配置要求较高，装卸工艺也各不相同，

图 2-32　木箱类设备作业

但大致可以分为以下几种：① 使用车辆专用网络作业（见图 2-33），该作业方式适合有轮胎且轮胎能够承受车辆主体结构质量，并且有动力的工程车辆和运输车辆，如矿车、小汽车等。② 按车辆本体的吊点吊运（见图 2-34），该方式适合工程车辆本体有明确吊点。③ 兜车辆本体吊运（见图 2-35），该方式适合履带式车辆或者无动力车辆以及挂车平板等。④ 按车辆支腿吊运（见图 2-36），该方式适合汽车吊、水泥泵车等有支腿的车辆。

图 2-33　使用车辆专用网络作业

图 2-34　按车辆本体吊点吊运

图 2-35　兜车辆本体吊运

图 2-36　按车辆支腿吊运

车辆工属具配置的核心要求是确保车辆起吊平稳,不会破坏车辆管线、玻璃、反光镜等易碎部件。车辆在装船时可能油箱内还残留部分柴油,如发生吊运事故容易产生重大安全风险。因此,车辆的作业一定要根据不同车型配置合适的工属具。

4. 纸浆

纸浆类货物目前是件杂货码头之间激烈竞争的货种,这主要源于纸浆类货物货量大,规格单一,便于流程化操作。件杂货码头目前承接的纸浆类货种主要分为两大类:传统纸浆(木浆)作业(见图 2-37)和卷筒纸作业(见图 2-38)。

图 2-37　传统纸浆(木浆)作业

图 2-38　卷筒纸作业

伴随着科技的进步,大型件杂货码头基本已经可以做到纸浆类货种的半自动化作业,这主要得益于纸浆半自动吊架的发明,无论是传统纸浆(木浆)或是卷筒纸,装卸工人只需在舱内进行挂钩作业,当重关落到平板上之后,纸浆半自动吊架将自行脱钩。这种纸浆半自动吊架节省了劳动力,提高了装卸效率,同时也大大降低了纸浆作业的安全风险。

三、件杂货装卸机械设备

件杂货装卸设备主要包括装卸船舶机械、水平运输机械和库场内堆拆垛机械。其中,装卸船舶的机械设备主要包括门座起重机、船舶起重机(船机)和流动起重机等;水平运输的机械设备主要包括叉式装卸车(叉车)、牵引车挂车、货车等;库场内堆拆垛机械设备主要有叉式装卸车、轮胎式龙门起重机、电动吊车和轨道式龙门起重机等。

(一)装卸船舶的机械

1. 门座起重机

门座起重机简称门机,是件杂货码头岸边装卸船作业的主要设备。门机属周期循环作业机械,它具有起升、旋转、变幅和整机可沿地面轨道行走的功能,具有起升高度大、臂幅大、工作区域大、起重量大、作业灵活、定位性好、通用性好等特点,对成组的五金钢材、木材及机械设备等件杂货可以直接吊放在其轨道后吊幅范围内的堆场上暂存,或直接装车外运,对与之配合作业的流动机械来说可减少其搬运作业距离。

件杂货码头门机主要参数的选择:

(1) 轨距。我国门机发展初期是火车到达码头前方,门机跨内布置单线和双线铁路装卸线,轨距分为 6 m 和 10.5 m 两种。目前,新设计的件杂货码头一般不在码头前沿设铁路装卸线,但还是沿用了 10.5 m 轨距这种较为成熟的门机机型。随着船舶大型化和单件货物质量增加,要求门机有较大的工作幅度和起重量,目前一些大型的门机轨距选用 12 m,也有少数门机轨距选用 16 m。

(2) 起重量。起重量根据通过泊位的货物(包括成组货)单件质量、货物的运量和运输的船型以及该泊位在港口所处的地位来确定。目前,经件杂货码头装卸船的件杂货物大部分是钢材、机械设备等,质量大,有的在 30 t 以上;其次是袋装货,一般是组成货关起吊,每关货物质量为 4~10 t。另外,还应考虑吊放质量在 15 t 以上的下舱机械的需要。因此,近年来新建的件杂货码头大部分选用的起重量为 16 t、25 t、40 t。对于以钢铁为主的码头,按其作业量比例同时配置 25 t 和 40 t 的门机最为普遍。

(3) 工作幅度。根据船型的大小、货物装卸情况及装卸要求确定门机工作幅度。船舶不装甲板货时,门机的最大幅度一般至舱口的外侧。若需装卸甲板上的货物时,门机的最大幅度应至外侧船舷。计算门座起重机臂幅的经验公式是

$$R = B + 1.0 + (2.0 \sim 2.5) + b$$

式中,B 为船宽(m);b 为门座起重机的中心线到门座起重机前轨中心线的间距(m);门座起重机前轨中心线到码头前沿的间距为 2.0~2.5 m;码头前沿到船舶码头边船舷的间距为 1 m。

2. 船舶起重机

尽管大多数港口都配备起重能力强、效率高的港口货物装卸设备,然而,并非所有的港口都具有足够的起货设备,即使是现代化港口,也往往因在港船舶过多而一时难以应付。另外,考虑到船舶在开阔水面上有时需进行货物装卸和过驳作业等,很多货船上仍配备了船舶起重机,用以在锚泊时进行货物装卸或与港口货物装卸设备联合作业,加快船舶周转,提高船舶营运效率。使用船舶吊杆进行船舶装卸作业具有码头造价低、营运费用低、装卸成本低等特点。使用船机作业节省了泊位岸边装卸机械,减小了码头荷载,简化了码头结构,降低了码头造价。但船机工作幅度小,工作区域有限,装卸作业受到较大的限制,因此在我国,船机一般仅作为门机作业的补充,必要时进行联合作业,以提高装卸能力。

船舶起重机的类型有很多,按结构形式和作业方式的不同可分为吊杆式起重机、回转式起重机等。吊杆式起重机主要有单吊杆起重机、双吊杆起重机两种类型。吊杆式起重机曾经是除矿砂船等以外的大多数干货船使用的主要起货设备,其主要优点是设备构造简单、初期投资少,但其起重量较小,装卸效率较低。现新建的货船几乎都采用回转式起

重机作为主要的装卸设备。回转式起重机主要由金属结构（塔座、臂架等）、工作机构（起升、变幅、回转三大机构）、驱动装置（一般为电力驱动或液压马达驱动）以及操纵控制系统组成。回转式起重机操作方便、装卸效率高。

3. 流动起重机

港口常用于装卸驳船的流动式起重机是轮胎式龙门起重机（简称"轮胎吊"）。轮胎式龙门起重机的造价比门座起重机的低，维修保养的费用较门座起重机的少，装卸效率较门座起重机的低。轮胎式龙门起重机可分为电动式、内燃机式和双动力式三种，其常用额定起重量有16 t、25 t、40 t和50 t等，实际起重量根据把杆和幅度确定。轮胎式龙门起重机用作船舶装卸设备时，一般是在小型泊位和驳船码头使用。轮胎式龙门起重机在装卸船作业时的停放位置，应根据码头前沿和所选用机型的实际情况而定。

4. 装卸船舶机械的选用

对装卸船舶机械的选用是由码头泊位条件、港口自然条件、装卸作业具体情况及使用习惯等因素决定的。我国大多数海港的件杂货码头装卸机械选型是根据货物吞吐量、货种、船型和码头形式等因素确定的，并注意发挥船机的作用。

在件杂货货种结构多变的情况下，为了使码头对货种的适应性更好，近些年来，新建的件杂货码头大多采用多用途门座起重机。多用途门座起重机是普通型门座起重机的改型，它既可以使用集装箱专用吊具进行集装箱装卸作业，也可以使用吊钩、抓斗进行件杂货和散货装卸作业，比较适合在货种变化大的非专业化码头上使用。

（二）水平搬运机械

件杂货码头水平搬运机械主要有叉式装卸车（叉车）、牵引车挂车、货车等。

1. 叉式装卸车

叉式装卸车也称叉车，适用于短距离水平运输，并可用作库场内堆拆垛和装卸车辆。由于叉车不仅可用于水平运输，还可兼作拆码垛作业，因此其应用十分普遍。叉车一般配备于码头—前方库（场）的搬运作业，距离比较短。一般情况下，每条作业线（每头）配2台叉车，即可保持不间断作业。

2. 牵引车挂车

牵引车挂车也称拖头平车或牵引平板车，是件杂货码头效率较高的一种水平运输机械，牵引平板车可用于码头前沿—后方库（场）的水平运输作业。牵引车又称拖头，是一种在车辆后端装有牵引连接装置，用来在地面上拖带载货平板车以实现货物水平运输的车辆。挂车又称平板车，是一种具有载货平台而无驱动装置、需依靠牵引车拖带行走的载货车辆。牵引车挂车的工作特点是拖带量大，机动灵活，利用率高。

3. 货车

货车的工作特点是运输速度快，机动性好，爬坡能力强，适用于车船的直接换装作业，适用于较长距离运输。一般的小型货车进行运输作业的缺点是对长大件货种的适应性差，货车的维修费用大。

采用哪种水平搬运机械合适,要根据各港的具体条件而定,其中运输距离因素影响最大。水平搬运机械各有其合理的经济搬运距离和爬坡能力。在选用水平搬运机械设备时可参考表 2－1。

表 2－1　水平搬运机械经济运距

序号	机　型	经济运距/m	备　注
1	叉式装卸车	<150	码头—前方库场的搬运以及库场内的搬运作业
2	牵引平板车	150～350	码头—后方库场的搬运
3	货车	>350	码头—较远的后方库场的搬运作业

(三)库(场)内堆拆垛机械

用于库(场)作业的装卸机械设备主要有叉式装卸车、轮胎式龙门起重机、电动吊车和轨道式龙门起重机等。也有港口的仓库内采用桥式起重机在库内作业,对于这种工艺,装卸机械在空中作业,不占用仓库面积,但是由于配置的桥式起重机的数量有限,因此仍然还会有其他机械进库作业,这种方式增加了仓库结构的复杂性。

此外,随着人工智能的发展,一些件杂货库场开始使用机械手取送货和堆码垛,这些机械手的使用提高了作业效率,也降低了工人劳动强度。

第三节　件杂货码头的装卸工艺流程与布置

一、件杂货码头的主要装卸工艺流程

我国港口从事件杂货装卸历史较长,积累了丰富的经验,形成了符合各港自身条件的件杂货装卸工艺流程。

件杂货装卸工艺机械化系统的类型与码头结构形式的关系较密切,而码头的结构形式则是根据航线和港口的特定条件,如货物的流量、流向、地形、水域以及运载工具的结构形式等综合因素来考虑的。一般认为,海港及中小水位差河港件杂货码头建造成直立式,采用岸上装卸设备(或船舶起重机等)—流动机械工艺系统;大中水位差河港件杂货码头建造成斜坡式,采用起重船—缆车—流动机械工艺系统。一般件杂货的装卸工艺流程方向是双向的,满足装卸船、装卸车及水平运输的需要。

典型的件杂货工艺流程如下。

(一)船→库(场)

船→库(场)装卸工艺流程如图 2－39 所示。

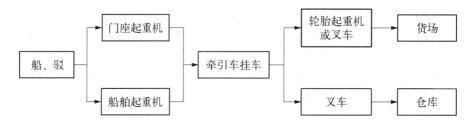

图2-39 船→库(场)装卸工艺流程

(二) 船→驳船

船→驳船装卸工艺流程如图2-40所示。

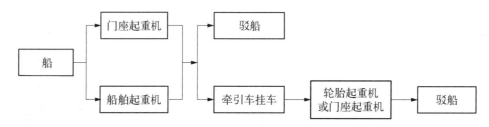

图2-40 船→驳船装卸工艺流程

(三) 船→货车、火车

船→货车、火车装卸工艺流程如图2-41所示。

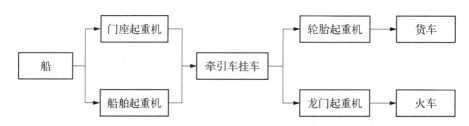

图2-41 船→货车、火车装卸工艺流程

(四) 驳船→驳船

驳船→驳船装卸工艺流程如图2-42所示。在门座起重机跨幅足够的前提下,也可以直接将两条驳船并排进行过驳作业。

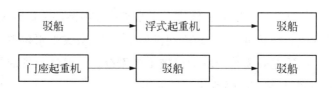

图2-42 驳船→驳船装卸工艺流程

(五) 驳船→货车

驳船→货车装卸工艺流程图如图2-43所示。

图 2‑43 驳船→货车装卸工艺流程

(六) 库(场)→货车、火车

库(场)→货车、火车装卸工艺流程如图 2‑44 所示。

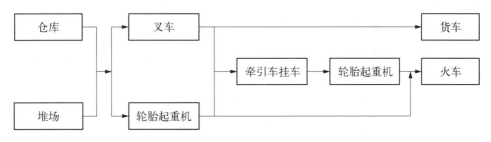

图 2‑44 库(场)→货车、火车装卸工艺流程

(七) 货车→驳船(库、场)

货车→驳船(库、场)的装卸工艺流程如图 2‑45 所示。

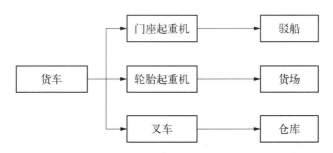

图 2‑45 货车→驳船(库、场)装卸工艺流程

二、件杂货码头的装卸工艺布置

件杂货码头的工艺布置应根据选择的装卸工艺方案结合件杂货码头工程的具体情况对码头前方装卸船作业区以及通行道路进行布置。

(一) 码头前沿装卸船作业区的工艺布置

1. 门座起重机—流动运输机械布置形式

在使用门座起重机装卸船舶的码头,码头前沿工艺布置通常采用门座起重机—流动运输机械布置形式,该布置形式一般有一线仓库和一线堆场的两种布置形式。门座起重机—流动运输机械布置形式的码头前沿装卸船作业区的工艺布置如下。

(1)门机在码头前沿的布置。门机运行在平行于码头岸线的两条轨道上,门机外侧轨(海侧)中心线至码头前沿岸线的距离一般为 2~3 m。确定该距离时应核对门机前腿上的支架、电缆卷筒、电缆导向架及扶梯不与码头前沿的系船柱等相碰;门机旋转部分,如平衡重、机房尾部不与船舶上层建筑(包括船舶的倾斜)相碰;海侧轨至码头前沿线之间便于布置系船柱、上水栓、接电井、电缆槽及门机的基础预埋件等。在不影响上述因素的情况下,轨道应尽量靠近码头前沿线布置,使门机作业幅度得以充分利用。为满足多用途码头发展成为专业化集装箱码头作业需求,海侧轨道中心线与码头前沿岸壁的距离不宜小于 3 m。

门机内侧轨(陆侧)中心线至前沿堆场或道路边缘的距离应考虑门机走行时其支腿上的支架和扶撑不碰货堆,并留有人行通道,一般不小于 1.5 m。

(2) 前方作业地带的宽度。码头前方作业地带是指码头前沿线至码头一线仓库(前方仓库)或堆场边缘的装卸船作业区域,其中包括门机运行区域、前沿堆场及码头前方道路,码头前方作业地带一般取 47~50 m。一线仓库的布置形式如图 2-46 所示。

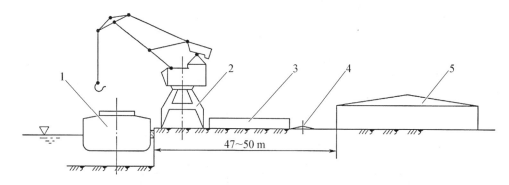

1—船舶;2—门机;3—前沿堆场;4—前方道路;5—一线仓库。

图 2-46   码头前方作业地带工艺布置(一)

当所装卸的货物基本上只需在堆场上存放,一线可不设仓库,采用一线堆场的布置形式,如图 2-47 所示。

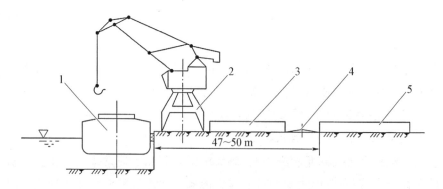

1—船舶;2—门机;3—前沿堆场;4—前方道路;5——线堆场。

图 2-47   码头前方作业地带工艺布置(二)

(3) 前沿堆场。前沿堆场是指在码头前沿门机陆侧幅度范围内的堆场。该堆场一般为短期临时堆存货物。码头前沿堆场货物周转快,使用率高,作业方便。其宽度如表 2-2 所示。

表 2 - 2　前沿堆场宽度

序 号	项　　目	数　　　值			
1	门机最大幅度/m	25	30	33	43
2	门机轨距/m	10.5	10.5	10.5	12
3	前方堆场宽度/m	13～18	18～23	21～26	30～35

前沿堆场的宽度取决于门机的幅度、码头的吨级、货种、需要堆存货物的容量和作业方式等因素。但也有的港口不使用前方堆场堆货,而将其作为平板车停放及调车区使用。

(4) 码头前方道路。前方道路一般设在前沿堆场之后,道路宽度一般取 7 m 以上为宜。

(5) 仓库至门前通行道路之间的引道长度。仓库至门前通行道路之间的引道长度按流动机械或车辆进出库门所需的制动距离确定。此制动距离与行车速度有关,一般情况下,流动机械进出库时,此距离可取 4.5 m;汽车进出库时,此距离可取 6 m。

2. 船舶起重机(船机)或流动起重机—流动运输机械布置形式

在使用船舶起重机(船机)或流动起重机装卸船舶的码头,通常采用船舶起重机(船机)或流动起重机—流动运输机械布置形式。该布置形式通常采用一线仓库布置。船舶起重机(船机)或流动起重机—流动运输机械布置形式的前方作业地带宽度主要根据水平运输机械的类型及其转弯半径、作业方式等情况确定,一般取 14～25 m。该区域主要包括装卸船机械占用的宽度、前方道路及道路边缘至前方仓库之间区域等(见图 2 - 48)。

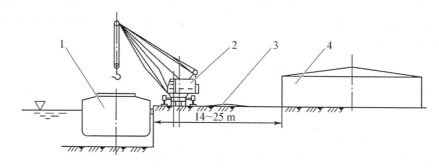

1—船舶;2—轮胎吊;3—前方道路;4——线仓库。

图 2 - 48　流动起重机装卸船作业的码头前沿工艺布置

3. 起重船—缆车—流动机械工艺布置形式

在大水位差河段的港口,建造直立式码头不论在投资和作业上都有一定困难的情况下,可采用斜坡式码头。斜坡式码头件杂货装卸工艺流程常采用起重船—缆车—流动机械工艺系统(见图 2 - 49)。

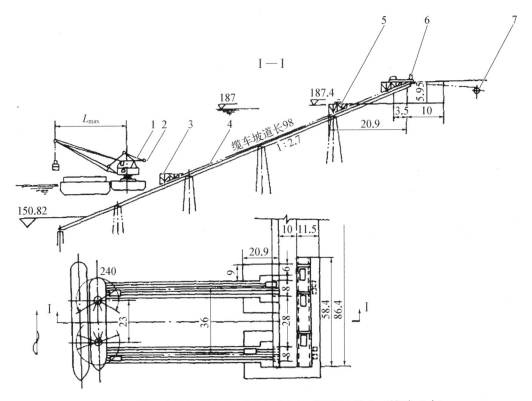

1—绳杆起重机(2台);2—趸船;3—缆车(4台);4—牵引钢丝绳;5—平板车(6台);
6—蓄电池搬运车(6台);7—卷扬机(4台)。

图 2-49　起重船—缆车—流动机械系统(单位:m)

起重船—缆车—流动机械工艺系统主要由起重船、缆车、流动机械等组成。

(1) 起重船。在内河港口斜坡式码头上,广泛使用起重船(也称浮式起重机、浮吊)装卸,起重船具有起升、变幅和旋转等工作机构,转盘质心较低,稳定性较好,运转灵活。

(2) 缆车。缆车是一种楔形车,上有载货平台,由电动卷扬机牵动钢丝绳将缆车沿着铺设在斜坡上的轨道移动,在系统中缆车作为上、下坡的搬运机械。

(3) 流动机械。主要是指用于水平搬运、装卸车作业、库场内堆拆垛等各种类型的流动机械。

(二) 堆场及仓库布置

堆场和仓库的布置应结合码头工程的具体条件及装卸工艺流程进行,原则上尽量布置在靠近码头区域。位于码头前方的仓库、堆场一般都平行于码头岸线布置,而码头后方的仓库、堆场则根据当地铁路进线条件和公路走向布置。

1. 堆场

堆场一般沿港区主通道、铁路装卸线布置。堆场长度根据堆场内垛位尺寸和作业通道的布置而定,其长度一般不大于 80 m。堆场的宽度主要取决于使用的装卸机械的作业方式及需要的作业通道的宽度。

（1）单独使用轮胎吊装卸车时，吊机居中，车和堆场均在轮胎吊的工作幅度范围内，不必移车也不必用其他机械协助作业。此时，堆场宽度取决于轮胎吊的工作幅度，一般取16～20 m（见图2-50）。

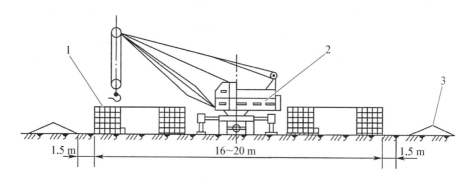

1—堆场货物；2—轮胎吊；3—堆场道路。

图2-50　轮胎吊装卸车堆场布置

（2）采用龙门式起重机时，堆场宽度取决于龙门式起重机的轨距，一般为20～30 m（见图2-51）。

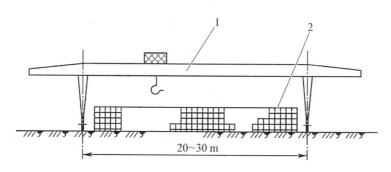

1—龙门起重机；2—堆场货物。

图2-51　龙门式起重机作业堆场布置

2.单层仓库

1) 仓库的位置

需要入库保管的货物比较多的件杂货码头，仓库一般可布置在码头前沿100 m的范围之内，作为一线仓库。一线仓库堆场容量不足时，可设置二线仓库或后方仓库。二线仓库一般可在距码头前沿150～200 m范围内设置。而后方仓库则布置在码头陆域范围以外的其他地区，作为较长期存放货物的后方仓库。

当几个件杂货泊位连在一起顺岸布置时，可按相邻泊位共用一座仓库设计，其布置可隔一个泊位设一座仓库，也可在相邻两泊位间布置仓库（见图2-52）。

2) 仓库主尺度的确定

（1）跨度。从使用角度来看，跨度大的仓库作业方便，堆货面积利用率高，但是大跨

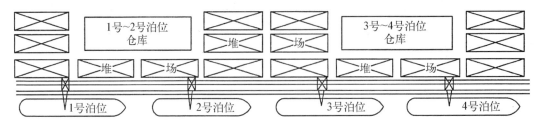

图 2－52　相邻两泊位间布置仓库示意图

度的仓库受土建结构设计和工程造价的限制,我国港口现有的仓库单跨度一般有 18 m、21 m、24 m、30 m、40 m、48 m 和 60 m 等,也可以几个仓库跨连在一起建设形成宽型仓库。

（2）仓库的长度。仓库的长度根据拟建仓库的面积而定,但最大长度一般应在泊位的长度范围内。较长的仓库因面积较大,需要根据防火规范设置防火隔墙。

（3）仓库的净空高度。仓库的净空高度主要取决于所选用的库内装卸、运输机械的类型及货物的堆存要求。一般情况下,单层仓库的净空高度不低于 6 m。

（4）库门。库门的尺度应根据进出库作业的流动机械、运输车辆的类型、性能及其作业方式确定。进出叉车和牵引平板车的仓库门尺度净宽应不小于 4.2 m,净空高度应不小于 4.5 m。库门应采用开闭灵活、轻便、关闭严密、使用可靠的库门。

库门的数量应根据工艺布置及装卸作业方式确定。库门过多库内通道也随之增加,必然影响堆货面积;库门过少又影响装卸及搬运作业。因此,应在满足装卸工艺设计的基础上根据仓库的长度适当设置库门。一般情况下,每隔 1～3 个柱距设一个库门。以铁路集疏运为主的仓库,库门应增多并与铁路装卸线的车位相适应,一般每个柱距内设一个库门。另外,大跨度、大长度的仓库还要在山墙设置库门。

（5）站台。有铁路装卸线的仓库,一般应设置站台,但使用起重机装卸敞车时可不设置站台。站台高度一般高出轨顶面 1.1 m,站台宽度应根据流动机械类型、性能和作业方式来定。一般叉车作业站台 6 m 宽即可,牵引平板车等机械作业站台则需 6～8 m 宽,如图 2－53 所示。

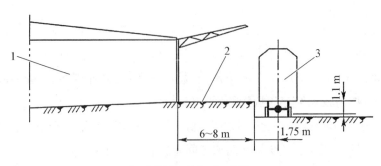

1—仓库;2—站台;3—火车。

图 2－53　站台布置

在雨天较多的港口,库后侧的火车装卸线应考虑设置防雨棚。仓库站台需设置全遮式雨棚,雨棚支柱内侧至铁路中心线的距离和雨棚内的净空高度应符合铁路建筑限界的规定。

(6) 库内通道宽度。库内最小通道宽度是根据货物堆码的形式及水平搬运机械的类型来确定的。但在港口的实际装卸作业中往往由于货种的外形尺寸和包装形式不同,以及考虑方便操作等因素,对通道宽度的要求也不一样。根据港口的使用经验,对于大型仓库,主通道宽度一般为 3～6 m。

(7) 库内货堆高度。件杂货在仓库内的堆存高度取决于单位堆货面积的堆存量、仓库条件、货物种类、货物件重、包装质量、库内装卸机械堆高能力等因素。一般情况下,件杂货在库内用人力堆高为 1～3 m,机械堆高为 2～4 m。

(8) 货盘间距及货堆至仓库墙边距离。当件杂货在仓库内以托盘形式堆存时,各港的堆码方式不尽相同。以图 2‑54 所示的某港 42 号库堆货布置图为例,其托盘之间距离一般应大于 0.5 m,货堆距墙边距离不小于 1.5 m。

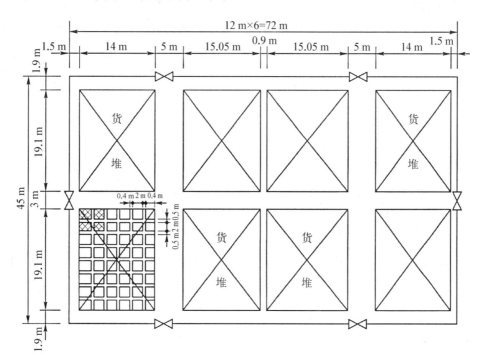

图 2‑54　某港 42 号库堆货布置

3. 多层仓库

多层仓库的层数根据泊位所需面积的大小及占地情况而定,一般为 2～4 层,也有个别港口仓库层数较多,如香港葵涌码头的多层仓库最高达到 30 层。设计多层仓库要特别注意层间运输的机械化。

1) 多层仓库的布置

多层仓库多用于地域狭小的码头(见图 2‑55),多层仓库一般都布置在码头前方门机作业幅度范围之内,利用门机直接把货物吊至仓库各层的装卸平台上。

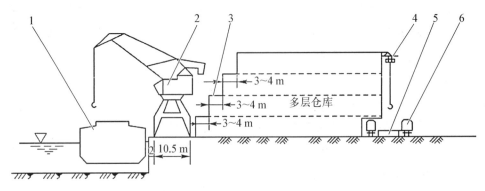

1—船舶;2—门机;3—装卸平台;4—库顶吊机;5—站台;6—火车。

图2-55　多层仓库布置

2) 层间运输工艺

层间运输工艺是多层仓库不同于单层仓库装卸工艺的最大特点。层间垂直运输方式主要有电梯(货梯、客梯)、库内吊、库顶吊等。大型的多层仓库,为解决大量货物的垂直运输,在仓库的端部设置盘旋车道,以汽车通达仓库的各层为主要运输方式,电梯等运输方式为辅。楼层内水平运输主要靠小型叉车、电瓶车等。

3) 多层仓库主尺度的确定

(1) 净空高度。仓库的层高主要以作业需要而定,多层仓库的底层净空高度一般为6 m,其他楼层采用3 t及3 t以下叉车作业时,其净空高度一般为5 m。楼层内使用库内吊或其他机械作业时,其净空高度应根据作业方式的具体要求确定。

(2) 跨度和柱间距。对于多层仓库的跨度和柱间距,从作业角度考虑,尽可能大一些为好,一般不小于6 m,但要结合建筑结构设计综合确定。

(3) 装卸平台。在多层仓库海侧方向门机作业幅度范围内,每层都应设置装卸平台,平台的宽度取决于平台上所选用的装卸运输机械的作业方式,一般为3~4 m,装卸平台边缘应设护轮突缘(护轮坎)。

 何为"护轮坎"?

码头上的护轮坎是指设置在码头前沿的凸坎,是防止流动机械、货物和工人等坠入水中的安全措施,一般在引桥码头或窄突堤码头较为常见。在顺岸码头或宽突堤码头的前沿,有些港口根据习惯和要求也有设置。码头上的护轮坎,一般采用钢筋混凝土结构,护轮坎上一般刷上黑色和黄色的警戒色以起到提示和醒目作用。

（4）装卸车工艺。多层仓库陆侧方向装卸车工艺的设计应根据实际情况,如货种、车型、层间运输方式、工艺方式、上层库的货物是否能不落地直接装车等因素确定装卸线的位置,并考虑是否需要设站台。若设站台,可参考单层库的站台设计。

（三）铁路装卸线布置

在有铁路集疏运货物的件杂货码头,需要在堆场或仓库设置铁路装卸线,以解决铁路车辆的装卸车作业。为方便码头装卸船作业,铁路装卸线一般设在一线库(场)的后侧,根据铁路运量的大小确定装卸作业线的长度,通常情况下,铁路装卸线与走行线应分设。

1. 仓库铁路装卸线

仓库后方铁路装卸线不设站台时,装卸线中心线距库墙的距离应根据作业方式及所选用的机械设备而确定;采用叉车、牵引车作业时,一般取 $7.75\sim9.75$ m;采用轮胎式龙门起重机作业时,可增大至 11.75 m。

仓库与铁路线之前如设有站台,则站台宽度可取 $6\sim8$ m,站台边缘与装卸线中心线的距离一般为 1.75 m,站台较铁路轨顶高 1.1 m。设站台有利于棚车的装卸作业。

2. 堆场铁路装卸线

堆场铁路装卸线一般与堆场、码头岸线平行布置,长度与泊位岸线相同。铁路中心线距堆场边缘 3.5 m,设双线铁路装卸线时,其线间距为 5 m。

三、通用码头与多用途码头的装卸工艺布置

（一）通用码头的装卸工艺

通用码头是指适用于装卸散货或普通件杂货货种的非专业化码头。通用码头比件杂货码头形成时期稍晚,主要是在件杂货码头的基础上增加了散货货种的装卸船作业。通用码头解决了件杂货量不足,而同时散货量级也不足以支撑建设专业化码头的情况,满足了功能与投资效益的均衡。

通用码头的装卸工艺是以流动机械为主的件杂货装卸工艺及散货作业方式共同形成的组合工艺。通用码头装卸作业的货物种类通常包括有件杂货(如钢材、袋装水泥、化肥、机械设备等)和一定比例的多品种散货(如矿建材料、金属矿石、非金属矿石、盐等散货)等,其中散货比例越大,泊位通过能力越大。通用码头货物集疏运方式以公路为主,运输车辆为载重汽车,汽车进入指定堆场就近进行装、卸作业;或有少量铁路运输,在港内布置铁路装卸线进行铁路货运列车在线换装作业。

通用码头建设规模一般为 1 万～10 万吨级,其设计船型的确定不仅要考虑件杂货船舶,还要同时考虑散货船靠泊装卸作业。当通用码头作业货种仅有多种散货,而无件杂货时,一般称为通用散货泊位。建设通用散货泊位通常是因为某些散货(如镍矿、铝矾土等)的物理特性一般不适宜用专业化连续式装卸设备进行装卸。通用散货泊位装卸船作业采用门机(配抓斗),堆场作业采用流动机械。

目前,通用码头的件杂货货种装卸工艺与件杂货码头装卸工艺基本相同,散货的装卸

工艺包括散货船的清舱和平舱、装船和卸船、装车和卸车、归垛和堆高、水平运输等。

（二）多用途码头的装卸工艺

多用途码头（multi-purpose terminal）是指装卸件杂货和集装箱的多功能码头。多用途码头装卸工艺是以流动机械为主的件杂货装卸作业和集装箱装卸作业系统组合形成的装卸工艺。

多用途码头除了具有件杂货码头和通用码头的灵活性、通用性之外，更侧重于多用途性，侧重于具有处理集装箱运输业务的功能。其作业货种除集装箱外，还有件杂货（如钢材、袋装水泥、化肥、机械设备等）。

多用途码头建设规模多数在5万吨级上下，码头设计船型包括件杂货船、集装箱船及滚装船等，其中集装箱年通过量一般是每泊位5万标准箱（TEU）左右，最大一般不超过10万 TEU。多用途码头是特定环境和经济发展条件下的产物，对于某个港口新建多用途码头时，一般有过渡型的多用途码头和稳定型的多用途码头两种方案可供选择。

1. 过渡型的多用途码头

在经济处于发展的起步阶段地区的港口，由于港口经济腹地集装箱运输业务尚未发展形成，无足够的货源，眼前还不具备建设专业化集装箱码头的条件，以多用途码头的形式起步，开展集装箱运输，进行滚动发展。当腹地经济实力增长到一定水平、适箱货物达到足够运量时，这样的多用途码头将水到渠成地发展成为专业化集装箱码头。

对于这种多用途码头的设计，应充分考虑远近结合，为远景发展规划留有足够的余地。应在对港口腹地经济发展和远景预测的基础上，进行科学的分析论证后，确定该多用途码头发展成为专业化集装箱码头的最终规模和布置格局。在码头布置上应按专业化集装箱码头所需要占用的陆域面积留有足够的陆域纵深，以及视陆上固定建筑物的具体情况进行布设。装卸工艺等应以专业化集装箱码头为基点，在远近结合的基础上进行设计。

2. 稳定型的多用途码头

在货源腹地经济发展速度较慢或仅为某些专业性较强企业运输集装箱的多用途码头，根据港口规划发展和货运量预测，在相当长的年限内集装箱货运量大幅度增长的可能性很小，无须向专业化集装箱码头发展时，则应按现有的运量、货种组合等实际条件，在留有适当余地的基础上，进行码头的总体布局和选择装卸工艺系统。这种多用途码头的装卸工艺设计应侧重考虑"多用"功能。

第四节　件杂货码头的装卸生产组织

由于件杂货本身的特性，件杂货装卸劳动与散货、集装箱装卸劳动有着很大区别。尽管装卸的机械化程度在不断提高，但在船舱内、火车内、库场内许多成组做关和拆关作业仍需要依靠人力作业，这对劳动者的体力要求是很高的。件杂货港口装卸工作组织一般由调度部门负责,调度部门的主要职责是与外部部门的协调配合和与内部部门的协作。调度部门通过与港口外部单位(如货主、船东,铁路、检验检疫、海关、边防、海事等部门)的协调配合为港口生产创造良好的外部环境,保证生产的顺畅进行;与港口机械队、装卸队、库场队等内部部门的协作,保证港口生产安全、优质、高效、顺畅地开展。因此,港口的装卸工艺生产组织活动就是指运用计划、组织、领导、控制等管理手段,经济合理地利用好港口的一切人力和物力资源,充分提高港口的生产综合效能,及时便利、安全地完成好运输中转任务,努力实现货主、船舶、港口和社会利益的共同提高。

一、件杂货码头装卸企业的劳动分工

港口劳动分工是指港口企业根据本单位的装卸生产技术条件,把整个装卸生产环节划分成许多组成部分,在共同的装卸劳动过程中,每一个人专门从事一项特定的工作。随着港口生产力的发展,港口装卸企业内部的分工越来越细,从而不断地分化出新的生产部门和新的工种。当然,也要看到劳动分工不是越细越经济,过细的劳动分工不仅会使经济效益下降,而且会使劳动者的兴趣、技能和责任心减退。因此,需要科学地进行劳动分工。

(一) 件杂货码头装卸企业的劳动分工

件杂货码头装卸企业的劳动分工按照工作性质大致可以进行以下分类。

(1) 装卸工。专门从事舱内、车内、库内直接货物装卸作业的工种,是港口装卸企业最主要和最基本的工种。

(2) 装卸司机。专门从事装卸机械操作的工种。

(3) 调度人员。从事现场装卸生产直接组织和指挥的管理人员,装卸企业调度人员一般还分为调度主任、调度员、单船指导员等。

(4) 理货、库场管理人员。专门从事港口装卸企业库场管理和货物交接计数等作业的人员。

(5) 机械设备维修人员。专门从事港口装卸机械设备维修、保养等作业的人员。

(6) 码头服务人员。专门从事码头船舶系解缆、铁路道口信号看管等作业的人员。

(7) 工属具管理人员。专门从事装卸工属具、备品的收发、维修和日常管理的人员。

(8) 安监员。专门从事港口生产安全监督工作的人员。

(9) 生产辅助作业人员。这种人员包括电工、系缆工等,是专门从事生产保障工作的人员。

(二) 件杂货港口装卸班组、装卸队与机械队

1. 装卸班组

一个装卸班组以多少个装卸工组成较为合适,不是一个完全可随意决定的问题。其主要约束条件在于组成一条作业线所需的人数。装卸作业的群体性决定了装卸劳动不是单人单独操作,而是多人相互配合、协同操作。每条作业线基本由一个装卸班组的装卸工组成,尽量避免几个不同的装卸班组的装卸工拼成一条作业线,以免装卸工之间缺乏配合与默契。

一个装卸班组适宜人数应是一条作业线通常需要的人数除以装卸工的平均出勤率。例如,一条作业线通常需要20人组成,装卸工平均出勤率为95%,则装卸组适宜人数为20÷95%≈21(人)。

一条作业线所需人数根据货种、操作过程的不同而不同。每个装卸公司都有自己的货种特点,因此装卸班组的人数配备,应根据装卸劳动定额以及相关因素来确定,如某装卸公司经统计分析,长五金、钢板、盘五金、卷钢、块五金的"船—场"作业,每条作业线一般用工人数为8~10人,当然不是说由8~10人组成一个班组。这样的班组人数少,但相对班组就要多,不易管理,而应以一条作业线所需人数的倍数组成。从装卸作业人员组合和管理角度考虑,每班组人数控制在20人左右为宜,根据作业线配备人员的需要,既可以分成两个作业组又可以组成一个作业组作业。在班组人员构成上还应重视新老成分的比例、技术力量的搭配、人员素质的搭配等。当一个班组内新工人过多,安全质量意识淡薄,生产经验不足,势必影响装卸的安全质量和生产效率。

装卸货种多、操作量大的港口,可根据实际情况成立专业货种装卸班组,如五金类班组、包装类班组、大件设备班组、火车作业班组等。通常情况下,从事化肥、粮食等袋装货物作业的,一条作业线需要20人左右,可选择以这样的人数组成装卸班组。五金货物装卸,一条作业线需要的人数相对较少,这时,可将一个装卸班组分成两个小组,在作业时,同时负责两条作业线的作业。

装卸班组管理是装卸公司的基础管理。为了加强基础管理,保障安全质量,提高生产效率,装卸班组除了有班长外,还应有安全员等。在作业时,通常还可以根据作业线进行配工,指定各工序的临时负责人。

2. 装卸队

装卸公司装卸队的数量应根据港口规模、工作轮班制度等因素确定。规模小的港口,码头泊位、库场、作业地点相对集中,可成立一个装卸队。规模大的港口,货种多、任务量饱满,码头泊位、库场、作业地相对分散,要视工作轮班制度等具体情况成立多个装卸队。卡车或火车装卸作业量大的港口,可成立卡车(火车)专项作业装卸队。装卸队领导班子人数根据各自实际情况确定,人数较多的队可设队长1人、副队长3人。队部可设统计员、安全员等岗位。

装卸队班组数一般由装卸公司按每个工班需开作业线数决定。计算公式为

$$每工班需开作业线数 = N \times M \times P \times Q$$

式中,N 为装卸公司拥有泊位数;M 为每条船平均舱口数(即每条船平均组织作业线数);P 为装卸公司泊位利用率;Q 为装卸公司每工班平均开工率。

例如,某装卸公司拥有10个泊位,每条船平均舱口数4个,泊位利用率80%,每工班平均开工率80%,则每工班需开作业线数为

每工班需开作业线数 $=N \times M \times P \times Q = 10 \times 4 \times 80\% \times 80\% = 25.6$（个）

据此计算，每工班需出勤 26 个班组。按"合理管理幅度"原理和管理者能力的实际情况，26 个班组可成立 2 个装卸队。目前，有些装卸公司一个装卸队有十几个班组，一般一个装卸队以不超过 20 个班组为宜。

3. 机械队

装卸公司机械队的数量根据港口规模、机械设备种类以及台数等因素确定。规模小的港口，机械设备种类、数量较少，可将各种装卸机械混合编为 1 个机械队。规模大的港口，机械设备种类、数量较多，可以按机械种类，分别成立叉车队、吊车队、拖车队、门机队、自控系统接卸队等。

各种装卸机械混合编为一个机械队时，每个班组应尽量使用同机种，同时要满足现场出车台数的需求。

按机种成立机械队时，应尽量把机种相近的机械编在一个队，便于同类设备实行专业化管理，如吊车、拖车、门机数量较多，可分别组成吊车队、拖车队、门机队。而叉车、推扒机、清扫机等数量较少的机械，则可混合组成一个队。

机械队中一般应有相应机械设备的维修班组，完成本队机械设备的抢修和日常维修工作。机械队司机班组配备数最好能与装卸队配备数一致，使某一装卸队与司机班组总是同时当班。这样，人员之间相互比较熟悉，便于彼此间的协作配合。

二、件杂货码头流动机械及作业线配工人数的确定

（一）流动机械数量的确定

件杂货码头流动机械设备主要包括轮胎吊、叉车、牵引车等，其数量可按选定的作业线数、每线设备台数、下舱机械台数及设备完好率（80%～90%）确定。一般情况下一个 1 万～1.5 万吨级的件杂货泊位流动机械台数为 15～25 台（不包括平板车台数）比较合适。除此以外，根据不同的船型与货种往往还会使用到下舱机械，如挖机、履带吊等。在流动机械中，单一作业路使用轮胎吊还是使用叉车作业取决于货物的种类以及该种货堆存的位置，比如卷筒纸无论装卸，后场必定使用叉车作业，因为该货物的性质怕湿损只能存放于仓库；钢管，圆钢类的长型钢材，正常情况下一般堆放在露天场地，因此通常安排轮胎吊作业；有时，存在轮胎吊、叉车均可作业的情况，比如卷钢或钢板堆存在场地上，既可使用叉车作业，也可使用轮胎吊作业。而流动机械中，单一作业路牵引车的配比数主要取决于货种以及位移距离的长短，码头前沿至堆场或仓库的距离各码头企业各不相同，要想明确单一作业路牵引车的配比数量，需各家码头企业进行严密测算，其中不仅要考虑作业效率，还要考虑经济成本等，并不是说单一作业路多加一部牵引车一定会提高工作效率或者增加营收，相反，可能有些货种，一条作业路配置两部牵引车就能达到最优效率营收比，多加一部牵引车后成本增加，效率没怎么提高，最终反而导致营收降低。

1. 叉式装卸车

由于叉车不仅用于水平运输,还可兼作拆码垛作业,因此其应用十分普遍。叉车一般配备于码头及前方库(场)的搬运作业,距离比较短。一般情况下,每条作业线配 2 台叉车,即可保持不间断作业。

2. 牵引平板车

牵引平板车一般配备于码头前沿至后方库(场)的水平运输作业,牵引平板车的数量一般按循环拖带作业方式配备,即每一条作业线配一台牵引车(拖头)和三组平板车(码头一组待装卸,运行一组,库场一组待装卸)。每组 1~3 辆平板车(根据吨位不同而异)。这种方法使得牵引车可以不间断地循环运行,充分发挥牵引车的牵引功能,运营成本得到降低。

3. 流动机械的合理组合

一般情况下,万吨级的泊位每艘船装卸作业开 3~4 个头(条作业线),每头一台门机,对应地,装卸车作业开 2~3 个头。陆域集疏运则根据前后方库场的布置情况以及货物种类等配备不同种类的作业线设备组合。件杂货港口流动机械设备主要包括轮胎吊、叉车、牵引车等。表 2-3 为件杂货码头机械设备组合。

表 2-3　件杂货码头机械设备组合

序号	项　目	装卸船作业线种类			
		叉车	牵引平板车—轮胎吊	牵引平板车—叉车	汽车—轮胎吊
1	装卸船机械	门机+船机	门机+船机	门机+船机	门机+船机
2	操作过程	船—前方库场	船—后方堆场	船—后方库	船—后方库场
3	水平运输距离/m	<150	>150	>150	>350
4	机械配备及台数	叉车 2 台	轮胎吊：1 台 牵引车：1~2 台 平板车：3~9 台	叉车：1 台 牵引车：1~2 台 平板车：3~9 台	汽车：2 辆 轮胎吊：1 台

注：平板车台数根据吨位而定。

(二) 装卸作业线配工人数的确定

件杂货装卸作业线合理配工人数的原则是在充分发挥前方装卸船舶环节的生产能力的前提下,合理平衡作业线各个工序的生产率,以此为基础,给各工序配备恰当的机械和工人数。举例如下：

货种：袋粮；

操作过程：船→库；

操作程序：舱底作业(人力做关)→出舱(船吊)→水平搬运(叉车)→库内作业(叉车、人力)。

假设每吊货重 2 t,测得各工序每台机械和人力操作周期时间及小时生产率如下：

（1）船吊操作周期时间：60 s，生产效率为

$$小时生产效率 = (3\,600/60) \times 2 = 120(t/h)$$

（2）叉车操作周期时间：120 s，生产效率为

$$小时生产效率 = (3\,600/120) \times 2 = 60(t/h)$$

（3）舱内人力：每小时生产效率为 10 t/h。

（4）库内、岸边辅助作业工人数 6 人。

按照作业线合理配工人数的原则，确定为装卸作业生产线效率为 120 t/h，各工序配机械和工人数如下：

（1）船吊作业工人数 3 人，生产率为 120 t/h。

（2）叉车配机 2 台，平衡生产率为 120 t/h。

（3）舱内作业工人数 12 人，平衡生产率为 120 t/h。

（4）作业生产线共计配工人数 23 人，平衡生产率 120 t/h。

同时，件杂货装卸作业线合理配工人数应在确保安全的前提下，根据不同货种及该货种所需配备的作业机械、操作工艺来进行合理的人员安排。在件杂货码头企业有一句话可以简单概括为"一路四岗"，指的就是一条作业路上的四个岗位：场地/仓库，码头，指挥手，舱内。这四岗都有最低人数配置要求，比如舱内岗最低人数要求为 2 人，指挥手为 1 人，码头岗为 2 人，场地岗要根据机械情况来安排，轮胎吊最低要求为 4 人，铲车为 2 人，因此在人员配置的过程中，关键的这四个岗位上的人不可以减少。

（三）装卸作业线生产能力的确定

一条作业线往往由几个作业环节（工序）组成，作业线生产能力应该是各个作业环节都能达到的。在上述的例子中作业线生产能力为 120 t/h，也是通过配机和配工后，每个作业环节（工序）都能达到的生产能力。在实际生产中，各个环节的生产能力是很难达到完全一致的平衡生产率的，这种情况下，通常是以尽量保证与发挥前方装卸船舶能力为前提，通过对其他作业环节配机和配工来达到一条作业线的生产能力。除非其他作业环节的生产能力因故不能达到前方装卸船舶能力，就只能以作业线中生产能力最低的那一个环节（工序）的能力来确定作业线的生产能力。假如当船吊生产效率为 120 t/h 时，拖挂车 2 台的生产效率为 100 t/h，库内作业的生产效率为 96 t/h，舱内作业（10 人）生产效率为 100 t/h，此种情况下，作业线生产能力为 96 t/h。

第五节　件杂货码头装卸作业的薄弱环节及解决方向

由于件杂货货种和包装及外形的复杂性，且大多数件杂货又是以散件形式运输装卸

的,因此,件杂货装卸存在着装卸效率低、装卸作业费工费时的问题,具体体现在件杂货装卸作业存在舱内作业和棚车内作业的"两内"的薄弱环节。

一、件杂货舱内作业问题

件杂货舱内作业是由三道工序组成的:甲板下拆垛或堆垛;将货物从船舱深处移到舱口直下方,或相反;将货物组成货组,准备起吊。完成这些工序主要靠人力劳动,工人消耗体力大。同时,由于人力操作,生产效率很低,据统计,件杂货舱内作业所耗费的工时占装卸船舶总工时的35%～40%。由此可见,解决舱内作业费力费时问题是提高件杂货船舶装卸整条作业线生产效率的主要办法。

为了提高舱内作业的效率,常采用舱内作业机械。由于船舱结构的特殊性,对专用的件杂货船舱内作业机械的要求是外形尺寸小、自重轻、灵活、机动性好。一般而言,舱内叉车是一种较好的舱内作业专用机械。

使用舱内叉车装船作业时,装卸船舶机械先将货组吊到舱口正下方,再用叉车将货组送到船舱深处堆成货垛,卸船作业顺序与之相反。但使用叉车在舱内作业的关键是要保持货堆的稳定性,并要求在舱内作业过程中,叉车底部要保持水平状态,不允许船舶横倾或纵倾。由此可见,对舱内叉车作业的客观条件要求较高,而且,此类机械对有轴隧的舱内作业和货堆分层堆垛作用是有限的,由此可见,舱内叉车的使用对解决舱内作业的困难也是有限的。

 何为"轴隧"?

轴隧(shaft tunnel)是设置于机舱和尾室之间的通道,轴隧是水密的,并有足够的强度,其作用主要是保护推进器轴不受货物等重物的挤压和碰撞,并可供工作人员进入轴隧对尾轴和轴承进行保养和维修。轴隧尾端一般设有应急通道,以备船员在船舶遇险时可由此通向露天甲板。

此外,为了提高件杂货船舶装卸效率,改进货船结构也是一种办法。改进货船结构有两种方案:一种方案是将船舱的甲板改成活动式甲板,使船舱口的甲板可以做同速反向移动;装货时,先把两边的活动甲板移到中部,先装卸两舷边舱内的货物,然后将活动甲板移向两侧,再装卸船舱中部的货物,但这种船舶的造价高,很少被船东采纳。另一种方案是扩大舱口面积,但这种方案受到船舶结构强度的限制,所以要采用此方法来解决舱内作业的难度,作用也是十分有限的。总之,船舱内件杂货的作业问题至今并未得到真正的解决。

二、件杂货棚车内作业问题

由于棚车的车门小,件杂货棚车内作业与船舱内作业一样存在费力费时的问题。产生问题的原因:一是货载不能直接由机械吊上(下)车;二是棚车内作业机械和车外搬运机械的效率不匹配,货载在装卸车时需改组,即先用运输机械将货组送到货台上,然后再改为小货组装车,这样多次捣载降低了货物的装卸效率,而且也容易造成货损。为了解决件杂货运输与棚车内作业的多次捣载的问题,有的港口采用库(场)内作业与车内作业通用的机械。

总之,为了提高件杂货的装卸效率,国内外港口在实际装卸作业中积累了许多改进件杂货的舱内作业和车内作业的方法,但实践证明,这些方法和设想都没有从根本上解决提高件杂货舱内作业和棚车内作业效率的问题。

三、不同船型的件杂货舱内作业难点

件杂货舱内作业的难点主要集中于货种和船型的特殊性上,而且这两个问题往往是相互交织和相互影响的,即使同一货种装在不同的船型上,也会对舱内作业产生不同的作业要求和难点。

1. 普通散货船

此类船型为件杂货港口比较普遍的船型,特点是前后左右都有暗舱(见图2-56)。因此,使用下舱机械的概率也非常高,需要根据货种配备相应的作业人员,以及需要根据暗舱内的积载高度安排合适的下舱机械。有些巴拿马级散货船的暗舱容积可能达到整体舱容的50%,这就意味着,该船型需下舱机械作业的时间将可能达到整条作业线作业时间的一半。因此,对码头企业来说在增加作业成本的同时也降低了作业效率。

图2-56 普通散货船及其暗舱

2. BOX船型(方舱船)的多用途船

该类船型的特点是无暗舱,可以通过船内舱板按货物的配载需求来调节舱内层数和高度。由于没有暗舱,该船型基本很少依赖下舱机械作业。但是,该船型在提供装货便利的同时,也是有时间成本代价的,那就是每装完一层货需要移舱板或是关舱板,在此时段内是无法进行作业的。因此,BOX船型的船在码头企业安排作业路时,往往会将这方面因素考虑在内。BOX船型多用途船舱内的作业情况如图2-57所示。

图 2-57　BOX船型(方舱船)多用途船舱内的作业情况

3. 纸浆船或重吊船等专用船

该类船型的特点是无暗舱,舱体较宽,这会导致使用门座式起重机装卸船舶靠海侧货物时,受到门机跨幅限制,需下舱机械加以辅助作业。因此,码头企业在作业此类型船舶时往往会根据使用船吊和使用岸吊的数量来安排下舱机械。纸浆船或重吊船的舱内作业情况如图2-58所示。

图 2-58　纸浆船或重吊船的舱内作业情况

另外,纸浆船舱内还存在散捆的作业难的问题。成捆纸浆由于规格统一,便于装卸,单工班作业效率高,但是在拥有纸浆业务的码头企业中也经常遇到装卸散捆纸浆的问题。

目前,码头企业主要还是通过原始的人力做关,使用网络等工艺来进行散捆纸浆的作业,如遇散捆量大的时候,还需安排夹抱铲车来辅助作业。装卸散捆纸浆费时费力,不但增加了码头企业的作业成本,而且对生产安全也带来了隐患。因此,纸浆散捆的舱内作业也已经成为拥有该类业务的码头企业急需解决的难题。目前,可行的解决思路是,设计一款可以使用在岸吊或者船吊上的散捆纸浆专用夹具。

综上所述,件杂货码头的舱内作业是否需要下舱机械作业,需要考虑船型和货物的特殊性。比如木箱和钢材,如在散货船内进行装卸,在不考虑拖关的前提下,一般需要由下舱机械作业,而在 BOX 船型内装卸,则可以不需要下舱机械。另外,货种对下舱机械的要求也是不同的,一般来说,长型钢材,比如钢管、圆钢类货物在装船时即使是散货船,也可以通过兜吊或者锁吊等工艺将钢管滚进暗舱,而如板材类(钢板)、卷钢类货物,则必须使用铲车装卸进暗舱。因此,当班调度在编制当班作业任务书时需要综合考虑船型、货种、岸吊或者船吊的使用情况,再根据舱内实际情况来安排下舱机械。

四、解决件杂货码头装卸薄弱环节的主要方向

在港口装卸的件杂货种类多,包装各异,各种货物对装卸工艺的操作要求也各不相同,给提高装卸效率带来很大困难。目前,扩大货组和改进运输方式是解决件杂货码头装卸薄弱环节的主要方向。扩大货组的做法是采用件杂货货板化运输和装卸,改进件杂货运输方式是采用集装箱运输等。

案例 1

港口装卸过程中降低原木工残率的探索

原木从船上装卸至码头堆场中,需经过多个装卸作业环节,原木在装卸作业过程中会出现一定的工残,而原木是价值较高的货物之一,在港口竞争日益增大的环境下,降低原木在港期间的工残率,减少货主的货物损失,是增强港口企业竞争力的有力手段之一。连云港某码头企业主要从事镍矿、木材、木薯干、钢材、铁矿砂、液体化工产品和集装箱等货种作业,其中木材装卸是该码头的主要装卸货种之一。

(一)港区现有木材装卸工艺分析

1. 原木装卸主要特点及进口装卸工艺

原木装卸具有以下主要特点:① 涉及的货物是一种长、大且笨重的货物;② 含水率高,且含水率不定,密度具有不确定性;③ 品种多,规格多;④ 木材易腐蚀、易龟裂和弯曲。

该公司进口原木装卸流程如下。

(1)卸船堆存流程。

流程 1:原木船→码头装卸设备→水平运输车→木材装载机→堆场。

流程 2:原木船→码头装卸设备→前方临时堆场→木材装载机→水平运输车→木材

装载机→堆场。

上述流程1的环节少,装卸作业设备对原木损伤概率较低,但装卸船作业时间较长,作业效率较低;流程2增加了前方临时堆场环节,装卸作业设备对原木损伤概率较高,但装卸船作业时间较短,作业效率较高。

图 2-59 原木装载机

(2)装车外运。

原木堆场→木材装载机→运输车→外运。

2. 主要原木装卸搬运设备

(1)装卸船设备:原木码头卸船采用40 t的门座起重机,配专用原木抓斗。

(2)水平运输设备:采用原木专用牵引平板车进行水平运输作业。

(3)装卸车设备:采用原木装载机(见图 2-59)进行装卸车作业。

3. 工残原因分析

据统计,原木占据该公司货种比例达20%,是比较重要的货种之一。公司通过对原木装卸工艺流程及装卸设备的研究,工残率高的原因主要由以下几个方面造成:

(1)船舱中原木堆放不整齐,给卸船造成了很大的干扰,不整齐的堆放在进行抱抓时原木受力不均匀造成原木损伤。

(2)船舱辅助卸船设备对原木造成损伤,门座起重机进行卸船作业过程中会带乱周围原木的堆放位置,需要卸船辅助设备进行整理,通常用的辅助设备为小型原木曲臂起重机,在对原木进行整理的时候,对原木造成损伤。

(3)门座起重机卸船时造成损伤,在抓取原木时,由于抓斗的咬合力较大或者原木之间错位造成原木的损伤。

除了上述几点主要直接原因外,还有以下一些间接原因:

(1)木材装卸工艺存在不足。

(2)木材抓斗设计存在缺陷。

(3)司机操作水平不高。

(4)场地灯光照明不足。

(5)木材过细,湿度过大等。

(二)降低进口原木工残率对策

1. 完善装卸工艺

原木在装卸过程中,门机抓斗作业会造成舱内原木堆放混乱,下次作业时极易发生原木破损。因此,在装卸过程中,增加辅助卸船设备的使用频次,做到可随时整理。同时,要使抓斗在离地30 cm时就进行开斗作业。

2. 更换新型门机木材抓斗

在木材装卸作业中,抓斗的作用不可忽视,为进一步降低原木工残率,采用新型抓斗进行作业。和旧抓斗相比,新抓斗的改进体现在以下几个方面:

(1) 抓齿形状改进,根部强度得到强化。

(2) 易开焊的圆管根部使用锥形护套加固。

(3) 抓齿侧面增设加强板。

(4) 抓齿木材接触面采用帽檐式结构,避免焊缝直接与木材接触导致焊缝磨透。

(5) 重新设计抓斗开闭合限位,避免了旧抓斗限位销频繁断裂的情况。

通过采用新抓斗,降低了门座起重机抓斗故障率,又因新抓斗抓齿短而粗,大大减少了抓斗抓断原木的现象。

3. 提高司机操作水平

装卸司机的操作水平对原木工残率的高低有一定的影响,为进一步降低原木工残率,对装卸司机进行严格的培训和制订相应的考核制度,定期进行操作技术交流,对操作难点和作业中存在问题进行梳理,共同研究解决对策,发挥一线作业人员的智慧和力量,提高操作水平,降低原木的工残率。

4. 制订装卸作业操作规程

制订原木装卸作业标准,主要是对每一个操作步骤和动作进行规定,主要在以下几个方面进行操作规程的制订:

(1) 装卸工艺方案的制订。

(2) 装卸工艺流程的制订。

(3) 如何配备装卸作业人员。

(4) 装卸作业设备的操作原则和要求。

(5) 装卸作业人员的责任和义务。

(6) 装卸作业效率要求。

(7) 舱内作业要求。

(8) 甲板作业要求。

(9) 装卸车作业要求。

5. 堆场装卸设备的更新

原木装载机作业高度较低,作业效率不高,有时还需要轮胎式龙门起重机配合作业,因此堆场装卸设备需进行升级更新,采购液压式曲臂抓木机取代原木装载机。液压式曲臂抓木机是专门为木材装卸设计的设备,有结构合理、灵活性高、安全可靠及效率高的优点,操作人员可以独立完成木材的抓取作业。同时,设备可以满足远距离的装卸以及不同高度的堆垛作业需要。更换设备之后,装卸作业流程得到了简化,装卸作业效率也在一定程度上得到了提高。

6. 增加照明设施

厂区灯光照明不足的情况会导致光线不足时抓斗抓取作业位置不准确的问题。为提高抓斗抓取原木的准确性,在门机相应部位及厂区相应位置增加照明设施,此措施在一定程度上提高了司机的操作准确性。

(三)效果对比

通过完善原木装卸工艺,更换新型原木抓斗,提高司机操作水平,制订相应的规范与考核制度及采取增加门机象鼻梁头部照明设施等一系列措施,使原木工残率在一定程度上得到了降低。工残率的降低为公司带来了良好的口碑,同时也降低了货主的损失,为企业带来了可观的经济效益和社会效益。

思考题:

(1)原木的装卸工艺流程与件杂货装卸工艺流程有哪些异同?

(2)案例从哪几个方面对提高进口原木装卸质量的方法进行了改进?

 案例2

福建泉州石湖港区进口荒料石装卸工艺

泉州石湖港区毗邻于我国"中国建材之乡"和"中国石材之城"南安市以及"中国石雕之乡"惠安县,具有得天独厚的地理区位优势,并被众多石材贸易商指定为卸货港。目前,从石湖港区进口的荒料石主要来自印度,占印度出口福建地区的70%左右,主要有印度红、英国棕、黑金砂、红棕等几十个品种。通过泉州石湖港区进口的荒料石,除满足本市需求外,还周转至广东云浮、汕头和山东莱州等我国传统石材产业基地,集散辐射效应明显。现南安和惠安等就有上千家石材企业通过石湖港区进口并周转石材。在城镇化进程加快、基础设施建设和居民消费升级等多种因素的推动下,对石材产品需求加大,促进企业加大进口。随着石湖港区16号堆场的投入启用,以及港区靠泊、装卸、运输、仓储能力和设备的进一步提高,部分厦门石材经营企业也将业务转移至泉州,并加强与广东云浮、汕头和山东莱州等我国传统石材产业基地的业务协作联系,促进了石湖港区成为我国东南沿海地区最大的进口荒料石集散地。泉州石湖港区荒料石装卸工艺规程如下。

(一)配用机械

(1)船舶装卸使用岸吊(门机)。

(2)堆场堆卸垛使用龙门吊、汽车吊和叉车。

(3)舱内作业配用叉车。

(4)水平运输使用拖车、牵引车和平板车。

(二)配用工属具及辅助工具

1. 荒料石

(1)10 t以下:$\phi28\,mm\times3\,m$人字钩1付,$\phi21.5\,mm$钢丝绳4条,5 t卸扣2个,5 t吊钩2个。

(2)10~25 t:$\phi28\,mm\times4\,m$人字钩1付,4 m配卸扣2条,$\phi28\,mm\times7.2\,m$钢丝绳

2 条,6.5 t 卸扣 2 个,5 t 吊钩 2 个,2 t 卸扣 1 个。

2. 堆场

堆场使用龙门吊、汽车吊作业：ϕ28 mm×4 m 四链钩 1 付,ϕ28 mm×7.2 m 钢丝绳 2 条。

3. 叉车吊索、垫木

(三) 关型

(1) 4 t 以上荒料石每关 1 件,4 t 以下长方形荒料石每关 1～2 件。

(2) 没有棱角的青石、黑石,每关 1 件,使用套挂方式。

(四) 垛型

石头堆放堆场,叠平台垛,层与层之间用垫木垫隔,以便于叉车货叉或钢丝绳穿、套进行作业。

(五) 操作要求

1. 装船作业

(1) 按配积载图所示的积载位置和船方的要求进行装载。

(2) 舱内装货要隔票清楚,堆叠整齐,逐块靠紧、垫稳,并按船方要求铺垫、加固。

(3) 做关时两条钢丝绳必须穿在石头底部,钢丝绳穿套位置要对称,保证货物平衡起吊。

(4) 装货时,先装舱口围内,派叉车下舱辅助作业,货关放在舱口位置,用叉车叉到舱口围内堆叠。

(5) 装货过程必须保持船体平衡,防止货物移位发生事故。

(6) 舱内石头装载时,作业人员必须逐层放置垫木,便于叉车作业和抽钢丝绳。

2. 卸船作业

(1) 舱内要按票起卸,逐层卸清,不准挖井作业,防止石头下滑移位,如舱内无法按票起卸,可在堆场分票。

(2) 卸货时两条钢丝绳必须穿套在石头底部吊运,如无法直接从底部穿套,可先用钢丝绳套住"腰部"起吊,把石头水平移位到舱内较平的位置上,用木头垫好,然后钢丝绳从底部穿套将石头吊出舱。

(3) 起重吊钩应对准被吊件质心,避免起吊不平衡产生摇晃,造成货关倾斜侧翻。

(4) 货关起升 30 cm 时应稍停,观察货关是否平衡,若不平衡应放下,重新调整。

(5) 质量在 4 t 以下的荒料石如钢丝绳无法从其底部穿套吊出舱,可直接套住其"腰部"吊运。此种操作方法危险性较大,卸货时作业人员必须把钢丝绳套牢在石头四个角的凹陷处,吊机起升钢丝绳受力后稍停,待作业人员用木棍将四个角受力点的钢丝绳敲紧后方可吊出舱。长方形荒料石不准套住"腰部"吊出舱。

3. 堆场作业

(1) 货物进堆场注意分票、分票堆放,货堆要稳固、整齐。

（2）荒料石进堆场要逐行排列整齐，逐块用木材垫稳，货堆高度 2 m 左右，行与行之间间隔约 70 cm，便于理货和叉车作业。

（3）货堆之间要留出通道，便于提货和装船时出货。

（4）装卸车使用叉车作业。如果货物超过叉车负荷，使用龙门吊、汽车吊作业。

（5）装车过程，货装在车厢中间位置，平衡装载（或按驾驶员的要求装载），不偏重。

（6）卸车，由上往下逐行平衡卸载，不准单边卸货。

4. 其他有关要求

（1）装卸作业时要根据货物的质量、体积选用适当的吊具、钢丝绳，严禁超负荷作业。作业过程中应经常检查钢丝绳和吊钩是否完好、卸扣是否上紧。

（2）使用吊机装船、装车，货关吊到离落关处约 50 cm 高时稍停，作业人员稳住关后放下，待钢丝绳脱掉、作业人员到达安全位置后，吊机才能起升。

（3）船吊司机作业前应详细检查起吊设备是否处于良好状态，操作过程应严格遵守安全操作规程。

（4）水平运输使用拖车，货物应装在平板车的中间位置上，石头装一层高，垫好垫木。拖车要慢速行驶，防止货物移位。

（5）码头装卸车辆（平板车）应停放在有利于吊杆起吊的位置。

（6）舱内若有油渍、水等杂物，作业人员必须事先清扫干净，防止叉车打滑或轮胎被刺破。作业时，吊机司机、叉车司机、作业人员要有机配合，防止事故发生。

（7）舱内作业时，货关起升、落关时人机必须避关。当人员和机械尚未进入避关位置时，舱口指挥手不得指挥起吊作业。

（8）吊叉车进出舱，作业人员要把吊索的卸扣扣牢在叉车的四个吊点上，经检查无误后方可指挥起吊。吊运时吊机司机要起升慢、运转稳、落关轻，对准舱口中间位置升降。

（六）工艺方案（见附表）

附表 2 - 1　荒料石装卸工艺方案表

序号	操作过程	工艺流程	机械及数量							工属具配备数量				配工人数			
			岸吊	龙门吊	汽车吊	平板车	汽车	叉车	拖车	大钩	钢丝绳	吊索	卸扣	垫木	舱内	甲板	码头	堆场	合计
1	堆场—船	堆场—汽车吊（叉车）—平板车；拖车—岸吊—船舱	1		1	3	3	1	1	2	√	1	3	√	2	1	2	2	7
2	堆场—船	堆场—龙门吊（叉车）—平板车；拖车—岸吊—船舱	1	1		3	3	1	1	2	√	1	3	√	2	1	2	2	7
3	船—堆场	船舱—岸吊—平板车；拖车—汽车吊（叉车）—堆场	1		1	3	3	1	1	2	√	1	3	√	2	1	2	2	7

续　表

序号	操作过程	工 艺 流 程	机械及数量							工属具配备数量					配工人数				
			岸吊	龙门吊	汽车吊	平板车	汽车	叉车	拖车	大钩	钢丝绳	吊索	卸扣	垫木	舱内	甲板头	码头	堆场	合计
4	船—堆场	船舱—岸吊—平板车;拖车—龙门吊(叉车)—堆场	1	1		3	3	1	1	2	✓	1	3	✓	2	1	2	2	7
5	堆场—车	堆场—龙门吊、汽车吊、叉车—汽车		1	1	✓	1			4	✓			✓				2	2
6	车—堆场	汽车—龙门吊、汽车吊、叉车—堆场		1	1	✓	1			4	✓			✓				2	2
7	移舱	船舱—叉车—船舱						1				1		✓	2				2
8	移场	堆场—龙门吊、汽车吊、叉车—堆场		1	1		1			4	✓			✓				2	2
备注	1. φ28 mm×4 m 四链钩把其中两个钩子换成卸扣。 2. 根据货物的质量选用钢丝绳、大钩、卸扣。 3. 根据舱内需要另派叉车辅助作业。																		

资料来源:《福建泉州石湖港区渐成全国最大的进口荒料石集散地》,央广网,2017 年 7 月 4 日;《石狮石湖港区成为全国最大进口荒料石集散地》,《泉州晚报》,2018 年 2 月 27 日。

思考题:

(1) 福建泉州石湖港区进口荒料石装卸工艺中使用了哪些吊货工属具?

(2) 能否提出一些提高码头荒料石装卸效率的途径和办法?

 案例3

山东港口日照港件杂货进入智能理货新时代

码头理货员是个艰苦的工种,无论天寒地冻,还是烈日炎炎,都要在露天环境中工作,记录货量、货损信息等数据。而今,人工智能让理货员只需坐在办公室里,对着电脑屏幕上的智慧理货系统界面,处理一些特殊情况。日前,山东港口日照港"5G＋理货车"智能理货项目成功通过测试,实现了智能理货应用全覆盖,理货作业转移至室内,开启了智能理货新时代(见图 2-60)。

图 2-60　5G＋智能理货车

品种众多、数量巨大的货物装在同一艘大船上,在装船前如何实现精准清点和残损检验,装船后又如何记录货物所在确切位置?"上个月,我们联合信息中心自主研发的件杂货管理系统和5G＋智能理货车正式上线测试,货物清点、查验、残损检验全靠它们来实现。"山东港口日照港外理公司的副经理给出了答案。

在作业现场不远处的移动智能理货车内,空调、热水壶、长皮座椅等设施一应俱全。3名理货员坐在电脑前,他们时而点击鼠标,时而敲击键盘,电脑屏幕随着操作不断变换着一张张车辆在理货查验区停留时的截图。

可视化理货是智能理货的先导部分,利用5G通信技术,通过门机上安装的星光级球机和智能理货车上的高清球机,可实时获取货物两侧信息,配合件杂货系统,融合视频理解、AI人工智能算法和大数据分析等技术,在理货车内即可完成理货、查验和验残等工作,实现件杂货智能理货,让理货车正式成为移动理货基地和数据中心。"货物的基本信息通过装在门机和智能理货车上的球形高清摄像机截图采集,理货员在室内就能完成理货。"工作人员通过视频完成清点后,可将货物的数量、规格、装船位置等信息录入件杂货管理系统,结束了以前理货员现场理货、手写笔填的时代。"以前只要有装卸船作业,我们就要在现场进行人工清点。现在有了智能理货系统,有高清摄像机替我们'站岗',不但更加精准高效,而且我们再也不担心风吹日晒和安全风险了。"理货班长笑着说。

在传统的件杂货理货作业模式下,为确保作业安全,理货员需等待货车熄火后围绕车辆行走一周对货物、装货单信息进行核对并拍照留存,一个流程需要3～4 min。不但核对的信息量大、步骤烦琐,而且存在理货数据留痕不便、存储不及时等问题。同时,理货员频繁在露天活动,容易侵入车辆行驶路线,存在安全隐患。

件杂货智能理货系统启用后,单车的理货时间缩短至10 s,货物的去向全程可追溯、装卸进度精准把控。在提升港口的服务质量和智能化水平的同时,有效杜绝了人机交叉带来的安全隐患。

伴随着智慧港口建设的深入开展,山东港口日照港外理公司联合岚山公司、集发公司、三公司、信息中心等单位深入开展智能理货技术攻关。针对各类货物的特点,分别开发出集高清摄像机监控抓拍、人工智能图像识别、大数据分析于一体的木材、集装箱、件杂货智能理货系统,实现了智能理货全覆盖。

思考题:

(1) 山东港口日照港件杂货的智能理货系统由哪些部分组成?

(2) 智能理货系统与传统理货方式相比有哪些优点?

本 章 小 结

件杂货运输和装卸是最早出现的一种传统的运输装卸工艺,由于在运输过程中总有一些货物批量不大或者不适合集装箱运输,仍然需要采用件杂货运输。本章主要介绍了件杂货的概念、分类及特点,件杂货主要吊货工属具及装卸搬运设备种类,件杂货码头装卸工艺布置,件杂货港口企业的劳动分工以及件杂货装卸的主要薄弱环节及解决方向等内容。

本 章 关 键 词

件杂货——指在运输、装卸和保管中散件装运的货物。

吊钩——是一种可附有链条或绳索的钩环或挂钩(也称钩头),主要用来挂东西的垂吊式钩子。

吊索——也称索具、绳扣,是用钢丝绳或合成纤维等为原料做成的用于吊装的绳索。

卸扣——是港口码头在装卸搬运过程中用来起连接作用的一种常用工具。

通用码头——是指适用于装卸散货或普通件杂货货种的非专业化码头。

多用途码头——是指装卸件杂货和集装箱的多功能码头。

地脚货——俗称地脚。货物在装卸、搬运过程中,因包装破漏、飞扬散漏而遗漏在船舱内、库场上和装卸作业线附近地面上并在事后归集起来的少量残留物。

本 章 习 题

(1) 件杂货根据其货种或者包装的方式不同,可以分为哪几类?

(2) 件杂货装卸工作的特点有哪些?

(3) 选用吊货工属具的一般原则有哪些?

(4) 件杂货码头常用的专用工夹具有哪些?

(5) 件杂货码头装卸船舶的机械、水平运输的机械以及库(场)内堆拆垛机械分别有哪些?

(6) 典型的件杂货装卸工艺流程有哪些?

(7) 件杂货码头前沿装卸船作业区的工艺布置形式有哪些?

(8) 件杂货码头装卸企业的劳动分工按照工作性质大致可以分为哪几类?

(9) 请简述件杂货装卸作业存在的薄弱环节及解决的方法?

第三章
集装箱装卸工艺与组织

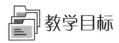 教学目标

知识目标

(1) 能够掌握集装箱分类及特点。

(2) 能够掌握集装箱码头的布局和设施。

(3) 能够了解集装箱码头主要的装卸设备类型。

(4) 能够掌握集装箱码头主要装卸工艺类型及特点。

(5) 能够了解集装箱自动化码头装卸工艺的主要设备及工艺特点。

能力目标

(1) 能够根据集装箱装卸工艺的要求合理布置机械。

(2) 能够合理设计集装箱装卸工艺的堆场布置。

(3) 能够合理设计集装箱的装卸作业配工人数。

(4) 能够准确进行集装箱装卸工艺生产能力的确定。

素质目标

(1) 了解我国在集装箱港口建设领域取得的巨大成就,增强民族自信心和自豪感。

(2) 了解我国港口传统集装箱码头"智"造升级之路,培养自身专而精的"硬核实力"。

导入案例

我国自动化集装箱码头的建设与发展

自 1993 年荷兰鹿特丹港 ECT 码头建成世界上第一座自动化集装箱码头以来,自动化码头作为当今世界码头建设技术含量最高的领域,在欧洲、北美、亚洲、大洋洲的多个港口得到了推广应用。我国自 2016 年 3 月厦门远海自动化码头建成以来,上海洋山港第四期、青岛前湾一期二期、天津五洲国际等多座新建或改造的自动化集装箱码头(含全自动化码头和堆场自动化码头)相继建成并投入运营。另外,深圳妈湾、日照石臼、天津港北疆

C段3座全自动化码头相继建成投运,截至2021年底,我国已建成10座自动化集装箱码头,并有7座自动化集装箱码头在建,已建和在建规模均居世界首位。

从实际营运情况看,我国自动化码头运行稳定,装卸效率逐步提升,运营情况良好,起到了较好的示范效应。2017年12月开港运行的上海洋山港第四期工程是世界上最大的自动化码头,投运第一年就完成集装箱吞吐量201.36万TEU,2020年完成集装箱吞吐量420万TEU,2021年突破570万TEU。青岛前湾自动化码头运营以来,多次刷新自己创造的装箱吞吐量世界纪录,创造出平均作业效率36.2自然箱/小时,最高作业效率43.8自然箱/小时的世界纪录,效率远超国外同类码头,多次荣获国际奖项。

在消化吸收国外经验的基础上,我国已全面掌握了自动化码头设计建造、装备制造、系统集成和运营管理全链条的关键技术,实现了从"跟跑、并跑到领跑"的转变。目前,我国已在码头总体布局、装卸工艺、智能化闸口、堆场协同、北斗及"5G"技术应用等方面取得了大量创新成果,首创了全场轨道吊"一键锚定"、机器人拆装扭锁系统等技术;结合各地实际探索了"顺岸布置""U形布置"等全自动化码头布置新形式,2021年投运的日照港石臼集装箱码头成为首个顺岸开放式全自动码头;在依托地面磁钉的自动导引车(AGV)基础上创新发展了无人集卡、人工智能搬运机器人(ART)、智能导引运输车(IGV)等新型港内运输工具,极大丰富了自动化码头建设内涵和适用范围;天津北疆C段积极打造绿色码头、零碳码头,首创了"堆场水平布置+单小车地面集中解锁""智能水平运输系统"等技术;深圳妈湾积极打造智慧港,首创了全域、全时、全工况、多要素的传统集装箱码头升级解决方案,解决了人工驾驶集卡与智能驾驶混行的全天候协同管控领域的行业难题。在自动化集装箱码头"大脑"——生产管理系统(TOS)和"神经"——设备控制系统(ECS)方面,我国也逐步实现了关键核心技术的自主可控,如上海洋山港第四期、厦门远海、深圳妈湾都采用了国产的集装箱码头生产管理系统,上海振华重工生产的设备控制系统也已得到了广泛的应用。

此外,在总结经验的基础上,交通运输部组织编制并发布了全球首部《自动化集装箱码头设计规范》和《自动化集装箱码头建设指南》,形成了中国标准。我国的自动化集装箱码头建设技术和标准已走出国门,以色列海法港、阿布扎比哈里发港二期等自动化码头在总平面布置、装卸工艺等方面均采用了我国的技术标准,其中以色列海法港自动化码头采用了上海港自主开发的生产管理系统。我国自动化码头建设为世界贡献了"中国方案",凸显了中国智慧和中国力量,大大提升了我国港口的国际形象和影响力。

思考题:

(1) 世界集装箱码头的发展趋势是怎样的?

(2) 你觉得自动化集装箱码头的关键技术有哪些?

(3) 你如何理解中国港口科技的"新高度",尤其是集装箱码头在传统码头"智"造升级之路上,码头还有哪些自主创新的空间?

引　　言

集装箱码头是专供停靠集装箱船舶、装卸集装箱的港口作业场所,是在集装箱运输过程中,水路和陆路运输的连接点,也是集装箱多式联运的枢纽。集装箱码头生产主要是指使用集装箱专用机械系统,遵循一定的操作工艺,以集装箱装卸为主要业务的生产经营活动。集装箱的装卸工艺与组织主要有集装箱的性质和分类、集装箱码头的布局和设施、集装箱码头主要的装卸搬运设备、集装箱码头的装卸工艺操作流程以及集装箱码头装卸的劳动组织等。

第一节　概　　述

一、集装箱

(一) 集装箱定义

集装箱是指海、陆、空不同运输方式进行联运时经常使用的一种装运货物的容器,也常称之为"货箱""货柜"。关于集装箱的定义,我国现行国家标准 GB/T 1413—2008《系列 1　集装箱　分类、尺寸和额定质量》对集装箱定义如下:集装箱(freight container)是一种运输设备,它既不包括车辆也不包括一般包装,具备下列条件:

(1) 具有足够的强度,在有效使用期内可以反复使用。

(2) 适于一种或多种运输方式运送货物,途中无须倒装。

(3) 设有供快速装卸的装置,便于从一种运输方式转到另一种运输方式。

(4) 便于箱内货物装满和卸空。

(5) 内容积等于或大于 1 m³(35.3 ft³)。

集装箱运输的初期,集装箱的结构和规格各不相同,影响了集装箱在国际上的流通。集装箱标准化,不仅能提高集装箱作为共同运输单元在海、陆、空运输中的通用性,而且能够提高集装箱运输的安全性和经济性,促进国际多式联运的发展。同时,集装箱的标准化还给集装箱的载运工具和装卸机械提供了选型、设计和制造的依据,从而使集装箱运输成为相互衔接配套、专业化和高效率的运输系统。

集装箱标准化历经了一个发展过程。国际标准化组织 ISO/TC104 技术委员会自1961 年成立以来,对集装箱国际标准做过多次补充、增减和修改,现行的国际标准(ISO 668:2013)为第 1 系列共 15 种,其宽度均一样(2 438 mm)、长度有 5 种(13 716 mm、12 192 mm、9 125 mm、6 058 mm、2 991 mm)、高度有 3 种(2 896 mm、2 591 mm、2 438 mm)。

各国政府参照国际标准并考虑本国的具体情况,编制本国的集装箱标准。我国现行国家标准 GB/T 1413—2008《系列 1 集装箱　分类、尺寸和额定质量》中集装箱各种型号的外部尺寸及额定质量如表 3-1 所示。

表 3-1　集装箱外部尺寸和额定质量

集装箱型号	长度 L			宽度 W		高度 H			额定质量(总质量)	
	mm	ft	in	mm	ft	mm	ft	in	kg	lb
1EEE	13 716	45		2 438	8	2 896	9	6	30 480	67 200
1EE						2 591	8	6		
1AAA	12 192	40		2 438	8	2 896	9	6	30 480	67 200
1AA						2 591	8	6		
1A						2 438	8			
1AX						<2 438	<8			
1BBB	9 125	29	11 $\frac{1}{4}$	2 438	8	2 896	9	6	30 480	67 200
1BB						2 591	8	6		
1B						2 438	8			
1BX						<2 438	<8			
1CC	6 058	19	10 $\frac{1}{2}$	2 438	8	2 591	8	6	30 480	67 200
1C						2 438	8			
1CX						<2 438				
1D	2 991	9	9 $\frac{3}{4}$	2 438	8	2 438	8		10 160	22 400
1DX						<2 438	<8			

(二) 集装箱结构

集装箱是一种用于货物搬运的标准容器,国际标准集装箱的外形与结构通常如图 3-1 所示。集装箱是一个六面长方体,一般由箱体、端壁、箱门及一些附件组成。

1. 箱体

箱体为集装箱的主体,是承载部件,要求有足够的强度,多采用框架结构,包括前端部框架、后端部框架和两侧的侧框架,使箱体成为一个刚性部件。在框架外面,覆盖有侧壁、箱底和箱顶。

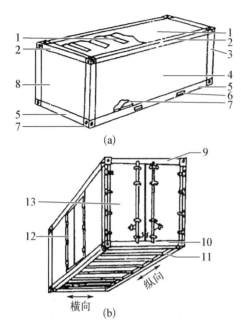
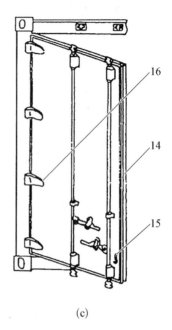

1—顶梁；2—上端梁；3—角柱；4—侧垫；5—下侧梁；6—叉槽；7—底板；8—端壁；9—门楣；10—门槛；
11—底梁；12—侧门；13—端门；14—箱门密封垫；15—箱门搭扣件；16—门铰链。

图 3-1 集装箱结构图

（1）侧壁。它有两块，位于箱体两侧，由侧壁板和侧柱组成。侧壁板具有一定强度，并有水密性；在侧壁板上以一定间距配置了多根侧柱，以增强侧壁板的强度；在侧壁板内侧一般安有内衬板，以保护货物。

（2）箱底。它由箱底架和箱底板组成，箱底架包括箱底梁、下横梁和下桁材，应能承受铲车作业时的集中载荷。箱底板铺设在箱底架上，并用填料粘缝使其密封防水。

（3）箱顶。其由箱顶梁、桁材和箱顶板组成。箱顶板最好用整张金属板，以防漏水。

2. 箱门

箱门通常由两扇后端可启闭的门组成，用铰链安装在角柱上，并用门锁装置关闭。箱门应便于开启，并且能防水、防风。

3. 端壁

端壁位于集装箱的前端，由端柱和端壁板组成，具有一定的强度，它镶嵌在箱体框架上，应具有水密性。

4. 附件

一个集装箱上装有许多不同功能的附件，下面介绍与集装箱装卸操作有关的一些附件。

（1）角件（corner fitting），也称角配件。集装箱箱体的 8 个角上都设有角件，如图 3-2 所示。角件用于支承、堆码、装卸和栓固集装箱。集装箱上部的角件称为顶角件，下部的角件称为底角件。《系列 1 集装箱角件》（GB/T 1835—2006）规定了各类集装箱所附角件的基本尺寸、设计功能和强度等，并规定了集装箱角件的类型、材质、试验、检验和标志及包装等一般原则。

（2）叉槽（fork/lift pockets）：横向贯穿箱底结构、供叉车的货叉插入的槽。20 ft 型集装箱上一般设一对叉槽。40 ft 型集装箱上一般不设叉槽。通过叉槽一般不能叉实箱，只能叉空箱。

（3）门铰链（door hinge）：用短插销（一般用不锈钢制）使箱门与角柱连接起来，保证箱门能自由转动的零件。

（4）箱门搭扣件（door holder）：进行装、卸货物作业时，保证箱门处于开启状态的零件。它设在箱门下方和相对应的侧壁上，有采用钩环的，也有采用钩链或绳索的。

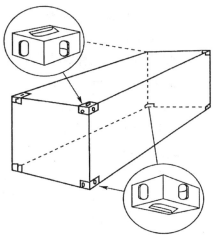

图 3－2　集装箱角件

（5）把手锁件（door locking handle retainer or handle lock）：使箱门把手保持关闭状态的零件。

（6）门锁把手（door locking handle）：装在箱门锁杆上，在开关箱门时用来转动锁杆的零件。

（7）箱门密封垫（door seal gasket）：箱门周边为保证密封而设的零件。密封垫的材料一般采用氯丁橡胶。

（8）箱门锁杆（door locking bar or door locking rod）：设在箱门上的垂直的轴或杆。锁杆两端有凸轮，锁杆转动后凸轮即嵌入锁杆凸轮座内，把箱门锁住。锁杆还起着加强箱门承托力的作用。

（9）锁杆托架（door lock rod bracket）：把锁杆固定在箱门上并使之能转动的承托件。

（10）锁杆凸轮（locking bar cam）：设于锁杆端部的门锁件，通过锁件的转动，把凸轮嵌入锁杆凸轮座内，将门锁住。

（11）锁杆凸轮座（locking bar cam retainer or keeper）：使凸轮保持闭锁状态的内撑装置，又称卡铁。

（三）集装箱的分类

运输货物用的集装箱种类繁多，其类型可按用途、箱体材料、结构、外部尺寸等不同进行分类。集装箱按用途一般可以分为以下几种。

（1）干货集装箱（dry cargo container）。通用干货集装箱又称杂货集装箱，主要用来运输无须控制温度的件杂货，是最为常见的一种集装箱。这种集装箱通常为封闭式，在一端或侧面设有箱门，通常用来装运文化用品、化工用品、电子机械、工艺品、医药、日用品、纺织品及仪器零件等杂货。

（2）散货集装箱（bulk container）。散货集装箱主要用于装运粮食、水泥和粒状化学品等散货。它的外形与杂货集装箱相近，在一端设有箱门，同时在顶部设有装货口。装货口有圆形和长方形两种，在箱门的下方还设有长方形的卸货口。

（3）冷藏集装箱（reefer container）。冷藏集装箱是指装载冷藏货，能保持所定温度的保温集装箱。这种集装箱一般具有制冷和保温功能，它既可以运输如鱼、肉等冷冻食品，也可以运输新鲜水果、蔬菜等。冷藏集装箱的制冷装置分为外置式和内置式两种。内置式冷藏集装箱的制冷装置安装在集装箱箱外，在运输过程中可随时启动制冷装置，使集装箱保持指定温度；而外置式冷藏集装箱箱内只有隔热结构，集装箱端壁上设有进气孔和出气孔，必须依靠集装箱专用车辆、船舶或者专用堆场、车站上配备的制冷装置来制冷。

（4）开顶集装箱（open top container）。开顶集装箱又称敞顶式集装箱。这是一种没有刚性箱顶的集装箱，但有由可折叠式或可折式顶梁支撑的帆布、塑料布或涂塑布制成的顶篷，其他构件与通用集装箱类似。这种集装箱适用于装载大型货物和重货，如钢铁、木材，特别是像玻璃板等易碎的重货，利用吊车将货物从顶部吊入箱内不易损坏，而且便于在箱内固定。

（5）框架集装箱（platform based container）。框架集装箱也称台架式集装箱，没有箱顶和侧壁，有的甚至连端壁也没有而只有箱底和四个角柱的集装箱。这种集装箱可以从前后、左右及上方进行装卸作业，适合装载长大件和重货件，如重型机械、钢材、钢管、木材、钢锭等。框架集装箱没有水密性，怕水湿的货物不能装运，或用帆布遮盖后装运。

（6）牲畜集装箱（pen container 或 live stock container）。牲畜集装箱又称动物集装箱，是一种装运鸡、鸭、鹅等活家禽和牛、马、羊、猪等活家畜用的集装箱。为了遮蔽太阳，箱顶采用胶合板露盖，侧面和端面都有用铝丝网制成的窗，以求通风良好。侧壁下方设有清扫口和排水口，并配有上下移动的拉门，可把垃圾清扫出去，还装有喂食口。动物集装箱在船上必须装在甲板上，因为甲板上空气流通，便于清扫和照顾，而且不允许多层堆装，所以其强度可低于国际标准集装箱的要求，其总质量也较小。

（7）罐式集装箱（tank container）。罐式集装箱又称液体集装箱，是为运输食品、药品、化工品等液体货物而制造的特殊集装箱。罐式集装箱主要由罐体和箱体框架两部分构成，罐体固定于箱体框架内。罐体顶部设有装货口（人孔），装货口的盖子必须有水密性，罐底有排出口（阀门）。在运输途中货物如呈半罐状态，可能对罐体有巨大的冲击力，造成危险，因此装货时，应确保货物为满罐状态。

（8）汽车集装箱（car container）。汽车集装箱是在简易箱底上装一个钢制框架，一般设有端壁和侧壁，箱底应采用防滑钢板的集装箱。汽车集装箱有装单层和装双层两种。由于一般小轿车的高度为 1.35～1.45 m，如装在 8.5 ft（2 591 mm）高的集装箱内，只利用了其容积的 3/5，因此装单层集装箱进行轿车运输是不经济的，一般很少采用。为提高集装箱容积利用率，有一种装双层的汽车集装箱，其高度有两种，一种为 10.5 ft（3 200 mm），另一种为 12.75 ft（3 886 mm）。因此，汽车集装箱一般不是国际标准集装箱。

（9）其他用途集装箱。如今集装箱的应用范围越来越广，不但用于装运货物，还有其他用途，如"流动电站集装箱"，可在一个 20 ft 集装箱内装置一套完整的发电机组，装满燃油后可连续发电 96 h，供应 36 个 20 ft 或 40 ft 冷藏集装箱的耗电。还有"流动舱室集装箱""流动办公室集装箱"，可在一个 20 ft 集装箱内装设舒适的居室和办公室等。

随着国际贸易的发展，商品结构不断变化，今后还会出现各种不同类型的专用或多用集装箱。

（四）集装箱标记

为了便于在流通和使用中识别和管理集装箱，以及便于单据编制和信息传输，ISO 6346：1995《集装箱代码、识别和标记》、GB/T 1836—2017《集装箱 代码、识别和标记》都对集装箱的相关标记做了相应的规定。每一个集装箱均须在适当和明显的部位涂刷永久性标记，每类标记都必须按规定大小标识在集装箱规定的位置上，如图 3-3 所示。

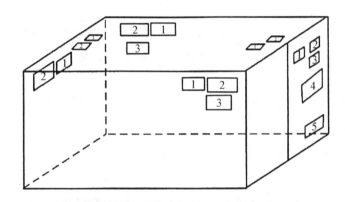

1—箱主代码、设备识别码；2—顺序号、校验码；3—集装箱尺寸代码和箱型代码；
4—集装箱最大总质量、空箱质量和容积；5—集装箱的制造厂名及日期。

图 3-3 集装箱标记代码的位置

集装箱标记是指为便于对集装箱在流通和使用中识别与管理，便于单据编制和信息传输而编制的集装箱代号、标志的统称。GB/T 1836—2017《集装箱 代码、识别和标记》规定的标记有必备标记和自选标记两类，每一类标记中又分为识别标记和作业标记。必备标记中的识别标记包括箱主代码、设备识别码、顺序号、核对数字以及尺寸与类型代码等；必备标记中的作业标记包括额定质量和自重标记、空陆水联运标记、登箱顶触电警告标记和超高标记等。自选标记中的识别标记，包括国家和地区代号等；自选标记中的作业标记包括最大净货载、集装箱容积等。集装箱的标记除了必备和自选的识别标记和作业标记外，还包括一些通行标记，例如安全合格牌照、集装箱批准牌照和检验合格徽和国际铁路联盟标记等。

1. 第一组标记：箱主代码、设备识别号、顺序号和校验码

该组识别标记是集装箱在全球唯一的识别标识，属于必备标记。该标记由 11 位编码组成，包括箱主代码（3 个拉丁字母）、设备识别码（1 个拉丁字母）、顺序号（6 位数字）和校验码（1 位数字）四个部分，用 4 个拉丁字母和 7 个数字来表示，如 COSU8001215。

1）箱主代码

国际标准化组织规定,箱主代码一般由 3 个大写的拉丁文字母表示,由箱主自己规定,并在国际集装箱局(BIC)登记注册,登记时不得与登记在先的箱主有重复。例如,COS 是中国远洋海运集团有限公司的箱主代码。目前,国际集装箱局已在许多国家和地区设有注册机构,如在我国北京设有注册机构。

2）设备识别码

设备识别码由 1 个大写拉丁字母表示,如"U"代表所有集装箱;"J"表示集装箱所配置的挂装设备;"Z"表示集装箱拖挂车和底盘挂车。

3）顺序号

顺序号由 6 位阿拉伯数字组成,不足 6 位时,应在前面置 0 以补足 6 位(例如顺序号为 1234 时,则以 001234 表示)。

4）校验码

校验码又称核对数字,用于检验箱主代码和箱号传递的准确性,防止在记录时出错,它位于顺序号之后,以一个阿拉伯数字并加一个方框表示,通过箱主代码、设备识别码和顺序号求得。

校验码是根据 3 位箱主代码、1 位设备识别码和 6 位顺序号,通过以下方式换算出来的。具体换算步骤如下。

(1) 将箱主代码、设备识别码等前 4 个字母转化成相应的数字,字母与数字的对应关系如表 3-2 所示。

表 3-2　箱主代码、设备识别码与数字的对应关系

字母	A	B	C	D	E	F	G	H	I	J	K	L	M
数字	10	12	13	14	15	16	17	18	19	20	22	23	24
字母	N	O	P	Q	R	S	T	U	V	W	X	Y	Z
数字	25	26	27	28	29	30	31	32	34	35	36	37	38

从表中可以看出,去掉了 11 及其倍数的数字,这是因为后面的计算将把 11 作为模数。

(2) 将前四位字母对应的数字加上后面顺序号的数字,共计 10 位。例如,以中国远洋海运集团有限公司的某箱为例,箱主代码、设备识别码与顺序号为 COSU800121。对应的数字是 13—26—30—32—8—0—0—1—2—1。

(3) 采用加权系数法进行计算,计算公式为

$$S = \sum_{i=0}^{9} C_i \times 2^i$$

式中,C_i 为 10 个数字中的第 i 个数字。

（4）将 S 除以模数 11，再取其余数，即得核对号。

仍以 COSU 800121 箱为例：

$$S = 13 \times 2^0 + 26 \times 2^1 + 30 \times 2^2 + 32 \times 2^3 + 8 \times 2^4 + 0 \times 2^5$$
$$+ 0 \times 2^6 + 1 \times 2^7 + 2 \times 2^8 + 1 \times 2^9 = 1\,721$$

除以 11，取余数：$1\,721 \div 11 = 156 \cdots 5$，余数为 5，所以取余数 5 为校验码，再在 5 上加一方框，故该集装箱识别标记为 COSU800121⑤。因余数 10 和 0 的校验码相同，为避免重复，一般建议不使用余数等于 10 的箱号。箱主代码与设备识别码应紧连在一起，与箱号之间至少应有一个字符的间隔。箱号与校验码之间也应有一个字符的间隔，校验码应设在方框之内。

2. 第二组标记：尺寸与箱型代码

1）尺寸代码

尺寸代码属于识别标记中的自选标记，尺寸代码以两个字符表示，第一个字符表示箱长、第二个字符表示箱宽和箱高。第一个字符表示箱长代码，其中 10 ft 箱长代码为"1"；20 ft 箱长代码为"2"；30 ft 箱长代码为"3"；40 ft 箱长码号为"4"。5～9 表示"未定号"。另外，英文字母表示特殊箱长的集装箱代码（见表 3 - 3）。

表 3 - 3　尺寸代码第一个字符

箱　　长		代　码	箱　　长		代　码
mm	ft　in		mm	ft　in	
2 991	10	1	7 450	—	D
6 058	20	2	7 820	—	E
9 125	30	3	8 100	—	F
12 192	40	4	12 500	41	G
未定号		5	13 106	43	H
未定号		6	13 600	—	K
未定号		7	13 716	45	L
未定号		8	14 630	48	M
未定号		9	14 935	49	N
7 150		A	16 154	—	P
7 315	24	B	未定号		R
7 430	24　6	C			

第二个字符表示箱宽与箱高代码(见表3-4)。对标准集装箱(箱宽8 ft),箱宽与箱高代码表示方法如下:8 ft 高代码为"0",8 ft 6 in 高代码为"2",9 ft 高代码为"4",9 ft 6 in 高代码为"5",高于9 ft 6 in 代码为"6",半高箱(箱高4 ft 3 in)代码为"8",低于或等于4 ft 代码为"9"。对非标准集装箱,即箱宽不是8 ft 的特殊宽度集装箱,箱宽与箱高代码用英文字母表示,如代码"L"表示箱宽大于2 500 mm,箱高为2591 mm(8 ft 6 in)。

表 3-4 尺寸代码第二个字符

| 箱 高 | | 代 码 | | |
| | | 箱 宽 | | |
mm	ft in	2 438 mm (8 ft)	2 438 mm~ 2 500 mm	>2 500 mm
2 438	8	0		
2 591	8 6	2	C	L
2 743	9	4	D	M
2 896	9 6	5	E	N
>2 896	>9 6	6	F	P
1 295	4 3	8		
≤1 219	≤4	9		

例如,尺寸代码为22,第一个字符2表示集装箱的长度是20 ft;第二个字符2表示集装箱的箱宽为8 ft,箱高为8 ft 6 in。

2) 箱型代码

箱型代码也是识别标记中的自选标记。集装箱的箱型代码包括箱型及其特征信息,并用两位字符表示:第一个字符由1个拉丁字母表示箱型;第二个字符由1个数字表示该型箱的特征。箱型代码反映集装箱的箱型和特征。第一个字符为拉丁字母,表示集装箱的箱型,如G(general)表示通用集装箱,V(ventilate)表示通风集装箱,B(bulk)表示散货集装箱,R(reefer)表示保温集装箱中的冷藏集装箱。第二个字符为阿拉伯数字,表示该类型集装箱的特征。例如,箱型代码为G0,表示通用集装箱,主要特征是一端或两端有箱门;箱型代码为G1,表示通用集装箱,主要特征是货物上部空间设有透气孔;箱型代码为R0,表示冷藏集装箱,主要特征是机械制冷;箱型代码为R1,表示可以冷藏或加热的集装箱,主要特征是机械制冷或加热。各类集装箱箱型代码可以查询《集装箱 代码、识别和标记》(GB/T 1836—2017)中的箱型代码表。另外,尺寸和箱型代码应作为一个整体标出。

3. 第三组标记：作业标记和通行标记

1) 作业标记

作业标记不同于上述用于数据传递或其他用途的代码，它标注在箱体上，仅提供某些信息或起到视觉上的警示作用。

（1）最大总质量、空箱质量、最大净货载标记和集装箱容积。最大总质量和空箱质量是属于必备的作业标记。最大总质量（MAX GROSS），是集装箱空箱质量和最大净货载之和。空箱质量（TARE）是集装箱空箱时的自重。规定质量的单位用千克（kg）和磅（lb）同时表示。根据工业上的需要，除了标打集装箱最大总质量和空箱质量外，还可标打最大净货载（NET/PAYLOAD）和集装箱容积[CU.CAP.（cubic capacity）]的数据。最大净货载是可选作业标记，如果标打最大净货载，应按规定标打在最大总质量和空箱质量之后。集装箱容积单位是立方米（CU.M.）和立方英尺（CU.FT.）。

（2）空/陆/水联运集装箱标记。空/陆/水联运集装箱标记如图3-4所示。该标记用于空/陆/水联运集装箱并指明其堆码的限制。空/陆/水联运集装箱是指可以在飞机、船舶、卡车及火车之间换装运输的集装箱。这种集装箱自重较轻，结构强度较弱，在陆上、甲板和舱内的堆码层数有一定限制。该标记位于集装箱端壁和侧壁的左上角和顶部，其标记位置和尺寸大小有规定。标记的颜色为黑色，如果标记的颜色与箱体的颜色较接近、不清晰，则可选择适当颜色，最好用白色作为底色。

（3）箱顶防电击警示标记。凡装有登顶梯子的集装箱均应标打箱顶防电击警示标记，以警告登梯者有触电危险。该标记应为黄底黑色标记，并用黑边圈住，如图3-5所示。

（4）超高标记。箱高超过2.6 m（8 ft 6 in）的集装箱应标注此标记。该标记为在黄底黑色数字周边围以黑框，如图3-6所示。每个应标集装箱，应在集装箱的两侧标贴两个这样的标记，标贴位置在距箱顶不超过1.2 m（4 ft）和距右端不超过0.6 m（2 ft）处，在集装箱识别标记在下方。

图3-4　空/陆/水联运集装箱标记

图3-5　箱顶防电击危险警示标记

图3-6　超高标记

2）通行标记

通行标记是集装箱在国际运输时，为确保安全运输和简化运输过程中的通关、检疫、安全检查等方面的手续而设置的标志，主要有国际铁路联盟标记、安全合格牌照、集装箱批准牌照和检验合格徽等。国际铁路联盟标记如图 3－7 所示，凡符合《国际铁路联盟条例》规定的集装箱，可以获得此标记。该标记是在国际铁路上运输集装箱的必要通行标记。标记上的 ic 表示国际铁路联盟，下方数字表示相应国际铁路联盟成员的代码。例如，33 代表中国、70 代表英国、81 代表德国、87 代表法国等。

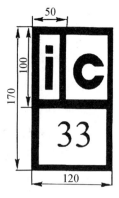

图 3－7
国际铁路联盟标记
（单位：mm）

二、集装箱吊具

（一）集装箱简易吊具

在简易或临时性需要进行集装箱吊装作业，却没有集装箱专用吊具的情况下，可以采用吊钩、钢丝绳、卸扣等装卸集装箱，也可以用带手动扭锁装置的简易吊架装卸集装箱。但如此操作时，要特别注意吊运索具的承载能力，必须保持一定的安全系数。

用钢丝绳起吊集装箱的方法如图 3－8 所示，其中图 3－8(a)(b)(c)受力状态不好，一般只适用于轻箱、小箱。图 3－8(d)起吊方法受力状态较好，在起吊集装箱时，对最小夹角 α 有一定要求，如表 3－5 所示。

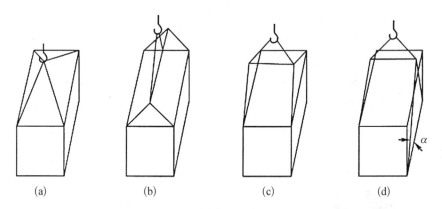

| | (a) | (b) | (c) | (d) |

图 3－8　钢丝绳起吊集装箱的方法

表 3－5　钢丝绳起吊集装箱时的最小夹角 α_{min} 要求

箱　型	1AA、1A	1BB、1B	1CC、1C	1D、1DX
α_{min}/(°)	30	37	45	60

使用集装箱简易吊具吊装集装箱时，需要人工摘挂钩，操作不灵活，生产效率低。因此，一般在非集装箱专用码头上使用，如通用型码头上需要装卸集装箱，可以采用门座起

重机和简易吊具来吊装集装箱。在集装箱专用码头上装卸集装箱时一般采用集装箱专用吊具。

(二) 集装箱专用吊具

集装箱专用吊具是装卸集装箱的专用工具,通常与岸边集装箱起重机(以下简称"岸桥")、轮胎式龙门起重机(RTG)、轨道式龙门起重机(RMG)、集装箱正面吊运起重机、集装箱跨运车和门座起重机等装卸设备配合使用。它具有与集装箱箱体相适应的结构,通过转锁与箱体角件的连接进行快速起吊作业。

集装箱专用吊具种类很多,根据起吊集装箱的长度分,主要有20 ft吊具、40 ft吊具、45 ft吊具等;根据起吊集装箱吊点数量,集装箱吊具分为单吊点式吊具、四吊点式吊具,有的单吊点式吊具还具有旋转功能;根据起吊集装箱的数量,集装箱吊具分为单箱吊具、多箱吊具(如双箱吊具、三箱吊具);根据集装箱吊具上工作装置的驱动方式不同,集装箱吊具分为液压吊具、电动吊具等。

集装箱吊具通常按结构特点分为固定式集装箱吊具、组合式集装箱吊具、伸缩式集装箱吊具三种形式。

1. 固定式吊具

固定式集装箱吊具(见图3-9)是一种只能吊运一种规格的集装箱,其通过扭锁装置的动作,实现扭锁与集装箱角件的连接或脱离。这种吊具结构简单,质量较小,但更换吊具需要花费较长的时间。

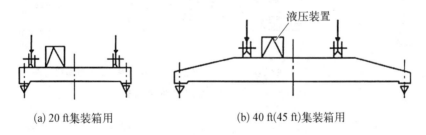

(a) 20 ft集装箱用　　　　(b) 40 ft(45 ft)集装箱用

图3-9　固定式集装箱吊具示意图

2. 组合式吊具

组合式吊具由两种或两种以上不同规格的固定式吊具组合而成(见图3-10),以适应

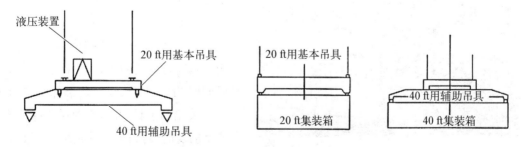

图3-10　组合式集装箱吊具示意图

起吊不同规格的集装箱,当起吊 40 ft 集装箱时,由 20 ft 吊具先起吊 40 ft 吊具再起吊 40 ft 集装箱。其特点是比固定式吊具使用方便,但质量较大,成本也较高。这种吊具多用于跨运车和正面吊上。

3. 伸缩式吊具

伸缩式吊具是指吊具长度方向或宽度方向上的转锁间距可以改变的吊具(见图 3 - 11)。目前,市场上主要以长度方向伸缩的吊具为主,且伸缩式吊具是目前市场上的主流产品。伸缩式吊具上装有机械式或液压式的伸缩机构,能在 20～40 ft(或至 45 ft)范围内进行伸缩调节,以适应不同规格集装箱的装卸要求。其导向装置有固定式导板和带翻板的导板两种,用以实现吊具的定位。带固定式导板的吊具常应用于轮胎式龙门起重机、轨道式龙门起重机等场地装卸设备上,而带自动翻板(4 个翻板可单独控制)的吊具则一般应用在岸壁集装箱装卸桥等岸边集装箱起重机上。

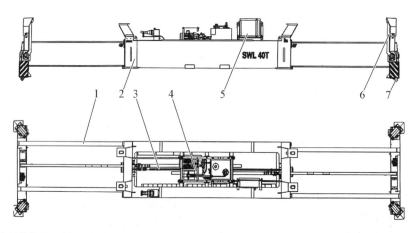

1—伸缩梁结构;2—底梁主结构;3—伸缩驱动机构;4—液压系统;5—电气系统;6—导板机构;7—转锁机构。

图 3 - 11　伸缩式集装箱吊具结构图

伸缩式吊具质量较大,成本相对于组合式吊具偏高,但其使用方便,效率高,是目前集装箱码头装卸设备中使用最为广泛的吊具。

图 3 - 12　双箱吊具

为适应船舶大型化,提高船舶的装卸效率,满足快速装卸的需要,一些集装箱码头使用了多箱吊具(见图 3 - 12)。多箱吊具是指用一个集装箱吊具可同时起吊两个或两个以上集装箱的专用吊具。双箱吊具通常有两种形式,一种是一个吊具可同时吊装 2 个 20 ft 集装箱或 1 个 40 ft 集装箱的吊具,并可实现在两种吊装方式下的及时转换;另一种是吊装双 40 ft 集装箱的吊具,这种吊具可将 2 个 40 ft

(2个45 ft或4个20 ft)集装箱吊起,用于集装箱船舶的装卸。

第二节　集装箱码头主要的装卸搬运设备

集装箱码头的装卸设备主要是指用以实现集装箱在码头各作业环节装卸及相关作业的设备。目前,大型化、自动化、智能化成为集装箱运输发展的重要特征,集装箱装卸机械的作业可靠性、维护便利性、操作舒适性也成为考量集装箱装卸机械先进性的重要因素。集装箱码头的机械设备主要分为码头岸边装卸机械、水平运输机械、场地装卸机械等。

一、传统集装箱码头常用的装卸搬运设备

(一)岸边装卸机械

常见的岸边装卸机械主要包括岸壁集装箱装卸桥(quayside container crane)、多用途门座起重机(multi-purpose portal crane)、移动式港口起重机(mobile harbor crane)等。按照我国《海港集装箱码头设计规范》中关于集装箱码头装卸船机械选型的相关规定,集装箱码头装卸船作业宜采用集装箱装卸桥,集装箱装卸桥的使用性能和技术参数应满足到港集装箱船舶及不同规格的集装箱装卸作业和工艺布置的要求,并留有一定的发展余地。

1. 岸壁集装箱装卸桥

严格意义上讲,集装箱装卸桥应包括岸壁集装箱装卸桥与船舶自带的集装箱装卸桥。目前,人们所说的集装箱装卸桥,如果没有特别说明,通常仅指前者,业务中一般又简称其为"桥吊"或"岸桥"。

装卸桥是设在码头前沿实现船—岸之间集装箱装卸的专用机械,是现代集装箱码头不可缺少的重要设备。由于航贸企业均希望尽可能缩短船舶的在港停泊与作业时间,而当今集装箱运输发展又呈现出明显的大型化趋势,目前,码头中每个泊位所配备的装卸桥数量也不断提高,长度为300 m的集装箱船舶泊位,平均配备桥吊2～3台。在实际确定装卸桥配备数量时,单独泊位与连续泊位有一定的差别。对于单独的集装箱泊位,通常配备2台桥吊;对于连续泊位,为了降低码头建设成本,提高桥吊利用率,平均一个泊位配备的装卸桥数量随连续泊位数的增加而减少,如两个连续泊位一般配备4台,三个连续泊位一般配备5～6台。在国际集装箱枢纽港的大型或超大型专用码头中,一般每80～100 m配备1台装卸桥。

按照不同的划分标准,对集装箱装卸桥可以进行不同的分类。

1) 按照框架结构划分

(1) A型装卸桥。早期的集装箱装卸桥主要采用A型框架结构,A型集装箱装卸桥自重较轻,轮压通常为35 t左右,但稳定性相对较差(见图3-13)。

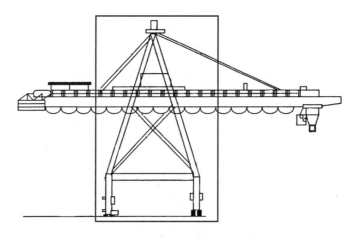

图 3‑13　A 型集装箱装卸桥示意图

　　(2) H 型装卸桥。现代的大型集装箱码头主要以配备 H 型装卸桥为主(见图 3‑14)，其稳定性较好，大风时不易翻倒。传统的 H 型装卸桥自重较大，轮压约为 38 t，随着 H 形框架结构的改进，新型 H 型装卸桥的自重也得到了减轻。

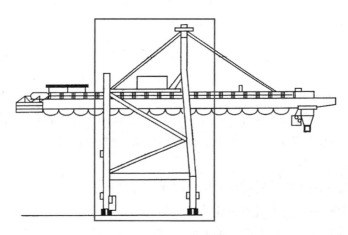

图 3‑14　H 型集装箱装卸桥示意图

　　2) 按照臂梁升降形式划分

　　(1) 俯仰式装卸桥。目前，大多数的集装箱码头采用俯仰式装卸桥(见图 3‑15)，其制造结构相对简单，结构强度也较好。

　　(2) 折叠式装卸桥。考虑到俯仰式装卸桥在大梁抬升时需要较大的净空高度，在靠近机场的集装箱码头，或设置于桥梁下方的集装箱船泊位上，可以采用折叠式装卸桥(见图 3‑16)。相较于俯仰式装卸桥，该类装卸桥的局部结构相对复杂，强度也稍差一些。

　　(3) 梭动式装卸桥。梭动式装卸桥(见图 3‑17)的大梁采用伸缩抽拉式结构，对于净空高度的要求也较低，装备该类型装卸桥的也相对较少。

图 3‑15　俯仰式装卸桥

图 3‑16　折叠式装卸桥

图 3‑17　梭动式装卸桥

图 3-18 集装箱装卸桥小车

3) 按照小车数量划分

（1）单小车装卸桥。小车是装卸桥操作员的工作空间，可以沿着装备于大梁上的轨道沿大梁前后移动，控制集装箱吊具的前后及上下移动。目前，大多数集装箱码头所采用的是单小车装卸桥，即一台装卸桥配备一台小车（见图 3-18）。

（2）双小车装卸桥。伴随着集装箱装卸桥设计与建造的改进和创新，同时装备两台小车的双小车装卸桥开始投入码头的生产作业。双小车装卸桥设有高低两条小车轨道，即除了传统单小车装卸桥装备在大梁上的主轨道之外，还在处于较低位置的横梁上设置了供第二台小车移动的轨道（见图 3-19 和图 3-20）。同时，还专门设有供高低两台小车进行集装箱交接的中转平台（见图 3-21）。由于可以有效实现并行作业，双小车装卸桥有效提升了现代集装箱码头的作业效率。

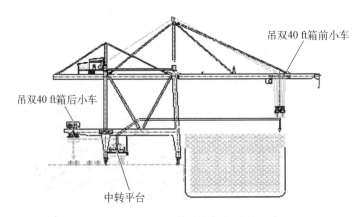

图 3-19 双小车集装箱装卸桥结构示意图

图 3-20 双小车集装箱装卸桥

图 3-21 双小车集装箱装卸桥的中转平台

4) 按照吊具数量划分

(1) 单吊具装卸桥。该型装卸桥的吊具可以同时作业一个 40 ft 集装箱或两个 20 ft 集装箱。

(2) 双吊具装卸桥。该型装卸桥的吊具可以同时作业两个 40 ft 集装箱或四个 20 ft 集装箱。

集装箱装卸桥的主要性能参数一般包括尺寸参数、工作速度、起重量等。它们的设置应与 ISO 相关标准及装卸桥所需完成的具体工作相匹配,设置过高会带来不必要的投资与建造浪费,设置过低则会造成极大的安全隐患。

1) 尺寸参数

集装箱装卸桥的尺寸参数主要包括:起升高度、外伸距、内伸距等,它们各自又有相应的具体组成部分。

以载箱量 8 500 TEU 级别的"XXX"轮为例:

型宽(B):42.8 m;

型深(D):24.88 m;

夏季满载吃水(d_1):14.65 m;

空载吃水(d_2):7.62 m;

满载横倾稳心高度(M):17 m;

舱盖高度(t):0.95 m;

舱口围板高度(e):1.5 m。

该型船舶舱面最多堆高 8 层(取 20 m),17 列(取 38 m),装卸作业时允许船体向外倾斜 3°。这里我们通过图 3-22 进行说明。

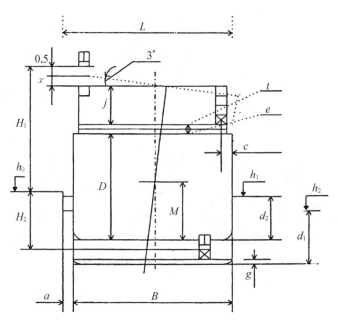

图 3 - 22 集装箱装卸桥主要尺寸参数

（1）起升高度 H。集装箱装卸桥的起升高度由轨上高度（H_1）和轨下高度（H_2）两部分组成，分别是指轨道面以上及以下部分的高度，它们主要取决于船舶的型深、吃水、潮差、舱面集装箱堆装层数、码头标高等因素。

在确定起升高度时，应确保装卸桥吊具能在船舶空载高潮位时通过舱面 7 层集装箱，堆高到 8 层，而在船舶满载低潮位时，则应能起吊舱底层的集装箱。

首先，轨上高度 H_1 是指装卸桥吊具上升到最高点时，吊具抓取集装箱面与轨道面之间的垂直距离，该数值应在船舶空载高水位时计算。

$$H_1 = (D - d_2) + e + t + j + 0.5 - (h_0 - h_1) \qquad (3-1)$$

式中，h_0 为码头标高；h_1 为高潮位（取值可通过 $h_0 - h_1 = 1.5$ m 计算）；j 为舱面上堆放 8 层集装箱时的高度；代入相关数据，可得 $H_1 = 38.71$ m。

不容忽视的是，尽管现代化的集装箱船舶可以由计算机系统通过自动调节船舶两侧的压载水量来维持船舶的相对水平状态，但装卸过程中船舶实时还是会处于轻微的摇摆状态的，因此在计算集装箱装卸桥相关尺度时，通常需要考虑船舶向外档倾斜 3°时的情形。

当考虑船舶外倾 3°时，高度相应增加：

$$X = 0.5F \tan 3° \qquad (3-2)$$

式中，F 为船舶舱面上堆放的集装箱的总宽度。因此，最终得到考虑船舶外倾 3°时的集装箱装卸桥轨上高度 H_1 为 39.71 m。

其次，轨下高度 H_2 是指装卸桥吊具下降至最低点时，吊具所能抓取的舱内最底层集装箱与装卸桥运行轨道平面间的垂直距离，该数值应在船舶满载低水位时计算。

$$H_2 = d_1 - g - h + (h_0 - h_2) \tag{3-3}$$

式中，h_2 为低潮位（取值可通过 $h_0 - h_2 = 3.5\text{ m}$ 计算）；h 为集装箱高度；g 为船底厚度；代入相关数据，可得 $H_2 = 15.75\text{ m}$。

综上所述，基于 H_1 与 H_2 的计算，不难得出集装箱装卸桥的起升高度 H 为

$$H = H_1 + H_2 \tag{3-4}$$

代入数据，本例中的 H 值即为 55.46 m。

20 世纪中后期大型集装箱装卸桥的轨上高度一般在 25 m 以上，而轨下高度通常在 12 m 以上，而 2000 年以来，轨上/轨下高度则分别在 35 m 和 15 m 以上，近年来由于装备的现代化，集装箱码头的装卸桥的轨上高度和轨下高度已分别达到或超过 50 m 和 20 m。

（2）外伸距 L。外伸距是指集装箱装卸桥海侧轨道中心线向外至集装箱吊具垂直中心线之间的最大水平距离。外伸距也是表征集装箱装卸桥作业能力及影响船舶装卸作业效率的一项重要指标。

随着船舶大型化的迅猛发展，集装箱装卸桥的外伸距也日益增大，其不仅要能确保当船舶水平靠泊时可以直接吊装船上装载的所有集装箱，还要能够做到当船体向外侧倾斜 3°左右时，仍能完成装载于船舶外侧最高层集装箱的吊装作业。加之外伸距由装卸桥海侧轨道中心线起算，因此还需考虑码头的岸壁宽度，即装卸桥海侧轨道中心线至码头岸壁橡胶缓冲垫平面之间的垂直距离。

综上可知，集装箱装卸桥的外伸距 L 由最外档集装箱水平距 L_1、最外档集装箱倾移距 L_2 及码头岸壁宽度 b 组成，相应可表达为

$$L = L_1 + L_2 + b \tag{3-5}$$

首先，最外档集装箱水平距 L_1 为当船舶处于水平状态时，从码头前沿至船舶外舷侧最外一列集装箱中心线之间的距离：

$$L_1 = a + B - C \tag{3-6}$$

式中，a 为码头前沿岸壁至船舶内舷侧之间的距离，其值一般为 0.7～1.0 m；C 为最外一列集装箱中心线至船舶外舷侧的距离，本题中取 3 m；代入相关数据，可得 $L_1 = 40.8\text{ m}$。

其次，最外档集装箱倾移距的计算主要是考虑船舶向外档倾斜 3°时的情况，可得

$$L_2 = (D - M + e + t + j)\tan 3° \tag{3-7}$$

代入相关数据，可得 $L_2 = 1.59\text{ m}$。

最后，码头岸壁宽度 b 通常取决于装卸桥的供电方式及其供电箱宽度、电缆沟数量与宽度。此外，还需考虑船舶系缆桩设在码头岸壁上时，其基座的宽度。码头岸壁宽度值一

般取 2～3 m,若采用电缆卷筒供电方式,则取值可达 7.0～8.5 m。

综上所述,基于 L_1、L_2 和 b 的计算,不难得出集装箱装卸桥的外伸距 L 为

$$L = L_1 + L_2 + b \qquad (3-8)$$

代入数据,本例中的 L 值即为 44.86 m。

(3) 内伸距。内伸距是指集装箱装卸桥陆侧轨道中心线向内至集装箱吊具垂直中心线之间的最大水平距离(见图 3-23 和图 3-24)。在确定装卸桥内伸距时需要考虑以下四个因素:

第一,安装供电设施设备所需的空间。

第二,放置集装箱船舶的舱盖板的空间。

第三,暂时放置从船上卸下但又未能及时运走的集装箱的空间。

第四,水平搬运机械的通道数量与宽度。

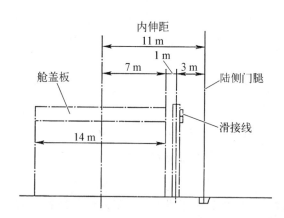

图 3-23 内伸距示意图 1(起吊舱盖板)

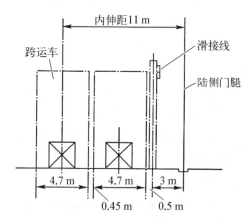

图 3-24 内伸距示意图 2(跨运车行驶)

对于常规集装箱码头,普通集装箱装卸桥内伸距范围之内的陆域一般用于存放船舶舱盖板,需要时也可增设 1～2 个装卸作业车道,以及保证能提供需要在码头前沿临时存放集装箱所必需的地带宽度。如有的集装箱船舶的舱盖板尺度达 14 m,装卸桥的内伸距可取 11 m。若码头前沿配备跨运车作为搬运机械,如果需同时搬运两个集装箱,装卸桥的内伸距也需取到 11 m 或以上。

对于自动化集装箱码头,双小车集装箱装卸桥内伸距范围之内的陆域主要用于布置装卸作业车道,所需要的内伸距通常要达到 24 m 左右。

(4) 轨距。轨距是指集装箱装卸桥两条运行轨道之间的距离,其大小直接影响到装卸桥的稳性和岸边集装箱的疏运作业。外伸距越大,起升高度越高,装卸桥的轨距也应越大。

下面介绍两种作业方式:

第一种方式:水平运输车辆在轨内作业。

装卸船作业高峰时,可能需要有多台集装箱装卸桥同时装卸一艘船舶,轨距内同时要

留多条水平运输车辆作业通道(一般每条集装箱拖挂车通道宽度为 3.5～4.5 m,集装箱跨运车通道宽度不小于 5.5 m),以及在整个装卸船过程中出现特殊情况时,集装箱装卸桥跨下可能需要堆放几列集装箱。目前,国内正在使用的集装箱装卸桥的轨距多为 16～35 m。早期由于集装箱船型较小,集装箱装卸桥的外伸距也较小,采用的轨距也都较小,多数为 16 m。随着集装箱船型的加大、超长超重集装箱箱型的出现,以及集装箱装卸桥外伸距的加长和主要机构运行速度的提高,轨距也随之需要相应地加大。从现有集装箱码头的有关资料来看,大型专业化集装箱码头集装箱装卸桥轨距多在 16 m、24 m、30 m 或 35 m,需要设置 6～7 条车道。

第二种方式:水平运输车辆在陆侧轨后作业。

随着集装箱码头装卸自动化技术的快速发展,越来越多的自动化集装箱码头投入运营。自动化集装箱码头多数采用集装箱装卸桥轨后作业的方式,配置双小车集装箱装卸桥,集装箱码头也是采用集装箱装卸桥轨后作业的方式。因此,集装箱装卸桥轨距需要综合考虑中转平台、舱盖板堆放区域、检修车道等因素,轨距一般为 30 m、35 m。

(5)横梁净空高度。横梁净空高度是指集装箱装卸桥横梁最低点到轨道面之间的距离,其数值主要取决于码头所采用的水平运输方式。若采用的是单层箱高的底盘车或火车,横梁净空高度通常只需 6 m 左右,若采用的是跨运车或其他类似需要在装卸桥下进行二次起升的设备,则横梁净空高度应相应增加。

(6)基距。基距是指集装箱装卸桥同侧轨道两主支撑柱中心线之间的距离,其大小应能通过 45 ft 集装箱以及作业船舶最大舱盖板,并在两侧各留有 1 m 左右的安全间隙。

集装箱装卸桥的基距一般在 14 m 以上,一些大型集装箱装卸桥的基距可达 18 m以上。

2)工作速度

集装箱装卸桥是集装箱码头最为重要的作业设备,它的工作速度直接影响到整个码头的作业效率。码头搬运机械的工作速度与效率通常都是根据其装备的集装箱装卸桥来进行匹配的。需要注意的是,装卸桥的工作速度应适应相应的技术措施,尤其要考虑安全生产的要求,不能单纯地认为越快越好。

集装箱装卸桥的工作速度通常包括吊具起升速度、小车行走速度、大车行走速度、臂架俯仰速度等。

(1)吊具起升速度。吊具起升速度有空载速度与满负荷速度之分,前者可达后者2 倍以上。集装箱装卸桥的吊具起升速度已从 20 世纪 70 年代的空载 72 m/min、满载36 m/min,提升到目前的空载 180 m/min、满载 90 m/min,甚至更高。装卸桥的起升控制系统通常具有恒定功率特性,能够实现轻载高速。

(2)大车行走速度。转移集装箱装卸桥作业工位时需要移动大车,其行走速度一般为 45 m/min,这一速度也是按照人的行走速度来确定的,可以方便检修人员跟随装卸桥大车的移动进行检查测试。

（3）小车行走速度。早期的集装箱装卸桥小车行走速度一般为 120 m/min，之后这一速度提升到 150 m/min 左右。目前，较为先进的装卸桥的小车行走速度甚至已达 300 m/min，如此高的速度下，装卸桥需要通过装配电子防摇装置来保证码头的安全作业。

小车行走时间通常要占到整个作业循环时间的 25%，提高小车行走速度压缩装卸桥作业周期，提升作业效率有积极的意义。

（4）臂架俯仰速度。集装箱装卸桥臂架俯仰属于非工作性操作，不同作业阶段臂架俯仰的目的也是不同的。船舶靠泊前抬起臂架主要是为了保证船舶靠泊安全，而在作业过程中的臂架抬起则主要是为了让行进中的大车安全跨过船舶的驾驶台及相关设施。目前，主流集装箱装卸桥的臂架俯仰周期通常为 8～10 min。

3）起重量

起重量是表征集装箱装卸桥作业负载能力的指标，通常基于额定起重量和吊具自重确定，即

$$Q = Q_r + W \qquad (3-9)$$

式中，Q 为装卸桥的起重量；Q_r 为装卸桥的额定起重量；W 为吊具自重。

装卸桥的额定起重量是指集装箱吊具下的起重量，以其能够起吊的集装箱的最大总质量表示。集装箱质量通常有相应的标准可循，而装卸桥的吊具种类繁多，自重大小不一，因此，国际上各集装箱码头所配备的装卸桥起重能力各不相同。在确定装卸桥起重能力时还需考虑起吊船舶舱盖、非标准集装箱、重大件货物等的需要。

目前，配备双 20 ft 吊具的集装箱装卸桥的额定起重量可达 65～70 t，而配备双 40 ft 吊具的装卸桥的额定起重量则可达 80～100 t。

根据集装箱装卸桥的主要技术指标，有学者也提出了与集装箱船舶分代类似的装卸桥等级标准。表 3-6 给出了较有代表性的集装箱装卸桥代际参数。

表 3-6　集装箱装卸桥代际技术规格

集装箱装卸桥等级		主　要　技　术　规　格					
代	型	外伸距/m	轨距/m	轨上高度/m	小车速度/(m/min)	额定起重量/t	装卸效率/(TEU/h)
一	小	28	10	22	120	25.0	20
二	中	35	16	25	150	30.5	25
三	巴拿马	38	16～30	30	180	30.5～40.5	30
四	超巴拿马	42～50	22～30	35	210	40.5～50.0	40

续　表

集装箱装卸桥等级		主 要 技 术 规 格					
代	型	外伸距/m	轨距/m	轨上高度/m	小车速度/(m/min)	额定起重量/t	装卸效率/(TEU/h)
五	苏伊士	52～61	30～35	40	240	5.0～61.0	60
六	马六甲	65～73	35	45	300	61.0	80～100

2. 多用途门座起重机

门座起重机是装设在沿地面轨道行走的门型底座上的全回转臂架起重机,其门架下面可以通行汽车、火车等运输工具,是码头前沿的通用起重机械之一。门座起重机的工作场所相对比较固定,其高大的金属结构提供了足够的活动空间,同时依靠其完善的工作机构实现较高的生产效率来完成船—岸、船—车、船—船等之间的各类装卸作业。门座起重机的工作机构主要包括起升、回转、变幅、运行等四大组成部分。

多用途门座起重机(见图3-25)是港口通用件杂货门座起重机的一种改进,是为了适应船舶混装运输的需要而发展起来的,可以按照不同需要配装不同的装卸工具,如抓斗、吊钩、集装箱吊具等。因此,多用途门座起重机是多用途码头的一种理想的作业机械。根据需要,多用途门座起重机既可以完成集装箱装卸作业,又要兼作其他重件货、散货和杂货的装卸作业。因此,多用途门座起重机与普通门座起重机的区别就在于它增加了包括装卸集装箱在内的多种货物的功能。

图3-25　正在吊装集装箱的多用途门座式起重机

作为专用集装箱码头的辅助设备,多用途门机有单臂架式和四连杆组合臂架式两种类型。根据多用途门机的臂架系统特点,多用途门座起重机可带四吊点吊具或单吊点吊具装卸集装箱。在集装箱码头,多用途门座起重机生产率一般以装卸集装箱的效率来衡量,通常为15~20 TEU/h。20世纪90年代以来,多用途门机的生产率逐步提高。目前,多用途门座起重机的生产率可达25 TEU/h。多用途门机一般要求其能起吊40 ft的国际标准集装箱,因而要求吊具下的起重量不小于30.5 t,其总起重量一般为35~45 t。有些用户也要求吊钩下起重量较大,以满足在小幅度下使用重载吊钩装卸重大件的要求。为使臂架旋转时集装箱及其吊具始终保持与船舶纵向轴线平行,多用途门座起重机采用专用单/四吊点吊具时,一般均要求其带有吊具自动跟随旋转装置或动力式旋转装置。

图3-26 移动式港口起重机

我国自20世纪70年代开始发展集装箱运输以来,集装箱运输得到了迅猛发展,几乎所有的沿海、沿江港口均开展集装箱装卸业务。除了专用的集装箱码头以外,许多码头还建有多用途泊位,多用途门座起重机在这些码头发挥了巨大的作用。

3. 移动式港口起重机

移动式港口起重机(又称集装箱高架吊,见图3-26)是20世纪我国在摸索建设集装箱码头时期从国外引进的、用于多用途码头和通用码头的装卸船设备。

移动式港口起重机是在轮胎式龙门起重机的基础上发展起来的,具有大型轮胎吊的各种性能。空载行走时,荷载作用范围比较大;重载工作时需要打支腿作业,由于其运行是以柴油机为动力,可以自由移动,给其装卸作业范围带来了极大的灵活性;使用功能方面具有门座起重机能带荷变幅、使货物在空中保持水平移动、臂架铰点和驾驶室离地面较高、便于对船舶进行装卸作业等特点。

移动式港口起重机可装卸20~48 ft的各种规格的集装箱。装卸集装箱时,可采用人工手动挂钩或者固定式吊具,也可采用液压伸缩式集装箱吊具作业;装卸散货时,可带散货抓斗装卸作业,带木材抓斗装卸原木。此外,还可用吊钩装卸各种件杂货和大重件货物。移动式港口起重机不仅能在码头前方进行装卸船作业,而且可以用于堆场上拆码垛和装卸车作业。在拥有多个泊位的中小港口,该机可作为各泊位集装箱和其他各类重大件装卸作业共同使用的机型。

(二) 水平运输设备

1. 集装箱牵引车

集装箱牵引车(tractor)亦称"拖头",其本身不具备装货平台,为与其连接在一起的集装箱挂车提供动力,拖带集装箱在码头内或公路上实现水平位移,是集装箱码头内最为常见的水平运输设备,也是重要的集装箱公路运输工具。

按照驾驶室的形式不同,集装箱牵引车可划分为如下两种:

一种为长头式集装箱牵引车(见图3-27)。长头式集装箱牵引车的发动机布置在驾驶座的前方,驾驶员受发动机振动的影响较小,比较舒适,发生碰撞时也较安全。此外,打开发动机罩检修也比较方便,但这种车头较长,整个车身长度和转弯半径较大。

另一种是平头式集装箱牵引车(见图3-28)。平头式集装箱牵引车的发动机在驾驶员座位下面,驾驶员的舒适感较差,但牵引车的驾驶室较短,视线较好,轴距和车身全长比较短,转弯半径小。

图3-27　长头式集装箱牵引车

图3-28　平头式集装箱牵引车

目前,平头式是较为普遍的集装箱牵引车驾驶室布局。

按照车轴数量的不同,集装箱牵引车可划分为如下两种:

一种称为双轴式集装箱牵引车(见图3-29)。双轴式集装箱牵引车有两个车轴,一般用于牵引装运20 ft集装箱的半挂车。这种牵引车车身较短,轴距较小,转弯半径小,机动性能好,但由于后轴为单轴,因此承受负荷较小,牵引力也较小。

另外一种是三轴式集装箱牵引车(见图3-30)。三轴式集装箱牵引车有三个车轴,一般用于牵引装运40 ft集装箱的半挂车。这种牵引车承载能力大,牵引力大。

图3-29　双轴式集装箱牵引车

按照用途的不同,集装箱牵引车可划分为如下两种:

一种是场内运输用集装箱牵引车(见图3-31)。场内运输用集装箱牵引车用于港口或集装箱货场内部,完成短距离运输,行驶速度较低,一般不超过 40 km/h,牵引力大,牵引鞍座为低台式。

图 3-30 三轴式集装箱牵引车   图 3-31 场内单座式集装箱牵引车

另外一种是公路运输用集装箱牵引车。公路运输用集装箱牵引车采用大功率发动机,速度较高,一般可达 100 km/h,具有多挡高速,其制动性能及加速性能较好,主要用于高速和长距离运输。

2. 集装箱挂车

挂车(trailer)亦称"拖车"或"平板",其本身仅为装货平台,由与其连接在一起的集装箱牵引车提供动力,拖带集装箱在码头内或公路上实现水平位移。

按照挂车结构形式的不同,集装箱牵引车可分为如下两种:

一种称为骨架式挂车(见图 3-32)。骨架式挂车(skeletal trailer)是指只有钢结构骨架,没有铺设底板的挂车。它结构简单,自重轻,维修方便,作为一种重要的专用设备,在集装箱运输中得到了广泛运用。骨架式挂车因为仅由底盘骨架构成,因此其所载运的集装箱也作为强度构件的一部分,加入半挂车的结构中予以考虑。

图 3-32 骨架式挂车

另外一种结构形式的挂车称为平台式挂车(见图 3-33)。平台式挂车(platform

trailer)是指既有钢结构骨架,同时也铺设有底板的挂车,它除了有两条承重主梁外,还有若干个横向的支撑梁。平台式挂车既可用于装载集装箱,也可用于装载普通货物。若用于装载集装箱,需按集装箱尺寸与角件规格,在其固定集装箱的位置上安装相应的扭锁装置。

图 3-33　平台式挂车

按照挂车底盘前后车轴配置的不同,集装箱挂车可分为如下两种:

一种称为全挂车(见图 3-34)。全挂车(full trailer)是指底盘前后两端都配有车轴的挂车,其荷载全部由自身承担,与牵引车仅用挂钩连接,牵引车不需要承担挂车荷载,只是提供动力帮助挂车克服路面摩擦阻力。全挂车一般由车架、车身、牵引装置、转向装置、悬架、行走系统、制动系统、信号系统等组成。

图 3-34　全挂车

另外一种称为半挂车(见图 3-35)。半挂车(semi trailer)是指底盘前端没有配置车轴,仅后端配置车轴的挂车。集装箱堆场与码头普遍使用这种形式的挂车,当其均匀受载时,车轴通常位于车辆质心之后。

图 3-35　半挂车

半挂车的前端底部装有支腿,便于甩挂运输。

挂车与牵引车的牵引方式(见图3-36)一般来说有如下三种:

其一为全拖挂方式。全拖挂方式是牵引车通过牵引杆架拖带全挂车进行运输的方式。牵引车本身可单独作为普通载重货车使用,挂车也可用支腿单独支撑。由于该车型操作比半拖挂车困难,因此在集装箱运输领域的应用不如半拖挂车普遍。

其二为半拖挂方式。半拖挂方式是牵引车拖带半挂车进行运输的方式,是目前集装箱码头内水平运输及公路运输中最为常用的拖挂形式。这种拖挂方式下的车辆全长较短,回转半径小,转向与倒车灵活。集装箱质量由牵引车和挂车共同分担,因而轴压也较小。由于后车轴承担了集装箱的部分质量,因此牵引车可以发挥较大的驱动力。

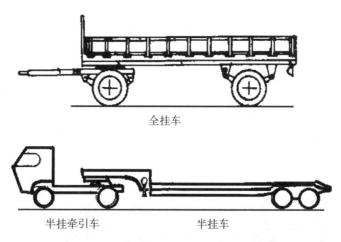

全挂车

半挂牵引车　　　　　　　　半挂车

图3-36　全挂车与半挂车牵引方式示意图

其三为双(多)联拖挂方式(见图3-37和图3-38)。双(多)联拖挂方式是在牵引车后面再拖带一个或多个全挂车进行运输的方式,即由一台牵引车拖带两部或多部底盘车。尽管双(多)联拖挂方式一次可运输多个集装箱,但它后面的挂车会在行进过程中持续摆动,倒车时的操作性能也不好,因此目前应用得不是很普遍。

图3-37　双联拖挂方式

图3-38　三联拖挂方式

3. 集装箱跨运车

集装箱跨运车(straddle carrier)是以门形车架跨在集装箱上,由装有扭锁结构的吊具连接或脱离集装箱,通过相应系统(主要为液压系统)进行集装箱升降、侧移、倾斜、微动,从而成为集装箱堆码搬运的专用机械(见图 3 - 39)。

图 3 - 39　集装箱跨运车

集装箱跨运车是集装箱作业中特有的车型,通常承担由码头前沿到堆场的水平运输以及堆场的集装箱堆码作业。它比集装箱龙门起重机具有更大的机动性,可实现一机多用,既可作为码头前沿至库场的水平运输机械,又可进行堆场 2~3 层集装箱堆码和装卸作业。

由于具有机动灵活、效率高、稳定性好、轮压低等特点,集装箱跨运车在很多集装箱码头都得到了广泛应用,它对于提高码头前沿设备的装卸效率十分有利。从 20 世纪 60 年代问世以来,经过几十年的发展,集装箱跨运车已经与轮胎式龙门起重机一样,成为集装箱码头和堆场的常用设备。集装箱跨运车普遍应用于欧洲各集装箱港口,我国专业化集装箱码头设计建设起步于 20 世纪 70 年代,那时,正值轮胎式龙门起重机开发和发展时期,由于当时的跨运车产品质量不稳定,问题较多,我国专业化集装箱码头从初期开始便采用龙门起重机方案,集装箱跨运车的应用比较少。

(三)场地装卸设备

1. 轮胎式龙门起重机

轮胎式龙门起重机(rubber-tired gantry, RTG),是一种依靠动力驱动的、轮胎沿平整地面做水平纵向或横向运动的、卷筒钢丝绳带动排架下集装箱作升降运动的、小车沿门架主梁轨道做直线运动的、用来翻箱或装卸箱作业的集装箱码头专用起重设备。

轮胎式龙门起重机主要由门架结构、大车驱动及转向系统、小车及驱动系统、排架及升降系统、动力及控制系统及安全保护系统等组成。门架结构由前后两片门框和底梁组成,支撑在橡胶轮胎上。装有集装箱吊具的小车沿着门框横梁上的轨道运行,配合底盘车等码头水平运输设备进行集装箱的堆码与装卸作业。

轮胎式龙门起重机具有作业效率高、场地机动性及适应性强、堆高能力好等突出优点,它不仅能前进、后退,而且还设有转向装置,通过轮胎的旋转,实现箱区间的全方位转移。

1) 轮胎式龙门起重机的主要参数

轮胎式龙门起重机的主要参数包括跨距、起升高度、基距、起重量、工作速度、轮压等。

(1) 跨距。轮胎式龙门起重机的跨距是指其两侧行走轮中心线之间的距离,该参数主要取决于起重机所需跨越的集装箱箱区的列数和底盘车的通道宽度。

目前,大多数的集装箱码头根据堆场的布置,轮胎式龙门起重机跨距通常按照横跨6列集装箱和1条底盘车道考虑,"六列一道"的布局方式一般为车道居边,单侧为6列集装箱的布置(见图3-40)。

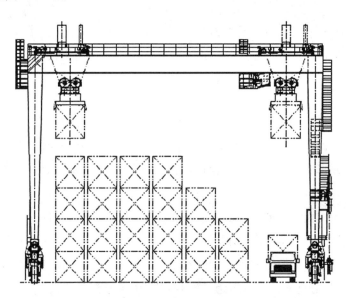

图 3-40　轮胎式龙门起重机"六列一道"布置示意图

(2) 基距。轮胎式龙门起重机的基距是指其两片门框主柱中心线之间的距离,在"六列一道"的情况下,基距通常为 6.4 m 或者 6.9 m。

(3) 起升高度。轮胎式龙门起重机的起升高度是指其吊具底部平面至地面的垂直距离,该参数主要取决于起重机作业的堆码集装箱层数,比如堆场的集装箱堆高层数为 4 层,考虑到起重机在吊装集装箱作业时需要跨越 4 层集装箱的高度,因此吊具的最低点应大于5 层集装箱的高度,业内通常将此起升高度简称为"堆四过五"。目前,主流轮胎式龙门起重机的起升高度为"堆四过五"或者"堆五过六",其起升高度可达 15.24 m 或者 18.1 m。

（4）起重量。轮胎式龙门起重机的起重量是表征其作业负载能力的指标，由其额定起重量和吊具自重来确定。轮胎式龙门起重机的额定起重量一般按其所起吊集装箱的最大总质量来确定，根据国际标准化组织对集装箱最大总质量的相关规定，目前轮胎式龙门起重机的吊具下额定起重量多为 40.5 t。

（5）工作速度。轮胎式龙门起重机的工作速度通常根据装卸工作周期的需要来确定，过高或过低都不合理，前者会造成不必要的能源浪费，甚至影响作业安全，而后者则会影响码头作业的进度。

2）轮胎式龙门起重机对码头场地的要求

（1）通道路面。轮胎式龙门起重机的轮压较大，40.5 t 额定起重量的轮胎式龙门起重机的 8 个轮胎最大轮压可达 32 t，因此这对行走通道路面的加固铺装提出了较高的要求。

行走通道通常采用混凝土或沥青路面，考虑雨后排水的需要，堆场会设计一定的坡度，但为了防止相邻两台轮胎式龙门起重机的上部结构发生碰撞，坡度应控制在 1/100～1/50。

（2）转向垫板。轮胎式龙门起重机通道的 90°直角转向处的每个轮胎位置下需铺设转向垫板，以减少轮胎式龙门起重机转弯时产生的摩擦，从而保护路面和轮胎（见图 3－41）。

图 3－41　轮胎式龙门起重机使用的转向垫板

（3）大风紧固装置。考虑到安全的需要，集装箱码头的后方堆场还应为轮胎式龙门起重机设置大风紧固装置，且按当地的最大风力来设计。刮大风时，应将轮胎式龙门起重机开至后方堆场并进行紧固，防止其滑行和倾覆。紧固装置在不使用时可以放平，以免影响其他车辆行驶。

3）轮胎式龙门起重机的"油改电"工程

轮胎式龙门起重机传统上由柴油机驱动，随着国际油价的不断上涨，轮胎式龙门起重机的营运成本也大幅增长，其无功消耗大、油耗大、噪声大、发动机组的有效利用率低等不足，严重影响了集装箱码头营运的整体效益。据测算，柴油发电机组在怠速状态下，平均一台轮胎式龙门起重机的空耗柴油就达 15～15.5 L/h。相对于油价的大幅上涨,近年来电力价格则保持相对稳定,成本也相对低廉,轮胎式龙门起重机弃油用电,即可保留其转场灵活的优势,也能降低营运成本,减少大气污染和噪声排放,改善工作环境。轮胎式龙门起重机"油改电"已是大势所趋。

设计一种适合集装箱码头的"油改电"方案,需要考虑到多方面的因素,如码头堆场的布置形式、作业的繁忙程度、堆场的分区设计、堆场的整体沉降、上级变电所容量等,还要考虑安全、能效、造价等一系列指标,以及未来码头的发展规划等。目前,集装箱龙门起重机"油改电"的模式主要有电缆卷盘和滑触线供电两类,其中滑触线供电方式又可分为低架滑触线和高架滑触线两种方式。很多码头初期采用的电缆卷筒方式属于直流"油改电",电缆卷筒"油改电"的优点在于其所有的改造工程几乎都集中在集装箱龙门起重机上,地面改造只需要增加几个插座箱,费用低,改造后的堆场对集装箱龙门起重机的行走跑偏要求小,无须特别的防护措施,但其缺点也较为明显,如机上改造项目多,改造较为复杂。同时,转场过程需要增加地面辅助人员操作,电缆卷筒安装在集装箱龙门起重机的一侧,使得集装箱龙门起重机调度不方便。

无论采用电缆卷筒方式还是滑触线方式,每种方式都存在一些不足。从目前的码头现状而言,电缆卷筒方案比较适用于码头规模小、作业量不多的小型集装箱码头,而采用低架滑触线"油改电"方式的码头越来越多。

2. 轨道式龙门起重机

轨道式龙门起重机(rail-mounted gantry,RMG),简称"轨道吊",是一种与轮胎式龙门起重机非常相似的专门用于集装箱堆场装卸作业的起重设备。其与轮胎式龙门起重机最为显著的差异在于,它是依靠钢制车轮(而非橡胶轮胎)在安装于地面的轨道上的滚动来实现大车水平移动的。由于轨道式龙门起重机几乎都是通过电力驱动的,它节能环保,使用成本较低,故障率也较低,且易于实现自动化,是当今新建集装箱码头首选的堆场作业机械。

轨道式龙门起重机通常由两片悬臂门架构成,两侧门腿用下横梁连接,门架支承在行走台上,并在轨道上运行。正因为其只能沿地面预先铺设的轨道行走,因此它也只能限制在铺设轨道的特定场地作业。轨道式龙门起重机定位能力较强,较易实现全自动化装卸,是自动化集装箱码头较为理想的作业机械。

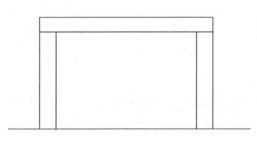

图 3-42　无悬臂梁式轨道龙门起重机结构示意

1) 轨道式龙门起重机的结构形式

轨道式龙门起重机一般有无悬臂梁式、单悬臂梁式和双悬臂梁式等三种结构形式。无悬臂梁式轨道龙门起重机(见图 3-42)一般用于铁路中转,横跨两条铁路线,跨度不超过 20～30 m,集装箱堆高一般为"堆三过四";单悬臂梁式轨道龙门起重机(见图 3-43)主要用于水—铁、公—铁转运,以前者为例,其一侧悬臂伸向水面船舶,门架下则铺设铁轨,从而实现集装箱的水—铁联运;双悬臂梁式轨道龙门起重机(见图3-44)主要用于集装箱码头和大型中转站,一般跨度较大,门架下可跨10~20列集装箱,悬臂下也可跨3~4列集装箱,集装箱堆高可达"堆五过六",其门架大多采用双梁箱型焊接结构,小车采用回转式小车。

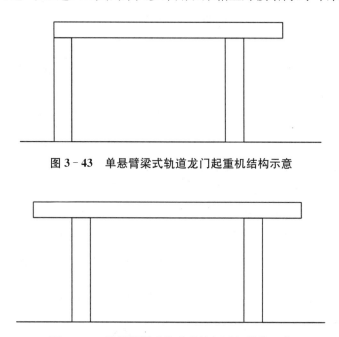

图3-43　单悬臂梁式轨道龙门起重机结构示意

图3-44　双悬臂梁式轨道龙门起重机结构示意

2) 轨道式龙门起重机的主要参数

轨道式龙门起重机的主要参数包括跨距、悬臂伸距、门框通过宽度、基距、起升高度、起重量、工作速度等。

(1) 跨距。轨道式龙门起重机的跨距是指其行走轨道中心线之间的距离,该数值需要根据堆场集装箱作业的实际需要来确定,现有的轨道式龙门起重机跨距多为28~35 m(跨8~11排集装箱+1条或2条车辆通道)。

轨道式龙门起重机的跨距并非越大越好,主要是因为:跨距过大则相应的起重机金属结构提高,堆场规模也需相应扩大,从而提高了码头的基建费用;跨距过大则小车的行走距离加长,从而使得装卸工作周期拉长,装卸效率降低;跨距过大使得大车的行走不便,整机电机功耗增高。

(2) 悬臂伸距。轨道式龙门起重机的悬臂伸距是指其外侧轨道中心线至悬臂吊具中心垂线之间的水平距离。轨道式龙门起重机的悬臂伸距一般为8~10 m,该范围之内通常通过两条铁路线或两条底盘车作业线,有时也可堆放3列集装箱。特定情况下,为了配合底盘车作业,还要求能将集装箱回旋90°。

(3) 门框通过宽度。轨道式龙门起重机的门框通过宽度是指沿其轨道线门框通过集装箱的最小宽度。考虑足够的安全间隙与 40 ft 集装箱的长度,轨道式龙门起重机的门框通过宽度一般为 14 m 左右。

(4)基距。轨道式龙门起重机的基距是指其同一轨道的两个主支撑柱中心线之间的距离。考虑到轨道式龙门起重机的结构强度与稳性要求,基距应大于跨距的 25%~30%。

(5)起升高度。与轮胎式龙门起重机相似,轨道式龙门起重机的起升高度也是指其吊具底部平面至地面的垂直距离,该参数主要取决于起重机作业的堆码集装箱层数。

(6)起重量。与轮胎式龙门起重机相似,轨道式龙门起重机的起重量也是表征其作业负载能力的指标,由其额定起重量和吊具自重来确定。根据 ISO 对集装箱最大总质量的相关规定,目前轨道式龙门起重机的额定起重量多为 40 t 左右。

(7)工作速度。与轮胎式龙门起重机相似,轨道式龙门起重机的工作速度通常也需根据装卸工作周期的需要来确定,其装卸效率一般应稍高于岸壁集装箱装卸桥的装卸效率。

3. 轮胎式龙门起重机与轨道式龙门起重机的性能比较

轮胎式龙门起重机与轨道式龙门起重机功能与作业过程都较为相似,但在技术性、经济性、操作性、安全性等方面还是存在一定差异的。

表 3-7 从多个方面对轮胎式龙门起重机与轨道式龙门起重机的性能进行了比较。

表 3-7 轮胎式龙门起重机与轨道式龙门起重机的性能比较

比较项目	起重机类型	
	轮胎式龙门起重机	轨道式龙门起重机
外形尺寸	跨距一般不超过 23.47 m(6+1),堆高一般不超过 18.2 m(5+1),一般无外伸	跨距可达 40 m(12 箱)或更大,可堆码集装箱 8 层高,可有外伸
设备成本	同等条件下,价格略高	同等条件下,价格略低
基础成本	堆场通常不需要建设变电站、铺设电缆、轨道等,故投资较低	堆场需建变电站,铺设电缆、轨道等,故投资较高
运行成本	传统上以柴油作为燃料,成本较高	以电力作为能源,成本较低
环境保护	传统上以柴油作为燃料,产生污染和较大噪声	以电力作为能源,清洁无污染
维修成本	传统采用柴油机,需定期保养,大车行走依靠轮胎,需定期更换	动力输入采用电缆卷筒,基本无须特别维修,大车行走依靠钢制车轮,基本无更换
故障率	故障率较高	故障率较低
工作效率	车道和集装箱位置无法固定,必须经常进行吊具回转,影响作业效率,但可灵活地进行换场作业	轨道和集装箱位置相对固定,节省了对箱时间,作业效率较高,但影响了灵活性,难以实现换场作业

比 较 项 目	起 重 机 类 型	
	轮胎式龙门起重机	轨道式龙门起重机
大车跑偏	需经常进行大车纠偏动作	不存在跑偏问题
自动控制	整机状态的定位困难,较难实现真正意义上的自动控制	较容易实现整机状态的定位,可实现多种自动、半自动控制,提高效率,可实现无人堆场系统
管理系统	采用无线通信,带宽小,抗干扰能力差,有死角,硬件维护困难	采用光纤通信,带宽大,抗干扰能力强,硬件通用性好,易维护,但因集装箱密度较大,需要较高的管理水平,以避免频繁倒箱
安全性	需设置碰箱限位,仍无法完全避免碰箱和碰车事故	在轨道上运行,通常不可能碰箱

可见,轨道式龙门起重机的整机性能明显优于轮胎式龙门起重机,符合集装箱装卸工艺的发展方向和发展趋势,也更符合集装箱码头高效化、智能化和绿色化的发展方向。因此,较之轮胎式龙门起重机,轨道式龙门起重机拥有更广阔的发展前景。

4. 集装箱叉车

集装箱叉车(container fork lift)是一种集装箱码头和堆场常用的装卸、搬运集装箱的作业机械,可进行集装箱装卸或短距离搬运,也常用于堆垛空集装箱等辅助性作业。相较于集装箱龙门起重机等大型专用机械,集装箱叉车的作业效率较低,因此不适用于大吞吐量的集装箱码头,一般用于集装箱吞吐量不大的综合性码头,或者作为专业集装箱码头和堆场的辅助性机械。

集装箱叉车机动灵活,作业范围大,相对于其他集装箱机械,其设备购置费用低,通过更换属具,可用来装卸搬运其他件杂货,达到一机多用的效果。同时,集装箱叉车也存在一些缺点,如常用的正面集装箱叉车横向尺寸大,所需通道宽度大,且需堆码层数较少,使堆场面积和高度的利用率低,满载时前轮压力大,对码头前沿和堆场通道路面的承载能力要求高,行走时视野被集装箱阻挡,对箱作业有一定难度。

按照货叉作业位置的不同,集装箱叉车可分为正面集装箱叉车和侧面集装箱叉车。侧面集装箱叉车类似于普通侧面叉车,门架和货叉向侧面移出,叉取集装箱后回缩,将集装箱放置在货台上,再进行搬运,其行走时横向尺寸小,需要的通道宽度较窄,但侧面集装箱叉车构造及操作较复杂,尤其操作视线差,装卸效率低,目前较少采用。正面集装箱叉车操作方便,是目前集装箱叉车常用的形式。正面集装箱叉车又可分为重载集装箱叉车、空箱集装箱叉车、轻载集装箱叉车等。

1) 集装箱叉车的构造与性能特点

考虑到其装卸作业的对象主要是集装箱,因此,集装箱叉车在结构与性能上有一些有别于普通叉车的特点：

（1）为了保持良好的操作视线，驾驶员座位应具有调高功能。

（2）起升高度应能满足堆码集装箱的层数要求，并留有一定的安全间隙。

（3）起重量应满足相应箱型的要求：对于仅用货叉作业的叉车，其起重量应不小于集装箱总质量；对于采用顶部吊具的叉车，其起重量应不小于集装箱与吊具的总质量。

（4）作业的载荷中心距取集装箱宽度的1/2，即1 220 mm。

图3-45 作业重箱的集装箱叉车

（5）为便于对准集装箱角件锁孔或者箱底叉槽，货叉架在设计时应考虑侧移功能和在水平面内摆动功能。

（6）为了增加适用范围，除标准货叉外，大多数重载集装箱叉车还配备有专用吊具。

2）典型的集装箱叉车

（1）作业重箱的集装箱叉车（见图3-45）。重箱叉车通常安装顶部起升吊具，可对20 ft和40 ft的集装箱进行顶部起吊，其起重量与负荷中心应与作业箱型的最大总重和宽度相适应。

（2）作业空箱的集装箱叉车（见图3-46）。集装箱空箱既可采用顶部起吊方式，亦可采用侧面起吊方式，因而作业空箱的集装箱叉车应备有顶部起吊和侧面起吊的附属装具。对于带叉槽的20 ft集装箱空箱，还可以通过货叉插入叉槽起升。

图3-46 作业空箱的集装箱叉车

集装箱码头和堆场应根据集装箱自重、负荷中心位置、所需堆码层数合理选用作业空箱的集装箱叉车。

（3）作业轻载集装箱的集装箱叉车。目前，大多数集装箱所装载的货物质量通常都达不到其额定质量，从经济性角度考虑，集装箱叉车的起重量可相应下调。据统计，目前 20 ft 的集装箱平均质量为 12 t，40 ft 集装箱的平均质量为 22 t，因此，作业 20 ft 轻载集装箱可采用起重量为 15 t 的集装箱叉车，而作业 40 ft 轻载集装箱则可采用起重量为 25 t 的集装箱叉车。

5. 集装箱正面吊运机

集装箱正面吊运机，简称"正面吊"，是一种用来完成集装箱装卸与堆码以及码头集装箱堆场，包括堆场与前沿装卸机械之间的集装箱水平运输作业的装卸搬运机械（见图 3-47）。它具有机动性强、作业效率高、安全可靠、操作简便等优点，是一种比较理想的货场装卸搬运机械。

图 3-47　集装箱正面吊运机

第一台正面吊运机于 1975 年研制成功并投放市场，大致经历了三个发展阶段：从问世到 20 世纪 80 年代中期为推广应用阶段，大多潜在的用户没有认识到其优越性，仍然选择叉车作为集装箱装卸、堆码和水平运输的专用机械，其本身技术发展也比较缓慢；20 世纪 80 年代中期到 90 年代初，进入稳定发展阶段，其优势逐渐被人们所认识，一些知名叉车和轮胎式龙门起重机生产商开始研制和批量生产正面吊运机，正面吊运机本身的技术性能也得以提高；20 世纪 90 年代以来，进入技术成熟和高速发展阶段，大批知名叉车和轮胎式龙门起重机生产商进入正面吊运机市场，竞争以及规模经营的结果不断促进正面吊运机技术的发展与提高。

集装箱正面起重机由工程机械底盘、伸缩臂架和集装箱吊具等三部分组成，底盘有发动机、动力换挡变速箱、前桥、后桥、转向系统、驾驶室、车架和车轮等部件；伸缩臂架有伸缩油缸、俯仰油缸、臂架等部件；集装箱吊具有旋转机构、上架、连接架、底架、伸缩架、伸缩油缸、防摇油缸、侧移油缸和旋锁油缸等部件。

作为集装箱装卸、堆码和水平运输的专用机械,集装箱正面吊运机与叉车相比较,具有机动灵活、稳性好、堆场利用率高等优势。在一些铁路场站的集装箱集散点,集装箱正面吊运机在换装吊钩后,可以作为轮胎式龙门起重机使用,个别场合,也可换装木材抓斗,作为木材装卸机械使用。目前,不但中小港口、内陆集装箱中转站场采用集装箱正面吊运机作为主要作业设备,一些大型集装箱码头也选用集装箱正面吊运机作为辅助作业设备。

集装箱堆场各种作业方式优缺点的比较见表 3-8。

表 3-8　集装箱堆场各种作业方式比较

设　备	优　点	缺　点
底盘车	机动性强,进出场效率高,无须装卸,适用于滚装船作业	单层堆放,场地利用率低,占用大量底盘车
跨运车	适用于水平搬运和堆存作业,灵活性强,翻箱率低,单机造价低,工艺系统简单	故障率高,维修量大,堆层少,堆场利用率低,对司机操作要求高
叉车	适用于短距离水平搬运和堆存作业,灵活性强,翻箱率低,单机造价低	一般只适用于小型箱的搬运,堆层少,并需留有较宽的通道,堆场利用率低
轮胎式龙门起重机	可堆 3～4 层,堆场利用率较高,可靠性较强,比轨道式使用灵活,是目前主流设备	翻箱率较高,只限于堆场使用,堆场建设投资较大
轨道式龙门起重机	可堆 4～5 层,堆场利用率高,可靠性强,堆存容量大,可同时进行铁路线装卸	翻箱率高,只能沿轨道运行,灵活性差,堆场建设投资大
正面吊	堆存高度高,堆场箱位利用率高,使用灵活,单机造价低,可进行水平搬运	需留有较宽的通道,使堆场用于堆箱的面积减少

二、自动化集装箱码头常用的装卸搬运设备

随着世界集装箱海运量不断增长和集装箱船舶日趋大型化,集装箱装卸的稳定高效、节能环保逐渐成为港口经营者关注的重点。自动化集装箱码头(automated container terminal,ACT)的出现很大程度上满足了上述要求。自动化集装箱码头的常用装卸设备主要分为码头岸边装卸设备、水平运输设备、场地装卸设备等。岸边装卸设备主要有可以远程操控的自动化岸边集装箱装卸桥等。水平运输机械主要有集装箱自动导引车(automated guided vehicle,AGV)、无人驾驶跨运车(autonomous straddle carrier,ASC)、智能导引运输车(intelligent guided vehicle,IGV)以及智能集装箱拖挂车(intelligent container truck,ICT)等。场地装卸设备主要有自动化轨道式龙门起重机(automatic rail-mounted gantry crane,ARMG)和自动化轮胎式龙门起重机(automatic rubber-tired gantry crane,

ARTG)等。

（一）自动化集装箱码头岸边装卸设备

目前,应用于自动化集装箱码头的岸桥主要有两种,即单小车岸桥和双小车岸桥,如图3-48所示。两种岸桥在工艺流程上有所不同,其与水平运输车辆的匹配耦合方式对提升码头作业效率具有一定的影响。

图3-48　双小车集装箱装卸桥

双小车岸桥与AGV和集卡可以比较好地耦合匹配,减少了岸桥和水平运输车辆的相互等待时间,提高了作业效率。另外,在双小车岸桥中转平台上,可以很好地解决集装箱拆装锁问题,但是双小车岸桥设备造价较单小车岸桥设备造价高很多,设备自重大,码头基础承压要求高,水工造价也增加,这是码头工程造价不得不考虑的因素。

单小车岸桥与AGV和集卡在交接时,存在相互等待的问题,影响了作业效率,相反,当采用集装箱跨运车担任水平运输任务时,相互等待的问题迎刃而解,这也是欧美国家广泛认可集装箱跨运车作为水平运输设备的重要原因。

单小车岸桥的价格等优势毋庸置疑,但是对于单小车岸桥,如何解决集装箱的拆装锁问题,一直是自动化码头工艺设计的一大难点。目前,针对单小车岸桥,一般有三种解决思路:一是在岸桥海侧门腿设解锁中转平台;二是在岸桥陆侧门腿设解锁中转平台;三是岸桥不设解锁中转平台,在地面合适的安全位置(如靠近船首或船尾的岸边车道上)集中设置人工解锁区域。因此,自动化码头岸桥的选型应与整个码头的工艺装备综合考虑。如果采用AGV或集卡进行水平运输,推荐优先选用双小车岸桥装卸船舶;如果采用集装箱跨运车进行水平运输,则可以先采用单小车岸桥进行船舶装卸作业,以降低设备和码头造价。特大型集装箱船舶、3E集装箱船舶、3E岸桥的投入应用,致使岸桥的起升高度越来越大,总起升高度甚至超过70 m,加上船舶的纵横摇摆,吊具自上而下对箱难度越来越大,一般需要中控室内的操作人员进行远程干预、确认。随着全球航运领域智能航运新业态的发展势不可挡,未来智能船舶自动航行、自动靠泊、自动系泊、自动离泊等将成为可能,岸桥与船舶的自动避让、自动对接和自动装卸技术也是未来自动化岸桥的发展方向。

(二)自动化集装箱码头水平运输设备

当前,全世界半自动化集装箱码头的数量多于全自动化码头,主要原因在于水平运输的自动化难度较大,投资也较大。目前,自动化集装箱码头水平运输设备主要有集装箱自动导引车、无人驾驶跨运车和无人集卡等。

1. 自动导引车

AGV 是自动化码头的比较成熟的设备,已有数十年的制造和使用经验,在自动化码头水平运输中应用最多。早期的 AGV 采用内燃机作动力,采用液压传动方式,由于采用不可再生的化石类燃料,能耗高,尾气和噪声污染严重,目前已普遍被锂电池—液压传动方式所替代。AGV 所配备的锂电池的数量和质量与充电方式有密切关系。当前,AGV 的充电方式主要有三种:充电站充电、换电站换电和随充随放循环充电方式。当采用充电站充电或者换电方式时,为确保一定的运行距离和运行时间,需要配备的锂电池较多,增加了 AGV 的自重,也必然增加运行能耗。未来,随着锂电池性能的提升,随充随放的循环机会充电方式得到应用,充电次数的增加将不会对电池寿命造成大的影响,因此,采用机会充电方式可较大幅度地降低 AGV 锂电池的使用数量和自身质量,降低运行能耗,同时降低 AGV 设备价格。

由于 AGV 不具备自装卸功能,可能在作业交互区与自动化轨道吊存在相互等待的问题。为了提高作业效率,解决 AGV 与轨道吊的作业"握手"问题,自动化码头堆场通常配有一套 AGV 工作伴侣(见图 3 - 49),工作于堆场端部的作业区。

图 3 - 49 AGV 及其工作伴侣(AGV-mate)

为提高 AGV 系统作业效率,实现 AGV 在箱区头部作业环节解耦,近年来发展出了自动升顶导引车(lift-AGV)水平运输工艺。自动升顶导引车(见图 3 - 50)与传统 AGV 不同点主要在于自动升顶导引车具有自动顶升功能,通过自动升顶导引车与自动升顶导引车伴侣平台结合使用,实现在箱区头部作业环节的解耦。当自动升顶导引车带箱进入箱区头部时即可通过自带的顶升机构将集装箱放至伴侣平台。当空车至伴侣平台取箱时也可通过自带的顶升机构取到伴侣平台上的集装箱。

图 3-50 自动升顶导引车

当前,自动化集装箱码头的 AGV 一般采用地面预埋磁钉方式进行精准定位和导航,但这对地面基础设施要求较高,同时磁钉需求量巨大,且为提高装卸效率而采用的双小车岸桥设备昂贵,导致整个工程造价较高,制约了新建自动化码头的建设和现有集装箱码头的升级改造。取消对 AGV 传统磁钉导航方式,采用新型卫星导航等方式是降低码头建设成本的重要途径。另外,AGV 的轻量化和去液压化,也一直为业内所关注。

2. 无人驾驶跨运车

集装箱跨运车既可以用于集装箱堆场,也可以用于集装箱的水平运输。用于堆场时,跨运车同时承担了水平运输和堆场装卸两大功能。传统人工驾驶集装箱跨运车在欧美、澳大利亚等港口广泛应用于集装箱的水平运输和堆场作业,目前全球现有 1 000 多座集装箱码头,超过半数的海外集装箱码头在水平运输环节采用跨运车作业。

在各种水平运输设备中,跨运车的最大优势是可以非常好地解决与其相衔接的前沿岸桥和后方场桥之间的耦合问题,两端都不存在设备互相等待的问题,提升了作业效率。同时,前沿岸桥只需采用单小车岸桥,场桥海侧交换区也不需要安装各种支架,可以大大降低设备投资。因此,欧洲的很多半自动化集装箱码头,其水平运输都采用人工驾驶的集装箱跨运车。

随着近几年无人驾驶技术、节能环保技术的快速发展,跨运车也开始进入电动(或混合动力)智能化时代。目前,跨运车的无人驾驶定位导航技术主要有两种:一是采用类似 AGV 的磁钉定位导航方式,但是由于其要跨吊集装箱运行,因此其实现难度较大,这也是为什么跨运车具有很好的耦合特性,却在自动化码头上应用极少的原因;二是采用最新出现的类似无人集卡的卫星导航技术,但该技术仍有待成熟。

集装箱跨运车作为集装箱码头水平运输设备,在欧美集装箱码头被广泛应用,但我国应用较少,因为作为水平运输设备,用户难以承受其高昂的设备造价。而作为堆场设备,其较

图 3-51　无人驾驶跨运车

低的场地利用率,对于寸土寸金的港口来说也难以接受。而在港口进入自动化、智能化时代的今天,集装箱跨运车工艺良好的耦合性能,加上未来基于北斗导航系统和基于 5G 技术的无人驾驶系统的优良性能,无人驾驶跨运车也有一定的发展空间(见图 3-51)。

3. 无人集卡

集装箱拖挂车简称集卡,集卡是传统集装箱码头广泛应用的水平运输设备,承担了集装箱码头内部和出港的运输作业。根据其工作区域不同,集卡分为内集卡和外集卡。内集卡承担码头前沿至堆场之间的集装箱水平运输,目前传统集装箱码头主要采用人工驾驶的燃油集卡或 LNG 集卡。

随着人工智能技术、无人驾驶技术、5G 通信技术和节能环保技术的快速发展,以及基于降低码头建设投资的考虑,采用无人驾驶和锂电池驱动技术的无人电动集卡备受关注。而目前港口关于无人集卡的概念还不统一,一般将自动化码头 AGV 和 ASC 之外的其他各种水平运输车辆统称为无人集卡。无人集卡常采用"卫星+传感器"方式进行定位和导航,是近年来我国港口机械领域最活跃的研究方向之一。

无人集卡根据其结构不同可细分为三种形式:一是在现有的有人驾驶集卡基础上升级改造为无人驾驶集卡,外形上同有人驾驶集卡完全一致,仍保留了驾驶室,一般可实现有人驾驶和无人驾驶之间的切换;二是在现在的有人驾驶集卡的基础上取消驾驶室,但仍由牵引车和挂车两部分组成;三是与现在的 AGV 外形类似,将牵引车和挂车合二为一。

一般将由牵引车和挂车两部分组成的无人集卡称为智能集装箱拖挂车(ICT),其牵引原理同传统的有人驾驶集装箱拖挂车完全一致(见图 3-52)。而将外形类似 AGV、采用非磁钉方式定位导航的无人集卡定义为集装箱智能导引车(见图 3-53)。近年来,随着我国无人驾驶、北斗卫星导航和 5G 通信技术的快速发展,由于无人集卡采用北斗卫星和传感器定位导航技术,不需要昂贵的磁钉,无人集卡设备投资和地面基础投资均有较大降低,因此 IGV 和 ICT 大有替代 AGV 的趋势。

目前,我国除较早投入使用的厦门远海、青岛新前湾和上海洋山港第四期全自动化集装箱码头采用磁钉导航的 AGV 进行水平运输作业外,其余新建和改造的自动化集装箱码头基本上都选用非磁钉导航的 ICT 和 IGV 作为水平运输设备,如广州港南沙四期集装箱码头、天津港北疆港区 C 段集装箱码头、日照港自动化集装箱码头、唐山港京唐港区集装箱码头、苏州港太仓港区四期集装箱码头、深圳妈湾港改建全自动化集装箱码头、宁波舟山港梅山港区二期集装箱码头等。自动化集装箱码头的 AGV、ASC、IGV、ICT 四种水平运输设备性能对比如表 3-9 所示。

图 3-52　智能集装箱拖挂车

图 3-53　集装箱智能导引车

表 3-9　自动化集装箱水平运输设备性能对比表

对比项目	设备类型			
	自动导引车	无人驾驶跨运车	智能导引运输车	智能集装箱拖挂车
英文简称	AGV	ASC	IGV	ICT
定位导航方式	磁钉+传感器	卫星+传感器	卫星+传感器	卫星+传感器
定位精度	高	较低	较低	较低
与码头前沿岸桥匹配情况	与双小车岸桥匹配好；与单小车岸桥匹配较差	与单小车岸桥匹配好	与双小车岸桥匹配好；与单小车岸桥匹配较差	与双小车岸桥匹配好；与单小车岸桥匹配较差
与堆场场桥匹配情况	需要支架配合，匹配好	好	较差	较差
新建自动化集装箱码头适应情况	好	好	好	好
传统集装箱码头进行自动化改造适应情况	很差	中	好	好
技术成熟度	技术成熟	基本成熟	港口封闭场景已基本成熟	港口封闭场景已基本成熟
设备价格	高	高	中，约为 AGV 价格的 1/2	低，约为 AGV 价格的 1/4~1/3
码头基础投资	高	低	低	低
运营与维保成本	高	高	中	低

（三）自动化集装箱码头场地装卸设备

自欧洲鹿特丹港 ECT 码头 1993 年投入运行以来，自动化集装箱码头取得了巨大进步和长足的发展，特别是以堆场作业系统自动化为代表的半自动化码头，在全球得到广泛应用，其技术、设备、工艺及控制系统已经比较成熟，自动化集装箱码头场地装卸设备主要有两种类型：ARMG 和 ARTG。

1. ARMG

ARMG 沿地面固定轨道运行，不存在跑偏问题，易于实现自动化运行，定位精度高，而且 ARMG 运行速度高，作业效率高。因此，国内外绝大部分自动化集装箱码头都选用 ARMG 作为堆场设备。从定位方式上讲，ARMG 大车定位多采用磁钉或定位板和编码器方式，小车定位采用磁尺和编码器方式，起升机构采用编码器和激光扫描方式，吊具采用八绳防摇吊具，减摇效果好，定位准确度高。

何为"编码器"？

"编码器"是将信号或数据进行编制、转换为可用以通信、传输和存储的信号形式的设备。它是利用光电、电磁、电容或电感等感应原理，检测物体的机械位置及其变化，并将角位移或直线位移转换成电信号的一种装置。编码器被广泛应用于需要精准确定位置及速度的场合，如机床、机器人、电机反馈系统以及测量和控制设备等。

自动化动轨道式龙门起重机除了具有传统龙门起重机的参数外，还有一些独有参数，如轨距和有无外伸臂。

1）轨距

从工艺布置的角度而言，ARMG 的轨距越大，堆场的利用率越高。然而，从机械设计的角度而言，ARMG 轨距越大，对整机金属结构满足强度、刚度的要求，特别是对动态刚度的要求就越高，其结构设计的复杂性、制作工艺的高要求将大大增加。

一般认为 ARMG 轨距在 35 m 以下时，采用全刚性的门腿结构是合适的；然而，当轨距达到 35 m 或者以上时，这种结构的 ARMG 支腿很容易发生啃轨。轨距上升时，主梁长度因之增加，因此主梁更容易受力变形，从而导致支腿外扒，造成啃轨。若坚持采用全刚性门腿结构，则必须提高主梁垂直方向的刚度，因此整机质量和轮压都会增大，很不经济。因此，大轨距下，为了避免啃轨现象，ARMG 一般采用一侧刚性腿、一侧柔性腿的方式，但这种方式下小车方向的动态刚度较弱。为保证小车方向的强度足够，主梁的刚度必须加强，这样将使整机质量加大、轮压增大，因而造成轨道基础费用的增加。

另外，ARMG 轨距越大，整机金属结构随大车运行速度的提高其变形就越严重，此时两侧门腿的运行阻力差别也越大,两侧门腿不同步运行的情况更严重,引发啃轨现象的可能性就越高。为克服此现象,需增加电气控制设备,以保证两侧大车运行机构的运行速度同步,然而整机的造价也将随之提高。同时,轨距越大,其小车运行距离越长,可能引起作业效率的降低。因此,需要综合考虑码头实际地质条件和装卸效率、堆场布置等因素,一般选用的轨距是 35~40 m。

2) 有无外伸臂

目前,ARMG 可分成有外伸臂和无外伸臂两种形式,有外伸臂式 ARMG 又可分为单侧外伸臂和双侧外伸臂。

采用有外伸臂的 ARMG 时,由于要考虑便于集装箱的通过,一般设计为门架式结构。小车轨距越大,结构自身刚性就差、自重就大、轮压也大。而无外伸臂的 ARMG,其作业通道设在轨内,因不须考虑集装箱的通过,结构简单,刚性较好。

有外伸臂的 ARMG 将会比无外伸臂 ARMG 的整机自重增加很多,例如在同等轨距下,有外伸臂的 ARMG 将比无外伸臂的 ARMG 机重增加一倍,轮压增大。

有外伸臂的 ARMG 由于在轨道外侧作业,对港区的作业车辆行驶组织和作业安全性较为有利,但在同等条件下,堆场利用率较低。

国内外轨道式龙门起重机主要技术参数应用案例如表 3-10 所示。

表 3-10　轨道式龙门起重机主要技术参数

项目	洋山港第四期	前湾港第四期	厦门远海集装箱码头	鹿特丹世界门户码头	鹿特丹马斯平原第二期	深圳妈湾港海星码头	以色列海法新港	阿布扎比哈里发港第二期	新加坡巴西班让港第三、第四期
设备形式	无悬臂、单悬臂/双悬臂	无悬臂	无悬臂	无悬臂、单悬臂	无悬臂	单悬臂	单悬臂	单悬臂	双悬臂
额定荷载/t	61/40	41	40.5	40	41	41	40.5	41	40
轨距/m	.31	28.5	23.47	31.1	27.8	31	34	34	32
起升高度/m	19.75	18.1	18.1	18.2	18.1	21	20.8	18.1	19.2
外伸距/m	0/4.75	—	—	0/5	—	6.8	4.5	4.5	5
起升速度满载/空载/(m/min)	30/60	45/90	24/52	40/70	36/60	45/90	30/60	45/90	45/90
小车速度/(m/min)	70/90	70	70	60	70	120	120	90	120
大车速度/(m/min)	240/120	270	240	255	270	150	120	120	120

2. ARTG

自动化集装箱码头中,以前 ARTG 应用很少,近几年稍多。目前,国内港口主要针对传统集装箱码头堆场 RTG 进行升级改造,或老旧设备更新换代。ARTG 的自动化程度不断提高,整机作业性能大大改善,操作灵活性也逐步加强。ARTG 配备箱垛检测系统、防撞系统、堆垛导引系统、底盘车位置检测系统和自动位置指示系统等,可确保其与自动导引车协同作业。但是,由于 ARTG 没有固定的运行轨道,因此起重机的定位精度相对较低。另外,大车、小车和其他起升机构运行速度都较低,作业效率相对 ARMG 有一定差距。

3. 堆场起重机的远程控制技术

目前,ARMG 在整个堆场作业过程中,只有在陆侧与外集卡交换作业时,由于外集卡人工停车不够规范、底盘车种类多、托架不标准,扫描识别技术尚待提升,此时才需要操作人员远程确认控制。而采用 ARTG 进行堆场时,ARTG 堆场也只有装卸集卡环节,才需要人工远程确认控制。目前,ARMG 和 ARTG 堆码基本都不需要人工远程干预,全部实现了自动化运行,甚至有的自动化码头外集卡收发箱环节也基本实现了自动化作业。未来,提升堆场起重机的自动扫描识别技术,实现堆场起重机全过程自动化操作,打破场桥对外集卡自动装卸箱的"最后一米"障碍,实现集装箱堆场 100% 自动化运行,进一步提升作业效率是堆场装卸机械的发展方向。

第三节　集装箱码头的装卸工艺流程

所谓工艺,是社会生产中利用生产工具,改变劳动对象所采取的方法和程序。相应地,集装箱码头装卸工艺是指在集装箱码头利用装卸和搬运工具,遵照规定的标准和规范,实现集装箱货物从一种运载工具(或库场)到另一种运载工具(或库场)空间位移的方法和程序。

一、传统集装箱码头装卸工艺系统

(一)底盘车系统

底盘车系统(trailer chassis system)又称"海陆方式",是由美国海陆公司最先采用的一种集装箱装卸工艺方式。在这种系统下,码头前沿采用岸壁集装箱装卸桥承担船舶的装卸作业,而前沿与堆场间的水平运输,以及集装箱进出码头的作业则由集装箱牵引车与底盘车完成。

卸船作业时,集装箱由装卸桥直接卸到底盘车上,集装箱牵引车将载有集装箱的底盘车拖到堆场停放,出场时集装箱牵引车将载有集装箱的底盘车从堆场上直接拖出港区。

装船作业时,集装箱由集装箱牵引车将载有集装箱的底盘车从港区外拖入并停放在堆场内,装船时再由集装箱牵引车将载有集装箱的底盘车从堆场拖到码头前沿,由岸壁集装箱装卸桥将集装箱吊装上船。

集装箱在码头的整个存场期间均放置在底盘车上,这也是底盘车系统的主要特点。底盘车系统的工艺流程如图3-54所示。

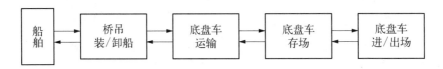

图 3‑54　底盘车系统的工艺流程图

表3‑11对底盘车系统的主要优缺点进行了简要比较。

表 3‑11　底盘车系统的优缺点比较

优　　点	缺　　点
环节少,可直接陆运	占地大,场地利用率低
轮压小	底盘车用量大
组织简单,人员要求低	不易实现自动化
无需复杂设备	维修保养频繁

底盘车系统适用于处于起步阶段、通过量较小的集装箱码头,要求码头有较大的场地。

(二) 轮胎式龙门起重机系统

轮胎式龙门起重机系统是目前国内外较为流行的一种集装箱码头作业系统。在这种系统下,码头前沿采用岸壁集装箱装卸桥承担船舶的装卸作业,轮胎式龙门起重机承担码头堆场的装卸和堆码作业,从码头前沿至堆场、堆场内箱区间的水平运输则由集装箱卡车完成(见图3-55)。

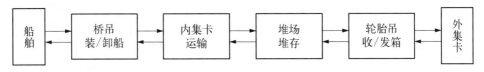

图 3‑55　轮胎式龙门起重机系统的工艺流程图

表3‑12对轮胎式龙门起重机系统的主要优缺点进行了简要比较。

轮胎式龙门起重机系统适用于陆域面积较小的码头,我国很多的集装箱码头采用这种工艺系统。

表 3-12　轮胎式龙门起重机系统的优缺点比较

优　点	缺　点
场地利用率高	跨箱区作业较耗时
堆场铺面费用小	倒垛率较高
设备简单,操作要求低	需配备集卡,环节多
集装箱损坏率低	初始投资较高
占用通道小,可跨箱区	能耗较高
易于实现自动化	

(三) 轨道式龙门起重机系统

轨道式龙门起重机系统与轮胎式龙门起重机系统相似,但更为环保节能。在这种系统下,前沿采用岸壁集装箱装卸桥承担船舶的装卸作业,轨道式龙门起重机承担码头堆场的装卸和堆码作业,而从码头前沿至堆场、堆场内箱区间的水平运输则由集装箱卡车完成。不难发现,该工艺系统的作业流程与轮胎式龙门起重机系统几乎相同,只是场地收发货作业换成由轨道式龙门起重机完成(见图 3-56)。

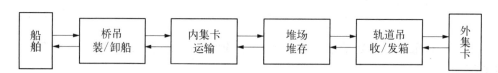

图 3-56　轨道式龙门起重机系统的工艺流程图

表 3-13 对轨道式龙门起重机系统的主要优缺点进行了简要比较。

表 3-13　轨道式龙门起重机系统的优缺点比较

优　点	缺　点
场地利用率高	机动性差
结构简单,可靠性高	提箱、倒箱困难
维修方便,费用低廉	初始投资较大
电力驱动,节省能源	
更易实现自动化	

轨道式龙门起重机系统适用于场地面积有限、吞吐量较大、计算机控制程度较高的集装箱码头。

(四) 跨运车系统

跨运车系统(straddle carrier system),又称"麦逊公司方式"。在这种系统下,码头前沿采用岸壁集装箱装卸桥承担船舶的装卸作业,跨运车承担码头前沿与堆场之间的水平运输,以及堆场的堆码和进出场车辆的装卸作业,即"船到场"作业是由装卸桥将集装箱从船上卸到码头前沿,再由跨运车将集装箱搬运至码头堆场的指定箱位;"场到场""场到车""场到站"等作业均由跨运车承担。跨运车系统的工艺流程如图3-57所示。

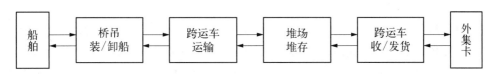

图3-57 跨运车系统的工艺流程图

表3-14对跨运车系统的主要优缺点进行了简要比较。

表3-14 跨运车系统的优缺点比较

优　　点	缺　　点
一机多能,环节减少	结构复杂,故障率高
机动灵活	轮压大,车体大,操作需助手
便于平衡进度	场地翻箱堆垛困难
堆场利用率高	初始投资较高

(五) 叉车系统

叉车系统主要应用于吞吐量较小的集装箱码头。在这种系统下,码头前沿采用岸壁集装箱装卸桥承担船舶的装卸作业,而前沿与堆场之间的水平运输以及堆场的集装箱堆码与装卸由集装箱叉车完成。叉车系统的工艺流程如图3-58所示。

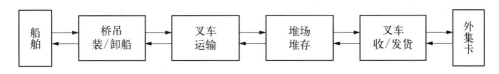

图3-58 叉车系统的工艺流程图

表3-15对叉车系统的主要优缺点进行了简要比较。

表 3-15　叉车系统的优缺点比较

优　　点	缺　　点
通用性强	单机效率低
技术简单,人员要求低	轮压大,增加场地成本
设备价格较低	通道要求宽,场地利用率低
	装卸对位困难

(六) 正面吊系统

正面吊系统目前应用不广,与叉车系统相似,它也相对适用于吞吐量较小的集装箱码头。在这种系统下,码头前沿采用岸壁集装箱装卸桥承担船舶的装卸作业,前沿与堆场之间的水平运输以及堆场的集装箱的堆码与装卸由集装箱正面吊运机完成。正面吊系统的工艺流程如图 3-59 所示。

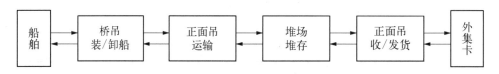

图 3-59　正面吊系统的工艺流程图

表 3-16 对正面吊系统的主要优缺点进行了简要比较。

表 3-16　正面吊系统的优缺点比较

优　　点	缺　　点
一机多能,环节减少	单机效率低
技术简单,人员要求低	轮压大,增加场地成本
加装其他吊具后,适用面广	通道要求宽,场地利用率低

(七) 混合系统

基于上述 6 种工艺系统的介绍,不难发现,各种工艺系统在经济性、操作性、机动性、环保性等方面各有利弊,因此,集装箱码头在实际选择并配置工艺系统时往往会扬长避短,整体考虑各系统的优缺点,采用混合工艺系统(mixed handling operation system)。

目前,较为常见的混合系统组合为"桥吊＋集卡＋龙门吊(轨道式或轮胎式)＋叉车＋正面吊"系统,即采用桥吊完成码头前沿的集装箱装卸作业,集卡完成码头各区域间绝大多数的集装箱搬运,龙门吊完成堆场上绝大多数的重箱作业,叉车完成空箱场地的堆码作业,正面吊完成仓库、查验等区域的重箱作业。

目前,一些小型集装箱码头也采用"桥吊＋集卡＋龙门吊＋跨运车"系统,即由桥吊完成码头前沿的集装箱装卸作业,集卡完成出口集装箱前沿与堆场间的水平运输,龙门吊完成堆场集装箱的装卸与堆码,跨运车完成进口集装箱的水平运输、堆码和交货装车等。

二、自动化集装箱码头装卸工艺系统

随着集装箱运输业的不断发展,集装箱码头装卸工艺系统除了传统的若干较为成熟的工艺系统外,在运营实践中对新的工艺系统的研究探求并未停顿。人们围绕如何提高装卸作业效率、改变集装箱的搬运方式、调整集装箱堆场的布置、提高集装箱堆场的利用率和自动控制水平,尽早实现装卸机械无人驾驶的自动化操作等问题进行研究。传统集装箱码头正在使用的集装箱装卸桥自动化程度低,集装箱装卸桥在与集装箱拖挂车和集装箱船对接时需要司机操作,只有集装箱装卸桥小车的行走和部分起升作业自动操控。近几年,新建的自动化集装箱码头普遍采用远程操控集装箱装卸桥,集装箱装卸桥上不再设司机室,司机在办公室内只做极少的远程操控动作,其余作业均由集装箱装卸桥自动完成,这样,既改善了司机的工作环境,又提高了码头装卸效率,特别是双小车集装箱装卸桥,通过设置转承平台实现主、副小车的交互和解锁功能,机器人自动化安装拆解集装箱角上的旋锁,进而形成了主小车与船对接确认、副小车全自动的高度自动化集装箱装卸。

自动化集装箱码头由于装卸工艺布置、堆场装卸设备和水平运输设备的不同,因而相应地自动化程度也不尽相同,同时形成不同的装卸工艺模式,归纳起来,典型自动化工艺模式主要有以下几种。

(一)"集装箱装卸桥(单小车或双小车)＋集装箱拖挂车＋自动化轨道式龙门起重机／自动化轮胎式龙门起重机"的半自动工艺模式

1."集装箱装卸桥(单小车或双小车)＋集装箱拖挂车＋自动化轨道式龙门起重机"的半自动工艺模式

该方案采用集装箱堆场平行于码头岸线布置,集装箱拖挂车驶入自动化轨道式龙门起重机跨内或悬臂下方进行装卸作业。自动化轨道式龙门起重机在对港内集装箱拖挂车进行作业时自动操作;在对外部集装箱拖挂车作业时,为安全起见一般由远程操控人员在中控室操作完成。

这种装卸工艺模式资金投入少,但自动化程度相对低,在早期建设的半自动化集装箱码头应用较多。

2."集装箱装卸桥(单小车或双小车)＋集装箱拖挂车＋自动化轮胎式龙门起重机"的半自动工艺模式

该方案采用集装箱堆场平行于码头岸线布置,集装箱拖挂车驶入自动化轮胎式龙门起重机跨内进行装卸作业。自动化轮胎式龙门起重机在对港内集装箱拖挂车进行作业时

可自动操作;在对外部集装箱拖挂车作业时,为安全起见一般由远程操控人员在中控室操作完成。

这种装卸工艺模式资金投入少,但自动化程度相对低,尤其适用于传统集装箱码头半自动化改造,国内许多集装箱码头都在进行这方面的尝试。随着汽车无人驾驶技术的发展,该工艺模式有望向全自动模式发展。

(二)"集装箱装卸桥(单小车或双小车)+人工跨运车+自动化轨道式龙门起重机"的半自动工艺模式

该方案中的跨运车为低门架机型,由司机驾驶,跨运车既可在集装箱装卸桥后伸距下作业,又可在集装箱装卸桥轨距内作业,码头到堆场之间的水平运输没有实现自动化;自动化轨道式龙门起重机在堆场内进行水平运输和堆码垛作业;集装箱拖挂车在陆侧倒车入位后由自动化轨道式龙门起重机进行装卸车作业,出于安全考虑,对外部集装箱拖挂车的作业,一般由远程操控人员在中控室操作完成。

集装箱堆场垂直码头岸线布置:箱区长度一般不超过50 TEU,每条堆场上布置2台自动化轨道式龙门起重机,自动化轨道式龙门起重机选用无悬臂机型,采用"端装卸"作业方式,堆场两端分别布置海侧交换区和陆侧交换区。海侧交换区设置指示牌、信号灯、红外对射装置以及围栏等(见图3-60、图3-61);陆侧交换区设有指示牌、信号灯、安全岛、操作亭以及围栏等(见图3-62、图3-63)。

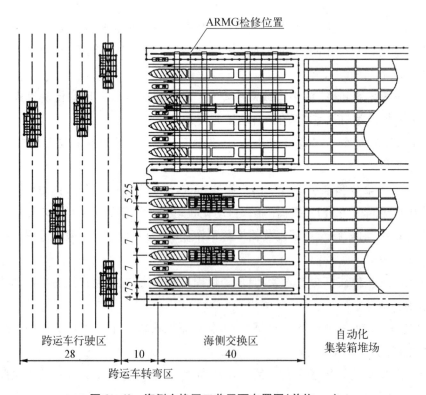

图3-60 海侧交换区工艺平面布置图(单位:m)

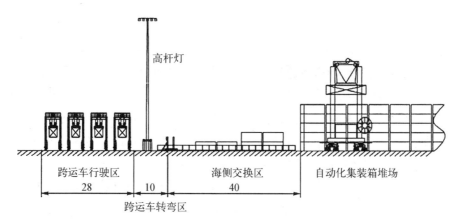

图 3-61 海侧交换区工艺断面布置图(单位:m)

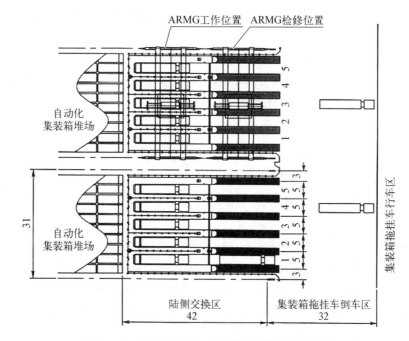

图 3-62 陆侧交换区工艺平面布置图(单位:m)

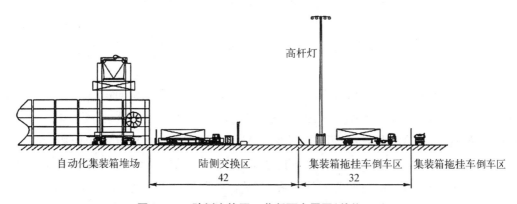

图 3-63 陆侧交换区工艺断面布置图(单位:m)

（三）"集装箱装卸桥（单小车或双小车）＋自动跨运车"的全自动工艺模式

该方案中的跨运车为高门架机型，由跨运车完成集装箱的水平运输、堆码垛以及装卸车作业，码头设备种类较少，设备总投资少，但堆场占地面积大，堆场利用率低，适宜吞吐量规模较小的集装箱码头。目前，只有少数码头采用此种工艺模式，如布里斯班 Patrick 码头。该码头岸线长度 930 m，码头满堂式布置，集装箱堆场和集装箱均垂直于岸线布置。在这种布置中，空、重箱和冷藏箱均进自动化堆场，码头前沿配置单小车集装箱装卸桥 4 台，堆场和堆场海侧水平运输采用自动化跨运车进行作业，跨运车机型为"堆二过三"，采用雷达定位系统，共配置 27 台。自动跨运车在集装箱装卸桥的后伸臂范围内与集装箱装卸桥交接作业，外部集装箱拖挂车在后方专用区域内等待，由自动跨运车进行装卸车作业。

（四）"集装箱装卸桥（双小车）＋自动跨运车＋自动化轨道式龙门起重机"的全自动工艺模式

该方案中的跨运车为低门架机型，无人驾驶，码头到堆场之间的水平运输完全自动化；自动化轨道式龙门起重机在堆场内作水平运输；装箱拖挂车在陆侧倒车入位后由自动化轨道式龙门起重机进行装卸车作业。

上述装卸工艺模式在洛杉矶 TraPac 码头和悉尼 Port Botany 码头均被采用。洛杉矶 TraPac 码头受堆场地形限制，集装箱堆场既有垂直岸线布置形式，又有平行岸线布置形式。其中，陆域狭窄部分堆场平行于码头岸线布置。

（五）"集装箱装卸桥（双小车）＋AGV/IGV/ICT＋自动化轨道式龙门起重机"的全自动工艺模式

该方案中的 AGV/IGV/ICT 为无人驾驶，码头到堆场之间的水平运输完全自动化（采用 AGV、IGV 或者 ICT）；自动化轨道式龙门起重机在堆场内作水平运输和堆码垛作业；集装箱拖挂车在陆侧倒车入位后由自动化轨道式龙门起重机进行装卸车作业。

海侧交换区占用陆域尺度约 40 m，交换区码头侧布置为 ARMG 维保区，接着根据 ARMG 轨距的不同，每个海侧交换区一般布置 4~6 个钢结构固定式转承平台，可实现 AGV 与 ARMG 的解耦。海侧交换区典型布置如图 3-64 和图 3-65 所示。

这种装卸工艺模式在汉堡 CTA、鹿特丹 ECT Euromax、长滩 LBCT 等码头使用。我国厦门远海集装箱码头、青岛前湾港和上海洋山港第四期码头装卸设备也采用这种工艺模式。

青岛前湾自动化码头岸线长 1320 m，码头前沿水深 20 m，陆域面积约 $1×10^6$ m²，设计年通过能力为 $2.6×10^6$ TEU。码头配备 14 台双小车集装箱装卸桥；堆场采用垂直岸线设计，共配置 76 台 ARMG，每块箱区配置 2 台 ARMG，分别对海侧和陆侧作业；码头海侧水平运输配备 60 辆 AGV；陆侧采用集装箱拖挂车倒车工艺方式。双小车集装箱装卸桥起重量为 70 t，外伸距为 70 m，后伸臂下设 6 条 AGV 作业车道；AGV 可运输 1 个 40 ft 或 2 个 20 ft 集装箱；ARMG 起重量为 41 t，"堆五过六"，轨距为 28.5 m，轨距内可堆放 9 排箱。

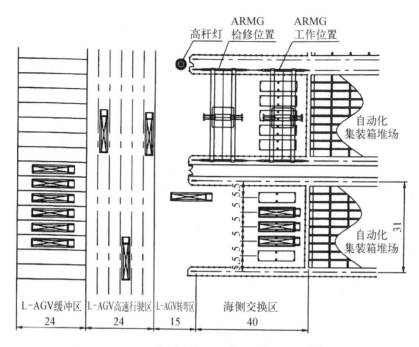

图 3-64　AGV 海侧交换区工艺平面布置图(单位: m)

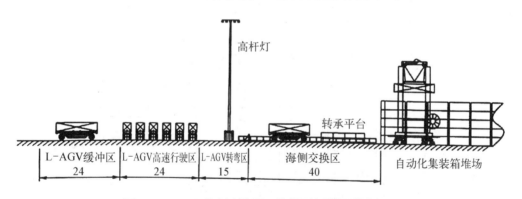

图 3-65　AGV 海侧交换区工艺断面布置图(单位: m)

上海洋山港第四期自动化码头,岸线长 2 350 m,陆域面积约为 2.23×10^6 m²,设计年通过能力为 6.3×10^6 TEU。码头配备 26 台双小车集装箱装卸桥;堆场采用垂直岸线设计,共配置 120 台 ARMG,每块箱区配置 2 台 ARMG 分别对海侧和陆侧作业;码头海侧水平运输配备 130 辆 AGV,陆侧采用集装箱拖挂车倒车工艺方式。根据洋山港第四期自动化码头水水中转比例高、干支线船舶混合作业、码头及港区间互拖箱作业量大、海侧陆侧作业量不均衡等特点,自动化堆场设计采用了无悬臂、单悬臂和双悬臂三种 ARMG 混合布局模式,共布置 41 个无悬臂箱区和 20 个悬臂箱区。双小车集装箱装卸桥起重量为 65 t,外伸距为 70 m,后伸臂下设 6 条 AGV 作业车道;AGV 可运输 1 个 40 ft 或 2 个 20 ft 集装箱;无悬臂 ARMG 起重量为 61 t,"堆六过七",轨距为 31 m,轨距内可堆放 10 排箱;带悬臂 ARMG 起重量为 40 t,"堆六过七",轨距为 31 m,轨距内可堆放 10 排箱。

(六)"集装箱装卸桥(双小车)＋高架式轨道穿梭系统＋自动化轨道式龙门起重机"的全自动工艺模式

高架式轨道穿梭系统由高架式支承结构系统、轨道穿梭车、自动化轨道式转运起重机以及地面进场轨道小车组成。"轨道穿梭车"的功能主要是承接各作业线所对应的集装箱装卸桥装卸船的集疏箱,并按堆场箱管系统的要求在各垂直箱区的前端部与集装箱装卸桥间穿梭"配送",由"自动化轨道式转运起重机"负责"轨道穿梭车"与堆场的"地面进场轨道小车"上集装箱的上下立体转运。"地面进场轨道小车"借助于地面轨道可以实现垂直于码头前沿线方向深入堆场的集装箱水平移动。自动化轨道式龙门起重机以装卸作业为主、水平运输作业为辅,集装箱拖挂车在陆侧倒车入位后由自动化轨道式龙门起重机进行装卸车作业。这种装卸工艺系统要求接送箱集卡不进入堆场箱区,而在堆场一端交接,以利堆场实现完全自动化。上海振华重工(集团)股份有限公司(以下简称"振华重工")在长兴岛基地建设了该种工艺的实验场,如图 3-66 所示。

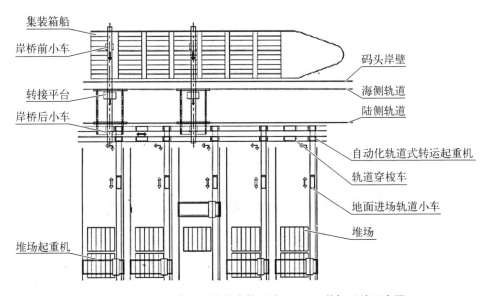

图 3-66　岸桥与高架式轨道穿梭系统、ARMG 装卸系统示意图

(七)自动化集装箱码头装卸工艺系统的堆物布置形态比较

自动化集装箱码头根据船舶装卸、水平运输和堆场装卸设备选型的不同,可形成多种自动化集装箱装卸工艺系统。目前,国内外自动化集装箱码头代表性装卸工艺系统的堆场布置形态比较如表 3-17 所示。

目前,集装箱码头技术仍在不断发展完善中,除了自动化技术、码头管控技术随着高新技术的飞速发展而不断发展外,也有新的自动化集装箱码头工艺系统方案陆续出现。这些新的自动化集装箱码头工艺系统方案和国内外已经投产使用的自动化集装箱码头工艺系统总体特点是系统投资较大,在工艺系统和装卸设备上大量使用高新技术,并配套复杂的管控系统,因此码头管理和维护水平要求高。

表 3‒17　国内外自动化集装箱码头代表性装卸工艺系统的堆场布置形态比较

序号	水平运输设备	装卸工艺系统	堆场布置形态
1	AGV	双小车 QC＋AGV＋ARMG（无悬臂形式）（每个箱区 ARMG 套叠布置）	垂直布置,箱区端部装卸
2		双小车 QC＋AGV＋ARMG（无悬臂形式）（每个箱区 ARMG 同轨布置）	垂直布置,箱区端部装卸
3		双小车 QC＋AGV＋ARMG（无悬臂＋悬臂两种形式）	垂直布置,无悬臂箱区端部装卸,悬臂箱区 AGV 侧面装卸,外集卡端部装卸
4		双小车 QC＋AGV＋ARMG（双悬臂形式）	垂直布置,箱区侧面装卸
5		单小车 QC＋AGV＋ARMG（悬臂形式）	平行布置,箱区侧面装卸
6		单小车 QC＋AGV＋ARTG	平行布置,箱区侧面装卸
7	跨运车	单小车 QC＋跨运车＋ARMG（无悬臂形式）	垂直布置,箱区端部装卸
8		单小车 QC＋跨运车（水平运输和堆场装卸兼用）	垂直布置
9	集卡	单小车 QC＋人工集卡＋ARMG(悬臂形式)	平行布置,箱区侧面装卸
10		单小车 QC＋人工集卡＋ARTG	平行布置,箱区侧面装卸
11		单小车 QC＋自动驾驶集卡＋ARMG（悬臂形式）	平行布置,箱区侧面装卸
12		单小车 QC＋自动驾驶集卡＋ARTG	平行布置,箱区侧面装卸

AGV 和无人集卡是自动化集装箱码头工艺系统中连接码头前沿与堆场间实现集装箱水平转运的关键设备,目前 AGV 技术已较为成熟,无人集卡技术也在飞速发展中。如果在传统集装箱码头上使用无人集卡替代传统集装箱拖挂车,并使用现代高新技术改造传统岸桥和场桥使其成为自动化运行的岸桥和场桥,并配套相应的管控系统,传统集装箱码头也可成为自动化运行的集装箱码头。

第四节　集装箱码头的装卸工艺布置

一、集装箱码头的发展定位对于工艺布置的影响

在集装箱运输兴起之前,港口的规模与等级通常是根据进出该港的货物吞吐量来决

定的。集装箱化之后,由于采用集装箱运输的货种范围不断扩大,到目前为止,除了少数几类大宗货物之外,几乎所有的货物都可实现集装箱化运输。因此,集装箱吞吐量的规模已成为衡量当今港口与码头能级的核心要素。

根据集装箱运输发展形势的变化,集装箱港口大致可分为枢纽港、基本港、支线港,不同级别的港口发展定位对于其集装箱码头的布局规划有着极为重要的影响。

(一) 枢纽港

枢纽港是以中转贸易为中心的干线船的挂靠港,亦称"中转港"。这类港口的集装箱吞吐量中有大量的中转集装箱,包括干线船之间的中转和干支线船之间的中转。在计算吞吐量时,一个中转箱一装一卸算作两次,但在码头的堆场上只占一个箱位。显然,在这种主流计算方式下,服务此类港口的集装箱码头在规划时应更侧重装卸能力而非堆存能力。通常,装卸能力的大小是由装卸机械的数量和工艺决定的,而堆存能力则由码头的堆场面积决定的。由于中转箱在码头的停留时间一般较短,因而堆场面积可以相对小一些。因此,决定枢纽港集装箱码头作业能力的主要是装卸设备与工艺。

(二) 基本港

基本港是拥有广大腹地的干线船的挂靠港。该类港口的集装箱吞吐量一半以上来自内陆腹地,通过公路或铁路运抵码头。通过公路或铁路运抵的集装箱,对码头的堆存能力提出较高要求,因此在考虑码头的堆场面积时,应该相应放大一些。因此,决定基本港集装箱码头作业能力的是堆场面积,一般要求其堆存能力大于装卸能力。

(三) 支线港

支线港主要是服务支线运输的港口,是支线船的挂靠港,亦称"地方港"。此类港口的集装箱吞吐量较小,集装箱主要来自本地或附近地区的小型港口,其余特点与基本港相同。因此,决定地方港口集装箱码头作业能力的也是码头的堆场面积,要求码头的堆存能力大于其装卸能力。

二、传统集装箱码头的工艺布置

(一) 泊位

泊位(berth)是指码头内供船舶停靠的岸壁线与对应水域构成的区域。泊位的长度和水深根据港口类型、码头种类和其需要停靠船舶的种类与大小不同而不同。随着集装箱船舶向大型化发展,集装箱码头泊位长度和水深也在不断增加。新建的大型全集装箱船舶专用码头泊位的长度一般都在300 m以上,水深在14 m以上。船舶停靠时所需的系固设施构成了泊位的岸壁,主要包括系缆桩、碰垫木等。船舶靠泊与离泊时,需要泊位具有一定的富余长度,因此岸壁线的有效长度通常应为船舶长度的120%。

码头泊位的布置形式应根据所处地形因地制宜进行,常见的布置形式主要包括:顺岸式、突堤式、挖入式、岛式等。顺岸式布置是码头前沿与自然陆域岸线大致一致或呈较小角度时的布置形式,陆域面积较大时多采用此种布置方式。突堤式布置则是码头岸线与自然岸线夹角较大时的一种布置形式，一般适用于泊位较少的码头或专业化码头。挖入式布置是指通过向岸侧开挖港池和航道，港池深入到陆域内的布置方式。岛式布置是一种为了适应现代港口深水化发展，将泊位布置在离自然岸线较远的深水区的布置形式，可采用栈桥、管线(油、气码头)等形式与陆域相连接。

（二）前沿

前沿(apron)是指沿码头岸壁线，从泊位岸壁到前方堆场(防汛墙)之间的码头区域。考虑到集装箱码头的前沿区域通常装备有集装箱桥吊，同时也是装上/卸下集装箱换装交接的场所，因而其宽度一般依据桥吊轨距和装卸工艺确定，往往由三个部分组成：

（1）岸壁线至桥吊海侧轨道之间的区域，宽度一般为 3～7 m。

（2）桥吊海侧轨道至陆侧轨道之间的区域，宽度一般为 15～30 m。

（3）桥吊岸侧轨道至前方堆场(防汛墙)之间的区域，宽度一般为 10～25 m。

由此可见，集装箱码头的前沿宽度一般为 30～70 m，该区域除了安装桥吊及铺设桥吊轨道外，一般还装设配电箱、桥吊电缆沟、供水设施、船舶岸电设施等。前沿区域的宽度应能在充分满足船舶舱盖板堆放的同时，保证足够的陆运机械通道，确保桥吊作业的效率。

（三）堆场

堆场(container yard，CY)是码头内进行集装箱重箱/空箱装卸、保管、交接、转运的场所，是集装箱码头的重要组成部分。按照所处位置与功能定位的不同，集装箱码头内的堆场又可细分为前方堆场和后方堆场。

集装箱码头前方堆场是设在集装箱码头前沿与后方堆场之间，为提高船舶装卸作业效率，暂时堆放集装箱的场地。针对装船作业，码头方面可以有计划有次序地按积载要求将出口集装箱集中堆放于此，便于船舶抵港后迅速作业。集装箱后方堆场是集装箱码头中除前方堆场以外的部分，主要用于集装箱重箱或空箱的交接、保管和堆存，传统集装箱码头堆场有时还可进一步细分为中转箱堆场、进口重箱堆场、空箱堆场、冷藏箱堆场等。此外，有些码头还会辟出专门用于办理空箱收集、保管、堆存或交接的空箱堆场，这种堆场一般不办理重箱或货物交接，可以由码头企业或集装箱班轮运输企业在码头区外另设港外堆场单独经营。

（四）检查口

检查口(gate house)俗称"道口"，是集装箱码头的出入口，往往也是集装箱和集装箱货物的交接点，因而也是区分码头内外责任的分界点。考虑到检查口是集装箱货物进出码头的必经节点，因此在此处除了要检查包括箱号、封号、箱体情况等在内的集装箱本身的表面状况外，还要核实与其配套的相关单证。

检查口通常都设于码头后方，为满足相关机构的监管需要，同时也保证码头作业的安全，这里往往还需要装备地磅、收放栏杆、信息读取及箱号识别等设备。

（五）集装箱货运站

集装箱货运站(container freight station，CFS)是集装箱码头内处理集装箱货物拼装与拆分业务的场所,有时亦称"码头仓库"。需要注意的是,有别于通常意义的仓库,码头集装箱货运站的功能定位主要在于集装箱货物的拼、拆箱,而非较长时间的货物储存与保管。

随着行业的发展与分工的细化,集装箱码头对于是否在码头内设立货运站并开展相关业务出现了两种不同的态度:一些码头为了更加专注地完成集装箱装卸作业,开始将货物装箱与拆箱分拨的业务迁至码头之外的区域开展,即在有限的码头区域内不再专门设置集装箱货运场地;而另一些码头则为了实现码头业务的多元化,寻找传统码头业务之外新的利润增长点,日益重视包括集装箱拼装拆箱在内的增值业务,在其码头区域内新建或扩建集装箱货运站。

(六) 行政管理楼

行政管理楼(administrative building)是集装箱码头各个行政职能部门处室的集中办公的场所。为了方便客户并有效提高码头行政管理与装卸作业的工作效率,很多码头企业还在其行政管理楼内专门辟出楼层租给轮船公司、理货公司、代理公司、银行、保险公司等相关企业设立现场办公室,相关监管机构也会在此设立办事机构,如海关、检验检疫部门、海事局、边防部门等。

(七) 控制室

控制室(control tower)是集装箱码头的"神经中枢",负责指挥调度码头的各项生产作业,配置码头的各项资源与要素,调整、指挥并监督码头各项作业计划的实施。传统上,控制室一般设于行政大楼的高层,以便工作人员观察到码头全局及其内部的各个作业现场。控制室中除了配备先进的计算机控制系统外,通常还配有通信系统、监控系统、气象预报系统等。高效智能的控制室是现代化集装箱码头的重要标志。

(八) 维修车间

维修车间(maintenance shop)是码头内专门用于集装箱及相关装卸搬运机械检查、维修和保养的场所,一般选址于不影响日常作业的码头后方或专门的保养区内,配有焊接/切割设备、修理坑道、车床、行车等专用设施,有时还会专门设立配件库等。维修车间对于集装箱码头意义重大,它可以确保码头内的作业机械时刻处于适工状态,是现代化集装箱码头保持高效运作的坚实基础。

除了以上介绍的主要机构与设施外,集装箱码头内还须配有通信、电力、燃料库、给/排水、照明、防污等必要设施。图 3-67 所示为某集装箱码头的布局简图。

三、自动化集装箱码头的工艺布置

自动化集装箱码头的总平面布置应根据总体规划、功能要求,结合自动化程度、装卸工艺、布置模式等,合理布置水域和陆域各功能区。自动化集装箱码头各功能区的布置应相互协调,港内水平运输应交通顺畅。传统集装箱码头自动化改建的设计宜充分利用港口已有生产、生活辅助设施和装卸机械等资源,并应综合考虑码头现有场地条件、电力供应能力和运营管理水平等因素影响,统筹规划,分步实施。

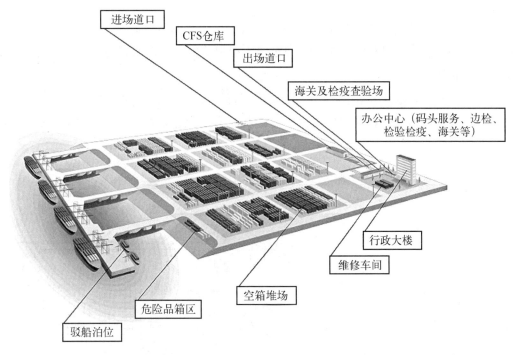

图 3 - 67　某集装箱码头的布局简图

自动化作业区和非自动化作业区之间应设置相应的安全隔离设施或采取可靠的安全隔离措施。自动化集装箱码头应在自动化作业区周围设置封闭的隔离设施,并在出入口设置门禁系统。辅助流动车辆和检修、巡视人员进入自动化作业区时,应按规定路线和指令行驶。自动化集装箱码头的装卸工艺设计应综合考虑建设规模、场地条件和集疏运方式等因素影响,优化装卸工艺流程,尽量缩短集装箱的运输距离,减少集装箱的转运次数,提高系统生产作业效率和装卸设备的利用率。

(一) 水域布置

全自动化集装箱码头宜采用码头平台与陆域整体连接的满堂式布置,半自动化集装箱码头可采用满堂式或引桥式布置。自动化集装箱码头的码头前沿线、码头前沿停泊水域、回旋水域、船舶制动水域及港内航道等平面布置与尺度应符合《海港总体设计规范》和《河港总体设计规范》等有关规定。

(二) 陆域布置

自动化集装箱码头陆域应根据码头功能要求、自动化装卸工艺和场地条件等,合理布置码头前方作业地带、集装箱堆场、生产生活辅助区、进出港闸口、口岸查验、港区道路等功能区,满足港区自动化生产和管理需要。

新建自动化集装箱码头陆域纵深应根据码头规模、设计吞吐量、自动化装卸工艺、场地条件、陆路集疏运方式等因素综合分析确定,宜取 500～800 m。码头陆域有铁路装卸场站或相关物流设施布置需求时,陆域纵深可适当加大。

1. 自动化集装箱码头前方作业地带

自动化集装箱码头前方作业地带应具有水平运输车辆装卸通道、行驶通道和舱盖板堆放区域等功能区。码头前方作业地带布置应根据建设规模和自动化装卸工艺系统、自动化堆场布置等确定。

（1）采用自动导引运输车或跨运车、堆场垂直码头前沿线布置的自动化集装箱码头，其码头前方作业地带应划分为自动化作业区和非自动化作业区，如图 3-68 和图 3-69 所示。

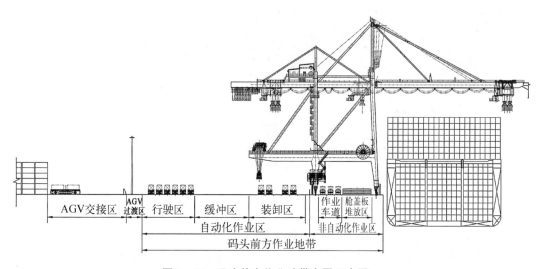

图 3-68　码头前方作业地带布置示意图一

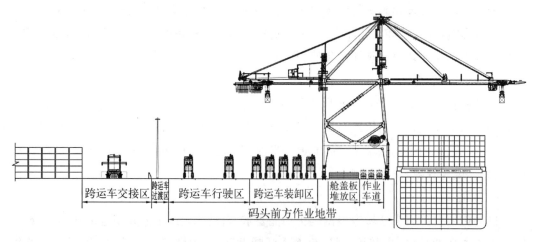

图 3-69　码头前方作业地带布置示意图二

非自动化作业区一般布置于集装箱装卸桥轨内，包括运输危险货物箱与超限箱的人工集卡作业车道、行政车道和舱盖板堆放区。作业车道数不宜少于 2 条。

自动化作业区一般布置于集装箱装卸桥陆侧轨与自动化集装箱堆场之间，通常为自动化水平运输区,根据需要由海侧至陆侧依次布置装卸区、缓冲区和行驶区 3 个功能区。采用跨运车的水平运输区可只设装卸区和行驶区两个功能区。

装卸区的车道宽度及布置应根据水平运输设备的外形尺寸、集装箱装卸桥配置的吊具形式等确定。自动导引运输车的装卸区车道宽度不宜小于 4 m,集装箱装卸桥配置双吊具时,装卸车道应成对布置。跨运车的装卸区车道宽度应结合集装箱装卸桥配置的吊具形式确定,配置单吊具时不宜小于 6 m;配置双吊具时,车道宽度宜根据双 40 ft 吊具分开时的最大中心距确定,作业时跨运车之间需相隔一个车道。

行驶区车道宽度应根据水平运输设备的外形尺寸等确定。自动导引运输车的行驶区车道宽度不宜小于 4 m,靠堆场侧第一条行驶车道的宽度宜根据车辆进出堆场的作业方式和转弯半径适当加宽。跨运车的行驶区车道宽度不宜小于 6.5 m。自动导引运输车的缓冲区应满足自动导引运输车进出和垂直停放的要求,宽度不宜小于 24 m。

水平运输区与自动化堆场之间应设自动导引运输车或跨运车过渡区。自动导引运输车过渡区的宽度不宜小于 8 m,跨运车过渡区的宽度不宜小于 15 m。宜利用自动导引运输车或跨运车的过渡区设置通信、照明、监控和消防等设施。自动化作业区和非自动化作业区之间应设置隔离围网,对自动化作业区进行封闭管理。围网上宜每隔一定距离设置人员和检修车辆进出的门及门禁系统。

(2)采用集卡、堆场平行于码头前沿线布置的自动化集装箱码头,码头前方作业地带应划分为集卡装卸区、舱盖板堆放区和集卡行驶区,具体布置应根据集卡和集装箱装卸桥的选型等综合确定。

采用人工驾驶集卡的自动化集装箱码头,装卸区可布置于集装箱装卸桥轨内,轨后布置舱盖板堆放区,也可根据需要在轨后增加装卸车道,如图 3-70 所示。

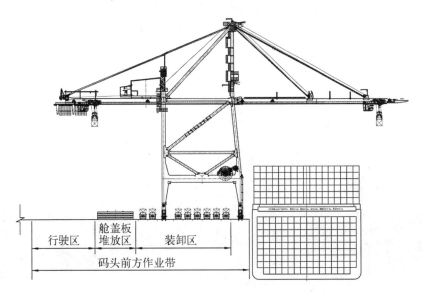

图 3-70　码头前方作业地带布置示意图三

采用自动驾驶集卡时,装卸区的布置宜结合集装箱装卸桥的选型综合确定。采用单小车集装箱装卸桥时,装卸区可布置于集装箱装卸桥轨内,并可根据需要在靠水侧设一条人工驾驶车辆专用车道,舱盖板堆放区可布置于集装箱装卸桥陆侧轨后。采用双小车集装箱装卸桥时,自动驾驶集卡装卸区可布置于集装箱装卸桥陆侧轨后,轨内布置舱盖板堆放区和人工驾驶车辆车道。集卡的装卸区车道宽度应结合拆装扭锁的方式确定。在装卸车道上需要拆装扭锁时,车道宽度不宜小于 2.9 m,并应在车道间设置人工拆装扭锁的安全区域;需要设置集中拆装扭锁站时,装卸区车道宽度不宜小于 3.5 m。

 知识卡片

集装箱锁销自动拆装装置

在集装箱海运过程中,为确保安全,运输时集装箱之间需要通过锁销进行绑扎固定。绑扎由两部分构成:集装箱和船舶之间的绑扎,集装箱与集装箱之间的绑扎。集装箱和船舶之间的绑扎主要靠锁销和绑扎杆,集装箱和集装箱之间的绑扎主要靠锁销,通过锁销将上、下层集装箱连成整体。集装箱船舶到港后,岸边集装箱起重机在装卸作业中需要对集装箱锁销进行拆装。集装箱装卸工艺历经几十年的发展,诸多环节都实现了自动化,唯独锁销拆装环节还主要依靠传统的人工操作。为什么集装箱锁销的拆卸成为码头技术发展的一个非常大的技术难点呢? 由于目前船用集装箱锁销的使用情况十分复杂,锁销具体构造在国际上没有统一的标准。根据我国相关标准,集装箱锁销可以大致分为分体式、整体式、半自动式和全自动式。考虑到存在一些固定式连接锁,需要拆卸的集装箱锁销至少有六大类100余种。

以往码头集装箱的锁销拆装都是手工作业模式(见图 3-71)。2017 年 5 月,振华重工启动了第一代自动拆装锁销平台的自主研发,该成果在上海洋山港第四期自动化码头岸桥上初次使用,首次实现了在自动化岸桥中转平台上使用机器人对锁销进行自动拆装作业(见图 3-72)。该锁销自动化拆装装置可灵活应用于自动化码头、常规跨运车码头、

图 3-71　手工作业模式

图 3-72　机器人自动拆装作业

常规集卡码头等，装置具有自动化程度高、系统的兼容性好、扩展功能强大、应用范围广、增加锁销拆装作业过程中的安全性、提高作业效率、降低作业成本等优点。

2. 集中拆装锁站设置

集中拆装锁站装置宜设置在自动化水平运输车辆作业循环的路径中，可采用人工拆装锁或自动拆装锁设备。其中，引桥式码头的集中拆装锁站宜设在引桥上，并可根据引桥宽度采用并排或前后布置；满堂式码头的集中拆装锁站布置应结合泊位和港区纵向道路布置、陆域纵深等综合确定。拆装锁站的作业车位数量可根据设计船型、集装箱装卸桥数量等因素综合确定。

拆装锁站作业车位的长度应能满足对 2 个 20 ft 集装箱或 1 个 40 ft/45 ft 集装箱进行拆装锁操作的需求，并结合水平运输设备的外形尺寸确定，长度不宜小于 15 m。拆装锁站作业车道的宽度应结合自动化水平运输设备类型确定，采用自动导引运输车时，宽度不宜小于 4 m；采用自动驾驶集卡时，宽度不宜小于 3.5 m。人工作业的集中拆装锁站作业车道两侧应设置人工操作的安全区域，宜设置移动式安全岛或岗亭、交通标线或其他安全隔离措施以保证人员安全。例如，目前南沙四期自动化码头拆装锁作业区布置在岸桥陆侧轨后 5 m 处，采用垂直于岸桥轨道的布置形式，长度 16 m，车道宽度 3.75 m，安全区域宽度 1.5 m；天津港北疆 C 段自动化码头拆装锁作业区布置在舱盖板放置区后方，采用平行于岸桥轨道的布置形式，长度 18 m，车道宽度 3.5 m，安全区域宽度 1.5 m。

3. 堆场布置

自动化集装箱堆场布置应结合码头总体布局、装卸工艺方案和陆域条件等因素，根据水平运输设备的运行特点采用垂直或平行于码头前沿线的布置形式。

采用人工驾驶集卡的自动化集装箱码头，堆场宜平行于码头前沿线布置。采用自动驾驶集卡的自动化集装箱码头，堆场布置形式应结合自动驾驶技术的发展情况，综合考虑近远期的交通组织和安全管控措施；近期应能保证自动驾驶集卡在目前技术条件下的安全应用，远期应能随自动驾驶技术的发展自然过渡到港内、外集卡可混编交通的自动化堆场布局。在无人驾驶集卡尚不具备与人工驾驶外集卡混编交通的相关技术和法律法规条件下，港内无人驾驶集卡与外集卡之间应根据工程条件，采取设置交接区、空间＋时间隔离或通过生产管控系统隔离等合适的隔离措施。

（1）自动化集装箱堆场垂直码头前沿线布置。当自动化集装箱堆场垂直码头前沿线布置时，每个自动化箱区宜配置两台同轨距的轨道式龙门起重机，并应在轨道的两端设置设备维修工位及防风抗台装置。自动导引运输车或跨运车的交接区和集卡交接区布置位置应根据堆场设备选型确定。堆场采用无悬臂形式轨道式龙门起重机时，交接区应设在箱区的两端；堆场采用悬臂形式轨道式龙门起重机时，水平运输设备的装卸车道可设在悬臂下，也可根据需要在箱区端部设置交接区。

外集卡交接区宜采用集卡倒车进入装卸车位的作业方式，装卸车位的宽度不宜大于

3 m,车位之间应设置安全岛。安全岛的长度应根据到港外集卡的整车长度、交接区的操作站及监控设施等的具体布置确定。外集卡交接区的长度应满足陆侧装卸设备出现故障后由海侧装卸设备对外集卡正常作业的要求。外集卡交接区侧宜增设倒车道,倒车道宽度可取 7.5 m。

自动导引运输车交接区应根据自动导引运输车的设备选型和轨道式龙门起重机的轨距及机宽进行布置,可根据作业方式设置辅助缓冲设施、自动充电设施等。自动导引运输车交接区的长度应满足水侧装卸设备出现故障后由陆侧装卸设备对交接区正常作业的要求。

跨运车交接区应根据跨运车的作业方式和轨道式龙门起重机的轨距及机宽进行布置,每条装卸车道宜布置 4 个 20 ft 的地面箱位,采用人工驾驶跨运车时,应在合适位置设置管理跨运车进出交接区的交通信号灯等设施。跨运车交接区的长度应满足海侧装卸设备出现故障后由陆侧装卸设备对交接区靠堆场侧 2 个 20 ft 箱位正常作业的要求。

自动化箱区宜两两相对布置,每两个箱区间设置一条设备检修通道。相邻两台轨道式龙门起重机轨道中心间距应根据设备结构尺寸和是否有检修车辆通行确定,一般检修通道侧轨道中心距不宜小于 6 m,无检修通道侧轨道中心距不宜小于 3 m。检修通道兼作消防通道时轨道中心距可适当加宽。

在箱区两端与水平运输设备进行交接作业的自动化集装箱堆场,应根据堆存容量需求和陆域条件合理确定箱区长度,并不宜大于 350 m。

(2) 自动化集装箱堆场平行码头前沿线布置。当进行自动化集装箱堆场平行码头前沿线布置时,自动化集装箱堆场设备宜选用悬臂形式轨道式龙门起重机,轨内布置堆箱区,悬臂下布置作业车道和行驶车道。当采用无悬臂形式轨道式龙门起重机或轮胎式龙门起重机的自动化集装箱堆场时,跨内车道数应根据设备跨距、堆场容量、箱区长度等综合确定;跨内车道分作业车道和行驶车道时,行驶车道宜靠设备门腿侧布置。相邻箱区悬臂侧两轨道中心距应根据设备的结构尺寸、作业车道数、行驶车道数和照明设施的布置要求等确定。采用单悬臂形式轨道式龙门起重机时,相邻箱区宜相对布置。无悬臂侧两轨道中心距应根据设备的结构尺寸、供电设施及检修车道布置等要求确定,并不宜小于 6.5 m。

堆场平行于码头前沿线布置时,通常考虑轨道式龙门起重机能横向移至另一箱区作业,因此供电设施的布置需避让轨道式龙门起重机的运行区域,如深圳妈湾海星码头和广州南沙码头四期自动化堆场的无悬臂侧两轨道中心距均取 6.5 m,故规定中心距不宜小于6.5 m。采用轨道式龙门起重机时,宜根据堆场布置和设备配置情况在每个箱区的一端或两端设维修工位和防风抗台装置。

(3) 空、重箱堆场及危险品箱堆场。自动化集装箱码头堆场可根据空、重集装箱的吞吐量分别设置自动化空箱堆场和自动化重箱堆场。自动化集装箱堆场中的冷藏箱箱区宜按相对集中的原则进行布置,每两排冷藏箱间应设电源插座和辅助操作平台,并设置辅助作业人员进入冷藏箱作业区的专用通道及门禁系统。自动化集装箱堆场可不设箱位标线。外集卡进箱区提送箱的自动化集装箱堆场应标明堆场箱位的编码,端部交接的自动化集装箱堆场箱位编码可简化。

4. 进出港闸口布置

自动化集装箱码头进出港闸口布置应与港外集疏运道路平顺衔接,根据场地条件、工艺流程、交通组织和港外集疏运条件等可采用进出港分离或集中布置形式。

进出港闸口的布置一般采用多级智能化闸口形式,各级闸口之间的距离应满足行车尺度及通行时间要求;出港闸口可根据监管需要设置防疫、放射性物质检测等装置。自动化集装箱码头闸口一般采用“一道一岛”的布置形式,车道宽度不宜小于 3.5 m。进出港闸口应设置超限车道,其宽度不宜小于 5.5 m,高度应满足相关使用要求。设有检查室的检查岛宽度不宜小于 1.8 m,不设检查室的检查岛宽度不宜小于 1.5 m。

自动化集装箱码头进港闸口附近宜设置集装箱车辆缓冲停车场,其规模可根据陆运进港的集装箱量、外集卡预约系统的调度安排及车辆到港的不均衡性、场地条件等情况综合考虑。另外,自动化集装箱码头的口岸查验区可结合自动化水平运输设备选型和总体布局进行布置,有条件的码头可在自动化水平运输区设置海关快速查验设施。

第五节　集装箱码头的装卸生产组织

集装箱码头在整个集装箱运输过程中占据重要位置,整个运输过程都在这里汇聚,集装箱码头在很大程度上控制着国际运输、联运的速度和效率。集装箱码头进出口作业系统性较高,任务流程相互交叉,是一个大型的设备合作系统。集装箱码头生产业务流程主要由进口操作流程和出口操作流程两个部分组成。

一、进口集装箱的码头生产组织

进口集装箱作业流程主要的任务目标是对进港的集装箱船完成相应的卸船作业,并完成之后的运输和临时存储及中转作业。进口集装箱的码头作业流程主要有卸船前的准备工作、卸船作业、卸船后的结束工作和出场作业等。

卸船前的准备工作:集装箱船在靠泊码头之前(如 48 h 预报、24 h 确报等),船舶计划部门会接收到船公司或船代发来的有关船舶的卸货箱量数据等,根据这些信息安排船舶作业计划。受理中心会收到船公司或船代发来的进口舱单数据、进口船图等具体的进口资料,根据这些信息,进行进口船图、舱单等信息系统的录入。堆场计划会根据船舶靠泊计划和堆场实际堆存能力,进行适当的堆场规划和箱位预安排,配载根据卸船船图来编制卸船顺序单。控制作业员会根据卸船船图和堆场卸船场地进行卸船作业机械和人员的安排。

卸船作业：船舶入港后由港内拖船完成入泊作业后，港口工作人员和调度中心以此为依据安排装卸岸桥设备作业，根据集装箱装卸需求和工作量、岸桥与运输系统待命情况等安排相应的卸载作业，完成水运到陆运的交接流程，卸下的集装箱由卡车运往事先计划的堆场存放。集装箱由卡车运往事先计划的堆场后，堆场堆码作业开始。运输车辆会将需要运输的货物放到事先指定的堆放区域，由大型吊装设备接运，开始后续的驳箱作业、移箱作业和核箱作业。驳箱主要是对舱内的区域信息和分布信息进行处理；移箱主要是面对一关三检时，提高场地空间的利用效率进行相关的箱体移动。

卸船后的结束工作：卸船结束后，码头配载部门负责编制进口集装箱单船小结，同时编制实际进口卸船清单，最终由码头的单证管理员对进口船图、进口舱单、卸船顺序单、进口卸船清单、残损箱设备交接单、进口单船小结、危险货物清单、集装箱残损单等单据进行整理归档和实际信息的系统录入，方便受理中心或其他部门进行查询和读取。

出场作业：出场作业的主要工作内容是将集装箱从堆场运出，主要是空箱和重箱两种集装箱。空箱根据作业流程办完相应的闸口放行手续后即可出港；重箱则要结合海关信息的查验对照后，再根据作业流程完成相应的闸口放行手续后出港。

上海某国际集装箱码头公司根据进口卸船情况制定了较为详细的卸船现场作业流程，其目的是确保船舶进口作业顺利开展。主要的进口卸船作业流程如下：

（1）配载提供有关卸船资料（卸船顺序单、船图），由堆场计划员提供卸船堆存计划，并由船舶计划部门提供 24 h 昼夜作业计划表。

（2）船舶控制员进行船舶靠泊确认。

（3）船舶控制员根据卸船资料和计划进度安排作业桥机，并用对讲机通知桥边指挥员，让其指挥桥机行至指定贝位按照卸船顺序进行。

（4）船舶控制员根据堆存计划安排场地机械到场，安排集卡到码头待命。

（5）船舶控制员按贝位分批将卸船顺序资料通过无线网络发送到桥边指挥员的手持终端上，手持终端上将显示出卸船顺序资料，其主要内容有：箱号、船箱位、尺寸、箱型等。

（6）桥边指挥员用对讲机通知船上指挥手卸船贝位，由船上指挥手根据船图指挥桥机卸箱。

（7）桥边指挥员对箱体进行验残，如有残损则在手持终端上输入残损情况并做好残损签证（需要在手持终端加入残损输入功能）。

（8）桥边指挥员确认实际箱号是否与手持终端上箱号相符。如果发生溢缺箱则与控制室联系，由控制室决定该箱是否卸船。卸船则由控制室输入正确箱号，由无线网络送到手持终端；不卸船则该箱返回原船。

（9）桥边指挥员用手持终端完成集卡与集箱配对的工作，并将此信息反馈给电脑系统（需要在手持终端中加入集卡配对功能）。

（10）电脑系统根据该信息自动作出指令，通过无线网络发送指令给集卡司机，让该车终端显示所载集箱的计划场箱位(区号＋位号)。同时,将该集卡有关信息通过无线网络发送给该场地轮胎吊车载终端。

(11)轮胎吊司机看到集卡后,在车载终端集卡列表中选择该车号,车载终端将显示该车所载集箱的计划场箱位(区号＋位号＋列号)。

(12)轮胎吊司机按计划卸箱并确定实际场箱位(区号＋位号＋列号＋层号)。

(13)如果卸下的是直提箱,则由桥边指挥员与控制室联系请道口放入提箱车辆(该车车号由道口通过车辆IC卡输入)。

(14)桥边指挥员用手持终端完成直提集卡与直提箱配对的工作。

(15)直提箱出道口销账。

整个船舶卸船作业涉及的相关工作人员有船舶控制员、单船指导员、桥边指挥员、冷冻箱管理员、危险品管理员、配载计划员、轮胎吊司机、堆场计划员等。他们的主要分工如表3-18所示。

表 3-18　上海某国际集装箱码头集装箱卸船作业分工

序号	分　工	工　作　要　求	工　作　内　容
1	船舶控制员	打印进口卸船图,下发至现场作业人员	作业前打印进口卸船图给单船,单船给每条作业路下的桥边
2	单船指导员	靠船后,向船方索要本航次冷藏箱、特种箱和危险品箱清单	靠船后,向船方索要本航次冷藏箱、特种箱和危险品箱清单,下班后把冷藏箱、特种箱和危险品箱清单交于船舶控制员
3	单船指导员	核对冷藏箱、特种箱和危险品箱信息,通知船舶控制员	通知船舶控制员冷冻箱及危险品箱位置及箱信息
4	船舶控制员	判断冷藏箱、特种箱和危险品箱信息是否一致	根据船图中的箱信息,核对单船指导员所提供的冷藏箱、特种箱和危险品箱清单,若一致,则跳至第八步;若不一致,则进行下一步
5	船舶控制员	通知配载计划员	船舶控制员将冷藏箱、特种箱和危险品箱不一致情况通知配载计划员,包括温度、危类、装载位置及作业时间
6	配载计划员	联系船公司确认冷藏、特种箱和危险品箱信息	通过邮件形式,确认冷藏箱、特种箱和危险品箱等特殊箱信息,并电话确认
7	配载计划员	根据船公司联系单操作,并且告知船舶控制员	收到船公司出具的联系单后,做好修改,并通知船舶控制员
8	船舶控制员	信息一致时发送卸船指令,开始卸船作业	收到确认信息后,发送卸船作业指令,开始作业

续 表

序号	分 工	工 作 要 求	工 作 内 容
9	桥边指挥手	卸船时查看是否有箱组,有箱组及时通知船舶控制员	卸船有箱组,通知船舶控制员,并将箱信息告知船舶控制员,待船舶控制员修改好箱信息后再确认指令
10	船舶控制员	在系统中制作箱组,输入母箱和子箱箱号,更改箱型状态	根据桥边指挥手提供的箱信息,制作箱组,并更改箱型状态,修改后通知桥边指挥手,确认卸船指令
11	桥边指挥手	有残损箱及时通知单船	发现残损箱及时通知单船指导员,待单船指导员确认,再确认卸船指令
12	单船指导员	与大副、外理共同确认,填写残损单给大副签字确认。下班后把残损清单交于船舶控制员	协同外理及大副,确认残损箱,并填写残损单,给大副签字确认。下班后交予船舶控制员
13	船舶控制员	在系统中输入残损箱信息	拿到残损单后,及时输入残损箱信息
14	冷冻箱/危险品管理员	是冷冻箱的,冷冻箱管理员检查温度是否正常。是危险品的,危险品管理员检查危类、联合国编号和电脑系统中是否一致。检查发现信息错误的及时联系控制室	作业冷冻箱及危险品时,冷冻箱管理员及危险品管理员根据系统中箱信息,核对温度、危类及联合国编号,发现信息错误,及时通知控制室
15	船舶控制员	及时把错误信息告知配载	收到冷冻箱管理员或危险品管理员通知后,告知配载,要求确认箱信息
16	配载计划员	联系船公司,确认正确信息后更改,资料归档	通过邮件形式,将待确认箱信息告知船公司,并电话通知,要求通过邮件形式确认。确认后更改至正确箱信息,资料及时归档
17	轮胎吊司机	收箱作业完成后,终端确认,集卡司机按照新指令继续拖箱	轮船吊作业司机核对箱号,并按照终端指令收箱
18	堆场计划员	船舶离泊后收到联系单的,凭联系单修改并归档	根据联系单修改相关箱信息,完成后归档

二、出口集装箱的码头生产组织

出口集装箱作业流程的主要任务是完成将要运出港的集装箱港内作业流程,最核心的内容是将堆场出运的集装箱运至即将出港的船舶上。出口集装箱的码头作业流程主要有装船前的准备工作、进场作业、装船作业和装船后的结束工作等。

装船前准备工作:为使集装箱码头出口业务有条不紊地进行,在出口装船前码头要完成出口货运资料收集和编制出口作业计划两大任务。首先,船公司或船代向码头受理中心提供出口用箱计划,在规定时间内进行船期的预报和确报,提供预配清单和预配船图。然后,码头船舶计划部门根据船公司或船代提供的资料进行船舶月度计划、近期计划的维护,编制船舶昼夜作业计划。堆场计划部门则根据船舶出口箱预到资料并结合堆场使用状况编制出口箱在堆场的堆存计划。受理中心负责提前受理集装箱货车进出码头闸口的各种申请,如重箱进场申请,危险品集装箱、冷藏箱等特殊箱型的进场申请等。

进场作业:发货人装箱、计数、施封后,将重箱运至集装箱码头。码头闸口负责进行重箱及相关单据的核查、交接工作,并办理重箱进场手续,打印行车指南。控制中心安排机械设备将重箱堆放到指定的箱区位置,同时进行堆场收箱确认。此时,受理中心负责该集装箱及对应货物的相关场站收据校验及海关放行确认工作。

装船作业:确认放行后,码头配载部门会根据相关信息制作船舶的配载图,以供控制中心制作装船顺序单,安排码头机械设备和操作人员。装船作业由控制中心有序指挥堆场发箱、集卡运输、岸边桥吊装船来完成,结束后控制中心负责进行装船结束确认和船舶的离泊确认。

装船后的结束工作:装船结束后,由受理中心进行航次关闭确认工作。控制中心负责按装船作业实际情况进行单船装卸效率的分析。码头单证资料部门负责将该船名航次的信息进行整理、分析、归档,编制出口单船小结,并录入计算机,以备各部门查看。

上海某国际集装箱码头公司制定了较为详细的装船现场作业规范,其目的是确保船舶出口作业顺利开展。该公司主要的出口装船作业流程如下:

(1) 控制室在配载完成装船计划以及参考昼夜计划表中的预定船期、预定开工路数等信息的前提下,制定装船计划。装船计划内容为:船名、航次、靠泊方向、作业机械数及车号、作业路数、装船先后顺序(按贝位)等,如表3-19所示。

表 3-19 装卸机械作业安排

任 务 类 别	机械编号(装/卸船)
桥机	801、802、803……
轮胎吊	811、812、813……
集卡	566、567、568、569……
铲车	243、281……

桥机所分配到的水平机械数量可按装船进度随时调节。例如,某船开三条作业线,使用12部集卡,如表3-20所示。

表 3-20 桥机—集卡分配安排

机械编号	801	802	803
如三条作业线任务较平均,集卡数量可平均分配数	4	4	4
如 802 任务较重,803 任务较轻,则可分配数	4	5	3

计算机无线网络按照船舶控制员所分配给桥机的集卡数量进行分配。各桥机所分配的集卡数量可按照装船进度随时调节。

(2) 控制室在输入以上装船计划内容后确定发送装船信息的范围。

(3) 控制室布置作业路线(开工路数及具体作业贝位),安排作业人员及机械(桥机、轮胎吊、集卡等),同时根据出口船图的贝位实际装船情况,按序选中一部分(数量可按具体情况而定)编制装船任务的顺序列表。

(4) 计算机通过无线网将指令发送到相关机械。例如,桥边指挥员按照指令通知桥机移至指定贝位;轮胎吊、集卡进入指定箱区。轮胎吊司机可通过任务列表了解装箱任务及装箱顺序(按照作业路数分别列出装箱任务及顺序)。同时,在集卡列表中可看到已分配到该箱区的集卡车号。

(5) 轮胎吊根据无线网发出的装船任务列表按序装箱到集卡上,然后进行箱车配对,并确认箱号和集卡车号。如有翻箱,应及时确认翻箱后的当前位置。如司机及时发现确认错误,可取消上一步操作,进行重新确认。

(6) 轮胎吊确认装箱后,控制室立刻收到该箱已装车的确认信息,同时发送反馈桥机号及贝位号信息给集卡司机,并将集卡车号、箱号、尺寸及相应的船箱位信息发给桥机指挥员。

(7) 集卡通过无线终端接收到指令(桥机号及贝位号)后,及时到达指定的位置。

```
箱号/尺寸/箱型/船箱位/车号
HLXU2540995/20/GP/31H0306/566
OOLU2742703/20/GP/31H0506/566
MOLU2528074/20/GP/31H0308/567
MOLU1082235/20/GP/31H0508/567
```

图 3-73 手掌机终端接收到指令内容

(8) 为方便桥机指挥员查看车号及核对箱号,桥机指挥员通过手掌机终端接收指令。指令信息主要包括箱号、尺寸、箱型、船箱位、车号信息等,如图 3-73 所示。

(9) 桥机指挥员核对箱号后,根据其相应的船箱位通知桥机司机,并进行装船确认。

(10) 在桥机指挥员进行装船确认后,集卡会接收到无线终端发送的下一个装箱任务(轮胎吊、车号及场箱位等)。

整个船舶装船作业涉及的相关工作人员有船舶控制员、单船指导员、集卡司机、轮胎吊司机、捆扎工、桥边指挥手、喊勾手等。他们的主要分工如表 3-21 所示。

表 3‑21　上海某国际集装箱码头集装箱装船作业分工

序号	分　工	工　作　要　求	工　作　内　容
1	船舶控制员	作业前打印出口装船图给单船指导员,单船指导员给每条作业路下的桥边指挥手	打印确认完毕的出口船图,交至单船指导员,分发至现场作业人员
2	船舶控制员	发送装船指令	根据积载情况,发送装船作业指令
3	集卡司机	收到拖箱指令,行驶到指定箱区拖箱	集卡司机收到拖箱指令,行驶至指定箱区拖箱
4	轮船吊司机	按照指令发箱并确认	按照指令发箱,核对现场箱号,并确认发箱指令
5	集卡司机	拖完箱后按照指令行驶至指定桥吊下	拖箱完成后检查箱门对齐情况,按照装箱要求调整箱门,完成后行驶至指定桥机
6	集卡司机	根据终端提示并听从桥边指挥手、单船指导员指挥,准备装箱	根据终端指令,听从桥边指挥手或单船管理员指挥,准备装船
7	捆扎工	根据积载要求,安装锁钮	根据出口箱积载位置要求,安装锁钮
8	桥边指挥手	核对箱号并确认,把装箱位置报给桥吊司机。确认完毕后,集卡司机按照新指令继续拖箱	根据手持终端指令,核对箱号、位置,并将装载位置报于桥吊司机
9	喊钩手	指挥桥吊司机装箱作业	根据装载位置,指挥桥吊司机装箱作业
10	桥吊司机	根据桥边指挥手、喊钩手的指挥把箱子装上船	根据装箱位置,听从喊钩手指挥作业
11	捆扎工	箱子装上船后,如果是甲板上的箱子,则需要进行绑扎	对于甲板上的出口箱进行绑扎作业
12	单船指导员	与大副确认绑扎完毕	绑扎完毕后,与大副确认绑扎情况

三、自动化集装箱码头的生产组织

相较于传统人工集装箱码头,自动化集装箱码头最大的特点是通过信息技术和自动控制技术实现设备操控的自动化或远程化,从而节省大量人力资源,并使装卸效率稳定,不受人为因素干扰。随着标准化、自动化技术的发展,自动化集装箱码头人力资源的使用仍有很大压缩空间。

(一)设备司机和远程控制人员

自动化集装箱码头桥吊和堆场机械大多采用远程操控模式,司机通过视频观察作业环境,并通过后方操控台控制设备运行。例如,某自动化集装箱码头桥吊远程操控员与设备的配比是1:1,在装卸船作业过程中,远程操控员只在桥吊吊具着船和离船时手动介入,其他环节由吊具全自动运行;堆场轨道吊远程操控员与设备的配比是1:8,堆场收发箱、装卸船、场内移箱等作业均由设备全自动完成,远程操控员只在特殊作业时介入。随着精确对位技术的发展,远程操控员与设备的配比还可以大幅优化。该自动化集装箱码头远程操控员与设备的配比目标是:桥吊的远程操控员和设备配比达到1:3、堆场轨道吊的远程操控员和设备配比达到1:16,从而使操控人员再减少60%。该自动化集装箱码头与传统人工集装箱码头作业人员配备对比如表3-22所示。

表3-22 某自动化集装箱码头与传统人工集装箱码头生产作业人员配备对比

岗 位	自动化码头人员配备	人工码头人员配备
桥吊司机	7	8
堆场设备司机	6	45
集卡司机	0	47
计划控制员	6	10
设备维保人员	10	10
船边拆加固人员	31	31
闸口人员	2	8
船边理货人员	2	8
冷箱监控插拔电人员	6	10

(二) 船边拆加固人员

与传统人工集装箱码头相比,自动化集装箱码头对船边拆加固人员的需求并未明显减少,这是因为集装箱船舶船况复杂,加固件和扭锁型号繁多,各船舶加固要求不统一,导致船边拆加固要求手工作业,无法使用机械设备辅助作业。近年来,部分港口设备制造商研发出一些自动拆加锁设备,但由于不能适用于所有锁型,导致其推广应用有一定难度。随着船舶大型化、扭锁标准化和自动化技术的发展,实现全自动拆加锁是未来的解决方向。

(三) 计划控制员、冷箱监控插拔电人员和设备维保人员

随着大型服务器、云计算等计算机技术的发展,码头生产管理系统已初步具备智能化特点。码头生产管理系统可以仿真生产、预演作业、规避冲突,使传统的制订堆场堆码计划、船舶配载计划转变为制订策略、规则及调整参数,由系统根据人工设定的策略、规则、参数自动生成码头生产计划；当生产作业之间出现冲突时，无须调整具体的计划，由系统自动调整相应的参数即可解决生产计划冲突，从而减少作业人员。

设备远程监控技术和无线传输技术的发展使机械设备的远程监控成为可能：由监控软件识别、处理终端设备实时发回的信号，自动分析设备状态，发现问题自动报警。轻微故障可由人工远程处理修复；严重故障可由人工根据情况决定让设备自动运行至维修区接受检修，或者人工介入实施现场抢修。随着电控技术的发展，设备的稳定性越来越高。同时，随着设备管理软件的发展，人工介入的情况将越来越少，使用的人力资源也将大幅减少。

目前，集装箱码头自动化已经成为国内外大型集装箱码头的主流发展方向。经过多年的探索和改进，自动化集装箱码头运营技术日趋成熟，码头装卸船效率逐渐稳定，其在能源消耗、人员安全、收益回报等方面的表现会越来越优于传统人工集装箱码头。我国集装箱码头自动化虽然起步较晚，但因为具有良好的软硬件基础，在建设初期就提出了比国外自动化集装箱码头更高的要求，如装卸效率更高、自动化程度更高、能耗更低、人力资源使用更少等。

 案例 1

上海洋山港第四期全自动化码头

上海洋山港第四期自动化码头于 2017 年 12 月 10 日建成（见图 3-74）。洋山深水港区是上海国际航运中心建设的核心工程，四期工程是洋山深水港区一期至三期工程的续建工程。洋山港第四期自动化码头总用地面积为 2.23×10^6 m²，共建设 7 个集装箱泊位，集装箱码头岸线总长为 2 350 m，设计年通过能力初期为 400 万 TEU，远期为 630 万 TEU。放眼全球，规模如此之大的自动化码头一次性建成投运是史无前例的，首批 10 台桥吊、40 台轨道吊、50 台 AGV 已经投入开港试生产。

洋山港第四期自动化码头采用建设方自主开发关键的作业调度控制系统，这也是国际上最新一代的自动化集装箱装卸设备和一流的自动化生产管理控制系统，码头装卸作业采用"远程操控双小车集装箱桥吊＋AGV＋ARMG"的生产方案，远程操控让驾驶人员可以在办公室内通过远程操作台控制桥吊和轨道吊。建成后的港口将全面实现"智能装卸""无人码头"和"零排放"，主要装卸环节均实现了全电力驱动，提高了能源利用效率，降低了能耗，大大降低了废气和噪声对环境的影响。

AGV 让码头前沿的水平运输实现了无人化。生产管控系统让船舶和堆场计划、配载计划、生产作业路计划等全部交由系统自动生成，显著降低了码头各个环节的人力资源成本，实现了码头作业从传统劳动密集型向自动化、智能化的革命性转变，可以提供 24 h 全天候、高效、绿色、安全的服务。

首创多元化堆场作业交互模式。洋山港第四期自动化码头的堆场装卸设备采用无悬臂、单悬臂、双悬臂三种轨道吊,无悬臂箱区和带悬臂箱区间隔混合布置,丰富的设备类型带来了多元的交互模式,现场作业的机动性和灵活性大大增强,目前这一模式在全球的自动化码头中是独一无二的。

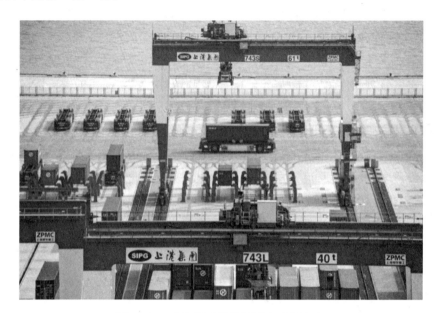

图 3-74　上海洋山港第四期自动化码头

　　设备自动化技术先进。洋山港第四期自动化码头采用购自上海振华重工制造的自动化装卸设备,整个装卸过程所涉及的三大机种均为中国制造。洋山港第四期投产的桥吊,最大载荷均为 65 t,采用双小车＋中转平台的设计,中转平台可以对集装箱的锁钮进行拆装;洋山港第四期自动化码头的锂电池驱动 AGV 采用了当今最前沿的技术,除无人驾驶、自动导航、路径优化、主动避障外,还具有自我故障诊断、自我电量监控等功能,换电和充电同样实现了自动化。在堆场区工作的轨道吊,均采用自动堆箱技术,同一箱区内还可以在系统自动调度下进行集装箱接力作业,在箱区内部作业时完全实现了自动化运行。

　　自主研发且智能化程度高。洋山港第四期自动化码头采用上港集团自主研发的全自动化码头智能生产管理控制系统(TOS 系统)。该系统是这个全新码头的"大脑"。

　　零排放的绿色码头。洋山港第四期自动化码头使用的桥吊、轨道吊、AGV 均采用电力驱动,码头装卸、水平运输及堆场装卸环节完全消除了尾气排放,环境噪声得到极大改善。与此同时,装卸行程的优化以及能量反馈技术的采用,进一步降低了码头的能耗指标,洋山港第四期的装卸生产设计可使能源综合单耗仅为 1.58 t 标准煤/万吨吞吐量,达到国内先进水平。港口船舶岸基供电、节能新光源、水网系统远程度数流量计、办公建筑区域电能监控系统、太阳能辅助供热等技术的应用,使洋山港第四期的能源利用效率跨上新台阶。

　　码头运营管理现场几乎看不到人,全部是智能操作和系统自动运行。这项工程将促进中国从传统制造向智能制造的转型发展,提升了产业发展的能级和国际竞争力。随着自动化码头技术的不断成熟、建设成本进一步下降、国内的人力资源成本逐渐提升,自动化码头将成为集装箱码头未来发展的必然趋势。根据目前大陆集装箱码头的情况分析,自动化码头建设会朝两个方向发展:大型海港新建码头采用自动化岸桥＋AGV＋ARMG的模式,建设全自动化集装箱码头,是未来新建大型海港码头的一种发展趋势;中小码头、现存码头采用传统岸桥＋集卡＋ARMG的自动化堆场模式,具有投资规模小、技术成熟、实施周期短、见效快的特点,是新建中等码头和现存码头自动化改造的一个发展方向。

自动化码头解决了让港口最头痛的安全问题,通过远程控制可让工人远离危险区域,即使有意外事件发生或操作失误,安全事故对工人的直接伤害也会大幅降低。其次,码头工人需要直接操作的机器从上吨重的桥吊变成了小巧的电脑,大家只需像普通的白领一样坐在办公室里办公而免去了港口的日晒雨淋。自动化码头能吸引更多女性进入港口行业,也将使码头工人的构成更多元、合理。目前,很多港口的人工成本占到了整体成本的70%,使用无人驾驶导引运输车则可以显著降低企业人力成本。

思考题:

(1) 洋山港第四期自动化集装箱码头有哪些先进的技术?

(2) 你认为洋山港第四期集装箱码头哪些方面还可以提升?

案例2

南京港龙潭集装箱码头智能闸口改造

南京港龙潭集装箱码头长期以来存在进出闸口手续烦琐、集卡在闸口等待时间长、进出闸口效率不高、闸口工作人员劳动强度大、工作环境差等问题。当集卡进出闸口时,闸口工作人员须手动输入车号、箱号、提单号,同时打印拖车小票、收缴设备交接单等。各种操作较多,失误也较多。随着近年来集装箱箱量不断增长,进出闸口集卡数量不断增多,车队经常投诉闸口效率低,服务质量不好,闸口工作人员也因为劳动强度大、工作环境差不断流失。种种因素已成为制约南京港龙潭集装箱码头业务进一步发展的重要因素,闸口改造十分必要。

(一) 建设过程

智能闸口项目共经过土建改造、强弱电管线铺设、各项软硬件设备安装、通车测试、软件优化调整、闸口工作人员培训、货代和车队推广培训、集卡司机培训、后期反馈调整提高等九个阶段,项目于2018年2月全部完成,改造后,龙潭集装箱码头拥有"三进二出"共5条智能闸口。

(二) 应用技术

1. 项目软硬件配置

1) 现场软硬件系统

现场软硬件系统主要包括闸口通道各项硬件、闸口机房箱号识别和控制系统、后端机房与 TOS 相连的 Web Services 服务器软件等三部分，系统设备拓扑图如图 3-75 所示。

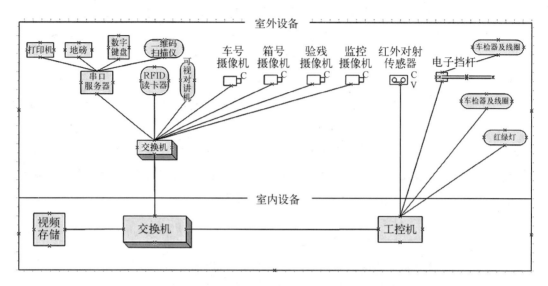

图 3-75　南京港龙潭集装箱码头闸口系统设备拓扑图

（1）在一期闸口建设前端机房，机房内放置通道服务器、相应网络设备、UPS 后备电源等。

（2）每个通道服务器安装箱号识别软件和业务控制软件。网络设备通过光纤与主网络交换机相连，另一端通过光纤连接各通道内交换机。UPS 后备电源可为全部设备提供 2h 供电支持。

（3）在每个闸口通道地面布置 2 套地感线圈，在每个通道框架上安装 10 个摄像头、5 对红外对射传感器。10 个摄像头中 4 个负责验残，1 个负责通道监控，1 个负责车号识别，4 个负责箱号识别。另外，在每个闸口安装 1 套防撞型拦道器。

（4）在每个闸口安装 1 个一体化机柜。一体化机柜内安装 1 台千兆交换机、1 台工控机、1 台显示器、1 台地磅显示仪。千兆交换机负责汇集摄像头、地感线圈、地磅和拦道器等的信息。

（5）在机房安装 2 台智能闸口专用服务器作为双机冗余互备，软件使用 Web Services 技术负责对 TOS 与智能闸口软件进行交互。

2）后台网站

后台网站包括智能闸口二维码提箱模块和南京港 EDI 中心集装箱业务协同平台进闸预录入模块。

2. 应用技术

1）智能图像识别技术

智能图像识别技术主要用于集卡车牌号和集装箱箱号的识别读取。智能图像识别技术是指对图像进行对象识别,以识别各种不同模式的目标和对象。智能图像识别技术以图像的主要特征为基础,每个图像都有相应特征。在图像识别过程中,识别程序排除输入的多余信息,抽出关键信息进行识别。改造后,车牌号和集装箱号识别系统识别率稳定在98%左右,最高可以达到99%。

2)二维码图像识别技术

二维码图像识别技术主要用于提箱小票二维码的读取。二维码是近几年移动设备上流行的一种编码方式,它比传统的条形码能存储更多信息,也能表示更多的数据类型,现在的识别率已达到99.99%。

3)车重自动采集技术

车重自动采集技术主要通过系统设定串口通信参数读取地磅传感器信息。

4)红外感应触发技术

红外感应触发技术用于箱号识别拍照触发点的设置。红外感应触发是基于红外线技术的自动控制产品,当有集卡载集装箱进入感应范围时,专用传感器探测到外界红外光谱的变化,自动接通负载,集装箱不离开感应范围,将持续接通,集装箱离开后,延时自动关闭负载。

5)集装箱信息智能推送技术

集装箱信息智能推送技术主要用于闸口服务器控制系统将从各子系统获取的信息利用智能技术推送到工作人员客户端,使用服务器客户端模式,两者通过使用 Winsocket 实现接口连接。

3. 智能闸口工作原理

集卡提箱前先在公司网站打印智能闸口二维码,司机凭二维码提箱;还箱前先在南京港 EDI 中心集装箱业务协同平台进闸预录入。

当集卡进入智能闸口时,车辆触发通道入口地感线圈,系统识别开始运行,切换通道指示灯变为红色,检测空车、重车状态,若是重车,箱号识别系统和验残系统开始抓拍集装箱图片。其中,一组图片用来识别集装箱号码和 ISO 代码;另一组图片用来查看集装箱是否有残损。此时,车号识别摄像头拍摄车辆牌照部位,利用摄像头内嵌软件进行车号识别,当集卡在地磅上停稳后,系统通过地磅仪表读取相关质量信息。全部数据完成读取和识别后,将结果发送给闸口控制系统。以上所有系统程序都安装在闸口机房内的相关服务器上,闸口控制系统与 TOS 交互,预录入信息也显示在闸口控制系统界面上,当闸口工作人员看到所有信息后,与实际车号、箱号进行核对,并与验箱员沟通,了解以上数据无误后进行确认,闸口控制系统再将所有数据与 TOS 进行交互,待 TOS 返回正确指令后,控制拦道器抬杆,并从通道机柜打印小票,司机取走小票,进场还箱。车辆驶出闸口通道后,拦道器挡杆自动下落,完成整个操作。当空车出闸时,智能闸口系统反馈车号,车重系统将信息发给 TOS 后,TOS 判断车号是否符合要求,符合要求则自动抬杆放行。

（三）应用成效

1）业务操作模式发生改变

（1）集卡还箱操作。车队首先在南京港 EDI 中心集装箱业务协同平台进行预录入操作,录入车号、箱号及对应的船舶计划,若产生费用,直接网上支付。

（2）集卡提箱操作。车队首先在龙潭集装箱码头进行提箱业务操作,打印提箱二维码。当集卡进入码头智能化通道时,智能闸口系统识别出车号;司机使用打印的二维码小票在通道机柜扫描后,通道服务器获得提箱信息;通道服务器将车号和二维码扫描信息发给 TOS;TOS 返回场位信息给智能闸口系统;司机在通道中的工控机打印场位信息小票;司机取走小票,进场还箱。提箱完成后,出闸时智能闸口同样判断车号、箱号、车重,将信息发往 TOS,TOS 判断是否允许出闸,有无海关锁、国检锁,若系统允许,自动抬杆放行。

2）识别率

经过数据统计,智能闸口车号识别率稳定在 99%,箱号和 ISO 代码识别稳定在 97%,超过项目前期设计目标。

（四）经济效益

（1）明显提高闸口通行效率。车号识别率高,改变了国内其他同类项目需要为每个外集卡单独办理识别 IC 的方式,识别空车提箱时间由原来的 1 min 减少到 30 s,还箱时间由原来的 3 min 减少到 45 s,出闸时间由原来的 30 s 减少到 10 s,大幅缩短各个操作流程的时间。

（2）减轻闸口工作人员劳动强度,改善工作环境,明显提高闸口安全性。以前闸口工作人员必须在现场作业,灰尘多、噪声大、工作嘈杂,改造后人员在办公室办公,安全性和舒适性大幅提升。

（3）优化业务流程,简化进出闸手续。以前白天车队进出闸口,如有费用需要结算,必须前往费收大厅,夜间则需要直接缴纳现金,极其不便。改造完成后,采用网上支付或预交费代扣。

（4）保证生产数据准确、完整。在进出闸业务操作中无须纸质设备交接单,全部采用系统录入生产信息,消除人为因素,生产数据更准确。

思考题:

（1）描述集装箱码头智能道口系统的设备组成及系统构架。

（2）简述集装箱码头智能道口的业务流程,试分析与传统道口业务流程的区别。

 案例 3

广西北部湾钦州港区海铁联运自动化集装箱码头

2022 年 6 月 28 日,全国首个海铁联运集装箱自动化码头——广西北部湾港钦州港区自动化集装箱码头正式启用,将为高水平共建西部陆海新通道提供了重要支撑,提升了北部湾港的核心竞争力。该码头堆场后方毗邻铁路中心站,通过开发海铁联运自动化系统,实现了海运、铁路运输之间的信息交换与共享,提高了联运一体化的服务能力。码头采用全球首创的 U 形布局,可以根据货量的增长增加堆场的轨道吊,具有较强的扩展性。

(1) 全球首创 U 形工艺。全球首创的 U 形工艺技术方案,充分解决了码头堆场端部作业工艺方案能耗高、投资成本高、设备利用不均衡、装卸点少的问题,具有高效、经济、效率扩展性强等特点。

外集卡通过三段式闸口可直达堆场目标贝位作业,完成抓放箱后可沿 U 形道路出闸〔见图 3 - 76(a)〕。IGV 沿着车道可实现从海侧到堆场之间的作业。U 形布局装卸点多,出箱灵活,增加轨道吊设备可显著提高堆场作业效率,扩展性强。

上述工艺可实现外集卡与 IGV 交通分流、物理隔离、互不干扰,既实现了同一堆场可同时兼顾陆侧及海侧集疏运作业,又保证了自动化作业的安全性。采用低速轨道吊,设备成本、堆场建设投资、设备能耗、设备损耗降低超过 30%。

(2) 全国首个海铁联运。值得一提的是,该项目致力于打造更高形态的海铁联运生态。码头堆场后方毗邻铁路中心站,通过开发海铁联运自动化系统〔见图 3 - 76(b)〕,打通铁路及港口的信息壁垒,实现海运、铁路运输方式之间信息交换共享,提高联运一体化服务能力,实现海铁联运无缝衔接,打造全国首个海铁联运自动化集装箱码头,为西部陆海新通道建设提供强力支撑。

(a)　　　　　　　　　　　　　　　　(b)

图 3 - 76　集装箱堆场的 U 形布局及海铁联运自动化系统

(3) 其他自动化技术。自动化双小车岸桥技术创新。双小车接力作业比传统自动化单小车岸桥效率提升 10% 以上。同时,双小车岸桥进行了轻量化设计,在岸边装卸工艺上,将轨后 IGV 车道数量从 7 条压缩到 6 条,从而缩短了岸桥后伸距,降低了整体自重。

自动化轨道吊技术创新。创新应用基于新型装卸工艺的自动化双悬臂轨道吊,可分别兼顾一侧悬臂下人工集卡及另一侧悬臂下自动化车辆的自动化装卸作业。同时,为了保证对外集卡的自动化作业,配备了齐全的安全防护系统,包括集卡防吊起保护系统、箱锁未解检测系统、后集卡作业等待提示系统、集卡闯红灯监测系统等。这些安全子系统有效地保障了整个作业环节的安全可控,实现效率与安全双提升。

IGV技术创新。创新应用八轮四轴底盘形式的IGV,最大轮压与普通外集卡相当,无需增加土建投资;搭载自主研发全国首创的柔性智动充电机器人,真正实现IGV的自动充电,充电20 min可实现作业4 h,具有"充电不离场,快充长续航"的特点。

建设北部湾港钦州自动化集装箱码头,是广西推进西部陆海新通道和北部湾国际门户港高质量发展的重要举措,对实现2025年北部湾港1 000万TEU发展目标具有重大意义。项目通过开发海铁联运自动化系统,实现海运、铁路运输的无缝衔接,打造全国首个海铁联运自动化集装箱码头,为西部陆海新通道建设提供强有力支撑。

思考题:

(1) 广西北部湾港钦州港区自动化集装箱码头堆场工艺布置有什么特点?

(2) 集装箱码头要实现海铁联运有哪些瓶颈?

(3) AGV与IGV有哪些区别和联系?

本 章 小 结

本章主要阐述了集装箱的类型、集装箱吊具、主要的装卸机械及装卸工艺、集装箱码头的布局,分析了传统集装箱码头和自动化集装箱码头装卸工艺特点,并对集装箱码头的装卸工艺主要生产业务流程进行了介绍,最后通过实例介绍了目前我国先进的集装箱码头装卸工艺方案。

本 章 关 键 词

集装箱码头——是专供停靠集装箱船舶,装卸集装箱用的港口作业场所。

外伸距——是指集装箱装卸桥海侧轨道中心线向外至集装箱吊具垂直中心线之间的最大水平距离。

内伸距——是指集装箱装卸桥陆侧轨道中心线向内至集装箱吊具垂直中心线之间的最大水平距离。

轨距——是指集装箱装卸桥两条运行轨道之间的距离,其大小直接影响到装卸桥的稳性和岸边集装箱的疏运作业。

基距——是指集装箱装卸桥同侧轨道两主支撑柱中心线之间的距离。

堆场——是指集装箱码头内,所有堆存集装箱的场地,由两部分组成:前方堆场和后方堆场。

场箱位号——在集装箱前方堆场和后方堆场的场地上,都画有存放集装箱的长方形格子,称为"场箱位"(slot)。集装箱在堆场上的场箱位号(又称"箱位号")是由行号、列号、层号的三组数字组成的,对堆存的集装箱进行位置标识。

控制室——又称控制中心、中心控制室、控制塔、指挥塔(室),是集装箱码头各项作业的指挥调度中心。

检查口——俗称道口,又称检查桥、闸口、大门等,是集装箱码头的出入口,是集装箱和集装箱货的交接点,也是区分码头内外责任的分界点。

本 章 习 题

(1) 集装箱有哪些主要的种类?

(2) 集装箱的标记有哪些?

(3) 集装箱装卸桥有哪些主要技术参数?

(4) 请画出集装箱装卸的装卸桥——龙门起重机工艺流程方案并加以说明。

(5) 集装箱堆场作业主要机械的名称、各自特点及适用场合是什么?

(6) 自动化集装箱码头的主要设备有哪些?

(7) 自动化集装箱码头装卸工艺有哪些?

第四章
干散货装卸工艺与组织

教学目标

知识目标

(1) 能够掌握干散货的分类和特性。

(2) 了解干散货码头主要的装卸设备类型和作业特点。

(3) 能够掌握干散货码头进口和出口的装卸工艺流程及布置特点。

(4) 能够掌握干散货码头防粉尘污染的措施。

(5) 了解国内外新型的干散货码头智能管控系统。

能力目标

(1) 能够根据干散货装卸工艺要求合理布置机械。

(2) 能够合理设计干散货码头出口和进口装卸工艺的流程。

(3) 能够合理设计干散货码头的堆场布置。

(4) 能够对干散货码头污染防治手段进行合理选择。

素质目标

(1) 重视干散货码头生产中的环境问题和节能降耗,提升环境保护意识,理解生态文明建设内涵。

(2) 关注干散货码头作业环境和人员健康,重视"以人为本"理念。

导入案例

青岛董家口智能化干散货码头

2021 年以来,山东港口青岛港董家口矿石码头公司(以下简称"董矿公司")以建设国内领先的智能化干散货码头为目标,坚定不移地走创新驱动之路,建设智慧绿色港口。在卸船机、堆取料机、装船机、装车楼自动化及干散货码头智能管控平台等项目上取得了新的突破和跨越。

卸船机自动化升级。董矿公司40万吨码头的4台卸船机的额定作业能力达3 500 t/h，多次创造单机作业效率世界纪录。卸船机自动化系统有两项核心技术：激光扫描成像系统和抓斗防摇功能。这两大技术保证了抓料效率达到人工效率的90%以上。在此基础上，还有北斗差分定位、雷达安全检测等安全保障；设计了单排排抓、整舱规划等多种作业模式，在保证作业效率的前提下，大幅降低了司机的作业强度，在保证作业安全的前提下，大大提高了自动化作业范围。目前，电子上杆指挥系统、下舱机械配合作业等功能也正在开发调试，随着功能的不断优化，卸船机的自动化程度会不断提升。

智能装船工艺。为响应国家"构建资源节约、环境友好的港口绿色发展体系"要求，董矿公司绿色环保装船流程工艺项目已投产。其中，装船机按照全自动装船工艺设计，一经投产便发挥出巨大效益，月度装船连续创高产。采用船舱自动扫描、船舶平衡检测、料高自动检测、视频联动控制等技术，实现了单舱自动化装船作业，并通过不断积累船型数据，形成14种装船工艺，解决了单舱均匀布料及船舱平衡控制难题。装船机自动化系统具备视频联动功能，可随时监测现场画面，提高识别现场风险能力，同时也为远程操作换舱作业、远程自动锚定提供便利。随着自动移舱等功能的进一步优化，装船机自动作业的连续性、效率会更高。

全系列火车车厢免平车装车。2020年6月，董矿公司在国内率先实现集装箱型火车的自动装车。针对更为复杂的C60～C80混编车厢全自动装车，自2020年下半年开始，组织联合攻关，解决了车厢流量自适应调节和粉尘光线雨雾干扰等技术难题，确保控制放料时机精准，车厢物料前后均匀，有效避免偏载。经过反复实践完善，实现了整列40节以上车厢连续全自动作业，称重计量精度达0.1%，并能适应铁牛最高牵引速度，单节车厢作业50 s以内，极大降低了人工劳动强度和设备损耗，而且将装车精度与效率都提高了10%以上。

自动堆取混配。在堆取料机自动化改造方面，实现堆取料机自动对位、自动扫描、自动规划路径堆料作业、保持恒定流量，适用多货种及复杂工况。工作人员只需在操作台选择远程接管指令、按下开始按钮，堆取料机就按照既定程序自动作业。目前，堆料过程中，人工干预率基本为零，达到全过程100%的自动作业；取料过程中，随时修订目标流量等必要参数，达到全过程90%以上的自动作业。同时，自动化操作台可实现"一对多"控制，一名操作员可接管两台设备的自动作业，节约25%的人工成本。堆取料机能够自动堆料卸船、自动取料装船、自动取料装车，多机联合协同混配，极大提高了堆场货物的周转率。

设备控制信息管理。矿石干散货码头智能管控平台是集干散货码头生产作业、设备设施、安全环保、经营管理等多功能于一体的集中智能化管控平台，在全国尚属首创。董矿公司干散货码头智能管控平台上线使用，开创了从单一数据到众多数据、从现场工作到远程控制、从生产数据到数据分析的模式局面，初步实现自动化设备的集中管控和各信息系统的数据打通，完成了机械化到智能化的提升。

思考题：

（1）全球干散货码头的发展趋势是怎样的？

（2）你认为干散货码头实现智能化的关键技术有哪些？

（3）你认为干散货码头应如何响应构建港口绿色发展体系的要求？

引　言

本章干散货装卸工艺主要包含干散货的分类及特点、干散货装卸和搬运机械化、干散货装卸工艺流程及布置、干散货的计量及粉尘防治、干散货码头智能生产系统等内容。干散货的装船工艺和卸船工艺是不同的，采用的装卸机械设备也不同。装船比卸船的效率要高得多。干散货码头上的装船机，核心部分用的都是皮带输送机。干散货卸船作业常采用的机械有：船吊或普通门机抓斗、带斗门机抓斗、装卸桥抓斗和连续卸船机等。

第一节　概　述

一、干散货的定义及分类

干散货是指不加包装呈松散状态的块状、颗粒状、粉末状货物。干散货往往是原材料货物，一次装卸搬运的数量较大，属于大宗货物，典型的干散货主要包括铁矿石、煤炭、粮食、铝矾土和磷矿石等。

散装货物和裸装货物很容易混淆。散装货物和裸装货物是既不相同，又相互交叉的概念。裸装货物是指运输和装卸时不带包装的货物，从这个意义上来说，干散货都属于裸装货物。但裸装货物主要是钢材、铜锭、木材等货物，它们在交接时是按件计数，而散装货物在交接时不是按件计数，是以一批货物的质量或体积来计算，因此散装货物与裸装货物是不同的。

干散货中各货种由于物理特性不同，港口装卸工艺也有所区别。一般而言，由于散粮具有清洁的特性，因此，其装卸工艺与煤炭、铁矿石等干散货的装卸工艺又有所不同，这些将放在第五章统一介绍。

二、主要干散货的流向特点

以煤炭和铁矿石为主的干散货是国民经济发展的重要原材料，这些干散货大多是工业生产的原材料，如铁矿石和煤炭是钢铁制造业的原材料。在世界海运货运量中，干散货所占比例在40%左右，而在干散货运量中，煤炭和铁矿石所占比例超过一半。

（一）铁矿石流向特点

铁矿石是五类大宗散货中的第一大项，它的海运量在很大程度上是由钢铁厂的布局和原料产地的距离所决定的。20 世纪 70 年代以前,钢铁厂家倾向于在靠近原料产地的地方建厂,70 年代后,船舶大型化导致规模经济的实现和现代海运技术的快速发展,使得铁矿石无须就近供应。特别是 20 世纪 80 年代以后,由于缺乏原料,使基建、汽车和造船业相当发达的日本和欧洲各国都成为世界重要的铁矿石进口国。80 年代末期以来,中国也成为极其重要的进口国之一。目前,铁矿石的流向主要是从澳大利亚、美洲流向远东和欧洲。

我国铁矿石需求量十分庞大,国内的铁矿石开采量远远不够使用,主要依靠进口。从澳大利亚、巴西等进口的铁矿石都是以水运方式运入沿海码头的。所以我国铁矿石码头的功能相对单一,以卸船作业为主,一般都配有高效的卸船机和皮带机系统。即使卸下的铁矿石需要通过装船出栈,大多数也是装小船,但只需配置小型的装船设备即可。

(二)煤炭流向特点

煤炭是仅次于铁矿石的第二大干散货,由于其与钢铁工业的紧密关联性,煤炭的海运流向和发展趋势与铁矿石很类似,主要从澳大利亚、北美和南非流向远东、欧洲及地中海沿岸等地区。

我国煤炭产区主要在北方,分布在东北、山西、内蒙古等,而我国工业南方相对比较发达,所以煤炭物流的基本流向即"北煤南运"。由此形成的煤炭装卸港口的布局,就表现为北方为煤炭装船港,而南方沿海大多数是煤炭卸船港。因此,北方煤炭港口大多配置超大型的装船设备设施,而南方煤炭港口大多配置大型高效的卸船设施设备。南方煤炭港口虽然卸船后可能需要装船,但所装的"二程船"大多是小船(进行内河运输的自航驳或拖驳),所以多数情况下无须配置大型的装船设备和深水的装船码头。

三、干散货的特性及对装卸保管的要求

煤炭、铁矿石等散货有很多特性,其中对装卸工艺有较大影响的特性如下。

(一)物料容重、自然坡度角、颗粒以及外摩擦系数

1. 物料容重

物料的容重是指物料的单位体积质量,单位为吨/立方米(t/m³)。物料的容重影响抓斗的选用。另外,对于皮带输送机来说,若输送带上的货物流量固定,则物料的容重与输送带的宽度有关。

不同物料的容重各不相同,表 4-1 列出了部分煤炭、矿石的容重。

表 4-1　煤炭、矿石容重

单位：t/m³

货物	煤炭	无烟煤	烟煤	矿石	粒矿	澳矿
容重	0.8~0.9	0.9	0.8~0.85	2.5~3.5	2.5	3.0

2. 自然坡度角(自然堆积角)

自然坡度角是指物料从一个规定的高处自由均匀地落下时,所形成的能稳定保持的锥形料堆的最大坡脚,即自然坡度表面与水平面之间的夹角。自然坡度角反映了物料的流散性,物料的自然坡度角越小,流散性越好;自然坡度角越大的物料,流散性越差(见表4-2)。对煤炭、铁矿石的装卸来说,物料的自然坡度角可影响储料漏斗壁的倾角的确定,即选择的漏斗壁倾角一定要大于货物的自然坡度角,否则物料就不易从漏斗漏出。

表 4-2 不同货种的自然坡度角

货物	原煤	焦炭(粉粒状)	铁矿石、石灰石	干砂	水泥	谷物
自然坡度角/(°)	50	30~45	35	30~35	30~40	24

3. 颗粒(块度)

物料颗粒的粒度是指物料单个颗粒的尺寸大小,大多数散料物料均含有不同大小和形状的颗粒。对于粒状物料,粒度为组成颗粒的最大直径;对于块状物料,块度为组成料块的最大对角线长度。

物料的颗粒大小影响装卸输送机械和抓斗的选用,如在选用螺旋式卸车机时,若遇到物料的颗粒直径大于螺旋的螺距的情况,大块度的物料就不能卸下。选用抓斗时,也要考虑物料的颗粒,因为抓斗的张开度对物料的颗粒也有限制。同样,卸料漏斗和料槽卸料孔尺寸也要考虑物料颗粒的大小。

4. 外摩擦系数

物料和与之接触的承受面之间的摩擦力同基础承受面上的法向压力之比,叫作该物料对该承受面的外摩擦系数。外摩擦系数有静态外摩擦系数和动态外摩擦系数之分。静态外摩擦系数是指物料和与之接触的承受面在相对静止状态下的摩擦系数,而动态外摩擦系数是指物料和与之接触的承受面以一定速度相对滑移时的摩擦系数。外摩擦系数的大小与物料的特性和与之接触的物体(如输送带)材质有关。动态外摩擦系数是与装卸机械设计选用有关的一个参数。

动态外摩擦系数决定了输送带的容许倾角,如输送带最大倾角较动态外摩擦系数容许的倾角小7°~10°。动态外摩擦系数也影响物料的倾倒,如动态外摩擦系数大,物料就不易倾倒,因而要求料斗面光滑,料斗面的倾斜度也要增大,以减少物料下滑的阻力。

(二) 冻结性

通常,煤炭和铁矿石均含有一定量的水分,如煤炭未脱水时,含水率可达20%。而含水率大的物料在冬季易结冰,造成卸货困难,所以在煤炭、矿石装卸工艺中要考虑物料的解冻方法,如增加破冰机械或设置加温设备,我国运输部门还采用在物料上撒石灰,利用生石灰的吸水性,降低煤炭中的含水率,来降低货物冻结的温度。另外,也有采用红外线或蒸气加热的方法,在煤炭卸车前进行解冻。

(三) 发热和自燃性

在堆场上存放的煤炭,时间久了或在外界气温高时,煤堆内就会发热,当煤堆内温度上升到60℃时,煤温的上升速度加剧,此时如不降温散热,煤炭就会发生自燃,通常的解决方法是将物料及时转堆、翻堆,避免煤堆温度达到自燃点。因此,选用的堆场机械要便于频繁地进行堆取作业;在煤堆布置时要注意在煤炭的堆垛之间留出2 m以上的间隙,煤堆的堆垛的端面间距不小于6 m,以作消防通道用。

(四) 扬尘性、脆弱性

煤炭、矿石在装卸输送时会产生大量粉尘,容易对周围环境造成污染,并影响装卸工人的身体健康,因此,一般来说干散货码头装卸系统中都会设置防尘装置,如在堆场上设置洒水防尘系统,采用加罩封闭式输送系统等。物料的脆弱性,如焦炭,就要求装卸时放低落料点,以保证物料的质量。

四、干散货主要运输工具

煤炭、铁矿石运输工具主要包括水上运输的船舶和陆路运输的铁路车型。

水上运输船舶有大型专用煤炭或矿石船、驳船等。大型专用煤炭或矿石船(见图4-1)通常是大舱口而且甲板上不设起重机和桅杆等设备。内河驳船则有矿石驳、甲板驳(见图4-2)和舱口驳之分。专用的煤炭和矿石驳船对港口装卸工艺设计十分有利。装载煤炭、矿石的铁路车型也分专用车型和通用车型,采用专用车型装运煤炭、矿石是为了便于港口装卸车作业实现机械化和自动化。

图 4-1　超大型铁矿石运输船

图 4-2　内河甲板驳船

现代运输的发展表明,在煤炭、矿石运量大,货流稳定的情况下,在专用船舶大型化和高效化、铁路车辆的长大专列固定编组和直达循环的运行组织条件下,港口应选用专用、高效的工艺设备与之配套,所以在设计和选择港口装卸工艺时,必须深入分析车船的现状和发展趋势,既要考虑现实的情况,又要积极地探讨采用高效率的专用车船的可能性及其对港口装卸工艺的要求。

五、干散货运输装卸特点

(一)货物批量大

在整个物流系统中,干散货的流量占较大比重。干散货运输具有货主集中度高、航线集中、本身价值低廉等特点,因此一般情况下,干散货到港量都非常集中,其装卸搬运量也相对较大。

(二)运输载体大型化

由于干散货具有批量大、附加值不高等特性,为取得规模效益、加大运输工具周转速度和降低单位运输成本,干散货运输载体正朝着不断大型化的方向发展。目前,最大的矿砂船已经达到 40 万吨级。同时,干散货铁路列车也趋向于重载化运输,而船舶的大型化和列车的重载化对港口装卸作业方式和作业设备也产生较大影响,通过设备的高效化和尺寸的大型化以满足运输工具大型化发展的需求。

(三)散货码头专业化、高效化

现代化的散货码头多采用连续、系列化、自动化作业的设备,码头装卸效率很高。带式输送机作为连续作业机械被广泛应用于煤炭码头装船与卸船的连续作业。煤炭码头广泛采用系列化装卸作业机械,即将一系列机械连接起来,进行接力式连续、自动作业。例如,煤炭码头上,在岸壁用门机抓斗卸货,通过带式输送机将煤炭送上高架输送机,然后输送到堆煤机,堆放到煤炭堆场。

(四)散货码头堆场存储量大

由于干散货进出港的流量非常大,堆场作为货物暂时堆存的场所也需要能够提供更大的储存空间,而且在堆场使用高效、大型的堆取料设备也非常必要。并且,由于存储量大,大部分的重散货可在露天堆场上堆放,无须严密遮盖,而像散粮、散盐、散化肥、散水泥等轻散货一般需封闭保存。

(五)码头直接换装少

货物在港口从一种运输工具转移到另一种运输工具上的作业活动成为换装作业。在运输工具之间进行的直接转移是直接换装,而货物在运输工具之间通过库场后再进行转移成为间接换装。随着干散货专用港口物流量的增加,有效衔接各种运输工具之间的换装作业变得越来越困难,间接换装成为主要的作业方式。

六、干散货码头装卸工艺系统的组成

干散货码头装卸工艺主要是由装卸船舶、水平运输和堆场作业三个环节组成,如图4-3所示。

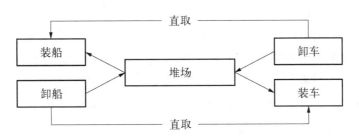

图 4-3 干散货码头装卸工艺系统示意图

第二节 干散货码头主要的装卸搬运机械

一、干散货码头装卸搬运机械的发展趋势

(一) 装卸、搬运机械大型化

随着船舶的大型化发展趋势,干散货码头装卸、搬运机械也逐渐向大型化发展,带式输送机、装船机、卸船机的能力不断提高。目前,我国生产的卸载铁矿石的抓斗卸船机,最大生产能力已从 540 t/h 发展到 3 500 t/h,其最大卸货能力可达到 4 000 t/h。同一泊位配置 2 台卸船机,平均每小时可从船上卸载矿石 3 500~4 500 t。装船机方面,国外装船机的生产能力可达到 20 000 t/h,适用 32 万吨船型的外伸距;我国生产的装船机生产能力也可达到 12 000 t/h。我国自主设计的斗轮取料机取料能力已突破 12 000 t/h。翻车机的生产能力也可达到 7 200 t/h,港口码头配置的火车定量装车系统,装载能力已超过 5 000 t/h。

此外,沿江的散货码头装卸、搬运设备也在向专业化和大型化方向发展。远洋运输的矿石等散装物料,经过沿海港口和码头的中转,通过各种江轮、驳船等沿江河而上,运往内地港口。这对内地码头的专业化和大型化发展提出了要求。例如,在镇江、南京等内河沿江码头的煤炭、矿石等专业设备的卸载能力已达 1 250 t/h。

然而,由于大型化的港口装卸设备造价与运行费用高,对码头条件和调度管理水平要求严格,1 500 t/h 煤炭抓斗卸船机和 2 500 t/h 矿石抓斗卸船机仍然是广大专业化散货码头卸船设备的首选。

(二) 装卸、搬运机械自动化

目前,国内外港口散货装卸大部分采用人工操作的装卸设备,作业效率与作业安全性完全取决于操作者的熟练程度,也有部分码头采用了具有半自动控制功能的装卸设备,即主要控制参数由人工辅助设定完成,以达到比较高的工作效率和可靠性。而全自动作业方式将是未来的发展方向。2008 年,上海罗泾港全自动化码头正式投入运行,该码头应用了全自动散货抓斗卸船机、装船机和斗轮堆取料机,在世界上首次实现了港口散货作业的自动化装船和自动化卸船。

堆场设备全自动操作技术在国内外港口码头发展较快。一台堆取料设备,配置一条带式输送机,可以较方便地实现全自动化作业,这种模式在国内个别码头堆场中已经出现。在这种模式中,堆取料设备自身的全自动程度比较高,可以实现无人操作。通过感应设备系统、数据分析系统,在系统生成物料的堆放数据,并对操作中物料变化进行实时的分析、整理,数据库内将保留物料堆放情况的实时数据,在接到命令时,系统能自动判断下一步应该采取的动作。2007 年,在鹿特丹码头出现了多台堆取料设备与运输系统配合工作的方式,这对于码头管理人员来说,整个堆场可以被认为是一个类似"黑匣子"的系统,只需要输入系统物料的进出信息,所有工作将由计算机系统、执行系统顺利完成。

(三) 装卸、搬运机械环保化

矿石、煤炭、硫黄、散装水泥等物料在港口、码头的转运过程中会产生粉尘,对环境造成一定程度的污染,环保化将是散货装卸设备发展的一个必要条件。目前,添加特殊化学添加剂的新型喷雾除尘系统、静电除尘系统等新兴除尘方式不断得到推广应用,而且在装卸机械的选择上也更倾向于环保型机械。

二、干散货码头的装卸船机械

干散货码头作业中的大宗散货的流向在大多数情况下是单向的,因此干散货的装船机械与卸船机械是有所不同的。

(一) 装船机

装船机可以分为间歇式装船机和连续式装船机。间歇式装船机械可以采用起重机配抓斗装船,但目前干散货码头多数采用以带式输送机为主的连续式装船机。因此,本节以介绍连续式装船机为主。

连续式装船机主要是通过装船机的抛料弯头从开始作业到装舱完毕将物料连续地装入船舱。

1. 基本结构

连续型装船机的基本结构主要由装船机主体部分和带式输送机组成。

装船机主体部分主要由门架结构、大车行走结构、臂架俯仰伸缩机构、抛料装置组成。

码头前沿的高架带式输送机通常横贯整个前沿,与贯穿堆场的高架带式输送机通过转接塔连接。码头高架带式输送机包括输送带、托辊、滚筒、驱动装置、拉紧装置、胶带清扫器、溜槽、导料槽、密封装置、机架、钢结构栈桥等组成部分,以及必要的安全保护、防护设施。

通常情况下,后方堆场的散货物料经由带式输送机输送至转接塔(见图 4-4),然后再由转接塔送至码头前沿高架传送带,再经过悬臂传送带送至悬臂前端,经溜筒装入船舱内。通过臂架的伸缩、俯仰、回转和整机运行,改变装料点位置,以适应船舱尺寸的要求和水位的变化。

图 4 - 4　转接塔相互连接的两条带式输送机

2. 分类及特点

按整机特点,装船机可分为固定式和移动式两种。

1) 固定式装船机

固定式装船机不能沿码头岸线移动。固定式装船机按整机支承装置不同可以分为转盘式装船机和摆动式装船机。

(1) 转盘式装船机。现在分别介绍转盘式装船机的基本结构和工作原理及工艺布置。

一是基本结构及工作原理。转盘式装船机(见图 4 - 5)的悬臂带式输送机与转盘相连接,另一端通过俯仰钢丝绳吊挂在固定立柱顶部,由中心漏斗接收尾车部分皮带机的供料。

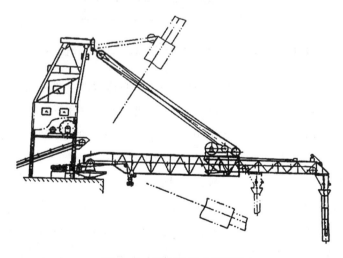

图 4 - 5　固定转盘式装船机

转盘式装船机的缺点是装船有效作业面有限,装船时需移船作业,对不同船型的适应性较差;优点包括结构简单、布置方便、自重较轻、工艺要求简单,可节省码头水工投资。

二是工艺布置。目前,国内外散货装船方式主要有两种:定机移船和定船移机。定机移船方式即装船机固定不动,而船舶移动,使物料投满全船,这种方式通常适用于沿江码头和内河船队的情况;定船移机方式即在整个装船过程中,船舶不需要移动,而通过装船机的不断移动,使物料投满全船各舱,这种方式通常适用于大型散货码头。

固定转盘式装船机可固定在码头前沿的墩座上,也可安装在趸船上使用,但装船作业面有限,因此一般情况下需要移船作业。

固定转盘式装船机的装船泊位配机方案主要有三种:双机、单机和多机配置。

双机配置:这种形式下一个泊位上配置 2 台转盘式装船机(见图 4-6),其原因主要是为了保持作业时船舶前后的平衡,同时减少装船机悬臂长度。

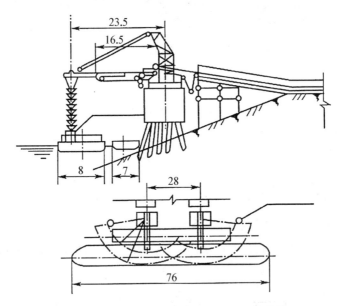

图 4-6 双机配置固定式转盘装船机示意图(单位:m)

就皮带机来说可以采用很高的装船效率,但考虑到驳船的船型复杂,载重量大小不一,驳船队在港口装船前还要在锚地分解编组,装船机效率过高反而会增加费用,所以,我国几个主要内河散货装船港采用的装船机效率并不高,每台的生产率为 500~1 000 t/h。

单机配置:在码头水位差大的情况下,将转盘装船机固定在墩柱上,这样,不仅水工建筑投资大,而且作业也存在问题。例如,在枯水季节,物料投送高度大,驾驶室的视线不好,所以在大水位差的港口一般不采用固定墩柱,而是采用浮式装船机,即把装船带式输送机装在趸船上,斜坡码头上可设随水位升降而上下移动的供料带式输送机(见图 4-7)。此时的装船机的悬臂上装有皮带机和卸料小车,这样就避开了悬臂带式输送机的无效区域,因而不需要再设置靠泊趸船。

单机配置即一个装船泊位上只配有一台装船机。一般情况下,这种工艺布置方式需要采用定机移船的方式。

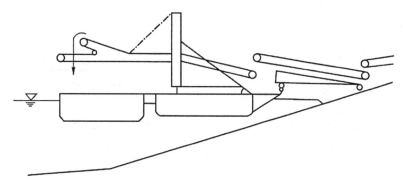

图 4-7 浮趸装船示意图

在大吞吐量的港口对大吨位驳船队,国外港口也有采用这种定机移船的装船方式的。这个系统包括 13 个直径为 7.5~10.5 m 的墩柱。在 5~9 号墩柱之间设有趸船作浮码头,墩柱上设有绞盘(见图 4-8)。

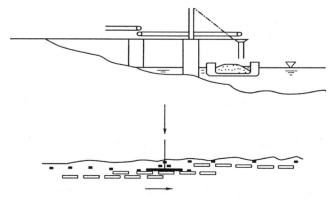

图 4-8 定机移船

采用这种工艺应具备下列条件:第一,要有高强度的驳船;第二,驳船之间的连接方式也要求有足够的强度。此外,在设置各靠驳区域时要注意利用水流的力量,如空驳区设置在水流的上游。

多机配置:这是一种多路作业的装船方式(见图 4-9)。这种装船机构造简单,只在立柱之间设一个可以俯仰和回转的悬臂,投料点仅达舱口中心。舱口上挂有可以回转的带式平舱机,物料可以向船舱四周抛射。这种装船工艺虽然可达到很高的装船效率,但需要让所有的装船机的机头都对准相对应的船舱口中心,因此对到港的船型要求统一,这是在实际情况下难以做到的,从而成为这种系统的一大缺陷。另外,多机头作业的后方供料点和中间输送环节都要相应地增加,在不能适应多种船型装船的情况下,系统的效率和效益都将受到影响。

(2)摆动式装船机。摆动式装船机由前段臂架和可绕固定的回转中心转动的桥架装置等所组成。臂架和桥架内部布置带式输送机。摆动式装船机根据运行轨道的形式不同,可以分为两种,分别是弧线摆动式装船机和直线摆动式装船机,工作原理差别如图 4-10所示。

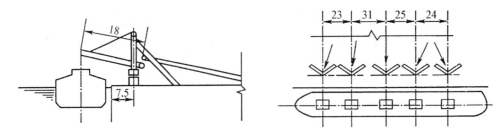

图4-9 多机装船示意图(单位: m)

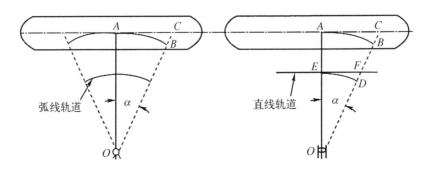

图4-10 弧线摆动式装船机和直线摆动式装船机示意图

弧线摆动式装船机。弧线摆动式装船机的前端栈桥轨道呈弧线形(见图4-11),装船机的前端回转台车的中心与后端墩柱中心距离不变,物料靠来回摆动的装船悬臂内的带式输送机装船。弧线摆动式装船机(见图4-12)的后支承为固定的回转中心,前支承通过行走机构在弧形轨道上行走,使整机绕后支承摆动。弧线摆动式装船机的结构相对简单,质量较小,但需要占用较大的布置面积,且弧形轨道的建造也比较困难。然而,与转盘式装船机相比,弧线摆动式装船机对船型的适应性相对较好,装船效率高。弧线摆动式装船机适宜在水位差不大的直立码头上使用。

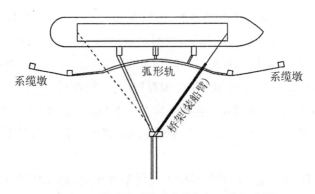

图4-11 单弧线型摆动式装船机码头示意图

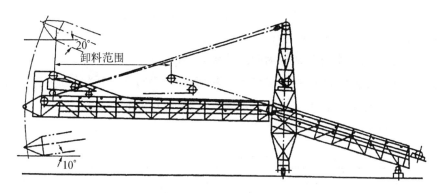

图 4-12 弧线摆动式装船机

近些年,随着干散货船舶的大型化,已经出现双弧线摆动式装船机(见图 4-13)。例如,在委内瑞拉 EI Jose 的一座焦炭码头已经开始应用这种双弧线摆动式装船机。传统弧线型装船机的弧形轨平行于码头布置,弧形轨的长度与船舶的长度相适应,而双弧线型装船机的 2 个弧形轨几乎垂直于码头布置,因此弧形轨的长度仅与船舶的宽度相关。这样,可缩短弧形轨的长度,进一步节省投资。由于 2 个装船臂可交替负责不同的船舱,移舱作业时也无须停止取料机从堆场取料,因此可提高装船效率。

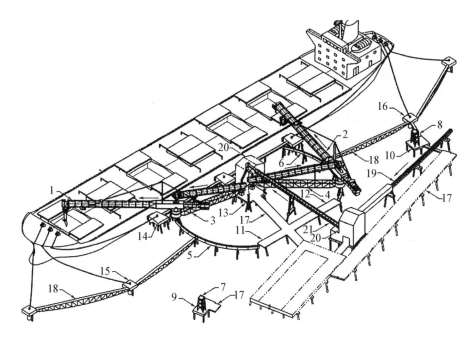

1、2—摆动式装船臂;3、4—轨道桥架及其送料皮带;5、6—弧状轨道梁;7、8—放置装船臂的支架;9、10—装船臂的检修平台;11、12—轨道桥架的检修平台;13—主工作平台;14—靠船墩;15、16—系缆墩;17—检修车辆通道;18—带缆工走道;19—连接胶带;20—物料转接塔;21—供料皮带。

图 4-13 双弧线型摆动式装船机

相对于移动式装船机,弧线型装船机对码头水工结构的要求比较简单,码头的投资也比较小。采用弧线型装船机的码头可布置为"蝶形"墩式,有利于外海无掩护条件下的船舶系泊,从而可提高码头的作业天数。

双弧线型装船机方案码头结构为墩式码头,布置为蝶形(见图 4-14)。码头水工构筑物主要包括靠船墩、系缆绳、中央转接平台、装船臂检修平台 2 个弧状轨道,轨枕为钢质箱型梁。由于拥有 2 个装船臂可交替负责不同船舱,装舱作业时不需缓冲舱,因此装船机额定能力也为 5 000 t/h。

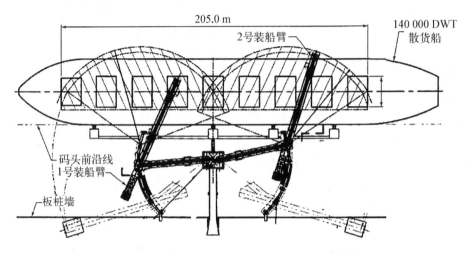

图 4-14　双弧线型装船机方案的码头平面布置图

直线摆动式装船机。直线式装船机(见图 4-15)的前端栈桥的轨道呈直线,装船机的桥架沿直线轨道摆动。这种装船机由臂架、移动车台、桥架(摆动桥)、前支承和后支承等组成。装船带式传送机采用一条输送带,绕过臂架前端和移动台车前端驱动滚筒,桥架前部的该滚筒和尾部的拉紧滚筒形成一个闭合回路。

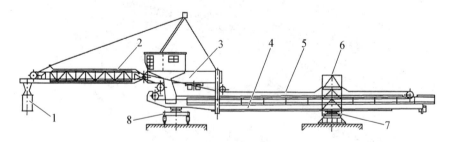

1—溜筒;2—臂架;3—移动台车;4—桥架(摆动桥);5—带式输送机;6—供料点;7—后支承;8—前支承。

图 4-15　直线型摆动式装船机

直线式装船机具有比圆弧运动轨迹覆盖范围更广的特点,且技术要求相对较高,而且需要较大的布置面积。

2) 移动式装船机

移动式装船机是一种整机可沿码头前沿轨道全长运行的装船机械。移动式装船机

(见图 4-16)有完善的臂架伸缩、俯仰机构,以及回转及整机运行机构,以满足定船移机作业的需要,具有较大的作业覆盖面和较高的装船效率。悬臂上布置有带式输送机、伸缩溜筒和平舱机,与后方输送系统相衔接。

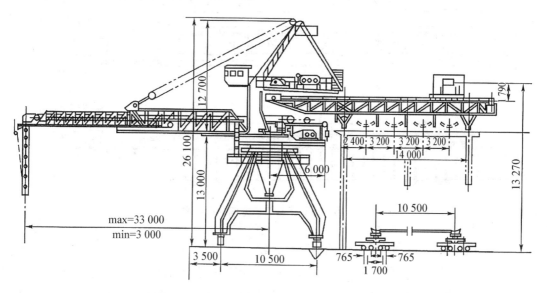

图 4-16　移动式装船机结构示意图(单位:mm)

后方输送系统中很重要的一个部分即尾车部分(见图 4-17),尾车部分所起作用是将装船机主体部分与码头高架带式输送机连接起来,使通过高架带式输送机输送的煤炭,可以最终输送到抛料头。装船机尾车部分由尾车架结构、连接码头带式输送机的尾车、转接溜槽等主要装置组成。

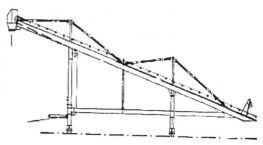

(a) 散货装船机尾车部分实物图　　　　(b) 散货装船机尾车部分结构图

图 4-17　散货装船机尾车部分结构

由于移动式装船机可沿码头前沿轨道运行,因此主要采用定船移机的方式(见图4-18)。

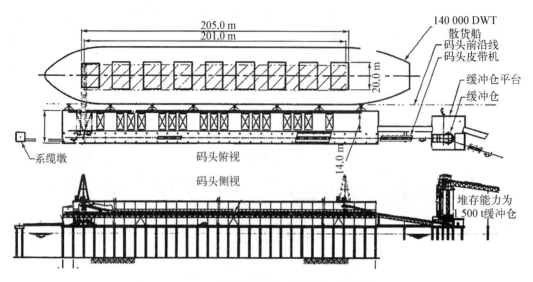

图 4 - 18 移动式装船机方案的码头布置

3）固定式装船机和移动式装船机特点比较

固定式装船机是一种早期的机型，具有码头水工投资少的优点，但当装船幅度较大时，臂架质量增大会导致墩柱基础需承受很大的倾覆力矩，对船型的适应性较差。移动式装船机的构造相对复杂，且自重较大，对于码头结构要求较高，后方输送系统也比较复杂。但是，移动式装船机由于其可沿轨道运行，使用灵活机动，工作覆盖面较大，对船型变化适应性强，因此在海港直立式码头上应用较广泛。

3. 装船机选用

装船机选用时，应考虑以下问题：

（1）要求装船机具有俯仰、回转和伸缩的基本功能，特别是对大型、超大型的散货出口码头，需要装船机具有移动的功能。

（2）高效率、少机头是大型煤炭、铁矿石出口码头的配机原则。

（3）装船机效率选择应与船型相匹配，如 5 万吨级的船型，可选用装船效率为 4 000 t/h 的装船机；15 万吨级的船型，可选用装船效率为 6 000 t/h 的装船机；35 万吨级的船型，可选用装船效率为 16 000 t/h 的装船机。

（二）卸船机

干散货卸船机的种类较多，其中按机械工作特点可以分为间歇式卸船机和连续式卸船机。

1. 间歇式卸船机

1）工作原理

间歇式散货卸船机主要是利用抓斗进入船舱进行抓取物料后起升回转或小车行走将物料卸入漏斗内，同时漏斗两侧喷雾压尘完成卸船作业，通过控制抓斗的循环运动将散货物料从船舱内转移到输送带上,再由输送带传送到指定的堆放地点。因为在抓斗卸船的工作循环周期中有一个空返回程,因此被称为间歇式卸船机。间歇式散货卸船机是可用于煤炭、铁矿石、散粮、散盐、沙等一系列干散货卸船的机械。

　　2)抓斗类型及工作原理

　　抓斗是一种以抓放形式装卸散货的取物装置,也是间歇式卸船机的重要组成部分。因此,在这里单独介绍抓斗的类型及其工作原理。

　　(1)四绳长撑杆双瓣抓斗。绳式长撑杆抓斗种类很多,绳索式长撑杆抓斗主要依靠绳索滑轮组产生闭合力,使抓斗产生启闭。一般有单绳长撑杆抓斗、双绳长撑杆抓斗、四绳长撑杆抓斗。目前,使用比较广泛的是双绳长撑杆抓斗和四绳长撑杆抓斗。

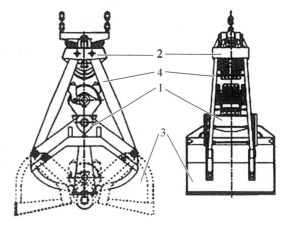

　　四绳长撑杆双瓣抓斗(见图4-19)是一种专为桥式卸船机配置的散货装卸属具。四绳长撑杆双瓣抓斗上有四根钢丝绳分别拴在起重机的四个卷筒上,其中两根钢丝绳固定在抓斗的上承梁上,成为支持绳,作用是承受抓斗质量。另两根钢丝绳绕过下承梁的滑轮后,也固定在头部,称为开闭绳,作用为开关抓斗。

1—下承梁;2—上承梁;3—颚板;4—长撑杆及同步机构。

图4-19　四绳双瓣抓斗结构图

　　四绳双瓣抓斗的工作过程如图4-20所示。

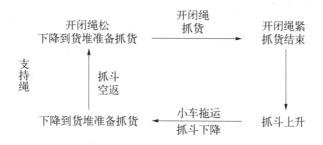

图4-20　四绳双瓣抓斗工作原理图

　　四绳双瓣抓斗的工作特点：工作可靠,操作简便,生产效率高,应用广泛,抓斗工作时不易打转,工作稳定。

　　其余绳式抓斗的工作原理和步骤基本与四绳双瓣抓斗相同。

　　(2)剪式抓斗。剪式抓斗(见图4-21)是一种由主铰联结的剪刀状结构,抓斗完全依靠剪刀臂连接整个斗体,结构简单。剪式抓斗主要由两个剪刀式抓斗臂组成,连接两个剪刀式抓斗臂的为中心铰轴。剪刀式抓斗臂上安装有滑轮组、斗瓣、斗瓣加强梁及加强管,支撑链条固定在加强管上,与上部联系梁连接后起到提升整个抓斗的作用。钢丝绳将

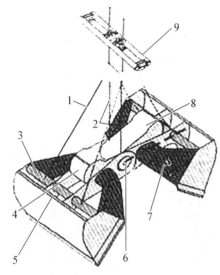

1—支撑链条；2—钢丝绳；3—加强管；4—滑
轮组；5—斗瓣颚板；6—中心轴；7—斗瓣加
强臂；8—滑轮组；9—上部联系梁。

图4‑21 剪式抓斗结构图

3组分别安装在两个抓斗臂上的滑轮组联系在一起，在钢丝绳缠绕系统作用下，剪刀臂通过中心轴做旋转运动。在剪刀臂合理的质量布置和钢丝绳缠绕系统的作用下实现抓斗打开和闭合。

剪式抓斗是针对大型散货卸船机设计的一种大型高效抓斗。相对四绳双瓣抓斗，它具有质心低、挖掘力大、抓取比大、工作周期短、便于清舱、维护工作量低等优点。

（3）船吊抓斗。船吊抓斗是一种专门与双杆船吊配套使用的双绳抓斗。船吊抓斗与岸机配置的长撑杆抓斗是有区别的。这是因为船舶吊杆在装卸作业过程中不能变幅旋转，所以船吊用的长撑杆抓斗的开闭绳除了完成抓斗开闭动作外，还要起抓斗在变换货位时的定位作用，但如将起重机用的长撑杆抓斗用于船吊，其关闭绳（大关）在回空时会将抓斗关闭，也没有定位功能，不能使抓斗迅速落入货堆上抓取货物，所以起重机用的长撑杆抓斗不能用于船吊。

上述问题的解决方法是，在小关（支持绳）上加了一个带梳齿的方形环［见图4‑22(a)］。带梳齿的方形环的作用是，小关松时，方形环落下，放平时，空隙变大；小关紧时，方形环翘起，空隙变小。在大关（开闭绳）上加一个锥形球［见图4‑22(b)］。大关的绳索连同锥形球要穿过小关（支持绳）上的方形环再回到卷筒。这样，小关松，方形环落下，放平，

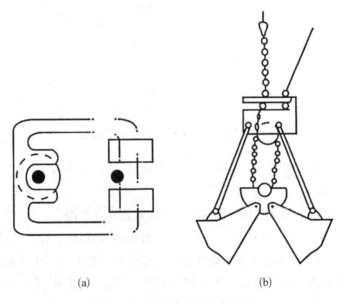

(a)   (b)

图4‑22 船吊抓斗工作原理图

空隙变大,锥形球可通过;小关紧,方形环翘起,空隙变小,锥形球不能通过。

双吊杆船舶吊杆卸货过程如下(见图 4-23):抓斗以张开的形式落于货堆上,支持绳处于松弛状态,方形环自由平落在上横梁上,此时,提升开闭绳关闭抓斗,锥形球碰不到方形环上的梳齿。在卸货点因支持绳受力,方形环处于翘起状态,当开闭绳卸货时,锥形球的尖头可划过方形环的梳齿的下方,当回行拉紧开闭绳时,由于锥形球卡在梳齿内而不会把抓斗关闭。双吊杆船舶吊杆在工作时,为了装卸作业的安全,抓斗起升高度不能太高,且由于船舶吊杆的起重量较小,船舶吊杆的卸货效率较低、清舱量较大。因此,目前大多数干散货码头在选用间歇式卸船机时多数采用桥式抓斗卸船机和门式抓斗卸船机。

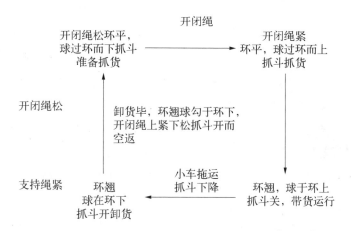

图 4-23　双吊杆船舶吊杆卸货过程示意图

3) 主要间歇式卸船机工作原理及特点

根据抓斗水平移动方式不同,间歇式散货卸船机可分为两种,一种是靠臂架变幅的门座抓斗卸船机,另一种是靠小车沿桥架运行的桥式抓斗卸船机。

(1) 门座抓斗卸船机。门座抓斗卸船机(见图 4-24)的基本构造与门座起重机十分相似,都具有运行机构、回转机构、起升机构、变幅机构和臂架系统、机房、人字架、门架等。除此之外,门座抓斗卸船机还具有物料落料系统、水平输送系统及防尘系统等。其落料系统由漏斗、破拱器、振动给料器和金属检出器等组成;而水平输送系统则由胶带输送机、伸缩装置和卸料装置等组成。

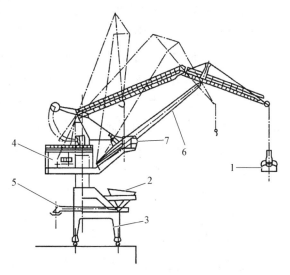

1—抓斗;2—漏斗;3—门架;4—移动部分;
5—带式输送机;6—组合臂架;7—司机室。

图 4-24　门座抓斗卸船机示意图

门座抓斗卸船机的起重量一般为 5～40 t,起升速度一般为 40～80 m/min,生产率一般不高于 1 000 t/h,因为进一步提高生产率会使整机自重过大。门座抓斗卸船机具有结构简单可靠、设备投资费用省、设备维护保养成本低等优点。目前,国内很多港口采用此机型进行干散货的卸船,包括天津港、大连港、青岛港、深圳港、广州港、厦门港等。

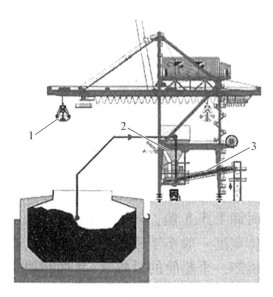

1—抓斗;2—落料漏斗;3—皮带输送机。

图 4 - 25　桥式抓斗卸船机结构图

(2) 桥式抓斗卸船机。桥式抓斗卸船机(见图 4 - 25)是一种桥架型起重机,具有与一般桥架型起重机相似的机构。此外,其在高大的门架上装设了有轨桥架,抓斗小车沿桥架运行。其主要机构包括:起升机构/开闭机构、小车牵引机构、俯仰机构、大车行走机构、落料回收装置、臂架挂钩与金属结构、电气与控制系统设备等。

一般情况下,桥式抓斗卸船机小车运行速度在 150～180 m/min,外伸距 30～40 m,卸船效率较高。该机目前在国内外煤炭、矿石码头卸船作业中得到广泛使用,其卸船单机时效一般在 500～3 000 t/h,适应船型在 3 万～30 万吨级,如荷兰马斯平原矿石中转码头(年吞吐量 1 800 万吨)使用的就是起重量为 80 t 的、台时效率最高达 3 000 t/h 的桥式卸船机,适用船型为 25 万吨级的散货船。

此外,随着自动化的发展和码头上的广泛应用,自动化技术开始逐渐从集装箱领域向散货领域发展,自动化桥式抓斗卸船机就是其中一项。在抓斗斗容一定的前提下,实际抓取物料量往往取决于操作工选择的抓取点和使用闭合抓斗的时机,较为依赖工人的经验判断。为了提高运作效率,自动化桥式抓斗卸船机得到研发应用。自动化桥式抓斗卸船机(见图 4 - 26)主要由控制中心、地面皮带、运行小车、底部带 3D 激光扫描仪的驾驶舱、带无线通信连接陀螺导航系统的抓斗组成。

桥式抓斗卸船机卸料操作为平行运行,其抓斗运行轨迹始终在其布置宽度范围内。以 5 万吨级的船为例,该船共有 5 个船舱,桥式抓斗卸船机可以同时卸 1、3、5 舱。同时,由于桥式抓斗卸船机机体宽度一般小于两个船舱的宽度,当一台卸船机卸一个船舱的后排时,其他卸船机可以卸相邻前部船舱的前排。对于具有 7 个船舱的大型船舶来说,桥式抓斗卸船机更具优势。在同一泊位,3 台卸船机可以同时连续作业,互不干涉,所以,在一个泊位上,桥式抓斗卸船机的最佳布置方案为 3 台,且功率相同(见图 4 - 27)。

(3) 间歇式卸船机的特点。表 4 - 3 为门座抓斗卸船机和桥式抓斗卸船机的特点比较表。从表中可以较清楚地看到两种卸船机的主要特点。

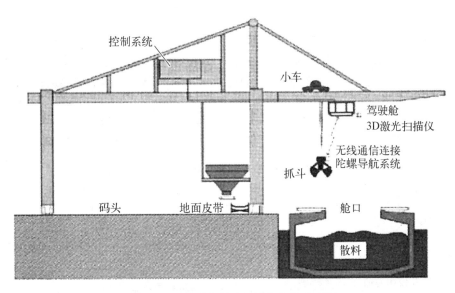

图 4-26　自动化桥式抓斗卸船机示意图

图 4-27　桥式抓斗卸船机布置图(同一泊位)

表 4-3　门座抓斗卸船机与桥式抓斗卸船机的特点比较

比 较 项 目	机 型		备 注
	门座抓斗卸船机	桥式抓斗卸船机	
取料装置	抓斗	抓斗	
垂直提升	起升机构	起升机构	
适应船型	7 万吨级以下	3 万～30 万吨级	

比 较 项 目	机 型		备 注
	门座抓斗卸船机	桥式抓斗卸船机	
单机能力/(t/h)	1 000 以下	500～3 000	
清舱量	较大	较大	与连续式卸船机相比
适应物料粒度范围	较大	较大	与连续式卸船机相比
适应物料堆密度/(t/m³)	0～3.2	0～3.2	
码头通过能力/(10^4 t)	600	500～1 200	
能耗	较大	较大	与连续式卸船机相比
易损件及使用寿命	抓斗及漏斗的衬板和钢丝绳、滑轮	抓斗及漏斗的衬板和钢丝绳、滑轮	
对货物破损度	较大	较大	与连续式卸船机相比
整机自重	较轻	较重	
装机容量	较小	较大	
维修保养费用	较低	较高	
环保效果	存在粉尘外逸，环保效果差	存在粉尘外逸，环保效果差	与连续式卸船机相比
码头水工结构投资	轮压较小，水工结构投资相对较低	轮压较大，水工结构投资相对较高	

总体来看,间歇式抓斗卸船机都具有以下特点(见表4-4)。

表4-4　间歇式抓斗卸船机的特点

优　点	缺　点
1.作业弹性佳,适应性广泛,更换抓斗可适应不同密度和颗粒的散装货 2.机型成熟,广泛用于海港散货卸船,其构造简单,可靠性强 3.取料抓斗构造简单,维护保养工作量小且简单 4.卸有腐蚀性散货时有特殊的优越性 5.对散货颗粒大小适应性强,大于300～800 mm也可以抓取 6.造价较连续式卸船机低廉 7.对散货船的各种舱口适应性好,不受潮位落差的影响	1.抓斗及牵引抓斗移动的钢丝绳较易磨损 2.因为间歇式卸料,与连续式相比作业效率较低 3.作业时抓斗内物料易产生粉尘(此为最主要缺点) 4.对于小型船的船舱,由于抓斗重,操作须小心,而对于大中型海轮则无此问题 5.相同生产率,自重大于连续式卸船机,对码头的承压有较高的要求

2. 连续式卸船机

1）工作原理

利用某种连续输送机械制成能提升散粒物料的机头，或兼有自行取料能力，或配以取料喂料装置，将散粒物料连续不断地提出船舱，然后卸载至臂架或门架的输送机系统中并运至岸边输送机系统的专用卸船机械，称为连续式卸船机。

连续式卸船机主要是由行走机构、回转机构和俯仰机构和输送系统等组成。作业时一般是将机头取料部分插入船舱内挖取物料，再通过封闭槽中链式机构的高速运转，利用摩擦效应，带动物料垂直上升，实现散料的提升，最后经输送系统将散料输送到料仓。

2）分类

根据取料结构的不同，连续式卸船机可以分为斗轮式卸船机、螺旋式卸船机、链斗式卸船机、悬链式链斗卸船机、双带式卸船机、波状挡边带式卸船机、埋刮板卸船机等。由于取料结构的设计不同，对于不同性能和状态的散货物料适用性不同，对于铁矿石、煤炭等自重较大、颗粒度较大的干散货主要适用斗轮式卸船机和链斗式卸船机两种；对于粮食、化肥等轻散货主要适用于螺旋式卸船机和悬链式链斗卸船机。本章重点介绍链斗式卸船机、斗轮式卸船机以及螺旋式卸船机。

（1）链斗式卸船机。链斗式卸船机是利用链斗从船舱内挖取物料并通过机上的输送系统将物料卸至码头的散货连续式卸船机上。

链斗式卸船机（见图4-28）主要由门架、水平臂架、垂直臂架等组成，门架可沿码头前沿轨道运行，水平臂架可变幅、回转以改变取料位置。水平臂架布置带式输送机，并与码头上的输送机系统相衔接，垂直臂架装有链斗提升机。主要的物料输送机构包括链斗提升机、料槽、臂架带式输送机、输出带式输送机等。

为增加卸船机的作业面，获得良好的取料效果，机头往往设计成若干种取料机头，其中一种机头设计成L形（见图4-29、图4-30）。这种机头可上下摆动改变水平角度，也可在油缸作用下改变机头水平取料部分长度，这样，链斗能抓取舱内各个角落的物料（见图4-31）。

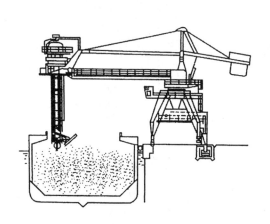

图4-28 链斗式卸船机

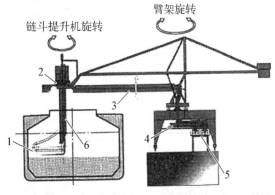

1—取料装置；2—回转给料盘；3—臂架带式输送机；4—输出带式输送机；5—码头带式输送机；6—链斗提升机。

图4-29 L形链斗式卸船机结构图

图 4-30　L 形链斗式卸船机实物图

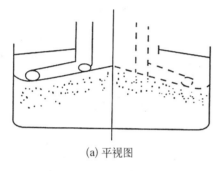
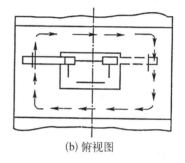

(a) 平视图　　　　　　　　　　(b) 俯视图

图 4-31　L 形取料机头舱内作业图

链斗卸船机按结构不同可分为张紧式和悬链式两种。悬链式链斗卸船机(见图 4-32)与张紧式链斗卸船机的主要区别在于链斗机构没有张紧装置,其取料区段呈自由悬垂状态,可在取料的同时完成清舱。

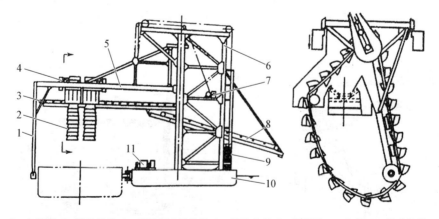

1—夹船臂;2—链斗机构;3—接料带式输送机;4—横移小车;5—悬臂梁;6—立柱;7—提升机构;
8—倾斜带式输送机;9—平衡重;10—延船;11—移船机。

图 4-32　浮式悬链式链斗卸船机结构图

与间歇式抓斗卸船机相比,链斗式卸船机具有以下优点:

其一,卸船效率高。链斗式卸船机卸船效率通常可达 65% 以上(见图 4-33),而抓斗式卸船机的卸船效率通常维持在 50%~55%。链斗连续式卸船机的取料头能按不同的挖取要求改变其形状,最大限度地挖取船舶舱口下、特别是两侧的物料,而且剩料厚度很薄,真正需要推耙机辅助卸料的量仅占舱口装载总量的 10% 以下,而抓斗卸船机需要推耙机辅助清仓的量约占 50%,故在同样的额定卸船效率下,连续式卸船机的实际能力要比抓斗卸船机的约大 20%。

其二,适用范围广。就货物而言,链斗式卸船机可用于从磷酸盐、煤(粒度在 100 mm 下)、矾土等轻物料直至铁矿、石灰石等重物料的卸船作业,就船舶而言,可使用从河驳到大、中型海船的卸载。

其三,环保。物料在链斗连续式卸船机的卸船过程中,能实现密闭输送,不会造成物料的洒漏及扬尘,环境污染小;而抓斗卸船机容易在抓斗出仓、空中运行及抓斗卸料处造成粉尘飞扬(见图 4-34)。

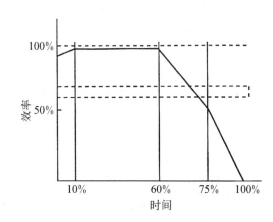

图 4-33　链斗式卸船机效率曲线

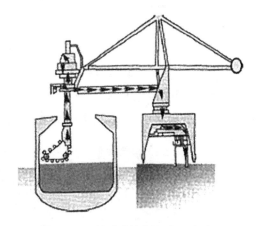

图 4-34　链斗式卸船机密闭输送图

其四,节能。链斗连续式卸船机由于没有频繁加减速和起制动,其电耗约为抓斗卸船机的 70%,且清舱机使用少,其燃油消耗约为抓斗卸船机的 50%。

其五,后续投资少。链斗连续式卸船机的最大生产能力为额定生产能力的 100%,而抓斗卸船机的最大生产能力为额定生产能力的 120%,故在常规设计中,若两类卸船机的额定能力均为 3 000 t/h,则链斗连续式卸船机后方带式输送机系统的能力允许为 3 000 t/h,而抓斗卸船机的后方带式输送机系统的能力需要 3 600 t/h,其后方带式输送机系统及相应的土建基础相对造价较高。然而,链斗卸船机仍然存在一些缺点,主要表现在以下几个方面:

一是对小船适应性差。由于具有较大的取料头部,一般链斗连续式卸船机适应具有较大货舱的散货船,特别是 10 万吨级或以上船型,对中小船型的适应能力较差。

二是受波浪力影响大。链斗式卸船机对波浪力比较敏感,不像抓斗卸船机的钢丝绳可以消化波浪力的影响,目前链斗连续式卸船机仅能消化不超过 600 mm 的由波浪力引起的舱底高差。一旦波浪力产生超过 600 mm 的舱底高差时,将不同程度地对链斗连续式卸船机或散货船的舱底产生损伤。

三是容易堵料和磨损。链斗连续式卸船机对超大块和异形块货物比较敏感,容易引起堵料,链条和链斗的工作条件也比抓斗恶劣,容易磨损,维护成本相对较高。

四是需要有链斗清洗池。铁矿石的物料黏性较大,链斗相对于抓斗来说斗容小、斗壁倾角小、斗体工作相对比较平稳,所以更容易粘料,必须配备链斗清洗池对链斗进行清理。链斗清洗池将占用码头一定的宽度,这对于改造码头项目,尤其是原来按照抓斗卸船机设计的码头,增设链斗卸船机后,必须在保证码头通车条件的前提下增设链斗清洗池,增加额外改造成本。

目前,国内外大部分的链斗卸船机主要用于煤炭作业,如上海朱家门煤码头、罗泾煤码头、南通华能电厂煤码头等。但随着链斗卸船机链条和斗体材料的改进及设计技术的进步,其可以克服矿石类货种磨耗大、黏性大的问题,在世界范围内成功提供了超过 13 台的用于矿石卸船的大型连续式卸船机,适合的船型最大达 30 万吨级,单机卸船效率最大达 4 000 t/h。

(2) 斗轮式卸船机。斗轮卸船机是使用一个或一对较大的(一般直径在 5 m 以上)斗轮挖取物料再通过斗式提升机或输送机将物料卸出船舱输送上岸的机械。

斗轮式卸船机(见图 4 - 35)取料装置采用低速旋转的斗轮,由于刚性斗轮具有巨大的挖掘能力,它几乎可以用来卸任何散粒物料,如易结块的或磨削性大的散盐、煤炭和铁矿石等。

图 4 - 35 斗轮式卸船机

斗轮式卸船机按接卸船型可分为内河型斗轮卸船机和海港型斗轮卸船机两大类。内河型斗轮卸船机接卸各种散货驳船。由于驳船舱深较小,斗轮挖取的物料,一种方式是直接被卸到安装在斗轮中心的带式输送机上,另一种方式则是被卸到安装在斗轮一侧的带式输送机(通常是波状挡边带式输送机)上,再经带式输送机与后方输送系统相连接,将物料送达堆场。由于提升高度较小,物料的转载比较容易实现,故卸船机构造比较简单。

内河型斗轮卸船机又可分为固定式和自行式两种。固定式斗轮卸船机整机不能沿码头前沿移动,斗轮取料装置只能通过滑轮组和起升绞车悬挂在钢架上,可上下移动,接料胶带机安装在斗轮中心。图4-36所示是双斗轮卸船机,它采用墩柱式结构,机架跨越驳船,支腿分别装在岸上和墩柱上,作业时靠岸上的绞车移动驳船,分两层把货卸完。自行式内河斗轮卸船机(见图4-37)可沿码头前沿移动,机动灵活,作业范围相对较大。

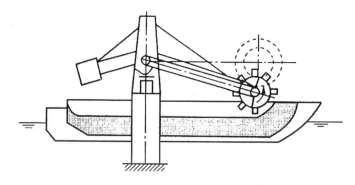

图4-36　双斗轮固定卸船机示意图

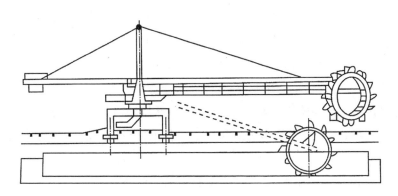

图4-37　自行式内河型斗轮卸船机结构图

海港型斗轮卸船机(见图4-38)适用于各种散货海船的卸船,这种斗轮卸船机除挖取、输送物料所必需的机构外,还必须设有整机行走、臂架俯仰、臂架回转、机头回转等机构,以保证斗轮能到达船舱内的任何地方进行作业。另外,为确保在整个卸船过程中海船和卸船机的安全,海港型斗轮卸船机还装配有完善的电控、操作和安全保护系统,故其结构比较复杂。

由于斗轮式卸船机的质心比较靠近旋转中心,而且不像桥式抓斗卸船机那样有较大的移动载荷,所以其最大腿压小于桥式抓斗卸船机。斗轮式卸船机作业时,从远处看似乎处于静止状态,这是由于悬挂于臂架端部的旋转柱进入船舱后,依靠斗轮的旋转和柱身的旋转,其取料范围很大,而两者的速度却很低。

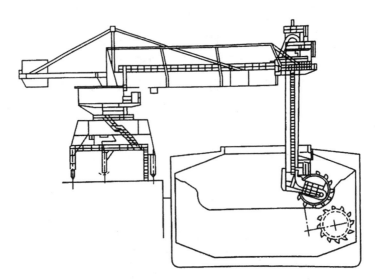

图 4-38　海港型斗轮卸船机结构图

斗轮卸船机的工作特点主要包括以下几个方面：

一是适应物料面广。斗轮卸船机可以作业各种散粒物料，但主要用于卸各种重散粒物料。

二是适应船型广泛。斗轮卸船机不仅可以方便地卸载各种内河驳船，也可以将斗轮取料装置伸达至海船甲板下方，方便地卸各种海船上的物料。

三是卸船效率高。斗轮卸船机可经常在额定生产率下工作，在清舱阶段，可利用清舱机械配合作业，也可达到较高的作业效率，因而其作业的平均生产率高。

四是环境污染小。斗轮机作业中，除斗轮取料部位外，其他物料的输送和转接环节均处在密闭的环境中，不会造成物料洒落和扬尘。各工作机构运动速度低，使整机振动小、噪声低。

五是能耗较低。斗轮卸船机的平均作业能耗在 $0.30\,\mathrm{kW \cdot h/t}$。

六是较易适应待卸船舶随波浪的波动。斗轮取料装置可设计成在一定范围内上下摆动，以适应待卸船舶随波浪的波动产生的对斗轮的顶升作用，并在斗轮碰舱、挂舱、物料崩塌的情况下实现对卸船机的保护。

七是由于斗轮卸船机一般用于卸较难挖取的重散粒物料，整机刚度较大，因而整机质量以及制造成本比其他形式的连续卸船机稍高。

（3）螺旋式卸船机。螺旋式卸船机是以无挠性牵引构件的水平螺旋输送机、垂直螺旋输送机以及特制的取料装置为主要工作机构的卸船机械，它是一种高效连续型散货卸船机。

螺旋式卸船机由以下部分所组成：沿顺岸轨道移动的门架及行走小车；支承在门架上并绕中心旋转的平台；由变幅油缸驱动可上下俯仰的水平伸臂及固定在其上的水平螺

旋输送机;由摆动油缸驱动可绕水平伸臂端部前后摆动的竖直臂及固接其上的垂直螺旋输送机;安装在垂直螺旋下端的松料螺旋及取料装置;位于门架上旋转塔架下方的水平螺旋输送机;码头后方带式输送机等。其中,螺旋取料装置(见图4-39)由旋转方向相反的管外螺旋、管内螺旋和带有倾斜翼板的给料器组成。当螺旋卸船机工作时,取料机头(见图4-40)插入舱内料堆之中,管内反向旋转式取料装置一方面使物料进入垂直臂螺旋输送机中,另一方面又能阻止物料因进入输送管后沿轴向迅速加速所产生的离心力作用而被甩出。

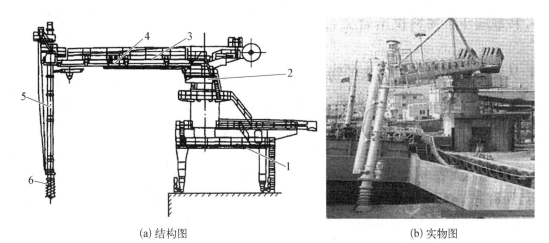

(a) 结构图 (b) 实物图

1—门架;2—转台;3—水平螺旋;4—控制室;5—垂直螺旋;6—喂料器。

图 4-39 螺旋式卸船机结构和实物图

螺旋卸船机具有以下特点:

特点一:卸船效率高。螺旋卸船机的额定生产率可达2 000 t/h以上,该机效率高的另一个重要标志是平均工作能力较大。由于卸船机配置了反向旋转式取料装置,使物料较为紧密地在输送管内作匀速流动,垂直螺旋输送机的充填率可达70%～90%。螺旋卸船机门架的行走、机身的回转、水平臂的俯仰、垂直臂的摆动,使得取料装置可到达舱内任一位置,而取料装置又具有自动松料和掘进的功能,因此无论物料的流动性如何,在距舱底只剩30～50 cm厚的物料层之前,卸船机都能不间断地接近满载工作,其平均生产率可达额定生产率的70%。

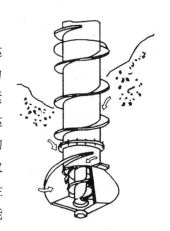

图 4-40 螺旋卸船机的取料装置图

特点二:对货物与船型的适应性强。螺旋卸船机可以用来卸各种粉末状、颗粒状及块状物料,在卸某些经海上运输后被压实甚至形成硬壳的物料如化肥、水泥、钾盐等时,由于取料装置外部所装的反转取料螺旋或松料刀具有使物料松散的功能,能很好地满足卸船要求。螺旋卸船机的垂直部分断面尺寸小,且行走、回转、俯仰、摆动等辅助机构保证了该机灵活的动作,使之可适合于各种类型的驳船与海船。

特点三:对环境污染小。螺旋卸船机的物料输送系统为全封闭式,在卸船作业过程中没有料尘飞扬,没有物料或物料气味的泄漏。对于诸如水泥、粉煤、白垩粉、钾盐、磷酸铵等易污染空气的物料的卸船,采用螺旋卸船机尤为有利。该机噪声也较小,声级可控制在 60 dB(A)以下。

特点四:结构简单、质量小。螺旋卸船机的物料输送系统均由无挠性牵引构件的螺旋输送机组成,输送机没有返回分支,结构比较简单,垂直臂与水平臂的断面尺寸较小。在生产率与对象船相同的条件下,螺旋卸船机的质量比抓斗卸船机要小得多,是各种机械式连续卸船机中质量最小的一种。因此,螺旋卸船机的造价较低,对码头承载能力的要求较低。

特点五:工作构件的磨损较为严重。螺旋卸船机的主要易磨损部件是输送螺旋与垂直螺旋输送机的中间支承轴承。由于螺旋与物料的相对滑动、中间轴承中支承螺旋边缘与轴瓦之间的相对滑动是难以避免的,因而提高工作构件寿命的方法主要是采用耐磨性能好的材料,这将增大螺旋卸船机的成本。

特点六:能耗较大。输送螺旋在工作时由于物料与螺旋面之间的摩擦,物料与料槽或输送管壁的摩擦以及物料之间的摩擦与搅拌,物料的单位长度运移阻力较大,使得螺旋卸船机的单位能耗比其他机械式连续卸船机高,与抓斗卸船机相当,但比气力卸船机则低很多。对于卸水泥、谷物、煤等重度较小、流动性较好、磨琢性较小的物料时单位能耗较低,而卸磷酸盐、铁矿粉等重度较大及磨琢性较大的物料时单位能耗将显著增加。此外,随着船型的增大,由于输送系统的垂直提升高度与水平输送距离的增大,螺旋卸船机的单位能耗也将显著增大。

螺旋卸船机日益广泛地应用于港口散货专用码头的卸船作业中,也用于其他码头形式与卸船工艺系统中。根据对象船的吨位与所卸物料的种类的不同,垂直输送螺旋直径范围在 260~790 mm,卸船机生产率的范围在 100~2 000 t/h。螺旋卸船机适用于在 1 000 吨级驳船至 120 000 吨级远洋船等各种船型中,可用于卸水泥、谷物、煤、各类化肥及化学原料、饲料、铝矾土、磷矿粉、糖等各种散粒物料。中小型螺旋卸船机一般要求所卸物料粒度不超过 50 mm,大型螺旋卸船机所卸的物料最大允许粒度可达 300 mm。

3)连续卸船机的工艺布置

连续卸船机在不同舱位间作业时,必须具备一定的作业区间,这对码头布置非常重要。如图 4-41 所示,连续卸船机在船舱作业时,需通过大车、主回转、圆筒及足部机构协调配合才能完成卸料作业。例如,1 个泊位上停靠 1 条 5 万吨级的船,共有 5 个船舱,卸船机在同一个船舱内作业(见图 4-42),两条竖线之间的距离是卸船机的作业区间,也就是说,一台卸船机作业时,其他卸船机的任何部位都不得在该区域内,否则,可能引发机械碰撞事故。

图 4‒41　连续卸船机作业演示模拟图

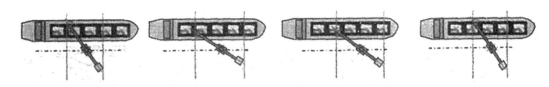

图 4‒42　连续卸船机作业半径演示模拟俯视图

由图 4‒42 可知,当卸船机沿逆时针方向卸 4 号舱时,它的工作区域涵盖 1、2、3、4 号舱,此时,该泊位其他卸船机只能卸 5 号舱货物。当卸船机卸 3 号舱时,其他卸船机只能卸 4、5 号舱中货物。不难看出,如果在一个泊位上布置 3 台卸船机,卸货效率反而会降低。当然,在一个泊位上布置卸货功率不相同的卸船机也会影响卸货效率,并且还会给码头管理带来一定困难。所以对于一个泊位,不论设计出力是多少,连续卸船机的最佳布置方案为 2 台,并且应是功率相同的 2 台卸船机(见图 4‒43)。在一个泊位上同时布置连续卸船机和桥式抓斗卸船机也会使卸船效率有所降低。

图 4‒43　同一泊位连续卸船机布置图

4) 连续式卸船机的特点

根据以上分析,斗轮式、螺旋式、链斗式连续卸船机特点比较见表 4‒5。

表 4-5　斗轮式、螺旋式、链斗式连续卸船机特点比较

对 比 项 目	机 型		
	斗轮式卸船机	螺旋式卸船机	链斗式卸船机
吸料装置	斗轮	螺旋	链斗
垂直提升	波纹挡边	螺旋	链斗
适应船型	5 万～30 万吨	15 万吨以下	30 万吨以下
单机能力/(t/h)	600～4 000	150～2 000	300～4 000
清舱量	较大	小	小
适应物料粒度范围	大	小	较大
能耗	0～3.2	0～1.2	0～3.2
易损件及使用寿命	较小	较大	小
对货物破损程度	主要由斗齿和波纹挡边造成,使用寿命约 100 h	主要由输送和喂料的螺旋造成,使用寿命垂直螺旋约 2 500 h,水平的约 7 500 h	主要由链斗、链条造成,使用寿命约 1 500 h
整机自重	较大	小	较小
装机容量	较高	高	低
维修保养费用	较高	低	高

连续式卸船机普遍具有作业效率高、自重轻、对环境污染小、货损少、大多可自动运行等特点(见表 4-6)。

表 4-6　连续式卸船机和间歇式卸船机比较

性能/方案	机 型	
	连续式卸船机	间歇式卸船机
卸货效率	波动大,与物料有很大关系,适合颗粒细小的轻散货	稳定,与物料关系不大,对劣质煤和铁矿石的适应性好
环保	物料在封闭环境下输送,扬尘小	开放式卸料,扬尘大
能耗	较小	较大
物料适应性	对大型物、水分及黏度等适应性差	对各种物料适应性强
船型适应性	存在一定的局限性	适应各种船型
清舱量	足部能伸到船舱各角落,能将物料卸到很少时才吊入推耙机,但最后剩余少量物料需用铲斗车铲出	抓斗不能伸到船舱角落,物料剩余较多时就需吊入推把机,最后剩余少量物料时易卸出

续　表

性能/方案	机　　型	
	连续式卸船机	间歇式卸船机
自重与价格	整机质量小,价格贵	整机质量大,价格便宜
船舶颠簸适应性	很差	好
布置方案	一个泊位只能布置2台	一个泊位可布置2～3台

就一般情况而言,斗轮式连续卸船机适合于装卸煤炭等容重不大且研磨性较弱的散货,不太适合装卸铁矿砂等容重大且研磨性强的物料。卸铁矿砂时,廓斗磨损太快,更换频繁,提升皮带因张力过大也易损坏,螺旋供料口卸矿粉时易堵塞。此外,整机能耗太高,所以连续卸船机国内通常应用于装卸煤炭。

三、干散货码头的装卸车机械

一般情况下,干散货大多通过铁路由内陆运至或运离堆场,干散货吞吐量大的港口,散货装运列车多采用专列直达,一般由30～50节车组组成。

(一) 卸车机械

干散货的铁路车辆类型主要有敞车和自卸车两种。敞车(见图4-44)是一种通用型的车辆。敞车运输干散货时,物料从车辆的上方敞开部分装入,卸料时既可以从上方敞开部分卸出,也可以打开侧门卸出,车辆的利用率较高,应用广泛。所以,运输铁矿石、煤炭等干散货的铁路车辆大多是敞车。自卸车是装运煤炭、矿石的专用车辆,物料从车辆的上方敞开部分装入;卸料时打开底门,物料从底门自流卸出。虽然自卸车的卸车效率较高,但造价也相对较贵,且不适合装运其他货物,利用率不及敞车。由于自卸车的回程的载重量低,在煤炭、铁矿石等干散货的运输中,使用比例较少。

图 4－44　铁路运输敞车

根据干散货运输车型不同,干散货主要的卸车机械包括翻车机、螺旋卸车机、链斗卸车机和自卸车。

1. 翻车机械

翻车机是广泛应用于电力、港口、冶金、煤炭、化工等行业的大型自动卸车设备,用倾翻车厢的方式翻卸标准铁路敞车所装载的干散货物料,在翻车机的作用下,干散货物料从车厢顶部一次卸出。翻车机具有卸车效率高、生产能力大、机械化程度高等特点,适用于大型专业化干散货码头。

1) 翻车机的组成及结构

翻车机主要由回转机架、车辆支承轨道、车体压紧装置、回转机架回转驱动机构、翻车机支承装置、顶梁压车装置以及支承轮等结构组成。回转机架主要由翻车机底梁和数个C形或O形端环、侧梁靠车板装置、顶梁压车器装置以及支承轮等结构组成。顶梁上装有压车器,在翻车机翻转过程中将进入回转机架的车厢牢固地固定住,并与回转机架一起回转。通常,压紧装置采用液压方式压紧,回转机架的驱动装置由电动机、减速器、开式小齿轮和固定在回转机架环形支承结构上的大齿圈组成,开式小齿轮与大齿圈啮合,电动机通过减速器驱动开式小齿轮回转,开式小齿轮通过大齿圈带动回转机架环形转动,车厢实现翻转。

2) 翻车机的形式

翻车机主要有转子式和倾侧式两种。

(1) 倾侧式翻车机。倾侧式翻车机(见图4-45)主要由一个偏心旋转的平台和压车机构所组成。当车辆被送到平台上以后,压车机构压住车辆,平台旋转,将散货卸到侧面的漏斗里。倾侧式翻车机结构简单、刚性强,采用机械压车、机械锁紧,平台移动靠车,无液压系

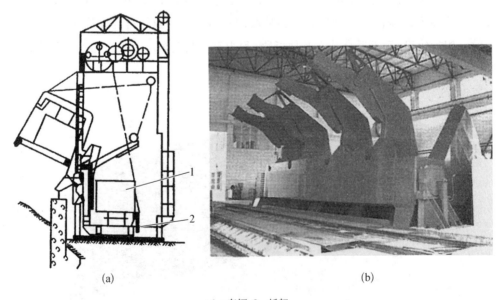

(a)   (b)

1—车辆;2—摇架。

图4-45 倾侧式翻车机图

统,转动部件少,可靠性高,维护简单,适合配备重车调车机系统。平台与设备本体在零位时分离,与地面锥形定位装置啮合定位,对轨准确,适合恶劣环境下运行。翻车机结构庞大,特别是侧倾式翻车机。由于整机自重大,工作线速度较高,翻车轴线位于敞车的侧上方,对旋转系统质心的配置不利,因而功率消耗很大。此外,倾侧式翻车机翻转角较小,一般不超过180°,货物不易卸干净,适用于在卸车量不太大、所装货物黏性不大的情况下作业。

(2) 转子式翻车机。转子式翻车机(见图4-46)由一个设置在若干组支承滚轮上的转子构成,还包括有支承平台、压紧装置、回转驱动装置和托辊装置等。当车辆被送入转子内的平台以后,通过压车机构压紧车辆,并和转子一同旋转,将散货卸出(见图4-47)。转子式翻车机的翻转轴线靠近其旋转轴线的质心,翻转角度可达160°～180°,虽然需要较大的压车力和较深的地下构筑物基础,但因质量较小,耗电量小,生产率较高,故应用比较广泛。

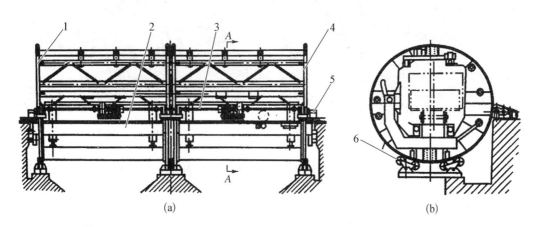

(a)   (b)

1—转子(左);2—平台及押车装置;3—传动装置;4—转子(右);5—电气设备;6—托握装置。

图4-46 转子式翻车机结构图

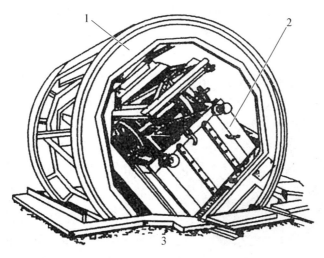

1—转子;2—敞车;3—地下料仓。

图4-47 转子式翻车机翻车示意图

转子式翻车机按端环端面结构不同可分C形翻车机和O形翻车机。

O形转子式翻车机如图4-48所示。O形翻车机设备结构较复杂,整体刚性好,驱动功率较大,平台移动靠车、适合配备钢丝绳牵引的重车铁牛调车系统。

C形转子式翻车机(见图4-49)采用C形端盘,结构轻巧,平台固定,液压靠板靠车,液压压车,消除了对车辆和设备的冲击,降低了压车力。根据液压系统特有的控制方式,使卸车过程车辆弹簧能量有效释放,驱动功率小。C形端盘结构适合配备重车调车系统。

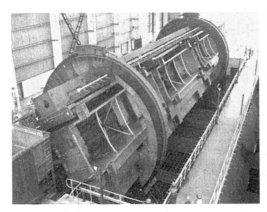

图4-48　O形翻车机

图4-49　C形翻车机

从结构形式的受力分析可知,O形翻车机要优于C形翻车机。但由于其O形端环无法让调车机的侧臂通过,调车机的作业被分为推送重车进入翻车机和将空车牵出翻车机并送入迁车台两部分,分别由重车调车机和拉车机来完成。C形翻车机的C形端环可以让调车机的侧臂通过,调车机作业时只配备一个拨车机即可。

3) 翻车机的作业过程

火车进入翻车机后,随着翻车机旋转160°~180°,火车中的物料被翻卸到位于翻车机房下方的漏斗中,然后到达漏斗下方的板式给料机、皮带给料机和振动给料机中,将卸下的物料均匀地送到翻车机下的输出皮带机上,最后通过皮带输送系统,物料被送入堆场或直接装船。

4) 翻车形式

翻车机的卸车效率通常为每小时为30~40厢。根据翻车机本体一次可翻卸车辆的数量可将其分为单翻式和串翻式两种。

单翻式翻车时,每次只能翻一节车辆。串翻式翻车时,每次可翻两节(见图4-50)或两节以上串联的车厢。目前,最高一次性可翻卸8节车厢。

图4-50　双车C形翻车机

　　对于不带旋转车钩的载物敞车来说,火车进入翻车机进行翻卸任务前,火车首先需解体,解体后的车厢被牵引车一节一节依次牵入翻车机房。在全部车厢翻卸完后重新合体,然后离港。带旋转车钩的载物敞车,火车不需被解体,直接进入翻车机房卸车,车厢全部卸空后,即可离港,不用重新编组,这种翻卸形式明显比前者的卸车效率高。

　　目前,国内沿海煤炭港口采用翻车机系统的主要有秦皇岛港、青岛港、日照港、黄骅港、天津港等,普遍采用的是转子式翻车机。秦皇岛港一期煤炭装卸工程采用了一次翻一节车厢的翻车机;秦皇岛港二期工程、日照港、青岛港、黄骅港、天津港采用了一次翻两节车厢的翻车机;秦皇岛港三、四、五期煤炭装卸工程采用了一次翻三节车厢的翻车机。秦皇岛港目前有5台一次翻三节车厢的翻车机(见图4-51)。

图 4-51　三车翻车机

　　秦皇岛港三期煤炭装卸工程的卸车系统,对大秦铁路运煤专线的具有旋转车钩的 4D 轴敞车采用列车不解体方式卸车,这种卸车新工艺由重载车辆组成单元列车,每次可翻卸三节车厢。

　　5) 翻车机系统的配套机械

　　要形成有效的翻车机系统,除了翻车机外,还需要有调车机、翻车机下方漏斗、接运带式输送机和辅助机械等。

图 4-52　调车机

　　调车机(见图4-52)又可以分为重车调车机和空车调车机。重车调车机(定位车)用于牵引重车车辆,设备由车体、调车臂、行走结构、导向轮装置、驱动装置、液压系统、电缆悬挂装置、地面驱动齿条和导向块组成,齿轮由齿条驱动,驱动装置配备摩擦离合器和液压制动器,以保证负载均衡,制动可靠。调车臂液压系统采用平衡油缸和摆动油缸双作用方式,起落平稳。空车调车机(拨车机)用于将迁车台上的空车车辆推出送到规定位置。同重车调车机采用相同的驱动和导向方式,充分保证了可靠性;车臂固定,单速运行,也可选用调速方式。

　　漏斗是翻车机的盛料部分。系统设计不同,漏斗数量也不同,一般来说,单翻翻车机采用两个漏斗,双翻翻车机采用 4 个漏斗的较多,也有采用 5 个漏斗的,如青岛港煤系统。三翻翻车机采用 6 个漏斗。漏斗的侧面与水平面的斜角最小为 $60°$,最大为 $65°$,棱线角最小为 $55°$,最大为 $60°$。

6）翻车机卸车特点

翻车机进行卸车时具有如下特点：

（1）系统的机械化程度高,卸车效率高,卸车后车内物料的剩余量少。

（2）对货种和物料块度的适应性强。

（3）系统的机械设备多,投资费用高。

（4）对车辆的适应性差,对车辆的损害大,所以翻车机不适用于平车、低帮车或结构不好的车辆的卸车作业。

7）翻车机工艺布置

翻车机工艺布置形式有两种,分别是折返式和贯通式。

（1）贯通式布置。贯通式布置(见图4-53)是指重载车厢从某个方向进入翻车机系统,开始翻卸作业,然后再以同一方向离开翻车机系统。此种布置形式要求重车线和空车线与车辆进出翻车机房同一方向布置,重车线与空车线只设一条卸车线,常采用旋转车钩的不解体车辆配合使用。翻车机两端的铁轨长度至少应能容纳进厂列车。

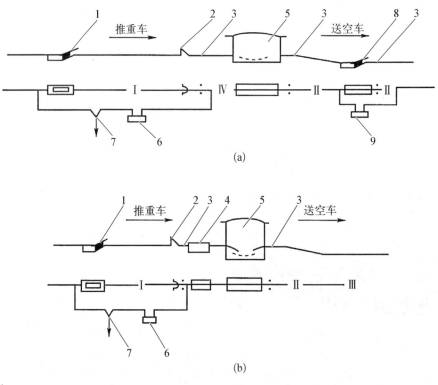

1—重车铁牛和牛槽；2—减压止挡器；3—计数装置；4—摘钩平台；5—翻车机；
6—重车卷扬机房；7—拉紧装置；8—空车铁牛和牛槽；9—空车卷扬机房；
I—重车推送线；II—空车溜放线；III—空车集结线；IV—重车溜放线。

图 4-53 贯通式翻车机卸车线布置图

贯通式布置的翻车机作业线卸车效率较高,卸车作业简单,辅助机械少。目前,黄骅煤码头的双车翻车机系统的调车设备采用了 2 台拨车机,一台重车拨车机牵引重载列车至摘钩位置,由人工摘钩后由另一台拨车机将 2 节重车送往翻车机内并推送空列。这套设备的实际卸车效率达到 33 次/h,即卸车出力可达 4 000 t/h。

（2）折返式布置。折返式布置是指重载车辆从重车线某一个方向进入翻车机系统,开始翻车作业,翻卸之后,空载车辆移动到空车线上,然后从相反方向折返离开翻车机系统。因此,折返式卸车线的重车线和空车线需要两股轨道,卸车前列车需要解列,重车卸料后,空车折返,列车再重新编组,折返式卸车线布置形式常用于列车需要解体时,并注意送进翻车机的单翻式方式。

根据是否有迁车平台,折返式布置又可以分为有迁车平台的卸车线和驼峰式卸车线。

这里,首先介绍有迁车平台的卸车线布置形式。该种工艺布置形式下,翻车机系统还需要配套牵车铁牛、摘钩平台、迁车平台、空车铁牛等辅助机械和设施,翻车机下设有漏斗、给料器、接运带式输送机(见图 4-54)。

牵车铁牛用于将机车牵引送来的载货列车停列在重车线上,由重车铁牛将车厢推或拉至摘钩平台,或直接将车厢推进翻车机(已摘钩)。摘钩平台位于翻车机之前,起作用时将停在其上的重载车厢自动摘钩后溜进翻车机。迁车台位于翻车机之后,承载从翻车机中流出的空车,并将空车平行移送至空车线。空车铁牛的作用是推动空车厢移出迁车平台。

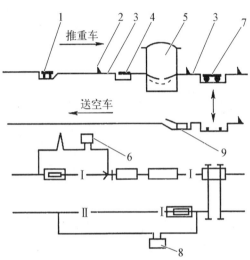

1—重车铁牛和牛槽;2—减压止挡器;3—计数装置;4—摘钩平台;5—翻车机;6—重车卷扬机房;7—迁车平台;8—空车卷扬机房;9—空车铁牛和牛槽;I—重车推送线;II—空车集结线。

图 4-54　有迁车平台卸车线布置图

机车顶送整列车进厂,将待卸车推送至重车调车机作业范围内,夹轮器夹住,机车摘钩离去,开始翻车作业。

接着介绍驼峰式卸车线布置形式。驼峰式卸车线布置方案(见图 4-55)无迁车平台,主要凭借着重载车辆铁路线与空车车辆铁路线做成高低倾斜状,使其具有各种坡度形式的工艺方案。它使车辆能在路轨上自动溜放滑行,类似铁路车站的驼峰调车场。它所形成的不同坡度驼峰,使无论是重载车辆,还是经翻车机卸空后的车辆,均能在驼峰线上自动溜放滑行。

驼峰式卸车线布置形式具有重车推送线、空车溜放线、空车集结线、驼峰溜放线,同时有配套的铁牛、驼峰等送车和驱车设施,翻车机下的配套机械同有迁车平台的卸车线布置形式一样(见图 4-56)。

翻车机与坑道接运带式输送机之间设有存仓漏斗闸门,起缓冲作用,存仓漏斗的容量为车辆质量的 1.5～2 倍。为有效控制物料的流量,漏斗闸门采用板式闸门,通过控制器开度来控制其流量,但为获得供料均匀,减少对坑道接运带式输送机的冲击,防止物料撒漏,漏斗闸门下出料口处应安装给料机,出料口螺旋的物料直接作用在给料机上,由给料机将物料卸送至坑道接运带式输送机。

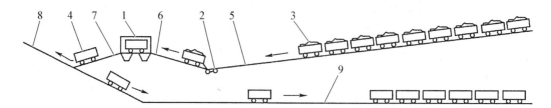

1—翻车机;2—铁牛;3—重车;4—空车;5—15‰下坡重车线;6—110‰上坡推车线;
7—55‰下坡线;8—35‰上坡线;9—空车集结线。

图 4‑55 驼峰式卸车线立面布置示意图

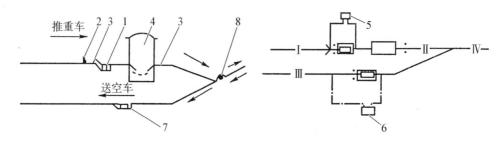

1—重车铁牛和牛槽;2—止挡器;3—计数装置;4—翻车机;5—重车卷扬机房;6—空车卷扬机房;
7—空车铁牛和牛槽;8—弹簧道岔;Ⅰ—重车推送线;Ⅱ—空车溜放线;Ⅲ—空车集结线;Ⅳ—重车溜放线。

图 4‑56 驼峰式卸车线布置图

(3) 这里,对有迁车平台的布置形式和驼峰式布置形式进行比较。若将主要的翻车机三种布置形式进行比较,可得到表 4‑7。各码头可根据实际的吞吐量以及陆域面积情况选择合适的布置形式。

表 4‑7 主要翻车机三种布置形式的比较

性能/方案	布置形式比较结果		
	有迁车平台翻车机	驼峰式翻车机	贯通式翻车机
卸车生产率	每小时可翻 30~33 次	每小时时翻 25 次,若采用不摘钩连续卸车方式效率可达到每小时 30~40 次	3 500 t/h
卸车线上辅助机械	较多	较少	较多
劳动强度	小	较大	小
作业安全	安全	空车溜滑速度不易控制,相对不安全	安全
布置形式	布置紧凑,占地面积小	布置紧凑,占地面积小	布置线路长,占地面积大

2. 螺旋卸车机

1）螺旋卸车机的组成及工作原理

螺旋式卸车机是接卸具有侧开门铁路敞车的专用卸车机械（见图4-57）。它主要由水平卸料螺旋、螺旋传动机构、螺旋摆动机构、提升机构、行走机构和机架等组成。

图4-57　螺旋卸车机卸侧开门铁路敞车

作业时，将螺旋卸车机运行到车厢端部，打开敞车侧门，逐步放下卸料螺旋，让其插入物料堆中，开动卸料螺旋，利用螺旋的斜面将物料从敞车两侧推出。通过行走机构的移动和螺旋升降机构的升降，螺旋卸车机可将车厢中的散货物料逐步从车厢两侧卸下，直至将车厢内的散货物料全部卸完。当螺旋接近车厢底部时，可操纵螺旋摆动机构，使两个卸料螺旋处于不同的高度，以便将车厢底板上和端部的残留散货清卸干净。

2）螺旋卸车机的分类

螺旋卸车机按支承结构形式的不同可以分为桥式螺旋卸车机、门式螺旋卸车机和悬臂式螺旋卸车机；按卸车卸货的方向可分为单侧和双侧两种；按螺旋头数可分为单旋、双旋和三头螺旋等。

（1）桥式螺旋卸车机。桥式螺旋卸车机主要由（见图4-58）大车行走机构、小车行走机构、桥架、螺旋传动机构、螺旋提升机构等组成。其大车行走机构沿着铺设在混凝土支柱上的轨道行走，主要用于库内或车间内卸车作业。

（2）门式螺旋卸车机。门式螺旋卸车机（见图4-59）与桥式螺旋卸车机一样都有螺旋传动机构、螺旋提升机构和大车行走机构，并且拥有门架，门式螺旋卸车机主要利用门架沿轨道行走。有些门式螺旋卸车机两边设有倾斜带式输送机（见图4-60），可在平地料场进行卸车和堆高作业。门式螺旋卸车机一般可跨越单列或多列车厢作业。

（3）悬臂式螺旋卸车机。与门式螺旋卸车机和桥式螺旋卸车机有所区别的是，悬臂式螺旋卸车机（见图4-61）拥有回转机构，回转机构可使臂架回转360°，因此可分别在螺旋卸车机的两侧铁路轨道上进行卸车。

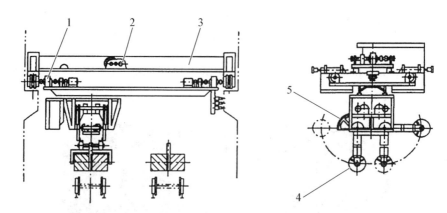

1—大车行走机构;2—小车行走机构;3—桥架;4—螺旋传动机构;5—螺旋圆周提升机构。

图 4-58　桥式螺旋卸车机结构图

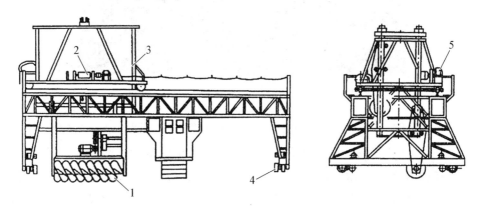

1—螺旋传动机构;2—螺旋升降机构;3—小车;4—大车行走机构;5—小车行走机构。

图 4-59　门式螺旋卸车机结构图

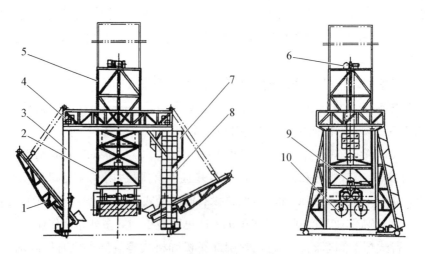

1—带式输送机;2—滑动架;3—门架;4—输送机俯仰机构;5—固定架;6—螺旋提升机构;
7—操作室;8—梯子;9—螺旋摆动机构;10—螺旋机构。

图 4-60　倾斜带式输送机的螺旋卸车机结构图

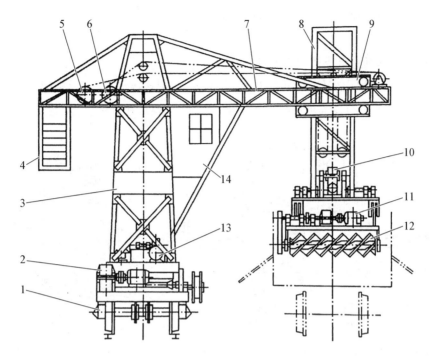

1—铁路平车;2—行走传动机构;3—回转架;4—平衡重;5—爆旋提升绞车;6—螺旋移动绞车;7—臂架;8—螺旋套架;
9—螺旋移动小车;10—螺旋倾斜传动机构;11—螺旋传动机构;12—螺旋;13—回转传动机构;14—操作室。

图 4‑61　悬臂式螺旋卸车机结构图

3）螺旋卸车机的特点及应用

（1）与翻车机相比,螺旋卸车机结构简单,投资少。

（2）螺旋卸车机对车辆的适应性较好,对车辆的损坏率较翻车机低。

（3）螺旋卸车机作业面较大,且需要清舱作业,所以扬尘性较大。

（4）螺旋卸车机的效率不及翻车机,尤其是在物料的湿度较大时,卸车效率低。一般来说,螺旋卸车机的生产率为 300～400 t/h。当年,卸车量超过 400 万吨时,翻车机卸车的经济性较螺旋卸车机好。

（5）螺旋卸车机对货种的适应性不及翻车机,不适用于块度大于螺距的物料,只适合于作业松散和堆积密度不大的散货物料。

目前,螺旋卸车机在我国沿海散货卸车量不太高的港口应用较为广泛,主要可用于卸那些不能使用翻车机卸车的货物。

4）螺旋卸车机工艺布置

螺旋卸车机工艺布置具有以下特点:

（1）一台螺旋卸车机工作范围为 2～3 个车位。

（2）每次到港列车车辆数不同,卸车线的长度也有所不同。根据场地条件,可以设一线、二线或三线。一般情况下,每线可配 2 台螺旋卸车机。

（3）铁路线两侧要有收货槽和坑道皮带机。

（4）轨道高出地面 200～300 mm 时，物料就会不压轨。

3.链斗卸车机

1）链斗卸车机的组成及工作原理

链斗卸车机主要由机体、链斗提升机、升降机构、带式输送机、走行机构和电器控制系统等组成（见图 4-62）。其可横跨在车皮上（见图 4-63），并且可以将散货卸车并堆放。

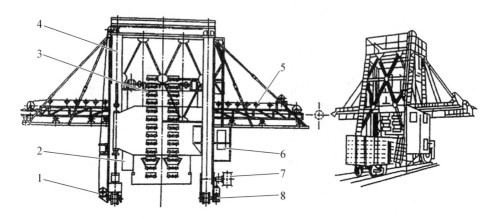

1—升降机构；2—电器系统；3—链斗提升机；4—机架；5—带式输送机；6—司机室；7—电缆卷筒；8—行走机构。

图 4-62　链斗卸车机结构图

图 4-63　链斗卸车机横跨在车皮上作业

作业时，链斗提升机下降至待卸敞车内，链斗将物料挖取提升到一定高度后，转卸到带式输送机上，由带式输送机将物料输送到铁路两侧的堆场上。通过行走机构的移动和链斗提升机的升降，链斗卸车机可逐层挖取物料，直至将车厢内的散货物料全部卸完。

链斗卸车机按跨越车厢的数量可分为单轨和双轨，其跨度在 5～22 m。带式输送机可以是一条固定的或可双向移动的双向带式输送机，也可配置左右各一条可俯仰、回转的堆料带式输送机（见图 4-64），以获得较大的堆存能力。

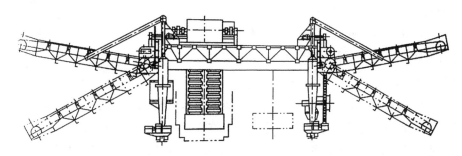

图 4-64　配置可俯仰、回转堆料带式输送机的链斗卸车机结构图

2）链斗卸车机的特点

（1）链斗卸车机要求地面没有坡度，以保持机架在工作时的稳定性。

（2）链斗卸车机效率不及翻车机，链斗卸车机的生产率一般在 300～400 t/h，每小时可接卸 4～6 节敞车。但其优点是不用打开车门、工效高，经济效益好。

（3）链斗卸车机对货物适应性不及翻车机，链斗卸车机适宜作业粒状和小块状的干燥的、流动性好的散粒物料。

（4）链斗卸车机械磨损较大，维修费用高，能耗较大。

（5）链斗卸车机需要清舱作业，所以扬尘性较大。

（6）链斗卸车机能将煤卸出轨道数米以外，有利于连续接卸。其行走速度和输送量都比较稳定，便于与其他机械联合作业，一次完成归垛任务。

一般情况下，链斗卸车机在港口仅作辅助设备用，而较少作为主要卸车机械用。

3）链斗卸车机工艺布置

（1）链斗卸车机两侧不设坑道带式输送机。由于链斗卸车机采用高处卸货，因此可以不用坑道带式输送机配合，直接将物料投入堆场。

（2）链斗卸车机既可以布置在地面上，也可以布置在栈桥上。布置在栈桥上时，投料点高，堆场容量增大，但投资大。

（3）一条卸车线上可配 2 台或多台链斗卸车机，卸车时，机械既可以沿卸车线长距离走行卸货，也可以定点卸货，但此时需要移动车辆。当卸车线上配置多台卸车机时，多台卸车机可同时卸车，形成很高的卸车能力。

4. 底开门自卸车工艺

底开门自卸车工艺是通过地面设置的行程开关来控制底开门漏斗车底门的开闭，车辆边行走边自动卸料至铁道两旁的收货槽或货堆，货槽的底部设有漏斗和皮带机，可将货物运出卸货点运至堆场。

每套底开门卸车工艺系统仅包括地面开关碰头、电控系统设备一套，卸车棚、维修起重设备及除尘设备、给排水设备等。其工艺系统设备数量少，调度生产管理简单，仅需要对地面开关碰头进行操作。

1) 自卸车形式

底开门自卸车有平底式底开门自卸车和漏斗式底开门自卸车两大类。载重量多为 $60\sim70$ t,平底式车有 7 对门,漏斗式为 2 个门。

2) 布置形式

底开门自卸车系统的布置分卸车线高于地面和卸车线不高出地面两种形式。

(1) 卸车线高于地面。这种卸车线布置的收货槽有两种形式(见图 4-65):一种是收货槽在地面下,输送机布置在坑道里(坑道皮带机输运);另一种是收货槽布置在地面上,通过取料机、带式输送机将货料运送至堆场,在堆场上由堆料机进行堆料。

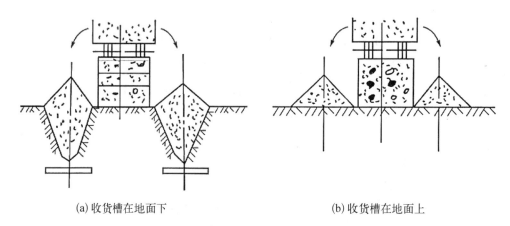

(a) 收货槽在地面下 (b) 收货槽在地面上

图 4-65 卸车线高于地面的布置形式

(2) 卸车线不高出地面时的布置。这种卸车线收货槽也有两种布置形式(见图 4-66):一种是卸车线双侧地下收货槽(双坑道皮带机);另一种是卸车线下一个收货槽,该收货槽下设有坑道皮带机。

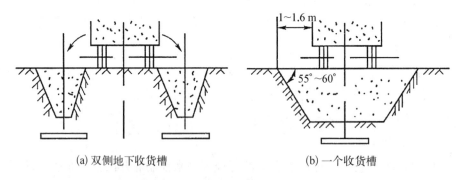

(a) 双侧地下收货槽 (b) 一个收货槽

图 4-66 卸车线不高出地面时的布置形式

3) 卸车线长度

底开门自卸车作业的卸车线长度根据运量大小和卸车方式而定。一般情况下,运量小,采用定位卸车,车位较少;运量大,行进中卸车,车位较多。

4）特点

（1）不需其他卸车设备，卸车效率高，物料卸车较彻底。如每节车厢载重量为 70 t 的自卸车，平均卸车效率可达 4 200 t/h，但当物料因潮湿而粘结在车厢边角时，还需要进行清扫，然后将车底门关上，而关车底门是一个比较费力的作业。

（2）车辆造价高，利用率低。

（3）需要铁路专线，须作矿、路、港综合论证。

（4）具有自卸功能，省去翻车机、定位车等大型卸车设备，节省电能消耗。

（5）底开门漏斗车卸车时煤炭落差小，起尘很小，可以不设置洒水除尘设施，从而大大节省除尘用水。

5）应用

此种卸车系统在国外散货码头使用也多，效率也高。如美国明尼苏达州的塔科尼斯特矿石码头，一列 140 节载重量 85 t 的车，只需 8～9 min 就可全部卸完，卸车效率可达 8 000 t/h（矿石）。又如美国俄亥俄州康涅斯特煤码头，一次卸 3 个车皮，效率为 3 000～4 000 t/h。

澳大利亚纽卡斯尔港卡林顿码头卸车系统也采用自卸车工艺布置（见图 4-67）。其布置两条卸车线，卸车线处铁轨下设有卸料坑，卸车坑下布置 4 个漏斗，卸车坑长约 35 m。当车辆运行到卸车坑入口端时，底开门漏斗车开门机构与地面开门碰头接触，使车辆底门自动打开，车内的煤炭自动落入卸车坑内；当卸空车辆运行至卸车坑出口端时，车辆底门机构与地面关门碰头接触，使车辆底门自动关闭。开、关门碰头均采用液压驱动，由操作人员现场控制。卸车坑上方布置卸车棚，可减少粉尘污染，卸车棚内设置照明设备及监控设施。在卸车棚内列车运行方向右侧靠边位置布置配电设施及一座现场控制室，控制室面

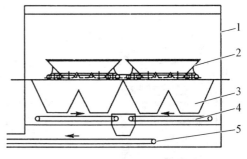

1—卸车棚；2—底开门自卸车；3—漏斗；
4—带式给料机；5—去堆场皮带机。

图 4-67　卡林顿码头卸车工艺布置示意图

积 5 m² 左右。卸车坑地下 2 层，地下一层布置受料漏斗，漏斗下方布置两条运行方向相对的皮带给料机，煤炭合流后，落到地下 2 层布置的出地面廊道带式输送机上。

5. 卸车工艺组合布置实例

一般情况下，干散货码头卸车工艺可采取多种卸车工艺组合的布置形式。现以原石臼港区煤炭装卸系统作为例子。

石臼码头煤炭装卸系统工艺布置以翻车机卸车为主，辅以螺旋卸车机（见图 4-68）。其包括三条卸车线，即两条主卸车线和一条辅助卸车线。主卸车线由 2 台串联式转子翻车机、3—3 号及 4—3 号带式输送机、后方栈桥 4 条带式输送机、堆场 3 条带式输送机和 3 台堆料机组成，额定工作能力 3 600 t/h。辅助卸车线为螺旋卸车线，由 2 台螺旋卸车

机、3—4 号及 3—5 号带式输送机组成。原设计主要用途是接卸不能进入翻车机的不规则车皮。设计能力(额定)为:螺旋卸车机 400 t/h×2 台=800 t/h;3—4 号、3—5 号带式输送机为 1 030 t/h。装船线由 4 台斗轮取料机、2 条堆场带式输送机、8 条前方栈桥带式输送机、2 条码头带式输送机和 2 台装船机组成,额定卸车能力为 6 000 t/h。

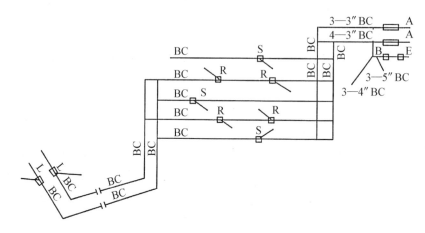

A—翻车机;B—螺旋卸车机;S—堆料机;R—取料机;L—装船机;BC—带式输送机。

图 4‑68　石臼港区翻车机和螺旋卸车机卸车工艺布置示意图

1—缓冲仓;2—缓冲闸门;3—定量仓;4—称重传感器;5—定量仓闸门;6—小料斗;7—摆动溜槽;8—控制室;9—溜槽闸门。

图 4‑69　散货定量装车机结构图

(二) 装车机械

1. 装车楼

散货定量装车机是一种装车效率很高的专门装火车的设备,用于装火车时,散货定量装车机可为单元列车批量装载货物,俗称装车楼。散货定量装车机集装车与计量为一体,采用静态斗式计量形式。

1) 结构

装车机为钢结构封闭建筑,设备主要包括缓冲仓、定量斗、传感器及其控制器、闸门、装车防尘溜槽、动力站、控制室、电气室、车号自动识别系统等(见图 4‑69)。

2) 性能

散货定量装车机装车能力可达 4 500 t/h,每节车皮的装载量根据车皮型号的不同,为 50～100 t。装车机能在满足计量精度要求的前提下,在 10～100 t 以内作任意装载量设定。装车楼能最大限度地装载车皮允许载重量的同时,防止车皮超载或亏吨,用最有效的装载和运输操作方式,使每节车皮装到最大允许净吨,并最终将物料装入正在移动的列车上。

3）作业过程

通过取料机、输送机及皮带秤组成的上游给料系统为散货定量装车机供料,装车机通过机内设备将上游连续的供料过程转换成适当的工作循环,实现对列车车皮定点、定量装车。装车机的装车方式为贯通式,装载过程中列车低速从装车机下通过,低速运行的列车每车皮从装车机下通过均对应于装车系统的一个工作循环。车皮通过装车机下放到一定范围内时,由定量斗通过装车溜管往车皮内装料,而车皮连接处通过装车机下方的一定范围时,则由定量斗上方缓冲仓往定量斗内快速加料。

4）工艺布置

对于采用高架存仓漏斗构成的装车系统,高架存仓漏斗下可设一线、二线或三线停车线(见图 4-70),每条线上有若干车位可以同时装货。

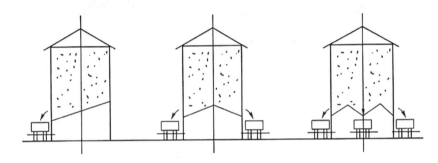

图 4-70 高架存仓装车系统示意图

如果采用长的装车线,若干车辆同时装车,可具备很高的装车能力。图 4-71 是每3 辆车组成一组进行装车的方式。物料是由倾斜皮带机供给,并由可逆带式输送机分配到各存仓中,由于存仓有一定的容量,所以向存仓中供料,以及装车作业都有相对的独立性。

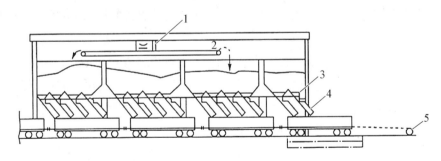

1—倾斜带式输送机;2—可逆带式输送机;3—闸门;4—溜槽;5—牵引绞车。

图 4-71 平坑道和螺旋喂料机堆场作业系统

2. 悬臂装车机

悬臂装车机如图 4-72 所示,它由机架、进料带式输送机、悬臂及悬臂带式输送机、行走机构及电控操作系统等组成。机架支撑于轨道,可以在轨道上移动,悬臂及悬臂带式输送机位于轨道上方,当需要装车时,列车开到装车轨道区域内,堆场的煤炭、矿石由堆场的带式输送机输送至悬臂装车机上的进料带式输送机上,再转载到悬臂带式输送机中,然后装入列车车厢。

图 4－72　悬臂装车机

悬臂装车机装车,装车效率高,最大装车能力可达 3 600 t/h,装车质量好,车厢表面物料平整、无偏载,完全符合铁路运行要求,但设备投入大,制造成本高,适用于装车量大的专业化码头。

四、干散货码头的堆场作业机械

堆场作业机械是散货堆场进行散货堆料、取料的专用机械,根据功能的不同,可以分为堆料机、取料机和堆取料机。

(一) 堆料机

堆料机是国内外干散货堆场常用的专用设备,用来完成物料进、出场和堆料作业的机械。由卸船机或卸车机卸下的散货通常用带式输送机运送至堆场,在堆场上由堆料机进行堆料。

堆料机主要有悬臂带式和桥式带式两种类型,根据堆料方式的不同自行选用,不论是顺行还是逆行,堆料机的行走速度都要保持均匀,悬臂应尽量保持平衡稳定,保证堆料整齐、厚度一致。堆料机应设除尘或洒水装置,以减少料堆粉尘污染;堆料机卸料头部装有料堆高度探测器,能按一定节距随料堆高度调节俯仰程度。

1. 桥式带式堆料机

桥式带式堆料机(见图 4-73)将进料带式输送机和可逆移动带式输送机装配在一个跨越料堆且可移动的桥架上,用可逆移动带式输送机进行堆料。桥架沿着料堆纵向移动,而移动带式输送机则是横向往复移动。移动的桥架和移动的卸料设备可以满足在整个料堆上的任一点进行堆料的工艺要求。桥式带式堆料机适用于采用梯形料堆的菱形堆料法。

2. 悬臂带式堆料机

悬臂带式堆料机是干散货码头堆场中使用最广泛的一种堆料机。

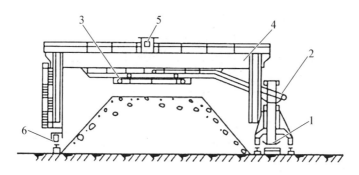

1—主带式输送机;2—进料带式输送机;3—移动带式输送机;4—桥架;5—台车;6—走轮。

图4-73　桥式带式堆料机结构图

1) 结构及工作原理

悬臂带式堆料机主要由堆料机体和尾车两大部分组成,堆料机体上有悬臂带式输送机、俯仰机构、整机运行机构、回转机构(回转式堆料机具)。尾车实际上是堆场水平固定式带式输送机的卸料车。堆料机一般具有整机行走、悬臂回转、悬臂俯仰三个动作,悬臂上布置皮带机,地面皮带机通过尾车与堆料机相连,作业时物料从地面皮带机上被运送到尾车的料斗中并落到与该料斗相连的悬臂带式输送机上,再通过悬臂带式输送机落到堆场的地面上。

堆料机一般采用整车在轨道上移动的形式,堆料机机架跨在堆场水平固定式带式输送机上,沿着水平固定式带式输送机移动,以调整堆料地点,使堆料机能将物料堆满整个堆场。

2) 种类

堆料机按结构特征可以分为不可回转式和回转式两种。按臂架形式可以分为单翼悬臂和双翼悬臂,臂架可做倾斜或俯仰动作。单翼悬臂式堆料机(见图4-74)只能在堆料机的一侧堆料,双翼悬臂式堆料机可在堆料机的两侧堆料(见图4-75)。单翼或双翼臂架一般多为可俯仰式的,卸料时可使物料落差降到最小。它适于人字形或圆形堆料。悬臂带式堆料机还因配重位置不同而分为高型(见图4-76)和低型两种,前者所需空间较大,多用于露天堆场;后者所需空间较小,适用于厂房内的堆场。

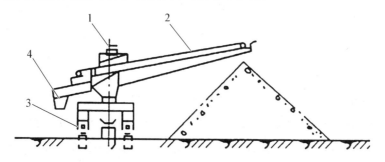

1—主带式输送机;2—堆料带式输送机;3—行走台车;4—配重。

图4-74　单翼固定悬臂带式堆料机结构图

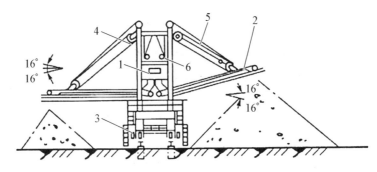

1—主带式输送机；2—堆料带式输送机；3—台车；4—门柱及支架；5—升降用钢绳；6—卷扬机构。

图 4-75 俯仰双翼悬臂带式堆料机结构图

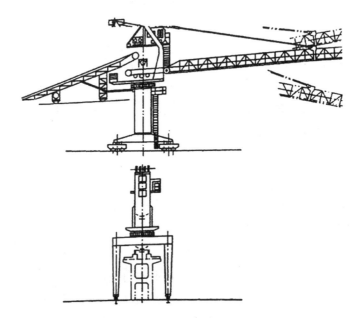

图 4-76 高架回转式悬臂带式堆料机结构图

下面重点介绍回转式堆料机和不可回转式堆料机。

（1）不可回转式堆料机。不可回转式堆料机（见图 4-77）用于特定的平面布置和工艺要求，只能在固定的带式输送机的一侧或两侧堆料，臂架不能回转，只能在垂直平面内俯仰，因而堆成的料堆呈较窄的尖顶状长条形，堆料的总长度小于与之配套的堆场水平固定带式输送机的长度。不可回转式堆料机适用于配合坑道输送机系统作业，或适用于对堆料范围要求不高的场合。

（2）回转式堆料机。回转式堆料机（见图 4-78）的堆料臂通过回转机构驱动其回转，悬臂既可俯仰又可回转，能以料场进料带式输送机为中心，在左 100°到右 100°范围内自由回转，堆料灵活，可在堆料机一侧或两侧堆料，适于人字形和菱形堆料法堆料。堆料的总长度可超过与之配套的堆场水平固定式输送机的长度，适用于在面积较大的散货堆场上作业。回转式堆料机结构相对复杂。

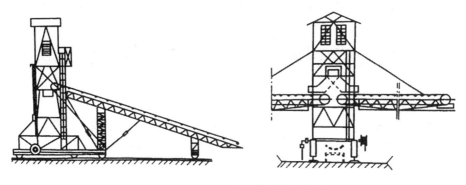

图 4‑77　不可回转式堆料机结构图

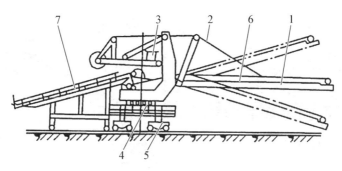

1—悬臂架；2—拉杆及支架；3—司机室；4—回转机构；5—行走台；6—堆料带式输送机；7—主带式输送。

图 4‑78　回转式悬臂带式堆料机结构图

煤炭和矿石堆料机是国内外煤炭和矿石堆场常采用的专用机械，如美国亚拉巴马州柏得利转运码头，煤炭堆料机的效率为 5 000 t/台时；我国秦皇岛煤炭码头四期选用的煤炭堆料机的效率为 5 400 t/台时；美国康涅恩特矿石码头，矿石堆料机效率为 10 000 t/台时。

（二）取料机

取料机是用于挖取堆场上的散粒物料并将物料供给地面或坑道带式输送机，从而将散粒物料从堆场运出的专用机械。我国北方的秦皇岛港、天津港和黄骅港等主要的能源输出港拥有数量众多的取料机，这些取料机最早的是 20 世纪 70 年代生产的，最新的是 2000 年后生产的，最小的生产能力只有每小时几百吨，最大的生产能力已经达到 6 000 t/h。

1. 取料机的结构及工作原理

取料机主要由取料部分、运料部分和行走、回转、俯仰等机构组成。工作时，取料装置连续不断地从料堆中取料，并由运料输送机输送到地面或坑道里的带式输送机中。通过行走、回转、俯仰等机构协同动作保证取料装置能连续高效地从料堆上取料。

取料机作为堆场内进行取料作业的专用机械，常与水平固定式带式输送机配合使用，也有流动式取料机。取料机通常与堆料机、带式输送机、翻卸机等机械设备共同来完成货物进出堆场的生产作业任务，此种堆料与取料分开作业的方式具有营运费用较低的优点，但土建部分的投资却较大,所以一般情况下选用此种作业方式的堆场的外形尺寸需长而宽。

2. 取料机的种类

取料机按取料装置的结构特征可分为斗轮取料机、门式斗轮取料机和螺旋取料机等形式。

1) 斗轮取料机

斗轮取料机(见图 4-79)主要由斗轮装置、悬臂带式输送机、机架和俯仰、回转、行走机构等组成。工作时斗轮从料堆取料,并通过悬臂带式输送机转载至地面带式输送机运出堆场。斗轮的工作位置可由斗轮臂的俯仰、回转和整机的行走来调整,以保证斗轮能连续地从料堆上取料。

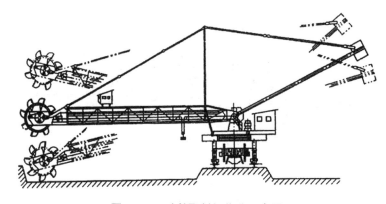

图 4-79 斗轮取料机作业示意图

2) 门式斗轮取料机

门式斗轮取料机(见图 4-80)的门架横向跨越料堆,并通过两端的车轮沿料堆两侧轨道纵向行走。取料斗轮(见图 4-81)套装在活动梁上,活动梁内装有带式输送机,活动梁可在垂直方向上下移动。

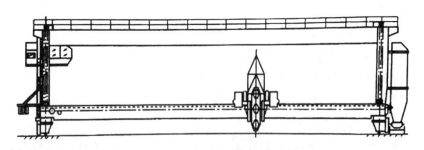

图 4-80 门式斗轮取料机作业示意图

门式斗轮取料机尾车的堆取料变换主要有两种方式:一种是采用安装在活动梁一端的圆环变换尾车前部相对于活动梁的位置;另一种是采用尾车自行或电动推杆的方式变换尾车相对于活动梁的位置,当改变活动的高度位置时尾车前部随着活动梁一起运动。在取料时活动梁的高度可上下调整以适应挖掘时不同高度的料堆。当采用安装在活动梁

一端的圆环变换尾车前部相对于活动梁的高度
时取料使用活动梁内部的皮带运输机。取料作
业进行时斗轮转动,且斗轮可沿活动梁移动并由
整机行走来保证斗轮连续取料。门式滚轮取料
机具有机械受力合理、自重轻、投资少等优点,但
因为机械的门架跨度较大,要求其在堆场进行作
业时的运行同步性好。此外,这类机械还具有扬
尘性较大的缺点,因此在码头堆场使用较少,大
多数是在电厂使用。

图4‑81 套装在活动梁上的取料斗轮

3)螺旋取料机

螺旋取料机是主要利用旋转的螺旋直接把
堆场上的散粒物料推进坑道带式输送机的取料
机械中。简易的螺旋取料机(见图4‑82)跨域料

堆并贴近地面移动,只能从料堆的底部将物料推入带式输送机中,因而多用于小型堆场。
双臂螺旋取料机(见图4‑83)由取料螺旋、臂架、机架和行走、俯仰、伸缩等机构组成。工
作时取料螺旋可作上下、左右及前后三个方向的移动。

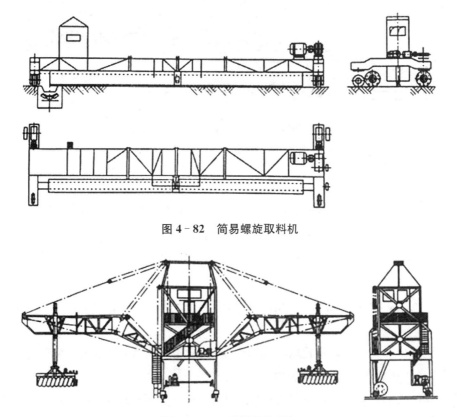

图4‑82 简易螺旋取料机

图4‑83 双臂螺旋取料机

(三) 斗轮堆取料机

斗轮堆取料机是一类在堆场内配合地面固定式带式输送机输送系统的专用机械,具有堆料和取料两种作业功能。作为堆场内作业性能较全面的机械,堆取料机不仅使港口的工艺布置简单,减少了整个煤炭装卸系统的机械类型,还因其具有堆、取料效率高的特点,明显加快了港口的生产效率,被现代化散货港口作为首选的堆场地面机械。

1. 组成

悬臂式斗轮堆取料机(见图4-84)主要由斗轮机构、悬臂带式输送机、俯仰机构、回转机构、行走机构、尾部带式输送机、尾车架和门架等组成。斗轮机构、悬臂带式输送机、俯仰机构、回转机构等安装在门架上,门架通过由4套运行台车组成的运行机构沿轨道运行。悬臂输送机通过尾车架与沿主输送线布置的尾部带式输送机协同工作。尾车架通过挂钩与堆取料机主机架相连,尾部带式输送机的头部可通过设在尾车架的液压缸进行升降,其尾部则与主带式输送机连为一体。

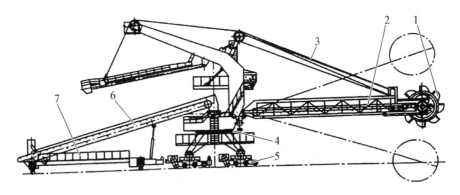

1—斗轮机构;2—悬臂带式输送机;3—俯仰机构;4—回转机构;5—运行机构;6—尾部带式输送机;7—尾车架。

图4-84 悬臂式斗轮堆取料机

2. 特点

(1) 生产率高。由于悬臂斗轮取料机有专门的工作机构,堆料与输送物料是同时进行的,而且是无间断地连续作业,因此生产率较高。

(2) 能耗较低。因为悬臂斗轮取料机主要采用带式输送机来完成物料输送,因此功率消耗较低。

(3) 自重相对较轻。在生产率相同的情况下,悬臂斗轮取料机的比重比单斗装载机要轻1/3~1/2。

(4) 投资少。使用悬臂斗轮取料机的堆场,其设备都布置在地面以上,工程的土石方量少,所以施工周期较短,总投资也较少。

(5) 操作简单。悬臂斗轮取料机比较有规则,易于实现自动化,从而大大简化了操作程序,有效地改善了工人的劳动条件,降低了劳动强度。

（6）对所输送的物料的块度有限制，散粒物料的块度不能太大，对于中型（630～2 500 m³/h）斗轮堆取料机，通常只允许挖取粒度在 250～300 mm 以下的物料。

3. 应用

悬臂式斗轮堆取料机由于具有上述优势，因此在干散货码头堆场应用十分广泛。此外，悬臂斗轮取料机向大型化方向发展将是一种必然。由于船舶的装载能力不断扩大，甚至出现了 40 万吨级的特大型散货船，为提高装卸船效率，需要一些大能力的堆取料机。目前，国内堆取料机的堆料能力可达 8 500 t/h，取料能力达到 6 700 t/h。国内特大型堆取料机设备主要应用在北方的煤炭装船港口，如秦皇岛港、天津港、黄骅港、京唐港、曹妃甸港等。国外特大型设备主要应用在澳大利亚的煤炭码头和铁矿石码头以及巴西的矿山和码头上。

（四）堆场工艺布置

根据应用的机械设备和物料进、出场和堆存形式的不同，堆场装卸工艺布置形式可分为堆料机和坑道带式输送机组成的地下系统和地面露天堆场作业的地面系统。

1. 地下系统

这是一种堆料机与坑道皮带机联合作业系统，煤炭和矿石散货堆场地下工艺系统是由 V 形坑道存仓、双臂堆料机和坑道带式输送机组成（见图 4-85）的。

堆料机通过双臂上的两台态势输送机，接收纵向带式输送机的物料，通过分叉漏斗，把物料向左或向右分配。随着货位的堆满，堆料机沿轨道移动到另外一个货位。V 形坑道存仓是使所有的物料在重力的作用下自流，避免物料出场时对其他机械供料的困难。存仓的底部由控制闸门控制，在需要时可方便地将存仓中物料流到下方的坑道带式输送机中。坑道带式输送机的作用是将物料输送出堆场。

1）堆料机布置要点

（1）堆料机的尺寸主要决定于悬臂皮带机投料的位置。这位置取决于 V 形坑道存仓堆满物料之后的断面高度和距离轨道中心的距离，以及物料抛出的距离。

（2）堆料机的轨道要高出地面 0.5～1 m（防止货堆堵住轨道）。

（3）堆料机的轨道两侧布置人行道，宽 1～2 m（便于管理人员工作）。

（4）物料的落点要达到存仓中心，悬臂要长，而且要能随货堆高度升降以降低落料点，防止造成物料的破碎。

2）V 形坑道存仓

储存坑道存仓分为储料存仓和给料存仓。V 形坑道存仓的容量与物料的堆存量、存仓用途、物料的进出仓的效率有关。储料存仓的容量与物料的一次堆存量有关，给料存仓的容量与接运工具的容量、进料效率有关。存仓的断面尺寸取决于堆存量、堆场长度和物料的摩擦角。

V 形坑道存仓的具体要求是：

（1）存仓的仓壁倾角要大于物料自然堆积角（自然坡度角），如煤的自然坡度角为

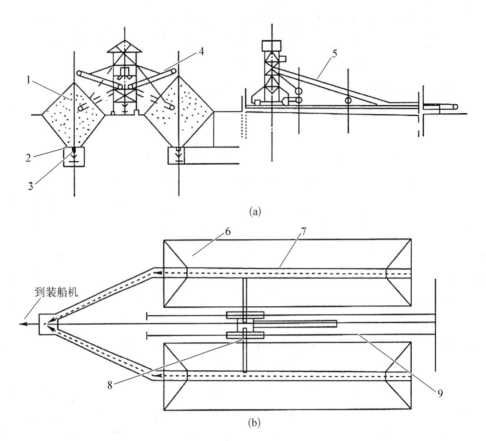

(a)

(b)

1—存仓；2—坑道；3—坑道接带式输送机；4—堆料机悬臂；5—尾车；6—料堆；
7—坑道胶带；8—双臂堆料机；9—堆料机轨道。

图 4-85 干散货堆场地下工艺系统图

45°，仓壁倾角可取 50°，以保证物料畅流出存仓。

（2）存仓的出料口一般为正方形，其尺寸应保证物料易于流出，对块状物料，出料口的尺寸至少应为物料最大块径的 3～6 倍，由于物料受潮受压，易于结实，因此出料口尺寸以偏大为宜，但出料口的尺寸也要和下面接运带式输送机宽度相适应，以保证物料不会被抛撒在带式输送机外，并要和输运带式输送机保持一定的空隙。

（3）出料口的下方为存仓漏斗闸门，常用的有扇形、鸭式、板式闸门，为避免物料外溢和堵塞带式输送机，要求在作业过程中闸门开度大小能自由调节以控制流量。港口坑道中的闸门数量很多，通常采用一种沿轨道自行移动的电动顶推闸门小车。小车上有一个三角形或弧形的推举架，开度大小，由小车与闸门的相对位置决定。

为了便于出料，或为了分存不同品种的物料，存仓通常用中间斜面台将存仓分隔开来，同时还要设置多个漏斗口以便加速出料，漏斗之间的间距通常在 3～6 m。

（4）闸门下是坑道，沿坑道全长布置带式输送机。坑道的宽度，除应考虑带式输送机宽度之外，还应在机架到坑道之间留有一定的间距，其中一边为人行道的宽度，另一边为便于检修需要的宽度。人行道宽一般为 1～1.5 m,检修间距一般为 0.7～1 m。坑道高度应满足于人员通行和带式输送机、漏斗闸门等布置的需要。此外,物料与漏斗闸门最低点应留有足够的余隙以保证物料通过。同时,还应考虑到大型机械的安装与维修的可能,以及通风、照明、排水、通信等设施的需要。一般坑道宽多在 3～4 m,高多在 2.5～3.5 m。

（5）大型 V 形坑道存仓的主要缺点是物料容易成拱而不能自流,在各种破拱的方法中,压缩空气破拱的效果较好。这个方法是在距离出料口上方 1 m 处(通常在此处易于形成拱面),四角装上 4 个管口向上的管子,由一个阀门控制,当物料成拱时,打开阀门,气流以 7kg/cm² 的力冲击拱脚,煤即下落。

平坑道和螺旋喂料机堆场作业工艺系统(见图 4-86)对于缓解成拱问题相对有效。这个系统采用链斗卸车机和堆料机相结合的方式实现物料进场,出场是利用物料自流和简易螺旋喂料机相结合的方式。物料堆存在地面,螺旋喂料机贴近地面堆场移动,由螺旋向中间坑道喂料。与推土机相比,螺旋喂料机投资相对较小,修造简单,费用低,人工劳动强度减低。

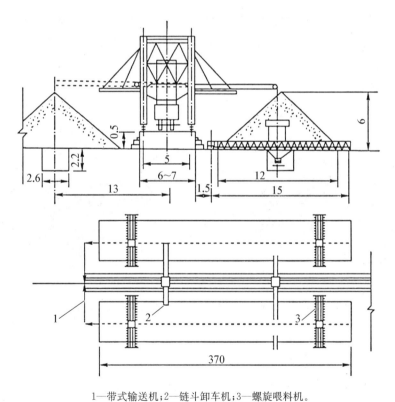

1—带式输送机;2—链斗卸车机;3—螺旋喂料机。

图 4-86　平坑道和螺旋喂料机堆场作业系统(单位: m)

因为地下系统货场容量有限,平坑道和螺旋喂料机堆场作业系统适宜在港口存期短的大型煤炭码头使用。

2. 地面系统

地面堆场工艺系统主要由堆料机、取料机和斗轮堆取料机与地面带式输送机输送系统构成。在散货堆场上应用最广泛的是堆料机、取料机和堆取料机。有两种工艺方案可供选择,分别是堆取分开方案和堆取合一方案。

1)堆取分开方案

堆取分开方案即分别由堆料机堆料,取料机取料。采用这种工艺方式,在作业上比较灵活,物料的进出堆场可分开进行,但堆场面积的有效利用率差。在此种情况下,堆料机与取料机间隔布置,作业时互不干扰,但若在堆取量比较大的时候,所需的设备台数较多。堆取分开方案适用于物料品种多,作业频繁和要求进出堆场同时作业的合场,地面带式输送机可为单独专用的堆料或取料系统。

在堆取分开时,堆料机投送下来的物料按堆积角可以形成较宽的货堆,而斗轮取料机的斗轮必须要达到货堆的另一边才能将堆场物料全部取出,否则会形成取不到料的"死角",这是在采用堆取分开堆场形式时需要注意的问题。

2)堆取合一方案

堆取合一方案(见图 4-87)即采用斗轮堆取料机,堆料和取料都由一台机械来完成,其优点是堆场利用比较好,布置简洁,机械的利用率高,缺点是进出料作业不能同时进行。此种方案可减少堆场设备台数,适用于物料货种少和不经常出现进出堆场同时作业的地方,地面带式输送机为可逆式带式输送机。

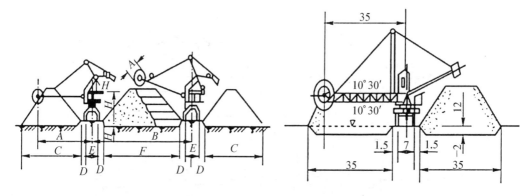

图 4-87　堆取合一的堆场工艺形式断面示意图(单位:m)

从我国沿海港口的情况来看,矿石码头绝大多数采用堆取合一的方式,北方煤炭出口码头则大多数采用堆取分开的方式。可见,两者的差别,主要还是流程顺序相反。例如,我国沿海港口的矿石主要是进口,工艺流程多为船到堆场,再由堆场到火车,而煤炭多为出口,因此工艺流程多为火车到堆场,再由堆场到船。另外,两者的货物比重有很大差别,也导致其设备的选型配置不一样。

曹妃甸矿石码头的工艺布置略有例外,选择了 2 台堆取料机,同时还选择了 2 台单取,1 台单堆,堆场共 5 条线。这主要是由于其装车工艺不同所致。该港口出堆场的工艺共布置 5 条：其中 2 条装火车、2 条装汽车、1 条直接进钢铁厂。

五、干散货码头的水平搬运机械

码头上搬运干散货的水平及倾斜输送机的机型主要有带式输送机和管状带式输送机。

（一）带式输送机

带式输送机是一种利用没有端点且能够连续运动的输送带实现货物运输的机械设备。用胶带作输送带的称为胶带输送机，简称为胶带机，俗称为皮带机。带式输送机在煤炭装卸作业线中是一种连接车船装卸机械、堆场机械以及各类储存、给料等作业环节的水平运输工具。伴随着对港口装卸效率和装卸工艺的现代化要求，带式输送机朝着大容量、长距离、固定式以及高效率等方向发展。具有高效率等特点的带式输送机系统对胶带强度提出很高的要求，同时对其带宽和带速的要求更高。

1. 工作原理

带式输送机（见图 4-88）是以无极挠性输送带载运物料的连续输送机械。输送带既是牵引机构又是承载机构，用旋转的托辊支撑，运行阻力较小。主动滚筒在电动机驱动下旋转，通过主动滚筒与输送带之间的摩擦力带动带及带上的货载一同连续运行，当将货载运到端部后，由于输送带换向而卸载，利用专门的卸载装置也可以在中途任意点卸载。

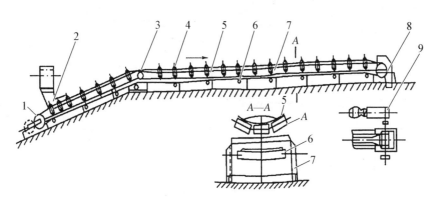

1—拉紧装置；2—装载装置；3—改向滚筒；4—上托辊；5—输送带；6—下托辊；7—机架；8—清扫装置；9—驱动装置。

图 4-88 带式输送机结构示意图

带式输送机应与各自装卸系统的额定能力相适应，组成带式输送机系统能力的各台输送机一般应按顺物流方向依次等于或大于上一节输送机的能力。

2. 分类及特点

带式输送机可制成工作位置不变的固定式、装有轮子的移动式、输送方向可改变的可逆式、通过机架伸缩改变输送距离的伸缩式等各种形式。在各种连续输送机中，它的生产率最高、输送距离最长、工作平稳可靠、能量消耗少、自重轻、噪声小、操作管理容易，是最适于在水平或接近水平的倾斜方向上连续输送散货和小型件货的输送机。带式输送机在港口的应用极广,特别是在煤炭、矿石、散粮等散货泊位上,已成为不可缺少的输送设备,但它在运输粉末状物料的过程中易造成扬尘,尤其是在装卸物料的终点和两条带式输送机的连接处,这时,需采取在转接塔内转接等防尘措施。

3. 布置形式

带式输送机可用于水平或倾斜方向输送物料。根据皮带输送安装地点及空间的不同,带式输送机的布置形式包括以下 4 种(见图 4-89)。

1) 水平布置方式

带式输送机的头尾部滚筒中心先处于同一水平面内,并使带式输送机倾角为 0°。

2) 倾斜布置方式

带式输送机的头尾部滚筒中心线处于同一倾角平面内,且所有上托辊或下托辊都处于同一斜平面内。

3) 带凸弧曲线段的布置方式

水平布置的后半段与倾斜布置的前半段进行组合的一种方式。

4) 带凹弧曲线段的布置方式

倾斜布置的后半段与水平布置的前半段进行组合的一种布置方式。

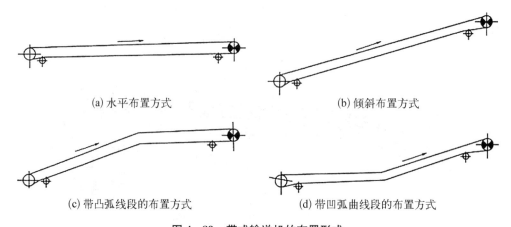

(a) 水平布置方式

(b) 倾斜布置方式

(c) 带凸弧线段的布置方式

(d) 带凹弧曲线段的布置方式

图 4-89　带式输送机的布置形式

带式输送机的实际倾角取决于被输送的散货物料与输送带之间的动摩擦系数、输送带的断面形状(水平或槽型)、物料的堆积角、装载方式和输送带的运动速度。

在自然条件允许的情况下,带式输送机最好采用水平输送方式或接近水平输送方式,当输送带的布置需要有一定的倾斜时,倾斜角不能太大。否则,会引起物料沿输送带下滑,造成生产率降低甚至不能正常输送。

4. 输送速度

带式输送机的输送速度选择与输送散粒物料的粒度和性质、输送带的带宽以及输送带的布置倾角有关。不同带宽所适用的散货物料的最大粒度也有所不同(见表 4-8)。

表 4 - 8 各种带宽适用的最大粒度

单位：mm

带宽	500	650	800	1 000	1 200	1 400	1 600	1 800	2 000	2 200	2 400
最大粒度	100	150	200	300	350	350	350	350	350	350	350

表 4 - 9 所示为不同特性的散货物料在不同带宽下的推荐输送速度,其中粮食等谷类在 500~650 mm 带宽时推荐速度为 0.8~1.6 m/s,1 200~1 400 mm 带宽时的推荐速度为 2.0~3.15 m/s。带式输送机输送速度的选择原则如下所述。

表 4 - 9 不同带宽、物料的推荐带速

物 料 特 性	物 料 种 类	带宽/mm		
		500~650	800~1000	1 200~1 400
		带速/(m/s)		
磨琢性较小、品质会因粉化而降低的物料	原煤、盛、砂等	0.8~2.5	1.0~3.15	2.5~5.0
磨琢性较大,中、小粒度的物料(160 mm 以下)	剥离岩、矿石、碎石等	0.8~2.5	1.0~3.15	2.0~4.0
磨琢性较大,粒度较大的物料(160 mm 以上)	剥离岩、矿石、碎石等	0.8~1.6	1.0~2.5	2.0~4.0
品质会因粉化而降低的物料	谷类等	0.8~1.6	1.0~2.5	2.0~3.15
筛分后的物料	焦炭、精煤等	0.8~1.6	1.0~2.5	2.0~4.0
粉状、容易起尘的物料	水泥等	0.8~1.0	1.0~1.25	1.0~1.6

(1) 长距离、大输送量的输送机选取较高带速,短距离输送机选取较低带速。

(2) 水平或上运输送机选取较高带速,下运输送机选取较低带速。

(3) 输送磨琢性大、粒度大及容易起尘的物料时,选取较低带速。

在输送原煤时,设计向上最大输送倾角一般为 17°~18°;向下最大输送倾角一般为 15°~16°。当采用花纹输送带加之其他措施时,上运倾角可达 28°~30°,下运倾角可达 25°~28°。当采取某些特殊措施时,可实现更大的输送倾角,乃至垂直提升。

5. 带式输送机的输送能力

带式输送机的输送能力可用下列公式计算：

$$Q = 60SA = 60SK(0.9b - 0.50)^2$$

式中,Q 为输送能力(m^3/h);S 为输送带速度(m/min);A 为装载截面积(m^2);K 为系数,K 与槽角与堆角有关,一般为 0.096 3~0.168 9;b 为输送带宽度(mm)。

6. 带式输送机的特点

(1)输送距离长,输送能力大。

(2)结构简单,易于制造维修,基建投资少,营运费用低。

(3)能耗低。

(4)操作简单,安全可靠,方便管理,易实现自动控制。

(5)输送线路可以呈水平、倾斜布置,也可在水平方向、垂直方向弯曲布置,因而受地形条件限制较小。

(6)不能自动取料,需要由辅助设备或其他机械进行喂料。

(7)运输线路固定,当货流方向变化时,往往需要对带式输送机输送线路进行重新布置。

(8)倾斜角度受物料的流动性和动摩擦系数等特性限制,只能在对水平面成不大的倾角时进行工作,且中间卸料有难度。

7. 应用

如巴西图巴劳奥矿石码头的带式输送机系统的矿石输送效率可以达到 16 000 t/h,最大可达 20 000 t/h;挪威的纳尔纳克矿石码头的矿石带式输送机系统的输送效率为 11 000 t/h;我国北仑港矿石码头带式输送机系统的输送效率可以达到 5 250 t/h。

(二)管状带式输送机

管状带式输送机是把物料置于围成管状的输送带内进行密闭输送的输送机。管状带式输送机是在通用槽形带式输送机的基础上发展起来的一种特种带式输送机。管状带式输送机按其截面形状大致可分为两大类:第一类为圆管状带式输送机;第二类为异形管状带式输送机。异形管状带式输送机有吊挂管状、U 形带 Q 状、U 形带三角状、折叠状等几种形式,如图 4-90 所示。

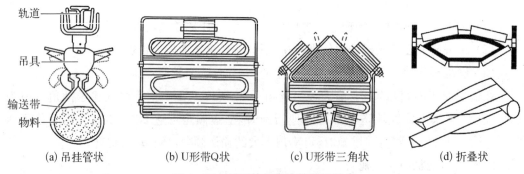

图 4-90　异形管状带式输送机种类

在上述两大类封闭型带式输送机中,圆管状带式输送机是众多封闭型带式输送机中开发最早、发展最快、应用最广泛的一种。

圆管状带式输送机能广泛应用于采矿、码头、发电、港口、建材、化工、冶炼、造纸等众多行业,适合输送各种煤炭、矿石、化工原料、建材原料、造纸材料等散状物料。

1) 圆管状带式输送机结构与原理

圆管状带式输送机由驱动装置、传动滚筒、改向滚筒、托辊组和机架等部分组成,如图4-91所示。其头部、尾部、受料点、卸料点、拉紧装置等位置的结构与普通带式输送机的结构几乎一样,只是在输送机的加载点后至卸料点前的中部输送段形成圆管状。输送带在尾部受料后,在过渡段逐渐把其卷成圆管状进行物料密闭输送,到头部过渡段再逐渐展开呈槽形,直到头部卸料。输送带的回程段也基本上与承载段相同,一般也是形成圆管状,但回程段输送带也可采用平行或 V 形返回。

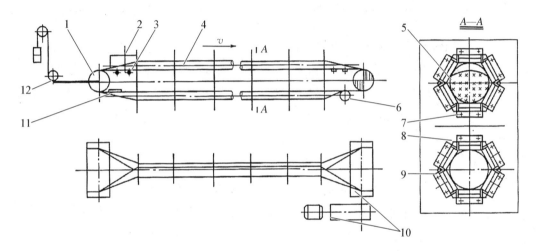

1—改向滚筒;2—导料槽;3—过渡托辊组和缓冲托辊组;4—输送带;5—物料;6—改向滚筒;
7—正多边形托辊组;8—框支架;9—回程分支托辊;10—传动滚筒和驱动装置;11—清扫器;12—拉紧装置。

图 4-91　圆管状带式输送机结构示意图

圆管状带式输送机的工作原理与通用带式输送机相同,都是靠摩擦驱动使输送带及其上的物料移动。大多数部件与通用带式输送机相同,不同之处在于:输送带要卷成圆管状,因而需要采用多边形托辊组(最常用的是正六边形托辊组)。圆管状带式输送机如图 4-92 所示,在装料区和卸料区,管状带式输送机的输送带呈槽形打开,装料或卸料后,输送带由过渡托辊、多边托辊组卷曲成管状,圆管状形成后,呈正多边形布置的托辊组保持输送带卷曲成管状,如图 4-93 所示。由于输送带在输送线路上呈管形,增大了输送带对物料的围包,物料不会洒落,也不会因刮风、下雨而受外部环境的影响,这样既避免了因物料的洒落而污染环境,也避免了外部环境对物料的污染,达到无泄漏密闭输送。

2) 圆管状带式输送机的特点

圆管状带式输送机除了具有通用带式输送机的特点外,还具有以下优缺点。

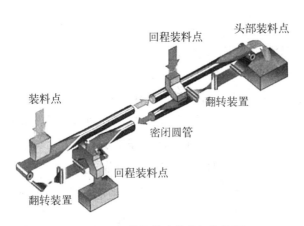

图 4-92　圆管状带式输送机结构图　　　　图 4-93　圆管状带式输送机实物图

（1）圆管状带式输送机的优点如下：

一是可实现封闭输送散状物料，可以避免撒料、漏料，物料输送质量好，且环保安全。

二是能实现大倾角输送。通用带式输送机的输送倾角最大能达到 24°，一般在 18°左右。而圆管状带式输送机由于输送带将物料包围在圆管内输送，增大了物料与输送带之间的摩擦力，有利于提高输送机的倾角，目前已投入使用的圆管状带式输送机的最大倾角在 30°左右。

三是布置灵活。可空间弯曲布置输送线路，圆管状带式输送机因其输送带呈圆管状，可实现小半径三维空间转弯，省去了中间转运站的设立和相应辅助设备的投资和维护费用。

四是可双向输送物料。圆管状带式输送机在承载段和回程段均采用封闭管筒输送，如在回程段加装受料口，则回程段也可输送物料，且回程段加料口的位置不受限制。

（2）圆管状带式输送机的缺点如下。

一是结构复杂。由于圆管状带式输送机的结构比通用带式输送机的结构复杂，因而其设计复杂，制造成本高，使用管理要求较高。

二是生产率较低。在相同的带速和带宽条件下，输送量是通用带式输送机的 50% 左右。

三是运行阻力大。由于物料被围包在圆管内输送，增大了物料与输送带的挤压力，所以圆管状带式输送机的运行阻力系数比通用的带式输送机大。

四是输送带易扭转损坏。尽管从结构上来看，圆管状带式输送机不会产生如同通用带式输送机那样的输送带跑偏问题，但是存在输送带的扭转问题，严重时，会使输送带的边缘进入两个托辊之间，造成输送带损坏。

虽然圆管状带式输送机存在上述各种缺点，但它具有密闭和大倾角输送、易于空间转弯、占地面积小等显著特点，使其成为水泥、钢铁、化工、港口、电厂等领域广泛应用的一种新型特种带式输送机。

六、干散货码头的辅助作业机械

除了在码头和堆场的装卸、运输机械外,干散货码头装卸工艺中还需配置相应的辅助作业机械,其中主要包括平舱作业机械、清舱作业机械、计量作业机械和破拱作业机械等。

(一) 干散货平舱作业机械

在煤炭、矿石的装船作业中,对于专用的煤炭矿石船舶,由于其舱口大,用岸上的装船机即可把船装满,但对于舱口不大的船舶,装船机投料只能达到舱口垂直范围内,不能把船装满。为了保证船舶的航行安全,对于这类船舶的装船都要进行平舱作业。

1. 组成机构和作业原理

平舱机械的主要机构有抛出机构和回转机构。抛出机构可加速物料的输送速度,使物料向前方抛射;回转机构可使平舱机回转,根据作业的进度不断改变物料的抛射方向。

平舱作业是把垂直投送的物料,转变为水平方向投向舱口四周甲板下的物料,投送物料所需的距离和船宽有关,一般不超过船宽的一半,舱口 4 个对角处的投料点最远。

2. 分类

常用的平舱机械主要有三种:溜筒平舱机、曲带平舱机和直带平舱机。

1) 溜筒平舱机

溜筒平舱机是最简单的一种,它是利用弧形槽导向作用将物料抛入甲板下的,多用于散盐和散煤的平舱作业。

2) 曲带平舱机

曲带平舱机(见图 4-94)最主要的组成部分是曲带,物料通过溜筒落入曲带上,沿曲带弧线运动而得到加速,增加抛射距离。

曲带平舱机的安装有两种形式:一种是装在溜筒末端,它可以绕溜筒旋转,并且可以在绳索的控制下改变投送点。这种安装方法要考虑物料流动的需要,即当需要向甲板下抛射物料时才使用平舱机的带式输送机;当物料在舱口垂直范围内投送时,物料不能经过平舱机的带式输送机。另一种安装方法是在使用时,直接吊放到船舱内,这是因为平舱机自重较大,不适宜安装在溜筒的末端。

3) 直带式平舱机

为取得较高的抛射速度和一定的抛射距离,直带式平舱机(见图 4-95)的尺寸要比曲带式平舱机大。因此,直带式平舱机不能装在溜筒末端,而是悬挂在舱口上,或是放在货堆上。直带平舱机的带速不能太高。

(二) 干散货清舱作业机械

在利用抓斗卸船机、链斗卸船机和斗轮卸船机作业的过程中,不可能将舱内的物料全

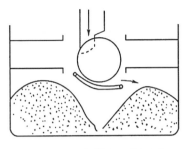

图 4-94 曲带式平舱机图

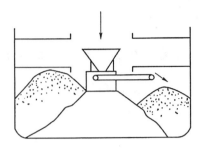

图 4-95 直带式平舱机图

部卸清,抓斗只能抓取船舶舱口范围内的货物,船舶舱口围下的货物是抓斗作业的盲区。现代大型散货专用船舶舱口围都比较大,抓斗作业盲区相对较小,但仍然存在清舱作业的需要。清舱量的多少与船型、舱口大小、干散货的种类以及采用的卸船机械有着密切的关系。通常,采用抓斗作业,清舱量可以达到 10% 以上,而采用连续式卸船机作业,清舱量可减少为 5%。

常用的清舱作业机械主要有三种,分别是刮抛机、电铲和推土机及推扒机。目前,使用较为广泛的是推土机和推扒机。

在舱内清舱条件较差的情况下,大多数使用履带式推土机清舱,但它不能在物料上运行,且爬坡能力大。而推扒机实际上是一种小型的推土机。通过推扒机的推和扒,将舱内物料从舱壁汇聚到中央,以便抓斗抓取。推扒机的动作主要有两个:一个是向前行驶,推板将煤炭推到舱口围中;另一个是向后行驶,推板将煤炭扒到舱口中。推扒机清舱时比单一的推土机更有效。

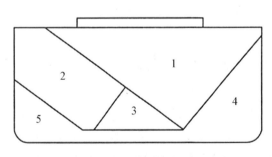

图 4-96 抓斗卸船机的卸船程序图

清舱机的生产率远低于卸船机。为保证卸船机的生产率,卸船作业和清舱作业要有序进行。如图 4-96 所示,当抓斗卸完 1 号部分物料后,把清舱机放入舱内,抓斗卸 2 号部分时,清舱机将抓斗不能直接抓取的 4 号部分物料推或扒至垂直舱口下,当抓斗抓取这部分物料和 3 号部分物料时,清舱机再将 5 号部分物料送至垂直舱口下。

(三) 其他干散货辅助作业机械

其他干散货辅助作业机械还包括干散货计量作业机械、干散货破拱作业机械等。

1. 干散货计量作业机械

常用的干散货计量作业机械包括电子皮带秤、计量漏斗、过磅计量装置、水尺等。

2. 干散货破拱作业机械

用人工或机械方法解决散状物料舱出口排料不流畅的问题,这一过程叫破拱作业。主要的破拱作业方式有气吹破拱和疏煤机破拱。

第三节 干散货码头的装卸工艺流程及布置

一、干散货码头的装卸工艺流程

由于煤炭、铁矿石等干散货运输具有流向单一的特点，因此，可以按照物料的进出口流向，将煤炭、矿石等干散货的装卸工艺系统分为：陆运进港、水运出港的出口装卸工艺以及水运进港、陆运出港的进口装卸工艺。

（一）干散货出口装卸工艺流程

干散货出口装卸工艺主要由卸火车作业、堆场作业和装船作业三个工艺环节组成，三个环节主要涉及的机械如图 4-97 所示。

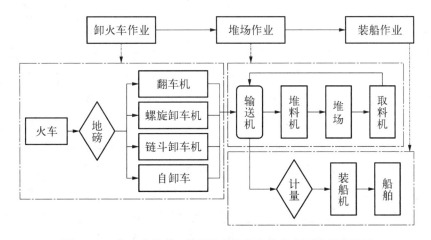

图 4-97 卸火车作业、堆场作业和装船作业主要涉及的机械

干散货的出口装卸工艺流程主要有（火）车—堆场，堆场—船、驳，（火）车—船、驳。

1. 车—堆场

这一操作过程（见图 4-98）主要是火车运抵后，由卸车机械将散货物料从火车中卸出

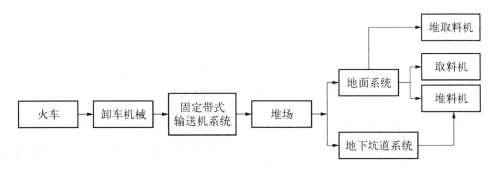

图 4-98 （火）车—堆场装卸工艺图

至固定带式输送机,通过固定带式输送机系统输送至堆场的地面系统堆料或至地下坑道系统存料。地面系统中,主要通过堆取合一或者堆取分开的方式进行堆取料,地下坑道系统通过堆料机进行堆料。

2. 堆场—船、驳

这一操作过程(见图4-99)主要通过取料机或堆取料机从码头堆场取料,然后通过高架带式输送机和转接塔到达装船机,再通过定机移船或定船移机方式装入船舱。

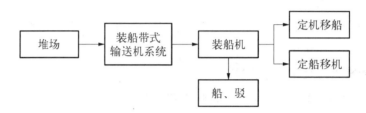

图4-99 堆场—船、驳装卸工艺图

3. 车—船、驳

火车—船,即直取作业(见图4-100),火车装载着散货物料进入码头卸车线,通过卸车机系统卸下散货物料,卸下的散货物料不进入码头堆场,而是直接通过高架带式输送机的水平运输和转接塔的转接,进入装船系统装船。这一作业过程省去了散货物料进入堆场和堆场取料这些操作环节,货物在码头的通过效率很高,但由于大型散货装船码头的卸车机和装船机的小时作业效率都很高,要实行这样的直取作业,就要求火车到达时间和船舶到达的时间配合得非常准确,因为火车不可能等船,船也不可能等火车,而且火车必须有若干列,等待连续卸车,才能满足一条船的装船货物数量需求。要满足这样的船货衔接非常困难,所以一般情况下,经火车装运入港的散料货物,卸车首先要进入堆场,然后再从堆场取料装船,因此这种直取操作过程不经常使用。

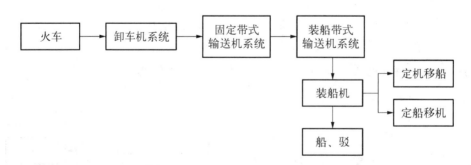

图4-100 (火)车船、驳装卸工艺图

(二)干散货进口装卸工艺流程

干散货码头进口装卸工艺主要由卸船作业、堆场作业和装车作业三个工艺环节组成,三个环节主要涉及的机械如图4-101所示。

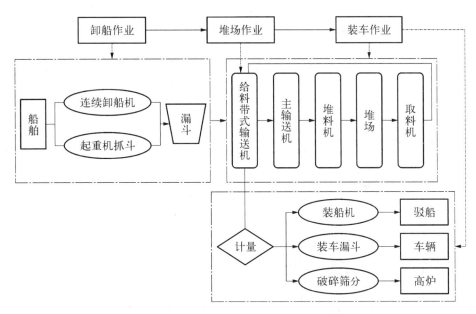

图 4－101　卸船作业、堆场作业和装车作业主要涉及的机械

干散货的进口工艺流程可分为船—堆场的进场作业、船—驳船的水—水中转作业和场—车的装车作业。

1. 船—场

进场作业主要通过卸船机机械系统对到港船舶进行卸船作业,将散货物料转至接运带式输送机,接运带式输送机与堆场带式输送机衔接,散货物料再经过堆场带式输送机运至堆场堆料(见图 4－102)。一般情况下,进场作业需要经多条带式输送机转接才可实现,货物进堆场后经过一段时间的堆存再进行出场作业,或经流程实施水路装船出运,再或者经流程实施铁路装车转运作业,或实施平面运输使用汽车进行公路运输。实施流程作业的带式输送机运输系统多数处于封闭状态,使散货物料的扬尘减少。

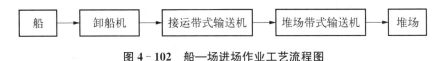

图 4－102　船—场进场作业工艺流程图

2. 船—驳船

船—驳船作业即散货物料不进入堆场,直接装入其他船舶的作业,也即水水中转或过驳作业。我国南方沿海的主要煤炭卸船码头,卸下的煤炭经常由驳船通过内河运往使用地,所以这些码头经常会有煤炭的过驳作业发生。铁矿石方面,水水中转作业也是大型铁矿石卸船码头常见的流程作业,实施水水中转的国内二程船一般在 5 万吨以下,3 000 t 以上,从沿海港口转运至长江港口和其他内河港口或其他沿海港口。船—驳船作业一般使用码头卸船设备卸货后,通过集中控制的带式输送机系统,主要是接运带式输送机和装驳带式输送机装运至驳船(见图 4－103)。

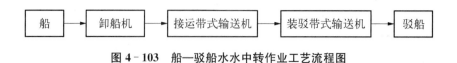

图 4 - 103 船—驳船水水中转作业工艺流程图

3. 场—车

装车作业流程主要先通过堆场的取料机械从堆场取料,然后通过堆场高架带式输送机进入火车装车平台,通常为成列的装车漏斗,然后通过装车漏斗进行自流式装车(见图 4 - 104)。

图 4 - 104 场—车作业工艺流程图

二、干散货码头的装卸工艺布置

由于干散货具有明显的流向性,因此,干散货码头的装卸工艺布置可以分为进口工艺布置和出口工艺布置。

(一) 进口干散货码头的工艺布置

进口干散货码头的工艺布置(见图 4 - 105)中,卸船机沿码头岸线平行布置,通过码头

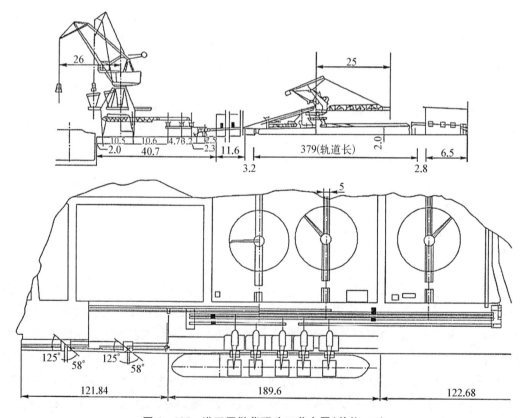

图 4 - 105 进口干散货码头工艺布置(单位:m)

前沿带式输送机以及栈桥带式输送机,将物料输送至堆场。码头前沿带式输送机一般平行于码头岸线布置,而栈桥带式输送机和引桥上的带式输送机则与岸线垂直布置。

后方堆场的布置形式有两种,一种是堆场料堆布置方向与码头岸线方向一致,堆料机或堆取料机的行走轨道与码头岸线平行;另外一种是堆场料堆布置方向与码头岸线方向垂直,即堆料机或堆取料机的行走轨道与码头岸线垂直(见图4－106)。图4－107中大连港专用铁矿石进口码头的堆场布置形式包括了纵向布置和横向布置两种。

图4－106　堆场料堆布置方向与码头岸线方向垂直

一般情况下,堆场布置形式为矩形,并且被取料机或堆取料机的轨道划分为若干个小的矩形堆料场地。堆场上料堆的布置形式有两种,一种是圆形料堆(见图4－108),一种是梯形料堆。一般情况下,码头前沿以及堆场中间都有道路贯通,供汽车行走。在带式输送机之间方向改变时一般通过设置转接塔进行转接。

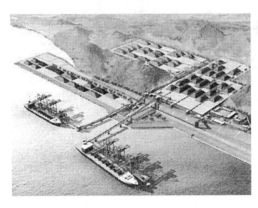

图4－107　大连港矿石专用码头

图4－108　堆场圆形堆料方式

此外,根据码头轴线和引桥轴线的布置形式的不同,专业散货进口码头典型的布置形式可归纳为如下几种:

1. 一字形布置

此种布置形式是码头平台与引桥呈一字布置,如图4－109所示。

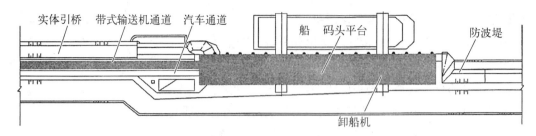

图 4 - 109　一字形布置

平台上布置装卸船设备及其他附属设施;引桥轴线与平台轴线呈一字形布置,引桥上一侧布置皮带机通道,另一侧布置汽车通道,车辆在码头平台上掉头。为了减少带式输送机的搭接,节约工程投资和减少运行成本,采用一字形布置,码头上一般不需要设置转运站,码头和引桥上可采用同一条皮带机进行水平运输,此类布置形式适用于码头轴线方向与岸线接近垂直的情况,且此种布置形式一般在海港中出现,在河港中较为少见。

2. L 形布置

此种布置形式是码头平台轴线与引桥轴线呈 L 形的布置,如图 4 - 110 所示。

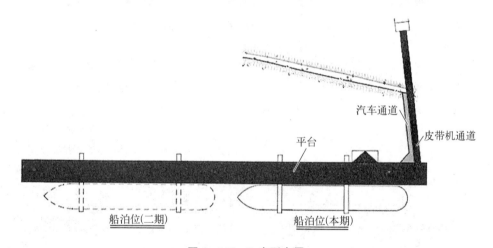

图 4 - 110　L 字形布置

码头平台上布置装卸船设备及其他附属设施,引桥位于平台的一侧;引桥上一侧布置带式输送机通道,另一侧布置汽车通道;车辆在码头平台上掉头。当码头上泊位数多于一个时,平台上的卸船设备可相互共用,因此可大大提高卸船的装卸效率,缩短船舶的在港时间,从而提高泊位的通过能力和船舶的周转效率。

此种布置形式较适合于单个或两个专业散货进口泊位,一般不超过三个专业散货进口泊位;因为如果所需泊位数较多,整个平台上需布置的带式输送机条数就较多,为满足装卸工艺设备布置的要求,所需平台宽度较宽,且所需带式输送机长度较长;这将大大提高整个工程水工结构、从而大大提高装卸设备和辅助设施的投资;并且在装卸过程中,带式输送机的能耗也会提高,造成运行成本的增加,所以当专业散货进口泊位数大于等于

3个时,L形布置形式应慎重采用,需与其他布置形式进行详尽的方案比选。在专业散货进口泊位布置形式中,L形布置形式相对较为简单,应用也较广,在河港码头单泊位布置和双泊位布置中尤为多见。

3. T形布置

此种布置形式是码头平台轴线与引桥轴线呈T字形的布置。平台上布置装卸船设备及其他附属设施;引桥位于平台的中部,且平台的中间布置有带式输送机转运站;引桥上布置带式输送机通道和汽车通道。此种布置形式引桥一侧的设备不能行走到另一侧进行卸船作业。

根据引桥上带式输送机通道和汽车通道的布置形式不同,布置的引桥又可分为TI和TII两种布置形式。

TI:汽车通道I—带式输送机通道—汽车通道II,如图4-111所示。

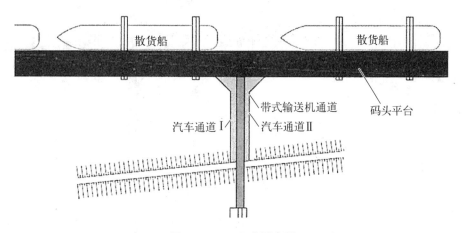

图4-111 TI字形布置

此种布置形式流程较为简单,汽车通过两侧通道分别上下码头平台;由于专业散货进口泊位采用皮带机进行水平运输物料,故上下码头车辆一般为检修车辆和工人上下班车辆,汽车通道车流量较小,此种布置形式有两个汽车通道,引桥较宽,引桥部分投资较高,因此此种布置形式适合泊位数超过3个,且引桥长度较短的场合。

TII:靠近接岸处引桥布置形式为带式输送机通道—汽车通道I,靠近平台处引桥布置形式为汽车通道II—带式输送机通道—汽车通道I。此种布置形式根据汽车通道I和汽车通道II之间的联通形式又分为TII₁和TII₂两种布置形式。

TII₁:靠近平台处—汽车通道I和汽车通道II的联通形式为:通过把带式输送机通道架高,以使汽车可以通过带式输送机跨下的通道从汽车通道I进入汽车通道II,从而满足车辆在整个平台上行驶作业要求,如图4-112所示。

TII₂:靠近平台处—汽车通道I和汽车通道II的联通形式为:通过把汽车通道II架空在带式输送机通道上,以使汽车可以跨过带式输送机通道,从而满足车辆在整个平台的行驶作业要求,如图4-113所示。

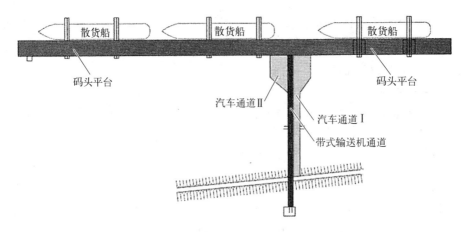

图 4 - 112 TⅡ₁布置形式

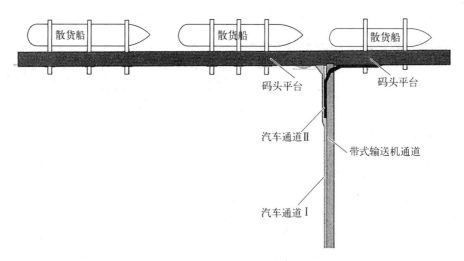

图 4 - 113 TⅡ₂布置形式

此两种布置形式的优缺点及适用范围比较见表 4 - 10 TⅡ₁布置形式和 TⅡ₂布置形式比较表。

表 4 - 10 TⅡ₁布置形式和 TⅡ₂布置形式比较表

序号	项　目	TⅡ₁	TⅡ₂
1	引桥水平运输带式输送机	当引桥不是很长时,为减少带式输送机的弯折,带式输送机只需爬起并跨过汽车通道进入转运站,此时对带式输送机影响较小。 当引桥很长时,为减少工程投资,带式输送机应爬起并跨过汽车通道,然后再下坡至引桥面,并沿着引桥布置;这就造成带式输送机凹凸弧段增加;并且由于带式输送机较长,带式输送各点张力较大,凸凹弧段带式输送张力也较大,更不利于带式输送机设计	带式输送机沿着引桥面布置,最后爬起至后方转运站,带式输送机弯折较少,对带式输送机影响较小

续 表

序号	项 目	⊤Ⅱ₁	⊤Ⅱ₂
2	车辆通行	上码头车辆先沿单侧汽车通道行驶,靠近码头通过带式输送机栈桥下通道进入另一侧平台	上码头车辆先沿单侧汽车通道行驶,靠近码头通过跨带式输送机栈桥通道进入另一侧平台
3	工程投资	当带式输送机通道较窄时,投资略省	当带式输送机通道宽度较宽时,投资略省
4	适用范围	此种布置形式相对复杂,一般适用于泊位数超过3个且引桥长度较长但不是特别长的场合,且带式输送条数不是很多的场合;尤其适用于一侧为专业散货泊位,另一侧为件杂货泊位的场合	此种布置形式适用于泊位数超过3个,引桥长度较长,且带式输送机通道较宽的场合

4. Ⅱ形布置

此种布置形式为码头平台与引桥呈Ⅱ形布置,如图4－114所示。

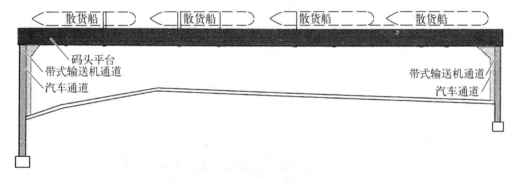

图4－114 Ⅱ形布置形式

此种布置形式是为了在平台上布置卸船设备及其他附属设施;引桥为两座,分别位于平台的两侧,每座引桥上分别布置一条带式输送机通道和一条汽车通道;带式输送机通道位于两端,两个汽车通道形成一个环形通道,汽车及检修车辆不需要在码头上掉头。

此类布置形式适用于较小较多的泊位,且码头平台宽度较窄难以满足车辆掉头要求且引桥较短的场合。

(二) 出口干散货码头工艺布置

出口干散货码头的工艺布置就码头和堆场之间的布置来看,基本与进口的工艺布置相似(见图4－115)。堆场附近设有铁路线和翻车作业车间,经过卸车作业后的散货物料通过输送机将物料送入堆场存放,堆场内部设有防尘设施。

在将堆场的散货物料输送至码头前沿的过程中,从堆场堆料方向与码头岸线垂直布置的情况来看,一般在堆场靠近码头一侧设堆场带式输送机,取料机将散货物料取料后经过转接塔将散货物料卸至堆场的带式输送机上,然后再经过转接塔将散货物料卸至与码头前沿垂直的引桥带式输送机或栈桥带式输送机上(见图4-116)。对于堆场堆料方向与码头岸线平行布置的情况来看,堆场两侧与岸线垂直的方向都可设置堆场带式输送机,该带式输送机可直接与通向码头前沿的高架带式输送机相连,而无须转接塔进行转接(见图4-117)。

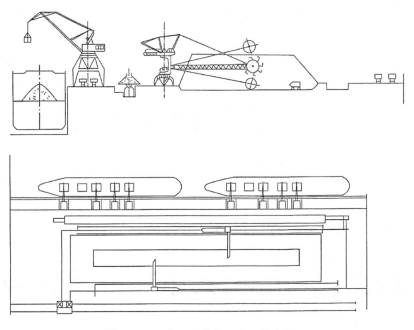

图4-115 出口干散货码头工艺布置图

图4-116 出口干散货码头堆场堆料方向与码头岸线方向垂直布置图

图4-118为神华天津煤炭码头的工艺布置图。该码头建有15万吨级煤炭泊位一个和7万吨级煤炭泊位2个,码头全长890 m,前沿水深最大为-19.6 m;码头设6 000 t/h装船机3台;堆场面积为4.23×10^5 m²,堆场平行于码头布置,设6 000 t/h和3 000 t/h取

图 4‑117　出口干散货码头堆场堆料方向与码头岸线方向平行布置图

料机各 3 台；4 000 t/h 堆料机 4 台，采用"四堆三取、堆取分开"工艺，共布置 6 条煤炭堆场，堆高为 18 m，堆场容量为 144 万吨，建造煤炭输送带式输送机长度共计 17 km、带式输送机转接机房 13 座。

图 4‑118　神华天津煤炭码头工艺布置图

第四节　干散货的计量及粉尘防治

一、干散货的计量

散货在进出口输送过程中不可避免地涉及计量问题，采取的计量方式和所能达到的精度是否能满足贸易双方的要求,以及采取的计量方式对输送效率的影响都需要进行研究分析。主要的干散货计量方式包括船舶水尺目测和动态计量两种。

(一)船舶水尺目测

船舶水尺目测是一种利用船舶排水量估计物料装卸量的一种方法,这种计量方法简单,但计量误差大。煤炭、矿石等大宗散货的贸易结算计量采用船舶水尺。

(二)动态计量

动态计量系指散货在装卸或输送过程中,对运动状态下的物料进行连续计量的计量方式,如电子皮带秤、动态电子轨道衡等,主要由称重桥架、称重传感器、测速传感器及称重仪表等组成,称重仪表接收来自称重传感器的重量信号及来自测速传感器的脉冲信号,对这两种信号进行放大、滤波、A/D 转换后送入 CPU,进行积分运算累积。由于这些动态计量装置具有结构简单、称重较准确、使用稳定、操作方便、维护量小等优点,因此广泛应用于价值较低的大宗散货的连续输送计量中。计量精度根据计量装置配置差异有不同的等级,理论上精度等级可达到 0.5%,因电子皮带秤的精度受多种因素影响,实际精度仅能达到 1%~5%。动态计量是在散货连续输送的基础上进行计量的,因此不会对连续输送的效率产生影响。

煤炭、矿石等大宗散货港区管理用计量采用电子皮带秤。皮带秤的标定采用斗秤,一般在散货输送流程中设置旁路,当需标定时经流程切换使物料通过该流程,对电子皮带秤进行校验。

二、干散货码头的粉尘防治

(一)干散货粉尘污染问题

由于干散货具有扬尘性,因此在干散货装卸过程中,都会伴随大量的粉尘扩散,尤其在刮风季节更为明显。这些粉尘不仅对周边环境造成污染,而且对人的身体健康也带来危害,尤其 10 μm 以下可吸入的粉尘颗粒,对人的呼吸系统伤害更大,它是造成尘肺病等职业病的主要根源。因此,干散货码头的粉尘防治十分重要。

干散货粉尘污染具有如下特点:

(1)粉尘污染的程度与离货源的距离有关,这是因为物料的损失率随距离货堆越远越小。

(2)粉尘污染的程度与物料的湿度有关,这是因为物料的损失率随物料的湿度增加而减少(见表 4-11)。

表 4-11　煤炭的损失率随其湿度变化的情况

湿度/%	4	5	6	7	8	9	10	11
尘粉损失率/%	20	10	6	3.5	2	1.5	1	0.5

（3）粉尘污染的程度与物料的粒度有关，物料的粒度越小，粉尘越容易悬浮于空中，飘行距离也越远，如表 4 - 12 所示。

表 4 - 12　粉尘颗粒大小及其特性

粉尘颗粒大小	粉尘中所占比例/%	8 km/h(2 级)	16 km/h(3 级)	32 km/h(5 级)
20 μm 级	0.5～1	部分悬浮空中	悬浮空中	飘行百公里
150 μm 级	5～13	静止	部分跳滚	大部分跳滚
500 μm 级	7～16	静止	大部分静止	部分跳滚
1 000 μm 级	3～10	静止或大部分静止		
粉尘总量	15～40			

（二）防粉尘污染的措施

目前，港口散货装卸输送系统广泛应用的除尘技术，主要分干式除尘和湿式除尘两类。湿式抑尘主要以喷雾、喷淋方式为主，干式除尘基本以布袋除尘和静电除尘两种技术应用较广。

1. 湿雾防尘

喷雾防尘技术即将水雾化，喷在物料的表面和扬尘处，由于粉尘在水雾的包围下，被粘结成较大颗粒而减少飞扬。这种方法适用于抓取和投送时产生的粉尘，如南京港翻车机就采用此方法，空气中粉尘浓度从 17～38 mg/m³ 下降到 6～13.5 mg/m³，基本达到国家规定的粉尘浓度标准 10 mg/m³。

2. 干雾抑尘

20 世纪 80 年代，国外大型散货装卸，在运用高压气、水结合，获取极微小水雾方法的基础上，干雾化抑尘技术率先发展起来。其原理是应用压缩空气冲击共振腔产生超声波，超声波把水雾化成浓密的、直径为 1～20 μm 的微细雾滴，雾滴在局部密闭的产尘点内捕获、凝聚微细粉尘，使粉尘迅速沉降，实现就地抑尘。由于只要保证水雾颗粒粒径与粉尘粒径相近，就会发生干雾颗粒与粉尘颗粒相互吸附、凝结而沉降，因此只要提供的干雾总量大于粉尘颗粒量，就能有效控制粉尘的自由飞逸。由于干雾抑尘技术雾滴微细，耗水量少，抑尘后物料增湿仅为 0.1%～0.5%，不会给工艺流程带来影响。

3. 洒水抑尘

洒水防尘是比较传统的防尘方法，即利用活动喷水嘴或流动洒水车对散料货堆表面均匀喷洒水。由于该方法比较简单、方便，故许多国家直到目前还在使用。洒水的目的主要在于通过润湿颗粒细小的干燥粉尘来增加粉尘的含水量，从而增大其相对密度，进而粘结成较大的颗粒，使得其在风等外力作用下不能飞扬。

生产实践表明,洒水防尘的方法较适用于气温在零度以上的混凝土路面,而对于港口内部的土质路面,效果则不好。在炎热的夏季,土质路面的温度可达到 60℃ 甚至更高,为了长期保持路面的湿润,需要频繁地洒水。但由于水的抗蒸发性较差,一般喷洒一次只能保持 10 min 左右。当路面洒水不及时或者洒水量不当使路面处于干湿交替状况时,则会使得路面微细粉尘含量增多,路况更恶化,这样不仅达不到良好的抑尘效果,还会造成大量水资源的浪费。此外,在冬季,由于结冰不能喷洒,或者喷洒后在路面结冰会导致行车危险。

4. 化学抑尘

化学抑尘技术的发明及应用始于 20 世纪 20 年代,化学抑尘剂分为润湿型、黏结型和凝聚型三大类。润湿型化学抑尘剂是由一种或多种表面活性剂和水组成,是亲水基团和疏水基团组成的混合物;黏结型化学抑尘剂是由包括油类产品、造纸及酒精工业的废液、废渣等有机黏性材料组成,其主要原理是利用覆盖、黏结、硅化和聚合等作用防止泥土和粉尘的飞扬;凝聚型化学抑尘剂是由能够吸收大量水分的吸水剂组成,它们通过使泥土或粉尘保持较高的含湿量来防止扬尘。

5. 布袋除尘器

布袋除尘器也称为过滤式除尘器,是一种干式高效除尘器,它是利用纤维编制物制作的袋式过滤元件来捕集含尘气体中固体颗粒物的除尘装置,其作用原理是尘粒在绕过滤布纤维时因惯性力作用与纤维碰撞而被拦截。然而,煤的湿度变化很大,春夏两季煤的含水量相当高,存在布袋除尘器糊袋和堵袋现象,影响净化效果。在北方港口冬季使用布袋除尘器还会出现布袋结冰等现象。

6. 高压静电收尘

高压静电收尘的工作原理是:除尘器内的放电极和收尘极间在静电电源供电时会形成一个电场,当电场强度较大时,其间的空气电离。含尘气体在通过较强的静电场时,正负空气离子和电子使尘粒荷电,在电场力的作用下尘粒定向迁移沉积在收尘板上。将尘粒从含尘气体中分离出来的分离力(主要为静电力)直接作用在尘粒上,分离粒子所需的能量较低,气体在设备中运动的阻力也较小,风机的能耗相对较少。尤其是静电力对亚微米级的粒子也能荷电,除尘的功效较好。

7. 除尘器除尘

在煤炭输送线上,物料在运动过程中会因冲击和振动而产生粉尘,例如漏斗向带式输送机投料时,会产生粉尘。这是局部产生的粉尘,可用板围成一个空间,通过除尘器管道,将这些地方的含尘空气吸到除尘器中,经过除尘处理再由风机将清洁的空气送回大气中。采用除尘器除尘的效率较高,一般可达到 95%～99%,但体积较大,设备费用高,维护管理复杂。

一般情况下,干式除尘通常用于特种化学物料,如硫黄、化肥等;湿式除尘技术应用较为广泛,常用于常规物料,如煤炭、矿石等。湿式除尘系统主要分为干雾除尘和水雾除尘,两种湿式除尘方式针对不同粉尘颗粒度,干雾除尘系统主要抑制 5～50 μm 级的颗粒,水雾除尘系统主要抑制 50～500 μm 级的颗粒。湿式除尘系统在桥式抓斗卸船机上的应用,通常采用水雾除尘系统,随着环境指标要求的提高,干雾除尘系统也开始应用在卸船机上。但通过一段时间的应用发现,由于卸船机作业中产生粉尘颗粒度范围较广,仅采用干雾除尘系统对于颗粒度在 $50 \sim 500 \, \mu m$ 范围内的粉尘抑制效果不明显。

第五节 干散货码头智能生产系统

新兴技术的不断发展有效推动了自动化干散货码头的建设,通过网络技术将智能控制系统与生产数据库、自动化生产系统、智能辅助生产系统相连形成智能生产系统,见图 4 - 119。接受作业指令后,智能控制系统根据生产数据库中船型、车型、货种及生产经验等信息,控制自动化生产系统及智能辅助生产系统进行卸船、装船、卸车、装车、堆取料、混矿等作业,同时通过安全监控系统,对生产流程进行动态监控,实时调整生产流程,发现问题及时整改等。

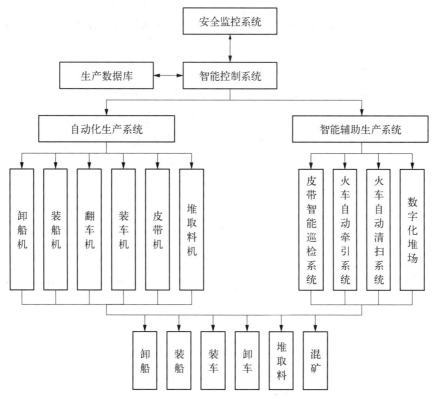

图 4 - 119 干散货码头智能生产系统

一、自动化生产系统

干散货码头生产主要有卸船、装船、卸车、装车、混矿 5 个流程,为完善 5 个流程的自动化,需对卸船机、装船机、翻车机、装车楼、堆取料机及皮带机进行自动化改造。

1. 自动化卸船机

自动化卸船机主要应用抓斗路径控制技术、三维物料扫描技术及防碰撞系统。卸船机的自动化改造,在降低司机劳动强度的同时,提高了生产效率,避免了由于司机视线不足而导致抓斗损坏船舱事故的发生,减少生产成本。

2. 自动化装船机

自动化装船机采用激光扫描传感器确定舱口位置,优化计算每个船舱的装载体积,并具有自动换舱功能,保证每个船舱装载平衡。为避免物料洒漏,采用 GPS 定位系统,实时监测调整装船机臂架与船舱间距离,并进行动态调整。对装船机进行流程自动化排空工艺改造,更换装船货种时,装船机及皮带流程反转,通过堆取料机将废料运输到指定货垛,避免混杂。

3. 自动化翻车机

自动化翻车机借助火车自动牵引系统将火车牵引至指定位置,由火车自动提钩装置完成提钩工作,操作员通过远程监控系统实时观察现场情况,运用 PLC 控制技术进行翻车工作,改善了工作环境,由机械提钩取代人工提钩,在降低劳动强度的同时提高了生产效率。

4. 自动化装车楼

进入装车区域前,借助火车自动清扫装置全面清扫车厢内壁废料;进入装车区域后,由车型视觉识别系统识别火车车厢尺寸、载重并将参数反馈至装车楼控制系统;车厢位置识别系统精准识别车厢位置;控制系统调整装车溜槽伸缩至车厢内,并调整落料溜槽闸板开口大小,进行火车装车作业,整列火车由装车楼一次性完成装车工作,装车平稳且效率高。

5. 自动化皮带流程

自动化皮带流程采用远程监控系统与 PLC 控制系统,远程监控皮带实时动态,可进行指定皮带流程的启停与速度控制,将物料运输至货场的任意货垛,同时为避免皮带跑偏、撕裂及驱动故障等问题,研发皮带智能巡检系统,加装自动纠偏装置和皮带撕裂报警装置。

6. 自动化堆取料机

自动化系统接受堆取料作业指令后,分析计算需执行的动作和矿量计划,按设定程序借助 PLC 控制系统控制设备行走,采用物料检测装置、三维激光扫描仪对目标垛进行三维建模,根据料堆三维模型自动计算最佳堆取料点和作业路径,进行标准化堆取料作业。

二、智能辅助生产系统

为提高码头自动化效率及满足环保要求,开发自动化火车牵引系统、皮带智能巡检系统、自动化火车清扫、自动洒水喷淋系统及数字化堆场等。

1. 自动化火车牵引系统

自动化火车牵引系统拥有自动提钩控制系统和风光互补充电系统,采用高精度北斗定位模块,可通过手机端远程控制火车提钩作业,远距离无线监控确认提钩状态,可实现远距离视频无线传送,实时监控火车挂钩、提钩情况。

2. 自动化火车清扫设备

开发自动化火车清扫设备,应用人工智能、电液伺服控制、激光传感、车厢定位和高速清扫自吸装置等前沿技术,实现了火车装车作业前的车厢智能识别、废料动态清扫、装车作业安全联锁,还具有防撞检测、喷淋抑尘、余料回收等功能。

3. 皮带智能巡检系统

皮带智能巡检系统包括皮带流程光纤测温、智能异物检测、声音分析等信息化手段,同时还加装皮带防撕裂装置、皮带自动纠偏等装置。

4. 数字化堆场

采用无人机定时巡视堆场,在无人机机架处加装高清摄像头和三维扫描雷达,对堆场进行拍照和三维模型扫描,融合形成堆场三维形貌图。根据生产数据库中的货种信息,可计算不同货垛的质量和体积,也可以计算堆场承载能力,提高堆场管理效率。

5. 自动洒水喷淋系统

研发自动洒水喷淋系统,通过监控系统或职工反馈扬尘区域,可通过手机端远程控制堆场指定喷水枪开关,进行喷水抑尘工作,操作简单,提高抑尘效率。

三、安全监控系统

采用视频监控与无人机巡视系统,全面监控港区生产作业。借助以太网技术开发了数据集中显示界面,将设备数据、作业数据、故障记录等直观显示,可全面监控每条流程、堆取料机等设备运行情况,并自动记录皮带机运行开始时间和停止时间,自动统计任意时间段内各皮带机的运行时间,为皮带及重要运转部件更换提供数据支持。

 案例 1

宁波舟山港衢山港区鼠浪湖矿石中转码头装卸工艺

(一) 码头基本情况

鼠浪湖矿石中转码头工程作为国内最大的矿石中转码头,可停靠 40 万吨级的超大型矿石船。码头目前拥有 5 个生产性泊位,其中 2 个 30 万吨级铁矿石卸船泊位(水工结构均按靠泊 40 万吨散货船舶设计),泊位总长度为 835 m;一个 10 万吨级装船泊位和 2 个 5 万吨级(水工结构均按靠泊 10 万吨级散货船舶设计)装船泊位,泊位总长度为 870 m,年矿石设计吞吐量为 5 200 万吨,其中进口 2 600 万吨,出口 2 600 万吨。码头平面布置见图 4-120。

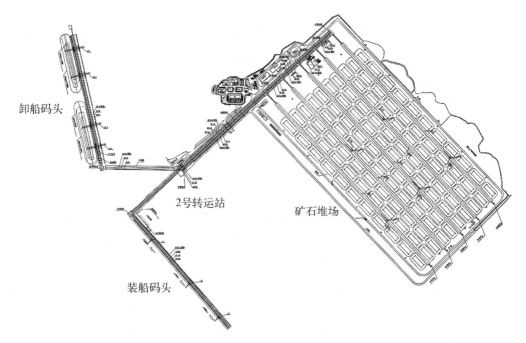

卸船码头

2号转运站

矿石堆场

装船码头

图 4‑120   鼠浪湖矿石中转码头平面布置图

(二) 主要工艺设备

1. 卸船作业

卸船作业采用 4 台桥式抓斗卸船机,轨距为 30 m,外伸距为 55 m,额定能力为 3 000 t/h。

2. 装船作业

装船作业采用 3 台移动式装船机,轨距为 20 m,额定能力为 6 000 t/h,悬臂回转半径分别为 52 m,48 m 和 42 m。

3. 堆场作业

堆场作业采用 5 台双尾车斗轮堆取料机,堆料和取料额定能力均为 6 000 t/h,轨距为 11 m,悬臂回转半径为 52 m。

4. 水平运输

矿石输送采用带式输送机。卸船码头及进场系统设 2 路带式输送机,另预留一路带式输送机,主要参数为:带宽 1 800 mm,带速 3.15 m/s,槽角 35°,额定生产能力为 6 000 t/h;堆场设 5 路带式输送机,采用正反转双向运行。出场系统及装船码头设 3 路带式输送机,另预留一路带式输送机,主要参数同卸船进场带式输送机。

5. 计量

矿石进出口商业计量均按船舶水尺计量,为便于生产管理,带式输送机系统中设有电子皮带秤,电子皮带秤系统精度不低于 0.5%。

6. 商检

为对国外进口铁矿石的商品检验,设置 2 套矿石取制样设施,预留 1 套。取制样设施的能力和功能要求按系统生产能力和国标标准确定。

(三) 装卸工艺流程

1. 卸船→堆场

从船舶到堆场输送工艺流程如图 4-121 所示。

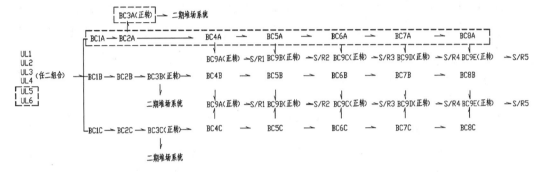

UL—卸船机；BC—带式输送机；S/R—斗轮堆取料机。
注：流程中虚线框为预留流程。

图 4-121 卸船到堆场流程

2. 堆场→装船

从堆场到船舶输送工艺流程如图 4-122 所示。

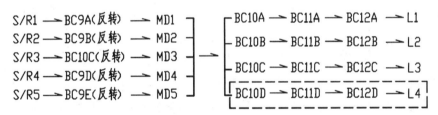

S/R—斗轮堆取料机；BC—带式输送机；MD—移动皮带机；L—装船机。
注：流程中虚线框为预留流程。

图 4-122 堆场到装船流程

3. 卸船→装船(直取)

从船至船直取工艺流程如图 4-123 所示。

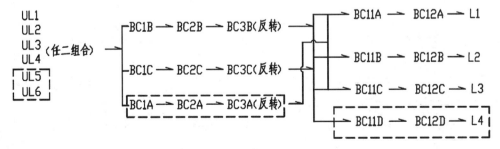

UL—卸船机；BC—带式输送机；L—装船机。
注：流程中虚线框为预留流程。

图 4-123 船—船直取流程

（四）关键技术

受自然条件限制，卸船码头引桥、装船码头引桥和连接后方陆域的引堤呈"Y"形布置，2号转运站就位于引堤的堤头位置，在"Y"交点上。根据平面布置的要求，所有进出卸船码头、装船码头和陆域的道路和管线也都在这个"Y"的交点处交汇。卸船进场、出场装船、直装以及商检取样功能都需要在2号转运站内完成。如何在有限的位置内，避开所有的管线，不影响进出码头通行车辆的道路，满足卸船进场、出场装船、直装以及商检取样功能的实现，是本工程工艺设计的最难点，故2号转运站内的工艺设计及工艺设备的布置成为本工程工艺流程是否顺畅的关键点。

1. 2号转运站的工艺布置

2号转运站就位于引堤的堤头位置，四周布置有道路、挡墙和管线的管沟。2号转运站内共有十几条带式输送机在此交汇，实现进场、出场、直装、商检和远期预留等功能。按照一次规划，分步实施的原则，在工程实施时预留远期发展接口，与预留堆场系统的接入点也设在2号转运站内。

2号转运站长39 m，宽27 m，建筑面积约3 360 m²，高超过24 m，采用钢混结构，共4层，其中高程20.2 m处为钢结构平台。进场皮带机BC2A/B/C的头部布置在高程20.2 m处，该处还布置有用于商检的头部取样机；在高程16.2 m处布置有取样皮带机S1A/B/C和S2A/B/C；在高程10.2 m处布置有BC3A/B/C三条移动皮带机和取样返矿皮带机S3A/B/C，BC3A/B/C三条移动皮带机采用正反转；高程4.1 m处布置有进场的BC4A/B/C和出场的BC11A/B/C/D。由于卸船进场的卸船引桥皮带机BC2A/B/C、引堤皮带机BC4A/B/C和出场装船引桥皮带机BC11A/B/C/D存在较大的夹角，进场和直装流程都通过移动皮带机BC3A/B/C来实现，BC3A/B/C可移动多个位置，正转与BC4A/B/C连接，实现进场流程和进入预留堆场系统，反转与BC11A/B/C/D连接，实现直装流程。2号转运站布置如图4-124所示。

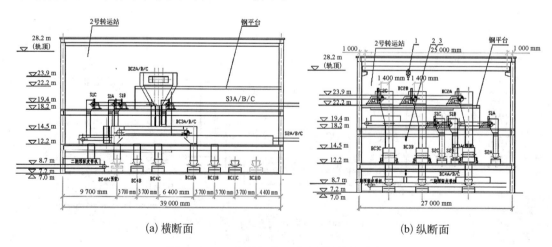

(a) 横断面　　　　　　　　　　　(b) 纵断面

图4-124　2号转运站工艺布置断面示意图

2.2号转运站的工艺特点及效果

2号转运站在工艺系统设计时,充分考虑了各工艺设备的安装和维修条件,在转运站每个楼面设置了吊装口,除在顶部设置起重量为16 t的桥式起重机外,还在每个楼层的顶部都设置了维修用的起重机轨道,设置单轨小车和电动葫芦,对所有工艺设备全覆盖,满足日常维修的需要,为今后的日常管理创造了良好的条件。

2号转运站设置在卸船、装船引桥和引堤的"Y"交点上,使直装流程和商检取样的路径最短,最大限度地减少转接环节,节能降耗;内部工艺设备布置紧凑,高程设计在满足流程转接需要的情况下,尽量降低高度,减少落料高度,起到节能降耗作用。当落料高度无法降低时,对落料溜管采取特殊设计,降低物料对皮带面的冲击,通过合理布置移动皮带机BC3A/B/C,既完成了进场、直取和对二期预留堆场的连接,又实现了流程"一对三"或"一对四"的自由转换,使工艺流程切换方便,最大限度地满足各种工况的需求,极大地提高了工艺流程的灵活性和可靠性。

思考题:

(1)矿石中转码头与进口或出口码头的工艺流程有何区别?

(2)如何解决矿石中转码头多种功能、多种流程集中转换的问题?

案例2

湄洲湾港罗屿作业区9号、10号泊位装卸工艺

(一)码头基本情况

湄洲湾港东吴港区罗屿作业区(见图4-125)是福建省"两散"的重要组成部分,作业

图4-125 罗屿作业区总体布置示意图

区规划岸线长4 189 m,陆域面积约4.6 km²,布置5万～40万吨级散货泊位15个,规划以8号30万吨级和9号40万吨级两个泊位为依托,打造东南沿海最大的散货专用港区。由于作业区建设规模大,计划分三阶段建设,第一阶段9～10号泊位,第二阶段8号、11～15号泊位,第三阶段1～7号泊位。其中,9号泊位(40万吨级铁矿石卸船泊位,泊位长度为386 m)和10号泊位(10万吨级铁矿石和煤炭装船泊位,泊位长度为275 m)已于2018年7月先行建成投产,本案例研究9号、10号泊位装卸工艺,其码头总体布置如图4－126所示。

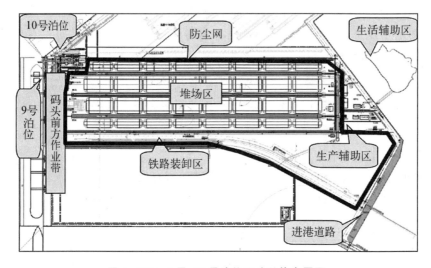

图4－126 9号、10号泊位码头总体布置图

(二) 节能环保、自动化程度高的装卸工艺

1. 卸船作业系统

本工程为公用码头,到港船型变化较大(3.5万～40万吨级),由于链斗连续式卸船机取料头装置较大,对舱口宽度要求较高,对中小船型的适应能力较差,且连续式卸船机造价比桥式抓斗卸船机高约50%,连续式卸船机链条和链斗的工作条件也比抓斗恶劣,容易磨损,维护成本相对较高,因此本工程卸船设备选用桥式抓斗卸船机。

近年来,国内各大型铁矿石接卸码头配置的桥式抓斗卸船机能力呈大型化发展趋势,目前,青岛董家口配置了国内最大的单机卸船能力达3 500 t/h的卸船机,其他的卸船机基本为2 750～3 250 t/h。针对本工程铁矿石接卸量及其发展要求,并考虑到卸船机各零部件的标准化、备品备件管理等问题,为尽可能提高卸船效率、降低船舶在港时间、提高码头竞争力,本工程卸船系统选用3台额定能力为3 000 t/h的桥式抓斗卸船机。为进一步抑制卸船过程中粉尘逸出、提高环保效果,卸船机接料漏斗周边、给料机出料口、托架处等均采用干雾抑尘设施。

2. 装船系统

10号泊位配置一台额定能力为6 000 t/h的移动式装船机。由于本工程9号和10号泊位夹角非常大,如何布置10号泊位的装船作业系统直接影响作业效率、转运成本和码头有效使用长度。装船机尾车布置和喂料带式输送机连接方式影响 10 号泊位装船工艺布置。考虑到工程投资和运营能耗，将装船机尾车布置在陆侧轨后侧，放置在高架皮带机廊道上，通过主机拖动进行，如图 4 - 127 所示。

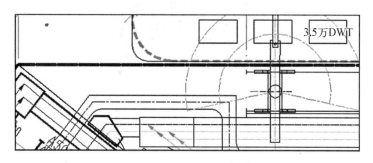

图 4 - 127　装船机尾车布置方案

3. 堆场作业系统

9 号泊位后方用地最南侧布置铁路装卸场地，铁路线垂直于码头布置，共布置 2 股装车线，一股行车线。10 号泊位后方用地呈三角形，用地面积极小。因此，结合场地条件，为实现场地利用最大化，将 9 号泊位后方用地布置为卸船码头前沿作业区、堆场区，堆场区布置垂直码头，长 1 224.9 m、宽 319 m，堆场内共布置 3 条堆取合一的斗轮机基础，4 幅堆场，堆场有效容量 296.4 万吨，可满足 1 800 万吨卸船作业的堆存要求；10 号泊位后方三角区用地布置装船码头前沿作业区以及后续 11～15 号泊位装卸船生产设施区。

本工程堆取料机采用全自动智能化作业模式，安装在单机悬臂上的雷达检测设备作为检测装置，对堆场的目标料堆进行边界实时检测，利用高性能计算机系统对现场各类作业状态及数据信息进行收集并整合，提取料堆关键作业参数，并通知机上 PLC 调整单机的走行、俯仰和回转动作，从而控制堆取料机进行全自动混配作业，实现智能化自动混配作业。

由于国内进口不同地区的铁矿石(包括煤炭)，故品位存在较大差异，为降低运输及采购成本，满足国内钢厂、电厂对原料的不同需求，目前基本采用国内港口混配再疏港的方式。结合平面条件和工艺流程要求，设置混配作业流程功能，通过堆场 2 台不同的斗轮堆取料机进行混配作业，恒流量目标值自动调节控制后，通过带式输送机流程的多次转运，最后进入堆场的第三台斗轮堆取料机进行堆存或直接装船、装车等疏港作业。另外，可在线对混配后的物料进行取制样，以准确分析混配后的品位情况。

4. 铁路装车布置方案

罗屿铁路装车线分为两股，一股布置在 8 号、9 号泊位中间满足 8～15 号泊位装车需要，一股布置在 1～7 号泊位后方满足 1～7 号泊位装车需要，铁路装车均采用装车楼工艺方案。由于铁路路基较场地高 5.59 m，将 1～8 号泊位和 9～15 号泊位自然隔断，1～8 号泊位可直接接入铁路装车线；综合考虑皮带机廊道长度、与 11～15 号泊位关系、维护保养便利性、造价、运行能耗和成本,将9～15号泊位装车皮带机走线布置在堆场后方,如图4-128所示。

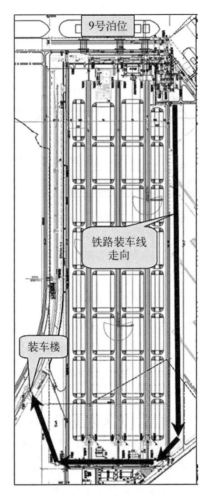

图 4-128　装车输送机流向示意图

思考题:

(1) 干散货码头工艺设备选型的依据是什么?

(2) 干散货码头智能化装卸工艺的可行实施路径是什么?

 **案例3**

黄骅港三期工程装卸工艺

(一) 码头基本情况

黄骅港三期工程(见图4-129)位于河北省沧州市黄骅港神华煤炭港区,是国内首座大规模采用筒仓储煤的专业化煤炭码头工程,设计年装船量5000万吨。工程于2011年4月开工建设,2017年1月竣工,总投资44.5亿元。

图 4-129　黄骅港三期工程全景

　　黄骅港三期工程主要新建一座四线四翻的翻车机房,24 座单个储煤 3 万吨的钢筋混凝土筒仓,4 个 5 万吨级专业化煤炭装船泊位,以及配套了大型装卸设备系统,使系统整体效率达到了国际先进水平。

　　煤炭转运通过皮带输送系统经由翻车机卸车、筒仓储运、码头装船三大系统完成,工程规模宏大:翻车机基坑直径为 96 m,国内最大,卸车机械兼顾 C80、C70A、C64、KM98等车型,可同时翻卸 4 节车厢。筒仓单个直径为 40 m,高 43 m,节地环保高效,较常规露天堆场占地仅为 1∶3~1∶2;码头为突堤式布置并采用双侧靠船系统,配备 4 套回转式装船机系统,可实现 8 个泊位的装船;设备性能先进,工业自动化程度高,取料装船能力达8 000 t/h,较常规露天堆场提高约 20%。

　　(二) 主要工艺设备

　　(1) 装船机。装船机数量为 4 台;单机额定装船效率:8 000 t/h。

　　(2) 翻车机。新建翻车机数量为 2 台;单机额定装船效率:8 000 t/h。

　　(3) 筒仓。筒仓数量为 24 座;单个筒仓容量:3 万吨。

　　(4) 卸料小车。卸料小车数量为 4 台(CT1~CT4,每排筒仓设置一台);单台卸料小车额定效率:8 000 t/h。

　　(5) 活化给料机。活化给料机数量为 144 台(每个筒仓设置 6 台);单台活化给料机额定效率:1 350 t/h。

　　(6) 皮带机。BF10~BF11 额定功效为 8 000 t/h(卸车入仓或直取);BH11~BH14额定功效为 8 000 t/h(卸车入仓或直取);BH10 额定功效为 8 000 t/h(直取);BD7~BD10额定功效为 8 000 t/h(卸车入仓);BQ7~BQ10 额定功效为 4 000 t/h(出仓装船);BC6~BC9 额定功效为 8 000 t/h(出仓装船或直取);BM8~BM11 额定功效为 8 000 t/h(出仓装船或直取)。

(三) 装卸工艺流程

1. 卸车流程

火车→翻车机→皮带机(BF10～BF11)→皮带机(BH11～BH14)→皮带机(BD7～BD10)→卸料小车→筒仓。

2. 装船流程

筒仓→活化给料机→皮带机(BQ7～BQ10)→皮带机(BC6～BC9)→皮带机(BM8～BM11)→装船机→船舶。

3. 车船直取流程

火车→翻车机→皮带机(BF10～BF11)→皮带机(BH10)→皮带机(BC6～BC9)→皮带机(BM8～BM11)→装船机→船舶。

(四) 工艺创新与新技术应用

(1) 国内首座大规模采用筒仓储煤的专业化煤炭港口工程,设备性能先进,工业自动化程度高,装卸效率达到国际领先水平。

(2) 国内首次采用筒仓储煤工艺,筒仓实现粉尘和煤污水的"零排放",节地环保高效。

(3) 研发众多煤炭港口工艺设备专利技术。其中,发明专利14项:一种用于检测筒仓内可燃气体浓度的设备,一种倒仓系统及方法、料位平衡控制方法和系统等。实用新型专利42项:用于大型煤炭物流基地的筒仓群存储及中转煤炭的方法、一种兼顾自卸式底开门车卸车的翻车机系统、一种应用港口的智能化供配电网络监控管理系统等。

(4) 国内最大卸车能力翻车机系统,国内首次采用翻车机工艺和底开门自卸车工艺统一布置方式,提高了设备的适应性,降低了运营成本。

(5) 国内首座双侧靠船煤炭专业化码头,一座码头双侧靠船,布置4套回转式装船机,实现了常规的2座码头、8套装船系统方可达到的效果。

(6) 攻克了多项重大技术课题:8 000 t/h专业煤炭输送皮带应用、翻堆及取装设备系统的联调技术等。

思考题:

(1) "筒仓堆存驱动式"作业模式的适用条件和优缺点是什么?

(2) 干散货码头装卸工艺未来的发展趋势有哪些?

本 章 小 结

本章主要阐述了干散货的类型和特性、干散货装卸搬运机械化、干散货装卸工艺流程及布置,介绍了干散货的计量及粉尘防治、干散货码头智能生产系统,最后以宁波舟山港衢山港区鼠浪湖矿石中转码头、湄洲湾港罗屿作业区9号、10号泊位和黄骅港三期工程为例,具体介绍了我国干散货码头的装卸工艺。

本 章 关 键 词

干散货——干散货是指不加包装呈松散状态的块状、颗粒状、粉末状货物,通常包括散装谷物、煤炭、矿石、散装水泥、矿物性建筑材料及化学性质比较稳定的块状或粒状货物。

容重——物料的容重即是物料的单位体积质量,单位为吨/立方米(t/m³)。

自然坡度角(自然堆积角)——自然坡度角是指物料从一个规定的高处自由均匀地落下时,所形成的能稳定保持的锥形料堆的最大坡脚,即自然坡度表面与水平面之间的夹角。

颗粒(块度)——物料颗粒的粒度是指物料单个颗粒的尺寸大小,大多数散料物料均含有不同大小和形状的颗粒。

外摩擦系数——物料和与之接触的承受面之间的摩擦力同基础承受面上的法向压力之比,叫作该物料对该承受面的外摩擦系数。

装船机——装船机可分为间歇式装船机和连续式装船机。间歇式装船机械可以采用起重机配抓斗装船,连续式装船机主要是通过装船机的抛料弯头从开始作业到装舱完毕将物料连续地装入船舱。

卸船机——卸船机按机械工作特点可以分为间歇式卸船机和连续卸船机,从卸船方式可以分为船舶自卸和非自卸两种。

翻车机——翻车机是广泛应用于电力、港口、冶金、煤炭、化工等行业的大型自动卸车设备,用倾翻车厢的方式翻卸标准铁路敞车所装载的干散货物料,在翻车机的作用下,干散货物料从车厢顶部一次卸出。

堆料机——堆料机是国内外干散货堆场常采用的专用设备,用来完成物料进、出场和堆料作业的机械。

取料机——取料机是用于挖取堆场上的散粒物料并将物料供给地面或坑道的带式输送机,是将散粒物料从堆场运出去的专用机械。

斗轮堆取料机——斗轮堆取料机是一类在堆场内配合地面固定式带式输送机输送系统的专用机械,具有堆料和取料两种作业功能。

带式输送机——带式输送机是一种利用没有端点且能够连续运动的输送带实现货物运输的机械设备。用胶带作为输送带的称为胶带输送机,俗称皮带机。

本 章 习 题

(1) 煤炭、铁矿石等干散货装卸工艺的特点有哪些?

（2）简述几种固定式干散货装船机的基本结构、工作原理及工艺布置特点。

（3）简述链斗卸船机、斗轮式卸船机、螺旋式卸船机的基本结构、工作原理和工作特点。

（4）比较干散货连续卸船机和间歇式卸船机的特点。

（5）简述折返式和贯通式翻车机工艺布置形式及作业过程。

（6）简述底开门自卸车的工艺布置形式及作业特点。

（7）干散货堆场地下工艺系统 V 形坑道存仓的设计要求有哪些？

（8）干散货堆场地面工艺系统堆取分开方案和堆取合一方案的工艺布置特点有哪些？

（9）简述干散货进口和出口的装卸工艺流程。

（10）简述进口和出口干散货码头的几种工艺布置形式。

（11）干散货码头防粉尘污染的措施有哪些？

第五章
散粮装卸工艺与组织

教学目标

知识目标

(1) 理解散粮的货物特性。

(2) 掌握散粮码头各装卸环节机械设备的功能和特点。

(3) 能够分别从进口和出口角度组织完整的货物装卸作业流程。

(4) 了解散粮码头自动化与信息化发展现状。

能力目标

(1) 能够对散粮码头的装卸工艺系统进行系统分析,并提出优化思路。

(2) 能够综合考虑环保、安全、效率等因素的影响,体现创新意识。

(3) 能够分别从进口和出口两方面安排散粮装卸的全部工艺流程。

(4) 理解散粮装卸工作的重点,并结合目前散粮码头自动化、信息化、智慧化发展趋势进行前瞻性思考。

素质目标

(1) 重视粮食码头生产流程,培养珍惜粮食意识,理解粮食安全建设内涵。

(2) 理解粮食码头生产过程中的新思路、新技术,培养创新精神。

导入案例

我国散粮码头的发展

中国港口粮食专业化码头发展具有起步较晚、起点较高、技术先进、装卸兼具的特点。20 世纪 70 年代中期,中国开始具备粮食专业化装卸能力,由中国自行研制的 400 t/h 的气力式卸船机成为码头前沿的主力设备,单机生产效率已处于当时世界先进水平,输送系统、筒仓群等工艺设计也与国际先进理念接轨。80 年代后,中国港口粮食专业化码头的技术水平进一步提高,波形挡边胶带式卸船机、埋刮板式卸船机、夹皮带式卸船机、波形挡边胶带垂直提升机、大型埋刮板多点卸料输送机、大直径筒仓等一批代表粮食专业化码头国际最新发展水平的专用设备相继装备中国港口。进入 21 世纪后,以亚洲最大的大连北良粮食码头为代表,中国粮食专业化码头的整体技术水平已经迈入国际先进行列。大连北良粮食码头年设计通过能力达 900 万吨,可以接纳 10 万吨级散货船靠泊,码头卸船效率为 2 000 t/h,装船效率为 4 000 t/h,筒仓容量达到 180 万吨,具备装卸船、装卸车双向工艺流程以及粮食长期储存保障能力。广州、秦皇岛等港建设的粮食专业化码头,其码头装卸工艺、装卸设备、系统自动控制等方面的技术和综合能力也已接近或达到世界先进水平。

粮食专业化码头在中国港口粮食装卸生产中处于关键地位。其中,外贸进口散粮已基本实现由粮食专业化码头进行卸船作业。自中国港口开始加快建设粮食专业化码头后,全国港口的粮食吞吐能力迅速提升,缓解了粮食进出口运输在港口装卸环节上的紧张局面。

表 5-1　我国主要港口粮食吞吐量

单位:万吨

年　份	2005	2010	2015	2020
规模以上港口粮食吞吐量	10 259	16 861	25 130	32 763
沿海港口吞吐量	8 590	12 504	17 336	21 946
内河港口吞吐量	1 669	4 357	7 794	10 817

数据来源:《2020 中国航运发展报告》。

我国粮食产量连续稳定、库存高位运行,截至 2019 年底,我国沿海港口拥有专业化粮食泊位 73 个,年接卸通过能力约为 1.4 亿吨。可以看出,设备较为先进、装卸效率较高的专业化粮食码头主要分布在环渤海、长三角和珠三角区域。此外,从事以粮食装卸为主的通用泊位 30 个,年通过能力约为 0.4 亿吨。沿海各区域承担粮食进出口接卸港口的具体情况如下:

1. 环渤海

环渤海港口已建专业化粮食泊位 22 个,年通过能力约为 6 360 万吨,承担粮食总吞吐量比例约为全国的 3/4。辽宁沿海港口已建专业化粮食泊位 13 个,年通过能力约为 3 550 万吨,最大泊位等级已达到 10 万吨级,主要承担粮食内贸运输,作为"北粮南运"内贸运输体系的主要装船港;津冀沿海已建专业化粮食泊位 5 个,年通过能力约为 1 800 万吨。其中,4 个泊位分布在天津港,要承担粮食外贸进口接卸;山东沿海已建专业化粮食泊位 4 个,年通过能力约为 1 000 万吨,分布在日照港和烟台港,主要承担粮食外贸进口接卸。

2. 长三角

长三角沿海港口已建专业化粮食泊位 28 个,年通过能力约为 4 400 万吨,承担粮食总吞吐量比例约六成。其中,连云港港、苏州港、南通港、镇江港、宁波舟山港(舟山港域)等主要承担粮食外贸进口运输;泰州港、南通港、宁波舟山港(舟山港域)、苏州港、镇江港为主要接卸中转港。上述港口大多兼顾外贸进口和内贸中转功能。其中,宁波舟山港(舟山港域)已建专业化粮食泊位 5 个,年通过能力约为 950 万吨,呈现出明显外贸进、内贸出的中转运输特点;上海港已建专业化粮食泊位 9 个,年通过能力约为 700 万吨,但 2019 年粮食总吞吐量仅有 226 万吨,粮食海运比例有所下降。

3. 东南沿海

东南沿海目前仅福州港建有一个粮食专业化泊位,年通过能力约为 120 万吨,承担外贸进口和内贸接卸。2019 年,福建省粮食吞吐量已达到 717 万吨,可见大部分粮食接卸是通过通用泊位完成的,或通过"散改集"经集装箱泊位完成的。

4. 珠三角

珠三角沿海港口已建专业化粮食泊位 16 个,年通过能力约为 2 450 万吨,承担粮食总吞吐量比例约四成。其中,广州港已建专业化粮食泊位 11 个,年通过能力约为 2 020 万吨,是珠三角最重要的粮食接卸中转港。广州港、东莞港、深圳港是主要的外贸进口接卸港和内贸中转港,服务江海中转和水网中转。

5. 西南沿海

西南沿海已建专业化粮食泊位 6 个,年通过能力约为 680 万吨,承担粮食总吞吐量比例接近三成。其中,广西防城港港、钦州港和广东湛江港是主要的外贸进口接卸港;防城港港、钦州港同时也承担内贸中转运输作业;海南海口港则主要承担内贸接卸任务。

综上可见,环渤海、长三角、珠三角粮食码头是外贸进口、北粮南运的关键节点,专业化水平较高。东南沿海、西南沿海地区由于消费地分散、消费主体规模有限,较大部分采用通用散货码头进行接卸。外贸进口粮食主要经由粮油加工企业专业化码头接卸,点对点的规模化运输采用散装化运输的效率较高,目前也是外贸进口大豆和北粮南运的主要方式。南方接卸码头接卸再分拨运输方式可根据市场需求和个性化运输要求,采用灌包运输及袋装粮集装箱运输。

思考题:

(1)粮食码头所装卸的货物其特性与煤炭、矿石这类大宗散货货物有何不同?这些特性会导致其装卸工艺流程有哪些不同特点?

(2)粮食码头在其码头布局尤其是货物存储方面,需要考虑哪些因素,与一般散货码头有着怎样不同的特点?这些特点又对散粮专业化码头的工艺流程产生什么影响?

(3)查找我国沿海粮食运输系统与粮食专业化码头的布局资料,分析这样的码头布局对我国粮食安全建设发挥怎样的作用?

引　言

我国作为世界上人口众多的国家,既是世界粮食生产大国,也是消费大国。2021 年,我国进口粮食 1.6 亿吨,其中大豆进口 9 651.8 万吨,占进口总量的 58.6％,是我国进口粮食中最主要的品种。粮食生产和运输对我国国计民生具有非常重要的全局性意义,以"国粮统调,外粮东进,东西南北粮食大流通"为主要特征的粮食运输链在我国运输体系中占有重要地位。

港口是我国粮食运输的重要枢纽,粮食也是我国港口的大宗货类。粮食在运输过程中的形态主要分为袋装和散装两种,虽然我国粮食运输中袋装粮食仍占一定的比例,但港口装卸的粮食已基本实现散装化,以散粮为作业对象的粮食专业化码头是我国粮食专业化码头的重要组成部分。

第一节　概　述

一、粮食的特性及对装卸保管的要求

在国际上散装粮食运输的品种很多,如小麦、大麦、玉米、稻类、大豆、高粱、油菜籽等。与其他干散货不同,粮食是食物,散粮在运输和装卸过程中要严格保证其质量,由于粮食具有一些自身的特性,因此对运输、装卸和存储有一定的要求。

(一) 粮食的食用性

粮食是宝贵的物质,主要供人类食用,所以要求在运输装卸过程中始终保持粮食的清洁卫生;装卸和保管粮食时,要求周围环境通风良好,严格要求粮食不受气味、潮湿、油污、杂质的污染,一定要与有气味的货物隔离。

此外,由于粮食是宝贵的物资,所以在粮食的运输和保管时需要精确计量,还要防止货损货差。因此,散粮装卸机械化系统中必须设置准确的计量设备。

(二) 粮食的吸附性

粮食具有吸收水分和气味的吸附特性。粮食吸收水分后,当其含水率超过 14％～15％时,就要霉变,所以保管粮食时要注意低湿度的要求。

(三) 粮食的热特性

粮食具有导热性和导温性,即粮堆具有传递热量的能力和吸收热量升高温度的特性。如果粮堆中有热源,容易造成热量的积聚,使得粮食变质。因此,为防止存放在筒仓内的粮食因受潮或温度过高而导致霉变,以保证粮食的质量,系统必须具有翻仓散热功能。

(四) 粮食的散落性

粮食在自然形成粮堆时,向四面流动成为一个圆锥体的性质称为粮食的散落性。粮食的颗粒大小、成熟度的差异、杂质数量的多少等都和散落性密切相关。粮食散落性的好坏通常用静态自然坡度角(见表 5-2)表示。静态自然堆积角与散落性成反比,即散落性好,静态自然坡度角小;散落性差,静态自然坡度角大。

表 5-2 主要粮食的静态自然坡度角

单位:(°)

粮　种	静止角范围
小麦	23～38
玉米	30～40
大豆	24～32

此外,粮食散落性的另一量度是自流角。自流角是粮粒在不同材料斜面上开始移动的角度,即粮粒下滑的极限角度。自流角是一个相对的值,它既与粮粒的物理特性有关,又与其作用的工具所用的材料有关。粮食的自流角是粮堆的外摩擦角,同种粮食在不同的材料上测定的自流角不同,不同种粮食在相同的材料上自流角(见表 5-3)也不相同。自流角表示的是某种粮食在某种材料上的滑动性能。自流角越大,滑动性能越差;自流角越小,滑动性能越好。

表 5-3 三种麦类在不同材料上的自流角

单位:(°)

粮　种	抛光木板	铁　板
小麦	24～27	24～28
大麦	26～27	25～30
燕麦	26～28	21～25

粮食的散落性在粮食储藏、装卸运输机械及储藏等设施的设计中都是一个重要因素。储藏期间散落性的变化,可在一定程度上反映粮食的稳定性。安全储藏的粮食总是具有良好的散落性。

此外,粮食的流散性还与温度、水分有关;温度提高、水分增加,粮食的流散性就越小。严重的发热结块还会形成 90° 角的直壁状,完全丧失散落性。

散落性好的粮食,在运输过程中容易流散,对于装车、装船、入仓出库操作较方便,可节省劳力与时间,但是散落性较大的粮食对装粮容器的侧压力也大。装粮时对散落性大的粮食就要降低堆装高度,对散落性较小的粮食则可酌情增加高度。

(五)粮食具有扬尘性

粮食的扬尘性对机械化系统提出了特殊的要求,特别是在采用筒仓保管储存粮食的系统中,粉尘往往会引起筒仓爆炸,所以要有防尘、防爆设施。

上述粮食的特性,需要在装卸机械化系统设计或使用时加以注意。

此外,散粮在运输和装卸过程中有许多辅助作业,如粮食的检验、熏蒸等也应在装卸工艺中进行相应的考虑。

二、粮食的主要运输方式

粮食运输主要有袋装运输和散装运输两种形式,也有用集装箱运输粮食的。上述粮食运输方式中,特别是对大批量的粮食运输来说,目前国内外仍广泛采用"四散"技术,即散装、散卸、散储、散运。从20世纪70年代左右起,世界上大部分国家无一例外地全部采用了粮食"四散"流通技术。广泛采用散粮运输形式的原因,除了世界散粮运输需求相当大以外,还因为大批量散粮运输具有极大的优越性。

比较袋装粮食运输方式,散粮运输方式具有如下优点:

(一)易于实现粮食装卸的专业化、机械化

由于各种颗粒状的粮食如麦子、玉米、大米、大豆等具有相似的运输特性,对运输工具、储存保管、装卸方法和所用设备有比较一致的要求,因此容易对各种散粮采用相同的专业化设备以实现散粮运输的专业化和机械化。

(二)有利于提高装卸效率,加速粮食物流周转

粮食的散装化运输,可以减少灌包等环节,提高流通过程中各个作业环节的生产率。同时,由于采用专业化的机械完成装卸,因此与袋装粮食的装卸效率相比会明显提高。例如,港口装卸单件质量为80~100 kg的袋装粮食时,平均每台时装卸效率仅60 t,而散粮专业化码头装卸散粮时,平均每台时装卸效率不低于300 t,甚至更高。

(三)有利于降低物流成本

与袋装粮食运输相比,散粮运输可以节约袋装粮食的包装费用、散粮的灌包和操作费用,有利于降低粮食物流费用、降低粮食运输成本和价格。

(四)减少工人数量,降低工人劳动强度

与袋装粮食相比,由于散粮作业环节减少,需要作业的人员数量同样也会减少。此外,袋装粮食装卸作业时,袋粮的舱内做关、清舱及车内作业等作业环节需要由工人以繁重的体力劳动来完成。而散粮的清舱作业如同散货清舱作业一样,可借助于清舱机作业,从而大大降低了工人的劳动强度,特别是在采用先进的卸粮机卸船时,清舱量极少。

在这里,我们可以对袋装粮和散装粮卸车时的各项指标进行对比,以此来反映散装粮运输的优势。以同样一列40节车厢,每车60 t的袋装粮和散装(作业能力为200 t/h)粮专列,进行接收进仓作业作为对比(见表5-4)。从作业人员数量来看,袋装粮约是散装粮

的 26 倍;从作业需要的时间来看袋装粮约是散装粮的 4.7 倍;从作业成本来看,袋装粮约是散装粮的 14 倍。可见,粮食运输的散装化将是大势所趋。

表 5-4 袋装粮和散装粮卸车经济指标比较

卸车经济指标	袋装粮	散装粮
作业需要人员数/人	236	9
作业时间/h	56	12
作业运营费用/元	31 477.9	2 242.28
每吨粮费用/(元/t)	13.12	0.93

三、粮食装卸运输的发展趋势

(一) 粮食运输工具的大型化

从目前散粮运输海运量增长趋势可以看出,散粮运输船型将朝着大型化方向发展,采用较大吨级船舶运输显然具有明显的经济性,运用 10 万吨以上船舶载运散粮是一种趋势。

(二) 粮食码头向专业化、大型化方向发展

随着粮食贸易量和运输量的增加,粮食码头将向专业化、大型化方向发展。世界主要产粮国是美国、加拿大、阿根廷、巴西和澳大利亚,5 个产粮国出口港最大靠泊船型载重吨为 5 万～18 万吨,考虑候潮以及二次装载因素,最大靠泊船型载重吨大多为 8 万～12 万吨。我国主要的粮食码头大连港、天津港、秦皇岛港、连云港港、上海港、宁波—舟山港、广州港、湛江港靠泊吨位集中在 3 万～10 万吨。

(三) 粮食运输仓储实现信息化管理

随着散粮运输的发展,特别是第三方粮食物流业的快速发展,迫切需要利用现代信息技术来整合物流资源,提高粮食物流的管理效率和作业效率,即实现物流协同作业管理信息的集成,最终达到物流管理流程清晰、数据集中、业务操作规范的目的。我国近几年已经开始研究粮食物流信息化技术,并在大型粮食港口采用,例如大连北良港粮食物流信息平台已经建成国内最先进的粮食物流信息平台。这种信息化管理覆盖了粮食从到港装卸、仓储、计量到运输等码头作业的各个环节,提高了粮食在码头的流通效率。

第二节 散粮码头主要的装卸搬运机械

一、散粮卸船机械

散粮卸船机械根据其工作时是否连续,可分为间歇型卸船机和连续型卸船机两大类。

间歇型卸船机是指各类抓斗卸船机,如船吊抓斗卸船机、门机抓斗卸船机、桥式抓斗卸船机等;常用的连续型散粮卸船机有吸粮机、压带式卸船机、螺旋式卸船机、链斗式卸船机等。现将各种主要散粮卸船机械的工作原理和特点分述如下:

(一) 抓斗卸船机

这是一种最早在港口使用的传统的散粮卸船机型。尽管当前在国内外部分粮食专业化码头上已使用了高效的连续型散粮卸船机,但仍有些港口使用抓斗卸船机接卸散粮。

比较连续型散粮卸船机,抓斗卸船机的使用特点是:

(1) 机械结构简单,造价低,维修保养方便。

(2) 对船型和货种的适应性强。配合各种吊货工夹具还可装卸其他货物,因此抓斗卸船机的通用性好,尤其适合通用性码头的散粮船舶接卸作业。

(3) 船舶装卸效率低、能耗大。抓斗卸船机的散粮接卸效率与抓斗抓满率有关,但普遍低于连续型卸船机,并随着船舱内货位的下降而降低。抓斗卸船机的清舱作业量大,清舱效率较低。

(4) 抓斗闭合不严密,卸船作业过程中散粮撒落现象较为严重。据统计,抓斗作业的散粮撒落量约占散粮接卸量的 3‰。

(5) 粉尘污染大。卸粮机在作业过程中的各个工序如舱内抓取提升散落、漏斗上空投料等都产生大量粉尘,有些落料点的粉尘浓度超过国家标准。

(二) 吸粮机

用于散粮卸船作业的气力卸船机通常称为吸粮机。吸粮机是用吸气方式来输送物料的气力输送机,是连续型散粮卸船机的常见机型。

在国际上,19 世纪末期开始在港口运用气力卸船机进行散粮卸船,20 世纪 30 年代,气力卸船机成为欧洲某些大港专业化散粮码头上的主要卸船设备。

吸粮机的工作原理是利用风机从封闭的管路内抽气,使管路内的气体压力低于外界大气压力(即形成一定的真空度),在压力差作用下,管路内形成急速气流来输送散粒物料,空气和物料一起到达接收地点,然后空气与物料分离,物料再通过码头上的机械重新转运。

吸粮机由气力吸送散粮输送系统和为使吸嘴灵活吸粮的各种工作机构和机架组成,其类型有固定式、移动式和浮式。

图 5-1 所示为移动式吸粮机。其机身、门架支承在轨道上,整机可沿轨道运行。气力吸送散粮输送系统主要由吸嘴、垂直输送管、水平输送管、吸管转换器、分离器、卸料器、除尘器、鼓风机等组成。工作时,船舱内的散粮由吸嘴吸进气力输送系统,经分离器卸至门架上的伸缩式胶带机,再通过与之衔接的输送机系统送入机械化圆筒粮仓。

吸粮机的转动臂上的水平和垂直输送管通常可伸缩,清舱吸嘴可伸到舱口的角落。因此,其突出的优点是便于清舱作业,不损伤舱底。这种卸船机一般都装有吸尘及隔声设施。

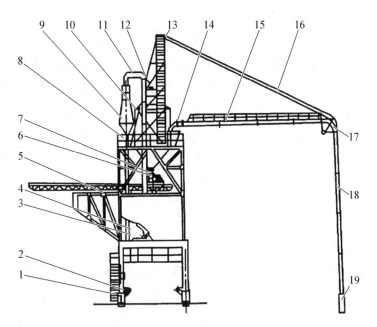

1—行走机构;2—行走驱动装置;3—电动机;4—鼓风机;5—伸缩式胶带机;6—卸料器驱动装置;7—卸料器;8—卸灰器;9—除尘器;10—分离器;11—风管;12—吸管俯仰驱动装置;13—滑轮;14—吸管转换器;15—水平输送管;16—钢丝绳;17—弯管;18—垂直输送管;19—吸嘴

图 5 - 1　移动式吸粮机结构图

吸粮机的主要工作优点是：

(1) 吸粮机结构简单,造价低,操作方便,使用灵活。

(2) 对船型的适应性强,清舱量较小,工人的劳动强度低。

(3) 易与其他运输环节相衔接。

在实际使用中,吸粮机也存在"三大一低"的缺点。

(1) 噪声大。吸粮机在工作时产生较大的振动造成很大的噪声(噪声一般大于 90 dB),不仅污染环境,而且对一线作业的装卸工人的健康造成危害。

(2) 粉尘大。尽管吸粮机装有吸尘设施,但由于卸船作业与水平运输的衔接部分的密封性不够,加上散粮粉尘的颗粒小,在散粮卸船作业中泄漏造成的粉尘浓度远远大于国家规定的粉尘浓度(不超过 10 mg/m³)的标准。

(3) 能耗大。如生产率为 200 t/h 的吸粮机,风机电动机的功率为 240 kW。

(4) 效率低。一方面是因为吸粮机本身特性所致,另一方面是由于它的卸船效率随船舱内物料货位的降低而下降,如到清舱阶段吸粮机的卸船效率更低。

为了解卸船效率的变化,根据生产现场操作程序可把吸粮机卸船过程分为以下三个阶段:

第一阶段,船舶满载粮食抵港,货位高。这时吸粮机的吸嘴只需在舱内垂直上下运动,但要注意吸嘴埋入货堆中的工作深度。根据我国实践经验,吸嘴埋入粮食堆中的理想工作深度为 0.6 m 左右,这时吸粮机效率系数可达 0.97。

第二阶段,物料减少,货位降低,此时要注意水平管道的上下摆动角度。如果水平管向上超过一定角度,吸粮机提升功率就增加,但如果水平管向下倾斜过大,就会引起管内粮食下滑,也会影响吸粮机效率的发挥。根据我国实践经验,在操作时水平管路不超过 15°为宜。

第三阶段,清舱阶段。由于此时舱内的物料大大减少,剩余物料的厚度达不到吸嘴埋入料堆中的理想深度,这时的效率利用系数约为 0.2。

提高吸粮机生产效率的措施有:

(1) 采用水平、垂直伸缩输送管以增加第一、第二阶段的卸货效率。

(2) 采用专用的清舱吸嘴。清舱弯管吸嘴可绕垂直输料管作 360°转动,以增加吸料面,提高卸船效率。

(三) 压带式卸船机

压带式卸船机是利用压带式输送机将供料装置喂入的料物提升出舱的一种连续式卸船机械。压带式卸船机又称双带式卸船机或夹带式卸船机。我国天津港、大连港的散粮码头曾从国外引进过装卸效率为 750 t/h 的压带式卸船机,用于散粮卸船作业。

压带式卸船机的基本结构如图 5-2 所示。它主要由门形座架、输送臂架等组成。门形座架可沿码头岸边轨道行走。输送臂架由垂直臂架和水平臂架组成,内部安装有压带式输送机,输送臂架可回转,能围绕门形座架以顺时针或逆时针旋转任意角度。水平臂架可俯仰,俯仰范围为水平以下 28°,水平以上 36°。垂直臂架可内外摆动,向外 20°,向内 20°。因此,压带式卸船机具有极大的灵活性。

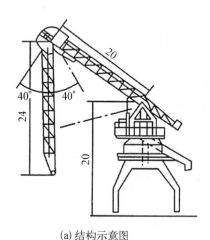
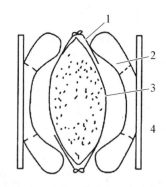

(a) 结构示意图　　　　(b) 垂臂处气室、皮带及粮食转运方式的示意图

1—铰接铝片;2—气囊;3—输送带;4—挡板。

图 5-2　压带式卸船机的基本结构(单位: m)

压带式卸船机的主要优点是:

(1) 卸船效率高。压带式卸船机卸散粮或其他颗粒状散货时,单机效率可达 300～2 000 t/h。若能配置特殊的取料装置,如清舱吸嘴,则即使在清舱阶段也可以取得较高的卸船效率。

（2）能耗小。其卸散粮时的能耗约为 $0.19\sim0.25\ \mathrm{kW\cdot h/t}$，是所有散粮卸船机型中能耗最小的一种机型。

（3）自重轻。压带式卸船机的主要组成部分是带式输送机，故其结构轻巧，对码头的负荷也较小。

（4）货运质量好。除取料部位外，物料始终处于双带之间的密闭环境中，因而不会造成洒漏和扬尘，被运送物料破损小。

（5）粉尘少。压带式卸船机卸料时，物料首先是经过埋在物料下面的喂料器，然后由两条边部密封的皮带夹运输送，因而粉尘极少。

（6）压带式卸船机运转平稳，噪声小，操作与维护较方便。

压带式卸船机的主要缺点是：

（1）压带带式输送机由两套输送机基本组成，结构复杂、磨损大。

（2）由于其结构特点，要求物料粒度均匀，磨搓性和磨损性较小。

（3）压带装置结构复杂，带边缘不易压紧，物料的泄漏现象较严重。

（4）不易输送流动性差的物料。

（四）螺旋式卸船机

螺旋卸船机是以螺旋取料并利用螺旋输送机垂直提升水平输送物料的连续型散货卸船机械，如图 5-3 所示。它主要由门架和垂直臂、水平臂、旋转塔和取料装置等组成。门架可在轨道上移动，垂直臂由箱形臂架和垂直螺旋输送机组成，垂直臂架具有左右、前后摆动的功能，可扩大取料范围。垂直臂的下端是取料装置，垂直臂上端与水平臂铰接。水平臂由箱形臂架和水平螺旋输送机组成，水平臂架具有俯仰、回转的功能。

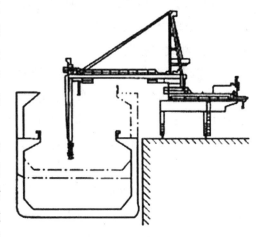

作业时，垂直螺旋输送机深入船舶粮舱内，在驱动装置的驱动下，管内管外螺旋向相反方向旋转，管外螺旋使周围物料松动并不断地向内螺旋挤送供料。它的转速可按物料性质和生产率需要而调整，内螺旋将物料提升至顶端再转至水平螺旋输送机，运到卸船机回转

图 5-3　螺旋式卸船机

中心的漏斗中，再将物料转运到接运带式输送机至卸料点。螺旋卸船机借助于水平臂架的回转、变幅、垂直螺旋摆动等机构的协同动作，机头可伸至舱内各点取料。

螺旋卸船机的主要特点是：

（1）卸船效率高。螺旋卸船机额定生产率可达 2 000 t/h 以上。借助于反向旋转式取料装置，使物料较紧密地在输送管道内匀速向前输送，取料装置又具有自动松料和掘进的功能,无论物料的流动性如何,只要舱底上面还剩 30～50 cm 的物料层厚度,螺旋卸船机就能连续地接近满负荷工作,故其平均生产率较高,可达到额定生产率的 70% 以上。

(2) 对货物和船型的适应性强。螺旋卸船机可用于卸粉状、颗粒状及块状的物料,特别适合散粮的装卸。由于取料装置具有松料功能,它甚至还能卸被压实形成硬壳的物料。螺旋卸船机借助水平臂架回转、变幅、垂直螺旋摆动等机构的协同动作,保证了卸船时的动作灵活,可适应各种类型的海船和内河驳船。

(3) 结构简单、自重轻。螺旋卸船机依靠螺旋输送物料,外形为封闭的圆筒,无牵引构件,无空返分支,故断面尺寸小。

(4) 密封性好,扬尘性小。螺旋卸船机的卸料过程是全封闭的,无泄漏和扬尘,噪声也较小。

(5) 工作构件的磨损严重。螺旋卸船机的主要易磨损部件是螺旋输送机的中间支承轴承和螺旋。这两者都埋在物料中,且与物料的相对滑动不可避免。

(6) 能耗较高。输送螺旋在工作时由于存在物料与螺旋面之间的摩擦、物料与料槽或输送管壁之间的摩擦,以及物料之间的相互摩擦与搅动,因此物料的单位长度移运阻力较大,使得螺旋卸船机的单位能耗比其他机械式连续卸船机高,与抓斗卸船机相当,但比气力卸船机低。随着船型的增大,由于输送系统的垂直提升高度与水平输送距离的增大,螺旋卸船机的单位能耗也将显著增大。一般对于 1 万～5 万吨级的船舶卸谷物或煤的单位电耗为 0.5～0.7 kW·h/t,卸水泥的电耗则可低些。

(7) 螺旋卸船机用于卸粮食时,粮食的破碎率较大。螺旋卸船机在欧洲散粮码头应用较多,我国散粮码头应用较少。

(五) 斗式卸船机

斗式卸船机是一种用料斗直接挖取物料的连续型卸船机型,也是使用较为广泛的一种散粮和其他散货的卸船机型。根据卸船机承载料斗的链的不同,通常把承载料斗为铰接刚性金属链的斗式卸船机称为链斗提升机,把承载料斗是柔性钢丝绳的斗式卸船机称作悬链式卸船机。这两种斗式卸船机的工作原理基本相同。

与螺旋卸船机相仿,斗式卸船机也是一种由高大门架和垂直臂、水平臂、旋转塔、末端输送机组成的连续型卸船机。卸船机的臂架可作上下垂直移动,垂直臂架可左右、前后摆动,以扩大工作面,门架可在轨道上移动。斗式卸船机的卸料系统是料斗,图 5-4 所示是悬链式卸船机承载料斗与钢丝绳的铰接。

斗式卸船机具有以下工作特点:

(1) 结构简单。斗式卸船机的工作原理简单,主要工作机构与卸料系统、提升系统、输送系统以及卸船机的臂架及门架与通用的卸船机、斗式提升机、斗轮式堆取料机等机型相仿。

(2) 操作方便。斗式卸船机的自动化程度高,并能在较低的速度下充分发挥其作业效率,各机构运行速度均采用 10～20 m/min,使操作非常容易。

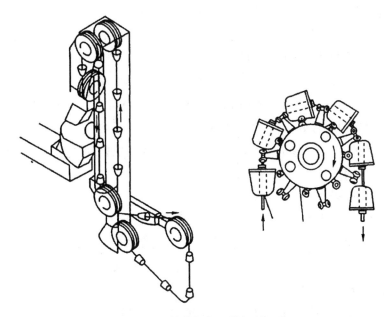

图 5‑4　悬链式卸船机的卸料系统

（3）卸船效率高。斗式卸船机能在船舱壁下部进行卸船作业,从取料卸船开始,到清舱作业为止,都能保持稳定的卸船效率。斗式卸船机卸船效率可以通过加大料斗的容量得以提高。

（4）能耗省。由于斗式卸船机是恒速、连续运行,因此在同等作业情况下,电力消耗较低。

（5）防尘性能好。斗式卸船机的卸料系统通过防尘的通道,并使接受料斗卸料的受料斗和溜槽密封,输送机也全部设置机罩,所以具有良好的防尘性能。

（6）用途广泛。斗式卸船机不仅能卸粮食,也广泛应用于煤炭、石灰石、铁矿石、化肥等卸船作业。但由于专业化的散粮卸船机械种类多,斗式卸船机不如其他类型的专用卸粮机使用广泛。

（7）存在的缺点。斗式卸船机也存在着料斗和承载链或钢丝绳磨损大的缺点。同时,当船舶受波浪影响而产生摇晃时,料斗容易对船底造成伤害。

（六）埋刮板卸船机

埋刮板卸船机是利用固接在牵引链上的刮板在封闭的料槽中输送散状物料的输送机,物料从下端开口处流入箱体,受刮板的运动推力而移动,至出口处卸出。这种提升机适用于散货船,尤其是巨型散粮船的连续卸船作业。

埋刮板卸船机是由垂直提升机、水平输送机和门机架等主要部件组成。散粮卸船和输送的埋刮板牵引链是安装在垂直提升机和水平输送机内的。提升机还可以根据舱内物料的高低作垂直升降。

埋刮板卸船机与气吸式、螺旋式及抓斗式卸船机等相比较,其主要特点是:

(1) 结构简单,质量较小,体积小,安装维修比较方便。

(2) 工艺布置较为灵活。它不但能水平输送也能倾斜和垂直输送;不但能单机输送,还可组合布置,串接输送;能多点加料,也能多点卸料。

(3) 能耗小、输送能力大。

(4) 卸船效率高,能适用于大倾角卸船要求。

(5) 输送系统封闭性好,可防粉尘扩散造成对环境的污染。

(6) 便于维护保养,维修成本低,使用寿命长;对各种散粮及散货的卸船适应性强。

(七) 卸船机的选择

比较上述各种散粮卸船机,各有其特点。其中:

吸粮机(气吸式卸船机)卸船效率比较高;散粮在密封条件下输送,防尘效果较好,吸管伸到船舶各个部分,有利于清舱,清舱量较少;散粮撒落量少且卸船不受天气影响;管理维修方便,易于实现自动化,故劳动强度较低。但耗电量大、振动大、噪声大、效率低是这种机型的显著缺点。

压带式卸船机生产效率高,能耗低,胶带侧边密封,粉尘污染很少;噪声小,结构较简单,因而自重轻;清舱量小,操作容易,且维修也方便;物料与输送装置(胶带)无相对运动,所以粮食不易破损,但设备购置成本高;与气吸卸船机相比较,清舱量较大;有些配件如气垫式皮带输送胶带的价格高。

埋刮板卸船机卸船效率高,能耗小;易于维护保养,维修成本低,且使用寿命长;噪声较小,便于防止粉尘扩散,防爆安全性强;对船舶适应性强,但设备自重稍大,一次投资较高;清舱量大,并需配备其他设备。

螺旋式卸船机结构较简单,运转的部件少,因而自重轻,且便于操作;其耗电量与气吸式的相比较少;噪声较小;无粮食洒漏,但螺旋系高速运转部件,臂架振动较大,螺旋易磨损,一般卸 50 万吨即需要更换内螺杆;螺旋式由于有中间隔板,因而不如气吸式灵活。另外,清舱量比气吸式大约大 15%～20%。

链斗式卸船机耗电量小;加大料斗尺寸,选择合理起升速度,可大幅度提高生产效率;除了卸粮食外,其还可卸其他小块状物料;噪声小(约 70 dB),但该机型自重大,机构较复杂,链条链轮磨损大,因而维修量也大;斗式提升部分是刚性连接,当船舶摇摆时,易于磨伤船底;清舱时需用推土机、推耙机来进行辅助作业。

卸船机的类型逐渐增多,新型卸船机也不断出现,可根据装卸粮专用码头的自身要求选择。

二、散粮装船机械

装船机机型主要为固定式装船机和移动式装船机两类。而在早期的散粮装船中,常用的较为简易的溜管装船装置充分利用粮食粒度均匀、流动性好的特点,至今仍然有其适用的条件,因此我们将其归类于固定式装船机。

1. 固定式装船机

1) 固定溜管装船机

固定溜管装船方式起始于散粮码头发展的初期,其适用于大舱口的驳船码头。在提高输送能力、增加溜管数量的条件下,也可用于较大船舶的装卸。图5-5为固定溜管装船机,由于其结构简单,价格极低,又由于其质量小,基础工程的造价也少,因而现代仍有较大的使用市场。

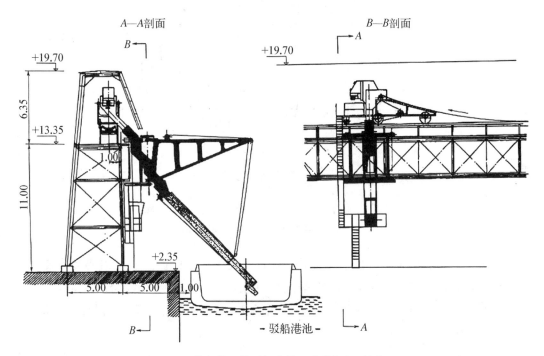

图5-5　装大舱口的驳船溜管固定装船机(单位: m)

溜管装船机由高架栈桥皮带式输送机供料,溜管固定在高架桥上,但溜管具有摆动、俯仰和伸缩等功能。溜管上口即为带式输送机的卸载点,为覆盖船舶的舱口,一个泊位需要设若干个溜管,即使如此也还是难以全面覆盖,必要时需要移船和有较大的平舱工作量。另外,这种作业方式不便除尘。

我国内河港口虽有采用溜管作业的方式,但规模较小,而国外海港码头有规模较大的溜管装船码头,如1967年建成的美国休斯敦散粮出口码头为栈桥式码头,两侧靠船设计船型为8万吨级,装配两条高架带式输送机,每侧设6个装船溜管。

2) 固定式装船机

固定式装船机为机身不能移动的固定墩式装船机和固定塔架式装船机,其装船臂架应具有伸缩、旋转和俯仰机构,并在臂架端部的落料溜筒下设有抛料头,将落下的物料抛射出去,借以扩大装船机装舱的覆盖面。塔架式装船机如图5-6所示。

装船机的抛料头一种为无动力的弧形弯头,下落的物料沿弧形板向外抛射,其抛射距离可达 5 m 左右；另一种为动力抛射，也称为平舱机，一般曲带式平舱机的抛射距离可超过 10 m。这些都与使用条件和装船的落差有关。

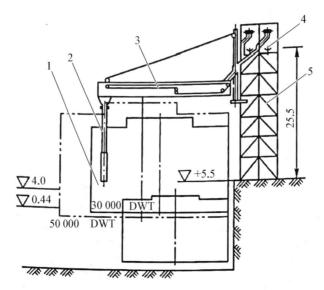

1—船舶；2—溜筒；3—装船臂；4—带式输送机；5—高架栈桥。

图 5-6　塔架固定式装船机(单位：m)

尽管采取多种措施增加装船作业的覆盖面，一般在一个泊位上，仍然需要多台装船机才能基本满足覆盖所有舱口，否则在装船过程中就必须移船方能满足要求。因此，虽然固定式装船机较移动式装船机简单，造价较低，但须配备多台装船机方能满足要求，且作业也有若干不便之处。

2. 移动式装船机

移动式装船机是目前采用较多的机型，与固定式装船机相比，具有较高的装船作业的覆盖面和作业的灵活性。

移动式装船机一般具有大车走行、臂架俯仰、伸缩等机构。在两侧靠船或为了增加灵活性的情况下，增加臂架旋转机构，这样增加了装船机结构的复杂性，但扩大了作业功能。

由于移动式装船机具有很好的作业性能和适应性，它成为当今采用较多的机型。但由于整机在码头上移动，码头皮带输送机通过尾车供料，不易密闭，防尘比较困难。又由于机型复杂、自重较大，因此设备和基础土建费用均比固定式装船机高。

图 5-7 为移动式装船机应用在澳大利亚肯布拉港小麦出口码头的装船实例。适应设计船型为 1.2×10^5 DWT，输送能力为 2 500 t/h。

该机为带式输送机系统，具有大车走行、臂架俯仰、伸缩等机构，码头装船带式输送机布置于装船机陆侧道后方，以与装船机同步运行的卸料小车将谷物转接至机上装船输送机上，再经垂直溜管装船。

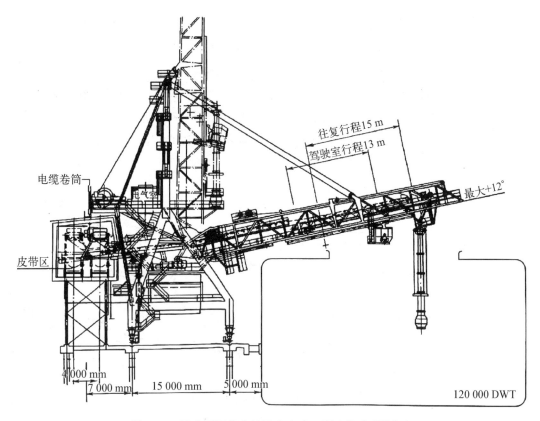

图 5–7 澳大利亚肯布拉港小麦出口码头移动式装船机

3. 无尘装船溜管

通过上述各种形式的装船机分析可以看出：如果从造价（包括设备和水工的造价）低、结构简单，对粉尘污染要求不太严格的方面考虑可选用固定溜管装船。如果从使用灵活、装船覆盖面大、便于除尘避免污染周围环境情况下考虑应该选用移动式功能比较齐全的装船机。

装船作业中，粮食不断由臂架端部的溜筒下落，由于粮食下落冲击形成气流造成微粉飞扬，为防止粉尘污染，现代装船机都配有无尘伸缩溜管，可伸缩的多节溜管与外围一层纤维隔尘罩间为负压，有利于控制粉尘污染。

三、散粮输送机

散粮输送机用于散粮在船舶与粮仓、粮仓与粮仓之间的输送提升。散粮输送机按其使用要求，可分为水平及倾斜输送机和垂直提升机两类。

（一）水平及倾斜输送机

散粮水平及倾斜输送的机型主要有带式输送机、气垫带式输送机、刮板输送机等。

1. 带式输送机

带式输送机也称皮带输送机，简称皮带。带式输送机通常可用于接运卸船机卸下的物料和转运码头前沿固定式皮带机运送的物料,并承担物料的水平运输,将物料运至粮仓,用于散粮进出筒仓的输送、散粮装船的输送等主要散粮运输环节。

1）带式输送机布置方式

带式输送机布置方式有水平输送方式、倾斜输送方式以及水平倾斜混合输送方式等,如图 5-8 所示。在自然条件允许的情况下,带式输送机最好采用水平输送方式或接近水平输送方式布置,当输送带的布置需要有一定的倾斜时,倾斜角不能太大,否则,会引起物料沿输送带下滑,造成生产率降低甚至不能正常输送。

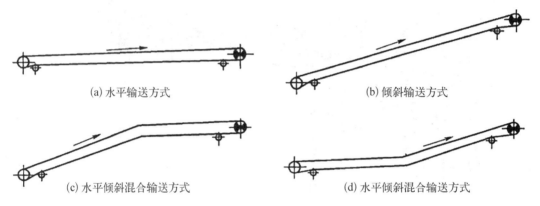

(a) 水平输送方式　　　　　　　　　　(b) 倾斜输送方式

(c) 水平倾斜混合输送方式　　　　　　(d) 水平倾斜混合输送方式

图 5-8　带式输送机的布置方式

输送带的倾斜角取决于动摩擦系数、输送带的断面形状、物料的自然堆积角、装卸方式和输送带的速度。

2）带式输送机的输送速度

散粮输送皮带机的最大速度与带宽度有关,在散粮输送机的最大倾斜角为 15°时,带式输送机的输送速度如表 5-5 所示。

表 5-5　散粮带式输送机的输送速度

输送带宽度/mm	400	500~700	>900
输送速度/(m/min)	100	150	150~200

3）带式输送机的特点

（1）输送距离长。

（2）结构简单,易于制造维修,基建投资少,营运费用低。

（3）能耗低,操作简单,安全可靠,方便管理,易实现自动控制。

（4）输送线路可以呈水平、倾斜布置,也可在水平方向、垂直方向弯曲布置,因而受地形条件限制较小。

（5）不能自动取料,需要辅助设备或其他机械进行喂料。

（6）运输线路固定，当货流方向变化时，往往要对带式输送机输送线路重新布置。

（7）倾斜角度受物料的流动性和动摩擦系数等特性限制，只能在对水平面成不大的倾角时进行工作，且中间卸料有难度。

2. 气垫带式输送机

气垫带式输送机（以下简称"气垫机"）是 20 世纪 70 年代由荷兰首先研制成功的一种新型连续输送机械，是从通用带式输送机（以下简称"通用机"）发展而来的。气垫机利用气垫支承输送带，其独特的优越性和理想的输送效果迅速在世界各国得到推广和应用。这种输送机在散粮码头及筒仓作业中输送物料的效率高。

气垫机按结构形式分为半气垫型和全气垫型。半气垫型仅有上分支输送带以气垫支承，全气垫型上、下分支输送带均采用气垫支承，如图 5-9 所示。

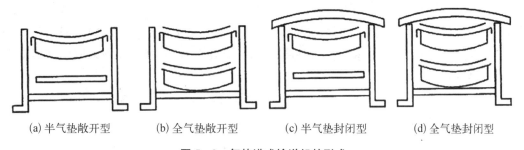

　(a) 半气垫敞开型　　　(b) 全气垫敞开型　　　(c) 半气垫封闭型　　　(d) 全气垫封闭型

图 5-9　气垫谱式输送机的形式

气垫机按安装方式可分为固定式和移动式，按密封形式可分为封闭式和敞开式。气垫机基本上继承了通用机的全部优点，与其相比气垫机还有如下特点：

（1）对散粮的破碎少。由于全部由气垫支撑的气垫皮带机提供了一个平稳的运动状态，因而消除了在螺旋输送机及链斗输送机中所引起的无料搅动而产生的物料破碎现象。

（2）耗能少。气垫带式输送机以气垫代替托辊支承，变滚动摩擦为流体摩擦，大大减少了牵引力和运行阻力，在输送量和工艺条件相同的情况下，功率消耗比托辊输送机节约 10%～25%。输送量越大，输送距离越长，节能效果越显著。

 托辊是什么?

托辊是影响带式输送机使用效果的关键部分之一，大约占整机质量的 30%，占整机价格的 15% 左右。

在带式输送机中，托辊用于支撑输送带和货载，是输送带的主要支撑装置。

（3）质量小。由于气箱采用箱形断面，气垫带式输送机的纵向支架可承受较大弯矩和扭矩；又因托辊数量极少（仅在输送机两端各设几套过渡托辊），胶带层数和厚度较少，自重较轻,单位自重的强度系数与刚度系数比较大,从而大大提高了设备的超载能力。

(4) 寿命长。气垫带式输送机便于实现全线防护式密封,同时由于胶带张力小,磨损少、不跑偏、不撕带,加之气垫对胶带有冷却作用故而胶带寿命可延长 $1\sim2$ 倍,设备使用寿命也比托辊输送机长得多。

(5) 维修费用低。气垫带式输送机用气垫代替了托辊支承,转动部件少,事故点少,可靠性强,磨损小,从而大大减少了维修工作量和维修费用。实践证明,气垫输送机比托辊输送机节约维修费用 $60\%\sim75\%$。

(6) 输送平稳,工作可靠。托辊输送机运行中输送带是波浪式向前运行的,因而物料颠簸、撒料严重,胶带跑偏、磨损大。气垫输送机完全克服了上述缺点,运行十分平稳,不颠簸,不撒料,不跑偏,不扬尘,工作可靠。

(7) 起动功率低,可以直接满载起动。托辊输送机的起动功率大,一般约为运行功率的 $1.5\sim2.5$ 倍,并且难以实现全线满载起动。气垫带式输送机只要形成稳定的气垫层之后,驱动电机的起动功率与运行功率相差甚微,并且在全线满载时,无须采取任何辅助措施便可轻易直接起动。

(8) 输送能力高。气垫带式输送机最佳运行速度 $3\sim4$ m/s,最低运行速度 0.8 m/s,最高可达 12 m/s,因此可大大提高输送能力。

(9) 密封性好,污染少。气垫带式输送机沿机长设有密闭气箱,可以进行全线密封,易于安装防护罩及安全设施,宜于密闭输送和安装吸尘装置,污染少、噪声小、净化环境。

(10) 由于气室制造上的困难,气垫机不易实现平面和空间的弯曲,只能直线布置。如果要曲线布置,应设置过渡段托辊。

3. 刮板输送机

刮板输送机是利用固接在牵引链上的刮板在敞开的料槽中刮运散状物料的输送机。刮板输送机分带式刮板输送机和链式刮板输送机,我国通常把带式刮板输送机做成开敞式,把链式刮板输送机做成封闭式刮板机,也就是通常所称的埋刮板输送机。刮板输送机由敞开料槽、牵引链、刮板、头部驱动链轮和尾部张紧链轮等组成,如图 5-10 所示。

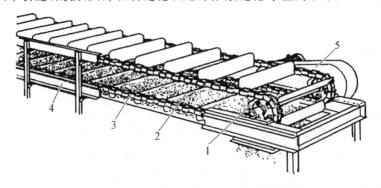

1—驱动链轮;2—刮板;3—牵引链;4—料槽;5—驱动机构。

图 5-10　刮板输送机的结构图

刮板输送机工作时,固定刮板被埋在待输送物料中,当链条转动时会带动固定刮板运动,从而带动物料运动,完成物料的输送。刮板输送机的刮板必须埋入物料中才能良好地完成输送任务,因此刮板输送机只能输送粉状、小块状和颗粒状的物料。

刮板输送机的刮板与料槽并不是完全密合的,刮板的面积要小于料槽的断面面积,剩余的面积为物料。刮板输送机的刮板虽然并不能被埋入物料的底部,但是只要物料的料层的高度和料槽的槽宽比例适当,物料就会随刮板稳定流动。

刮板输送机的性能特点如下:

(1)刮板输送机主要用于水平输送,也可以用于150°角以内的倾斜输送,输送过程中可实现多点进料和多点出料。

(2)刮板输送机的结构简单、尺寸小,输送量大,输送过程稳定可靠,能源消耗少,物料损伤率低。

(3)刮板输送机可设计为密闭的料槽结构,用于输送各种有毒有害易燃易爆、易飞扬的物料,避免以上物料对环境和人员造成伤害。

(4)刮板输送机的缺点是易碾碎物料,噪声和能耗较大。

(二)垂直输送机

常用的垂直提升机是斗式提升机。在散粮装卸机械化系统中,从船上卸下的散粮经过水平输送和计量后,都用斗式提升机将散粮垂直提升到散粮筒仓顶部的带式输送机上,因此斗式提升机是散粮筒仓重要的垂直提升输送机械,如图5-11所示。

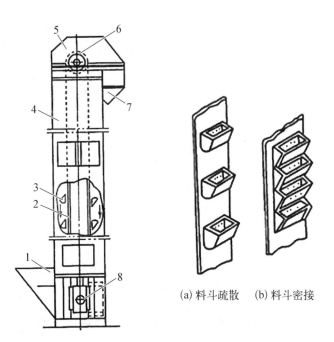

(a)料斗疏散　(b)料斗密接

1—装料斗;2—牵引带;3—料斗;4—机壳;5—机头;6—鼓轮;7—出料口;8—张紧装置。

图5-11　斗式提升机的提升机构图及料斗的布置形式

斗式提升机的种类很多,根据牵引机构的不同,有带式提升机和链式提升机;根据卸料方式不同,斗式提升机卸料又分为重力式卸料、离心式卸料和混合式卸料。

为了提高斗式提升机工作效率和安全性,在散粮装卸工艺布置时要考虑的问题是:

(1) 将斗式提升机从工作楼里迁移到室外,用单独的钢架支撑,其优点是: ① 安全性好,如果斗式提升机发生粉尘爆炸,损失可大大减少;② 避免斗式提升机运转时产生振动和噪声;③ 工作楼的高度可降低,面积可减少,可大幅度地节省工作楼的造价。

(2) 斗式提升机必须要设置有效的防爆装置。

(3) 要重视提升机底部的清底工作。

第三节　散粮储存及装卸车系统

粮食因其食用性特点,在运输和装卸过程中要严格保证其质量。港口中作为中转散粮的存储设施主要是散粮筒仓,其作用是进行粮食中转,并兼顾短期的储存功能,这是其他大宗散货如煤炭、矿石等所不具备的特点。同时,散粮进出港的车辆装卸作业也是散粮码头作业工艺流程中的重要一环。

一、散粮储存系统

现代大型散装粮食的储存仓库大都选用圆筒仓组成的筒仓群,每一个筒仓都是一个独立储粮单位,便于粮食的分装而互不干扰,并且充分利用粮食自流实现装卸的自动化,可以满足港口的散粮中转高效率、出入仓方便快捷、输送效率高、自动化程度高的需求,所以现代粮食仓库普遍采用圆筒形仓库。

筒仓群的储存量大,而占地面积相对原始的仓房或粮食库的占地小得多,可根据规模需要,组成大小不同的筒仓群。

(一) 筒仓的基本尺度、结构和布置

1. 筒仓的基本尺度

筒仓的基本形式大多是圆筒状,也有多边形的如蜂窝状,也有方形但实例很少见。

每一个筒仓的尺寸是根据输送粮食的品种数和年运量的多少所确定的,而筒仓群的规模、筒仓群的数量以及选定筒仓结构材质也是根据这些因素确定的。当品种少时,可采用大直径大容量的筒仓,仓群的筒仓数量较少;反之,品种多时,则采用直径较小的筒仓,仓群的筒仓数量需要较多。一般单仓容量应在 1 000 t 以上,大型的钢筒仓不超过 10 000 t。一般单出料口筒仓的主要尺度参见图 5-12。

根据装卸工艺设计参数确定筒仓群的仓容(存粮)规模后,计算仓群实际应具有的容积时,应考虑:

(1) 同时存储的粮食品种数,每一种粮食余量会引起筒仓容积利用率的降低。

（2）每批次船舶承运量如果与筒仓容量不对应，也会引起筒仓容积利用率的降低。

（3）有熏蒸要求的筒仓群应考虑熏蒸时筒仓的年周转率的影响。由于对所采用的熏蒸药物还存在争议或处于过渡阶段，所以现采用溴甲烷熏蒸剂进行熏蒸。通常用的溴甲烷熏蒸剂一次熏蒸所需时间为 48 h，而世界环保组织新近规定，要求采用磷化铝片为熏蒸剂，其熏蒸时间需 7 天以上，这就要求工艺设计在确定规模时充分注意。

（4）为了降低仓储粮食温度而需倒仓时，需要筒仓具有 5%～10% 的富裕容积。

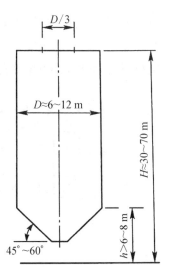

图 5-12　筒仓的主尺度

2. 筒仓材质选择

目前，筒仓结构材质主要是钢筋混凝土和钢材两种。

混凝土筒仓施工比较复杂，结构自重较大，但其运营中的维护工作量较小，使用寿命较长，对北方地区可克服冬季钢质仓壁的结露问题。

钢仓自重轻、施工周期短，施工较简单。但钢筒仓的维护保养工作量大，在现代技术条件下钢仓防锈处理技术水平逐步提高，使用的钢仓维修涂漆周期在增长。

表 5-6 为钢仓与钢筋混凝土仓的比较表。此表是以日本筒仓实例为基准的，钢筒仓自重（指双层钢板仓）约为储存量的 35%，用钢量（包括桩基）为 8%；而钢筋混凝土筒仓自重为储存量的 100%，用钢量（包括桩基）为 6.5%，以 10 000 t 容量的筒仓为例，两者各部分质量比较仅供参考。

表 5-6　钢筒仓与钢筋混凝土筒仓的比较

类　型	储存谷物质量/t	需用钢材质量（包括桩）/t	混凝土质量/t	机械类质量/t	自重/t	总质重/t	桩根数/根
钢筒仓	10 000	800	2 600	100	3 500	13 500	170
钢筋混凝土筒仓	10 000	650	9 250	100	10 000	20 000	250

3. 筒仓布置

筒仓仓群组合有紧密组合和独立组合两大类。紧密组合指的是组成群仓的相邻仓壁互相共用，其仓群布置最为紧凑，方形和多角形筒仓如图 5-13 所示；但当一个仓满仓、而相邻仓空仓时，仓壁受力不好，施工也不方便。此种仓在大型筒仓群中十分少见。

另一种紧密组合仓群是以圆形筒仓组成的，主要有两种布置方式：正交（见图 5-14）和斜交布置（见图 5-15）。斜交布置的仓群，筒体布置紧密，而正交布置的筒仓群，圆形筒仓之间围的空间(成为星仓)可用作存粮,增加了仓容。一般星仓仓容为主仓的 1/4~1/3,单个星仓的仓容较小,数量较多,则增加了筒仓经营的灵活性。圆形筒仓由于其受力明确,施工方便,是当今筒仓的主要形式。

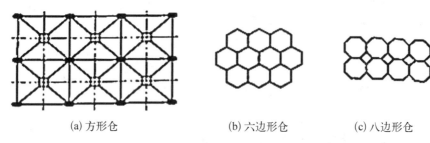

(a) 方形仓　　　　　　　(b) 六边形仓　　　　　　(c) 八边形仓

图 5‑13　方形和多角形筒仓

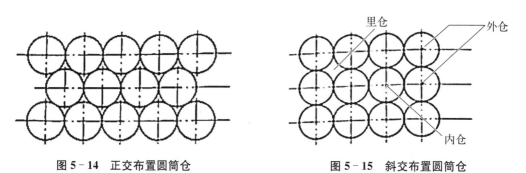

图 5‑14　正交布置圆筒仓　　　　　　　**图 5‑15　斜交布置圆筒仓**

独立组合仓群内的每一个筒仓基础之间都保留一定的间距。独立仓的筒仓群多以钢质结构筒仓组成。钢仓都采用独立组合,其单仓仓容一般都比较大,有的达万吨以上。天津港使用的钢质螺旋卷边筒仓单仓容量超 4 000 t,澳大利亚肯布拉港钢筒仓单仓最大容量为 10 000 t。

通常组合的仓群,无论是紧密组合还是独立组合的仓群,一般以 2~4 列组成,并根据筒仓数量的多少,集中布置成一组筒仓群或分开布置成两组筒仓群,布置时还应考虑入仓和出仓的输送系统不应过于复杂。而仓群中筒仓排数的多少,在场地不受限制的条件下,主要受控于选用的输料机械形式。

如果筒仓进出仓输送采用埋刮板输送机形式,在已建的仓群的长度比较多见的为 80 m 左右,虽然埋刮板输送机输送长度可达 160 m,但实践经验告诉我们其经济输送长度应在 80 m 左右,此时链条牵引的拉力较小,能耗损失比较适中。如果仓群规模较大,仓群长度超过太多,可对埋刮板输送机采取分段方式,如图 5‑16 所示。

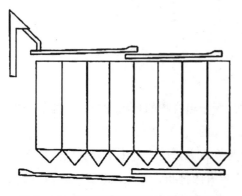

图 5‑16　埋刮板输送机搭接布置示意图

由图5-16可见,由于埋刮板机相互搭接,仓顶建筑物增加高度和仓底卸料口位置提高,这会使整个筒仓群的总高度增加,很不经济,因此在这种情况下,为避免埋刮板机过长或搭接使用,可将工作楼布置在群仓中间。

(二)散粮筒仓机械化系统

筒仓机械化系统主要由筒仓群和工作楼(塔)部分组成,如图5-17所示。在进口散粮需要装袋时,则另设灌包房,在运输种子的港口有时还附设种子筛选房。

工作楼一般为多层建筑,用钢筋混凝土或混合结构建成。工作楼是斗式提升机、计量秤、除尘、取样、筛分、控制等设备集中设置的场所,因而它是筒仓的工作和指挥中心。粮食在此经过处理后由输送机送到各筒仓中。

工作楼由秤上漏斗、定量自动磅秤、秤下粮柜、斗式提升机等组成。

(1)秤上漏斗是缓冲漏斗。因为带式输送机是连续供料的,但磅秤是间歇动作的,所以需要有漏斗进行集聚物料为自动磅秤供料。为了使定量自动磅秤不间歇地工作,常设两台秤轮流秤粮。

(2)自动定量磅秤。其专用于散粮进仓的散粮计量。这种自动定量磅秤能自动连续地进行散粮的称重、累计和记忆,并可在任一时间选取计量过程中物料的累计质量或某一秤的质量,也可以通过打印机输出所需要的数据。

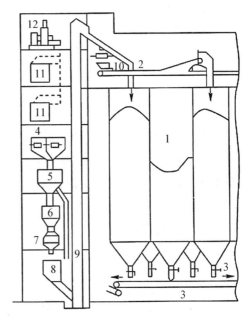

1—圆筒仓;2—仓顶带式输送机;3—仓底带式输送机;4—粮柜;5—上粮柜;6—容量秤;7—计量斗;8—漏斗;9斗式提升机;10—仓顶带式输送机之间的横向带式输送机;11—除尘装置;12—鼓风机。

图5-17 圆筒机械化粮仓结构图

(3)秤下粮柜。过了秤的粮食要先落下,再由斗式提升机提升到筒仓的仓顶带式输送机上放入筒仓,为此,对提升机要均匀供料,否则在落料时会将提升机卡住,所以要设秤下粮柜缓冲以对斗式提升机进行加料。

(4)斗式提升机的作用是垂直提升散粮到一定高度,即到达仓顶带式输送机的高度。垂直提升机的优点是可以使整个工作楼、筒仓系统的结构紧凑,如果一次提升不够所需的高度,可采用两次提升。

工作楼和圆筒仓的布置形式如图5-18所示。

(1)筒仓单侧布置。这种布置形式如图5-18(a)所示。其特点是结构简单,适用于中小型散粮码头,是我国散粮专业化泊位最常见的筒仓布置形式。

(2)筒仓双侧布置。这种布置形式如图5-18(b)所示。其特点是结构简单,适用于筒仓容量大的情况。

(3)筒仓中间布置。这种布置形式如图5-18(c)所示。其特点是具有两套提升机构和两套计量设备,系统布置较为复杂,适用于前方作业范围大,物料运输路程需要缩短的情况。

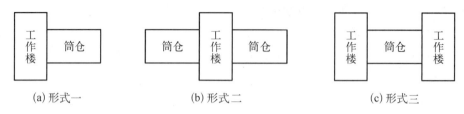

(a) 形式一　　　　　　　(b) 形式二　　　　　　　(c) 形式三

图 5-18　工作塔和圆筒仓的布置形式

二、散粮的计量

散粮在接收、发放时都必须进行计量,尤其是在对外贸易中,粮食的计量更显重要。散粮的计量是统计、结算的依据,因此对计量设备的精度要求高,粮食的计量也是现代化粮食码头不可缺少的环节。最常用的计量设备有自动定量秤设备、灌包计量设备、电子皮带秤设备等。

(一) 自动定量秤

自动定量秤的进料过程通常分为快加料和慢加料两个加料过程及一个卸料过程。在快加料的过程中,秤上斗要自动给计量斗快速投入所需计质量的 80%~90% 的物料,余下的物料以慢速度加料,直到预定的进料量计量完毕后,计量斗自动打开料斗的闸门,快速卸至秤下漏斗。

定量秤的计量能力为 5~10 t,散粮进库的自动计量秤通常设置在工作楼内,在散粮进筒仓前对散粮进行计量。

(二) 灌包计量设备

灌包计量设备的作用包括取包、计量灌包、缝包,为散粮袋出作业服务。灌包设备的计量也是自动斗式定量秤,但定量的标准是以每袋粮食的标准质量为准,灌包计量设备有单独设置在粮库内的,也有设置在工作楼内的,与仓底带式输送机相衔接。

(三) 电子皮带秤

电子皮带秤用于散粮出仓装驳船的计量。电子皮带秤是一种类似皮带运输机的设备,主要由秤架(包括安装支架)、称重(压力)传感器、速度传感器、控制器、显示器等。

电子皮带秤计量系统适用于各种类型的皮带机,如平带或槽形皮带、安装在输送机的水平段上或倾斜段上及纤维皮带或钢芯皮带等上。

三、散粮装卸车辆系统

(一) 散粮卸车

散粮码头在装卸船的整体作业流程中,除了装卸船作业和筒仓作业外,以下将分别从散粮卸车和装车两个方面进行介绍。

1. 常用车型卸车

装运散粮常用的车型是敞车,也有棚车。

(1)敞车卸粮。敞车是我国装运散粮常用的车型,两侧都有车门和下侧门,每边卸货口长 9 m 以上。卸车时,敞车在卸车线上把车门和下侧门打开,大部分散粮自动流出,车内余数所剩无几,再由人工清扫。

(2)棚车卸粮。散粮也有用棚车装运的,因为棚车运粮对粮食的保管有利,但是卸粮时,棚车的两对车门较小,所以自流量较小,为了卸空棚车两端的剩余散粮,可以采用机械铲或人工清扫,劳动强度大而且效率低。卸棚车的另一种方法是采用翻车机,这种翻车机卸车要完成三个动作:首先是将车厢向开启门的一边倾斜 15°,可卸出车厢中间部分的散粮;再前后各倾斜 40°,卸出车厢两头的物料。

2. 粮仓系统

在敞车运散粮进港口再装船(驳)水运出港口的散粮出口系统中,粮仓系统是散粮转运临时换装的重要环节,由 V 形存仓、带式输送机和工作楼组成。

粮仓系统的工作程序是:

第一步,敞车在卸车线上将车门和下侧门打开后散粮可自动流出。

第二步,从车上卸下的散粮进入 V 形存仓,然后再通过 V 形存仓下面的闸门,经闸门下的带式输送机系统将散粮输运到工作楼。

第三步,将工作楼内的斗式提升机提升到筒仓,进入指定的筒仓内。

下面分别从卸车线的布置、V 形存仓及坑道带式输送机三方面进行详细介绍。

(1)卸车线的布置。卸车线通常采用纵长的布置方式,即在一条卸车线上同时停放多台车辆进行卸车作业。

(2)V 形存仓。用 V 形存仓的目的是利用散粮自重下流,这种 V 形存仓也常用于散货卸车。V 形坑道存仓的结构特点主要有:

一是存仓断面决定于堆存量、堆场长度、物料的容重和摩擦角。

二是存仓壁的倾角要能使物料从上滑下来,所以倾角不仅要大于物料的自然堆积角,而且仓壁的表面要光滑。

三是存仓断面上常加有隔壁,这样不仅可增加物料的存量,还可以分开货种。

四是出料口分布在 V 形坑道存仓的底部,每隔 3~6 m 布置一个,出料口一般为正方形,下方为漏斗闸门,以控制物料的流量。

V 形存仓的布置形式主要有两种:纵向布置形式和横向布置形式。

纵向布置,即存仓沿着铁路线卸车线的长度方向布置。这种布置的特点是,一条卸车线上可以同时停放多辆车进行卸车作业,可减少调车次数,减少车辆在港停留时间。缺点是需要较多的 V 形存仓和带式输送机等设备,如图 5-19 所示。

横向布置,即 V 形存仓垂直于铁路线方向布置。这种布置的特点是:调车次数多,同时卸车数少,每条铁路线上布置一个车位,适用吞吐量不大的港口,如图 5-20 所示。

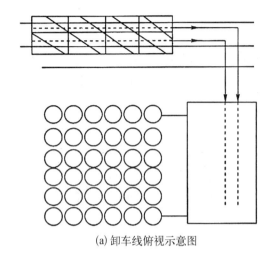

(a) 卸车线俯视示意图

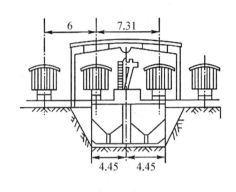

(b) 卸车线横剖面示意图及尺寸

图 5-19 车线纵向布置(单位: m)

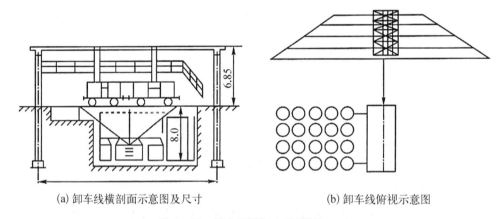

(a) 卸车线横剖面示意图及尺寸

(b) 卸车线俯视示意图

图 5-20 卸车线纵向布置(单位: m)

(3) 坑道带式输送机。V形存仓下漏斗口闸门下设带式输送机,其作用是将卸出的物料输送到卸料点,对散粮来说,即输送到工作楼。坑道带式输送机的结构特点是:地下带式输送机廊道的宽度,除了满足带式输送机所需的宽度外还要考虑一边留出 1~1.5 m 的检修间隙。

(二) 散粮装车

散粮装车,不论敞车还是棚车,最有效的方法是用高架的存仓。这类存仓装置根据具体条件可以形成各种不同的形式,但它的装车方法是相同的,就是利用粮谷的流动性,从高处通过管槽将物料送入车厢内。图 5-21 所示是散粮装车的示意图,高架的散粮存仓的外壁有管槽,管槽上有控制阀门,管槽的上部与散粮存仓内部相通,管槽的下部可停放敞车或棚车,需要散粮装车时,打开管槽上的控制阀门,散粮在自重作用下,通过管槽流入车厢。当车厢内散粮接近装满时,逐渐关小管槽控制阀门。在散粮装满后,关闭控制阀门。

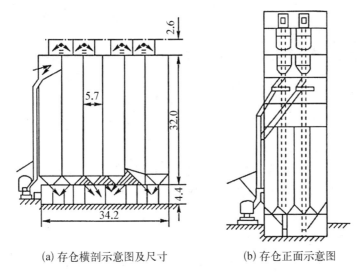

(a) 存仓横剖示意图及尺寸　　　　(b) 存仓正面示意图

图 5 - 21　散粮装车示意图(单位: m)

　　采用上述这种装车形式,敞车只要几分钟就可以装满。当装棚车时,远离车门的车厢两端不易装满,可以采用如下两种办法解决。一种办法是提高存仓的高度,提高散粮进入棚车内的速度,利用自流管末端的导向弯头,向车厢深处喷射;另一种办法是采用曲带式抛料机,从自流输送管来的物料由移动式抛料机接收,同时通过曲带式抛料机曲带的加速,向车厢内部抛射。

　　除了用高架存仓方式装车以外,对于堆存在普通仓库内的散粮,也有用铲斗车装车的。但这种方法的缺点是:效率低、货损严重,装车之后,道路场地到处是散落的物料,清理工作量大。此外,自行式的斗式装车机,取料效果好,但装货点一般活动范围小,装车时移动费时,所以这些设备都不适于大批量的装车作业。

 知识卡片

散粮智能化自动装车系统

　　2021 年 12 月 20 日上午,连云港东粮码头有限公司开启散粮系统智能化装车新模式,散粮一期装车楼两股火车装车线开始使用智能化装车系统。这样一套散粮智能化自动装车系统拥有哪些亮点呢?

　　(1) 牵引系统。火车牵引系统能够完成火车牵引装置的自动运行、挂车和装车对位,并且能快速准确地自动控制火车的移动,并与激光测距传感器相呼应,确保装车的安全性;伸缩溜筒控制系统通过安装不同类型的传感器来检测溜筒实时位置,自动伸缩控制及抹平车厢内的物料,可以避免人工误操作。

　　(2) 信息系统。装车信息及计量信息的传输及存储,使用该系统可将与装车委托等

业务相关信息录入系统内,火车车号自动扫描识别后比对并记录存储;装车计量数据记录存储及查询,报表打印及信息共享。

（3）计量系统。该系统包括斗秤计量控制及货物比重分析,实时分析控制装车斗秤工作,自动分配,自动装车,并开展粮食比重大数据分析工作,以满足不同货种的装车作业需求。该系统为装车计量的核心系统,为计量数据的完整性和准确性提供了保障。

（4）视频语音系统。嵌入视频监控、语音提示及报警系统,现场设立模拟监控界面,有效查看现场作业情况;装车楼两侧安装语音广播,实时播报装车情况及故障报警,提高响应处理能力及故障排除效率。系统配备手持终端操作设备,如遇其他故障等情况可立即停止作业,完善了系统应急处理能力,提高了安全操作性能。

该系统的主要成效主要体现在以下三点:

（1）在火车牵引控制方面,能够达到精准定位,误差在 30 mm 以内。

（2）在安全方面,系统自身逻辑运算及互锁功能能有效控制各流程协同作业,避免各流程不统一而带来的物料洒漏等风险。

（3）在环保方面,系统对伸缩溜筒控制位置进行精准定位,保证不引起粉尘外溢,保护了现场作业环境。

那么,国内首个散粮智能化自动装车系统的成功研发对于码头生产将产生怎样的影响?

在不久的将来我们可以畅想:当整个散粮系统装车楼装车线进行智能化改造后,将所有装车控制室集中到一个控制室中,作业指令由码头作业调度平台统一下达,在装车系统将装车信息接收后统一调配,由一名装车人员启动系统开始作业,并通过监控平台监护系统运行,一人可同时完成多股装车线作业,同时将作业情况及数据报表反馈给系统完成作业。

总结:

散粮智能化自动装车系统的成功应用,让报表录入信息化、现场操作标准化、计量数据数字化、流程控制智能化,配套东粮码头有限公司自主研发的门机半自动化联动操作技术,实现了散粮码头从船舶货物的卸船流程开始,至装车发运完成,全部实现了智能化自动操作,为我港打造现代化散粮作业全流程智能化、建设国际粮食集散中心全要素信息化提供了有力的技术支撑和发展路径。

第四节　散粮装卸工艺流程及生产组织

国内外进口散粮港口,多配置有高效率卸船设备、大容量中转筒仓及深水码头等设施,通过合理的装卸工艺布置,使之形成一个有机的整体,以达到提高装卸效率,降低成本的目的。按散粮的流向分,散粮装卸工艺包括陆进水出的出口系统和水进陆(水)出的进口系统;按包装形式分,散粮装卸工艺又包括散(装)进散(装)出,散(装)进袋(装)出两种装卸工艺流向。其中,袋装粮食的存储和装卸均与件货装卸相同,属于件杂装卸工艺研究的范围。

除了良好的装卸工艺布置之外,散粮码头生产组织水平也直接决定着码头生产效率的高下。劳动定员是在一定的生产技术组织条件下,根据企业生产经营活动和岗位工作的要求,按一定素质标准,配备企业各类人员的限额。散粮装卸工艺是散粮装卸劳动定员的依据,科学合理的劳动定员能够保证装卸工艺正常进行,它们之间相辅相成。

一、散粮装卸工艺流程

(一) 散粮进口装卸工艺

散粮进口装卸工艺系统具有对水运进港的散粮接收和发放的功能。其中,散粮接收系统功能是完成散粮卸船进仓的装卸作业,具体包括散粮卸船、输送、计量和散粮入仓等作业,系统工作流程如下:

船舶→卸船机→输送机组→杂物清除筛→入仓计量秤→输送机组→筒仓。

散粮发放系统功能是完成散粮出仓至出港的装卸作业,具体包括散粮出仓、输送、计量、装车或装驳船的作业,系统工作流程如下:

筒仓→输送机组→出仓计量秤→输送机组→车、驳船。

综合以上,散粮码头进口工艺流程主要包括:

1. 直取装驳船

船舶→卸船机→计量秤→驳船。

2. 船→筒仓

船舶→卸船机→埋刮板机或皮带机→杂物清除器→秤上斗→秤斗→秤下斗→埋刮板机→斗式提升机→埋刮板机→筒仓。

3. 筒仓→车

筒仓→埋刮板机→斗式提升机→秤上斗→秤斗→回转分料器→料斗→车。

4. 筒仓→驳船

筒仓→埋刮板机→斗式提升机→秤上斗→秤斗→回转分料器→埋刮板机或带式输送机→驳船。

5. 倒仓

筒仓→筒仓下带式输送机→埋刮板机→斗式提升机→再循环管道→斗式提升机→筒仓顶部埋刮板机→回入筒仓。

6. 筒仓→灌包→袋库

筒仓→埋刮板机→斗式提升机→秤上斗→秤斗→回转分料器→带式输送机→灌包机→袋库。

(二) 散粮出口装卸工艺

散粮出口装卸工艺是指散粮由火车运进港口,经计量、储存,然后装船出港的装卸工艺系统。散粮出口装卸工艺系统具有对火车运达港口的散粮的接收和发送两大功能,由散粮卸车工艺、散粮存储工艺和散(袋)粮装船工艺组成。

接收功能是完成散粮卸车进仓的装卸作业,具体包括散粮卸车、输送、计量和散粮入仓等作业。系统工作流程如下:

火车→卸车→V形存仓→输送机组→杂物清除筛→入仓计量秤→输送机组→筒仓。

发送功能包括散粮出仓、输送、计量、装船的作业,系统工作流程如下:

筒仓→输送机组→出仓计量秤→输送机组→装船机→船舶。

综合以上,散粮码头进口工艺流程主要包括:

1. 车→船(驳)

火车→卸车→V形存仓→装船皮带机组(计量)→船(驳)。

2. 车→筒仓

火车→卸车→V形存仓→存仓下部带式输送机→输送机组→杂物清除器→秤上斗→秤斗→秤下斗→埋刮板机→斗式提升机→埋刮板机→筒仓。

3. 筒仓→船

筒仓→埋刮板机→斗式提升机→秤上斗→秤斗→回转分料器→埋刮板机或皮带机→装船机→船。

4. 倒仓

筒仓→存仓下部带式输送机→埋刮板机→斗式提升机→再循环管道→斗式提升机→存仓顶部埋刮板机→回入筒仓。

5. 筒仓→灌包→袋库

筒仓→埋刮板机→斗式提升机→秤上斗→秤斗→回转分料器→带式输送机→灌包机→袋库。

(三) 散粮装船水上过驳工艺

水上过驳,就是在水上锚地把货物从大船直接转装到驳船上,或从大船直接转装到小船上,或相反。这样进口货物可以不经过码头和仓库,仅用浮式起重机或船舶起货机,直接完成换装。

另外一种情况是,如我国沿海港口,由于码头或其前沿或航道水深不足,大型海轮不能满载直接进港靠码头装卸,为此,在港口外选择风浪小和水深足够的地方设置水上减载设施。

水上减载设施的主要功能:

(1) 大船装载的散粮通过装卸桥卸载,经带式输送装船机转装到驳船上,直到船舶吃水能满足进港靠码头条件为止。

(2) 本身有储存能力,可以缓冲调节船舶接卸上的矛盾,即可以在不同时间分别靠驳船进行作业。

此外,也可以用连续式卸船机进行水上过驳。对于水上过驳设施,如果具有海船系泊装卸和储存能力,则需要较大型的设备。如果采用海船或系浮筒,则设备较为简单,过驳时,只要海船停泊后,浮式装卸机械和驳船靠上来即可装卸。

二、散粮码头的装卸生产组织

散粮装卸劳动定员除了与装卸工艺相关之外,还与人力资源规划中的组织结构、岗位设置等方面息息相关。

(一) 组织结构

组织结构是组织规划中的主要内容,组织结构有直线制、职能制、直线职能制、事业部制、矩阵制等模式。散粮专用码头通常是港口企业各类码头的一个组成部分,其管理部门的组织结构一般采用直线制,如图 5-22 所示。在组织结构模式下,从组织需要角度来看每个组织单元都必须劳动定员,保证组织中每个岗位都有合适的人员配置,才能落实组织的职能职责。

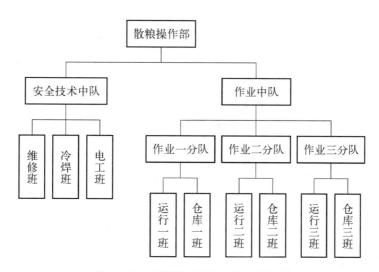

图 5-22 散粮专用码头组织结构范例

港口企业在测算散粮专用码头装卸劳动定员中,既要坚持定员从紧原则,又要考虑组织职能大小、员工胜任能力、人员储备等相关因素。因此,港口企业要深入了解组织结构的管理职能,避免因人设岗,人浮于事,科学合理配置人员。

(二) 岗位设置

港口企业散粮专用码头的岗位设置要根据组织结构和职能职责,按照"因事设岗、人岗匹配"的设计原则,全部岗位的构成能够覆盖和实现组织职能,才能够有效控制劳动成本,减少企业负担,促使企业实现经营目标。港口企业散粮专用码头的用工模式,可以按照技术类和管理类等关键岗位使用职工,辅助类和后勤保障类等岗位以业务外包的方式进行用工规划。岗位设置及用工模式如表 5-7 所示。

表 5-7 散粮专用码头岗位设置范例

序号	岗位设置	工作班制	每班工作时间/h	用工模式
1	部门经理	一班制	8	职工
2	部门副经理	一班制	8	职工
3	部门经理助理	一班制	8	职工
4	中队长	一班制	8	职工
5	副中队长	一班制或三班制	8	职工
6	专职安全员	一班制	8	职工
7	技术员	一班制	8	职工
8	综合管理员	一班制	8	职工
9	业务员	一班制	8	职工
10	调度计划员	一班制	8	职工
11	装卸指导员	三班制	8	职工
12	中控工	三班制	8	职工
13	门/桥吊司机	三班制	8	职工
14	输送机械工	三班制	8	业务外包
15	仓库员	三班制	8	业务外包
16	清筒工	三班制	8	业务外包
17	机修工	三班制	8	业务外包
18	装载机司机	三班制	8	业务外包
19	装卸工人	三班制	8	业务外包

(三) 定员方法

港口企业测算散粮专用码头劳动定员,需要将多种方法整合使用。常用单项定员标准和综合定员标准如下所述。

1. 单项定员标准

单项定员标准是以单个岗位、单台设备、单项工作群体为对象单项制定用人的定员依据,它是装卸作业线综合定员的基础。例如,散粮专用码头装卸部分单项定员标准如下:

(1) 带斗门座起重机单机每班 1~2 人(不含漏斗操作)。

(2) 散粮装船机单机每班 1~2 人。

（3）散粮平舱装卸每舱口每班 1～2 人。

（4）清舱装卸每舱口每班 4～5 人。

（5）输送系统装卸每作业线每班 0～2 人。

（6）汽车装卸每作业线每班 2 人。

（7）装载机单机每班 1 人。

（8）皮带输送机械操作工每个转接点每班 2 人，超过 600 m 每班增加 1～2 人。

（9）万吨级及以上的船舶装卸指导员每船每班 1 人。

（10）队（车间）生产管理人员，职工人数 50～100 人的配 2 人。实行三班制的，定员人数少于 4 人的可按 4 人配备。

2. 综合定员标准

综合定员标准是根据散粮装卸作业线上有关岗位单项定员标准综合而成的标准，它是单项定员的实际应用。例如，散粮专用码头部分装卸综合定员标准如下：

（1）船→粮仓。工艺规程：船舱→桥式卸船机→皮带机→清理筛→电子秤→斗提机→皮带机→粮仓。作业人员配备 2 人（司机 2 人）。

（2）船→驳船。工艺规程：船舱→门机→皮带机→清理筛→刮板机→斗提机→电子秤→装驳管→驳船。作业人员配备 3 人（甲板 1 人，司机 2 人）。

（3）粮仓→驳船。工艺规程：粮仓→皮带机→刮板机→斗提机→刮板机→斗提机→电子秤→刮板机→装船机→驳船。作业人员配备 2 人（司机 2 人）。

（4）船→汽车。工艺规程：船舱→桥式卸船机→漏斗→汽车。作业人员配备 4 人（漏斗 2 人，司机 2 人）。

（5）粮仓→汽车。工艺规程：粮仓→装载机→汽车。作业人员配备 1 人（司机 1 人）。

上述操作过程的工艺规程，应根据实际需要配备皮带机、刮板机、斗式提升机、电子秤、清理筛、除尘器和装驳管等岗位上的作业人员。

3. 定员测算规则

测算散粮专用码头装卸作业线定员人数时，可根据装卸作业线综合定员标准配人；装卸作业线定员中未包括的岗位，可以根据单项定员标准配人。

4. 定员计算公式

散粮专用码头的劳动定员计算，主要参照散货码头劳动定员标准、专业泊位散装粮食装卸工艺规程等行业或企业配员标准计算劳动定员。式(5-1)、式(5-2)、式(5-3)为常用定员计算公式。

$$\text{装卸工全部定员} = \frac{\sum\left[\begin{array}{c}\text{每条作业线}\\\text{每班定员}\end{array}\times\text{作业线数}\times\text{工作班次}\times\left(1+\begin{array}{c}\text{轮休后}\\\text{备系数}\end{array}\right)\right]}{\text{出勤率}} \quad (5-1)$$

$$\text{机械司机全部定员} = \frac{\sum\left[\begin{array}{c}\text{单机每}\\\text{班定员}\end{array}\times\text{机械使用台数}\times\text{工作班次}\times\left(1+\begin{array}{c}\text{轮休后}\\\text{备系数}\end{array}\right)\right]}{\text{出勤率}} \quad (5-2)$$

$$\frac{\text{其他岗位}}{\text{全部定员}} = \frac{\text{每班应配人数} \times \text{工作班次} \times (1 + \text{轮休后备系数})}{\text{出勤率}} \qquad (5-3)$$

式(5-1)、式(5-2)、式(5-3)中,机械使用台数:指完成生产任务必须使用的机械台数;工作班次:一班制取1,二班制取2,三班制取3,四班三运转取4;轮休后备系数:年制度休息工时/年制度工作工时。其中,每周实行40 h工作制的四班三运转,轮休后备系数取0.05;出勤率:可根据不同工作岗位和人员状况取0.95~1。

第五节　散粮码头的除尘防爆

散粮在装卸、储运过程中,会产生大量的粮食粉尘。散发的粉尘不但污染周围环境、影响工作人员的身体健康,且在一定条件下会发生粉尘爆炸,严重危及人的生命安全,毁坏储运设备和建筑设施。因此,筒仓的除尘防爆要高度重视,并采取相应的措施。

一、筒仓爆炸的原因

筒仓爆炸有三个诱发因素:粉尘浓度、火源和密闭的空间。

粮食的粉尘具有可燃性,因此,空气中一定浓度的悬浮的粉尘是引起筒仓爆炸的主要条件。所以,筒仓爆炸也被称为粉尘爆炸。经测定,筒仓内谷物的粉尘的引爆浓度为40~60 g/m³。达到引爆浓度的粉尘,遇到火源立即发生燃烧,燃烧产生大量热量,加剧可燃气体的燃烧,促使筒仓内可燃气体体积的迅速膨胀,并对密闭的筒仓产生压力,当压力超过筒仓壁的承受压力时,筒仓发生爆炸。

引起筒仓内粉尘燃烧的火源可以是明火,也可以是电气火,如筒仓内吸烟,无防护措施的切割或电焊操作,机械部件之间的摩擦以及静电感应产生的电气火等。引起爆炸的火源温度与粉尘浓度有关,粉尘浓度越高,使其燃烧所需的火源温度越低。

二、散粮筒仓除尘系统

(一)散粮筒仓的集尘点

有效地捕集筒仓储运设备在工作过程中散发的粮食粉尘,是筒仓防爆的一项十分重要的措施。散粮筒仓中的粮食粉尘主要产生于粮食流动的落差点,如皮带机转接点和卸料口、磅秤(包括秤上斗和秤下斗)、提升机机头和喂料口、装船与装车的卸料口及过筛等处。此外,还有皮带机、抓斗等处。

(二)除尘系统的组成形式

除尘系统的组成形式主要有三种:集中式、半集中式和分散独立式。

集中式除尘系统指所有产尘点集中组成一组风网,这种形式的除尘系统适用于对小型筒仓的除尘。

分散独立式除尘系统要求每个产尘点单独配备除尘设备,它适用于筒仓储运设备分散的情况,由于各设备分散配备除尘系统,彼此没有内部联系,有利于防火、防爆,但设备的一次性投资较大,收集的粉尘不易集中处理,给运行维护和管理带来了麻烦。

半集中式除尘系统针对各个工艺流程,分别为每条作业线分区段地配备集尘设备,组成各组风网,其除尘系统由斗式提升机喂料口及机头、筛选器、磅秤(包括秤上斗和秤下斗)等组成,并可实现除尘设备与各工艺设备配合运行,便于控制及节约用电。这种半集中式除尘系统的组成形式,在国外的筒仓储运设备中应用较普遍。

三、筒仓除尘防爆的综合防治措施

(一) 加强管理,提高认识,增强责任心

(1) 加强筒仓粉尘爆炸及安全知识的教育,积极开展安全训练,强化防尘、防火、防爆意识,制定严格的安全工作制度并严格遵守,严格按照操作规程操作,积极搞好库区内外清洁卫生,保持筒仓内良好的通风条件。同时,认真做好日常安全管理工作。

(2) 认真做好全面的安全检查工作,必须认真分析粉尘爆炸的各种危险性因素,安全检查要具有全面性和针对性,发现问题及时解决,绝不留任何隐患。

(3) 加强安全设施的配备与管理。库区内要有完备的消防系统;操作人员要熟悉设备及使用工具的性能、使用条件和操作要领,并做好养护工作;严禁在不具备带火作业条件下在库区内进行电气割焊等易产生热源的作业。必须进行此类作业时,要采取较为安全的预防措施。作业结束后,要做彻底检查,消除一切隐患,确保筒仓储粮安全。

(二) 从设计入手,尽量消除影响粉尘爆炸的因素

(1) 做好库区整体规划设计,遵循整体设防的原则。生产过程尽量密闭化、自动化;对具有爆炸危险的建筑物、机械设备等应设置特制的安全壁和隔离带(如:防火墙、绿化带、防火门等),并适当采用防火材料;对避雷、接地、防静电及消防等设计,应全面考虑,采取安全可靠的预防措施。

(2) 在进行立筒仓的结构设计时,立筒仓应设置通风窗、泄爆口、检查孔等安全装置,以保持仓内常压;筒仓及料仓内应设置料位器,以便发出满仓信号,防止提升机、输送机堵塞;对局部易损坏的场所(如:通廊、栈桥等),设置防爆窗,以达到泄爆的目的;采用避雷针或避雷带等。

(3) 通风除尘工艺设计。合理的通风除尘工艺对防止粉尘爆炸起到积极作用。设计时选择合适的参数和方式至关重要。风管风速以 $15\sim17$ m/s 为佳;在粉尘产生点直接收集粉尘,经除尘器净化后排至室外;采用局部排风和吸风相结合的方式,全面通风或自然通风(利用外风压或温差)。同时,考虑到吸风管内负压的均匀性,粮粒、尘粒、设备及其相互之间碰撞、摩擦,管道内速度的均匀性等,出风口处应设置风网。设计风网时,去杂、清理等设备应独立设计风网,输送提升系统宜设组合风网。通风除尘系统应与相关的电气设备连锁。

(4) 尽量采用吸尘罩、防护罩。选择合适的吸点位置及风罩结构形式,尤其对下粮部

位,做到下粮时与外界形成风带,以杜绝粉尘飞扬。在靠近尘源处安装吸尘罩,使粉尘限制在较小的范围内,既保证吸风罩内有足够的负压,又不会引起粉尘扩散。罩内气流均匀,收缩角不大于60°,风速一般选取3～5 m/s(粮粒)和0.5～1.5 m/s(粉料)。粉尘浓度大,体积质量大,吸口与尘源距离远时,吸口风速应取大值,反之取小值,否则会使粉尘飞扬扩散严重。吸尘罩四周加法兰后,应减少无效气流,吸风量可节省25%,设计时风速可采用0.5～2.5 m/s。因工艺限制,机械设备无法密封时可选用敞口吸风罩和外部吸风罩。风机等吸风口处应有防护罩。

 **案例 1**

天津港散粮专业化泊位装卸工艺介绍

(一) 案例背景

近年来,散货船呈现大型化趋势,单宗粮食货物的体量逐渐增大,沿海港口为适应这种趋势,建设了大量的散粮专业化泊位,散粮泊位的专业化程度越来越高,工艺流程和装卸设备也越来越成熟。

天津港某散粮泊位位于天津港保税区粮油产业园内,园区聚集了中粮集团、京粮集团、中储粮公司、嘉里粮油公司等多家粮食油品加工企业,各家公司在厂区内设置了工厂,进行粮油初加工和精加工。园区内粮油企业主要生产原料大豆、植物油等,需要从码头接卸,通过皮带直接运输到企业的厂区内。天津港的散粮泊位还要考虑为全区之外的企业提供物流服务。

(二) 主要设计参数

(1) 泊位数:2个。

(2) 货种及年运量:进口散装大豆600万吨/年。

(3) 设计船型:进口大豆船为70 000 DWT散货船,长228 m,宽32.3 m,深19.6 m,满载吃水14.2 m。

(4) 生产不平衡系数:1.6。

(5) 码头年作业天:345天。

(6) 生产作业班次:3班。

(7) 每船同时开工作业线数:3条。

(8) 货种(大豆)集疏运方式:大豆由皮带机输送至后方筒仓及粮油企业厂区内。

(三) 工艺方案

该工程建设2个泊位,泊位吨级为70 000 DWT,是散粮专业化码头,以小麦、大豆等散粮为主要装卸货类的专用泊位。装卸设备主要包括码头散粮装卸设备和后方连续式皮带运输设备。

散粮装卸采用连续式卸船机和带斗门机联合作业方式,码头装卸设备将大豆输送至码头顺岸带式输送机上,通过码头东侧的转运塔直接输运到后方粮油加工厂区的筒仓内或码头后方的筒仓内。散粮的卸船方式宜采用专业化、效率高、台数少的工艺系统,并要符合国家现行的环保、防爆等有关标准的规定。

1. 工艺布置方案

散粮工艺布置:两个散粮泊位长度为 542 m,码头面高程为 6.0 m。码头前沿装卸船采用 2 台连续式卸粮机和 4 台带斗门座式起重机的组合方案,带斗门座起重机或连续式卸船机卸下的大豆通过臂架输送至码头的皮带机上,然后经过皮带机输送至位于码头后方的筒仓或者输送至后方粮食企业的厂区内的筒仓。码头皮带机采用覆盖带封闭,后方皮带机采用皮带机罩封闭。

2. 工艺作业流程

根据泊位的总平面布置、运输的货物种类及运量,该项目在进行接收作业的同时即可实现两种形式的直接发放作业,具体流程如下:

(1)入仓或车船直提作业,如图 5-23 所示。

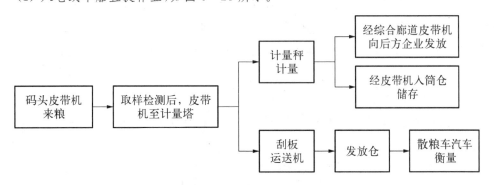

图 5-23　入仓或车船直提作业

(2)立筒仓发放作业,如图 5-24 所示。

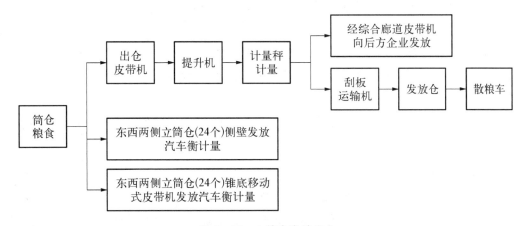

图 5-24　立筒仓发放作业

(3)倒仓作业。

所有仓内散粮均可经仓底皮带机送出,进入计量塔内经过斗提机提升计量后,转入皮带机斜爬至仓顶,通过布置在仓顶的横向、纵向犁式多点卸料皮带机,分配进入任一筒仓。

(四) 散粮装卸设备的选型

1. 卸船机选型

卸船机有连续式散粮卸船机和间歇式散粮卸船机两种。连续式散粮卸船机分为夹带式、链板式、气力式、埋刮板式、螺旋式和波纹挡边带式。连续式卸船机具有能耗小、能力大、卸船效率高、噪声小、封闭性好,可防止粉尘产生和扩散等优点。间歇式的散粮卸船机分为带斗门机和普通门机。带斗门机作业效率比较高,适合散粮作业。门座起重机装卸效率低、能耗大,清仓作业量大。

综合考虑项目的平面布置、船型大小、吞吐量等因素,经过综合比选,采用夹带式卸船机和带斗门机联合作业的方案,2 个散粮泊位共配备 2 台夹带式卸船机和 4 台带斗门机。卸船机、门机均采用门座轨道式,可沿码头顺岸行驶。连续式卸船机卸船效率为 1 000 t/h,带斗门机卸船的效率现阶段为 500 t/h,卸船机能够保证卸船效率,带斗门机便于板结粮食破壳及清仓作业。顺岸码头设置 4 条单托辊皮带机,其卸船时效率最高可达 4 000 t/h,可以实现码头前沿同时靠泊 2 艘 7 万吨级的船,同时用 6 台卸船设备进行卸船作业。

2. 皮带输送机的选型

经过比选论证,本工程配置额定能力为 1 000 t/h 的带式输送机 17 条,500 t/h 的带式输送机 6 条。

码头主要设备配备为

(1) 码头上顺岸布置 1 000 t/h 的单托辊皮带机,共 4 条。

(2) 码头至计量塔斜爬段选用 1 000 t/h 的双气垫输送皮带机,共 3 条。

(3) 东西向廊道由计量塔向后方企业发放皮带机,选用 1 000 t/h 的单托辊带式输送机,共 2 条。

(4) 由计量塔爬坡至筒仓仓顶的皮带机选用 1 000 t/h 的单托辊带式输送机,共 2 条。

(5) 筒仓进粮皮带机选用具有多点卸料功能的双犁型皮带机,生产效率为 1 000 t/h,南北方向 2 条,东西方向 4 条,共 6 条。

(6) 筒仓出仓皮带机(4 条)及出仓汇总进提升机皮带机(2 条),均选用 500 t/h 的单托辊带式输送机。

3. 提升机的选型

斗式提升机具有防尘、防震、减少噪声、防堵和防偏的优点。斗式提升机主要参数有额定输送能力、带速和头尾轮距离。根据提升机的特点,本工程在计量、入仓、倒并仓、装车等工艺流程中均没有采用提升机。仅在出仓、倒仓过程中,采用斗式提升机,选用产量为 500 t/h 的,共 2 台。各装卸设备性能如表 5-8 所示。

表 5-8　主要装卸机械性能表

设 备 名 称	主要能参数	型 号 及 规 格
带斗门机	500 t/h	DM 18-37
连续卸船机	1 000 t/h	SIMPORT 1000
斗式提升机	500 t/h	JDEL 100-53×2
双犁皮带机	1 000 t/h	—
单托辊皮带机	1 000 t/h	JDBC 1400
双气垫皮带机	1 000 t/h	JDJBC 1400

(五) 工艺评价

目前,该工程码头及后方筒仓均已建成投产,工艺系统运行良好。各工艺设备系统运转正常,主要技术参数满足生产要求。该项目的散粮装卸工艺系统不仅能满足现在情况,还为后期发展预留了工艺接口。

(1) 预留后期火车装车的铁路用地,接口在计量塔设计时做了预留。

(2) 考虑到后期装粮进船的可能性,在后方筒仓预留出卸粮坑的位置,同时在未来码头扩建过程中预留出了装粮机的位置。

(六) 小结

天津港某散粮专业化码头装卸工艺设计时根据建设规模、设计年接卸量进行合理分析,充分考虑了装卸、输送、仓储、除尘、取样、计量、通风、熏蒸等要求,一次整体设计完成,充分预留后期发展,尽量避免后期分期建设时改造工程量对生产的影响和增加投资。通过本工程实例介绍散粮码头装卸工艺,希望能供同类码头工程设计参考。

思考题:

(1) 思考散粮码头工艺系统的布局需要考虑哪些影响因素? 为什么?

(2) 为什么该码头的工艺系统还为后期发展预留了工艺接口? 在港口的长期可持续发展与前期巨量经济投入之间该如何做好平衡?

案例 2

粮油码头散粮卸船设备比选

(一) 案例背景

随着经济社会的发展,散粮贸易逐年增大,散粮码头逐渐向大型化、专业化、自动化发展。天津临港经济区 2、3 号粮油码头建设了 2 个 7 万吨级泊位(水工结构预留至 10 万吨级),主要接卸国外进口大豆,设计散粮年进口量为 600 万吨。该项目主要服务临港经济区后方粮油加工企业,接卸的散粮需要通过带式输送机直接输运到后方粮油企业厂区内。根据码头的功能定位、货种及船型,需要选用大型散粮接卸设备。目前,国内外散粮卸船设备主要分间歇式卸船机和连续式卸船机。间歇式卸船机主要有通用门座式、带斗门座式、桥式抓斗式;连续式卸船机主要有气吸式、夹带式、埋刮板式、螺旋式和波纹挡边带式。

(二)间歇式卸船机

1. 通用门座起重机

通用门座起重机对货种适应性较强,主要用于通用码头,卸船时散粮通过抓斗抓取后卸至码头上的接料漏斗中,通过漏斗卸至输送皮带机或自卸汽车中。门座起重机效率较低,粉尘外泄多,但适用性强,可兼顾其他散货、件杂货接卸。

2. 带斗门座起重机

带斗门座起重机自身设置接料斗和水平输送机,散粮经抓斗抓取后卸至自身接料斗中,再经机上输送机送至码头前沿带式输送机。带斗门座起重机接卸时不需回转,只进行起升、仰俯变幅,因此抓取时间短,效率较普通门机高,同时该机可吊运清仓设备至船舱,灵活机动。

3. 桥式抓斗卸船机

桥式抓斗卸船机同样自身设有接料斗和水平输送机,散粮经抓斗抓取后通过小车移至接料斗上方卸料,再经机上输送机送至码头前沿带式输送机。桥式抓斗卸船机接卸效率较高,可达 3 000 t/h,但该机不可旋转,只能平行于码头移动,灵活性较差,粉尘控制效果也差。

间歇式卸船机参数对比如表 5-9 所示。

表 5-9　间歇式卸船机对比表

参　　数	机　　型		
	通用门座起重机	带斗门座起重机	桥式抓斗卸船机
取料装置	抓斗	抓斗	抓斗
垂直提升	起升机构	起升机构	起升机构
适应船型	10 万吨以下	10 万吨以下	30 万吨以下
单机能力	500 t/h 以下	1 000 t/h 以下	3 000 t/h 以下
清仓量	较大	较大	较大
适应物料	较多	较多	较多
能耗	较大	较大	较大
易损件	抓斗、钢丝绳	抓斗、钢丝绳、接料斗衬板	抓斗、钢丝绳、接料斗衬板
破碎度	较大	较大	较大

续 表

参 数	机 型		
	通用门座起重机	带斗门座起重机	桥式抓斗卸船机
整机自重	较重	较重	较重
装机容量	较大	较大	较大
维保费用	较低	较低	较高
环保效果	较差	较差	较差

（三）连续式卸船机

1. 气吸式卸船机

气吸式卸船机是利用负压吸力提升物料，通过风机在管道中形成负压气流，由埋入舱内散粮中的吸咀将粮食吸入输送管中，然后送至码头前沿的带式输送机。气吸式卸船机的主要构件包括吸咀、输送管、分离器、除尘器、卸料器、风机和消声器等。该设备结构简单、维修方便、清舱干净、没有粉尘外泄，但其作业噪声大、动力耗能大，产量大时缺点更为显著，目前在各连续式卸船机中单吨耗能为最大，不能应用于大产量粮食码头生产。

2. 夹带式卸船机

夹带式卸船机是利用两条同步运行的输送带来夹持提升物料，两条输送带中包括一条承载带和一条覆盖带，提升段的双带靠压缩空气夹紧抟裹物料，提升水平输送段则以气垫带式输送机传送。夹带式卸船机的主要机构包括喂料器、垂直提升臂、水平输送臂、防尘装置、驱动机构等。作业时，将垂直臂放入船舱，使喂料器埋入散粮中，利用夹带提升物料。夹带式卸船机能耗低、粉尘少、噪声低，运行平稳、粮食破损少，其缺点是不适宜流动性差的物料，也不适宜含有尖锐异物的物料，因其容易划伤皮带。

3. 埋刮板式卸船机

埋刮板式卸船机是以埋刮板输送机为主体，通过埋刮板机对船舱内的散粮进行垂直提升和水平输送，主要机构包括垂直提升臂、水平输送臂、旋转塔、喂料器、驱动机构等。作业时，将设有喂料器的垂直臂放入船舱里，使喂料器埋入散粮中，散粮在喂料器作用下从垂直臂下端开口处进入埋刮板提升机中，在刮板链条的推动下，散粮随着链条刮板提升，然后再经水平输送进入码头前沿的输送机中。埋刮板式卸船机结构紧凑、外形较小、自重较轻，工作可靠、卸船密闭，防尘较好，其缺点是埋刮板牵引链条容易磨损，维护更换费用较高。

4. 螺旋式卸船机

螺旋式卸船机是以螺旋机取料，并利用垂直、水平螺旋提升输送物料，一般用于散煤、化肥、水泥等装卸，主要机构包括垂直提升臂、水平输送臂、旋转塔、末端螺旋输送机和门架等。作业时，将垂直臂的反向外螺旋喂料器埋入散粮中，散粮由垂直正向内螺旋提升，经水平螺旋输送机送至码头前沿的输送机中。螺旋式卸船机结构轻巧、完全密闭、操作简单,对流动性较差的物料适应性强,能较好地控制粉尘和噪声,但能耗较高,对物料破碎率大,同时,螺旋容易磨损、臂架振动较大。

5. 波纹挡边带卸船机

波纹挡边带卸船机是以波纹挡边输送带进行垂直提升和水平输送物料,无须进行中间转载,主要机构包括垂直提升臂、水平输送臂、旋转塔、门架等。作业时,将双螺旋叶轮喂料器埋入散粮中,散粮在双螺旋的作用下,输送到中间叶轮处,接着通过离心力的作用,叶轮把散粮抛送到垂直臂内波纹挡边带上,然后由挡边带进行垂直和水平输送,中间无须转载。该设备适合卸船的同时也适合装船。波纹挡边带卸船机结构紧凑、运行平稳、自重轻、能耗低、噪声小、清仓效果好,能装卸兼用,但是不宜输送潮湿、黏性大的物料,否则容易卡死和输送带难以清扫。

连续式卸船机参数对比如表 5-10 所示。

表 5-10　连续式卸船机对比表

参　　数	机　　型				
	气吸式	夹带式	埋刮板式	螺旋式	波纹挡边带式
取料装置	吸咀	螺旋	刮板	螺旋	螺旋
垂直提升	负压	夹带	刮板	螺旋	波纹挡边
适应船型	10 万吨以下	10 万吨以下	10 万吨以下	10 万吨以下	10 万吨以下
单机能力	500 t/h 以下	1 000 t/h 以下	1 000 t/h 以下	1 000 t/h 以下	1 000 t/h 以下
清仓量	基本为零	500 t	1 000 t	500 t	500 t
适应物料	较多	较多	较多	较多	较多
单吨耗电	1.2 度	0.25 度	0.4 度	1 度	0.35 度
易损件	管道	皮带	刮板	螺旋	波纹挡边带
破碎度	较小	较小	较大	较大	较小
整机自重	较轻	较轻	较轻	较轻	较轻
装机容量	较高	较低	较低	较高	较低
维保费用	较高	较低	较高	较低	较高
环保效果	较好	较好	较好	较好	较好

综上所述,气吸式卸船机为封闭运输,防尘效果好,清仓量小,但能耗大、噪声大,仅能适合小型船舶及卸船效率要求不高的码头;夹带式卸船机也属于封闭输送,粉尘污染少、效率高、能耗低,清仓量较气吸式略大,对粮食中混杂尖锐异物敏感,容易划伤皮带,需增

加防护措施;埋刮板式卸船机卸船效率高,粉尘少、噪声小,但能耗高于夹带式卸船机,同时对谷物破碎率高,刮板更换费用较高;螺旋式卸船机能耗较高,结构简单、自重较轻,螺旋高速旋转震动大,且螺旋易磨损、维护工作量大,谷物破碎率高;波纹挡边式卸船机运行平稳、噪声小、能耗低,但输送带不易清扫,不宜输送流动性差、大块、潮湿、黏性大的物料。

(四) 卸船设备配置

码头卸船设备的选用要结合项目的自身特点,包括平面布置、船型、吞吐量、自动化程度等。本码头设计为专业化码头,自动化程度要求较高,主要接卸物料为大豆,流动性较好、容易板结,主力船型为 7 万吨级,同时预留 10 万吨级。通过综合比选,采用夹带式卸船机和带斗门机联合作业的方案,每个泊位配备一台夹带式卸船机和 2 台带斗门机,卸船机能够保证卸船效率,带斗门机便于板结粮食破壳及清仓作业。夹带式卸船机选用 1 000 t/h 效率的,带斗门机选用 500 t/h 效率的,满足 10 万吨级散货船卸船作业。卸船机、门机均采用门座轨道式,可沿码头顺岸行驶。轨道后方利用高架栈桥布置 4 台 1 000 t/h 皮带机,皮带机采用托辊覆盖带式。码头设备的总卸船能力与皮带机的总输送能力相匹配,可以实现 6 台设备同时接卸一条船舶作业的,最大卸船能力可达 4 000 t/h。

夹带式卸船机宜选用额定能力为 1 000 t/h、轨距 12 m、基距 10 m、外伸距 37 m 的。夹带式卸船机具有操作简单、卸船效率高、能耗小、噪声小、封闭性好,能有效防止粉尘扩散,同时易于自动化控制的优点。但连续式卸船机在取料时须将垂直臂埋入物料中约 1 m,故采用连续式卸船机卸船时,清仓量较大。

带斗门机接卸效率为 500 t/h,额定起重能力 18 t,轨距 12 m,基距 12 m,外伸距 37 m。带斗门机前侧设接料漏斗,门机抓取散粮后不需回转,直接放至接料漏斗中,由接料漏斗通过刮板机传输至顺岸皮带机上。抓斗门机接卸效率低、能耗大,粉尘污染大,但相对卸船机,抓斗门机的适应性较强,特别对于板结粮食,抓斗可轻易破碎,能较好地配合夹带式卸船机完成清舱作业。

以接卸一条 7 万吨级散粮船为例,整个接卸过程中需对各种卸船设备灵活调配,能够达到最高卸船效率。卸船刚开始时,夹带式卸船机与带斗门机同时作业不同的船舱,由于夹带式卸船机作业较快,随着其船舱内粮食的不断减少,当舱内粮食低于 1 000 t 时,夹带式卸船机无法继续进行作业,将其调换至其他船舱,由带斗门机移至该舱,将舱内剩余粮食清理完毕。以此类推,按照船舶荷载平衡要求,逐步跳舱完成全部船舱作业。目前,天津临港 2、3 号粮油码头接卸一条 7 万吨级散粮船可以在 4 天之内完成,完全满足设计要求。

(五) 总结

粮食码头在进行卸船设备配置选型的过程中,不仅需要考虑接卸设备与码头生产任务的匹配,同时需综合考虑设备技术与经济等各因素之间的权衡,在完成港口生产任务的同时,花费最低的成本,为港口企业创造最大的收益,达到技术先进、经济合理的目的。

思考题:

(1) 在散粮码头的船舶作业机械中,在连续型与间接型两类中选择时需要考虑哪些因素?

（2）查找目前散粮码头船舶作业机械的最新进展，思考提高船舶作业效率最核心的环节在哪里？在港口节能减排和可持续化发展的背景之下，码头在选择设备时还需要有怎样的考量？

 案例3

"1＋1＋1＋3"模式的智慧粮仓系统

近年来，世界主要港口自动化升级如火如荼，而传统的散粮码头因为其装卸机械、工艺流程和货物自身的特性等原因，其短板日渐突出，主要表现在：

（1）粮食品质、状态、入库时间难以区分，散装卸粮、中转能力不足。

（2）专业的粮食储存、监测设备不健全，设备能耗大。

（3）缺乏应急管理和监管系统的联动，通关效率低。

（4）粮食码头散杂货理货短板突出，仍以纸质单据方式流转。

（5）各个部门数据系统相对独立，数据共享困难等。

（6）安全管理无法全面覆盖"人机料法环"各个环节。

由此可见，粮食码头作为中国粮食现代物流的主要节点，加快粮食码头智能化、自动化、可视化升级是必要的，也是行业发展的大势所趋。本案例针对散粮码头的智慧化升级改造，提出散粮智能化、自动化和可视化的"1＋1＋1＋3"系统模式，主要包括如下内容。

1. 一张全域感知网

系统覆盖全港区的 5G 网、IOT 物联网、视频网，实现港区物资、人员、设备等的动态感知和监控，实现运营业务数据的线上化（见图 5-25）。

图 5-25 全港可视化

2. 一个数字核心系统

数字核心基于港口基础设施和操作系统，一键链接港口生产、操作、OA、SAP 等各个系统，搭建统一标准的数据核心，实现全港口的数据采集汇聚、治理和 AI 服务一体化的数据服务（见图 5-26）。这将使得全港区的数据标准统一管理和跨系统跨部门的数据共享成为现实。

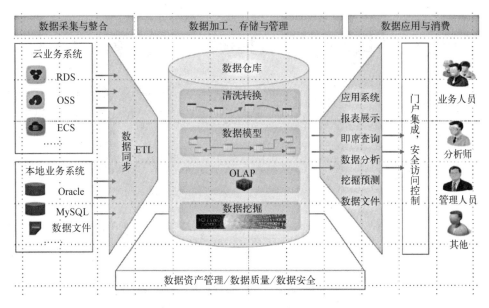

图 5‑26　数字核心系统

3. 一个指挥中心

智慧运营指挥中心,通过可视化手段,实现全港区信息的可视化展示,实现港区管理的一图总览全局,一键调度指挥整体。

4. 三大智能业务系统

1) 智慧运营

通过开放性接口连接粮仓港口系统,整合搭建智慧粮仓、智慧场站、设备管理、应急管理、安全管理、能源管理于一体的智慧运营系统,全面串联粮仓港口各个环节数据,深入人、机、料、法、环境五大模块,统一管理、业务协同、智慧运营,极大地提高了粮仓港口的自动化、智能化水平(见图 5‑27～图 5‑29)。

图 5‑27　智慧运营系统图

图 5-28 智慧粮仓功能架构图

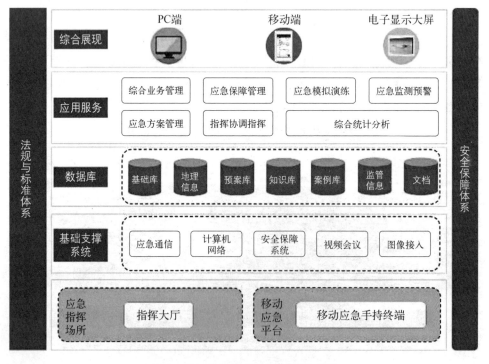

图 5-29 应急管理功能架构示意图

2）智慧监管

智慧监管平台协助海关、海事、边防等监管机构完善对进境粮食从进入港区到运出港区的全程监管，可以做到：每个作业环节的全程跟踪；支持接入港区视频监管图像；实时掌握粮食在港区作业的动态情况；大大压缩通关时间，提高港口整体通关效率。智慧监管框架如图5-30所示。

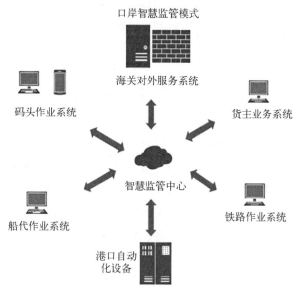

① 全流程可视化；② 多角色有序联动；③ 高效便捷体验好。

图 5‑30　智慧监管框架

3）港口生态

搭建港口智慧生态服务平台，融合货主、贸易商、货代、运输公司、船代、银行等港口客户以及港口合作伙伴，形成港口物流、交割、交易、金融的生态氛围（见图5-31）。

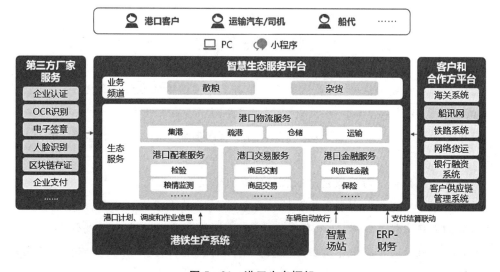

图 5‑31　港口生态框架

思考题：

（1）目前，我国有哪些散粮码头已经或正在进行智慧化改造？分别完成了哪些改造内容，分析其对码头的生产经营以及对社会经济带来了怎样的影响？

（2）如何理解上述的"1＋1＋1＋3"方案？如果该方案要在某个特定的散粮码头中实施升级改造，其中哪些功能或模块是必须要满足的，哪些又是未必需要的？请分别从码头经营公司、港口管理方、货方和船方的视角进行思考。

本 章 小 结

散装粮食是世界海上大宗运输的散装货种之一。由于粮食的颗粒均匀、流动性好、不易破碎，有利于散装运输，有利于降低成本。散粮的卸船机械根据其工作时是否连续，可分为间歇式卸船机和连续式卸船机两大类。间歇式卸船机是指各类抓斗卸船机；常用的连续式散粮卸船机有吸粮机、压带式卸船机、螺旋式卸船机、链斗式卸船机等。装船机机型主要为固定式装船机和移动式装船机两类。常用的较为简易的溜管装船装置充分利用了粮食粒度均匀、流动性好的特点，至今仍然有其适用的条件。粮食的储存仓库大都选用圆筒仓组成的筒仓群；筒仓机械化系统主要由筒仓群和工作楼（塔）部分组成。该系统中的自动定量秤将散粮的进料过程通常分为快加料和慢加料两个加料过程及一个卸料过程，以对散粮进行计量。散粮装卸工艺包括陆进水出的出口系统和水进陆（水）出的进口系统；按包装形式分，散粮装卸工艺又包括散（装）进散（装）出，散（装）进袋（装）出两种装卸工艺流程。散粮在装卸、储运过程中，会产生大量的粮食粉尘，筒仓的除尘防爆要高度重视，并采取相应的措施。

本 章 关 键 词

散粮——也叫散装粮食，散装粮食是世界海上大宗运输的散装货种之一，在国际上散装粮食运输的品种很多，如小麦、大麦、玉米、稻类、大豆、油菜籽等。

散粮卸船机械——一般置于码头前沿，用于散粮船舶卸船的专业化设备，根据其工作时是否连续可分为间歇型卸船机和连续型卸船机两大类。

散粮装船机械——用于散粮船舶装船的专业化设备或装置。

散粮筒仓——现代大型散装粮食的储存仓库，每一个筒仓是一个独立储粮单位，可以满足港口的散粮中转高效率、出入仓方便快捷、输送效率高、自动化程度高的需求。

斗式提升机——可将散粮进行垂直提升的一种输送机，是散粮筒仓重要的垂直提升输送机械。

散粮筒仓机械化系统——主要由筒仓群和工作楼(塔)部分组成。其中,工作楼是斗式提升机、计量秤除尘、取样、筛分、控制等设备集中设置的场所,是筒仓的工作和指挥中心。

散粮计量——散粮在接收、发放时都必须进行计量,尤其是在对外贸易中,粮食的计量更显重要,散粮的计量是统计、结算的依据。

散粮码头的除尘防爆——散粮在装卸、储运过程中产生的大量粉尘会带来环境污染、损害健康、粉尘爆炸等后果,严重危及人的生命安全,毁坏储运设备和建筑设施。由此,筒仓的除尘防爆要高度重视,并采取相应的措施。

散粮码头劳动定员——劳动定员是在一定的生产技术组织条件下,根据企业生产经营活动和岗位工作的要求,按一定素质标准,配备企业各类人员的限额。散粮装卸工艺是散粮装卸劳动定员的依据。

本 章 习 题

(1) 散粮对装卸保管的要求有哪些?

(2) 散粮连续卸船机有哪几种类型? 各种连续卸船机的工作原理和特点是什么?

(3) 散粮输送系统中的垂直提升机主要是什么? 其工艺布置需要考虑哪些问题?

(4) 散粮码头筒仓机械化系统包括哪些组成部分?

(5) 散粮码头筒仓系统中工作楼和筒仓的布置形式有哪几种?

(6) 简述散粮码头进口和出口装卸工艺流程。

(7) 简述散粮进口和出口码头的工艺布置形式及特点。

(8) 散粮筒仓除尘防爆的综合防治措施有哪些?

(9) 散粮码头中的输送系统主要包括哪几种,特点分别是什么?

(10) 散粮码头中的计量设施主要有哪些?

(11) 散粮码头中粮仓系统的工作程序是怎样的?

(12) 散粮码头劳动定员需要考虑哪些要素? 与装卸工艺之间的关系是怎样的?

第六章
液体散货装卸工艺与组织

教学目标

知识目标

(1) 掌握液体散货的分类及性质。

(2) 了解液体散货码头主要的装卸设备类型。

(3) 掌握液体散货码头装卸工艺流程及布置特点。

(4) 掌握液体散货码头的安全与消防措施。

能力目标

(1) 能够根据液体散货装卸工艺要求合理布置机械设备。

(2) 能够合理设计液体散货码头的装卸工艺流程。

(3) 能够对液体散货码头的安全与消防措施进行合理选择。

素质目标

(1) 重视液体散货码头生产中的规范操作和安全问题,提升安全生产意识。

(2) 重视液体散货码头生产中的环境问题,提升环境保护意识。

导入案例

国产可自动对接的液化天然气卸料臂正式投用

2022年,全球首台具备自动对接功能的液化天然气(LNG)卸料臂在国内首座"双泊位"LNG码头天津LNG接收站正式投入使用。目前,该设备已经顺利完成了国产卸料臂首船接卸工作,实现了该装备在国内实船应用零的突破。国产LNG自动卸料臂的成功投入使用将显著增强华北地区天然气接收和供应能力。

在传统模式下,LNG卸料大多数采用人工模式,人员劳动强度大、自动化程度低。为了改善这样的情况,推进该项目的国产化,连云港某自动化有限公司决定攻关该项目的国产化。该卸料臂不用人工干涉,可自动快速实现卸料臂和LNG运输船上法兰的精准

对接。与国外卸料臂不同,国产卸料臂攻克了超低温情况下管线系统旋转接头动态密封、主动紧急脱离等关键核心技术,成功研制了大口径低温旋转接头、紧急脱离装置等核心部件及 LNG 智能装卸系统整机,装备性能达到国际主流产品水平,实现了装备的自主可控。

该项目还全球首创开发出自动对接功能,首次将数字孪生、大数据分析、空间视觉定位等信息化技术应用于 LNG 液货装卸领域;创新性地开发了 3D 实时智能管控、基于视觉的自动对接等功能,大幅提升了产品的自动化和智能化水平,得到了行业专家及用户单位的高度认可。国产卸料臂的成功投入使用将全面提升我国油气储运产业核心竞争力,加速关键装备国产化进程,为我国打造 LNG 全产业链、保障国家能源安全、实现碳达峰和碳中和目标作出更大贡献。

思考题:

(1) 液体散货码头的装卸工艺、设备与其他类型货物码头的装卸工艺及设备有什么不同?

(2) 液体散货码头的装卸作业和其他码头相比,为何要更加重视生产安全?

(3) 你认为液体散货码头如何响应和保障国家能源安全、实现碳达峰、碳中和的要求和目标的实现?

引　言

液体散货码头是指原油、成品油、液体化工品、液化石油气(LPG)和 LNG 等介质用管道装卸和输送的专业码头。这些货物品种多、需求量大,存在着产地与加工地、加工地与消费地的差异,从而形成较大的货运量。海运是跨国石油运输中最为重要的方式。2022年全球原油海运量为 19.2 亿吨,成品油海运量为 10.11 亿吨,中国的原油海运进口量为5.08 亿吨。从全球石油跨国运输来看,海运约占 60%。随着我国经济持续发展,对油气及化工品需求不断增加,也促进了液体散货海运事业的发展和相应的港口码头的建设。

液体散货作业具有连续、密闭、运量大、效率高等特点,对液体散货码头的建设和装卸提出了较高要求。现代液体散货码头要求具备码头专业化、装卸货种多样化、装卸工艺流程自动化、装卸安全及环保等功能。随着我国综合国力提高,能源消费量的快速增长,沿海、沿江大型液体散货码头不断涌现。由于液体散货码头工艺设备性能的提高,也进一步提高了码头的卸船效率,特别是大型油船配泵的扬程高、流量大,卸船效率高,大大缩短了船舶在泊时间,提高了泊位通过能力。随着新工艺、新材料、新技术、新设备的不断被采用,我国液体散货码头装卸效率正在不断提升,经济社会服务能力不断增强。

第一节 概 述

一、液体散货的分类

(一) 原油及成品油种类

原油是指从地下开采出来的一种具有特殊气味的褐色或黑色的黏稠的液体矿物,是未经加工提炼的石油。成品油是原油经提炼加工(如分馏、裂解、重整等方法)获得的各种产品。根据用途不同,可将原油及成品油进一步分为汽油、煤油、柴油、燃料油、润滑油、化工油类及建筑油类七种。

(1) 汽油。汽油可分为航空、车用和溶剂汽油等多种。航空、车用汽油是石油产品中比重最轻、最易挥发的油品。溶剂汽油主要用于工业生产,如洗涤机件、制造轮胎、胶鞋等溶剂、油漆工业的稀释剂等。

(2) 煤油。煤油可分为航空煤油、灯用煤油、动力煤油和矿灯煤油。

(3) 柴油。柴油可分为轻柴油和重柴油。轻柴油为各种高速柴油机提供动力,重柴油为中速和低速柴油机提供动力。

(4) 燃料油。燃料油又叫重油或锅炉油,是原油蒸馏出汽油、煤油、柴油后,经精制除杂直接蒸馏得到的油品,它可作为船舶、工业设备和工厂锅炉的燃料。

(5) 润滑油。润滑油是指提取了汽油、煤油、柴油后剩下的重质油,采取减压蒸馏法制成的液体油品。精制后的润滑油可用各种不同比例调配各种黏度的润滑油。润滑油主要起润滑作用,主要用于机械设备的摩擦部位。有的品种还可用于冷却、密封、防锈、电气绝缘等方面。

(6) 化工油类。化工油类包括纯苯、甲苯、二甲苯、三甲苯、石蜡、地蜡等产品。

(7) 建筑油类。建筑油类包括液体沥青、硬沥青等产品。

(二) 液化气种类

液化气是指在常温常压下为气体,通过冷却或在临界温度以下加压或冷却而变成液态的物质。《国际散装液化气体船舶结构和设备规则》将液化气定义为:"在 37.8℃时其蒸汽的绝对压力超出 0.28 MPa 的液体。"

根据主要成分不同,可将液化气分为液化石油气、液化天然气、液化化学品气三类:

(1) 液化石油气,主要成分为丙烷,是丙烷、丁烷及其混合物的总称。

(2) 液化天然气,主要成分为甲烷,还有乙烷、丙烷、丁烷等。

(3) 液化化学品气,是指除上述两类液化气外,凡是在常温下为气态、经冷冻或加压的方法处理后可以液态形式进行运输的化学物质,包括无机化合物或单质物质以及各类有机化合物。其成分除了碳氢化合物外,还有其他成分,如氧化丙烯和聚氯乙烯单体等。

（三）液体（危险）化学品种类

液体化学品，指除石油和类似易燃品外的液态的、散装的危险化学品，包括具有重大火灾危险性的货品，其危险性超过石油和石油产品及类似的易燃品；还包括除具有易燃性外，另有重大危险性的货品；或非易燃性的但具有毒性、反应性等重大危险性的货品。

《国际散装运输危险化学品船舶结构和设备规则》将液体化学品定义为："温度在37.8℃时其蒸汽绝对压力不超过0.28 MPa的液体危险化学品，主要有石油化工产品、煤焦（油）产品、碳水化合物的衍生物等。"

液体化学品中有一大类具有污染性。

 液体化学品包括哪几类？

国际海事组织（IMO）修改的2007年2月1日起实施的MARPOL（国际防止船舶造成污染公约）73/78附则Ⅱ"控制散装有毒液体物质污染规则"中，按照对海洋的污染性将液体化学品分为以下几类：

X类：该类物质若从洗舱或排放压载水的作业中排放入海，将对海洋资源或人类健康产生重大危害，或对海上休憩环境或其他合法利用造成严重损害，因此有必要对其采取严格的防污措施。

Y类：该类物质若从洗舱或排放压载水的作业中排放入海，将对海洋资源或人类健康产生危害，或对海上休憩环境或其他合法利用造成损害，因此有必要对其采取特殊的防污措施。

Z类：该类物质若从洗舱或排放压载水的作业中排放入海，将对海洋资源或人类健康产生较小的危害，或对海上休憩环境或其他合法利用造成轻微的损害，因此有必要对其采取特殊的操作处理。

OS类：该类物质若从洗舱或排放压载水的作业中排放入海，将对海洋资源或人类健康产生可察觉的危害，或对海上休憩环境或其他合法利用造成轻微的损害，因此要求对其操作条件给予适当注意。

据统计，目前世界海上运输的危险货物品种总数在6万～20万种，由于新的化工品不断出现，并通过水路进行运输，故因危险货物导致的事故不断出现，造成了作业人员伤亡、船货灭失及海洋污染，已引起有关方面的高度关注。为保护切身利益和航运安全，不少国家和地区制定了自己的危险货物管理办法和规定，对安全和环保起了很大的作用。但由于不同国家和地区地理环境、政治经济等方面的差异，所制定的管理办法和规定也有很多差异，这就不可避免地对危险货物的运输和从事危险货物工作的人员造成了诸多障碍和困难。在这种情况下制定了《国际海运危险货物规则》，它是港口装卸企业进行危险货物装卸作业的依据。

二、液体散货的货物性质

(一) 原油及成品油的性质

原油及成品油(可统称为石油类货物)属于危险液体货物,具有易燃、易爆、挥发、毒害、黏结、静电、胀缩、腐蚀、污染等多种危险特性。

1. 易燃性

石油类货物的易燃性可用闪点、燃点和自燃点来衡量。可燃液体的闪点随着其浓度的变化而变化。自燃点会受到可燃物与助燃气体配比的影响发生改变。当混合气中的氧气浓度增加,自燃点降低;压力越大,自燃点越低。

 什么是闪点、燃点和自燃点?

闪点是可燃液体或固体能放出足量的蒸气并在所用容器内的液体或固体表面处与空气组成可燃混合物与火焰接触时发生闪火,并立刻燃烧的最低温度。

燃点是指可燃物与空气共存,当达到一定温度时与火源接触即自行燃烧,火源移走后仍能继续燃烧的最低温度,燃点也被称为着火点。

自燃点是可燃物在助燃性气体中加热而没有外来火源的条件下起火燃烧的最低温度,也被称为发火温度。

按闪点高低将油品划分为三级:闪点在28℃以下的油品属于一级易燃液体,闪点在28~60℃范围内的油品属于二级易燃液体,闪点在60℃以上的油品属于三级易燃液体。一级和二级油品都极易燃烧。

2. 爆炸性

油品储运中发生的爆炸,按其原理主要有两类:一类是油气混合气因遇火而爆炸,这是一种化学性爆炸;另一类是密闭容器内的介质,在外界因素作用下,由于物理作用,发生剧烈膨胀超压而爆炸,如空油桶等因高温或剧烈的碰撞使腔内气体剧烈膨胀而造成的爆炸等。油库中最易发生的是第一类爆炸。

油蒸气与空气的混合气体达到适当浓度时,遇到足够能量的火源就能发生爆炸。某种油蒸气在空气中能发生爆炸的最低浓度和最高浓度,成为某种油蒸气的爆炸浓度下限和爆炸浓度上限,其饱和蒸气压所对应的油料温度称为这种油料的爆炸温度极限。爆炸极限一般使用可燃气体在混合气体中的体积百分比表示。

当空气中含油蒸气的量处于爆炸上限和下限之间,才有爆炸的危险,而且爆炸极限的幅度越大,危险性就越大。如果低于爆炸下限,遇明火,既不会爆炸,也不会燃烧;当空气中含油蒸气的量超过上限时,遇火只会燃烧而不会立刻爆炸,并在燃烧过程中可能突然转为爆炸。这是因为油品蒸气在空气中所占的体积百分比在燃烧中逐渐降低而达到爆炸上限的缘故。石油码头在建设时,要和其他码头分隔并将其设在下游或下风处;邻近的建筑物要有 300 m 以上的防护距离,并要和居民区分开;码头要设置合理的消防设施。

3. 挥发性和毒害性

不同油料的挥发性是不同的,一般轻质成分越多,挥发性越大,汽油大于煤油,煤油大于柴油,润滑油挥发较慢,同时油料在不同温度和压力下,挥发性也不同,温度越高,挥发越快;压力越低,挥发越快。从油料中挥发出来的油蒸气迅速与空气混合,形成可燃混合气,一旦遇到足够大的点火能量,就会引起燃烧和爆炸。挥发性越大的油料的火灾危险性越大。因此,石油的挥发性对安全运输、装卸和储存具有重大意义。

另外,石油的挥发会引起油量的减少和油质的降低,因为挥发成气体的大部分是石油及其产品中的轻质有效成分,而且这些挥发的气体还会伤害人体健康,一般情况下,当空气中油蒸气的含量达 8.3 g/L 时,还会危及人的生命。有的油品,如四乙基铅的汽油蒸气毒害性更大,它可以通过皮肤接触使人中毒。石油的毒气与其蒸发性密切相关,易蒸发的石油制品比难蒸发的石油制品毒性大,所以要求油码头要加强通风,开放,并配备必要的防毒面具以便在检修管道或油罐时使用,同时必须要注意预防油品的溢漏污染。

4. 黏结性

一些不透明的油品在低温时会凝结成糊状或块状,给装卸造成困难。油品的黏结性可用凝点和黏度表示。凝点越高、黏度越大则流动性越小。船舶装运高黏度油品时,需对油品进行加温以降低其黏度。因此,在不少油船舱底部常铺设加热的蛇形管系,用于对货油的加温,加温必须适当,使之既便于装卸又不使大量油气挥发。

 什么是凝点和黏度?

凝点是指油品受冷后停止流动的初始温度。

黏度是表示油品流动时内部摩擦力的大小或流动性大小的指标。

5. 静电性

石油类货物在管线内以一定速度流动或在容器(包括油舱)内动荡,会因管壁或容器壁相摩擦而带电。静电荷积聚达到一定能量时,会放电产生电火花,给油气的燃烧、爆炸提供了火源。

影响产生静电荷的因素是多方面的,如油品带电与管壁(容器壁)的粗糙程度有关,管壁越粗糙,油品带电越多;也与油温有关,温度越高,一般产生的静电荷越多,但柴油则相反;油品在管道内流速越大,流动的时间越长,产生的静电荷越多,反之越少;空气的相对湿度越大,产生的静电荷越少等。静电放电导致石油火灾的危险性很大,所以在装卸时,要采取排除和减少静电荷积聚的措施,如容器壁要有一定的光滑度,控制油温和油的流速等,更重要的是,所有的输油管和贮油设备等都应设置可靠的接地装置,以将摩擦产生的静电导入地下。

6. 胀缩性

石油类货物体积会随温度的变化而产生膨胀或收缩。不同的品种在不同的温度条件下胀缩程度不一。一般来说,油品越轻,膨胀系数越大。因为石油及其产品具有胀缩性,所以要求在输油和贮油的油罐容器中留出一定的剩余空间,以适应这种特性的需要。

7. 腐蚀性和污染性

有些油品(如汽油)中含有水溶性酸碱、有机酸、硫及硫化物,可能引起船体材料的腐蚀。因此,船舶装运这些油品后,应清洗油舱并进行通风以减少其受腐蚀。

石油类货物除大量挥发能造成空气污染外,液体的滴、漏及污水排放也能造成周围环境的污染。

(二) 液化气的性质

液化气是一种特殊的危险货物,其危害性主要包括以下几个方面:

1. 易燃易爆性

液化气几乎都具有可燃性,由于其沸点低、挥发性大,一旦泄漏,极易引发爆炸,其危险性比石油类货物更大。

2. 毒害性

液化气体的蒸气与人的皮肤、眼睛接触或被吸入人体会引起中毒;在封闭区域内残存或泄漏的液化气体和蒸发气体的浓度超过一定数量时,还有造成人员窒息的危险。

3. 腐蚀性

有些液化气的蒸气与容器、船体材料及其他物质(如水、空气等)的作用会产生不同程度的腐蚀性。有些物质本身具有腐蚀性,不仅对人体有害,而且会损坏船体结构。

4. 化学反应性

化学反应性包括货物自身的分解、聚合反应,货物与水、空气、冷却介质、材料、其他货物之间的反应。这些反应都具有危险性。

5. 低温和压力危险性

低温危险性是指液化气低温运输或者加压液化气发生泄漏时产生的低温会对船体、设备造成破坏性,增加人员发生冻伤的危险。压力危险性是指压力造成液化气释放及泄漏会引起化学反应或发生燃烧、爆炸的潜在危险。压力危险包括低压危险及高压危险。低压危险是指液化气储存容器与周围压力的压差为负时导致液化气存储容器被破坏,以及低压造成外界空气、水分进入储存容器内部与液化气接触、混合发生燃烧、腐蚀等反应的危险。高压危险是指液化气储存容器与周围压力的压差为正时导致的液化气释放、储存容器破损、货物发生分解、聚合、腐蚀等反应以及高压气体释放引起的破坏危险。

（三）液体化学品的性质

1. 易燃易爆性

液体化学品比石油类产品燃烧的危险性更大，液体化学品的闪点低、爆炸范围宽，如乙醚的闪点为$-40℃$，爆炸范围为$1.85\%\sim36.5\%$。

2. 毒害性和腐蚀性

液体化学品及其蒸气多具有强烈的刺激性、毒害性，如氨气等对人有强烈的刺激作用，二硫化碳等是剧毒物质，人若吸入可能致死。液体化学品对有机体具有腐蚀性，并且会对船舶、货舱造成腐蚀。

3. 污染性

液体化学品对生物具有毒害性，若在环境中发生扩散，如进入水体可能对海洋环境、海洋资源产生很大的污染性及危害性。

4. 黏度大

许多液体化学品的黏度大、流动性差，易凝固。

5. 敏感性

部分液体化学品对光照、热、杂质等因素十分敏感，这些因素可能造成货损及危险事故。

6. 聚合反应

某些含有不饱和双键的乙烯类化合物与容易发生开链的环氧类化合物可能发生自身结合在一起的反应，形成可连接成千上万个分析的聚合物。发生聚合反应后，液体化学品的黏度明显增大，甚至可能变成固体完全失去流动性，并粘着在管路、舱壁上，导致设备、货舱损害，甚至发生重大事故。

三、液体散货码头的装卸工艺特点

液体散货码头装卸货物的种类繁多，需求量大，运输船型多样且大小不一。液体散货码头作业特点是连续、密闭、运量大、效率高。

液体散货码头装卸工艺常指港口液体散货装卸、输送的作业方法和程序。各类液体散货码头装卸工艺系统差异也较大：油品码头装卸的货种为原油、成品油等，其工艺流程、工艺系统相对简单，但泊位等级差别较大，国内现有成品油泊位等级从几千吨级到几万吨级，较大的成品油泊位为 5 万吨级以上，原油泊位在国内已有多座 30 万吨级，还有些原油泊位等级已超过 30 万吨级，如宁波舟山港大榭港区实华码头可靠泊 45 万吨级原油船作业；液体化工品码头装卸的货种为各种液体化工品，工艺系统设计需考虑货物的凝点、闪点、易挥发、防静电、毒性、聚合性、运输温度与压力以及各货种共用管道设备的危险性等，其工艺流程、工艺系统复杂，工艺管道数量较多，管道选材差异较大，国内现有液体化工品泊位等级与成品油泊位等级相似，从几千吨级到几万吨级，最大的液体化工品泊位

为5万吨级以上;液化天然气码头装卸的货种为LNG,因为液体天然气的储运温度为
－163℃,属于深冷货物,其码头工艺流程、工艺系统设计复杂,技术含量高,工艺管道、装
卸设备等均须满足－163℃的条件下装卸LNG的要求,国内现已建设多座26.6万 m³
LNG船停靠作业专用泊位及接收站。

第二节　液体散货码头主要的装卸搬运储存设备

一、输油臂

输油臂是安装在码头上,用于完成液态石油化工产品的装、卸船作业任务的设备。输
油臂可输送石油产品、液化石油气、液化天然气等。图6-1为输油臂实物图。

1. 输油臂结构

输油臂由下列部件构成:立柱支撑、内臂、外臂、回转接头、平衡配重系统、用以使臂
处于收容位置的收臂锁紧装置,以及与船上接口连接与脱离的装置,如图6-2所示。

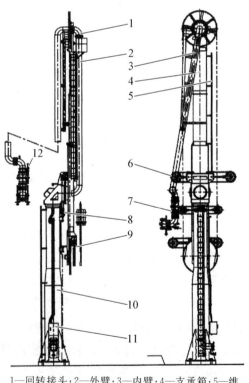

1—回转接头;2—外臂;3—内臂;4—支承箱;5—维
修人梯;6—内臂驱动机构;7—三维接头;8—水平驱
动机构;9—外臂驱动机构;10—立柱;11—液压分
站;12—紧急脱离系统。

图6-1　输油臂实物图　　　　　图6-2　输油臂结构图

1）立柱支承

立柱承受臂总自重、最大风载荷等的负荷以及臂中货物的质量，同时作为流体从臂至码头侧管道装卸通道。

2）内臂

内臂一端连接到立柱顶部，另一端连接外臂，主平衡配重位于内壁下端的伸出部分。

3）外臂

外臂连接内臂和欲与船舶连接的三向回转弯管接头。

4）回转接头

回转接头分别位于内臂与立柱连接处（2只）、外臂与内臂连接处（1只）和外臂与船舶连接的三向弯管处（3只），共由6只旋转部件构成，用以连接内外臂部件和三弯接头，以保证船舶管道与码头储运管线之间柔性连接的实现。

5）平衡配重系统

主平衡配重固定在内臂下端伸出部分，用以保证装卸臂内外臂的平衡。副平衡配重固定在下绳轮上，上、下绳轮通过钢丝绳使副配重与外臂保持平衡。

6）收臂锁紧装置

输油臂不使用时要利用简单的机械装置锁紧在静止的收臂位置上。

7）接口法兰锁紧与脱离装置

接口法兰锁紧与脱离装置用来可靠地锁紧或快速地脱离输油臂接口与船上接口之间的连接。

2. 输油臂使用的一般步骤

输油臂使用的步骤是：确认设备完好，确认货船的泊位在油臂的工作范围内；液压臂启动电液系统，解开收臂锁紧装置，操纵油臂接口与货船接口对接；锁紧接口并检查接口密封性。脱离操作步骤一般如下：放空油臂内残液，解开接口锁紧装置并上好接口盖板，操纵输油臂收回并加上收臂锁紧装置；操纵油臂时要相互保持联系，操作者要注意瞭望；不论是接、脱臂作业还是装、卸作业，若有限位报警声，说明超出了油臂的工作范围，应脱开油臂调整船的泊位，重新连接。液压系统使用过程中，液压油压应在额定的范围内，可参照油臂技术说明书，液压油温度不得超过60℃。

3. 输油臂的扫线系统

输油臂的设计平衡是在空载时的状态，因此必须设计输油臂的扫线系统。输油臂的扫线系统是液体散货码头管线设计的重要方面，需根据不同的介质、码头条件及管线方案选用不同的扫线方式。一般扫线有三种方式，即气体吹扫方式、真空短路重力吹扫方式、惰性气体充气扫线方式。气体吹扫方式是常用的扫线方式，用于码头管线需全线扫线的场合。其所用的气体根据油品防爆要求采用空气或惰性气体。真空短路重力扫线方式，用手动真空短路器破坏真空，使输油臂内液体流向槽船、零位罐或被排泄泵抽吸回罐内。惰性气体充气扫线方式用于不能使用空气的场合。利用惰性气体加压，使输油臂内液体排向槽船或排向码头罐内。

二、输油泵

输油泵是产生压能使液体流动的机械。泵在液体散货码头上可用于装卸输送油品等液体货物,也可用于消防系统、含油污水系统、给水系统。

1. 泵的种类

1) 离心泵

启动前,离心泵(见图6-3)内和吸入室充满液体。随着泵轴将动能传递给叶轮,液体在叶轮驱动下高速旋转产生离心力。泵内流体在离心力作用下向叶轮出口甩出。从叶轮出口流出的高速流体经逐渐扩大的泵壳通道流速逐渐减慢,压力逐渐升高,沿出口排出。同时,叶轮入口处液体减少,压力降低,吸液管与叶轮中心的液体间形成压差。压差可源源不断地将液体补充到叶轮入口。离心泵依靠离心力工作,泵内不可以有气体,因此使用离心泵之前灌泵必须工作。

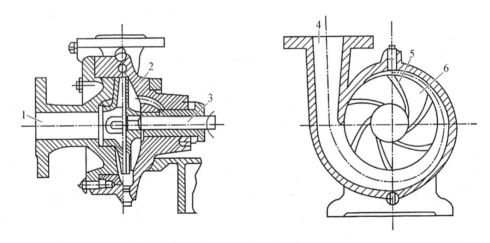

1—吸入接管;2—泵壳;3—泵轴;4—扩压管;5—叶瓣;6—叶轮。

图6-3 离心泵结构图

2) 往复泵

往复泵由两部分构成,液缸部分可实现机械能转化为压力能并直接输送液体;另一端是动力部分和传动部分。往复泵为容积泵,它利用活塞在泵缸部分的往复运动去改变泵缸的容积来吸入和排出液体。

3) 齿轮泵

齿轮泵是容积回转式泵,一般用于输送具有润滑性能的液体。当电动机带动主动齿轮旋转时,两齿轮左边的齿间容积逐渐增大形成局部真空,液体可在大气压作用下进入吸油口。齿轮旋转可将吸入的油品沿齿轮周围与泵体形成的空间送到右边的压油腔中。这样,其就完成了液体的吸入和压出过程。由于齿轮泵依靠齿轮的咬合和分离来吸排液体,因此齿轮转速不宜太高,一般不超过 1 450 r/min。

4)螺杆泵

螺杆泵依靠几根相互啮合的螺杆间的容积变化来输送液体。

2. 泵的性能参数

泵的主要特征参数包括转速、流量、扬程、功率、效率、允许吸入真空高度。转速是指泵轴或叶轮每分钟旋转的次数,单位为转/分钟(r/min)。流量是指单位时间内从泵内排出口排出的液体体积,常用升/秒(L/s)或立方米/时(m^3/h)表示。扬程是指单位质量的液体通过泵获得的能量增值,常用米(m)表示。功率包括有效功率及辅功率,有效功率是指泵在单位时间内对液体所做的功,单位为千瓦(kW);辅功率是指泵工作时,由原动机传给泵轴的功率。泵的效率是指泵的有效功率与轴功率之比。允许吸入真空高度是指泵在正常运转情况下,泵入口处许可的最大真空高度,单位为 m,它标志着泵的吸入性能。

离心泵、往复泵、齿轮泵、螺杆泵的性能对比如表 6-1 所示。当油品黏度大、流动阻力大、流量低于 30 m^3/h 时,用容积式泵如齿轮泵、往复泵、螺杆泵。若粘油收发量大,或者是新建大型液体散货码头,可采用螺杆泵,流量为 90 m^3/h 左右。离心泵在我国油码头及长输管线中使用广泛。离心泵、往复泵适用于精度较大的油品,如润滑油,也可用来冲洗管线。装卸黏度较大的油品可以使用往复泵。

表 6-1 泵的性能对比表

性能对比	离心泵	往复泵	齿轮泵	螺杆泵
转速	1 500~3 000 r/min 或更高	140 r/min 以下	一般在 1 500 r/min 以下	一般在 1 500 r/min 以下
流量	10~350 m^3/h,流量均匀,随扬程变化	10~50 m^3/h,流量不均匀,与泵往复次数相关	30 m^3/h 以下,流量均匀但差于离心泵	0.52~300 m^3/h,流量均匀,与转速有关
扬程	与流量有关,单级泵扬程 300 m 以上	由输送高度及管路阻力决定,扬程可通过泵及管路强度增加,工作压力低于 980 kPa	由输送高度及管路阻力决定,扬程可通过泵及管路强度增加,工作压力低于 392 kPa	工作压力低于 39.2 MPa
功率	可达 500 kW	20 kW 以内	10 kW 以内	500 kW 内
效率	0.5~0.9	0.72~0.93	0.6~0.9	0.8~0.9
允许吸入真空高度	最大为 8 m	一般在 8 m	一般在 6.5 m	一般在 4.5~6 m

三、管线及附加设备

1. 管线

管线是液体散货收发、运输的主要设备。管线及其附件的正确选择、合理使用和调度、及时维修和养护直接关系到液体散货码头生产工作的正常进行。

1) 管线种类

(1) 钢管。钢管可分为无缝钢管和焊接钢管两大类。无缝钢管以钢管没有接缝而得名。无缝钢管具有强度高、规格多等特点,因而在液体散货码头中应用最为广泛。当输送具有强烈腐蚀性介质或高温介质(如部分石化产品)时,可采用不锈钢、耐酸钢或者耐热钢制的无缝钢管。焊接钢管可分为对缝焊接钢管和螺旋焊接钢管两种。对缝焊接钢管一般用在小直径低压管线中,螺旋焊接钢管则常用于低压大直径管线。

(2) 铸铁管。铸铁管分为普通铸铁管和硅铁管两类。液体散货码头普通铸铁管常用于排水管道系统中。普通铸铁管一般用灰口铸铁铸造,耐腐蚀性好,但质脆,不抗冲击。

(3) 胶管。油码头常用胶管有耐油夹布胶管(耐油平滑胶管)、耐油螺旋胶管和耐油钢丝胶管三种。它们均由丁腈橡胶制成。从功用角度可分为承压胶管、吸引胶管和排吸胶管等。

2) 管线的铺设

(1) 地上铺设是将管线放置在地上管墩或管架上,是液体散货码头内管线的主要铺设方式,该方式的优点是直观、投资省、易检修、腐蚀量少,其缺点是有时会妨碍库区美观与交通。

(2) 管沟铺设是将管线放在用砖、水泥等材料砌成的、有一定形状的管沟里,下面设有管架,管沟外面盖有水泥板。该方式的优点是美观、受热应力影响小,缺点是腐蚀性较强、维修保养不太方便,还易积水与油气引起事故等。

(3) 埋地铺设即将管线经严格的防腐处理后直接埋入土壤中。其最大特点是可以基本消除热应力的影响,经处理后腐蚀量比管沟小,一般埋入后不需要维修保养。缺点是防腐要求高及费用高,一旦腐蚀层被破坏会产生电化学腐蚀从而加剧腐蚀,发生渗漏事故时不易被发现和弥补。

液体散货码头管线铺设采用何种形式,一般根据输送介质、周围环境与现场条件确定。目前,液体散货码头的输油管线一般采用地上铺设,而穿过库内道路时采用管沟铺设,长输管线、消防系统管线大多采用埋地铺设。

3) 管线伴热

为了使液体散货在输送过程中不冷凝和温降不要过大,管线须采用伴热措施。伴热保温常有蒸气管伴热或电加热伴热,目前国内采用蒸气管伴热较为广泛。对苯、二甲苯(材质的管线)也可采用电伴热。

(1) 蒸气管内伴热。内伴热(见图 6-4)是在管线内部通一蒸气管,其优点是热效率高,缺点是施工维修困难,蒸气管支撑的管线其内部油品管线摩阻大,又由于两种管子内介质温度不同、热伸长量也不一样,故在蒸气管弯头处及引出油管的焊缝处常因裂纹而发生漏油现象。为克服上述缺点,可在蒸气管伸出处的油管上接一短管,使蒸气管的焊口全部露于外面,以利于蒸气管的伸缩。

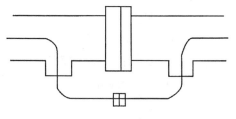

图 6-4　内伴热示意图

(2)蒸气管外伴热。外伴热是管线外套有蒸气管。其优点是传热面大,热效率较高,多用于炉前管道。缺点是耗用钢材较多。

(3)蒸气管外伴随。外伴随(见图 6-5)是在油管外部伴随一根或多根蒸气管,一起包扎在同一保温层内,其优点是便于施工检修,也不会发生油、气混窜的问题,但传热效率与内伴热和外伴热相比则较低。

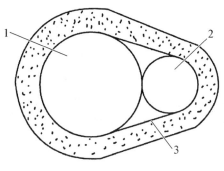

1—油管;2—蒸气管;3—铁丝网保护层保护。

图 6-5　外伴随

2. 管件

1)过滤器

过滤器的作用是滤净输送液体散货中的机械杂质,如铁屑、泥渣等。设置过滤器可以有效地阻止管线中杂质进入管线最低处和阀体内,防止阀体关不严,甚至损坏阀体或阻塞管线,使液体散货能顺利通过。

2)法兰

法兰连接是管线连接的一种常见形式,法兰是该形式的主体。法兰作为连接件,连接后必须保证有良好的密封性能,因此法兰上均加工有密封面。

3)阀门

用来开启、关闭或控制管道内介质通断和流量的机械装置称为阀门。阀门广泛地用于油库的各类工艺管道系统中。阀门如果选用不妥,管理不善,造成"跑、冒、滴、漏",将直接影响液体散货码头的安全。

4)弯头、三通、大小头

弯头是管线衔接的部件。三通是从主管上接出分管的部件。大小头主要用于变径管线上。

四、储存设备

1. 油库

油库是储存、转运和供应石油及石油产品的专业性仓库,是协调原油生产和加工、成品油运输及供应的纽带。根据油库的管理体制和业务性质,油库可以分为独立油库和附属油库两大类。

1）独立油库

独立油库是指专门接收、储存和发放油品的独立企业或单位，它包括民用油库和军用油库。其中，民用油库又分成储备油库、中转油库和分配油库等；军用油库分为储备油库、供应油库和转运油库等。

2）附属油库

附属油库是指企业或其他单位为了满足本部门需要而设置的油库。它也包括民用油库和军用油库两种。其中，民用油库又分成油田原油库、炼油厂油库、机场及港口油库、农机站油库和其他企业油库等；军用油库分为机场油库和地面部队油库等。

上述各类油库中，储备油库平时主要担负战略后方和战役后方的油品、油品器材的储备，日常油品供应任务较少。储备油库的容量一般都较大，多为隐蔽性好、防护能力强的山洞库或地下库。供应油库在储存一定数量油品的前提下，主要任务是保障一定区域内各单位的用油，其库容量一般较储备油库小，油品品种比较齐全，收发作业频繁。转运油库承担油品的中转任务，一般设在口岸或交通枢纽地区，将经水路或铁路运来的油品卸下，再经由铁路、水路或公路转运给用油单位。

按国家标准《石油库设计规范》，油库等级划分如表6-2所示。总容量是指石油库的公称容量和桶装油品设计存放量之和，不包括零位罐、高架罐、放空罐以及石油库自用油品储罐的容量。低于四级油库的是小型油库或加油站。

表6-2 油库等级划分

等　　级	总容量/m³
一级	＞50 000
二级	10 000～50 000
三级	2 500～10 000
四级	500～2 500

2. 油品储运方式

油品按照储运方式可分为散装和整装两种。凡是用油罐、车（铁路油罐车或汽车油罐车）、船（油轮、油驳）、管道等储存或运输的油品称为散装油品。凡是用油桶及其他专用容器整储整运的油品称为整装油品。在油库中，油罐是储存散装油品的主要容器，也是油库的主要储油手段。油桶是储存整装油品的主要容器。

3. 储油罐

1）储油罐的建筑形式

（1）地上储油。油罐建于地面上的油库称为地上油库。地上油库的优点是投资省，易建设,施工快,便于使用管理,易于检查维修。目前,新建油库多为地上储油形式。它的缺点是占地面积较大,且因地面温差大、温度高导致油品蒸发损耗较严重,着火危险性也较大。

(2) 半地下储油和地下储油。油罐的基础在地面以下,但油罐罐顶仍在地上的油库称为半地下油库;整个油罐都在地面以下的油库称为地下油库,包括覆土隐蔽罐和山洞金属油罐。这类油库油品的储存温差小,温度低,油品在储存期间的蒸发损耗小,且油品不易变质,着火危险性也小。但这种油库投资大、施工期长,使用管理不便,检修亦较困难,现已很少再建隐蔽油罐,山洞油罐则一般为大型储备油库所采用。

(3) 水封石洞储油。这种储存方式是利用地下岩体的整体性和稳定的地下水位将油品封存于地下洞室中,油罐便是在岩体里开挖的人工石洞。由于洞内油品被周围岩体里稳定的地下水包围,除少量地下水渗出外,油品不会向外渗漏。由于它需要良好的岩层和稳定的地下水位,目前多建在江苏、福建等沿海地区。

(4) 水下储油。整个油罐建在水面以下,主要是为适应海上石油的开采而发展起来的。这类油库一般用来接收和转运海上原油。

2) 储油罐的结构形式

(1) 拱顶式。罐顶为球缺形,球缺半径一般为油罐直径的 1.2 倍。拱顶本身是承重构件,有较大的刚性,还能承受较高的内压,有利于降低蒸发损耗。

(2) 浮顶式。浮顶式油罐的顶是浮动的,它可随罐内油及油蒸气的多少而上下浮动。因此对于挥发性较强的油种是较适宜的。油罐顶的浮动可减少油气挥发的损失。这是因为对于固定式(拱顶式)罐,当挥发的油蒸气增加时,由于油罐的容积有限,就需要排气以减少对罐壁的压力。浮顶油罐的体积可随浮顶的上下浮动而变化,这样可减少排气损失。所以浮顶式油罐具有密封性能好,油品损耗小,安全性高,适用于储存原油及轻质油品。

(3) 呼吸顶式。呼吸顶式油罐具有柔性的罐顶,它由 2~3 mm 的优质钢板制成,既有柔性又具有所需的强度。呼吸顶式油罐的体积可以改变,但变化的范围不如浮顶式油罐,所以相比于浮顶式油罐,呼吸顶式油罐更适用于贮存低沸点油。这是因为浮顶式油罐体积变化范围大,当油罐内液面上存在大量的低沸点油蒸气时,就容易发生燃烧,造成事故。但呼吸顶式油罐的体积变化限度小,可容油气的量有限,所以对低沸点油种来说较为安全可靠。

4. 油品储存要求

油品储存的形式多种多样,但无论以哪种方式储存都应达到以下要求:

1) 防变质

在油品储存过程中要保证油品的质量,必须注意:① 减少温度的影响。温度的变化对油品质量影响较大,如会影响汽油、煤油的氧化安定性,因此在油库中常采用绝热油罐、保温油罐。高温季节还应对油罐用水喷淋降温。② 减少空气与水分的影响。空气与水分会影响油品的氧化速度,故在储存油品时常采用一定压力密闭储存。③ 降低阳光对油品的影响。阳光的热辐射使油罐中的气体空间明显减小、油温明显升高,而且紫外线还能对油品氧化过程起催化作用,故轻油储油罐外部大多涂成银灰色,以减少其作用。④ 降低金属对油品的影响。各种金属会对油品的氧化速度起催化作用,其中铜的催化作用最强,其次是铅。就同种金属而言,油罐容量越小,与油品接触面积的比例就越大,影响也就越大。

2) 降损耗

在油品储存过程中降低油品蒸发损耗不仅能保证油品的数量,还能保证油品的质量。目前油库的通常做法是:选用浮顶油罐、内浮顶油罐。油罐呼吸阀下选用呼吸阀挡板等。

3) 提高油品储存的安全性

由于油品火灾危险性和爆炸危险性较大,故储存时应采取措施提高油品储存的安全性,具体要求是降低油品的爆炸敏感性。一方面要求平时严格加强火种管理,另一方面要在生产中防止金属摩擦产生火星,且在收发油过程中减少静电产生,防止静电积聚。应用阻燃性能好的材料,尽量减轻发生意外火灾时的损失,使油库消防系统时刻处于良好的技术状态,使油品储存设施和设备处于最佳工作状态。同时,还应防雷、防静电、防自燃,杜绝储油容器溢油,对在装卸油品过程中发生的跑、冒、滴、漏、溢油,应及时清除处理。

五、装卸车设备

1. 鹤管

汽车鹤管为汽车油罐车灌装发油设备,其外形结构及工作原理与铁路鹤管相似,工艺设计时应选择操作灵便、密封性能好的鹤管。为了减少发油场地的油滴,还应选择发油口带有防滴罩口或相应功能的鹤管。对上装式装车,汽车鹤管加油时要求鹤管能直接伸入油罐车下部。目前,较为先进的是下装式汽车鹤管,鹤管与车辆自带接头为活接头。

因汽车鹤管仅用作灌油,故一般不存在气阻问题。汽车油罐车灌油流量在 $50 \mathrm{~m}^3/\mathrm{h}$ 左右为宜。工艺设计时应按规定设计防静电装置和安全自锁装置。粘油或高凝点液体化工货物发货用鹤管时应注意放空问题,一般在鹤管控制阀或装车泵出口阀后设置氮气(压缩空气)吹扫接口,每次作业结束后进行吹扫,防止凝管。

铁路装卸油常用设备包括上卸用的鹤管和下卸用的卸油臂。鹤管和卸油臂都是连接铁路罐车与集油管的设备。装卸作业时一般都是通过人工操作或液压传动,使鹤管伸入罐车内或使卸油臂接口与油罐车下卸接口相连。为减轻劳动强度、减少启动时间且满足工艺需要,鹤管和卸油臂具有操作灵活、密封性好、可靠耐用、有效工作半径大等特点。

2. 汽车发油台

汽车发油台是汽车发油区的主要建筑物,它是油库对外经营服务的主要场所。油库主要有以下几种发油台:

1）停靠式发油台

停靠式发油台的特点是汽车可直接在发油台边停靠提油,如图6-6所示。发油台一般为两层,输油管道或机泵等安装在下层,上层为发油操作室,通常安装一些流量计分表和设备,且有较舒适的操作环境。发油台两侧设有0.5~1 m的平台通道,作为发油作业的操作平台,平台上安装有加油罐、桶设备,如汽车鹤管、加油枪、旋塞阀等,平台的高度以人在汽车与平台上下较为方便为宜,一般在1.5 m左右,因此发油台下层也常设计成半地下式的。半地下式的下层要注意通风和采光,其中通风尤为重要。平时要求两侧开门,风吹到底,以保持干燥。为防雨水倒灌,通常设有可靠的挡排水设施。

图6-6 停靠式发油台

停靠式发油台的外形有普通形(即其外形与普通房屋建筑相近)、圆形(又称发油亭)、扇形、半圆形等形式。停靠式发油台又可根据汽车停靠方式不同分为侧靠式和退靠式。场地较宽裕的可设计成侧靠式,一般退靠式的较多见。停靠式发油台因发油台房檐较短,不能有效地遮风挡雨,不少油库就在发油台边搭玻璃钢雨棚进行弥补。也有油库的粘油发油台上下二层采用敞开式设计,发油工在上层操作台可直接观察到下层发油泵的运转情况。这种发油台的占地面积较大,即发油台侧面要求宽度大。停靠式发油台的优点是发油区所需调车场地小,节省用地,发油设备集中,便于管理。它特别适合所需发油位不多的中、小型油库,即只要集中设一个发油台(轻油、润滑油分设)的油库。其缺点是工艺设备过于集中,有时操作不便。在较大型油库,一般有多个发油台。

2）通过式发油台

通过式发油台包含棚架结构和综合通过两种类型。

棚架结构发油台,发油棚顶棚宽度应足以遮住一辆汽车,如图6-7所示。发油设备安装在棚架上,提油汽车直接进入发油棚,停在指定位置上,一般由提油用车自行将加油设备,如发油胶管连同加油枪或汽车加油鹤管放下进行加油。棚架通过式发油台由于在发油棚前后都需留出汽车调车场地,故发油区占地面积大。由于它的发油形式是全套设备由总控制台统一控制的,故对配套自动化工艺要求高,对油库自动化发油工艺的发展有利。缺点是当自动控制系统发生故障时一般需油库发油工手工控制发油,发油工在现场上、下汽车,工作不便。

图 6-7 棚架结构发油台

综合通过式发油台的建筑特征是将停靠式发油台集中的发油工艺设备,按品种分组,分散成若干个停靠式发油台,这些发油间又采用顶棚互相连成一个整体,顶棚与相邻两发油台间形成一个通道。这种形式的发油台一般采用侧靠式,两边发油台可同时停靠汽车发油,每个车位都设相应的发油设备,如图 6-8 所示。综合通过式发油台前后必须设调车场地,故占地面积较大,一般发油台一侧设两个车位,以减少占地。综合通过式发油台因将机泵设在下层,发油时操作现场噪声较大,同时,由于离心泵出口离流量表较近,使油品流态不稳定而造成计量精度不高的缺点更加突出。综合通过式发油台这种分散式发油单元的建筑形式,不便于发油自动化总体控制。

图 6-8 综合通过式发油台

3. 铁路栈桥

栈桥是铁路油罐车装卸油作业(鹤管)的操作平台,也是装卸油系统管道的集中安装部位。栈桥有单侧操作和双侧操作两种。一般大、中型油库均采用双侧操作形式,而一次来车量很小的小型油库才采用单侧栈桥。栈桥的台面一般高出轨面 3.5 m,栈桥立柱通常与鹤管间距一致,一般为 6 m 或 12 m。栈桥两端和沿栈桥每隔 60～80 m 处,常设上、下栈桥的梯子。栈桥宽度一般为 1.5～2 m。栈桥上设有安全栏杆,栈桥到罐车顶间常设吊梯(倾角不大于 60°)或其他形式的跳板,以便操作人员上下油罐车进行操作。完成操作后应及时收拢吊梯,平时还应检查其牢固性。

4. 油罐车

油罐车是散装油品公路及铁路运输的专用车辆。油罐车由罐体、油罐附件、底架和行走部分组成。罐体是两端为准球形头盖的卧式圆筒形油罐,罐顶上的空气包用来容纳因油品温度升高而膨胀的油品,空气包上有一带盖入孔,孔盖为圆形并呈半球状,关闭时利用杠杆和铰链螺栓压紧,在罐车盖与入孔间夹垫片以保证密封。罐的底部略有坡度,并坡向出油口以便底油汇集。在空气包附近设有平台,罐车内外设有扶梯,供操作人员登车和进入罐内时使用。

5. 加油枪和旋塞阀

加油枪和旋塞阀均为发油灌装设备,它们都用橡胶软管与发油工艺管系相连。其中,加油枪适用于轻油灌桶,旋塞阀适用于润滑油灌桶。加油枪是一种用铝合金材料制作的、可单人操作的手动设备,它的外形与手枪相仿,灌桶时将枪口插入桶口,手指扳动类似枪机的扳扣,便可灌油。扳扣的下端设有别扣,可控制和保持加油枪升度,以减少手的紧握时间。为了防止溢油,有的加油枪枪口设有逆止装置,当油桶灌满时会自动封闭加油枪枪口。旋塞阀是用手柄转动旋塞启闭的阀门,可用它来进行粘油的灌桶。操作时先将旋塞阀口插入桶内,然后拧动手柄旋转 90°,便可打开旋塞阀,关闭时再反方向旋转 90°即可。

第三节　液体散货码头的装卸工艺流程及布置

一、油码头布置形式及装卸工艺

(一) 油码头布置形式

油码头是供油船装卸油品及停泊用的油库专用码头。根据油库所在地理环境及船舶性能不同,油码头布置有以下几种类型。

1. 近岸式固定码头

这种码头一般利用自然地形顺海岸建造,如图 6-9 所示。它的特点是整体性好,结

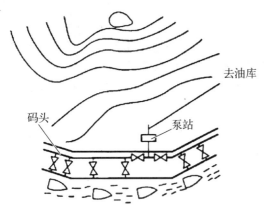

图 6-9 近岸式固定码头示意图

构坚固耐用,施工作业较简单。其缺点是港区内风浪较大时,不利于油船停靠作业,也不适合建于水位落差较大的内河。但在内陆中小型河流及湖泊中,因泥沙淤积少,又便于疏浚,水位落差也小,河面较窄,河水流量小,又无大的风期,再加上运输船只也较小等原因,码头均以沿岸式固定码头为主,油码头也不例外。这种码头形式较为简单,只要沿河(湖)岸用石块砌筑或水泥浇注一段防护堤,防护堤堤面与地面相平即可。

2.近岸式浮码头

近岸式浮码头由趸船、趸船锚系和支撑设施、引桥、护岸设施、浮动趸船及输油管等组成,如图 6-10 所示。浮码头的特点是趸船随水位涨落升降,它和船舶间的联系在任何水位都很方便,所以它在沿海及内陆长江、大河中得到广泛的应用。在内陆长江、大河沿岸有的油库浮码头也有采用小型垫挡趸船加跳板代替引桥的。一些油码头还用专用导轨及卷扬机牵引小型操作平台的,在卷扬机牵引下,平台随水位上升或下降,始终与油船船舷保持适当位置。利用油船甲板进行装卸作业的导轨牵引式码头,其作用与浮码头类似,但其更适合作为处于坡陡、岸高的小型油库装卸油码头。

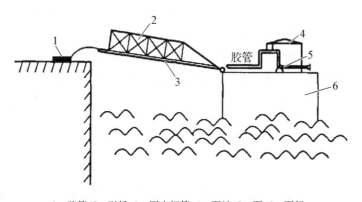

1—胶管;2—引桥;3—固定钢管;4—泵站;5—泵;6—趸船。

图 6-10 近岸式浮码头示意图

3.栈桥式固定码头

近岸式固定码头和浮码头能停泊的油船吨位都不大,随着船舶的大型化,目前万吨以上油轮多采用栈桥式固定码头,如图 6-11 所示。这种码头借助引桥将泊位引向深水处。栈桥码头一般由引桥、工作平台和靠船墩等部分组成。引桥作人行和铺设管道之用,工作平台作为装卸油品操作用。靠船墩则作为靠船系泊之用,在靠船墩上使用护木或橡胶物保护。沿海大型油码头多为这种形式。沿海油库还常见一种近岸引桥式固定码头,它的引桥较短,直接与固定操作平台相连,码头泊位不深,亦能供中、小型油轮装卸作业用。

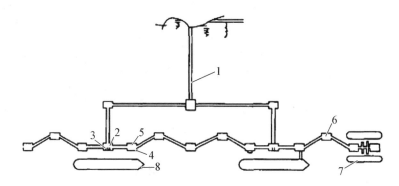

1—栈桥;2—工作平台;3—卸油架;4—护木;5—靠船墩;6—系船墩;7—工作船;8—油船。

图 6-11 栈桥式固定码头

(二)石油装卸方式

1. 油船装卸

油船装卸方式可分为下述几种:

1) 靠码头直接装卸

这是指油船靠泊在码头的泊位上,通过输油臂的软管连接,直接进行装卸。目前,我国大部分油码头均采用这种方式装卸。

2) 通过水下管道装卸(海上泊地装卸)

这是指油船不靠码头,系泊在海面浮筒上,通过海底铺设的输油管线进行油品装卸。随着油船吨位、船型尺寸、吃水的增加,近岸式油码头无法满足巨型油船的装卸需要,因此出现油船不靠码头、系泊在海边浮筒上通过海底铺设的输油管线进行装卸。海上泊地装卸方式可分为单点系泊及多点系泊作业方式。

单点系泊方式(见图 6-12)是油船的船首系在一个浮筒上的方式。这种装卸方式随着风、潮流的变化,油轮可绕浮筒作360°自由回转,此方式是用一根或数根水下软管将海底油管接至浮筒上;浮筒与油船的集合管之间则用海上软管相接。

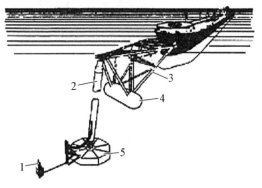

1—井口;2—立管;3—支架结构;4—浮筒;5—底盘。

图 6-12 单点系泊示意图

多点系泊方式(见图 6-13)是将油轮的船首与船尾用数个浮筒使其保持在一定方向的系泊方式。海底输油管与油船的集合管由一根或数根软管相接。

这里,按软管体系可将单点系泊及多点系泊进行进一步分类,如表 6-3 所示。

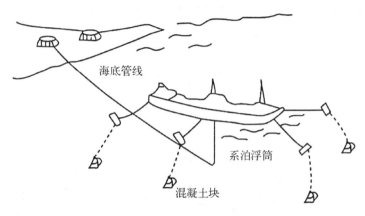

图 6-13 多点系泊示意图

表 6-3 按软管体系分类

系船方式	软管体系	系船方式	软管体系
单点系泊	常设浮标方式 沉浮方式	多点系泊	常设浮标方式 水下方式 沉浮方式

常设浮标方式多用在单点系泊方式中,连接在浮筒上的软管经常是漂浮在海上的,当进行装卸时将软管的前端吊起,再与油船的集合管相接。如系泊位置距陆域较近时,也用于多点系泊方式中。水下方式仅用于多点系泊方式中。连接在海底油管上的软管在不进行装卸时将其沉入海底,装卸时提起软管的前端与油船的集合管相连接。浮沉方式可用于单点系泊,也可用于多点系泊。在不进行装卸时将与浮筒或海底油管相联结的软管沉入海底;装卸时使之浮出水面,吊起前端与油船集合管相连接。

3) 水上直接装卸

这是指油船不靠岸,在海上锚泊,通过船—船或船—驳船直接装卸。海上大量石油运输是由专用油船来进行的,油船都备有高效率的油泵。现在,油船每小时装油或卸油能力多为油船载重量的 1/10 或稍多,如载重吨位为 6 万吨级的油船每小时卸油 6 500 m^3,载重吨位为 20 万吨级的油船每小时卸油 15 000 m^3。通过船上油泵进行船—船过驳作业,不占用码头泊位,是一种成本较低的作业方式。

水上过驳作业是指货物在相邻停靠的船舶之间进行货物转移的过程,一程船与二程船系靠在一起,一程船可处于锚泊或航行状态,二程船配备专用的过驳设备。若货物从大船向小型船舶转移称为减载,从小型船舶向大型船舶转移称为反减载,如图 6-14 所示。过驳作业的货物不仅包括石油产品,也包括 LPG 和 LNG 等。过驳一程船通常是大型油船(VLCC)型船舶(30 万吨级以上)直向低速航行,二程船通常是 Aframax 型油轮(10 万吨级左右)与卸油船保持同样的航行方向及航速,两者之间的水平距离约为 4 m。水上过驳作业始于 20 世纪 60 年代,由于船舶大型化发展导致 VLCC 和超大型油船(ULCC)无法进入墨西哥湾油码头的浅水区域而进行减载。目前,水上过驳作业在世界范围内发展起来的原因主要包括操作和贸易两方面因素。操作原因主要是大型船舶减载进港或码头泊位紧张导致船舶在锚地水域进行过驳完成卸载作业;贸易原因主要与液体货物的期货交易有关。装载液体货物的船舶可利用自身的设备进行货物装卸,因而水上过驳作业一直发展并延续至今。目前,我国水上过驳作业在珠三角和长三角海域应用较多。

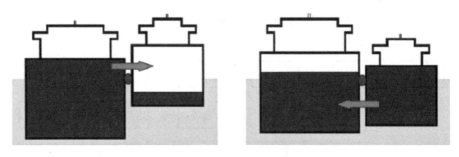

图 6 - 14　水上过驳的减载及反减载示意图

2. 油罐车装卸

1) 装车方式

目前,我国大部分铁路轻油罐车均无下卸口,故采用鹤管上装为主。罐装方法有泵装和自流装车,自流装车是在有条件的地方,利用地形高差自流罐装。

2) 卸车方式

油罐车卸车分原油及重油卸车和轻油卸车两种方式。原油及重油卸车时,采用密闭自流下卸方式,敞开自流下卸方式与泵抽下卸方式。轻油卸车均采用上卸方式,所以要设卸油台,卸油台与装油台基本相似。上卸的方式又分为虹吸自流卸油和泵抽卸油两种。虹吸自流上卸应用于当油罐位于比油罐车更低的标高时,可利用卸油竖管作为虹吸管将油罐车中的油品卸入油罐中,缸吸管中需要的负压由真空泵来解决。虹吸泵抽上卸则应用于当油罐车的标高及位置无法使油品自流入油罐时采用。需要注意的是,如采用非自吸式离心泵卸油,则必须装置真空泵,使吸入管造成真空;如采用自吸式的泵,则可不装真空泵。

(三) 油码头装卸工艺流程

1. 原油及成品油装卸工艺

(1)装船流程。装船流程是根据来油情况而定的,看是卸罐车来油,还是长输管线来油;油品是进油罐,还是直接装船,根据是否要进加热炉加热等不同情况组成各种工艺流程,如图 6 - 15 所示。

(2)卸船流程。卸船一般用船上泵,根据油品是否进油罐,以及去向是装车,还是进炼油车间等情况组成不同的工艺流程,如图 6 - 16 所示。

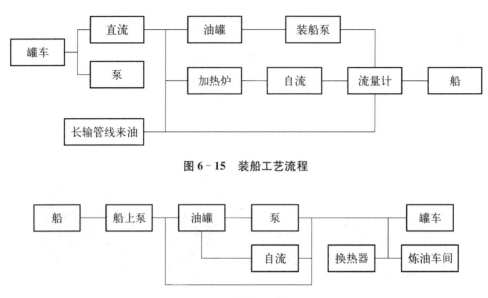

图 6-15 装船工艺流程

图 6-16 卸船工艺流程

（3）循环流程。油区建成后，在正式投产前要进行试运转，将油品在油区打循环，检查各环节是否运转良好。在投产后，为了避免原油在油管内凝固，在不进行船舶装油作业时，也必须保持码头油库管内原油不断循环流动，如图 6-17 所示。

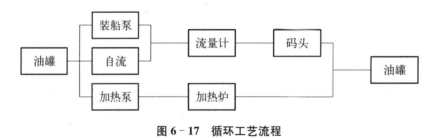

图 6-17 循环工艺流程

（4）倒罐流程。在油区经营管理上，有时需要将某一油罐的剩油供到另一油罐中去，需要安排倒罐流程，如图 6-18 所示。

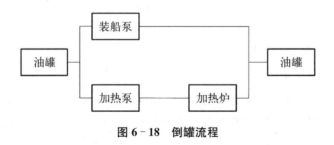

图 6-18 倒罐流程

（5）反输流程。在长输管线来油情况下，为了在油罐和末站之间打循环，以及通过末站计量罐对外输油品进行计量，需要反输流程，如图 6-19 所示。

图 6‑19　反输流程

（6）油罐车事故卸油流程。在罐车装油过程中，一旦发生事故，即应把油品抽回油罐。罐车事故卸油流程如图 6‑20 所示。

图 6‑20　罐车事故卸油流程

（7）卸车流程

① 原油及重油卸车。有密闭自流下卸方式、敞开自流下卸方式与泵抽下卸方式。

密闭自流下卸流程如下：油罐车→下卸鹤管→汇油管→导油管零位罐→转油泵油罐。

敞开自流下卸流程如下：油罐车→卸油槽→集油沟（或导油管）→零位罐→转油泵→油罐。

泵抽下卸流程如下：油罐车→下卸鹤管→集油管→导油管→卸油泵→油罐。

② 轻油卸车。轻油卸车均为上卸，设卸油台，卸油台与装油台基本相似。

2. 燃料油装卸工艺

为船舶供应燃料是港口的任务之一。在油港或港口的石油作业区常建有燃料油供应系统。船舶常用的燃料油主要有内燃机燃料油、轻柴油、重柴油、渣油等几种，每种油品又各有不同的牌号。由于油品性质不同，轻柴油、渣油、内燃机燃料油和重柴油分三套单独的管线和泵进行装卸，内燃机燃料油和重柴油的管线和泵可以混合使用。卸油时要用单独的管线和泵，分别进入各自的油罐；装船时两种油要调合成一定比例。因此，在燃料油供应系统中除油罐外，还要设置调合罐，油品在罐内用压缩空气搅拌调合。

我国燃料油的主要装卸工艺流程如下：

1）卸车装船流程

燃料油品自罐车卸入油罐，然后以自流或通过泵供应给船舶。对于用量很少的某些燃料油品，可以考虑不用管线装船，而采用自流装桶或自流装汽车罐车，然后为船舶供应的工艺，其流程如图 6‑21 所示。

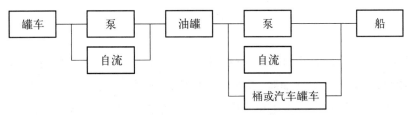

图 6‑21　卸车装船流程

2）卸船装驳船流程

从油船卸油可用船上的泵,若储油区离码头不远,其设施与码头设施又高差不大,则可用船上的泵直接将油输送到储油区。若储油区设施与码头设施高差较大或储油区与码头距离较远,一般在岸上设置缓冲油罐,利用船上的泵先将油料输入缓冲罐,然后再由中继泵将缓冲罐中的油料输送至储油区。

向船装油一般采用自流方式。某些港口的地面油库,因油罐与油船高差小、距离远,需用泵装油。油船装卸工艺流程应满足下列基本要求：可同时装卸不同油料而不会相互干扰;管线和泵可相互备用;发生故障时能迅速切断油路,并具有有效的放空设施。

油船装卸油必须在码头上设置装卸油管路。每种油料单独设置一组装卸油管路,在集油管线上设置若干分支管路,支管间距一般为 10 m 左右,分支管路的数量和直径,集油管、泵吸入管的直径等,应根据油船、油驳的尺寸、容量和装卸油速度等具体条件确定。在具体配置时,一般将不同油料的几个分支管路(即装卸油短管)设置在一个操作井或操作间内。平时将操作井盖上盖板,使用时打开盖板,接上耐油软管。卸船装驳船的工艺流程如图 6-22 所示。

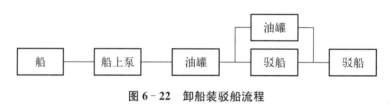

图 6-22 卸船装驳船流程

3）油品调合装船流程

油品调合装船流程如图 6-23 所示。

图 6-23 油品调合装船流程

4）倒罐流程

倒罐流程如图 6-24 所示。

图 6-24 倒罐流程

不论是原油、成品油的装卸工艺流程,还是燃料油的装卸工艺流程,在装卸作业结束后,管线内的剩油都需要扫回油罐,或将输油臂内残油扫入油船,即所谓扫线作业。扫线可以防止油品在管线内凝结,避免和下次来的油混淆,提升检修安全。扫线介质主要有蒸气、热水、海水、压缩空气等。热水和海水置换有利于把位于四处的管线内的剩油清扫干净,但不论是热水、海水,还是蒸气都会增加油品的含水量,影响炼油厂的作业。除汽油外,其他成品油、原油、燃料油品均可用压缩空气扫线,但对留线布置纵断面上呈下垂凹形的地方,压缩空气不易将此部位的剩油扫清,因此在留线布置时要注意尽可能避免在纵断面上呈现下垂凹形的死角。

在我国某些油港,也有用打循环的方法使原油不断在管线内流动,以防止油凝结在管线内。采用这种方法可以不设置别的扫线装置,以减少投资。但油泵需要不间断地运转,这样,必然增加营运费用。因此,从经济方面分析,采用打循环的方法是否合理,需要根据具体条件进行比较论证。

(四) 油码头污水处理流程

随着海上石油运输的不断发展,石油运输对海洋的污染问题越来越引起国际社会普遍关注,为了防止油船压载水对水域的污染,我国主要油港都建设了污水处理场。

空载油轮外出装油时为了保证船舶航行的稳定性,必须在油舱内充水压载(有些油轮设有专门的压载水舱,因此不在油舱内充水),压载的水量与油轮船型、航线、气候等情况有关。多数压载水质量约为所装油质量的 30%。油轮为了压载,将淡水或海水打入油舱,在航行中,水与油舱中的剩余油混合,到装油港后,必须用船泵将其排到岸上的污水处理场进行处理。从油轮中排出的压载水的含油率达 2 000～5 000 mg/L,还有泥沙等杂质,可造成严重的水污染,因此,国际防海洋污染法严禁油轮在世界上任何水域排放含油压舱水。

含油的污水还可以在油港生产中产生,如油罐脱水;油罐加热器排出的冷凝水;泵房、阀室、管沟的积水;污水处理场本身在生产过程中产生的含油污水;铁路装卸区的雨水等,都应排到污水处理场,处理后再行排放。

1. 含油污水处理方法

处理含油污水的方法一般有物理法、化学法和生物法。物理处理法种类很多,通常用的有:利用比重差使油水分离,形式有平流式隔油池,多板式油水分离地和粗粒化式油水分离地。也有采用气泡吸附油珠上浮的布气法和利用离心作用使油水分离的方法。还有利用吸附过滤作用使油水分离的过滤法。化学处理法主要是利用加凝聚剂生成絮状物吸附油珠,使油水分离,通常采用浮选池和混凝沉淀两种方法。生物处理法主要是利用微生物的作用分解油,有活性去污染法等。

2. 含油污水处理方法及工艺流程

油污水处理方法和工艺流程的选择主要取决于含油污水的性质和排放标准的规定。原油压载水的含油量虽然在 2‰～5‰,但其中绝大部分是浮上油和分散油,乳化油很少,在规定排放的标准下,一般采用物理方法就能够达到处理的要求。

污水场污水处理工艺流程主要有如下两种:油轮→隔油池→调节池→油水分离池→排放;油轮→隔油池→调节池→油水分离池→过滤池排放污泥。上述流程要求隔油池设计的规模能将 150 μm 以上的油珠隔出,以利于以后的处理。隔出的油要及时检出。调节池有两个作用：储水和隔油。所以调节池规模的设计，应考虑在满足储水量的基础上，把水在其中的行程量增长，使更小的油珠有充分时间上浮。油水分离池是指用波纹板组构成的油水分离装置，它由很多块玻璃纤维增强聚酯树脂波纹板组装而成，并且相互平行地装在玻璃纤维或不锈钢制成的框架内。板组以 45°斜角安装在混凝土油水分离池中，它能分离粒径极小的油珠与淤泥。聚集的油珠沿着波纹板的底面上升，凝聚的淤泥沿着波纹板的上面下沉，和平板比较，波纹板能增加水和板的接触面积，抗挠曲的强度较高。油层达到一定厚度后，就经过槽口自动流入集油管，淤泥落到泥浆槽然后导入污泥池，再定期用泵抽出，送往晒泥地。处理过的水从出水堰流入出水管。在油水分离池中处理过的水，含油量一般可降到 10 mg/L 以下。过滤池用于除去污水中小颗粒的分散油和部分乳化油。由于目前国产原油凝固点较高、黏度较大，滤池反冲洗要使用热水，因此过滤一般只用普通重力式滤池。滤料多采用砂和卵石垫层，采用焦炭过滤效果也较好，但不能采取反冲洗，而是采用一定时间后重新更换方式。

含油污水处理场设计中应注意的几个问题：① 含油污水的处理方法，根据污水的水质和排放标准规定，首先采用物理处理法。一般物理处理法简单易行，管理方便，运营费用低，不产生二次污染。② 在设计污水处理工艺流程中，尽量采用重力流，避免压力流。因为使用泵会加剧油水的乳化，特别是含油量较大的污水。③ 处理污水的关键一环是首先隔出大块油和粒径较大的油珠，以利于以后的处理。④ 污水处理场应尽量靠近码头、管路短，不仅污水排得快，且能减轻乳化程度，降低投资。⑤ 随环境保护工作的加强和防治污染技术的不断发展，对于处理污水排放标准的要求会越来越高，所以污水处理场的设计必须留有余地，以适应发展的需要。

二、液化天然气装卸工艺

(一) 液化天然气码头概况

为了适应进口和接卸液化天然气的需要，港口必须建设专门的大型码头，以接卸和存储这种货物。此外，还要建设从液态恢复气态的二次气化设备。液化天然气码头根据码头结构形式可分为浮码头和海底支承的固定式码头两类。浮码头设施安装在特制的双体驳船上，驳船则系在单点系泊系统之上。采用浮码头时，液化天然气船将货物卸到浮码头的储罐之中，然后经过二次气化处理后，再经由海底管道输送上岸。

液化天然气的存储设施可分为地上存储和地下存储两大类。地上存储结构有复壁球形金属储罐和预应力混凝土球形储罐两种。地下存储结构有洞穴存储和地下矿井存储两种。

鉴于液化天然气装卸作业的特点，它对码头周围环境存在潜在的巨大危险，所以目前一般都把液化天然气码头设在海上，并且采取种种措施，尽可能避开一般船只来往的干扰，以提高码头的安全性。浮码头一般都放在造船厂建造，之后用拖船运往施工现场。现场的工作包括：安装系泊系统，将两部分船体连接成一体，安装船体之间的管路和电缆接头,将岸上的管线同系泊系统连接在一起。

(二) 液化天然气码头特点

液化天然气船一般都要通过靠近港口的设施,包括工业设施和居民中心区的拥挤水道,所以,一旦船舶货舱偶然损坏,液化天然气的溢漏失控,便可能酿成严重后果,甚至危及居民生命和财产安全。港口在装卸这类货物时,同样存在这种危险。这是液化天然气码头区别于其他一般油码头的主要特点。

1. 液化天然气码头作业程序的特殊性

液化天然气的装卸作业程序包括天然气的液化和气化两个作业过程。液化天然气船到达码头后,通过泵机和卸油臂将液化天然气卸入贮罐。此后,再将贮罐中的液化气输入二次气化装置,使其恢复气态,再通过高压管道泵送给用户。

2. 液化天然气装卸和储运的高度危险性

液化天然气装卸的危险在于,溢出的液化气迅速蒸发。这种蒸气可能在溢漏部位受热起火,或者形成蒸气气团,随风扩散后遇到火源而燃烧并且又烧回原发蒸气源,引起更大的燃烧,后果十分严重。

引起液化天然气溢漏的因素除突发的自然灾难,如飓风和地震等引发的事故外,还有在液化气装卸和储运过程中操作不当的人为因素,如液化天然气船与其他船舶之间相撞或船舶与码头相撞引发的事故;液化天然气存储、处理和装卸设施中的事故等。液化天然气是一种危险性极大的危险品,港口码头的安全设施和规范操作是至关重要的。

三、液体化学品装卸工艺

1. 液体化学品卸船工艺

液体化学品卸船工艺流程主要为:液体化学品船→船上泵→装卸臂或软管→栈台管道→桥廊管道→库区管道→储罐。

2. 液体化学品装船工艺

液体化学品装船工艺流程主要为:储罐→库区装船泵→桥廊管道→栈台管道→装卸臂或软管→液体化学品船。

3. 液体化学品装车工艺

液体化学品装车工艺流程主要为:罐区→罐区管道→装车泵→鹤管→槽车。

4. 液体化学品装桶工艺

液体化学品装桶工艺流程主要为:罐区→罐区管道→灌桶泵→自动灌桶→桶。

第四节　液体散货码头的装卸生产组织

液体散货码头的装卸劳动组织各企业存在一定的差别,本节主要介绍典型的液体散货码头装卸劳动组织方案。

一、油码头装卸生产组织

（一）油轮靠离泊及装卸作业组织

1. 油轮靠泊前码头的准备作业

油轮靠泊前码头的准备作业流程为：制定作业计划→联系相关作业方→管线畅通性测试→管线伴热→伴热吹扫→下作业票→铅封流程→调试设备。

（1）制定作业计划。制定作业计划是指调度室根据在港船舶作业情况及《货运计划单》中的船舶信息，编制《油码头昼夜作业计划单》。

（2）联系相关作业方。其具体包括：值班调度每天根据《油码头昼夜作业计划单》通知各预靠油轮的货主、罐区做好船舶接卸准备；进罐作业的原油、燃料油船舶，值班调度根据原管线货质，提前12 h通知罐区给管线和底油加温；如船舶启泵后罐区管线不通，须立即通知罐区加温，并上报部门领导和货主，未经同意，严禁使用氮气吹顶作业管线；值班调度联系调度中心，确认船舶的靠泊时间并及时通知储运队、安质部、配电室等。

（3）管线畅通性测试、管线伴热、伴热吹扫。根据大型油轮的靠泊时间及管线存油状态，值班调度提前12 h安排管线畅通试验，若在畅通性试验中发现不畅通，值班调度下达管线伴热作业票，储运队长安排流体装卸操作工现场操作，值班调度通知锅炉房值班员供蒸气。值班调度观察管线温度及压力变化，管线畅通后，值班调度向储运队长和锅炉房下达停止伴热指令。冬季伴热结束后需要吹扫伴热管线。储运队长接到停止伴热指令后，进行伴热吹扫工作，值班调度通知氮气站操作员制供压缩风，吹扫完毕后调度室通知氮气站停止供压缩风。

（4）下作业票。值班调度在油轮靠泊前4 h，下达装卸作业票至现场调度和储运队长。装卸作业票编制具体情况如下：值班调度根据《油码头昼夜作业计划单》《油轮靠泊具备条件确认单》编制《装卸作业票》，值班经理复核无误后签字，转交储运队队长签字复核。作业票一式四联，油轮在港作业期间分别由现场调度、码头值班员、值班调度、储运部经理留存。装载原油、燃料油、沥青的船舶作业票需包含倾点、闪点、密度、运动黏度、含硫量、作业油温等。直取船舶还应包括注意事项及油品流向；成品油和化工品船舶需标注货物闪点。船舶作业前，若需更改作业管线或罐区罐号，值班调度联系罐区重新发送《船舶靠泊具备条件确认单》，并收回作业票重新下达。作业过程中临时更改作业工艺要重新下达作业票，如临时进罐或直取。在新作业票未下达至现场前，禁止安排作业，要保证作业票中的阀门流程与实际作业一致。当油轮作业为多工艺时，每一种工艺下达一张作业票，如直取、进罐同时作业的船舶可下达一张作业票，但在作业票中应对有冲突的阀门进行标注。值班调度根据作业票将流程打通（手动阀安排储运队打通），只留码头船前阀关闭。流程打通后，储运队长对流程复核无误后报调度室。

（5）铅封。现场调度根据《铅封作业标准操作程序》进行铅封工作。铅封完毕后，现场调度将铅封表交于储运队长,储运队长根据铅封表内容对照流程阀门复核并汇报。值班调度提前通知罐区开启罐区作业流程。

(6)调试设备。靠泊前1h,码头值班员调试输油臂、登船梯、脱缆钩、消防炮。储运队长组织人员布设引缆;把灭火器、靠泊旗、品质牌摆放到指定位置,危化品船舶作业时悬挂"高危化品作业中"标识牌,开启码头作业警示灯,根据作业票填写泊位状态牌。大型油轮靠泊前需布设引缆。

2. 油轮靠泊作业

油轮靠泊作业流程为:检查靠泊环境→开船前会→系缆靠泊→搭登船梯→签订协议跟踪检船。

(1)检查靠泊环境。油轮靠泊前1h,现场调度检查码头及靠泊旗的摆放位置是否达到安全靠泊要求,落实泊位长度是否满足靠泊要求,提前查看围油栏位置,妨碍船舶带缆时,通知值班调度联系围油栏小船整理。

(2)开船前会。靠泊前半小时油码头储运队长组织召开船前会,现场调度、安全员、储运队员、带缆工参加。大型船舶靠泊时,电工参会。根据船前会分工,带缆人员带好工具、穿戴好劳动防护用品,到指定部位列队迎接船舶靠泊。

(3)系缆靠泊。油轮的靠泊一般逆流进行。当风浪对油轮的影响超过潮流速度对油轮的影响时,待海流速度相对缓慢时才顶风靠泊。基于安全考虑应至少准备两条拖轮协助油轮靠泊,其中一条拖轮协助油轮控制船速,另一条控制靠泊的方向和角度。引水员在油轮驾驶台指挥靠泊作业,引水助理在油轮船头协助靠泊作业,系泊长在驾驶台协助和监督引水作业。

油轮靠泊时,现场调度负责与船方或引水人联系,确定带缆数量及位置,并及时传达到储运队长。引水人下船后,现场调度及时上船,在船首或船尾与码头带缆人员联系,指挥、协调快速带缆(对外贸船舶,现场调度需在码头上与船首、船尾有关人员沟通、协调快速带缆)。大型油轮靠泊时现场调度应注意:船方卸油口距离输油臂50m时,开始向引水人通报距离,每10m通报一次,距离剩余5m时每1m通报一次;靠泊过程中如船体移动速度较快,需提前10~20m提醒引水人;船舶定位完毕后,输油臂与船方卸油口的角度偏差距离不超过50cm;在靠泊过程中注意船方放缆绳速度、带缆人员的操作,及时发现、及时纠正靠泊过程中的不安全因素。

船舶进入码头前沿后,进行船舶系缆操作。带缆人员根据船前会分工到达各自位置,带缆人员尽量远离码头边缘,注意观察船方撇缆方向,避免被撇缆打伤。带缆时,由船方向岸方打撇缆,万吨以上船舶,必须使用船方或岸方引缆带缆,禁止使用撇缆直接带缆。船方人员用撇缆或引缆系好缆绳后,岸上带缆人员启动快速脱缆钩的绞缆系统带缆,快速脱缆钩须保证"一钩一缆"。缆绳绞到岸上后,2名以上带缆人员将缆绳套到快速脱缆钩的缆钩上(或按要求系在系船柱上)。带倒缆时,要先将缆绳通过引缆拉到岸上,使倒缆沿码头护轮坎内边缘移动,避免倒缆卡在护舷内。钢丝缆要逐根带,并要求船方系撇缆,以牵引引缆。当缆绳拴系在快速脱缆钩或系船柱上后,现场调度通知船方收紧缆绳。在船方收紧缆绳时,带缆人员应站在脱缆钩外侧警戒线外,远离缆绳及缆绳延长线,避免断缆或脱钩时被缆绳打伤。船舶带缆完毕后,现场调度须再次确认卸油口与输油臂位置,防止带缆过程中因船方缆绳受力不均匀,出现船体移位。完成带缆后,带缆人员将引缆盘好。如有大风天气,现场调度应及时与船方或引水人沟通,增加船方的带缆数量,或及时增加码头防风缆。小型油轮靠泊时,现场调度需要求船方对于头尾缆、倒缆至少各带两根。

(4)搭登船梯、签订协议跟踪检船。船舶靠稳后,码头值班员与船方配合完成登船梯操作。值班调度根据油轮靠泊情况,通知货主、海关到位。搭好登船梯后,现场调度和安全员上船进行安全检查并与船方签订协议、单证,告知船方各项安全控制要求及注意事项。

3. 船罐装卸作业

船罐装卸作业是指油品通过装卸设施在储油罐和油船之间的装卸作业,流程包括:管线对接→气密试验→开启流程→启泵→千吨验证→重新启泵→卸船扫舱→管线满管→停泵→检船计量→扫线→拆管。

(1)管线对接。船罐装卸作业首先进行管线对接作业。现场调度通知储运队长对接输油臂/软管,对接前须先连接船岸静电接地线,连接前检查外观是否完好,开关是否处于断开状态,与船方连接完成后将静电报警器旋开,确保无报警。软管对接前,安装人员必须进行外观检查,确保管内外无异物、无破损,并检查清理软管法兰密封面,确保连接质量安全可靠。软管对接所使用的螺栓应对角上紧,力矩相当,静电跨接可靠,防止机械性损伤。软管与船舶接口处,禁止静电跨接,使用后必须按照吹扫流程将管内介质清除干净,及时放回存放地点。

(2)气密试验。输油臂/软管对接完毕后,码头值班员通知值班调度,值班调度通知氮气站向码头供气,进行气密性试验。

(3)开启流程、启泵。码头、罐区流程开启后,现场调度确认船方国检、备泵等工作准备就绪,向值班调度请示作业指令。值班调度确认船舶作业的手续齐全(外贸船舶需海关及国检放行)后,打开码头船前阀,储运队长安排储运队中具有相应资格的人复核,向现场调度下达启泵作业指令。接到值班调度作业指令后,现场调度通知船方启泵作业。作业开始后,现场调度通知码头值班员在输油臂排污口处收集油样,并在调度室存样备查。

(4)千吨验证及重新启泵。千吨验证适用于载货两万吨以上的原油、燃料油、沥青进非码头所属罐区的作业船舶。千吨验证完毕后恢复正常作业,码头值班员随时掌握作业管线温度、压力等参数的变化以及作业进度、设备运行状态,若各项参数有异常,要及时通知值班调度。船舶作业过程中,码头值班员时刻检查码头船舶动态:检查船舶缆绳松紧度、船舶排污情况、围油缆状态、船舶对码头可能造成的影响、相邻泊位状态、周边海域状态等,出现异常现场时调度及时通报船方整改和调整,必要时按照应急处置要求采取措施。现场调度履行每2 h巡检职责,重点环节不能按时巡检时可顺延巡检时间,离开船舶巡检时,应通知码头值班员。

(5)卸船扫舱。卸船扫舱作业时,现场调度全程跟踪监控扫舱作业,通知码头值班员观察压力表及输油臂状况,提醒船方注意液位变化,避免因抽空造成输油臂震动或大量空气进入管道。每个舱收舱完毕,现场调度到甲板现场检查底油量,要求铜棒粘油不超过1 cm。

(6)管线满管、停泵、检船计量。要求船舶作业完毕时,确保管线存油是满管状态。在船方停泵的同时,现场调度通知值班调度,值班调度即刻关闭港罐,切断阀和码头船前阀,并安排流体装卸操作工复核。完船后,现场调度/值班经理进行船舱底油计量和检罐。值班经理将相关计量数据,会同商检整理计算出来的作业初检差量,做好记录,并将数据记录,每周汇总后发送相关领导。值班调度确认货主流程铅封复核无误后,通知现场调度清除流程铅封/纸封,并将流程阀门恢复常态。

(7)扫线。船检结束后,现场调度通知码头值班员吹扫输油臂,装船作业的可先吹扫再检船。吹扫软管由岸方向船方吹扫:氮气站操作员接到制供氮气指令后,提供氮气,码头值班员关闭岸方船前阀,通知船方关闭船方船前阀,打开供氮气阀门,通知船方值班员观察压力表至0.6 MPa,打开船方船前阀,重复上述操作2~3次。通知船方打开船方船前阀进行软管泄压。吹扫软管由船方向岸方吹扫:通知岸方关闭岸方船前阀,船方观察压力表至0.4 MPa,打开岸方船前阀,重复上述操作2~3次。

(8)拆管。输油臂拆卸完毕后,拆除船岸接地线。软管拆卸的流程为:船上法兰由船员负责拆卸,并要求船方封堵软管盲板。从船上收回软管时要轻拿轻放,防止伤人和损伤软管。拆管时要在软管连接处放置接油盆,防止软管余油洒落码头。拆管后要清理软管内的余油,清理软管法兰处垫片。作业完成后将软管送回至软管存放处,然后用盲板封堵。

4. 车船直取装卸作业

车船直取装卸作业流程为:直取前会→调整装车线→车辆到位→装车通畅性试验→启泵→正常作业→吹扫装车线→清理现场。

(1)直取前会。现场值班员在开工前和卸油工接班上岗前组织召开装车区作业前会议,说明装卸作业流程、货物特性、安全注意事项、应急处置等内容,并记录《装车区作业前会议纪要》。

(2)调整装车线、车辆到位。油轮靠泊后,码头值班员将装车线调整就位。摆放移动消防炮使消防炮口对准作业区域,连接水龙带,确认灭火器、接地线正常,开放装车区出入口。作业前半小时,值班调度通知货主到港监磅、理货员到达现场、装车区值班人员做好放车准备。确认货主到达后,值班调度通知门卫放车,装车区值班员指挥车辆到装车区和候装区摆放整齐,装车区内候装车辆一般不超过3排。

(3)装车通畅性试验。作业前,装车区值班员将装车平台阀门全部开启再关闭,保证阀门可正常使用。值班调度通知氮气站供气,管道供气后依次开启卸油口阀门,均要通气为正常。直取的畅通性试验由船方负责供气,若船方无法供气,提前进行对接吹扫。

(4) 启泵。现场工作准备就绪后,现场值班员通知值班调度,值班调度通知现场调度安排船方启泵作业。现场值班员根据装车速率控制进车数量。

(5) 正常作业。初始作业时,现场调度控制船方以最低流速作业,装车线全部见油后,装车区值班员通知值班调度和现场调度。现场调度在接到装车区值班员的通知后,逐步提高作业流速,储运工将相邻两个卸油口调整至一个全开,一个半开,防止车辆同时装满关闭卸油口导致憋压。作业过程中,储运工要反复提醒油罐车司机注意观察液位变化,当油罐还剩余 40 cm 高度时,逐步关闭阀门至 1/2~2/3。装车区的直取作业,要求船方最高卸货压力不超过 0.6 MPa,单条装车线最大卸货速率不超过 400 m³/h,4 条装车线最大卸率不超过 1 600 m³/h。

(6) 吹扫装车线。作业过程中如出现特殊情况需暂停作业时,现场调度根据油品特性及时通知码头值班员对输油臂/软管及装车线进行吹扫,防止出现凝管现象。

(7) 清理现场。作业完毕后的卸船收舱、软管吹扫、停泵、检船流程与船罐装卸流程类似。船方停泵后,值班调度通知氮气站和现场值班员吹扫装车线。车辆离开装车区域后,装车区值班员回收各项物资入库、隔离限制区域、清理场地(确保无油、无垃圾)、固定好鹤管。

5. 油轮离泊作业

与货主交接手续办完后,值班调度向调度中心落实船舶离泊时间,通知现场调度、储运队长解缆离泊。船舶离泊后,码头值班员清理码头现场,按生产需要和定置要求存放、布置离泊及作业过程中的器材和工属具。

(二) 储运作业组织

油码头储运作业包括港内及港外的储运作业、装卸作业及运输作业,其中港内作业是指油品在储罐、输油管道、装卸设备及油船之间的储存、装卸及运输过程,港外储运作业是指油品在码头与货主所在地之间通过公路、铁路、管道等方式进行装卸及运输的过程。油码头的运输方式和设备与其他类型的码头具有明显的区别:原油运输不仅可通过水路、公路、铁路运输,还可通过管道运输。运输方式的选择要根据原油所处的地理位置、运输距离、运量大小等因素综合确定。油码头储存和运输的相关作业流程如下。

1. 公路运输作业组织

油品公路运输方式具有作业灵活的优势,适用于运量较小、距离较近的运输。油品公路运输作业包括:装车→运输→停车→卸车四个主要环节。

(1) 装车作业。装车作业是指将原油从装车站通过栈桥、鹤管灌装到槽车内的过程。油罐车的灌装方法包括泵装和自流两种。泵装式灌装是指原油从储油罐经输油泵的作用通过管线、栈桥、鹤管最终运输到槽车的过程,具体流程如图 6-25 所示。自流式灌装作业方式是指原油从自流式储油罐经管线、鹤管到达槽车的过程。自流式灌装作业方式比泵装式作业更加简单且输油量更小,储油罐多为 40 m³ 并呈方形,储油罐高于油罐车,具体流程如图 6-26 所示。我国汽车油罐车的容量一般为 $5\sim15\ m^3$。

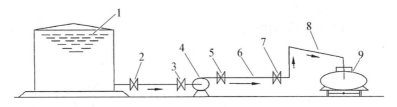

1—固定储油罐；2—储油罐出油口控制阀；3—输油泵进口阀；4—输油泵；
5—输油泵出口阀；6—管线；7—钢管控制阀；8—钢管；9—汽车油槽车。

图 6-25　泵式油罐车装车作业流程示意图

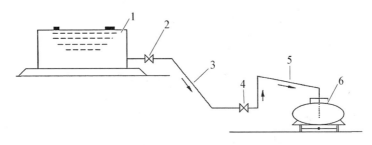

1—储油罐；2—储油罐出油口控制阀；3—管线；4—钢管控制阀；5—钢管；6—汽车油槽车。

图 6-26　自流式油罐车装车作业流程示意图

（2）运输作业。油品公路运输涉及的作业设备主要包括栈桥、鹤管及汽车油罐车。汽车油罐车既是公路运输液体油品、化工品的特种专用车，也是油品交接时的计量工具。汽车油罐车由罐体、汽车车身、附属设备组成。罐体一般是椭圆形的，顶部有入孔、底部有进出油管及阀门等。汽车车身包括车架、底盘、发动机等。

（3）停车及卸车。卸车作业主要是利用油罐车与油罐的高度差异自流卸油，少数油罐车采用泵式卸车。

2. 铁路运输作业组织

铁路是我国石油化工产品陆上运输的主要方式。铁路运输受自然条件影响较小、连续性较强，适用于中长距离的运输。但铁路运输的装卸设施投资成本较高，需要建造铁路专用线、油品装卸栈桥等。铁路运输作业流程与公路运输作业流程相似。

轻油铁路罐车为上部装卸，且没有蒸气罐体加热设施。罐体允许的最高工作压力为 $0.15\ MPa$，允许最大负压为 $-0.01\ MPa$。重油罐车有下卸装置和加热装置，装油在上部进行，下卸装置包括中心排油阀、侧排油阀、排油管。加热装置在罐体下部，包括加热套及蒸气管道，打开阀门即可对罐体及排油阀加热。当罐体内油品达到所需温度时即可打开排油阀进行自流式卸油。液化石油气罐车容积主要包括 $36\ m^3$、$50\ m^3$、$55\ m^3$ 三种规格，罐体最高允许工作压力为 $2\ MPa$，允许的工作温度为 $-50\sim-40℃$。装卸油的管口、气相管接口在罐车上部，双管式滑管液位计可显示罐车内的液位高度。一般每列铁路油罐车挂接

35～45 节列车,每节铁路油罐车可装载 40～60 t 油品。

3. 管道运输作业组织

油气管道输送系统包括从油库至炼油厂、油码头、火车站的原油输送管道系统以及成品油管道系统,如图 6-27 所示。

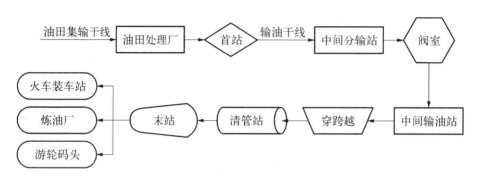

图 6-27 油品管道运输系统

输油管道系统包含输油站及输油线路。

输油站的作用是为原油的流动输送提供能量,包括输油首站、中间站及末站。输油首站是输油系统的起点,主要功能是接收、计量、储存油品,通过加温或加压作业将油品输送到下一站点。输油首站一般配有大型的储油罐、输油泵及加热加压装置。输油中间站是布设在输油管道线路沿途的为油品输送补充能量的站点。输油中间站配备加热、加压或输油泵装置,也可能设置分输站接收油品并供给其他单位使用。输油末站是接收油品并通过铁路、水路、公路等方式转运给用户的站点。输油末站设有大型储油罐及油品的计量、化验及装卸转运设备。

输油线路包括输油管道、沿线的阀室、跨越不同地形的构筑物、通信及自控线路、保护设施等。输油管道一般埋设在地下,通过钢管焊接形成,输油管道外部有绝缘层级保护措施。输油线路每间隔一段距离就设有阀室用于截断油品流动,在大型跨越构筑物的两端也具有阀室。通信系统可用于输油管线生产调度及监控信息传输,主要通信方式包括卫星通信及光纤通信等。

油品管道输送的方式包括纯油加热输送、稠油掺稀油混合输送、利用脱水温度常温输送、降凝输送等。加热输送通过加热改变油品的流动性,降低油品的黏度和输送阻力。高黏、高凝油品输送主要采用加热输送。我国大多数管道的输油温度为 35～70℃。稠油掺稀油混合输送通过降低稠油的黏度及管道输送阻力完成运输。除了输油首站的油品混合装置外,中间站、末站及输油管道都不需要采取输油措施,但油品混合也造成了油质下降。脱水油且中间不加热的低速热输方式在管道起点不设储油罐,输油泵直接抽吸处理净化油罐的存油并外输。降凝、降黏输送可通过物理或化学方法降低油品的黏度、凝固点以完成运输。

二、液化气装卸生产组织

液化气船可能涉及的货物作业内容包括干燥、惰化、驱气、预冷、装卸货、载货航行、换装货品、检修等，其中大部分与港口装卸有关。

(一) 干燥

由于货舱体积大，即使空气中的含水率很低，其总量也是相当可观的。对于一艘 30 000 m³ 的液化气船舶，充满空气的液货舱含有的水蒸气质量可多达 400 kg。这些水蒸气若不除去，将与货物形成水合物或结成冰，造成设备和管道的堵塞。干燥最普通的方法是利用惰性气体发生装置中的气体冷冻和吸收干燥装置进行空气干燥。由抽气机或压缩机把空气从液货舱中抽出，经过冷却的干燥器，空气被冷却，水蒸气凝结成水而被排放掉，留在干燥器中的空气在较低露点达到饱和，然后通过硅胶干燥器再吸收干燥，进一步降低空气露点。经干燥的空气通过加热器再加热到环境温度，然后回到液货舱，其原理如图 6-28 所示。

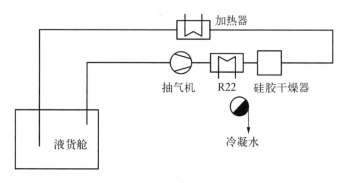

图 6-28　液货舱干燥原理图

(二) 惰化

在液化气装舱前，液货舱、货物管路等系统内充满了空气，为防止可燃的液化气与空气形成爆炸性混合气体，必须用加入惰性气体的方法，降低货物系统内的气体含氧量。理论上氧的含量只要小于总体积的 11%，任何物质都不可能发生燃烧，但实际上为了确保安全，货舱内的气体含氧量应降到总体积的 5% 以下。考虑到货物系统的结构复杂，气体分布不均匀，同时仪表测量有误差等，通常将氧含量控制在 1.5%～2%(体积) 或以下。液货舱的惰化作业有置换惰化和稀释惰化两种方法。当液货舱内的空气或货物蒸气与使用的惰化或净化气体的密度差别较大时，可以使用置换惰化方法。操作方式是将密度小的气体在货舱顶部通入，使密度大的气体在液舱底部排放。稀释惰化是利用新输入的惰性气体与液货舱中已存在的气体混合，而达到惰化液货舱的目的。

(三) 驱气

惰性气体的主要成分一般是氮或二氧化碳，这些气体的临界温度都很低，不能用 LNG 船上的再液化装置使之冷凝液化，需要用待装货物蒸气去置换惰化作业时留在货舱内的惰性气体，以便让再液化装置有效运行。同样，在换装货品时，也需要用待装的货物蒸气置换舱内上次所装的货物蒸气。

（四）预冷

大多数液化气货物在常压时沸点较低，当这些液货装入液货舱和管系时，如果液货舱和管系内的压力低于液货的饱和蒸气压力，或温度高于液货在该压力下相应的沸点，这些液货就会立即大量气化，并处于沸腾状态。如大量液体货物出现急剧气化，就会从与其相接触的材料中迅速吸收气化潜热，但这些材料本身热量传输有一个滞后时间，因而在这些结构材料的内部会形成较大的温差，并引起材料收缩。局部的收缩会使材料内部产生过大的热应力，甚至可能使结构材料产生裂缝和损坏。

为了防止货舱和管系产生过度的热应力，在装货前必须使它们的温度逐渐冷却下来，直至接近装货温度，这一过程就称为预冷。货舱预冷的方法一般是：将码头或甲板各储罐的液态货物通过货舱内顶部的液货喷淋管，以雾状喷入液货舱内，液货在液货舱内迅速气化吸热，利用液货的气化潜热，来冷却液货舱。液货舱预冷作业应小心进行，直到液货舱底部形成一层薄的稳定液货为止，应密切注意温度变化。以装运液氨的常压全冷式货舱的预冷为例，液货舱底部形成的一层液货温度约为 $-34℃$，而这时液货舱顶部温度可能是 $-14℃$。

（五）装货

码头开始装货作业前，必须严格遵守有关安全作业的管理规定，主要有：

（1）设备检查。船岸双方应交换必要的资料，填妥船岸安全检查表，特别注意检查装卸关键设备的状况，并根据要求做必要的调整。这些设备包括液货舱压力释放阀、遥控的应急截止系统、再液化装置、货物气体探测报警装置、液位及温度压力测量装置及其他的报警控制装置等。

（2）开始装货。装货时，岸上货物从货物软管或装卸硬臂经装货管输入液货舱内，装货管应直接通到货舱底部。如果液货舱已被预冷，通常是把装入的液货分流一部分到舱内的液货喷淋管中喷洒，以减少舱顶到舱底间的温度梯度，并使蒸发率均衡，同时使液货舱内部分货物蒸气凝结，这也可控制装货时液货舱内压力的升高。

（3）装货开始阶段。液货必须缓慢装入，并且应监视液货舱的压力、温度变化。待温度、压力稳定后，再逐渐提高装货速度至正常水平。船上必须定期检查液货舱的压力、温度和液位是否在允许的范围内，屏壁空间压力是否正常等。当再液化装置工作时，货舱内液体沸腾气液位测量无法准确，要取得准确液位，可关闭货舱到再液化装置的货物蒸气出口阀，抑制液体沸腾。船上液货舱的压力在装货过程中会升高，必须加强定时检查，采取必要措施，无论如何均不得让压力释放阀起跳。当保持容许的液货舱压力有困难时，应减缓装货速度，必要时停止装货。装货期间应定期检测液位并估算实际装货速度及预计装货完成时间。如果有两个或更多液货舱同时装货时，必须防止各个货舱同时装满，要有一定的时间差，以便有足够的时间测量和关闭阀门，这可通过调节各液货舱装货管阀门来达到一定的时间差。

（4）装货作业结束前 15～30 min。应加强与岸站联系,降低装货速度,准确地把货舱装到预定液位。如果是采用滑管式液位计,可事先将滑管式液位计设定在预定的液位高度处,当滑管喷出液体或高液位报警装置动作时,即停止液货舱装货。全部货舱装货完毕后,应将管线中的液体排放回液货舱(即扫线作业)。

（5）扫线作业完毕后。应先进行排空泄压操作,然后才能拆卸货物软管或装卸硬臂。

（六）卸货

当船舶到达卸货码头时,液货舱内的货物温度与压力应满足接收码头的要求,以取得最大的卸货速度。开始卸货前,与装货准备工作一样,要做好安全措施,包括船岸交换资料、船岸安全检查等。卸货方法取决于船舶类型、货物种类和码头要求等。

三、液体化学品装卸生产组织

液体化学品大多具有一定的危险性,装卸时可按装卸危险货物的要求进行装卸组织生产。

1. 装卸危险货物前的准备工作

① 明确所需装卸的危险货物的性质、积载位置及应采取的安全措施,并应申请监装,取得适装证书。② 将审签的货物积载图交当地相关法定管理机关进行审定。③ 保证待装的船舶舱室清洁、干燥和水密。④ 在装卸危险货物的现场,备妥有关的消防设备,并使其处于随时可使用状态。⑤ 如为夜间作业,现场应搁好足够的照明设备。如装卸的是易燃、易爆危险货物,必须使用防爆式或封闭式安全照明设备,严禁使用任何不安全灯具。⑥ 装卸放射性物品或能放出易燃、易爆、有毒气体的危险货物前,应进行充分的通风。采取防止摩擦产生火花的措施,现场须经有关部门检测后,才能开始装卸货作业。

2. 装卸危险货物的注意事项

危险货物的装卸工作应尽可能安排在专用作业场地进行。危险货物装卸中要注意以下事项：① 装卸危险货物作业时,现场要悬挂规定的灯号或标志。② 现场应有专人值班并进行监装,装卸工作中坚守岗位,落实各项安全措施。③ 装卸危险货物时,监装人员应逐件检查货物包装及标志,对存在破、漏、渗的包件的危险货物,应拒装。④ 严格按积载图装卸,严格执行各项危险货物装卸的注意事项。⑤ 装卸危险货物时应使用适当的机具。在装卸易燃、易爆、有毒、有腐蚀性及放射性危险货物时,装卸机具应按额定负荷降低25%使用。在装卸易燃或易爆物品时禁止使用容易产生火花的工具。⑥ 装卸危险货物时应采取正确的作业方法,小心谨慎地操作,平稳吊落货物,轻拿轻放,严禁撞击、摩擦、拖拉、滑跌、抛掷、坠落、翻滚、挖井等野蛮作业。应保持货物包装完好,严禁超高堆装,堆码整齐牢固。货物的桶盖、瓶口应朝上,禁止倒置、倒放。⑦ 对性质不同的危险货物,应选用相应的铺垫隔衬材料进行衬垫、遮盖、绑扎和加固。⑧ 起卸包装破漏的危险货物时,现场应严禁明火,有关人员应站在上风处,对包装破损严重的危险货物要进行必要的修理和清洁工作,以避免危险货物的大量渗漏,但必须十分注意人员安全,并根据应急措施表及医疗急救指南采取相应的措施。⑨ 在装卸爆炸品或烈性易燃品时,船舶不得进行能产生火花的检修工作和烤铲油漆等作业。⑩ 装卸危险货物过程中,遇有闪电、雷击、雨雪天或附近发生火警时,应立即停止装卸作业。⑪ 现场停装停卸时,应关闭照明设备及电源。

3. 气体危险货物作业注意要点

① 在进行有毒或剧毒气体危险货物作业时,作业场所应备有防毒面具。在进行易燃气体作业时,作业现场应备有灭火器材。② 夏季进行气体危险货物作业时,操作现场要有遮阳设施,要防止在日光暴晒和高温下作业。③ 作业现场所使用的工具或机械设备,应不至于产生火花。操作人员应严禁戴着沾有油污的手套及使用沾有油污的工具。④ 作业时,操作人员不能手握盛装有气体危险货物的钢瓶上端的安全帽,严禁抛掷、碰撞、滚滑危险货物钢瓶。应注意检查钢瓶的安全帽是否拧紧,保护圈是否齐全,检测有无漏气和异味外泄。

4. 易燃液体危险货物作业注意要点

① 进行易燃液体危险货物作业时,应检查作业现场是否备好相应的灭火器材。② 闪点低于 23℃ 的易燃液体危险货物的作业现场,应选择在遮阳的地方,防止日光暴晒,避免在高温下作业。③ 进行易燃危险货物作业的人员不得随身携带火种,夜间作业时,应使用防爆型照明灯具。④ 使用内燃机车装卸易燃液体危险货物时,内燃机排烟管应装有防火装置,并降低负荷能力 25% 使用。作业人员作业时,应使用不致产生电火花的工具,地面固定用的钉子不能外露。⑤ 作业时应注意检查容器有无膨胀现象,容器的焊接缝处有无渗漏的渍迹,桶盖有无松动。⑥ 盛装易燃危险货物的容器应能完全装满,要根据航行中可能遇到的最高温度,留有足够的膨胀余位。

5. 易燃固体危险货物作业注意要点

① 对于易燃固体危险货物中对撞击、摩擦较敏感的货物,装集装箱时箱壁的四周应使用木板或胶合板进行有效的隔离和固定。在进行叉车作业时,要轻搬轻放,防止摩擦、撞击。② 对于有温度控制要求的易燃固体危险货物,应按该货物的具体要求,在现场配置监测和控制温度的装置。③ 进行电石、黄磷、金属钙等装集装箱作业时,如发现容器膨胀、破裂,应更换容器,有问题的容器未经处理或放气前,不要搬运、晃动,更不能装入集装箱内。④ 有湿气、水渍及污染现象的包件,不能装入船舱或集装箱内。潮湿的集装箱禁止用于装易燃固体危险货物。

6. 氧化物和有机过氧化物作业注意要点

① 所使用的集装箱和船舱内部应清洁干燥,没有油污,不得留有任何酸类、煤炭、木屑、硫化物及粉状可燃物质的残余。② 作业前应认真检查包件是否完好,桶盖有无松动,关闭环是否卡紧,外表有无裂痕。③ 作业人员应戴防护手套,必要时须戴口罩和穿防护服。④ 作业现场切忌高热的物质,作业时应有遮阳设施,避免阳光直晒。⑤ 作业时所使用的机具应与货物的性质相适应,叉车的排烟管应有防火装置。⑥ 有机过氧化物应在

《国际危规》规定的条件下装集装箱,应考虑到整个水路运输航程的情况变化进行装运。⑦ 使用温控集装箱装运氧化物和有机过氧化物时,应注意检查集装箱的温控设备是否处于良好状态。

7. 有毒危险货物作业注意要点

① 有毒危险货物作业时,禁止对货物进行肩扛、背负、冲撞、摔碰、翻滚等操作,货物搬运要平稳,轻拿轻放,防止包装破损。② 作业人员搬运一般毒品时,应穿工作服,戴口罩、手套。搬运挥发性液体有毒物质时,应系胶质围裙,穿胶靴,戴防护眼镜和防护帽,外露皮肤应涂上防护药膏。搬运剧毒物质时,必须戴防毒面具。③ 进行剧毒危险品作业时,应远离生活区,防止有毒气体或粉尘进入生活区。④ 进行忌湿、晒的有毒危险品作业时,应避免雨、雪天作业,防止日晒。⑤ 散落在作业场地上的有毒物质,应用锯末吸干净,并注意及时清除。

8. 腐蚀性危险货物作业注意要点

① 搬运腐蚀性物质时,操作人员应穿工作服、戴手套,防止皮肤接触货物。② 如腐蚀性物质使用玻璃或陶瓷容器等盛装,应检查容器封口是否完好、有无渗漏,装箱时对该类容器应采取有效的紧固措施。③ 腐蚀性危险货物装集装箱时,要注意货物堆码不能超过积载实验允许的高度。

第五节 液体散货码头的安全与消防管理

一、油码头的安全与消防措施

(一) 油库的防火防爆措施

油库防火和防爆应先要解决发生事故的根源。由于油库失火爆炸的基本条件是有浓度合适的油气混合气,有足够能量的火源,因此,油库防火防爆的基本方法有三个:一是控制油气混合气体浓度;二是消除火源或把火源能量控制在油气混合气的最小着火能量之下;三是避免两者相遇。此外,还要尽量减少火灾和爆炸造成的损失,主要方法是采用适当的耐火等级、防火间距、泄爆方式和消防措施等。

1. 油库选址与布置

油库选址与布置应符合《石油库设计规范》及《小型石油库及加油站设计规范》的规定的防火要求。根据油蒸气扩散所能达到的最大距离,火灾时火焰的辐射强弱,不同油品的火灾危险性大小,油罐形式,消防条件和灭火操作要求,建筑物的耐火等级以及经济节约等因素,在建设布局油码头时要做到如下几方面。

1) 油库中建筑物之间的防火间距

建筑物与建筑物之间的防火间距,主要是根据各建筑物的耐火等级,有无油气散发和有无明火而定,并要考虑油蒸气污染环境的因素。一般在装车、装船和灌桶作业时,从入孔向外散发的油气扩散范围约 1.5~2.5 m,向油轮装汽油、在泵流量为 250 m³/h、在入孔下风侧 6.1 m 处可测到油气。另外,还要考虑建筑物之间车辆运行,各自的操作要求以及着火时相互影响,灭火操作的要求等。根据有关规定,有散发油气的建筑物之间的距离分别为 12 m 和 10 m。

2) 油库区中的建筑物应达到规定的耐火等级要求

根据建筑材料在明火或高温作用下的变化特征,一般将建筑物构件分为非燃烧体、难燃烧体和燃烧体三类。非燃烧体是指用金属、砖、石、混凝土等非燃烧材料制成的构件,这种构件在空气中受到火烧或高温作用时不起火、不燃烧,不炭化;难燃烧体是用难燃材料制成的构件,或以燃烧材料为基层而用非燃烧材料作为保护层的构件,在空气中受到火烧或高温作用时难起火、难碳化,当火源移走后燃烧或微燃立即停止的材料,如沥青混凝土、经防火处理的木材、板条抹灰墙等都属于难燃烧体;燃烧体是用燃烧材料制成的构件,如木柱、木梁、胶合板等,这种构件在明火或高温作用下会立即起火或燃烧,且火源移走后仍能够继续燃烧或微燃。

建筑物的耐火等级是由组成建筑物的主要构件的燃烧性能和耐火极限决定的。所谓耐火极限,是指对建筑物构件进行耐火实验时,从受到火的作用起到失掉支持能力或发生穿透裂缝或背火面温度升高到 220℃ 止的这段时间。油库建筑物,应根据其所处场所的火灾危险性,火灾后产生的破坏和危害程度大小,来确定对其耐火等级的要求。为保障油库防火安全,油库建筑物在火灾高温作用下要求其基本构件能在一定时间内不会被破坏,不会传播火灾,可延缓和阻止火势蔓延,为疏散人员、物质和扑灭火灾赢得时间。因此,设计油库建筑物时,应根据生产和储存物品的火灾危险性,建筑物的业务用途,所处位置等因素正确选择相应的耐火材料等级,并结合建筑物的构建来源,因地制宜地选用适合于耐火极限要求的建筑构件。具体建筑物的耐火等级要求可参照有关设计规范。

2. 严格控制油气混合气浓度

浓度合适的油气混合气是油库发生起火和爆炸的基本条件,因此,要严格控制油气混合气的浓度,使之达不到油气燃烧爆炸的浓度,具体措施是:

1) 减少油气排放

减少油气排放是油库防火的关键。油库中的油气排放源可分为两大类:一类是非事故性排放源,即油库在正常作业和油料在储存过程中的正常排放,如油库在进行油料收发、输转及加注作业过程中的大呼吸,油料在储存过程中的小呼吸,油罐、油桶及管道等设备清洗时的油料蒸发,泵房、洞库等的通风排气等。这类油气排放源往往是所处场所比较固定或是可预见的,因而危险性较小。另一类是事故性的排放源,最常见的就是油料和油气的泄漏。事故性油气排放,由于其所处场所和油气浓度的不确定性,失火爆炸的危险性较大,控制的措施主要有如下几方面:

（1）保持设备的良好、严密。储存和输送油料的设备应保持严密性和足够的承压能力，防止破损泄漏；阀门、油泵等有关密封设备应保持密封良好；储输油设备应做好防腐工作，防止腐蚀穿孔及破损泄漏。

（2）严格作业规程。避免收发油料时超出油罐、油桶、油罐车等容器在当时油温下的安全装油高度，防止油料在储存、运输过程中因油温升高而溢出或作业过程中出现冒油事故；清洗油罐及检修设备时，应做好封堵工作，应封堵所有相连的管道，如输油管、呼吸管、通风管等，防止油料和油蒸气大量外溢；清洗作业用过的沾油的沙、布、垃圾等应放在带盖的不燃材料制成的桶内，及时清洗或处理。

（3）应正确设置防火堤、拦油堤等，防止油料泄漏及火灾的蔓延和扩散。

2）通风

油库中要做到完全没有油气是不可能的，通风是防止油气积聚的主要辅助措施之一，也是防毒、防潮和改善劳动环境的重要措施。通风的方式有机械通风和自然通风两种，采用哪一种方式应根据场所的特点而定，应自然通风优先，以能满足换气次数要求和作业方式所允许的特殊要求为原则。一般情况下，油库各场所的通风设施应符合下列有关设计规范的要求：

（1）油库的生产性建筑物应采用自然通风进行全面换气，当自然通风不能满足要求时，可采用机械通风。

（2）易燃油料的泵房和灌油间，除采用自然通风外，还应设置排风机组进行定期排风，其换气次数不应小于 10 次/h，计算换气量时房高按 4 m 计算。定期排风所耗热量可不予补偿。地上泵房，当外墙下部设有百叶窗、花格墙等常开孔口时，可不设置排风机组。

（3）洞库内，应设置固定式机械通风设备。在一般情况下宜采用机械排风、自然进风。机械通风的换气量，应按一个最大罐室的净空间、一个操作间以及油泵房、风机房同时进行通风确定。油泵房的机械排风系统，宜与罐室的机械排风系统联合设置。洞内通风系统宜设置备用机组。

（4）在人工洞石油库的洞内，应设置清洗油罐的机械排风系统。该系统宜与油罐室的机械排风系统联合设置。

（5）人工洞石油库内排风系统的出口和油罐的呼吸管出口必须引至洞外，距洞口的水平距离不应小于 20 m，且宜高于洞口。

（6）洞内的柴油发电机间，应采用机械通风。柴油机排烟管的出口应引至洞外，并高于洞口。

（7）为爆炸危险场所服务的排风系统的机组和活动件应符合电气防爆要求和防雷、防静电要求。机组应采用直接传动或联轴器传动方式。

3）加强油蒸气浓度检测及自动报警

在储油洞库、罐间、罐区适当位置应随时检测油蒸气浓度，并能自动报警。在清洗油罐、油罐车作业前，或进入操作阀井、管沟等油蒸气容易积聚、通风不畅的场所前，在爆炸危险场所内进行明火或其他危险作业前,都应进行严格的油蒸气浓度检测,确认油蒸气浓度在作业方式所允许的范围内,方可进行作业。

3. 严格控制引燃引爆源

油库引燃引爆源主要有:外来火源的进入,金属撞击火花,电焊、气焊等作业明火,电气设备火花,电气化铁路、电化学腐蚀、阴极保护等引起的杂散电流火花,雷电、静电放电等。因此,要严禁外来火源进入防火禁区;防止金属撞击产生火花;严格管理明火作业;防止静电、雷电和杂散电流引燃引爆;安装阻火器,防止火源进入。

(二) 油品装卸安全管理

(1) 各港海事部门,应根据具体情况划出一定水域作为油船专用锚泊地,并配备专人管理。

(2) 油区必须配备值班拖轮、"带缆船"及时协助油船靠离。

(3) 油船在码头作业时应按下列规定执行:① 要保持适航性,一旦发生意外,立即离泊;② 装卸完毕立即封舱,办完正常手续后,无特殊情况应及时离泊。

(4) 禁止蒸汽机船和非油运船舶系靠油码头,或靠近油船或水上水库。凡与油运有关的船舶靠离应遵守所在港口的规定,并做到烟囱不冒火星,不准有任何明火。

(5) 车船(包括灌油桶)装卸作业时,应按下列规定执行:① 凡接触铁质设备和使用铁质工具时,应慢拉轻放,严禁敲打撞击。② 禁止使用未经有关部门认可的塑料管输油。用输油管输油时,应插入容器底部,不得悬空作业。③ 禁止在旧罐内采样和测温。④ 禁止使用非防爆式手电筒。⑤ 装卸一二级油品前,要接好静电接地线。⑥ 装卸完毕后,要将软管、输油臂内的油除干净,关紧油管阀门。

 **知识卡片**

油码头的事故类型

油码头发生事故的类型主要包括溢油、火灾及爆炸、船舶碰撞、船舶搁浅、船体受损等,大多数事故都会导致溢油发生。油码头作业发生事故的过程主要涉及油轮靠港及装卸作业、储运作业、水上过驳作业等。溢油是油码头发生的主要事故类型。溢油事故是火灾爆炸事故发生的前提,也是船舶碰撞、搁浅、船体受损事故的必然结果。

导致油码头发生溢油事故的设备较多,主要包括油轮、装卸设备、储运设备等。对比各类船型发生的事故状况发现,油轮发生溢油事故的次数最多,溢油总量更大,造成的后果更加严重。油轮溢油事故有很多发生在港口。油轮发生溢油事故的原因主要包括违章作业、碰撞、搁浅、船体破损等。油轮在装卸货、加油及其他作业过程中发生的事故属于操作型事故。操作型事故是溢油量在1 t以下的船舶溢油事件的主要事故类型。其中,装卸作业是油轮发生溢油事故的主要作业过程。装卸设备发生油品泄漏的原因主要包括:密封状况不良;阀门劣化;接头变形;自然灾害或人为原因导致输油臂遭到破坏;码头装卸工艺发生故障导致失灵等。储运设备发生油品泄漏的原因主要包括：焊接质量不好，存在气孔，或者没有焊透；腐蚀、磨损等造成管壁变薄或穿孔；管道疲劳裂缝增长；码头地基下沉；自然灾害或人为原因导致输油管道遭到破坏等。

二、液化气码头的安全与消防措施

在液化气码头的设计、建造和营运过程的各个阶段内，都包含有专门的安全程序和安全技术。

（1）围堤。地上储罐四周应筑有围堤和溢物拦蓄系统。围堤是控制溢落地表的液化天然气流动的主要措施。有了围堤，便可采用下述方法控制天然气流动：① 当液化天然气溢出时，液体可以被拦蓄在围堤之内，并用快速扩散泡沫来减慢液化天然气溢物的蒸发速度，也可以借助围堤隔离火源。这样，液化天然气便可以作为无害气体而逸散于大气之中。② 当液化天然气溢出时，液体可被拦蓄在围堤之内，对其蒸发加以控制；或者干脆将其点燃，使其在限定的范围内燃烧，在这个范围内，用通常的消防措施控制火势。

（2）留出储罐围堤与地界线之间的安全距离。这个距离应能保证围堤内的液化天然气火势辐射到地界处的热度不会造成对人体的伤亡。

（3）设置液化天然气蒸气的逸散区。其目的是使液化天然气溢出物形成的蒸气，在该范围内逸散于大气之中，液化天然气在空气中的含量在2%以下。

（4）避免船舶事故的发生。采用液化天然气专用船舶运输液化天然气，并把船舶作业安排在较偏僻的地点进行。

（5）制订完整的港口安全生产条例。它包括船舶交通管理系统和海上应急系统；配置各种必要设备、应急设备，并训练人员熟练地使用这些设备。开发船舶交通管理系统的目的是，在港口正常营运过程中，管理和协调海上交通，合理安排船舶运输，具体包括安排船舶移动计划，控制船舶移动。海上应急系统一般采用船舶交通管理系统所用的同样监测和通信设备，还需配备拖轮、消防艇及紧急情况下为减轻生命财产损失所必需的其他设备和应急人员等。

（6）液化天然气码头的选址要注意安全。液化天然气码头的选址要遵守如下基本准则：① 码头位置应尽可能接近陆地工厂，以减少液化天然气输送管道长度。② 码头和出入航道必须具有足够水深，应能提供船舶调头、靠泊和锚地泊船的条件。③ 码头位置应有防风浪设施，增加船舶安全性。④ 码头应专用于液化天然气的装卸。⑤ 码头位置应能避开船只往来和其他海上活动。⑥ 码头位置应远离工业区和人口稠密区，并与这些地区之间有一定的隔离区。⑦ 尽可能防止对自然资源的影响。⑧ 码头附近应无可能导致码头发生事故的特殊外部因素，诸如气象条件、频繁地震区、机场等。从安全和土地利用的角度说，最好建设离岸式海上液化天然气码头。对于这种码头的各项技术，特别是系泊系统、换装系统、低温管线和大型储罐，都需要进行详细评价。

三、液体化学品码头的安全与消防措施

(一) 危险化学品的装卸管理

(1) 进入危险化学品库区的机动车辆必须符合安全规定,汽车、拖拉机不准进入甲、乙、丙类物品库房;进入甲、乙类物品库房的电瓶车、铲车必须是防爆型的。

(2) 各种机动车辆装卸物品后,不可以在库区、货场内停放和检修。

(3) 库区内不得搭建临时建(构)筑物。

(4) 装卸甲、乙类物品时,操作人员不得穿戴易产生静电的工作服、帽和使用易产生火花的工具,严防振动、撞击、重压、摩擦和倒置。

(5) 库房内固定的吊装设备需要维修时,应当采取防火安全措施,经防火负责人批准后才可以进行作业。

(6) 装卸作业结束后,应对库房、库区进行检查,确认安全后方可离开。

(二) 危险化学品的运输管理

运输是危险化学品流通过程中的一个重要环节。危险化学品运输的一般要求如下:

(1) 托运危险物品必须出示有关证明,向指定的铁路、道路、航运等部门办理手续。托运物品必须与托运单上所列的品名相符,托运未列入国家品名表内的危险物品须附交上级主管部门审查同意的技术鉴定书。

(2) 危险物品的装卸运输人员应按装运危险物品的性质佩戴相应的防护用品。装卸时必须轻装轻卸,严禁摔拖、重压和摩擦,不得损毁容器包装,并注意标志,堆放稳妥。

(3) 危险物品装卸前,应对车(船)搬运工具进行必要的通风和清扫,不得留有残渣。对装有剧毒物品的车(船),卸车后一定要洗刷干净。

(4) 装运爆炸、剧毒、放射性、易燃液体与气体等物品,必须使用符合安全要求的运输工具,禁止使用电瓶车、翻斗车、铲车、自行车等运输爆炸物品。运输强氧化剂、爆炸品及用铁桶包装的一级易燃液体时,必须采取可靠的安全措施,不得用铁底板车及汽车挂车。禁止用叉车、铲车、翻斗车搬运易燃、易爆液化气体等危险物品。温度较高地区装运液化气体和易燃液体等危险物品时要有防晒设施。放射性物品应用专用运输搬运车和抬架搬运。装卸机械应按规定负荷降低 25%。遇水燃烧物品及有毒物品禁止用小型机帆船、小木船和水泥船承运。运输爆炸、剧毒和放射性物品,应指派专人押运。运输危险物品的车辆必须保持安全车速,保持车距,严禁超车、超速和强行会车。运输危险物品的行车路线一定要事先经当地公安交通部门批准,按指定的路线和时间运输,不可在繁华街道行驶和停留。运输易燃、易爆物品的机动车,其排气管应装阻火器,并悬挂"危险品"标志。蒸汽机车在调车作业中,对装载易燃、易爆物品的车辆必须挂不少于两节的隔离车,并严禁溜放。运输散装固体危险物品时,应该根据所运物品性质采取防火、防爆、防水、防静电、防粉尘飞扬和遮阳等措施。

(三) 危险化学品的仓储管理

(1) 申请储存危险化学物品的单位,须持经当地消防部门认可的专门机构的安全评

价,并提出书面申请,允许后发给许可证。

(2)新建、改建、扩建储存设施的,要按工程项目审批程序履行审批手续,并由有专业设计资格的设计单位设计,有相应资格的施工单位施工,竣工后经公安消防机构验收合格后才可投入使用。

(3)储存设施方面除符合国家有关技术标准外,还应在仓库或者堆放场明显处设立标明危险化学品性能及灭火方法的说明牌。在库房或者储藏室设置相应的通风、降温、防汛、避雷、消防、防护等设施。在禁火区域和安全区域设立明显标志。

(4)与化学危险性能相抵触的、消防和防护方法不同的危险品应分库或隔离分堆储存,且严格按照国家规定的垛距、墙距、顶距、柱距进行堆放,严禁混放。

(5)严禁在禁火区域内吸烟和动用明火。进入库区、储罐区、禁火区域内的机动车辆必须采取消除火花、电气防爆等措施。

(6)储存设施内应按规定配备专业技术人员。一类储存设施配备有相应专业中级以上职称的技术人员3～4名;二类、三类储存设施配备有相应专业初级以上职称的技术人员2～3名;四类储存设施配备有相应专业的技术人员或者从事危险化学品工作10年以上的人员。危险化学品保管人员须经当地消防部门专项培训,经考试合格后持证上岗。

(7)危险化学品入库后3 h内要进行检查,以后每天检查不得少于2次。

仓库应当按照国家有关消防技术规定设置和配备消防设施和器材。消防器材应设置在明显的、便于取用的地点,周围不准堆放物品和杂物。消防器材应由专人管理,负责检查、修理、保养、更换和添置,保证完好有效,严禁圈占、埋压和挪用。在甲、乙、丙类物品国家储备库、专业性仓库以及其他大型物资仓库,应当按照国家有关技术规范安装相应的报警装置,附近公安消防队宜设置与其直通的报警电话。对消防水池、消火栓、灭火器等消防设施和器材应经常检查,保持完整好用。地处寒冷地区的仓库要采取防冻措施。库区的消防车道和仓库的安全出口、疏散楼梯等消防通道严禁堆放物品,保持畅通。

(四)防火防爆措施

引发火灾的条件是可燃物、氧化剂和点火源同时存在、相互作用。引发爆炸的条件是爆炸品(内含还原剂及氧化剂)或者是可燃物与空气的混合物与引爆源同时存在、相互作用。如果我们采取措施避免或者消除上述条件,就可以防止火灾或爆炸事故的发生,这是防火防爆的基本原理。

在制定防火防爆措施时,可以从下面四个方面来考虑。

(1)预防性措施。这是最理想、最重要的措施。其基本点是使可燃物(还原剂)、氧化剂与点火(引爆)源没有结合的机会,从根本上杜绝着火(引爆)的可能性。

(2)限制性措施。这是指在一旦发生火灾爆炸事故时,能够起到限制其蔓延、扩大作用的措施。如在设备上或者在生产系统中安装阻火、泄压装置,在建筑物中设置防火墙等,采取限制性措施能够有效地减少事故发生。

(3)消防措施。按照法规或规范的要求,采取消防措施,一旦火灾初起,就能够将其扑灭,避免发展成大的火灾。

(4)疏散性措施。预先设置安全出口及安全通道,使得一旦发生火灾或爆炸事故时,能够迅速将人员或者重要物资撤离危险区域,以减少损失,如在建筑物中或者在飞机、车辆上设置安全门或疏散通道等。为了因为便于管理、防盗,将一些门封死,将窗外加装铁栏杆,都是违反防火要求的,是不可取的。

案例 1

广西北部湾港钦州 30 万吨级石油码头装卸工艺

(一)码头基本情况

广西北部湾港钦州 30 万吨级石油码头工程位于钦州港三墩作业区以南约 8.5 km 海域,是"钦州中石油国际储备库一期东区及库区管线配套工程"的一部分,是广西最大的原油进出口码头。码头采用双侧靠泊方式,一侧可靠泊 10 万～30 万 DWT 原油船,另一侧可靠泊 10 万 DWT 原油船(水工结构按 30 万 DWT 预留)。码头可满足单侧(一个)原油泊位装、卸船作业;两侧(两个)原油泊位同时作业;从一侧泊位向另一侧泊位的原油过驳作业。2021 年 11 月 5 日上午 9 时许,中国香港籍油轮"凯富"轮缓缓驶入钦州港 30 万吨级油码头港池,安全平稳靠泊码头,如图 6-29 所示。此次成功试靠,标志着该码头成功实现了投产运营目标,也意味着钦州港跨入全国接卸能力最大港口的第一方阵。

图 6-29 "凯富"轮顺利靠泊钦州港 30 万吨级油码头

(二)装卸工艺流程

(1)原油卸船。原油船输油臂→前沿管线→DN 1 100 装卸船管道→(库区管线→原油储罐)。

(2)原油装船。(原油储罐→库区 2 管线)→DN 1 100 装卸船管道→前沿管线→输油臂→原油船。

（3）原油过驳。东侧泊位原油船→输油臂→东侧泊位前沿管线→过驳管线→西侧泊位前沿管线→输油臂→西侧泊位原油船。

（4）油品置换。（原油储罐→库区管线→外输泵）→DN 1 100 输油管道 A→码头前沿→DN 1 100 输油管道 B→（库区管线→原油储罐）。

（5）辅助流程。辅助流程包括下述流程：

一是装卸臂卸空流程。

外臂：先打开臂顶真空阀，外臂内原油→船舶货舱。

内臂：启动双螺杆泵，内臂内原油→泵→相应阀后的装卸主管。

二是干管扫线流程。

输油干管一般不扫线，必要时，采用清管器进行扫线。

三是收发球筒卸空流程。

启用手摇泵，收发球筒→泵→相应阀后的装卸主管。

（三）装卸工艺布置方案设计

1. 布置方案

根据码头库区的输油管线规划和操作要求，码头工程设计 30 万吨级原油泊位两个（最小可兼靠 10 万 DWT 原油船，10 万 DWT 油船仅作为过驳作业使用）。码头栈桥的设计及施工均滞后于码头前沿区，综合各方面因素，码头采用的工艺布置方案如图 6 - 30 所示。

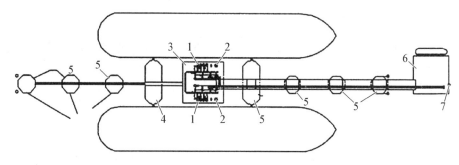

1—输油臂；2—登船梯；3—工作平台；4—靠船墩；5—系缆墩；6—辅助作业平台；7—码头前沿与栈桥连接点。

图 6 - 30　广西北部湾港钦州 30 万吨级石油码头工艺布置简图

码头的工艺布置主要包括：

（1）原油装卸船作业采用装卸臂，每个泊位采用 4 台（三用一备）装卸臂进行作业，工作范围适应 10 万～30 万 DWT 油船在各种水位和载重状态下的变化，能够满足最大卸船要求，装卸臂装配绝缘法兰，并配有紧急脱离系统的声光报警系统。

（2）码头距离储备库一期库区距离约为 21 km，距离储备库二期库区约为 11 km。工程输送距离较长，水头损失较大，而码头面作业平台空间有限，无法布置加压泵站，需在后期库区设计时,在栈桥上岸点附近设置加压泵站,可以在原油输送过程中,实现一期库区的进库压力。

(3) 30 万吨级原油船一般卸船时的最大流量为 15 000～18 000 m³/h。每个泊位采用一根 DN 1 200 主管,每个输油臂后一根 DN 700 单支管至主管上,两个泊位间采用一根 DN 1 200 过驳管线连接,以完成码头过驳减载作业。每个泊位设置两根 DN 1 100 输油干管可以满足输送要求,每根输油管上共设置两道电动切断阀,事故时关断。

(4) 泊位码头前沿工作平台上每个泊位设置一台双螺杆泵,用于输油臂卸空作业。码头前沿工作平台设置两个收发球筒,在需要时,对两根 DN 1 100 的输油干管用清管器进行扫线。在收发球筒残液口及主汇管排污口设置两台手摇泵,将收发球筒及主汇管内残油抽吸至输油干管,可将装卸原油或扫线后收发球筒及主汇管中的残油清除。

(5) 为便于上下船舶,泊位工作平台前沿设置电、液驱动升降式登船梯,工作范围适应 10 万～30 万 DWT 油船在各种水位和载重状态下的变化,提供码头与船舶之间的安全通道。

2. 设计重点和难点

本案例中是双侧靠泊装卸原油,并可实现过驳减载功能。装卸工艺设计的重点和难点主要有:

(1) 由于码头作业区空间限制,需通过管线的合理布置,以满足两个泊位同时进行装卸船作业,并完成相关的装卸工艺流程。

(2) 由于栈桥的设计和施工均落后于码头前沿,为了能充分发挥码头的经济效益,通过设置 DN 1 200 过驳连接管线,选择适合的装卸设备,实现两个泊位的连接,完成过驳减载作业。

(3) 原油输送距离较长,水头损失大,在输送油品过程中,必须满足库区进库压力的要求。通过在栈桥上岸点附近增设加压泵房,选择合理的配管以及相关输油参数,可完成原油的远距离输送。

思考题:

(1) 大型油品码头的布置形式和考虑的因素有哪些?

(2) 油品码头的工艺作业主要有哪些?

 案例2

中化泉州成品油码头油气回收工艺

(一) 码头公司基本情况

中化泉州石化有限公司为中化能源全资子公司,成立于 2006 年 9 月,位于福建省泉州市惠安县,是集石油产品及石油化工产品的炼制、仓储、运输、销售为一体的大型炼化企业,承担 1 500 万吨/年炼油和 100 万吨/年乙烯生产运营任务。

公司拥有 1 200 万吨/年常减压蒸馏、350 万吨/年凝析油蒸馏、340 万吨/年催化裂化、330 万吨/年渣油加氢、260 万吨/年加氢裂化、100 万吨/年乙烯及 80 万吨/年芳烃等 36 套炼化装置以及相关配套储运、码头、公用工程(见图 6-31)。

图 6-31　中化泉州石化项目主要设施布局

公司主要产品包括汽煤柴油、LPG、高密度聚乙烯(HDPE)、醋酸乙烯与乙烯共聚物(EVA)、环氧乙烷(EO)和乙二醇(EG)、聚丙烯(PP)、丁二烯、环氧丙烷(PO)和苯乙烯(SM)、对二甲苯等。汽煤柴油产品销售到东南亚、欧洲、澳大利亚、北美等国家和地区,化工产品内销。

(二) 油气回收装置

炼油区拥有 5 套油气回收装置,分别位于青兰山码头、外走马埭码头、主厂区汽车装车站、铁路装运站、三苯罐区。其中,2015 年主厂区汽车装车站油气回收设施已投入使用;2018 年青兰山码头、外走马埭码头调试并投用至今;铁路装运站 2020 年投用。

化工区储运系统新建 9 套油气回收设施,化工罐区内 7 套油气回收装置采用冷凝处理的工艺方式。除苯乙烯油气回收装置需要罐区内达标排放外(苯乙烯<50 mg/m³),其余油气回收装置经冷凝处理后要求进入全厂废气废液焚烧装置进行二次处理;部分油气回收装置采用低温柴油吸收+碱洗,处理后油气进入硫黄回收焚烧炉进行二次处理。

(三) 油气回收工艺指标及运行情况

1. 青兰山码头

青兰山码头油气回收设施设计处理能力为 2 500 m³/h,采用"活性炭吸附+汽油吸收"工艺技术,油气回收品种主要是汽油装船过程中产生的油气。

该油气回收设施设计主要技术指标:非甲烷总烃≤25 g/m³;有机废气排放去除率≥95%。

2. 外走马埭码头

外走马埭码头装船油气回收设施设计处理能力为 1 200 m³/h。该油气回收设施采用"冷凝＋活性炭吸附"工艺技术,油气回收品种包括:苯、甲苯、二甲苯、汽油等。

该油气回收设施设计技术指标:非甲烷总烃≤25 g/m³;苯≤12 mg/m³;甲苯≤40 mg/m³;二甲苯≤70 mg/m³;有机废气排放去除率≥98%。

(四) 油气回收运行适应性改造

1. 船舶油气接口要求

目前,多数 20 000 t 及以下的内贸油船并未安装集气设施、管道、接头和惰性气体系统。通过船舶上线考评的管理对靠泊码头的船舶提出必须配备符合标准的油气接口及其配套的船舶集气系统。经过近半年的整理整顿,实现了靠泊码头油轮 100% 配备油气回收接口的条件。

大型外贸油轮上,其油气回收接口相对规范,在接口位置有按规范要求的定位销。在码头预制了大量的变径头,并在相应的位置开孔,如图 6-32 所示。

2. 输气臂增加软管

针对输气臂包络范围不足的现状,在输气臂下方至紧急切断阀间的管道上增加一处三通甩头,甩头的另一端采取连接软管的方式与船方接口进行有效连接(见图 6-33)。软管选择了新型轻质复合软管,便于人员的操作。

图 6-32　油气回收接口　　　　　图 6-33　输气臂增加软管

3. 增加石脑油回收

石脑油为乙烯裂解原料,由柴油加氢装置石脑油、抽余油和拔头油调合而成,其组分与汽油接近,且硫含量较低。对石脑油组分进行分析,硫及其组分分析结果显示并不存在影响活性炭运行的组分。用一台 20 000 m³ 满罐汽油做贫液,完全可以满足一条石脑油油轮装船期间的循环用油量。

2019 年 3 月成功利用现有装置对石脑油装船油气进行了回收,经过实际测试分析,回收率达到 99% 以上。

4. 真空泵驱动电机改为变频电机

将 4 台普通工频电机更换为变频电机,最大工况转速为 3 600 r/min。

5.撬装结构部分整体移位,满足检修和巡检需要

(五) 问题和建议

1.仍存在的问题

(1) 制冷压缩机和电机故障频发。

(2) 冷凝装置化霜效果不佳。

(3) 吸附剂使用寿命短。

(4) 依据JT/T 1333—2020《码头油气回收船岸安全装置》规范,船岸安全装置需要增设氧含量分析仪、惰化调节系统、流量计及安全卸载系统等。

(5) 不满足几条船同时需要油气回收的工况。

(6) 部分货种需要纳入回收,整体油气回收处理能力还需加强。

2.行业建议

(1) 制定措施,切实管住船舶油气回收行为,避免偷排油气、充惰用含硫化物气体以及充惰舱压过高。

(2) 工艺设计上应考虑炎热地区管线保冷。

(3) 吸附剂(活性炭)罐内要达到均布,避免装填不均和运行短路击穿。

(4) 规范油气回收撬装结构和平面设计,撬装内也应考虑逃生通道、检修通道、巡检通道,提高撬装结构和生产运行的安全性。

(5) 气相臂增加液压驱动、紧急脱离、绝缘法兰。

(6) 危险与可操作性(HAZOP)审查单位应具备相应的能力。

(7) 规范排放口检测标准,允许企业稀释达标排放。

思考题:

(1) 液体散货码头油气回收工艺的流程是什么?

(2) 液体散货码头油气回收的必要性和障碍有哪些?

案例3

上海港洋山石油储运安全、智慧化管理

(一) 码头基本情况

上海洋山石油储运项目(见图6-34)位于上海国际航运中心洋山深水港东港区,紧邻中国(上海)自由贸易试验区临港新片区,地处中国沿海南北部航线和长江入海口的交汇点,通过东海大桥连接上海芦潮港,是江海联结、陆地与沿海联结比较便捷、比较理想的油品及化工品物流中转基地。

码头拥有5个生产性泊位,其中一个为10万吨级兼靠12.5万吨级泊位,4个为5 000吨级泊位。码头仓储品种多,包括原油、燃料油、柴油等17种油品以及乙二醇、混合芳烃、甲醇等7种化工品。设57个储罐,总罐容1.067×10^{6} m³,保税罐占90%以上;储罐类型

包括内浮顶罐、外浮顶罐和拱顶罐;单个储罐容量有 5 000 m³、$1×10^4$ m³、$2×10^4$ m³、$3×10^4$ m³ 和 $5×10^4$ m³ 等;具有加温功能与不具有加温功能的储罐基本各占一半。码头平面布置如图 6 - 35 所示。

图 6 - 34　上海港洋山石油储运项目全景

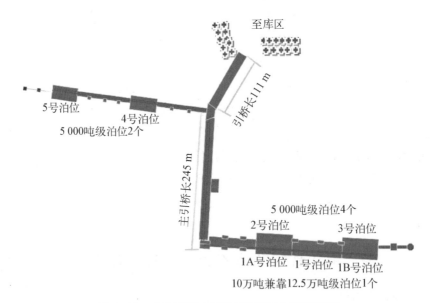

图 6 - 35　上海港洋山石油储运码头平面布置图

(二) 储运设施

1. 阀门控制系统

库区油品储运、消防 300 mm 以上的阀门控制系统全部采用电动执行机构(见图 6 - 36),以确保阀门控制的精确性。该电动执行机构主要技术特点是:具有双密封特点和"非侵入性"红外设定功能;防护等级为 IP68;防爆等级达 Diibt4;使用环境温度 $-70\sim-30℃$;具有多重保护功能等。

2. 液位计

库区液位计(见图 6-37)的主要技术特点是：设计简单,质量小,结构紧凑;液位测量精度±0.7 mm;维护预测、故障自诊断。

图 6-36　电动执行机构

图 6-37　液位计

3. 化验室

化验室具备化验密度、色度、紫外线透光率、馏程、含硫量、闪点、运动黏度、倾点、灰分、残炭、水分、总机械杂质含量等油品、化工品指标的能力,提供客户快速检验和常规检验所配备的检验设施,极大缩短了卸船和出货效率。

4. 智能靠泊辅助系统

码头采用智能靠泊辅助系统(见图 6-38),船舶距离码头在 300 m 以内,该设备能精确测量船舶与码头的距离以及进港速度,并提供船舶与码头的相对角度,能最大限度地保证船舶靠泊的安全性。

5. 船舶系泊缆绳测力系统

船舶系泊缆绳测力系统(见图 6-39)是对所有的系泊缆绳进行连续实时监测,对超出安全范围的荷载发出警告,有效地确保船舶系泊缆绳处于安全的受力状态。

图 6-38　智能靠泊辅助系统

图 6-39　船舶系泊缆绳测力系统

6. 安全设施设备

所有储罐安装高液位报警系统、库区配置火灾报警系统,报警信号直接传输至中央控制室,配有附属泵入式泡沫比例混合装置,配置专用消防泵(见图6-40)。

图6-40　安全设施设备

7. 污水处理系统/收压舱水系统

库区污水处理设施设计能力为50 m³/h,单次最大接收码头船舶压舱水量为2 500 m³。设有一座3 000 m³的调节除油罐调节水量,罐内设一套浮动环流收油器,可随罐内液位上下浮动,自动收油(见图6-41)。

图6-41　污水处理系统/收压舱水系统

(三) 装卸、储存和集输运工艺

1. 装卸工艺

(1)公司码头装卸采用输油臂装卸,卸货通过码头管线、经汇管至罐区主管线,最终入罐。由于码头需要较高的利用率,在条件允许的情况下选择合适的管线流程、多配管线、储罐,降低管线压降,提高卸货速率。

(2)装货通过螺杆泵或是离心泵对船舶进行装货作业,有抽底需要时,会使用抽底泵(一般有螺杆泵和滑片泵两种);螺杆泵为体积泵,一般用于高黏度物料输运作业;离心泵为叶轮泵,一般用于低黏度物料输运作业,工作效率较高。

(3)发车装置采用自动控制系统:槽车到位后接好静电夹,插入鹤管,在批量控制仪上输入装货量后,自动启泵、开启电液阀开始装货,到量后自动停泵、关闭电液阀,控制数量由质量流量计控制,地磅称重结算。

2. 储存和集疏运工艺

甲乙类货物存储在浮顶罐中,以此降低货物损耗以及挥发性物质溢出带来的风险。丙类货物一般存储在拱顶罐内,有其他经营配罐需求时会存入浮顶罐中;码头单个储罐容量在 3×10^4 m³ 及以下的浮顶罐为内浮顶罐,单个储罐容量为 5×10^4 m³ 的浮顶罐为外浮顶罐。

储存过程中主要注意点:

(1)不同物料工艺流程之间的隔断:相似品种,不能互相接触的品种。

(2)工艺管线的泄压:静态存储泄压、加热泄压。

(3)存储、输运过程中的损耗。

(4)重油的加温,视物料的黏度、倾点进行加温操作,一般温度控制在35℃以上能够满足螺杆泵的作业要求,如若倾点高、黏度大时适当调整物料温度。

(5)装卸工艺需要满足货物特性的要求。

(四) 安全、智慧化管理

(1)始终将安全放在首位,制定各项安全预案。一个总预案——事故应急救援预案;两个专项预案——火灾事故应急预案、溢油事故应急预案等;多项现场处置预案——储油罐冒顶事故现场处置方案、触电事故现场处置方案、人员密集区域火灾事故应急处置方案等。专门设有安全监督部门,严格进行安全管理和监督工作,确保安全生产。引进专业化消防队伍,定期开展消防演习,为安全生产保驾护航。

(2)利用中控的控制系统实现对管线压力的实时管理。管线压力数据接入中控系统,设置报警值,做到装卸过程以及静态存储状态时的实时监控、报警,避免由于检查不到位、检查频次不够而产生的管线憋压渗漏等情况的发生。

(3)控制系统对整个装卸货作业的实时动态监控。中控内能够监控储罐液位、温度;电动阀开度;泵进口温度;管线压力;储罐氮封压力;绞缆机拉力等。在作业过程中以及静态存储状态能够实时监控所有重要参数,从而对作业进行控制调整。

(五) 技术创新

(1)管线数量纠纷,气体压强公式推算管线空量。装卸货结算时,管线空量会存在一定差异纠纷,一些库区采用管线顶球方法,将管线内所有物料顶入船舱或储罐,使得管线保持前空后空状态,但由于管线有很多支线死头,同时管径变化大,很难完全采用此方法,因此公司采用启泵提升管线压力的方法来推算管线内的空满情况。

(2)原油底料处理——罐底加注热水法。原油长期静态存储,重组分会沉淀在储罐底部,将会给抽底、清罐、计量等作业带来很大风险。解决罐底沉积的传统做法是:一般对大型原油罐进行改造,罐内增加旋转喷射调和装置或设置单罐底油循环加热系统等,但改造周期长,储罐利用率低、改造成本大。公司采用底部物料加注热水的方法来提升罐底沉积物料温度,同时将罐底物料垫高,将沉积物料打出。

(3) 储罐品种变化的洗罐作业。

思考题:

(1) 液体散货码头的安全管理措施有哪些?

(2) 液体散货码头智慧化管理措施有哪些?

本 章 小 结

液体散货主要包括原油及成品油、液化气、液体化学品三类货物。原油及成品油具有易燃、易爆、挥发、毒害、黏结、静电、胀缩、腐蚀、污染等危险特性。液化气具有易燃易爆性、毒害性、腐蚀性、化学反应性、低温和压力危险性。液体化学品具有易燃易爆性、毒害腐蚀性、污染性、黏度大、敏感性、聚合反应等性质。液体散货码头的主要装卸搬运设备包括泵、管线及附加设备、输油臂、存储设备、公路和铁路装卸设备。石油的装卸主要包括油船装卸及油罐车装卸两种方式。油码头的装卸劳动组织主要包括油轮靠离泊及装卸作业、储运作业、水上过驳作业。液化气的装卸劳动组织主要包括干燥、惰化、驱气、预冷、装货及卸货。液体化学品的装卸劳动组织主要包括装卸危险货物前的准备工作、装卸各类危险货物的注意事项和作业要点等。液体散货码头在装卸、运输、仓储的过程中要进行安全和消防管理。

本 章 关 键 词

液体散货——是指以液体状运输和储存的货物,主要包括原油及成品油、液化气(液化石油气、液化天然气、液化化学气)和液体化学品等。

原油——是指从地下开采出来的一种具有特殊气味的褐色或黑色黏稠的液体矿物,是未经加工提炼的石油。

成品油——又称石油产品,是原油经提炼加工(如分馏、裂解、重整等方法)获得的各种产品。

液化气——是指在常温常压下为气体,通过冷却或在临界温度以下加压或冷却而变成液态的物质。

液体化学品——指除石油和类似易燃品外的液态的、散装的危险化学品,包括具有重大火灾危险性的货品,其危险性超过石油和石油产品及类似的易燃品;还包括除具有易燃性外,还存在重大危险性的货品;或非易燃性的具有如毒性、反应性等重大危险性的货品。

泵——是产生压力能使液体流动的机械。泵在液体散货码头可用于装卸输送油品等液体货物,也可用于消防系统、含油污水处理系统、给水系统。系统是否设置泵是衡量液体散货码头能否可靠、安全、高效运转及体现管理水平的重要标志。

管线——是液体散货收发、运输的主要设备。管线及其附件的正确选择、合理使用和调度、及时维修和养护直接关系到液体散货码头生产工作的正常进行。

输油臂——是安装在码头上,用于完成液态石油化工产品的装、卸船作业任务的设备,具有适应不同潮汐、干舷及船体运动的能力,是一种高效、安全的油品码头装卸设备。输油臂可输送原油、石脑油、汽油、柴油、煤油、液态沥青等石油产品,还可输送液化石油气、液化天然气,甚至强酸、强碱及其他液态化工产品、食用油、水煤浆、水泥等。

油库——是储存、转运和供应石油及石油产品的专业性仓库,是协调原油生产和加工、成品油运输及供应的纽带。

鹤管——是火(汽)车罐车与站台储运管线之间传输流体介质的设施。

汽车发油台——是汽车发油区的主要建筑物,它是油库对外经营服务的主要场所。

铁路栈桥——是铁路油罐车装卸油作业(鹤管)的操作平台,也是装卸油系统管道的集中安装部位。

油罐车——是散装油品公路及铁路运输的专用车辆。油罐车由罐体、油罐附件、底架和行走部分组成。

本 章 习 题

(1) 石油的特性有哪些?

(2) 根据新修改的 MARPOL73/78 附则 Ⅱ,散装液体化学品按污染性可分为哪几类?

(3) 油管的伴热措施有哪几种?

(4) 油罐的储油方式有哪些?

(5) 石油(油品)码头油船装卸的方式有哪些? 其中,通过水下管道装卸的方式又可细分为哪几种?

(6) 原油和成品油的装卸工艺流程主要有哪几步?

(7) 水体油污染治理的方法有哪些?

第七章
滚装货装卸工艺与组织

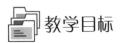教学目标

知识目标

(1) 能够掌握采用滚装货的性质和特点。

(2) 能够掌握滚装码头陆域布局和主要设施。

(3) 能够了解滚装码头主要的装卸设备类型。

(4) 能够掌握商品汽车的滚装装卸工艺流程及特点。

(5) 能够掌握工程机械采用滚装装卸的工艺类型及特点。

(6) 能够了解件杂货采用滚装装卸的工艺类型及特点。

能力目标

(1) 能够掌握滚装船运输的优越性和特点。

(2) 能够根据滚装货物的特点设计合理的装卸方式。

(3) 能够根据滚装船型特点设计合理的泊位船岸通道连接方式。

(4) 能够设计工程机械滚装装船和滚装卸船的工艺流程。

(5) 能够了解件杂货滚装装船和滚装卸船的工艺流程。

素质目标

(1) 理解滚装码头作业特点,培养不服输、勇向前的"愚公精神"。

(2) 重视港口安全,培养兼顾效率与智能的可持续发展意识。

导入案例

我国滚装码头行业发展现状

近十年来我国滚装码头行业持续增长,我国汽车消费市场需求逐步改善从而带动了运输需求,滚装码头吞吐总量增长明显。2020 年全国汽车滚装码头吞吐总量达到 813 万辆,为 2011 年的 2 倍多。其中内贸吞吐量全年达到 664 万辆,外贸出口吞吐量全年达到

89.3 万辆,外贸进口吞吐量全年达到 59 万辆。

我国经历了过去十多年的高速发展,整车外贸进口业务市场已逐步饱和,需求趋稳,爆发式增长的情况已不复存在。车市国产化趋势明显,尤其是热销车型、中低端车型的国产化步伐加快。进口汽车市场的定位将从"量化经营"逐步回归到"市场补充"为主。

我国自主品牌产品工艺日趋成熟,品牌国际化步伐加快,上汽、比亚迪、江淮、奇瑞等品牌纷纷进入海外市场,生产网络布局更加合理,为外贸出口业务的发展创造了良好的基础条件。

2003 年,上海建设了第一个专用滚装码头即上海海通国际汽车码头。国内汽车滚装码头经过多年发展,形成了沿海以海口、广州、上海、天津、大连等港口为竖轴,重庆、武汉、芜湖、南京等长江沿线港口为横轴的 T 形水路运输框架网络,专用滚装码头主要有大连汽车码头有限公司、天津港滚装码头有限公司和天津港环球滚装码头有限公司,上海海通国际汽车码头有限公司,武汉江盛汽车码头有限公司、广州港集团新沙港务有限公司等。近年来,广州海嘉、广州近洋、招商局舟山、通州湾三夹沙、天津海嘉、宁波梅西、海通(太仓)、大窑湾北岸等陆续投产,全国滚装泊位将达 70 个,总设计吞吐量可达 1 600 万辆/年。

当前,滚装码头行业发展正在迈入转型发展的重要时期,行业整体发展趋势呈现出以下一些特征:首先,码头分类定位更为专业。从全国码头的格局来看,行业发展主要集中于腹地为汽车生产基地、汽车消费、航运中心等特征的港口城市。依据地域、腹地汽车产销结构的不同,行业发展已初步形成具有"生产服务型、消费服务型、中转服务型"为特征的港口分类定位。其次,市场发展格局更为均衡。广州南沙、武汉江盛的装卸吞吐量纷纷突破 100 万辆,重庆、烟台等新兴汽车滚装码头迅速崛起,市场初步形成了沿江沿海均衡发展的趋势。最后,沿江市场的潜力正被逐步挖掘,近年来国家逐步重视长江港口规划,其中汽车水运物流发展得到了较大支持,沿江滚装码头市场增速明显快于沿海滚装码头市场。

思考题:

(1) 滚装码头装卸的主要货种是什么?

(2) 滚装码头行业的发展趋势是怎样的?

(3) 你认为我国滚装码头如何应对我国港口一体化和智慧化发展需求?

引　言

滚装码头主要采用水平滚装作业的形式来实现货物在船舶、库场、陆路载运工具间的装卸位移,不同于其他装卸方式,滚装码头对装卸设备的依赖性不高。滚装码头的布置应根据自然条件、设计船型尺度、工艺要求和接岸设施形式等因素综合分析确定,水域布置应便于船舶进出港和靠离泊作业,陆域布置应便于滚装车辆的集散和人员上下船。不同的滚装货物由于货物特性、价值等因素的不同,对于码头装卸工艺的要求也不尽相同,在整个码头装卸操作中所使用到的装卸机械、配套设备以及作业组织形式也有所不同。

第一节 概 述

一、滚装的概念

全国科学技术名词审定委员会将滚装运输(roll-on and roll-off transportation, RORO 或 ro-ro)解释为:将装有集装箱的货车、或装有货物的带轮的托盘、或各种机动车作为货运单元,牵引进船舶的货舱后进行货物运输的一种运输方式。

我国交通主管部门颁布的《水路货物滚装运输规则》将水路货物滚装运输定义为:以一台不论是否装载旅客或货物的机动车辆或移动机械作为一个运输单元,由托运人或其雇佣人员驾驶直接驶上、驶离船舶进行的水路运输。

滚装运输一般具有三个要素,滚装运输的对象是滚装货物(RORO cargo),滚装货物主要有乘用车、商用车在内的商品汽车,以及农用机械、工程机械和无动力设备等。滚装运输的运输工具是滚装船舶(RORO ship),滚装船舶除了传统的渡船、货船和驳船外,出现了装卸效率高、安全性强的汽车运输船、客运滚装船、集装箱滚装船、滚上吊下船等各种类型。滚装运输中货物装卸节点是滚装码头,滚装码头可以装卸和堆存汽车、工程机械和大型件杂货等货物。

二、滚装货物的特点

滚装货物在码头接岸设施与船舶之间通过其自身的车轮或其他滚动系统进行装卸作业。适宜采用滚装装卸的货物具有下列特点:

(1)滚装船艏门、艉门或舷门具有跳板衔接船岸,商用车辆等滚装货物无须复杂装卸机械甚至无须装卸机械,可以通过跳板开进开出直接上下船进行装卸。

(2)滚装船内部空间较大,易于存放和固定成组化的货物。

(3)滚装船的结构设计要求高、成本高,适合装载高附加值的货物。

(4)滚装货物可以直接进行"门—门"运输,便于开展多式联运。

三、滚装货物的分类

根据在滚装作业过程中是否需要货物自身以外的机械设备才能完成滚上/滚下船舶,可以把滚装货物分为有动力滚装货物和无动力滚装货物。

商品汽车是滚装码头常见的滚装货物,可以分为乘用车和商用车两大类。所谓乘用车是指在其设计和技术特性上主要用于载运乘客及其随身行李和(或)临时物品的汽车,包括驾驶员座位在内最多不超过 9 个座位,它也可以牵引一辆挂车。乘用车可细分为:普通乘用车、高级乘用车、越野乘用车、敞篷车等多种类型。所谓商用车是指在设计和技术特性上用于运送人员和货物的汽车,并且可以牵引挂车。商用车又可细分为客车、半牵引车、货车等多种类型。目前,我国通过滚装码头进行滚装运输的商品汽车以乘用车为主。其中,出口以普通中低档乘用车为主,进口以高档乘用车为主。

（一）有动力滚装货物

有动力滚装货物是指利用自身动力,可以完成滚上/滚下船舶的装卸作业过程的货物,包括乘用车、客车、货车、工程机械、农用机械等。其中,工程机械包括拖拉机、平地机、挖掘机等;工程机械包括建筑工程机械和矿山机械等;农用机械指拖拉机、采棉机、收割机、播种机、喷雾机等。

（二）无动力滚装货物

无动力滚装货物又常被称作滚装件杂货,是指自身没有动力的设备,或者无法利用自身动力完成滚上/滚下船舶的装卸作业过程的车辆。滚装码头件杂货可以分为固定式设备和可移动式设备。

固定式设备是指车辆和设备的附属部件。对于超长、超高、超重的大件货物,托运人为了降低运输过程中操作难度和运输成本,往往把大件车辆和设备拆分开来进行运输。固定式设备的特点是货物尺寸和质量没有统一的规格,运输和装卸过程需要根据货物实际情况制定针对性计划等。固定式设备的例子包括工程机械的配重、动臂、铲斗、大臂、小臂、随车工具箱,以及其他成套设备的组件如风力设备拆分组件、地铁项目车厢等。

可移动式设备主要为半挂车,本身没有动力但是有轮轴,设备本身设有可连接拖车的附属装置,可以通过连接牵引车实现牵引移动。

滚装件杂货均需要使用辅助机械,如马菲牵引车(Mafi trailer,俗称马菲头)、马菲板、叉车及其他机械才能完成其滚上/滚下船舶的装卸作业。马菲板如图7-1所示。

图7-1　马菲板

第二节　滚装码头的装卸工艺流程

滚装码头的装卸工艺相比件杂货码头、集装箱码头、散货码头要更加简单,其省却了吊装和搬运环节,而是以滚装作业形式代替垂直吊装和水平搬运,以实现货物在船舶、库场、陆路载运工具间的装卸位移。这对码头装卸机械化系统有着根本性的影响,滚装码头几乎不需要码头装卸设备,码头布置也相对简单。本节主要介绍商品汽车(整车)、工程机械、件杂货三大类货物的滚装装卸工艺。

一、商品汽车的滚装装卸工艺

(一) 商品汽车滚装装卸流程

1. 船舶—仓库/堆场流程

商品汽车在滚装码头的装卸作业采用滚上滚下方式,即通过码头作业人员逐辆驾驶进行上下船作业。商品汽车在滚装码头的整个作业流程如图 7－2 所示。

图 7－2　商品汽车在滚装码头的基本装卸作业流程

该流程具有如下特点:

(1) 该流程将驾驶员分为短驳司机和定位司机两类,码头短驳司机将商品汽车从堆场/仓库驶至船舱内临时停放区域,再由舱内定位司机将汽车在舱内驶至指定积载位置并定位。由于舱内定位作业对司机技能要求较高,这种流程的优点是使得司机各司其职,有助于作业效率的提高。

(2) 该流程适用于前沿面积有限的码头。栈桥式海港滚装码头、使用趸船作业的内河滚装码头,码头前沿能够存放的车辆数量有限,基本都是采用图 7－2 所示流程开展装卸船作业的。

(3) 该流程的缺点是汽车作业路线是从堆场/仓库至船舱,商品汽车从堆场到舱内定位整个作业过程耗时相对较长,往往导致滚装船在港停靠时间较长、周转效率不高。

2. 船舶—码头前沿—仓库/堆场流程

码头场地司机将商品汽车从堆场或仓库驶至码头前沿堆存,再由作业司机将汽车从码头前沿直接驶入舱内指定位置并定位,商品汽车在滚装码头的作业流程如图 7－3 所示。

图 7-3　商品汽车在滚装码头的基本装卸作业流程

该流程具有如下特点：

（1）减少滚装船在港停靠时间，加快船舶周转。在船舶尚未到港时，码头就将待装船的商品汽车驶至码头前沿，船舶到港后直接从码头前沿将汽车驶入船舱定位，由于码头前沿紧靠船舶，这样就会缩短装船时间或卸船时间。

（2）该流程的缺点是码头前沿面积毕竟有限，可存放的汽车数量也有限制。

（3）该流程中作业司机将汽车从码头前沿直接驶入舱内指定位置并定位，实际是需承担短驳和定位两种职能。由于在定位过程中前车未完成定位，后车则需等候才可进行定位作业，这样会存在一定的时间浪费，进而影响作业周转速度。

（4）实践中，我国一些顺岸式的海港滚装码头在卸船作业时，特别是装卸船汽车数量相对较少时会倾向于采用该流程。

（二）商品汽车的滚装装船作业工艺要求

商品汽车装船作业主要包括装船作业前、装船作业中、装船作业后三部分。

1. 装船作业前准备工作

1）商品汽车点检

载有商品汽车的轿运车进入滚装码头的点检区（检查区或轿运场）卸下后（见图 7-4），由滚装码头的内部理货员或堆场员对卸下的商品汽车车身进行周身检查（见图 7-5）。若点检无误，则由专业驾驶员根据堆场计划按车辆驾驶操作规范将合格商品车驶入堆场堆存。若点检发现不合格，则马上与货主代表联系确认车损情况，在车辆交接单证上记录汽车 VIN 码、车型、残损部位及状况等信息。对于已完成集港的商品车，在滚装码头堆存期间，为保证车辆品质，码头方面要定期对堆场停放的车辆进行抽检，如发现车身污染须及时清洗。

图 7-4　轿运车集港卸车　　　　　　图 7-5　理货员/堆场员车身点检

何为"VIN 码"?

VIN 是英文 vehicle identification number(车辆识别码)的缩写。VIN 码一般由 17 位字符组成,俗称十七位码,主要包含了车辆的生产厂家、年代、车型、车身形式及代码、发动机代码及组装地点等信息。

2)装船工作组织准备

码头操作部要组织各相关部门召开船前会,协调安排装船事宜;单船指导员作业前根据作业计划将作业内容布置给作业队,并在开工前组织作业队召开跳板前会议,再次向全体作业人员布置作业内容。

3)装船作业前工作准备

装船前,作业人员须检查滚装船的跳板放下的高度,确认船舶跳板的落地前沿已经铺上橡胶垫子,以避免商品车的头部和底部被跳板弹跳而撞坏,做好必要的跳板与地面间的铺垫;利用交通锥等对作业区域进行必要封闭;作业人员准备好电瓶、电瓶线、燃油、信号旗(灯)等作业用品(备品);在舱内确定唯一的走行路线,且全体作业人员和交通车进行试走;在舱内近坡道、拐弯、立柱等危险区域摆放交通锥并确认舱高。

2. 装船作业中作业流程

装船作业流程包括从堆场到舱内临时停放区域的短驳环节、舱内临时停放区域到指定积载位置的定位环节、定位停车后的车辆绑扎固定环节。

1)从堆场到舱内临时停放区域的短驳环节

车辆在堆场的启动环节。短驳司机须先确认装船车辆的车种、目的港等基本信息。在堆场启动商品汽车前应先围绕车辆检查一圈,确认没有车损才可动车,如有车损必须先向堆场员或内理报告确认登记后才可动车。打开车门时注意钥匙不能碰到商品车钥匙孔外的其他部分,进入驾驶舱后按规定顺序启动车辆。短驳司机需根据指挥手势或哨子信号松手刹车缓慢启动车辆,禁止突然加速及转向。对于车身较长的商品车或特种车辆,启动要特别注意,待车辆完全出位后再打方向盘,避免内轮差、外轮差碰撞。其中,内轮差是车辆转弯时内前轮转弯半径与内后轮转弯半径之差。由于内轮差的存在,车辆转弯时,前、后车轮的运动轨迹不重合。在行车中如果只注意前轮能够通过而忘记内轮差,就可能造成后内轮驶出路面或与其他物体碰撞的事故。外轮差与之对应,则是外前轮与外后轮转弯半径之差。

堆场至船舱内临时停放区域的行驶环节。按照装卸作业开始前确认的行驶路线行驶,按照规定控制好在港内道路的行驶速度、船舱和堆场内的行驶速度、转弯或通过跳板时的车速。在行车视线受限的地方、通过水密气密门、通过跳板时、在船舱斜坡道处上下时、遇到下雨和下雪造成的容易打滑的路面以及净高度较低的甲板时，车辆应低速缓行。行驶过程禁止乱按喇叭、禁止超车、禁止突然加速、禁止突然刹车、禁止突然打方向盘等突发动作。同一个坡道上只能允许一辆车通行，其他车辆应该在通道口等待信号通行。出现停车或堵车的时候，需保持 1.5 倍车身长度的安全距离，注意斜坡通道不能停车。行驶过程中一般不允许停车，如短驳司机因某些原因必须停车时，应打开双跳灯，驶离通行道路；如因缺油或故障不能继续行驶时，应打开双跳灯，指挥其他车辆绕行，在确保安全的情况下，通知作业队长或单船指导员采取应急措施。在船舱内行驶，车辆禁止从甲板上的绑扎带或者其他物体上驶过。图 7－6 为商品汽车短驳上跳板进船舱。

　　船舱内停车环节。短驳司机到达临时停放区域后（见图 7－7），按照定位司机的指示，按照规定顺序缓慢停车。下车时要注意打开车门避免与周围障碍物碰撞，注意脚部不要碰到车门内饰。离开车辆后，从安全路径返回到交通车内，或在舱边不影响定位作业的安全区域等候交通车。

图 7－6　商品汽车短驳上跳板进船舱

图 7－7　舱内临时停车区域停放的车辆

　　2）舱内临时停放区域到指定积载位置的定位环节

　　定位环节可以细分为定位司机舱内启动车环节、舱内定位环节、定位后停车环节等。

　　（1）舱内启动车环节。定位司机需事先确认目的港和积载位置，并确认车头和车轮的方向，打开车门上车，按规定顺序启动车辆，根据定位信号员指挥松手刹车，缓慢启动车辆，禁止突然加速及转向。

　　（2）舱内定位环节。需要指出的是，不同类型的车辆所需使用的定位方法也是不一样的，现主要介绍两种定位方法，一种是针对轿车、小型客车、皮卡等各种小型车辆的三步定位法；另一种是针对无助力转向的大客车、货车、特种机械等舱内无法调头的车辆的直接定位法。三步定位法要求定位信号员站在待定位车辆副驾驶室侧后/侧前方进行指挥，指示车辆后退/前进，车尾/车头到达定位位置后，应吹短哨示意停止，同时用闪光棒指示方向盘旋转方向；指示车辆后退/前进，待车身完全回正后，短哨示意停止，同时用闪光棒指示回直方向盘。定位信号员再站到车辆预定位位置驾驶室侧后方,指示车辆后退/前进,待车身完全到达定位位置后,长哨示意停车,完成定位操作。在三步定位法中需要特

图7-8　定位信号员在指挥车辆定位

别注意的是,车辆移动和方向盘转动操作不能同时进行。直接定位法则是定位司机在倒车定位过程中,按照定位信号员哨子的节奏及闪光棒方向,实现车辆的定位,车辆进入定位位置前,应处在定位位置正前方。后方视野较差处进行车辆定位时,应在车头增设定位信号员,协同车尾信号员进行指挥。无论何种定位方法,定位操作车辆速度一般要求不超过5 km/h。图7-8为定位信号员在指挥车辆定位。

(3) 定位后停车环节。定位司机须按规定操作顺序停车。定位司机下车时应防止脚部碰到车门内饰,离开驾驶舱后,将原来的保护用品(如车衣)复原。定位信号员确认车内钥匙及挡位摆放正确,刹车锁止后,关闭车门。关于定位停车需要注意的是:车辆定位停在坡道上时,应在车辆驻车制动后,在坡道低端的轮胎下放置三角形垫木;坡道尽量优先停放自动挡车辆。定位司机在船舱内定位停车时要确保车与车间的合理距离,如图7-9和图7-10所示。

图7-9　定位停车后的门间距要求

图7-10　定位停车后的保险杠间距要求

3) 定位停车后的车辆绑扎固定环节

滚装船舶因干舷较高,受风面大,在海上航行时易出现摇摆,为防止因船体摇摆造成积载在舱内的车辆出现移动,进而引起车辆相碰撞导致车损。因此,对装载的车辆进行有效的绑扎固定是滚装运输装船作业中不可或缺的环节。绑扎工在进行绑扎作业前应确认绑扎车辆用的地面搭钩,挑选使用满足绑扎载荷要求的绑扎材料,包括绑扎带、绑扎链条、绑扎环等。绑扎作业开始前绑扎工应按配载计划,将绑扎材料放在车位就近的安全位置,

如船舱内的立柱边、舱壁边等。对车辆进行绑扎要事先确定车辆已完全制动并已关闭发动机,在车辆间隔通道内收集或搬运绑扎材料时,必须低于车辆保险杠的高度,禁止在车辆中间扛着绑扎带走动。目测绑扎位置后开始进行绑扎,不能触摸、倚靠车辆,或把任何东西放在车辆上。绑扎要与装车同步进行,这样可以避免绑扎工人在积载较深位置走动时带来刮破车辆的风险,也应当边绑扎边检查,以避免检查积载在较深位置的车辆时,对车辆外观造成损坏。对已定位停放好的汽车进行绑扎作业时,要注意让绑扎带在水平和垂直的方向上保持 $30°\sim60°$ 的角度,以 $45°$ 为最佳(见图 7-11)。在无专用绑扎点的车辆上应当使用绑扎环(见图 7-12),以减少损坏保险杠的风险。

图 7-11　保险杠上的绑扎环

图 7-12　绑扎带的使用

3. 装船作业后

装船作业后的工作主要是作业现场的恢复清理和码头作业用品的收回入库,如车辆绑扎固定后通道上多余绑扎材料应该及时清理,并放置和固定在舱壁边或通道边等不影响车辆装卸的位置,电瓶、电瓶线、燃油、渡板、信号旗(灯)等作业用品需收回到码头仓库内。

(三)商品汽车滚装卸船作业工艺要求

商品汽车滚装卸船工艺要求与装船作业有很多相似的地方,可以参考装船工艺要求。本部分着重介绍卸船工艺中的拆除绑扎和移位两大作业环节。

1. 拆绑扎环节

绑扎工进行拆绑扎作业时,应按照车辆的排列顺序进行操作,注意防止碰伤。在正式进行拆绑扎作业前须确认车辆外观无损伤,如有损伤应及时报告作业组长,若无车损则根据目测绑扎位置后再开始进行拆绑扎,不能触摸、倚靠车辆,或把任何东西放在车辆上,如必须接触则必须向作业组长请示。对于拆除下来的绑扎材料一般应放在原地,根据车辆的移位进度收取绑扎材料,不在车辆移位前收取车辆之间的绑扎材料;若要在车辆通道内收集或搬运绑扎材料,则必须低于车辆保险杠的高度;禁止在车辆中间扛着绑扎材料走动,拆除下的绑扎材料应放置和固定在舱壁边或通道边等不影响车辆装卸的位置。

2. 移位环节

卸船车辆完成拆除绑扎作业后,定位司机便可以进行移位作业。定位司机应先确认好临时停放场所、车轮方向、绑扎带已被拆除干净以及车辆经检查无残损。定位司机打开车门上车,按规定顺序启动车辆,然后在信号员指挥下将车辆移位到舱内临时停放区域。移位作业时需要注意:移位操作车辆速度不超过 5 km/h,按照移位信号员指挥棒的方向打方向盘;当启动舱内斜坡上的车辆上坡时,应在坡道低端的轮胎下方放置三角形垫木,防止车辆溜坡;当启动车身较长的商品汽车及特种车辆时,要待车辆完全出位后再打方向盘,避免由于外轮差、内轮差导致碰撞。

二、工程机械的滚装装卸工艺

(一)工程机械装卸流程概述

有动力可行驶的工程机械的滚装船装卸工艺流程和商品汽车的滚装船装卸工艺流程类似。卸船作业在流程上仅是与装船作业的反向作业,两者相应的作业工艺要求都基本一致。

1. 船舶—码头前沿—堆场装卸船流程

对于有动力可行驶的工程机械,如果数量规模不大,通常采用如图 7 - 13 所示的装卸作业流程。以装船为例,即在船舶尚未抵港时,将待装船的工程机械事先驶至并停放在码头前沿。短驳司机完成工程机械从堆场到码头前沿、从码头前沿到船舱积载位置的短驳作业,定位司机完成在指定位置的定位操作。

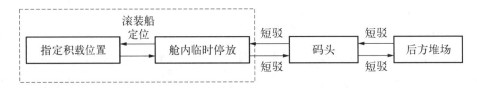

图 7 - 13　工程机械在滚装码头的基本装卸作业流程图

2. 船舶—仓库/堆场流程

对于有动力可行驶的工程机械,如果数量较多、码头前沿面积又有限,当待装卸的工程机械数量超过码头前沿容量时,宜采用图 7 - 14 所示的装卸作业流程。

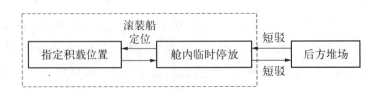

图 7 - 14　工程机械在滚装码头的基本装卸作业流程图

(二)工程机械滚装装卸作业工艺要求

有动力的工程机械滚装装船作业包括作业前准备、机械启动、短驳行驶、定位停放、绑扎固定。

1. 作业前的准备

单船指导员在作业前应确认三方面信息，即工程机械的车型，工程机械的质量、外形尺寸，船舱内的通行限值，以确保实现安全顺畅地装船。在召开工前会过程中，单船指导员除了正常布置作业要求外，应重点说明工程机械的操作注意事项。开好工前会后，如有履带式、滚筒式工程机械作业，单船指导员应安排作业人员在履带式、滚筒式工程机械的行驶路线上设置合适的衬垫物（见图 7-15），防止损坏行驶路面。在趸船坡道、船舶跳板和舱内坡道等行使线路上须铺设足够的防滑衬垫物（如缆绳），防止履带式、滚筒式机械的侧滑。

图 7-15　履带式工程机械行驶在铺置衬垫物的跳板上

2. 工程机械的启动

交通信号员指挥工程机械启动前，应确认该工程机械周围 3 m 内无其他人员，交通信号员自身应站在工程机械侧前或侧后方进行指挥，随同车辆的移动方向同时前进或后退，一般需保持安全距离。短驳司机启动工程机械后应检查仪表盘各个工作指数是否正常，将油门调小，降低转速；短驳司机应在信号员的指挥下调节挖掘臂、推斗等工作装置，防止与周围物体发生碰撞，且应将工程机械的工作装置调节到适当高度，保证工程机械的通过性并降低质心；工程机械从场地停放队列启动时，应在前进方向配置一名交通信号员，驾驶视线不良的工程机械应在前后各配置一名交通信号员，协助短驳司机进行操作。

3. 短驳行驶

短驳司机在操作工程机械行驶前，应将驾驶门关闭，打开车窗。在操作工程机械行驶时，应将两肘内收，防止误碰左右两边的操作杆。工程机械在码头内的行驶速度、船舱内的行驶速度应控制在安全速度以下，注意保持安全行驶间距。非轮胎式工程机械的行驶路线应按照事先布置好衬垫物的路线行驶，上下坡时应正对坡道行驶，禁止在坡道上大幅度调整行驶方向。进出跳板、坡道前，驾驶员要调整液压臂、升降底盘等工作装置，确认顶部的富余高度和底部的离地间隙，避免工程机械及其附件的顶部和底部发生触碰，保证工程机械安全通过（见图 7-16、图 7-17）。此外，对于需进行机械臂旋转作业的工程机械，旋转机械臂时应有信号员指挥，采用间歇式旋转操作方式，禁止在行进中旋转机械臂。工程机械在行驶过程中临时停放时，应将操作锁杆锁止开关，防止误操作。当船舶或坡道横向倾角大于 3° 时，应停止驶入船舱。

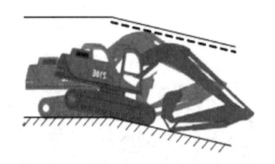
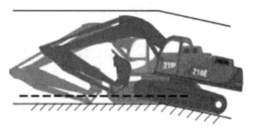

图 7 - 16　工程机械在下坡入口时注意
　　　　防止与顶部发生触碰

图 7 - 17　工程机械在上坡入口时注意
　　　　防止与底部发生触碰

4. 定位停放

短驳司机在信号员的指挥下进入停放区域后,应排队等候定位,同时将操作锁杆锁止开关或者启动制动开关,防止误操作。定位停放前,应通知周围人员离开定位区域,禁止除定位信号员外的其他人员进入定位区域,且应预先确定好定位停放的位置,舱内停放时应按船方要求预留出与周围货物的间隙和绑扎点。非轮胎式工程机械定位停放前,应预先在停放的位置上做好铺垫。工程机械的舱内定位方法主要采用直接定位法,在定位过程中,定位信号员应站在工程机械侧前或侧后方进行指挥,随同车辆的移动方向同时前进或后退,并保持一定的安全距离;当定位司机视线不良时应安排适当数量的定位信号员。挖掘机、推土机类工程机械定位完成后,应在挖掘臂、推斗等工作装置下放置木板或橡皮铺垫,防止与船甲板摩擦。

5. 绑扎固定

绑扎工应选择在工程机械上的专用绑扎点进行绑扎,绑扎应使用链条或专用的重载绑扎带,工程机械每一侧使用的绑扎链条、绑扎带的安全负荷都应大于工程机械的总重。如绑扎工索具必须接触工程机械车体,接触部位应用橡胶垫、碎布等进行铺垫保护,禁止绑扎工索具钩挂或接触工程机械的管线;对机械臂和挖斗等设施进行绑扎时,应该避免与液压、输油和电路等管线交叉。

三、件杂货的滚装装卸工艺

(一) 件杂货滚装装卸流程概述

滚装码头作业的货物除了商品汽车(整车)、有动力可行驶的工程机械外,其他货物则主要是件杂货,滚装码头的件杂货主要包括无动力不可行驶的工程机械、随车备件、普通机器设备等,其中部分属于重大件货物。

件杂货在滚装码头的装卸作业主要包括水平运输作业和吊装作业。滚装装卸作业流程如图 7 - 18 所示。滚装码头进行水平运输作业的设备是马菲头和马菲板,件杂货被装载于马菲板(见图 7 - 19)上,再由马菲头牵引拖运或顶推(见图 7 - 20)前行。马菲头驾驶员完成从堆场到船舱内指定积载位置的短驳和定位作业。进行吊装作业的设备主要有叉车、汽车吊和龙门吊,其中又以叉车为主,汽车吊和龙门吊为辅。

图7-18　件杂货在滚装码头的基本装卸作业流程(一)

图7-19　马菲板实物图

图7-20　马菲头拖运马菲板示意图

同商品汽车和有动力可行驶的工程机械一样,件杂货滚装装卸作业中也会利用码头前沿的空地作为装船前暂时存放地点,装卸作业流程如图7-21所示。马菲头驾驶员完成从堆场到船舱内指定积载位置的短驳和定位作业,滚装码头对马菲头驾驶员的技能素质要求也相对较高。

图7-21　件杂货在滚装码头的基本装卸作业流程(二)

(二)件杂货滚装装卸作业工艺要求

件杂货在滚装码头作业时,采用马菲车的作业内容包括件杂货积载到马菲板上、马菲板上货物绑扎固定、马菲头与马菲板连接、马菲车行驶、马菲板舱内积载定位、马菲板舱内绑扎固定6个环节。卸船作业在流程方向上与装船作业相反,相应的作业工艺要求基本一致。

1. 件杂货积载到马菲板上

载货前,马菲板应处于水平放置状态,应在马菲板上进行必要铺垫,防止由于货物与马菲板接触面间压强过大,对马菲板造成损伤。单个马菲板上装载多件货物时,宜从前向后,由轻到重地堆放货物,装载货物的总重应小于马菲平板的安全工作载荷,货物质心横向应保持在马菲平板的对称中心线上,纵向方面应尽量使得载货质心保持在马菲板的后轴之前。当装载超长货物时,货物前端不应超出马菲平板,后端超出马菲平板部分应不影响马菲平板的出入坡角(见图7-22)。装载空马菲平板时,应以马菲板的前端为基准叠放整齐,叠放层数最多为4层。

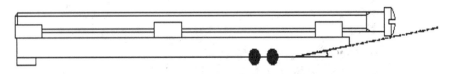

图7-22 超长货物在马菲板上的装载示意图

若从马菲板上卸货,马菲板也应处于水平放置状态,卸载货物前,应拆除并清理影响作业的衬垫、衬角等设施,应根据载货马菲板的稳性及其承载货物的质量正确确定货物的卸载顺序,避免出现翻倾等意外事故。

2. 马菲板上货物的绑扎固定

马菲板上的绑扎点应选在马菲板四周的绑扎卸扣或绑扎栏杆上,应对称分布绑扎点,确保货物在纵向与横向上绑扎牢固,受力均匀。绑扎索具与货物的接触部位应放置衬垫、包角,避免绑扎索具损伤货物。在绑扎马菲板上的车辆等轮式货物时,应在各轮胎下塞垫楔木(见图7-23)。绑扎多层叠放的空载马菲板时,应将各层前、中、后端进行垂向的串联绑扎,然后在前段和后段进行斜向的串联绑扎,绑扎索具应在水平方向上呈50°~75°的夹角(见图7-24)。

图7-23 货物在马菲板上的绑扎

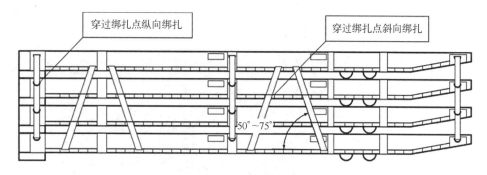

图 7-24　马菲板上多层马菲板叠放的绑扎

3. 马菲头与马菲板的连接

马菲车驾驶员在确认下列事项后，如马菲板及其承载货物与地面间的绑扎完全拆除，马菲板与承载货物间的绑扎牢固，马菲板上承载货物与地面间的垫木、马菲板下的千斤顶、楔木等影响牵引拖运/顶推作业的设施已被移除后，马菲车驾驶员才可操纵牵引鹅颈对准马菲板的牵引孔后缓速插入，并使牵引鹅颈两侧挡块与马菲板保险槽连接牢固，并将马菲头牵引鹅颈两侧的两根保险链条连接到马菲板上，以提升马菲头液压柱的高度，保证马菲板的安全离地间隙。图 7-25、图 7-26 为马菲牵引车与马菲板的连接照片。

图 7-25　马菲头与马菲板连接方式(一)　　　　图 7-26　马菲头与马菲板连接方式(二)

4. 马菲车的行驶

马菲车行驶中在视线受限的地方、进口通道的水密或气密门处、上下跳板时、因下雨或下雪等原因导致容易打滑的路面上行驶时必须低速(一般要求≤5 km/h)驾驶。马菲车行驶中禁止急速转向、禁止进行四轮驱动和两轮驱动的切换调整、禁止行驶时调整马菲平板高度、禁止从绑扎索具或楔木等杂物上行驶通过。马菲车在上下跳板/坡道前，应确认跳板/坡道的坡度小于马菲板出入坡角度；进入跳板/坡道时，马菲车的行驶方向应与跳板/坡道的方向保持一致。若马菲板上装载的货物结构超出马菲板、或影响马菲车司机视线、或质量大于 30 t 时，行驶过程中应安排一名以上的交通信号员进行协助指挥，引导司机操作马菲车。上坡时马菲头应在后方顶推马菲板行驶（见图7－27），下坡时马菲头应在前方牵引行驶，当作业条件限制，必须反向行驶时，应增加交通信号员协助指挥。

图7－27 马菲头上坡时顶推马菲板作业

5. 马菲板舱内积载定位

马菲板在舱内积载前须确定好马菲板的积载位置，留出绑扎点，马菲头应将马菲板牵引或顶推至指定积载位置，马菲板应平行于船舶艏艉线纵向积载，禁止在坡道上积载马菲平板。停放马菲板前，应在马菲板和马菲头鹅颈连接端下方铺置胶垫或垫木（见图7－28），当货物宽度超出马菲平板宽度时，应在货物的超宽部位与甲板间用垫木做垂向支撑（见图7－29）。对于承载重大件货物的马菲平板，应使用专用千斤顶在马菲板边框下进行支撑，并用楔木塞垫滚轮防止移动（见图7－30）。

图7－28 舱内积载时在马菲板前端铺置垫木

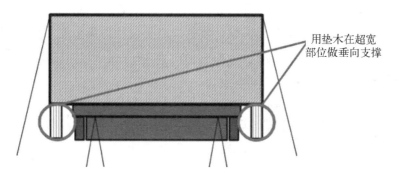

图 7‑29　对马菲板上超宽货物做垂向支撑

图 7‑30　使用专用千斤顶对承载重大件的马菲板进行支撑

6. 马菲板在舱内的绑扎

马菲板与甲板间绑扎,绑扎点应选用在马菲平板四周的绑扎卸扣或绑扎栏杆上,对积载完毕的马菲板,应对马菲板与甲板间、马菲板上货物与甲板间分别进行绑扎,绑扎链条在水平和垂直的方向上保持 30°～60°的绑扎角度,绑扎索具与货物的接触部位应放置衬垫、衬角,避免绑扎索具损伤货物。禁止拆除货物与马菲平板间的绑扎,绑扎后多余的绑扎材料应清理并集中放置到指定区域。

第三节　滚装码头的装卸工艺布置

一、滚装码头平面布置的一般规定

滚装码头的作业方式有别于其他货种的装卸码头的作业方式,直接影响着滚装码头的平面设计内容。目前,国内外不同区域滚装码头的作业方式的区别主要表现在所装卸滚装船舶的艉跳位置、干舷高度、对泊位的要求、码头尺度等方面。2008 年,交通运输部出台了 JTS 165—6—2008《滚装码头设计规范》,这是设计码头泊位、商品车堆场规模的指导标准。

（一）滚装码头平面布置的一般规定

滚装码头的平面布置方案需要全面考虑滚装码头建设的特殊性,既要满足本地区滚装码头生产的需要,还要考虑到滚装码头未来的发展需要。根据《滚装码头设计规范》要求,滚装码头平面布置需遵照以下一般规定:

（1）滚装码头港址宜选在陆域交通方便、易于集散的地点。

（2）滚装码头宜选在掩护条件较好、水流较缓的水域。

（3）滚装码头的布置应根据自然条件、船型设计尺度、工艺要求和接岸设施形式等因素综合分析确定,水域布置应便于船舶进出港和靠离泊作业。陆域布置应便于滚装车辆的集散和乘客上下船。

（4）设计船型的具体尺度可通过分析论证确定,也可参照《滚装船设计船型尺度》中相应吨级的设计船型尺度确定。

（5）布置滚装码头时,船舶纵轴线应与风、浪、流的主导方向基本一致,当无法同时满足时,应满足控制性影响因素的要求,必要时可通过模型试验研究确定。

（二）滚装码头平面布置原则

在平面布置中,应对滚装码头的需求与功能进行分析,并依据规划选址要素进行滚装码头的平面设计。在进行滚装码头的平面设计时,需遵循以下基本原则:

（1）码头前沿线布局应兼顾远期发展的要求。

（2）码头前沿线应布局在水深较好,等深线稳定的位置。

（3）码头前沿线走向尽量与涨落潮流一致,以利于船舶系泊,减弱水上建筑物对水流的影响,减小码头区落淤。

（4）码头前沿线走向尽量与邻近水工建筑物走向一致,以避免两者之间的相互影响。

（5）充分发挥陆域宽广优势,保证生产用地,与码头通过能力相协调,以最大限度发挥港区的通过能力。

（6）预留港口功能延伸区用地,引入新一代物流概念。

（7）总平面布局预留充足的市政接口和能力,并与城市规划相适应。

（8）在土地开发、单体建筑物建设、管网延伸等方面留有调整空间。

（9）充分考虑环保要求,重视环保设施和绿化布局,美化环境。

（10）水域和陆域布局及配套工程均应以最大可能配备并增加灵活性。

（11）港区布局应充分考虑分期实施的可能性。

（三）滚装码头平面布置的注意事项

1. 作业对象因素

滚装码头平面设计需要了解主要货种车辆平均尺度、超高超长超重滚装货规格、特种车辆种类等,预测进口及出口车辆数、内贸及外贸车辆比例、熟悉超高超长超重滚装货运量及作业特点,了解货物海运、内河驳运、铁路运输以及公路运输的集疏运比例、滚装货堆存周期、滚装船航线数及航班周期等。

2. 生产安全因素

在作业照明设备配置方面,滚装码头堆场对照明强度的要求不是很高,堆场上为保证行车的安全和顺畅,尽可能减少堆场的突起构件及附属设备,因此高杆灯的设置宜尽量少,通过提高灯头的功率来解决照明问题。在避雷设施配备方面,为保证人身及用电设备的安全,码头前沿、堆场、停车场均作重复接地;一般在高杆灯顶安装避雷针,杆自身作引下线,其基础钢筋作重复接地装置;汽车堆场按第二类防雷设防,在灯塔上安装避雷器,全覆盖防雷。

3. 预防质损措施

汽车是贵重货物,需要采取措施避免在码头及堆场上发生质损。留有足够宽度的主干道,设置清晰及合理放置的道路指示标识,完善十字路口通行系统,在停车区域周边留有1m的安全距离,设置较大的停车位,确保停车场地边缘无高大物件阻挡等。

二、滚装码头的岸线布置形式

(一) 滚装泊位的船岸通道连接方式

滚装码头泊位的船岸通道连接方式的多种形式:

(1)滚装船通过艉斜船跳板与侧向固定岸壁连接,适合潮差较小的港口或对潮位有控制作用的船闸港。

(2)滚装船通过艉直船跳板搭接在尾部固定平台上,以适合潮差较小的港口。

(3)滚装船通过艉直船跳板搭接在尾部活动平台上,以适合潮差大的港口。

(4)滚装船通过艉直船跳板搭接在尾部活动岸桥上,以适合潮差相对较大的港口。

亚洲地区以右艉跳滚装作业为主,欧洲地区以右艉跳和艉直跳滚装作业为主。欧洲多采用滚装船舶艉直跳作业方式,在码头前沿设置艉直跳作业平台,同时配以较高的艉直跳缆桩。

(二) 滚装码头岸线布置具体形式

滚装码头的岸线布置主要是根据不同的滚装船型的装卸需要进行布置。大型商品汽车滚装船一般设有自带可旋转45°的艉斜跳板,能适应艉直与艉右斜的装卸作业条件。一些中小型商品汽车滚装船往往只有艉直式跳板,应设置艉直跳板搭接设施。根据靠泊滚装船船型的跳板类型,滚装码头的岸线布置一般有以下四种形式。

1. 适用于直跳板滚装船的码头平面布置形式

带有直跳板的滚装船需在码头前沿增设接岸设施,一般有曲尺型和锯齿型布置。图7-31所示为主要布置在顺岸码头的端部或突堤码头的根部。图7-32与图7-31所示相类似,主要应用在顺岸码头连续布置的两个直通滚装泊位,接岸设施的宽度要满足两艘滚装

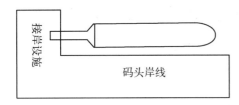

图 7-31 在顺岸码头端部或突堤码头根部的布置形式

船同时靠泊所需的坡道长度及转弯半径,岸线损失较多;图7-33所示为把接岸设施分开布置,使码头上的货流分开,但靠泊码头的船型有较大的限制;图7-34为典型的锯齿形布置,其特点是将同方位的两相邻泊位做成阶梯形岸线,提供直跳板所需要的台阶来进行搭放跳板,可适用于不同类型的滚装船,也能适应滚装船舶的发展,不损失码头岸线;图7-35的布置形式在车渡码头及火车轮渡中较为常见,但不能适用于兼顾吊装作业的滚装码头。

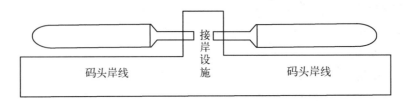

图 7-32 在顺岸码头上连续布置两个直通滚装泊位的布置形式

图 7-33 接岸设施分开的布置形式

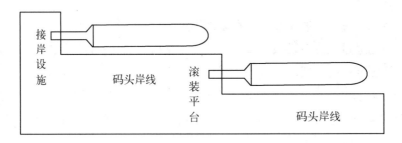

图 7-34 典型的锯齿形布置形式

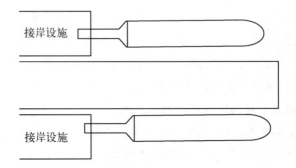

图 7-35 在车渡码头及火车轮渡中常见的布置形式

在我国川江及三峡库区、长江中下游、运河地区,琼州海峡的秀英港区、海安港区等地普遍存在一种船舶轴线垂直码头的靠泊方式(见图7-36),营运条件一般是港址掩护条件良好、风浪流较小,运营船舶小于3 000 总吨。

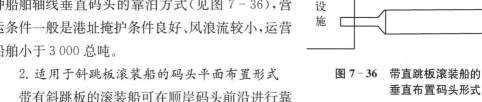

图7-36　带直跳板滚装船的垂直布置码头形式

2. 适用于斜跳板滚装船的码头平面布置形式

带有斜跳板的滚装船可在顺岸码头前沿进行靠泊并开展滚装作业,与常规码头岸线布置相似(见图7-37)。

3. 适用于舷跳板滚装船的码头平面布置形式

带有舷跳板的滚装船可在顺岸码头前沿进行靠泊并开展滚装作业,多适用于河港的浮式码头,如滚装船靠泊在干舷高度与靠泊船舶槛高相近的浮式趸船上,通过趸船上及码头上提供的接岸设施进行滚装作业(见图7-38)。

图7-37　适用于带斜跳板的滚装船的顺岸布置码头形式

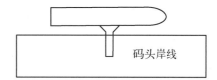

图7-38　适用于带有舷侧跳板的滚装船的顺岸布置码头形式

4. 滚装码头采用墩式布置

当滚装码头采用墩式布置(见图7-39)时,码头宜设置两个主靠船墩,必要时可增设一个辅助靠墩,两主靠船墩中心间距可取设计船长的30%～45%,辅助靠船墩靠接岸设施一侧的端线宜与设计代表船型艉部或艏部持平。

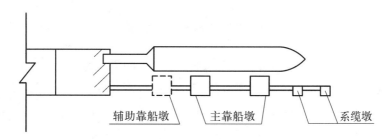

图7-39　靠船墩的布置

(三)滚装码头接岸设施

滚装码头接岸设施是指码头与船舶连接,用于滚装作业的码头设施。在客货滚装船码头进行装卸作业时,由滚装船自带的跳板搭接于码头面上,实现车辆滚上或滚下作业。滚装船码头的接岸设施有固定岸坡道(见图7-40)和可调岸坡道(见图7-41)两种形式。接岸设施的形式应根据滚装码头的水位变化情况合理选择,当设计高水位和设计低水位相差较小时,可采用固定岸坡道;当设计高水位和设计低水位相差较大时,可采用可调岸坡道。

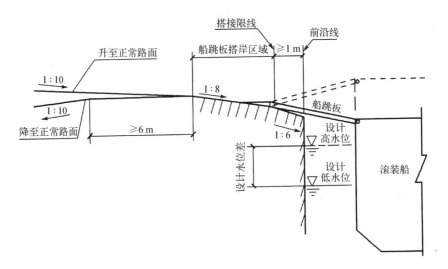

图 7-40 固定岸坡道示意图

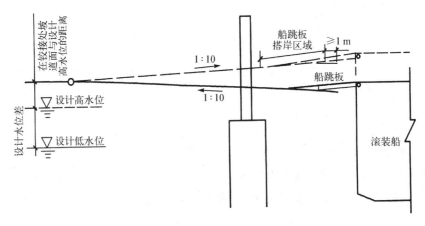

图 7-41 可调岸坡道示意图

船跳板与接岸设施的搭接长度或接岸设施与船甲板的搭接长度不应小1 m。车辆接岸设施的通道宽度应根据车型、流量、工艺布置和船跳板布置等因素确定:普通客货车辆双车道作业时净宽不应小于7 m,单车道作业时净宽不应小于4.5 m;小汽车双车道作业时净宽不应小于6.5 m,单车道作业时净宽不应小于4 m。车辆接岸设施的纵向坡度应根据车辆的通过性能指标和场地条件等因素综合确定,工作状态的纵向坡度不宜大于1∶10。普通客货车辆接岸设施的通道净空高度不宜小于5.5 m,小汽车接岸设施的通道净空高度不宜小于3 m。

三、滚装码头的陆域布置

(一)滚装码头陆域的主要功能

汽车滚装码头的功能分区需相对独立,同时管理上又要求整体协同。服务功能可分为码头基础服务、汽车物流增值服务和汽车物流服务三类。

（1）码头基础服务。其主要包括船舶靠泊作业、车辆进出堆场作业和堆存管理。

（2）汽车物流增值服务。它主要包括整车售前检验检测（PDI）、汽车商检、汽车加装及改装（VPC）、汽车整车库堆存管理服务等。

（3）汽车物流服务。它包括商品车门到门服务、汽车分拨中心管理、汽车物流信息服务等。

对于从事内外贸汽车进出口的专业滚装码头，功能分区一般有以下部分：船舶作业区、商品车堆存区、物流服务管理区、办公管理区、生产辅助作业区和绿化及发展预留区等，总体布局可按图 7-42 所示进行。

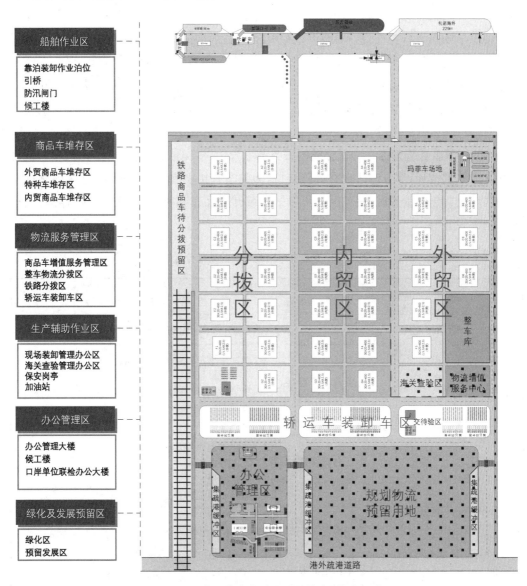

图 7-42　专业汽车物流码头总体布局规划示例

（二）滚装码头陆域的功能区设置

专业汽车滚装码头的功能区域的主要内容和细分区域如表7-1所示。其中,船舶作业区、商品车堆存区、物流服务区一般是专业汽车滚装码头的核心功能模块,在总平面规划布局时,需要重点关注以下内容:

(1) 引桥的设置一般与建港地点的水陆区域的环境条件有关。通常顺岸式码头、突堤式码头和挖入式码头不需设置引桥,只有开敞式码头,为了达到足够的水深条件,将泊位布置在离岸较远的深水区,才需要通过引桥连接陆域。

(2) 商品车堆存区。区别于其他货种码头堆场,汽车滚装码头堆场上一般不需要大型装卸设备。外贸车辆和内贸车辆分区停放,相应设置专用的、封闭的大面积停车场。设置外贸进口区域需要码头取得外贸口岸开放资格、国家商品车进口开放资格许可等,在外贸专用停车场内为海关查验等功能设置专用区。大面积停车场内的小区域分区则相对较灵活,并可以根据生产需要随时改变区块和路网划分,进行灵活调整。

(3) 商品车增值服务区域。设置时需要取得相关资格许可,如VPC功能区域的设置,必须与汽车厂商授权和政府行政经营许可结合考虑;商检功能区域的设置,要获得口岸监管部门的经营许可等。

(4) 物流服务管理区。为保证港区服务的综合性、多样性、高效性,并为与公路、铁路等的交叉提供便利,部分港区设有铁路接口,为整车直接上火车提供服务;港区内靠近公路的区域设置延伸服务区,服务区内可以开展装卸商品车临时堆放、汽车配件存储、汽车展示销售服务等。

表7-1 专业汽车滚装码头的功能分区表

序号	功能区域		主 要 内 容
1	船舶作业区		泊位、引桥、防汛闸门、候工楼
2	商品车堆存区	外贸商品车堆存区域（海关监管）	(1) 特种车场地(包括马菲平板停放场地) (2) 外贸进口停车区 (3) 外贸出口停车区 (4) 海关查验区域 (5) PDI功能区域
		内贸商品车堆存区域	(1) 内贸进出口停车区 (2) PDI功能区域 (3) 交验场地 (4) 质损车辆临时停放场地
3	物流服务管理区	商品车增值服务管理区域	VPC、汽车商检线、整车库
		整车物流分拨服务区域	各大主机厂(或物流代理商)驻码头分拨基地

序号	功能区域	主　要　内　容	
3	物流服务管理区	临时周转区域	装卸商品车临时堆放场地
		汽车零部件物流仓储区域	零部件仓库
		铁路分拨区	可视情况预留
		汽车展示厅	可视情况预留
4	办公管理区域	(1) 办公管理大楼 (2) 候工楼 (3) 口岸单位联检办公大楼	
5	生产辅助作业区	(1) 装卸管理办公区(装卸场地) (2) 海关查验管理办公区(海关查验场地) (3) 机修车间(内贸 PDI 区域) (4) 船舶靠泊作业现场管理办公区 (5) 保安岗亭(道口、码头、堆场) (6) 加油站(汽油＋柴油) (7) 变电站 (8) 污水处理站 (9) 进港道路待泊区 (10) 港区内专用人行道	
6	绿化及发展预留区域	(1) 绿化区 (2) 物流发展预留区	
7	其他	围墙、道路、照明、防雷、监控、排水、IT、通信、进出港道口	

（三）滚装码头停放场地的布置

为了便于进出港汽车的管理,提高装卸效率,汽车停放场地一般考虑进出口车辆分开布置的方式,出口车区靠近码头侧布置,进口车区靠近港区大门侧布置。停车场位置和车头朝向可根据码头布置和陆域情况确定,对于连片式码头,出口车区车头朝向码头,进口车区车头朝向港区大门方向;对于栈桥式码头,车头朝向与栈桥走向垂直。汽车滚装码头常规停车场布置如图 7-43 所示。对于有外贸车辆的码头,需要设置外贸停车场,并尽可能封闭管理,以便于海关的监管。

为便于汽车出入、停放和调度,汽车堆场停放划块常见以下两种形式:

(1) 堆场车辆停放以斜放为主,辅以少量直放。斜放角度与道路约成 45°夹角。此种汽车停放形式方便汽车出入,但区块边角容易造成少量浪费。

(2) 堆场车辆停放以直放为主,辅以少量斜放。场地每车位按(5.5～5.8)×(2.5～2.6)m 划线,一般采用 4 排一列停放方式,并可视实际情况进行调整,空出车位可作为道路通行；对需要进行 PDI 检测或改装的预堆存车辆采用 2 排一列的斜式停放方式，便于及时开进开出。

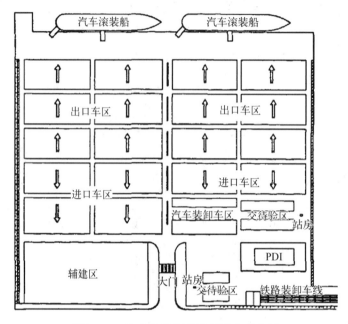

图 7-43　汽车滚装码头常规停车场布置

（四）滚装码头大门及装卸车区的布置

进口汽车一般由水运转陆运，出口汽车一般由陆运转水运。大门车道的数量和布置方式与集装箱码头基本相似，一般布置成"一岛一道"形式，车道净宽一般为 3～4 m，净空为 5～6 m。

装卸车区可分为汽车装卸车区和火车装卸车区。汽车装卸车区包括汽车运输车车位、轿车车位、交待验区和站房，具体布置如图 7-44 所示。

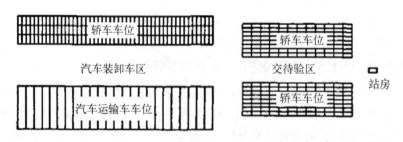

图 7-44　汽车装卸车区布置形式

四、滚装码头的水域布置

滚装港口水域是指港界线以内的水域，包括船舶进出港航道、制动水域、回旋水域、港池、码头前沿水域以及过驳转水作业和停泊的锚地水域。

(一) 滚装码头前沿水深

滚装码头前沿水深,即泊位水深,通常是指在设计低水位以下的深度,由停靠本泊位的设计船型满载吃水和必要的富余水深构成。码头前沿设计水深应从设计低水位起算,其水深可按下式计算:

$$D = T + Z_1 + Z_2 + Z_3 + Z_4 \qquad (7-1)$$

式中,D 为码头前沿设计水深(m);T 为设计代表船型满载吃水(m);Z_1 为龙骨下最小富余深度(m),采用表 7-2 中的数值;Z_2 为波浪富余深度(m),有掩护时,$Z_2 = KH_{4\%} - Z_1$,当计算结果为负值时,取 $Z_2 = 0$;K 为系数,顺浪取 0.3,横浪取 0.5;$H_{4\%}$ 为码头前沿允许停泊的波高(m),波高累计频率为 4% 的波高,根据当地波浪和港口条件决定;Z_3 为船舶因配载不均匀而增加的尾吃水(m),采用表 7-3 中的数值;Z_4 为备淤深度(m),根据回淤强度、维护挖泥间隔周期及挖泥设备的性能决定,不宜小于 0.4 m。

表 7-2 龙骨下最小富余深度 Z_1

海 底 底 质	Z_1/m
淤泥土	0.20
含淤泥的砂、含黏土的砂和松砂土	0.30
含砂或黏土的块状土	0.40
岩石土	0.60

注:对重力式码头,Z_1 按岩土考虑。

表 7-3 配载不均而增加的船尾吃水值 Z_3

船 舶 吨 级		Z_3/m
DWT/t	GRT	
≤1 000	≤3 000	0.30
>1 000	>3 000	0.20

注:划分船舶吨级时,货物滚装船采用 DWT,汽车滚装船和客货滚装船采用 GRT。

(二) 滚装码头前沿停泊水域宽度

滚装码头前沿停泊水域宽度应根据滚装作业要求确定。当水域布置采用斜跳板滚装码头单个泊位布置、艉斜跳板滚装码头多个泊位连续布置、直跳板滚装码头单个泊位布置、舷跳板滚装码头单个泊位布置、舷跳板内河滚装码头单个泊位布置、舷跳板内河滚装码头多个泊位布置时,滚装码头前沿停泊水域宽度可取设计船型宽度的 2 倍,有特殊作业要求时,可适当加宽;当水域布置采用直跳板滚装码头丁靠单个泊位布置和直跳板滚装码头丁靠多个泊位布置时,其宽度可按下式计算:

$$B_t = L + L_t + B \qquad\qquad (7-2)$$

式中,B_t 为滚装码头前沿停泊水域宽度(m);L 为滚装船总长(m);L_t 为艉或艏外端至码头接岸设施外端的长度(m);B 为滚装船型宽(m)。

(三)滚装码头回旋水域

滚装码头的回旋水域是指滚装船舶调头或回旋转向所需的水域,船舶回旋水域一般设置在方便船舶靠离码头或进出港的地点。滚装船舶的回旋水域尺度应根据滚装船舶的设计船型、操纵性能和靠离泊作业方式等因素确定,具体如表 7-4 所示。

表 7-4　滚装船舶回旋水域尺度

适 用 范 围	回 旋 圆 直 径
有掩护的水域,港作拖船条件较好	2.0L
有掩护的水域,船舶操纵性能较好	2.0L
无港作拖船的港口	2.5L
受水流影响较大的港口: 回旋椭圆水域宽度(垂直水流方向) 回旋椭圆水域宽度(沿水流方向)	 (1.5~2.0)L (2.5~3.0)L

注:L 为滚装船总长(m)。

 案例

滚装码头的整车增值物流服务作业

商品汽车进出口作业除了传统的装卸和堆存外,增值物流服务是滚装码头重要的作业内容,包括机动车安全技术性能检验、汽车加装改装增值服务作业、整车交车前检验等。

一、进出口机动车安全技术性能检验

进出口机动车安全技术性能检验,是根据《中华人民共和国道路交通安全法》及其实施条例规定,按照机动车国家安全技术标准等要求,对进出口机动车进行安全技术性能检验检测的活动。滚装码头检测站开展此项业务需获得相应的资质和许可证书。机动车性能检测内容包括外观检查、动态检查、汽车底盘、喇叭声级、车速表、排放、制动系、转向系、前照灯等。图 7-45 为汽车在接收喇叭声级检测,图 7-46 为检测完毕的汽车。

图 7 - 45　汽车在接收喇叭声级检测　　　　图 7 - 46　检测完毕的汽车

二、汽车增值服务作业

汽车增值服务中心（vehicle process center，VPC）的作业包括对汽车在进出口中出现的问题进行修复和维护，从而提高汽车的物流服务质量；同时还可以针对客户的个性化要求对汽车进行一系列的加装改装增值服务。

滚装码头的 VPC 设零部件料架仓库、行车吊、大型油漆间等，厂商将零部件集中至码头。VPC 开展对内外贸的车辆进行临时仓储；提供洗车、去膜、充气、充电、加油等相关的服务；开展倒车雷达安装、导航安装、导航信息导入、脱蜡、去膜/贴膜、整车喷漆、车体整修包括面板修理，冷压和机修、更换玻璃、特殊装配如贴标牌、更换座椅、加装音响设备到车辆加装尾翼、换保险杠、换轮胎、车辆颜色的改变、车载信息系统的加载更新等，如图 7 - 47 所示。

图 7 - 47　VPC 的增值服务

三、售前检查

整车售前检验（pre-delivery inspection，PDI）是指售前检测，包含整车由主机厂出厂后，进入仓库之前的检测，仓库移入另一个仓库前的检测以及整车进入消费者手中之前进行的检测。图7-48为码头工作人员在开展车辆检查。汽车进出口的常规PDI的服务包括：

(1) 车辆检查。它包括汽车表面和底部的检查、内部检查、附件检查和其他功效处置、洗车等。

(2) 技术检验。它包括轮胎压力、电池电量等检查。

(3) 其他作业。进口其他作业包括标示引擎、登记、把驾驶手册或有关资料放到汽车里、选择性地开蜡、除膜、贴膜等。出口其他作业包括开展符合出口目的地需要的附件装配或其他为目的地市场提供的增值服务。

图7-48　车辆检查

思考题：

(1) 进出口机动车安全技术性能检验具体包括哪些内容？

(2) 汽车增值服务中心的业务包括哪些内容？

(3) 整车售前检验具体包括哪些作业内容？

本 章 小 结

本章首先介绍了滚装的概念，滚装货的特点及分类，接着对滚装码头装卸工艺的流程进行了介绍，主要包括商品汽车滚装装卸工艺、工程机械滚装装卸工艺以及件杂货滚装装卸工艺，然后对滚装码头的规划与布置进行了介绍，主要包括滚装码头平面设计的一般规定、滚装码头岸线布置形式、滚装码头陆域布置以及滚装码头水域布置等内容，最后通过案例的形式介绍了滚装码头增值物流服务的相关业务。

本 章 关 键 词

滚装作业——货物经跳板在码头与船舶之间通过其自身的车轮或其他滚动行驶系统

进行装卸的作业方式。

滚装船——具有允许货物单元以滚装方式进行装卸的通道开口的船舶。

滚装码头——满足滚装船进行滚装装卸作业的码头,包括货物滚装、客货滚装和汽车滚装码头。

船跳板——安装在滚装船上能调整坡度、连接船岸的通道设施。

定位——在船舱内将车辆从临时停放位置行驶到规定积载位置的操作过程。

移位——在船舱内将车辆从积载位置行驶到临时停放位置的操作过程。

短驳——将车辆行驶上船至临时停放场所或将临时停放场所内的车辆行驶下船的操作过程。

轿运车——又称汽车运输船、大板车、拖板等,是专门用于商品汽车公路运输的大型货车。

本 章 习 题

(1) 滚装船运输的优越性有哪些?

(2) 滚装船运输发展形势对码头提出什么样的要求?

(3) 滚装船专用码头应具备的条件是什么?

(4) 商品汽车的滚装装卸工艺流程及特点是什么?

(5) 工程机械滚装装卸工艺的特点、工艺及适用场合有哪些?

(6) 件杂货在采用滚装装卸工艺时的特点和工艺有哪些?

第八章
重大件货装卸工艺与组织

 教学目标

知识目标

(1) 能够掌握重大件货的种类及特点。

(2) 能够了解重大件货的运输、装卸的要求。

(3) 能够掌握重大件码头的装卸机械。

(4) 能够掌握重大件货的主要装卸工艺及特点。

(5) 能够了解重大件货的水平运输工艺、舱内作业工艺及装卸(火)车工艺。

能力目标

(1) 能够根据重大件货的特点和码头条件确定重大件货的装卸工艺流程。

(2) 能够根据重大件货装卸工艺的要求合理配置机械。

(3) 能够根据重大件货的特点确定重大件货装卸的难点和注意事项。

素质目标

(1) 理解重大件货码头作业流程,注重培养敢担当、有作为的专业能力。

(2) 理解重大件码头在国家战略部署中的重要作用,培养团队合作意识和奉献精神。

导入案例

宁波象山码头 2 300 t 常压塔顺利装船出运

2019 年 7 月 29 日,随着一声汽笛长鸣,筒体直径 12 m、长 112.56 m、单重 2 300 t 的 "巨无霸"常压塔从宁波象山码头起运至"一带一路"沿线国家尼日利亚。据悉,该特种设备刷新国内出口常压塔直径最大、长度最长、单台设备质量最大三项纪录,此常压塔的体积约相当于 1 000 辆汽车的体积,历时逾一年,近百名工人参与制造。经过港口及物流专业技术团队的攻坚克难,圆满完成 2 300 t 常压塔的装船任务。因为需要长距离海洋运输,为应对海洋高湿度、高盐度等腐蚀难题,工作人员还对常压塔外部实施密封,针对塔内

残留空气可能带来的影响，采用惰性气体氮气置换，在内部打造无氧空间。

图 8-1　重约 2 300 t 的世界最大常压塔在码头装卸

通过海上丝绸之路，常压塔从太平洋西岸直达大西洋东岸，运抵非洲西部尼日利亚的拉各斯州，用于正在建设的尼日利亚丹格特炼油厂项目。

思考题：

（1）上述案例中的常压塔有什么特点？

（2）普通的门座起重机能够起吊该常压塔吗，你觉得码头可能采用哪种装卸工艺将常压塔装船呢？

（3）你认为我国重大件码头在以国内大循环为主体、国内国际双循环相互促进的新发展格局中会发挥怎样的作用？

引　言

随着我国现代化建设进程的不断加快，能源、水电、化工、机械等行业新建及扩建工程的设备日趋大型化，我国海上重大件货物运输需求快速增长，进口需求不断扩大；另一方面，由于"一带一路"倡议的实施，作为制造业大国，我国装备制造业出口迎来了重要的战略机遇期，我国大件货物出口优势不断提升、规模日趋扩大。

重大件货运输问题特别是重大件货的港口装卸工艺也越来越受到关注。由于重大件货物的超大、超重、形状不规则等特点，同时也由于港口吊装设备等条件的限制，传统的吊装吊卸变得困难，因此衍生了具有针对性的装卸机械和配套的工艺流程。

第一节　概　　述

一、重大件货的概念

单件货物质量过大,以致不能使用一般的设备进行装卸,或单件货物尺度过长、过高或过宽,以致在装载时受到一定限制,这样的货物称为重大件货物,如钢轨、机车、高压容器等。

在不同的运输方式中,各运输经营人所制定的超尺度标准并不一致,各国港站枢纽和运输公司所指定的重大件货物标准有所不同。根据交通运输部制定的《大件货物运输管理规定》中规定,重大件货物是指符合下列条件之一的货物:

(1) 货物外形尺寸:长度在 14 m 以上或宽度在 3.5 m 以上或高度在 3 m 以上的货物。

(2) 质量在 20 t 以上的单体货物或不可解体的成组(捆)货物。

国际航运中凡单件质量超过 5 t 或者单件长度超过 9 m 的货物,沿海运输中凡单件质量超过 3 t 或者单件长度超过 12 m 的货物,均属于大件货物。按国际标准规定,凡单件质量超过 40 t 为超重件,单件长度超过 12 m 为超长件货,单件高度或宽度超过 3 m 为超高或超宽件货物。在国际贸易运输中,有时也可将船舶码头的起吊能力作为划分大件货物的标准。

不同时期对海上大件货物的界定也不同。在 20 世纪 60 年代初,人们习惯定义的大件通常指的是大约 40~60 t 重的设备,主要有发电机定子、转子、主轴、锅炉汽包、导水机构、变压器等;而到了 21 世纪初,大件货物已经是指超过 150 t 的设备和结构件;目前,海上大件货物主要是指常见的大型及超大型钢结构,质量从上百吨到上千吨不等,体积庞大且无规则,大件货物质量和体积大型化的趋势越来越明显。

综上所述,一般在确定是否属于重大件货物时,至少应考虑以下几方面要素:

(1) 货物自身方面。长度、宽度、高度、体积、质量、自身的装载和积载困难程度,给装卸、运输和管理带来额外负担,应给予特别关注的货物应作为重大件货物对待。

(2) 船舶尺度方面。大船的可载货件较大,应作为大件对待的货件较大;小船可载货件较小,应作为大件对待的货件较小。

(3) 航线和港口设施方面。风、流、浪等自然条件,装卸机械等港口设施,对大件货物尺度的大小具有影响,恶劣天气状况下,应作为大件的货物尺度较小;若在某港口,装卸机械装卸某货物存在困难,则该货件在该港口应视为大件货物。

二、重大件货的种类

(一) 按运输途中有无包装分类

1. 包装重大件货物

包装重大件货物指有包装、外形整齐的重大件货物,如机床和大多数机械设备等。包装重大件多采用木板围框型包装,这种包装底部有厚实的粗方木以保证有足够强度,在货物装卸搬运作业中,应确保使这些部位着力,否则会造成包装破损、货件摔落等事故。

2. 裸装重大件货物

裸装重大件货物指不加包装、形状不规则的重大件货物,如机车、舟艇、重型机械、重炮、坦克、工厂装备组合构件等。由于外形不规则,装运时常需拆除部分外部构件,以避免这些构件受损和提高装载舱容或空间的利用程度。这些拆卸的构件应另加包装,妥善保管。

(二) 按货物本身的实际特点分类

1. 以塔、器为代表的大件设备

这类货物直径大、高度高、自重大,吊装时既要求有足够的作业空间,又要求起重设备有足够的起重能力,吊装难度大,例如减压塔、反应器、再生器和丙烯精馏塔等。

2. 以大型火炬、排气筒等为代表的高柔结构大件设备

这类设备长细比大,刚度小,结构稳定性差,吊装时要求有垂直作业空间,因为设备在吊装过程中易产生变形和失稳。

3. 以核电站用穹顶、化工用压力容器及储存油罐为代表的薄壳结构大件设备

这类设备直径大、壁薄,吊装时要求有水平作业空间和具有相当起重能力的吊装设备,因为这些货物在吊装过程中容易变形失稳。

4. 以海洋平台、大型桥梁为代表的钢制及混凝土结构大件设备

这类设备结构尺寸、质量都很大,可以说完全取决于起重设备的起重能力。比如,有的海上平台质量达到上万吨。

(三) 几种常见的重大件货物

1. 超大型海洋工程设备

超大型海洋工程设备,主要包括海上钻井平台、钻井平台上部模块、海上石油生产设备、浮式生产储存卸货装置和海上风电设备等,体积庞大且不规则,质量一般在千吨以上,甚至上万吨,一般采用滚装上船和漂浮上船的方式。近年来随着全球性能源紧张,石油天然气勘探开发行业发展迅速,体积庞大和沉重的勘探开发成套重大件运输量也随之激增。

2. 船只

这种货物主要包括大型船壳、船体分段、船体上层建筑以及驳船、高速快艇、渔船等,其特点是质量大(从几百吨至几千吨不等),体积庞大,外形不规则,对承载船上的配载和绑扎系固的要求非常高,通常使用大型甲板驳或自航的重吊船运载。

3. 工程成套设备和构件

工程成套设备和构件主要包括化工和炼油设备、热交换器、核反应堆、大型容器等能源设备,以及大型工程机械设备和工程车辆等。化工容器一般在厂商生产好后经过公路运输至码头,再经过滚装或吊装的方式装载上船,多采用大型甲板驳运船。

4. 港口和海洋设施

上述设施主要包括港口生产需要的岸桥、龙门吊、门机等港口生产机械和海上用于指

示或引导的浮标等。目前,国内有振华重工等少数企业拥有整机的远距离跨海运输能力和资质,图 8-2 是由其运输的三台集装箱桥吊。

图 8-2 集装箱桥吊整机运输

5. 公路车辆和铁路车辆

这些车辆主要包括火车头、货车、车厢等铁路车辆和大型平板车、土建工程车等公路车辆。其特点是单件质量大、体积大,长度一般在 20 m 左右,一般可在舱内装载。

6. 集装箱

对于装载部分集装箱的小型杂货船,集装箱也属于大件货物。

7. 军事设备

这里所指的设备主要包括新建造的军事装备和在海上发生故障需要修理或拖航运输的军事设备,例如小型军用船舰等。

三、重大件货物的特点

(一)重大件货物的特点

1. 长而大、笨重

重大件货物质量大,体积庞大,运输装卸困难,稍有不慎,就会危及船、货,甚至人身的安全。作业操作费时费力,必须使用一些大型的机械、专用的吊索具和采取特殊的方法才能进行装卸作业。在安排重大件货物装卸作业时,宜采取直取作业方法,如条件不允许,也要设法尽量减少作业次数。重大件货物还具有惯性大的特点,操作时要特别注意在起吊、加速和使用刹车过程中货物所产生的动负荷,以及装卸过程中货物的颤抖、摆动所起的巨大冲击负荷。

2. 不规则性

重大件货物的中心位置往往都不在体积中心位置,起吊作业前,必须查明货件中心位置(按规定,货件上应有关于中心位置的指示标志),切忌盲目操作。

3. 局部的脆弱性

绝大多数重大件货物由金属构成,机件根据使用要求都有不同的强度和精度,运输时,要特别严防机件遭受各种可能的腐蚀和撞击损伤,如重型汽车的车灯、驾驶室、设备中的电脑部件、仪表等部位或附件较为脆弱,极容易因装卸、积载不慎而造成破碎损坏事故。在重大件货物装卸作业前,必须认真查看"重大件货物清单",弄清实际货件的质量、尺寸和特性,以便做好充分的准备工作。

4. 完整的成套性

相当多的大件货物属于成套设备的一部分,一般有主构件和装配件之分,这些货件(包括裸装时拆下另加包装的部分与裸装主体)都具有成套性,在运输过程中要防止因某个部件短少或损坏而影响整套设备的安装和施工。成套设备一般必须采取抄号交接,防止混入其他件杂货中。在舱内分票验残时,发现原残严重,操作有可能扩大残损时,应立即通知船方到现场验残,必要时应取得有效的签证和落实措施后再起卸货物,并可拍照备查,以便分清港航双方责任界限。

(二) 对重大件货物运输、装卸的要求

1. 灵活性要求

运输、装卸大件货物的最大特点是没有常规或标准做法,必须针对对象的特性和货主的要求设计专门的运输、装卸方案。装卸工艺不仅要满足重件的顺利装卸,还要保证重件的流畅疏港及船舶的作业安全。

2. 可靠性要求

工程设备等海上大件货物作为工程项目的重要部分,其运输需求具有很强的时间性,必须保证在规定的时间内运抵目的地,否则会对工程造成严重影响。

3. 安全性要求

海上大件货物一般是工业产成品和生产设备等重要物资,货物价值和技术含量都很高,体积和质量较大,形状一般不规则,如海上钻井平台体积庞大、质量千吨以上甚至达万吨,价值上亿美元,因此要求运输、装卸过程必须安全可靠。

4. 技术性要求

重大货物在性质、大小、质量等方面不同,采用的运输,装卸设备也不同。另外,海上大件货物体积庞大,配积载、衬垫和绑扎系固等工作复杂烦琐,加之大件货物质心高,易对船舶的稳性和强度等造成影响,因此对货运技术要求很高,须事先制定方案,同时也要借助先进的动态定位系统等技术保证运输过程的安全。

5. 设施要求

装卸、运输大件货物的港口须满足一定条件。对于重吊船运输来说,装卸港通常配有重型门机或重型浮吊,保证大件货物的正常装卸。对于半潜船运输来说,对港口水深、港口天气条件等有一定的要求。总体来说,装卸港应满足码头作业区的载荷强度和航道水深条件。

四、重大件货的运输方式

大件货物的远距离运输通常采用铁路、公路、水运等三种运输方式。铁路运输规定极限高度为 5 150 mm，宽度为 4 200 mm，而且受铁路桥梁负荷、隧道尺寸和净空限界等限制，因此，大件货物运输通常不宜采用铁路运输。另外，由于大件货物的重量大大超过一般公路桥梁的设计承载力，尺寸还受到途中收费站、隧洞、桥梁等诸多因素限制。同时，大型平板车运行速度较慢，因此，通常只有大件货物的短途运输才考虑采用公路运输。

重大件的水路运输与陆上运输相比，不仅对大件货物的质量、尺寸限制较少，也更为安全经济。航道尺寸一般不需要因承运重大件而进行拓宽加深，水上运输秩序不受影响。目前，国际上大件货物的运输基本上采用水路运输。船舶自身的属性也决定了其适合于大范围货物的运输，从散货到大件，甚至特大件。即使在五种现代交通运输方式并存的条件下，相互比较而言，水运也是其中最适合于运输大件和特大件的运输方式。

（一）大件运输船舶

越来越多的国际贸易促进了大件物流海运业务的增长，因此，对于海洋大件物流运输设备的技术要求也越来越高。海上大件物流的承载者是重大件运输船舶（heavy-lift ship），又称重载船。这种船是指专门设计建造用于运输不可分解的、常规船舶不能运输的重件或大件货物，主要包括：甲板驳船、拖轮、装备运输船、半潜船（semi-submersible ship）。装备运输船也常被称为重货船（heavy cargo vessel）和重吊船（heavy lift vessel）。

1. 甲板驳船

甲板驳船（deck barge）是专门承载大件设备的运输船舶，载重吨从几百吨到上千吨不等，有些有自航能力，有些无自航能力，但一般具有调载能力，有的还具有半潜功能。该类型船舶方形系数很大。甲板驳船船体没有船舱，货物露天摆放在船舶的甲板上，由于船舶规格大、没有船舱限制，适合大件物流运输，但是同时也由于没有船舱，对防水要求高的大件货物不适合甲板驳船运输。甲板驳船的船型如图 8 - 3 所示。

| (a) 无动力甲板驳 | (b) 自航甲板驳 |

图 8 - 3　甲板驳船

2. 重吊船

重吊船也常被称为重载船、重货船或装备运输船,是专门设计和建造的用于运输常规船舶无法运输的或不可拆解的大件货物的船舶,对于不可分解的大件货物,船舶也可能用于运输之后的安装作业。重吊船是海上具有自给航行动力并带有装卸设备的大型货物运输船舶的典型代表。重吊船船体较大、宽度较宽,船上一般设置有一个船舱,船舱大且舱门宽敞,便于大件货物装卸,能够安排不规则货物的积载。重吊船装卸货物一般配备吊装式重型吊杆。

重吊船通过自身具有很大起吊能力的船吊对超大件货物进行装卸。重吊船提供全球范围的定期或不定期运输服务,适合装运成套设备、工程项目重大件等。目前,主力船型1万~2万载重吨之间,有效甲板长度140~160 m,有效甲板宽度25~35 m,通常设有2台重吊,并吊能力在300~2 500 t之间。例如,大安轮是中国远洋海运集团有限公司(以下简称"中国远洋海运集团")的重吊船,如图8-4所示,载重吨为2.8万吨,最大起重负荷为抬吊700 t,驾驶台和生活区设置在艉部,装载货物不受货物高度限制,有长150 m、宽27 m的超大平整的主甲板,非常适合装载超长、超大、超重型货物。

图8-4 大安轮

3. 半潜船

半潜船也称半潜式子母船,或常常被称为"浮装"船或"浮上浮下(float-on/float-off)"船,是专门从事运输大型海上石油钻井平台、舰船、潜艇、龙门吊、预制桥梁构件等超长超重,但又无法分割吊运的超大型设备的特种海运船舶,如图8-5所示。

无法分割的特大型整体设备,诸如海洋钻井平台、桥吊、大型浮吊、船艇,等等,都是半潜船的主要运输对象,通常称之为特重大件货物。特重大件货物具有运输过程中不可分解性,质量又特别大,外形尺寸超大、形状特殊等特征,是从裸装货物中分离出来的一个类别,而且衡量"重"和"大"的尺度也是随着人类的进步和生产能力的增强而提高。这些超大尺度和质量的物体可以通过半潜船运输实现其位移,整体从一地运往另一地,或者从建造场所运送到工作场所,并进行安装。

图 8-5 半潜船

半潜船的明显特点是在船首领航员舱和机船(上层建筑)之间设有既长又低且承重能力强的平展的甲板,并设有大容量的用于调节吃水的压载水舱。压载水舱充水后,可以使船甲板沉入水面之下,以便于运输对象漂浮移动到半潜船的甲板上方;排除船舱内的压载水后,使船浮起,载货甲板露出水面,经过固定绑扎结实后船舶即可航行,将货物运输至目的地;卸货时先撤除绑扎固定系统,船舶下潜至要求的深度,甲板上装载的货物浮起,将漂浮的货物移出甲板后再恢复船舶到正常吃水。对于一些超大型的石油平台、船体分段等大件货物,这种运输方式比吊装安全性更高,而且可以减少船舶对货物体积外形等因素的限制。

4. 其他

大件货物的近距离运输可采用拖轮,通过拖轮辅助,可对能漂浮在水中的大件货物进行拖航。对于直接作为被拖物的浮船坞、海洋平台等则需要根据其水下部分的体积以及受风面积来选择合适的拖轮,拖航过程中也同样要选择合适的季节及航线以规避风险。拖航适合可漂浮货物,载重量以拖轮马力为限,可至万吨级,高度以航道障碍物为限。

部分普通船舶也可运输大件货物,但装卸两港都需要有具备吊装吊卸能力的浮吊或港吊资源,配合普通船运输。

随着科学技术的进步和人类生产能力的提高,不可拆解运输的单件装备的尺度和质量极限还会增加,海洋石油钻探、开采由浅水区向深水区的发展也要求船舶具有更大的尺度、更深的潜水能力和更稳的性能。随着科学技术的进步和重型工业的发展和转移,大件运输船的大型化趋势还在继续。

（二）大件运输船舶的主要特点

为了适应大件货物质量大、体积大、尺寸不规则等特点，大件运输专用船舶在船型、起重设备的配置、舱室设置以及压载水系统等方面都有特别之处。

1. 船型

大件运输专用船舶的载重吨通常不是很大，一般在 7 000～30 000 t，满载吃水一般不超过 9 m，这是由于尽管大件货物单件具有质量大、体积大的转点，但对整个船舶而言通常不能充分利用其载重量，往往是满舱而不满载，而且，由于吃水相对不是很深，船舶可以自由出入一些水深较小的港口，不受港口条件的限制。

此外，大件运输专用船舶船型较为肥胖，其方形系数较其他船舶要大，而且大件运输船舶的舱口较大，这样是为了增加可利用空间，空间的尺寸较为规则，装卸货时货物能够方便地进出船舱。

2. 起重设备

大件货物运输专用船舶为了不受港口起重设备的限制，其自身通常具有自装、自卸的能力，船上装备有起重量较大的起重机（100～600 t），现在较新的专用船通常配备起重负荷较大的起重机，安装在船舷一侧，而不是像传统船舶那样放在船中。在起重机纵向位置安排上，可以同时进行双吊作业，使整个船舶的起重能力大大提高。

除了起重量较大的起重机外，大件货物专用船舶还备有吊装大件货物时使用的吊具，因为在装卸时，由于货物尺寸不规则，有时不能直接将吊货索作用于货物上，而是通过专用吊具来进行，如有杆型、框架型和底座型吊具等，各个吊具也有其自身的安全负荷，其中设备的安全负荷应包括吊架的质量，因此在吊装时要注意实际所能吊起的负荷应比安全负荷小一些。

3. 货舱的设置

为了更好地利用空间，大件运输专用船舶的货舱都比较整齐规则，而且一般在纵向上不进行分隔，这样在长度方向上就可以满足超大货物的要求。在垂向方面，一般分为上下两层，二层舱的舱盖可以移动，在垂向位置上可以变动。这样，在实际应用中，二层舱及底舱的高度可以依据所装货物的高度而改变，在需要时，可以移去二层舱的舱盖，使其成为一个统舱。同时，为了在装卸大件货物时满足局部强度的要求，二层舱舱盖的局部负荷都较大。

4. 压载水系统

大件货物的质量相对比较大，而且在装卸时通常又使用船吊，因而在装卸大件货物时会引起船舶产生横倾角，使船舶的稳性降低。同时，货物的质心在横向上产生横倾力矩，使船舶产生横倾角，对船舶的安全不利，严重时会导致船舶倾覆。在实际操作中应采取措施尽量减少船舶的横倾角及稳性的降低，可以采取打、排压载水的方法来调节。为了更方便地调节装卸货时的横倾角及稳性，在大件运输专用船舶中除了设置一般货船的双层底压载水舱外，还在船舶的两舷设置了边压载水舱，以便于调节；同时在垂向位置较高的地方设置了甲板压载水舱。该种船舶上通常都配备有专用计算机系统,这样能够及时计算和显示打、排压载水时对船舶横倾角和稳性的影响。

5. 大件货物的系固

船舶在航行中受风浪影响会引起横摇及纵摇,如不系固,会引起大件货物的移动,轻则造成事故,重则导致船毁人亡。有资料显示,许多大件货物专用船舶发生事故的原因多是由于对货物的系固不牢引起的,因此,系固问题对于大件货物运输是关键问题。

重大件货物常见的系固方式主要有柔性系固和刚性系固两种方法。所谓柔性系固是指采用绳索、铁链、钢丝和其他的紧固锁具将货物固定于船舶的货舱或者承重甲板之上,使其在海运中不会因为船舶摇晃而发生货物滑移或者倾覆等危害船舶安全的事故。柔性系固一般适用于单件质量不大于 40 t、长度不大于 12 m 的重大件货物单元。而刚性系固是将货物与专门设计的支座一起,固定于船舶的货舱或者其他可承重部位,通常是将支座、货物与船体焊接在一起,与船形成一个整体,以保证货物在海上运输的过程中不会因为船舶的摇晃而发生倾覆和滑移。刚性系固主要是用于超长、超宽或者超重的特大件货物,如海洋平台、风力发电机组、机车头、工业上成套的设备等。

6. 局部强度

大件货物质量大,而且尺寸不规则,因此,在装载时应注意局部强度,避免超过船舶许可负荷,造成船体受损,装载时应选用合适的积载位置及用适当的衬垫来尽量减少局部负荷,以确保船体安全。

第二节 重大件货码头的主要装卸搬运机械

大件货物的装卸、搬运与件杂货存在相同之处,所使用的设备,如门座式起重机、船舶吊杆、流动起重机等装卸机械,以及叉车、牵引车挂车等搬运设备的性能均可参照件杂货装卸工艺相关的内容,本节着重介绍用于大件货物的装卸及搬运的设备。

一、浮吊

浮吊是大件运输的配套作业船只,当船吊和岸壁吊不能起重时,可采用浮吊起重。浮吊在作业区域上又可分为近海和远洋两类;从作业形式上分扒杆式和全回转式两种,扒杆式浮吊如图 8-6 所示,全回转式浮吊如图 8-7 所示;按能否自航分,有自航式和非自航式两种;按吊臂能否转动分,有固定式和旋转式两种。

浮吊可进行直取作业,用于大件货物的水水中转操作,将货物卸载后直接装船,也可使用浮吊卸船后,用大型平板车或者滚杆拖拉的方式将大件货运至远离码头岸壁的场地及铁路线就近处,装船时则与之相反操作。浮吊具有起重量大,跨度大,机动性好等优点,在成套设备和单机设备质量不断增大的情况下,浮吊是大件货物装卸的重要起重设备,但浮吊一般造价较高,且适用于较大船体,特别是大起重量的浮式起重机吊载作业时吃水深,因此对作业水域的水深要求较高。由于各港口装卸重大件货物数量不断增加,特别是成套设备进口量和出口量逐渐增多,在一台浮吊起重量不足的情况下,也可采用2台甚至3台浮吊联合起重的方法。

图8-6　扒杆式浮吊　　　　　　图8-7　7 500 t全回转式浮吊

二、固定式回转起重机

固定式回转起重机(见图8-8)综合性能优越,是一种良好的装卸作业机械,利用起重机起升、回转、变幅机构运转,可以很方便地将大件货物卸车装船。但大起重量固定式回转起重机造价比较高,起重机机座对码头的压力很大,对码头基础要求较高。大件码头采用固定式回转起重机工艺方案时,除考虑装载大件货物外,还应兼顾考虑其他货物的装卸作业要求,以充分发挥固定式回转起重机的优越性。

图8-8　800 t固定回转起重机

三、固定式桥式起重机

固定式桥式起重机装卸船需要在海陆两侧设置墩柱。墩柱一般采用钢筋混凝土结构或钢结构,岸线至海侧墩柱间留有一定的距离,以满足大件运输船舶的靠泊和通过需要,岸线至陆侧墩柱间也保持一定的距离,以方便大型牵引平板车的装卸作业和通过。

装卸作业时,利用桥式起重机将大件从大件运输船舶上吊起,水平移动至大型牵引平板车上方,然后将其放置在车上,或从大件车上吊装至大件运输船舶上。图8-9为固定式桥式起重机装卸长23 m,重450 t的甲醇塔的作业过程。

图 8‑9　固定式桥式起重机

四、桅杆式起重机

桅杆吊装也称扒杆吊装,是一种常用的起吊机具,它配合卷扬机、滑轮组和绳索等进行起吊作业。桅杆式起重机具有制作简单、装拆方便,起重量大,受施工场地限制小的特点。桅杆式起重机具有起升和变幅等功能,起重机起升卷扬机构和变幅卷扬机构放置于码头面平台上,如图 8‑10 所示。

图 8‑10　桅杆式起重机

装卸作业时,利用桅杆式起重机将大件从大件运输船舶上吊起,通过桅杆式起重机的俯仰和起升,将大件吊装至大型牵引平板车上,或将大件从车上吊装至船上。桅杆起重机是一种可方便拆卸的起重设备,一地使用完毕可方便地转移到另一地,但是桅杆式起重机的卷扬机构等部件下置时,其占地面积较大。

五、移动式起重机

移动式起重机是整机可以沿着轨道或无轨道自由移动的起重机,包括门机、汽车吊、履带吊等,可起吊单件较轻的大件,是大件装卸中常用的起重设备,只需大件运输船舶停靠在其移动作业范围内即可。对于重件装卸,还可以采用双机抬吊的方式,如两台汽车吊或两台履带吊共同作业,根据作业现场的需要,甚至可以采用多机抬吊。

六、大型平板车

根据需要,有时要把货物从码头运输到较远的货场,或从一个泊位运输到另一个泊位,或从一个码头运输到另一个码头,在水平运输距离较长的情况下,采用重大件设备专用运输车进行水平运输是比较合理的。目前,重大件设备专用运输车主要有两个类型,一是采用传统的牵引车+重型平板车,二是采用自行式模块运输车(self-propelled modular transporter, SPMT)。自行式模块运输车又名自行式液压平板车。

平板车是公路运输的一种常见车辆,比较方便装卸大型、重型货物。在运输车辆中,平板车一般分为两种,一种是平板,一种是高低板。平板一般长 4～13 m,13 m 以上的车长多为高低板。

 知识卡片

自行式模块运输

自行式模块运输车(见图 8-11)是一种特种车辆,它由多个模块车组成,运输车整体长度可根据货物装载的需要,将动力车组进行自由拼接,联动作业,可实现同步前进、倒退、原地转向、水平移动等,主要应用于重、大、高、异型结构物的运输,其优点主要是使用灵活、装卸方便,载重量在多车机械组装或者自由组合的情况下可达 5 万吨以上。在装备制造业、石油、化工、海洋石油、桥梁建造等工程领域应用广泛。

目前,世界上承重量最大的 SPMT,全车连接在一起共有 100 多米长,前后分别配有一个驾驶室。这款运输车最多能安装 1 152 个轮子,每个轮胎承重都高达 30 多吨,轮子的质量就在 3 万吨以上,运输车的总质量为 5 万吨,其最大的承载量可达 17 万吨。它可以用于一些质量大、体型高大、难拆卸的物体的运输,比如飞机、潜艇、桥梁等,甚至可以运输航空母舰,该车由许多个小模块组成。这些模块分为两种,一种是四轴的,承重达 120 t 以上;一种是六轴的,承重达 180 t 以上。

图 8-11 自行式模块运输车

这些小模块可以根据不同的工程需求自由组合,并且它上面的每个轮子都可以做到360°的自由旋转,加上独立控制系统的设计,使得它们可以根据路况进行自主调节,这样,整个运输车在运用过程中就十分灵活,能够随意变换形状。

第三节 重大件货的主要装卸船工艺

码头重大件货物的装卸作业过程主要包括三个环节,分别是装卸船作业环节、水平运输环节和装卸车作业环节。其中,舱内货物的装卸与甲板上和舱口处货物的装卸工艺略有不同。本节重点介绍重大件货的装卸船工艺。

装卸船工艺方案的选择需考虑的影响因素有:

(1) 船舶和船舶配积载:船舶是否有重吊,重吊的位置及负荷;货物配积载哪个舱门及舱口尺寸大小;舱底及甲板单位面积负荷;船方要求等。

(2) 重大件货物:货物的自重、中心位置、外形、尺寸、吊装位置和吊装要求等。

(3) 起重设备:如桥吊、浮吊、辅助机械设备及其技术性能情况。

(4) 工属具:是否采用专用吊架,吊装用的钢丝绳和卡环的规格与负荷情况。

(5) 码头的地形、地质及水文条件等

目前,国内外重大件货物装卸船工艺主要有:吊装(吊卸)、浮装(浮卸)、叉装(叉卸)、滚装(滚卸)、拖绞、顶推及相互结合等方式装卸,不同的装卸方式涉及的作业工具以及相关的作业工艺也有所不同。

一、吊装(吊卸)工艺

重大件货的吊装(吊卸)是指借助浮吊、固定式桅杆起重机、固定式桥式起重机、桅杆吊、船吊等吊装机械对货物进行装卸。吊装工艺的流程大体为:卸船时,根据货物的特性以及码头设施情况,选取合适的吊装机械,将大件货物卸下,而后采用大型平板车(适合长距离运输)或滚杠拖拉(适合短距离运输)的方式将大件货物运至收货地,装船流程与其相反,具体工艺流程如图8-12所示。

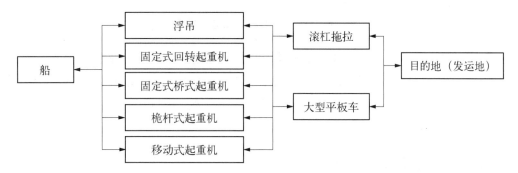

图8-12　吊卸(吊装)工艺流程图

吊装工艺对船舶和码头的高低差要求不严,该工艺快捷、方便、安全,辅助设备少,能适应较大水位变化,占用码头时间短,对于小质量起重几乎可完全不拆除任何杆件;对船舶无特殊要求,可用普通船装运,能适应需在海边组装的超限大型部件装船发运的需要。

吊装工艺的不足之处主要有:如果是浮吊吊装,则要求浮吊在码头可以停靠及回转,如果是使用其他起重机械吊装,要求其他起重机具有可吊性能。桥吊水工建筑投入较大,浮吊船机部分投资较大。在大件设备最大单件重小于汽车吊或履带吊起吊能力时,宜采用车吊工艺。

吊装作业时应注意以下几个方面:

(1)根据重大件设备的各项参数,进行专用吊具设计制作,钢丝绳与设备长度方向的夹角必须满足相应的对吊装夹角的要求。

(2)重大件质心必须与吊钩起吊中心吻合,保证平稳性。

(3)当突遇大风、下雨及洪水或光线过暗时应停止作业。

二、浮装(浮卸)工艺

浮装(浮卸)工艺是针对大型的水上漂浮货物的一种特有的装船(卸船)方式,它要求承载船配有浮箱,具备半潜功能。半潜船一般采用浮装(浮卸)方式,装卸货地点主要是锚地,通过调节压载水实现船舶下潜和上浮功能。这种方式主要用于装卸超大、超重货物,如装卸浮吊、驳船、钻井平台、大型船体船壳或其分段等。

工艺流程是在船体下沉至甲板面低于水平面一定深度后,由拖轮牵引或由船舶自带的牵引设备将漂浮货物移至船舶甲板上方准确位置,待承载船排水上浮后甲板与货物接触然后再实施绑扎。下潜作业期间,拖轮在现场警戒并辅助作业。卸货方式与装货方式相反。浮装的工艺流程如图8-13所示。

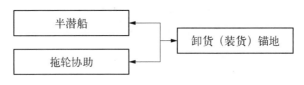

图 8-13 浮卸(浮装)工艺流程图

浮装(浮卸)作业可用于装卸大型可漂浮货物。浮装(浮卸)作业是在水面上进行的,其对天气、海况条件有较高要求。另外,浮装(浮卸)作业环节众多,程序复杂,各种环境条件突变或管理不善等因素都可能引起安全事故风险。因此,在浮装(浮卸)作业时一定要提前做好各项准备工作,保证作业安全。

三、滚装(滚卸)工艺

滚装(滚卸)工艺是指通过平板车或牵引式行走机构将货物从码头滚上或滚下,作业设备是拥有滚装甲板的承载船。滚装(滚卸)的工艺流程如图 8-14 所示。

图 8-14 滚装(滚卸)工艺流程图

其工艺特点是,这种装卸方式的优点是安全性高,可以轻易地将重达上千吨的货物滚装上船而摆脱吊装作业对于质量和体积的限制。此外,成本也相对较低。它的局限性是由于滚装作业需要码头面与承载船甲板面基本平齐,这要求船舶的型深和压载舱的调载能力要与装载货物的情况以及码头的标高、水域的潮汐情况等诸多因素相吻合,其中任何一个环节出现问题都会导致滚装过程失败。

四、叉装(叉卸)工艺

重大件货物叉装(叉卸)工艺采用的是船尾带有固定长货叉的装运专用船,其具有自动调节起落平衡的功能。以叉运岸边集装箱起重机为例,将船尾长货叉插入码头前沿的起重机横梁下,通过排水使船体连同货叉升起,从而将起重机叉起。这种船能在船尾负荷突然大大增加的情况下调节好船体的平衡,起重机可以在货叉上沿着滑道牵引进入舱面,就位后再予以固定,卸船的过程与装船相反。

叉装(叉卸)工艺适用于重大件货物在码头直取,因此工艺流程较为精练,如图 8-15 所示。叉装(叉卸)工艺装卸快,占用码头时间短,受潮汐影响小,不需厂家和用户提供辅助设备,全部过程由专用船完成。此外,无须拆(装)起重的所有部分,装卸过程中机器本身不受外力影响,安

图 8-15 叉装(叉卸)工艺流程图

全可靠。

采用叉装(叉卸)和滚装(滚卸)的大件货物只需装卸一次,减少了中转环节、效率高,装船码头和卸船码头均无须配备大型装卸设备,但须购置专用滚装船或叉装船,船舶设备费用高。

五、拖绞工艺

拖绞作业通常用作卸船,采用卷扬机、滑轮组、钢丝绳在设备的前方进行牵引用力,在大件下方安放枕木、滑块等滑拖设施,克服滚动摩擦进行位移。拖绞设备一般布置于岸上,作业范围较大。拖绞卸船分为拖绞纵向卸船与拖绞横向卸船,对于大件货物,宜采用纵向卸船运输。拖绞工艺广泛用于没有大型吊机作业的港口。

在操作中,根据水平运输的方式不同,拖绞工艺流程可分为两种。一是在拖绞卸船后,继续采用滚杠拖拉的方式将大件货物牵引上岸,而后滚杠拖拉至安装现场;另一种是在卸船后直接转乘至大型平板车上岸并运至安装现场,如图8-16所示。

图8-16　拖绞卸船工艺流程

第一种工艺流程受气候影响较大,雨雪天几乎不能作业,运输时间又较长,安全度较差,只适合于短途运输。第二种工艺流程的优点是,由于平板车具有液压自动升降机构,空车和载货均能自由升降,在坡道上行驶可保持所载货件水平、平稳,其流程还可按货件尺寸及质量等不同情况接长、缩短和拓宽以便于运输,其运输速度快,安全度高。

拖绞卸船是长江内河沿岸大件设备卸船装车时常采用的工艺,这种装卸工艺的优点是安全可靠、适应性强、较为经济,且对码头条件的要求较低,缺点是工艺流程受气候影响较大,且运输时间较长。

六、顶推工艺

顶推作业采用液压顶推器在设备的后下方施加顶推力,克服滑动摩擦进行位移,其工艺布置如图8-17所示。顶推设备通常布置在船上,作业范围相对较小。

与拖绞工艺流程相似,顶推卸船后,可以采用滚杠拖拉的方式将大件货物牵引上岸,而后滚杠拖拉至安装现场,也可以直接转乘至大型平板车上岸并运至安装现场,如图8-18所示。

顶推工艺的优点在于液压顶推器外形尺寸小,推力大,顶推过程平稳,直接在船上进行作业,不需设置较多的锚墩,但其存在和拖绞工艺相似的缺点。

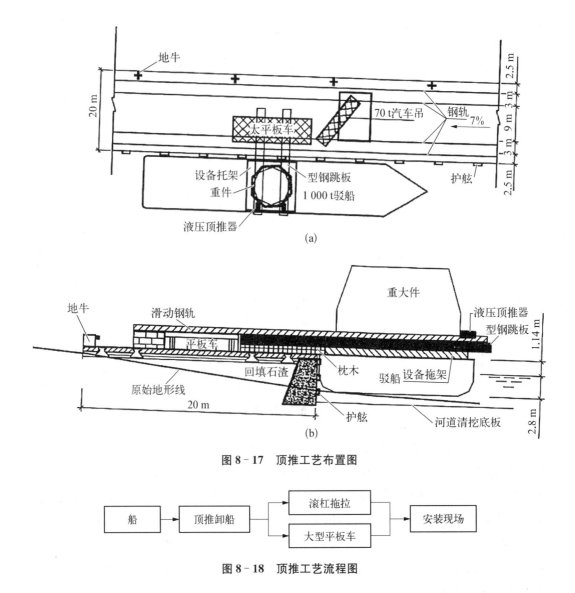

图 8‑17 顶推工艺布置图

图 8‑18 顶推工艺流程图

拖绞工艺和顶推工艺卸船方案均采用人工,辅以简单的工具进行大件的卸船作业。码头布置相对简易。拖绞和顶推卸船工艺具有工程投资省、设备简单、使用及维护费用较低,能适应各种水位的卸船等优点。缺点是大件货物卸船时,搭架工艺环节相对较多,需要配合吊车作业,卸船作业时间长,全部完成大件装卸一般需 2~4 天。拖绞工艺在设备位移过程中稳定性较顶推工艺差。此外,还要注意如下几个方面。

(1)在斜坡道上进行装卸作业时,启用平板车的液压装置调整平板车的水平度,要求斜坡道坡度不大于 6%。

(2)选择在阴、晴天进行作业;装卸时间内要求水位变幅小于 0.2 m。

(3)设备在位移过程中,为了防止船体倾斜和克服水的浮力作用,可以采用在船舱内加水或配重解决船体减载上浮问题。

七、重大件货装卸船工艺特点比较

各种装卸工艺的特点比较如表 8-1 所示。

表 8-1　重大件货装卸船工艺比较

装卸工艺		优　点	缺　点	适用码头	适用船舶
吊装或吊卸	浮吊	工艺快捷,安全,方便,适应较大水位变化,作业时间短	浮吊投资大	水位变幅大的码头;无大型吊机的码头	仅要求船舶结构能满足重大件货物的负荷要求
	固定式回转起重机	工艺快捷,安全,方便,适应较大水位变化,作业时间短	回转起重机投资大	直立式码头	
	固定式桥式起重机	工艺快捷,安全,方便,适应较大水位变化,作业时间短	固定式桥式起重机及水工建筑投资大	直立式码头	
	桅杆式起重机	工艺快捷,安全,方便,适应较大水位变化,作业时间短	桅杆吊投资较大	斜坡式码头,直立式码头	
浮装(浮卸)		装卸超大、超重货物	对天气、海况条件有较高要求,程序复杂	一般在锚地装卸	要求载运船舶具备半潜功能
滚装(滚卸)		作业时间短,效率高	需要专业滚装船	斜坡式码头,直立式码头	滚装专用船
叉装(叉卸)		作业时间短,效率高	需要专用叉装船	斜坡式码头,直立式码头	船尾带有固定长货叉的装运专用船
拖绞		投资小	需拖曳设备,作业时间长,作业范围小,稳定性差,要求水位变幅小	斜坡式码头,无大型吊机的码头	要求船舶有较好的侧向稳定性,宜选用较大船型
顶推		投资小	需顶推设备,作业时间长,要求水位变幅小	斜坡式码头,无大型吊机的码头	

综上所述,现有装卸工艺各具特色。在节约投资的前提下,根据地形条件、码头结构及大件设备的特点,选择适当的装卸工艺:

(1) 应能满足不同水位时的装卸作业,确保大件安全快速地上下船。

（2）工艺设计应合理、安全、可靠，装卸设备选型应技术成熟、性能先进、经济适用、维修方便，努力做到装卸便捷。

（3）充分考虑大件量少货重的特性和到货批次，结合水位变化特点，对航道条件充分调查，以免出现枯水期船舶搁浅或汛期不能靠泊的情况。

（4）在设备质量较小时（一般在 100 t 以内），宜优先考虑汽车吊、履带吊，卸船速度快，卸船工艺简单。

（5）码头设计时应结合总体规划布局，如果重大件货物运输时间较短，在适宜时应考虑建成通用性强的多功能泊位，以充分发挥码头装卸能力。

第四节　重大件货装卸作业其他环节的装卸工艺

重大件货装卸作业过程除装卸船作业外，还包括水平运输环节、装卸火车环节、装卸汽车环节、舱内作业环节等。

一、水平运输工艺

装卸大件货物时，一般都采取直取作业，如不能实现，也要尽量把货物放置在靠近铁路两侧或码头岸壁，以方便再次装车或装船，减少或避免港内的水平运输。但是，由于各港口具体条件不同、操作方法的差异和船、车不衔接等因素，部分大件货物仍需进行水平运输。

1. 大型铲车运输

目前，各港均配有 5～10 t 铲车，也有的配备 10～15 t 铲车。铲车进行水平运输安全可靠，经济合理，在短距离内输送大件货物较适宜。使用铲车时，有时因货叉短，对超宽货物不好使用，这时可用辅助货叉套在原货叉上，使货叉加长，方便起运。

2. 大型吊车运输

目前，吊车起重量普遍比铲车大，有的已达几十吨甚至几百吨。在运输距离短、道路平整的条件下，大件货物可用吊车进行水平运输。若吊车不能吊着货物行走时，则可采用捣载的方法将货物运输到指定地点。

3. 大型拖车运输

根据需要，有时要把货物从码头运输到较远的货场，或从一个泊位运输到另一个泊位，或从一个码头运输到另一个码头，在水平运输距离较长的情况下，采用大型拖车进行水平运输较为合理。

4. 两台流动机械联合运输

当货物比较重，或货物的外形尺寸较大，用一台机械进行水平运输困难时，可采用两台叉车或吊车联合作业。

二、舱内作业工艺

装卸甲板上和舱口处的货物,可直接用港口起重机或船吊等进行作业,装卸舱内货物可依据货物情况、舱内条件以及机械性能等,采用下述三种方法。

1. 采用舱内装卸机械作业

重大件货物装船,一般情况是将较重和难装卸的货物放置在舱口下面,而将一般货物放置在舱口内里边,有时也可将一部分较重的货物放置在舱口的里边。装卸舱口里边的一般货物时,可用 3～5 t 起重量的舱内专用机械,因为这种机械具有机动灵活、效率高及安全可靠的特点。在船舱允许的条件下,也可用 10～15 t 起重量的舱内专用机械和一般铲车。

2. 采用拖拉方法

在舱内装卸较重的货物,又无舱内作业机械时,可采用拖拉方法进行作业。无论货物是从舱口里边拖出还是从舱口处拖到里边,拖拉方法的主要做法通常是,首先用钢丝绳捆绑好货物,然后通过导向滑轮和钢丝绳用船上绞车缓缓拖拉,将货物拖进或拖出。

3. 采用顶推方法

根据货物积载和装舱要求,可用专用机械或一般装卸机械,把货物顶推到指定位置。

三、装卸火车工艺

重大件货物装卸火车的工艺比较复杂。为保证车辆运行安全和货物不受损失,装卸技术要求严格,必须根据装卸火车的具体情况,制定合理的装卸火车工艺。装载火车与卸载火车相比,装载火车比卸载火车更复杂,本节主要介绍装载火车的工艺。

(一) 装载火车的准备工作和遵守的原则

1. 装载火车前的准备工作

(1) 根据货物、车型、场地和操作方法等,选择好吊装、水平运输工艺、辅助机械和工属具。

(2) 根据装载火车的要求,准备好垫木、木楔、扒钉等。需要焊接时,还应准备好焊接设备和材料。

(3) 车底板上要标明纵、横中心线和车底板中心。需要垫木时,按要求放好。如采用货物本身的支撑垫木,则要标明垫木在车底板上的位置。

(4) 为了缩短装载火车的时间,应在重大件货物上画好与车辆纵横中心线和车底板中心对正的标记。

2. 装载火车要遵守的原则

(1) 合理选择车型。根据货物自重、质心位置、外形尺寸、包装形式以及是否存在集重和超限等情况,合理选择车型,以便保证货物和车辆的安全。反之,会使货物和车辆受损,甚至会发生事故。

(2) 充分利用载重量。装载火车时,要根据货物自重和车型进行装载,合理搭配,使车辆载重量得到充分利用。

(3) 均衡装载。重大件货物装载火车时,要求均衡装载,货物质心应位于车辆纵横中心线的交叉点上。在特殊情况下必须位移时,要符合有关规定,如横向位移,距车辆纵向中心线不得超过 100 mm。

(4) 保证一定的重车质心高度。装车后,考虑车辆在最坏条件下(如转弯、道岔、风力大等)运行时,为保证车辆不发生倾覆,要有一定的安全系数,按规定重车质心高度不得超过 2 m,否则要采取措施。

(二) 装载火车工艺

大件货物在装载火车时的工艺主要有以下几种:

(1) 大件货物从船上卸下,直接装载火车(直取作业)时,主要采用船上重吊和浮吊作业,在条件允许的情况下,也可采用大型岸壁吊或流动吊车。

(2) 大件货物在堆场上装载到火车上时,有两种情况:一是当货物放置在装火车的铁路线两侧时,可采用大型固定吊车、流动吊车或装卸桥直接作业;当铁路线在码头前沿时,可用浮吊作业。二是当货物远离铁路线,需要水平运输时,可根据货物自重、外形尺寸大小和场地远近,可用铲车或吊车作业。当一台机械负荷不足时,还可采用两台铲车或吊车联合作业。

(3) 大件货物从汽车上卸下,装到火车上时,根据情况,可采用大型岸壁吊、流动吊车、桥式起重机或浮吊作业,在装卸火车作业中,除吊装和水平运输外,为了准确装车和摘挂钢丝绳及工属具,还需要配备辅助机械,如拖车、铲车、吊车等。实践证明,通过辅助机械拖拉货物前后拴的钢丝绳和其他绳索进行装卸火车,既安全又可靠,而且还节省时间。用浮吊作业时,受风浪影响大,浮吊摆动不稳,需要配置辅助机械。

(三) 几种重大件货物装卸火车的工艺

关于一般重大件货物装卸火车的工艺上面已经阐述,但对大型成套设备和一些超长、集重货物等进行装卸时又有特殊的要求。

1. 大型成套设备

大型成套设备种类很多,大小不一,且外形复杂,对装卸火车的要求又各不相同,使装卸火车工艺变得更为复杂,故要注意以下几点:

(1) 装卸火车首先要对货物本身的结构、外形和装卸要求等进行详细的研究,制订出合理的装卸车工艺和捆绑加固方案,并绘制成图,作业时照图进行。

(2) 大型成套设备一般在几十吨到几百吨重之间,特别是难装卸的重大件,为保证装卸火车安全,减少装卸次数是非常必要的,故尽量采取直取作业方式,如直接从火车到船,或直接从船到火车。

(3) 装车时要为卸车创造条件,要考虑到以后的卸车方法和安装方式。如两件货物到目的地后要相互连接安装,这就要考虑两件货物装车的方向问题,否则,会给卸车和安装造成很大困难。

(4) 装载比较重的大件时,必须考虑车辆的运行情况和技术要求。如装一件几百吨重的大件时,纵横向偏差量要求很小,有的要求在 3 cm 以下。偏差量差 1 cm 就会使车辆轴瓦和弹簧受力不均。同时,在车辆运行时,出于振动等原因,也会使货物发生位移,造成轴瓦发热或弹簧受力不均而超负荷。因此装车时,一定要注意符合车辆技术性能的要求,保证车辆运行安全。

 何为"轴瓦"?

"轴瓦"是轴承的重要构件之一,是滑动轴承和轴颈接触的部分,形状为瓦状的半圆柱面,非常光滑,一般用青铜、减摩合金等耐磨材料制成。轴瓦主要作用是承载轴颈所施加的作用力、保持油膜稳定、使轴承平稳地工作并减少轴承的摩擦损失。

2. 超长货物

超长货物是指一件货物的长度,超过所装车辆的长度,需要使用游车或进行跨装作业。超长货物装车除采用同一般重大件货物装车方法外,还要注意和遵守以下有关规定。

(1) 超长货物跨装时一定要两车都负重。

(2) 超长货物跨装时,必须装在车辆的转向架上,不得直接装在车底板上。转向架是根据货物和车型预先进行设计制作的。

(3) 当两车的车底板高度不等时,应垫上适当厚度的垫木,使货物装车时保持一样平。

3. 集重货物

集重货物是指单件货物质量大于装普通平车的支重面长度的最大容许载重量的货物。集重货物多数为体积小而质量大的货物,装车时要注意如下问题:

(1) 货物质量要均匀分布于车辆的中梁和所有的侧梁上,使车辆受力平衡。

(2) 集重货物支重面积小,必须根据车底板支重面长度和车辆最大容许载荷的规定装车,以保证车辆安全。

(3) 当集重货物支重面长度小于两横垫木之间距离时,应铺设纵垫木。纵垫木的放置位置最好相对于车辆的纵向辅助梁。

(4) 非对称的集重货物装车时,会使两端的转向架负重不相等,其质心也不在车辆纵横中心线的交叉点上。因此,要根据货物装载情况进行分析,必要时,应对车辆受力平衡条件进行校验。

超长和集重货物装车比一般货物复杂,装车时,还要根据铁路部门的有关规定进行。

4. 载重汽车、装卸机械和推土机

由于各式载重汽车、装卸机械和推土机本身都有行走机构,因此,在装卸火车的工艺上与一般重大件有些不同,主要有以下几点:

(1)各式载重汽车、装卸机械和推土机都有刹车装置,在吊装前或吊装后移动时,均可松动刹车。在吊装时必须刹车,否则,会因车轮转动而发生事故。装车后,刹车把和拉杆一定要用铁线捆紧。当装卸车完毕后不再移动时,也一定要刹车。

(2)各式载重汽车、装卸机械和推土机的装车方法基本上有两种,即顺装和爬装。顺装时各台机械之间的距离大约为 100 mm,顺装又需跨装时,两台机械之间的距离大约为 350 mm。爬装时,应依次将各车的前轮放在前车的后轮上。

载重汽车可顺装或爬装,而装卸机械和推土机一般采取顺装方式。依据装载火车车型可选择敞车或平板车。

四、装卸汽车工艺

重大件货物的运输,由于货物本身情况和运输条件的不同,用来运输的工具也各不相同。有的通过船舶运输,有的通过火车运输,还有的通过汽车运输。由于汽车本身的性能和运输方式与火车不同,因此,在制定装载汽车工艺时,应根据汽车的运输特点和要求进行。

(一)装载汽车工艺要考虑的问题

(1)了解货物情况,如质量、质心位置、外形尺寸、结构和装载要求等。

(2)了解汽车本身技术性能,如载重量、自重、轮压、结构、外形尺寸和转弯半径等。

(3)充分掌握在运输过程中可能碰到的各种情况,如路宽、路面坡度、允许通过高度、涵洞和桥梁负荷、货物在运输中对冲击和震动的要求等。

(4)根据汽车的质心高度,对汽车整体的稳定性要进行验算,以保证汽车的行驶安全。

(二)装载汽车工艺的制定

大件货物在装载汽车时的工艺主要有以下几种:

(1)当大件货物从船上卸下装上汽车时,通常采用船吊或浮吊作业,在条件允许的情况下,也可采用吊车作业。

(2)当大件货物从火车上卸下直接装上汽车时,一般采用吊车或铲车作业,如果靠近码头前沿,也可用浮吊作业。

(3)当大件货物从堆场上装上汽车时,较多的采用吊车作业,也可采用铲车作业。当吊车或铲车不能作业,而货物又在码头前沿时,可用浮吊作业。

无论采取何种操作过程,需要进行水平运输时,一般是用铲车或拖车作业。在装卸工作中,装时要考虑卸,卸时要考虑装,特别是一些较重的货物,尽量避免水平运输。水平运输不但增加了操作工序,而且还会产生一些不安全因素,应尽可能地创造条件采取直取作业方案。

第五节　重大件货的装卸工艺流程

一、船—场(库)

船至库场的装卸流程,用装卸船舶机械将大件货物从船上卸载,而后用滚杠拖拉(短距离)或牵引车挂车(长距离)搭配起重机械的方式,将货物运至库场。从库场至装船的流程相反,工艺流程如图 8-19 所示。

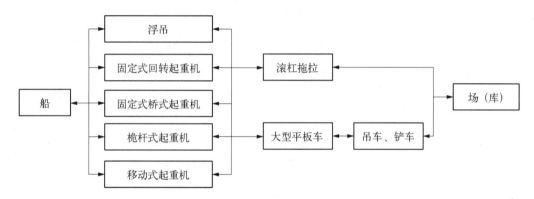

图 8-19　船—场(库)装卸工艺流程图

由于大件货物往往有到岸安装的要求,因此可以利用装卸机械进行直取作业,放置在安装现场或码头岸边,其作业流程如图 8-20 所示。

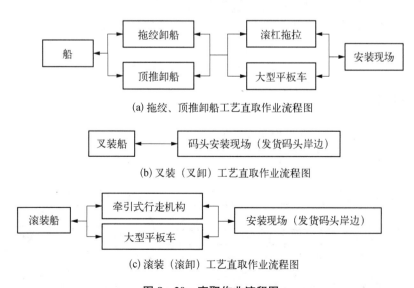

(a)拖绞、顶推卸船工艺直取作业流程图

(b)叉装（叉卸）工艺直取作业流程图

(c)滚装（滚卸）工艺直取作业流程图

图 8-20　直取作业流程图

二、船—船

先从船上吊起大件货物,移开原来装大件运输船舶,再驶入待装货船舶,将大件货物装到新驶入的船舶上,工艺流程如图8-21所示。

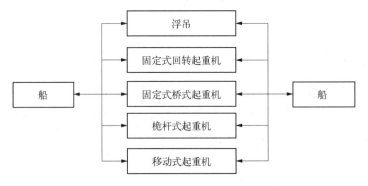

图8-21   船—船(水水中转)装卸工艺流程

三、船—(火)车

船到(火)车的装卸流程,用装卸船舶机械将大件货物从船上卸载,再直接装到等候的(火)车上。从(火)车装至船的流程相反,工艺流程图如图8-22所示。

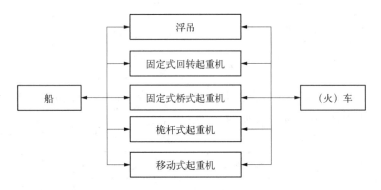

图8-22   船—(火)车装卸工艺流程图

四、场(库)—(火)车

库场到(火)车的流程,就是用吊车、桥式起重机吊起货物,再用滚杠拖拉的方式或大型平板车将大件货物运出库场,运至火车货物装卸线,再用吊车将大件货物装上火车,工艺流程如图8-23所示。

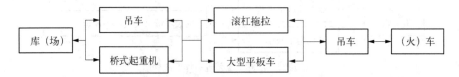

图8-23   库(场)—(火)车装卸工艺流程图

第六节 典型重大件货物的装卸作业

一、机车车头和客货车厢

机车车头和客货车厢的装卸船舶技术比较复杂,在作业前,要制订具体的装卸船舶工艺方案。在实际装卸船舶作业中,除按一般大件货物装卸船舶工艺外,还要注意并掌握一些特殊情况下的装卸方法。

1. 注意保护机车车头和客货车厢

蒸汽机车其外部突出部件较多,而内燃机车外部怕磨损和挤压,在装卸过程中必须注意保护。客车车厢外部造型光滑美观,特别怕磨损和挤压。在装卸内燃机车和客车车厢时,不能用钢丝绳直接捆绑进行吊装,以免使其外部磨损和挤压,而要用专用吊架进行吊装。

机车车头和客车车厢都有捆绑钢丝绳用的凸起部分,并有明显的标记,吊装时,要在凸起处加衬垫,以防磨损。在装卸过程中,最好请制造部门有关人员到现场进行技术指导和共同研究处理出现的一些问题。

2. 装卸机车车头和客货车厢最好使用专用船舶

专用船舶在船舱底和甲板上都铺有轨道,将机车车头和客货车厢直接放置在轨道上,这样,既便于装卸又不需要做其他辅助工作。当使用一般货船来装卸大件货物时,最好也预先铺设轨道。

3. 无轨道装载时应备好木鞋

当机车车头和客货车厢使用一般货船且无轨道装载时,车轮要备有木鞋,以便装载。即在装载之前,按轨距位置放好木鞋,将车轮放入木鞋内。

4. 保证船舶稳性和充分利用船舶载重量

一般在舱底装上部分压舱货后,再装载机车车头或客货车厢。这种情况下,必须对压舱货做特殊平舱,一般是使用平舱机推平,必要时,也可用压路机压平。在放置车轮和拖拉车头处或车厢经过处都应铺上木板,而木板上最好再铺上薄铁板,抹上黄油,以减少装载过程中的摩擦。

5. 铺设轨道

因机车车头和客货车厢的轨距不同需要换车轮时,在装船处要预先根据轨距的大小铺设好轨道,将更换的车轮放在上面。吊装时,先卸下原车轮,后吊车体上部,放置到需更换的车轮上,当车体和更换的车轮固定好后再整体吊装入舱。进行这种作业时,各方面要密切配合,充分做好准备工作。

6. 根据装载位置按顺序装卸船

装船时,先装船舱里后装舱口处,装载舱里时先将机车车头或客货车厢吊至舱口处,然后用拖拉方法拖至舱里。卸船时,确定好卸船顺序后,先拆除捆绑加固物件,然后先舱口处后舱里卸船。

7. 按标记进行捆绑和吊装

在捆绑钢丝绳时,要特别注意不要碰坏和挤压车底部的管路和拉杆等零部件,一定要按标记进行捆装和吊装。当需改变吊装位置时,也必须与有关方面研究后进行。

二、重型汽车、装卸机械和推土机

重型汽车、装卸机械和推土机的种类繁多,自重由几吨到几十吨不等,外形也各种各样,但吊装方法大同小异,概括起来有以下几点:

(1)一般采用专用吊具。采用专用吊具,效率高又安全可靠。因吊具种类不同,要根据实际情况进行选择,也可不采用专用吊具,直接用钢丝绳捆绑吊装,这要根据实际情况,在保证安全和不影响货物质量的前提下进行。

(2)做好保护工作。要特别注意保护驾驶室、车灯、底盘下部的拉杆和管路,使之不会被挤压和破坏。

(3)检查自由转动部位。在吊装前,要知道哪些轮子是自由转动的。在钢丝绳捆绑之前,必须刹住动轮,以免因动轮回转而发生事故。

(4)舱内装载。往舱内装载时,被装机械最好能自行行驶到装载处,如机械不能自行行驶,可用拖拉方法进行装载。卸舱时,也同样自行发动驶至舱口处,刹住动轮后再吊装,或先松开动轮拖拉至舱口处,再刹住动轮进行吊装。要注意的是,无论在舱内还是在甲板上进行拖拉,必须松开动轮。

(5)卸船后。从船上卸下的重型汽车、装卸机械等,最好自行发动驶离,或用拖头拖到指定地点,注意,在拖动过程中,仍必须要有驾驶员驾驶。

重型汽车装卸工艺、装卸机械装卸工艺和推土机装卸工艺又有所不同。不同之处有如下几方面。

(1)重型汽车装卸工艺。重型汽车种类很多,有新型的,也有老式的。新型汽车一般都设有供挂钩吊装用的吊孔。当没有吊孔时,可用挂钩挂在轮胎钢圈的孔上或用钢丝绳直接捆绑车体吊装。目前,国内外生产的重型汽车,一般是前轮钢圈向外凸起并有孔,后轮钢圈向里凹也有孔,都可用挂钩吊装。一般采用挂在前轮钢圈孔上,用钢丝绳直接捆绑后轮车体吊装。无论采用何种吊装方法,都必须使用专用吊架或专用撑棍和专用挂钩,以保证安全和质量。

(2)装卸机械装卸工艺。装卸机械有铲车、轮胎吊、汽车吊和铲斗等。铲车和铲斗一般都设有供吊装用的吊环或吊钩,可用钢丝绳直接挂钩吊装,不需要专用吊架或撑棍。若没有吊环或吊钩,可用钢丝绳直接捆绑铲车后部的平衡铁和前部的叉架吊装。汽车吊因有较长的吊臂,驾驶室一般又在一侧,而且位置又较高,还有平衡锤。所以,其吊装方法一般采用专用吊架或撑棍吊装,用专用挂钩吊前后轮钢圈的孔,或用专用挂钩吊前轮钢圈的孔,再用钢丝组接捆绑后部车体,或用专用挂钩吊前轮的钢圈孔,用钢丝绳直接捆绑后部的平衡锤。轮胎吊的吊装方法要根据外形而定,最好采用专用吊架或撑棍吊装,也可直接用钢丝绳捆绑前后支腿后吊装,但钢丝绳需要长些,并要注意不要挤坏驾驶室。

(3)推土机装卸工艺。履带式推土机(或拖拉机、掘土机)装卸工艺,可使用专用撑棍将钢丝绳直接捆绑在履带上吊装。在吊装带有悬臂和平衡锤的掘土机时,除采用两根钢丝绳前后捆绑外,还要用辅助钢丝绳捆绑在平衡锤上。这样,就可以在吊装过程中保持平衡。悬臂掘土机有履带式和轮胎式两种,都可用前述方法吊装。

三、大型设备

大型设备种类繁多,有轧钢、矿山、采煤、化工、发电和钻探设备等,质量从几吨到几十吨,甚至达到几百吨;有超长、超宽的;形状复杂的,有方形、圆形、球形和其他异形等。因此,在装卸船舶作业中,特别是对主要重大件装卸时,一定要提前研究制订出具体的装卸工艺方案,同时,要注意以下几个方面:

(1)大型设备的吊装一般不用专用吊架,而是根据吊装位置的标记直接用钢丝绳捆绑吊装。有些特殊要求的大型设备,因为过长又怕弯曲和变形,则需要专门吊架,这种情况下,设备自身就带有专用吊架。

(2)在吊装过程中,一般按吊装位置的标记进行捆绑钢丝绳,有时因吊装方法和其他原因,也可改变其原吊装位置,当确定改变吊装位置时,必须考虑吊装位置处的结构。

(3)重达几百吨的大型设备在吊装过程中是绝对禁止发生倾斜或转动的,必须保持稳定和平衡。货物发生倾斜或转动很有可能会损坏货物,还会给装卸和放置场地造成损坏。同时,因钢丝绳受力不均,可能导致事故发生。如果根据运输或安装等某些情况的需要,一定要转动设备时,则必须预先转动好,然后再进行吊装。

(4)在吊装裸装大件货物时,一定要保护好突出部分,如进出气阀、油嘴、管头或法兰等,要采取相关措施加以保护,使其吊装时不受损坏。

四、圆形和球形大件货物

圆形和球形大件货物装卸船舶时,要注意以下几点:

(1)垫木或支座。用一般垫木时,必须同时用三角木挤紧,使之不发生滚动。凹型支座安全方便,可以采用,一般可根据货物尺寸大小进行制作。

(2)圆形大件吊装。圆形大件一般多为圆柱形,其吊装方法比较简单,当有供吊装用的吊环时,可直接用吊环吊装;当没有吊环时,可根据吊装位置用钢丝绳直接捆绑吊装。

(3)球形大件吊装。吊装球形的大件货物比较复杂,要特别注意安全。其吊装方法基本有两种,一种是当球形件上有供吊装用的吊环或吊孔时,可直接用吊环或吊孔来吊装;另一种是用钢丝绳捆绑球形件的支座进行吊装。当以上两种条件不具备时,可用钢丝绳直接捆绑球形件进行吊装,但此种方式是危险的,一定要在和相关部门共同研究其吊装方法后再实施。

案例 1

450 t甲醇塔从乐山大件码头运往张家港

2020 年 9 月,由某锅炉股份有限公司生产的 450 t甲醇塔,在乐山大件码头顺利吊装转运。乐山大件码头主要设备为一台 550/50/10 t固定式桥式起重机,起吊重量主钩为 550 t,副钩为 50 t,电动葫芦为 10 t,提升高度为 24 m,能满足单件质量为 550 t、宽 11 m、高 6 m 的大件设备的吊装作业。

吊装转运的甲醇塔,长 23 m,质量为 450 t,属于超大件设备。接到此次吊装任务,码头公司高度重视并召开专题会议,研究部署吊装工作,提前对吊索具、起重机、配电设备等展开进一步检查,确保吊装安全、有序、平稳。

根据航道水域条件,2020 年 9 月 18 日,450 t甲醇塔正式进行吊装。大件码头现场,码头公司 20 余名工作人员精心做好吊装方案,提前做好准备工作,通过现场紧密配合,于 14 时 20 分顺利完成甲醇塔的吊装。该"巨无霸"在大件码头中转水路之后,沿岷江航道一路向东,最终运往江苏张家港。

思考题:

(1) 固定式桥式起重机是如何进行装卸作业的?

(2) 固定式桥式起重机适用于装卸哪些重大件货物?

(3) 固定式桥式起重机在进行装卸作业时应注意哪些问题?

案例 2

中电投协鑫滨海 2×1 000 MW 发电工程大件码头工程

该工程建设一个 5 000 吨级重件码头,用于接卸电厂重大件、电厂运营期货物及后续建设材料等货物。装卸船方案为浮吊进行重大件设备卸船。浮吊由船体、人字形起重臂、俯仰和起升机构组成。对于电厂的最重件主变压器,其包装质量为 490 t,需要 600 吨级以上的浮吊(租用)卸船,其余单件 100 t 及以上的重件可以采用 600 吨级以下的浮吊(租用)卸船;单件 50 t 以下的重大件货物采用码头上配备的 40 t-25 m(50 t-20 m)、轨距为 10.5 m 的门座起重机以双机作业或单机作业来卸船,相关布置见图 8-24 所示。

思考题:

(1) 浮吊是如何进行装卸作业的?

(2) 和其他吊装机械相比,浮吊有哪些特点? 在哪些情况下更为适用?

(3) 浮吊在进行装卸作业时应注意哪些问题?

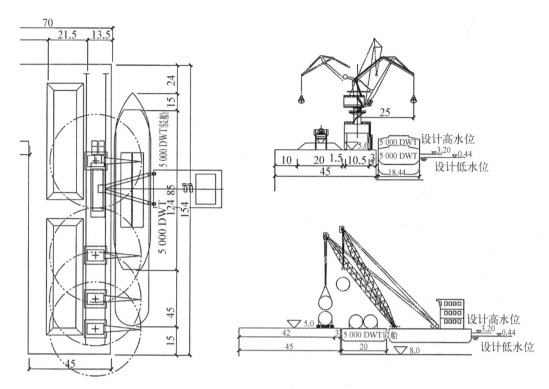

图 8‑24　中电投协鑫滨海 2×1 000 MW 发电工程大件码头（单位：m）

 案例 3

上海南港风电叶片装卸的抬吊工艺

风电叶片是超长件，为了安全高效地完成装卸作业，上海南港采用两台门机抬吊作业的方式进行风电叶片的装卸（见图 8‑25）。

图 8‑25　风电叶片的抬吊工艺装卸

一、机械配备

装卸作业所需机械按两种工艺流程配备:

(1) 平板车──→码头

使用两台 40 t 的门机(或者使用船吊)。

(2) 平板车──→库场──→码头

使用两台 40 t 的门机(或者使用船吊),两辆汽车吊、叉车、平板运输车。

二、水平运输

由货主自行安排平板车将叶片从厂区直接运输到码头;或者由货代安排平板车将叶片运输到库场进行换支架作业(陆运支架换海运支架),然后按叶片装船编码的先后顺序发货运输到码头。

三、作业基本要求

(1) 叶片换支架作业需要一辆 75 t 汽车吊和一辆 25 t 汽车吊,以及一辆 3 t 叉车。

(2) 应确定一台门机(船机)为主机,另一台门机(船机)为辅机,并明确作业中辅机应随主机的操作(如起升、变幅、旋转)作相应的动作,确保操作动作协调,运行平稳。

(3) 参加作业的门机必须具备良好的技术状态。

(4) 指挥手应站在两台门机司机视线范围内的非吊运线路的安全处正确指挥,且使用对讲机指挥。

四、工属具配备

(1) 吊钩以下的工属具采用货主提供的专用工属具(尼龙吊带和卸扣)。

(2) 吊装绑扎用品为港方提供的配套钢丝绳和卸扣。

(3) 港方提供稳关作业的稳关绳。

(4) 港方为登高作业配备包脚竹梯和安全带。

五、作业人员配备

(1) 装卸作业线岗位人员配备(见表 8 - 2)。

表 8 - 2　装卸作业线岗位人员配备

岗位	甲板或舱内	码头	理货	指挥手	单船	安全员
人数	4	4	1	2	1	1

（2）装卸司机配备（见表 8-3）。

表 8-3　装卸司机配备

机械名称	门吊司机	船吊司机	叉车司机
司机配备（人/台）	2	2	1

注：如果使用门机作业，一般只需配 2 个门机司机；如果使用船吊，需配备 2 个船吊司机，同时还要配备一个门机司机辅助吊装。抬吊两吊点间距大于 30 m 时，应配置两名指挥手。

六、操作方法和要求

（1）严格按照货物起吊标志起吊，严禁超负荷。

（2）稳关工人不能站死角，超 2 m 高空作业需扣好安全带。

（3）喊钩手喊钩前应先喊人，舱内作业人员应避让至安全位置。

（4）指挥手应站在两台门机司机视线范围内的非吊运线路的安全处正确指挥，且使用对讲机指挥。

（5）作业中，应根据船舶的倾斜情况，及时通知船方采取有效的调节措施，确保船体平衡。

（6）应在叶片支架的四角（或两端）强度许可处系扣稳关绳。

（7）抬吊作业时，叶片尾部框架的吊装角度必须小于 5°。

（8）叶片抬吊作业应由 2 人指挥，并以主机指挥手为主。起重机司机应严格按指挥手信号或指示谨慎操作。

（9）每台门机或船吊的吊钩应各自对准起吊点的中心位置，确保垂直起吊。

（10）起吊时，应在尼龙吊吊带受力张紧后暂停（货物不离开承载面），并按下列要求进行检查，确认无误后，方可指挥继续起吊：

① 尼龙吊带是否套在指定的吊点位置，卸扣横销是否走动，受力是否合理。② 衬垫物料是否衬垫到位，特别是叶片尾部支架的衬垫物料是否移动，如有松动应停止作业，加紧紧固件。③ 吊钩铅垂线是否对准起吊点中心。④ 叶片大头支架的尼龙吊带与吊钩铅垂线之间的夹角是否小于 15°，叶片尾部框架的吊装角必须小于 5°，尼龙吊带对叶片尾部的作用是否有导致脱落货损的可能。⑤ 检查叶片支架与承载面之间的栓固索是否全部拆除。⑥ 靠近叶片四周的小件货是否移开，作业人员是否站立在安全位置。

（11）当叶片支架离承载面 0.5 m 左右高度时应暂停，并按下列要求进行检查，确认无误后，方可指挥继续起吊：

① 尼龙吊带有无滑移、离开起吊标记，衬垫物料有无移位。② 尼龙吊带受力是否均衡，卸扣受力是否合理。③ 叶片的前后支架是否保持平衡，吊带和吊钩铅垂线之间的夹角是否在规定的范围内。

(12) 两台门机应缓速起升,并相应调整起升速度,使叶片基本位于水平状态。当起升到一定高度后(无碰撞其他障碍物可能时),门机再按需进行旋转、变幅操作。辅机应随主机保持一致的运行动作。

(13) 为了保持抬吊作业的一致性,门机司机在货物升降操作时,不宜同时进行旋转和变幅操作;当实际作业需要进行旋转和变幅操作时,应使吊钩始终保持垂直于货物起吊点中心。

(14) 抬吊作业应缓速平稳,不可悠荡碰撞,避免急刹车。稳关人员应牵拉稳索,协助控制叶片吊运时的稳定性。

(15) 叶片吊至承载面上方对准松落位置后,两起重机应保持相应的速度缓速下降(确保货物基本位于水平状态)。当叶片支架底面离车板约 1.5 m 高度时应暂停,并按下列要求进行检查,确认无误后,方可指挥将叶片缓速松下。

(16) 两台门机抬吊作业一般应安排在白天进行,夜间抬吊应确保照明充足、视线良好。天气情况恶劣(风力过大、暴雨、迷雾等)时应暂停作业。

(17) 稳关绳固结点要合理、牢靠;指挥手站位要安全,不准坐在船舷上指挥,当指挥手和作业人员登上高于 2.0 m 以上位置指挥时,要系好安全带。

思考题:

(1) 风电叶片的抬吊工艺使用了哪些机械设备与工属具?

(2) 风电叶片的抬吊工艺中如何进行人员组织?

(3) 抬吊工艺在进行装卸作业时有哪些注意事项?

本 章 小 结

本章阐述了重大件货的种类、特点、运输方式,介绍了重大件货的装卸搬运机械,分析了重大件货的装卸船工艺、水平运输工艺、装卸车工艺等,并对典型的重大件货物装卸作业操作注意事项进行了介绍,最后列举了国内几个大件码头工程的实例。

本 章 关 键 词

重大件货——当单件货物质量过大,以致不能使用一般的设备进行装卸时,或当单件货物尺度过长、过高或过宽,以致在装载时受到一定限制,这样的货物称为重大件货物,如钢轨、机车、高压容器等。

吊装工艺——是指借助浮吊、固定式桅杆起重机、固定式桥式起重机、桅杆吊、船吊等吊装机械对货物进行装卸的方式。

浮装工艺——针对大型的水上漂浮货物的一种特有的装船(卸船)方式,它通常要求承载船配有浮箱,通过调节压载水实现船舶下潜和上浮功能,从而实现装卸。

滚装工艺——使用平板车或牵引式行走机构将货物从码头滚上或滚下拥有滚装甲板的承载船的方式。

叉装工艺——采用的是船尾带有固定长货叉的装运专用船进行重大件装卸的工艺,其具有自动调节起落平衡的功能。

拖绞作业——采用卷扬机、滑轮组、钢丝绳在设备的前方进行牵引用力,在大件下方安放枕木、滑块等滑拖设施,克服滚动摩擦进行位移,通常用作卸船。

顶推作业——采用液压顶推器在设备的后下方施加顶推力,克服滑动摩擦进行位移,顶推设备通常布置在船上,作业范围相对较小。

本 章 习 题

(1) 重大件货的装卸、搬运机械主要有哪些?

(2) 重大件货的运输船舶有哪些?

(3) 重大件货的装卸作业过程包括哪些作业环节?

(4) 重大件货装卸船工艺主要有哪些?

(5) 重大件货装卸船各种工艺的优缺点及适用场合?

第九章
港口生产计划与调度

教学目标

知识目标

(1) 能够掌握港口生产组织的各个阶段内容及特点。

(2) 能够掌握港口生产过程组织的任务。

(3) 能够掌握港口生产计划的内容。

(4) 能够了解码头生产调度的方法与职责。

能力目标

(1) 能够根据港口生产计划的内容编制具体港口月度及昼夜生产作业计划。

(2) 能够根据码头生产调度方法合理模拟码头生产调度决策过程。

(3) 能够根据码头生产调度方法合理分析港口实践案例。

素质目标

(1) 重视港口调度及现代化优化思想,以创新理论和专业知识来指导实践。

(2) 将计算机技术及优化算法应用到智慧港口的调度管理中,增强学习新知识、掌握新本领的自觉性和紧迫感。

导入案例

"陆改水""公改铁"助力上海港集疏运突破疫情"重围"

2022年新春刚过,新冠疫情在长三角地区蔓延,对传统集卡运输带来挑战。由于城际集卡进出关卡需要执行严格的防疫流程,如提供短期内核酸证明等,因此需要核酸查验的人数颇多,核酸检测效率有所下降,很多地方的集卡司机无法提供24 h核酸证明,而被城际道口劝返,集装箱陆路运输体系陷入了前所未有的困境。

基于上述情况,货主及航运公司纷纷寻求出路,将目光转向上海港多年来发展的水路、铁路网。上港集团向社会各界推出的"集装箱陆改水"服务,为广大客户提供高效、便

捷的水路运输服务。该服务涵盖上海港洋山片区、外高桥片区各码头至长江及长三角区域相关港口。在这一模式下,客户的集装箱可以直接送到太仓港或苏州港进行集并,再通过小船运至洋山港或外高桥的港区,从而避免了陆路进入上海运输的过程,有效保障集装箱及时到港、出运。

同时,上港集团旗下的上海港长江多式联运有限公司正式上线,"联运先声"业务公众号在线为客户解答相关业务流程、受理客户咨询,助力共建更为畅通的上海港集疏运通道;上海港海铁联运有限公司第一时间发布公告,提供多站点对接芦潮中心站海铁联运天天班列服务。

虽然上海的城际公路受阻,但内陆点港口的集卡短驳并不受影响。通过水路和铁路的最后一段运输,也解决了集装箱的跨省运输问题。截至 2022 年 3 月 29 日,上海港各生产单位保持 24 h 正常作业,集装箱日均吞吐量保持在 14 万 TEU 的高位运行水平。

在市场多变、环境多变的时期,"陆改水"和"公改铁"业务的优势正逐步凸显。一方面,利用这一非常时期,更多客户通过实际体验,认可这一模式,稳固了客户群。原来不愿意改变物流方式的客户,对"陆改水""公改铁"没有足够的认识,对这些业务的时效性和便利性也不了解,当时形势"倒逼"客户群尝试"陆改水"。当客户享受到高效、低成本的新型集疏运方式后,也就顺利地更改了传统物流途径,上港集团"陆改水"的业务量也有了明显的提升。

另一方面,"陆改水"和"公改铁"业务在这段非常时期内迅速得到发展和规模化,进一步降低了成本,更多大客户直接找到港口企业,寻求"陆改水"和"公改铁"业务合作。

(一) 依托母港发展多点式一体化集疏运体系

作为全球第一大集装箱运输港口,上海港近十年来一直致力于集疏运体系发展。在上海港的带动下,周边地区沿着水系,兴起了大大小小的喂给港。从最初的安吉、独山、无锡等地继续往长三角各地扩张,并在 2020 年推出了内陆还箱站(inland container deport, ICD)模式,将内陆点港口进行更系统化管理。

目前,上海港已经形成了沿河(长湖申线)、沿江(长江中下游地区)和沿海全面的"陆改水"网络覆盖。同时,上海港对加入"陆改水"生态圈的港口,进行统一的空箱调运管理和重箱操作管理。铁路方面,也已经在华东地区布局 9 个点,对接芦潮中心站,为客户提供"公改铁"服务。

区别于以往一个个点的开设,自 2020 年起,上海港搭建了 ICD 平台和空箱调运中心,通过两年来的扩张和布局,长三角 ICD 项目已经初具规模,在苏州、无锡等地,将上海港的港口服务推向了客户端。以上海港东北亚空箱调运中心作为配套,伴随 ICD 项目向内陆点延伸,上海港在空箱调运、内陆货物集散、最后一段运输这三个方面,提供了打包式服务,为客户量身定制了物流产品。

ICD 深入的点,通常集水路、公路、铁路和口岸服务于一体,客户将货物送到"家门口"的 ICD 点,即视为进港,后续 ICD 会根据客户不同的需求,提供水路、铁路或者公路服务,将货物送上大船。除了部分货物因为天气因素需要陆路紧急拉动以外,其他货物均以"陆改水"或"公改铁"模式出运。这些模式因其规模化的运输效应,为客户带来了成本上的节约。同时,随着"陆改水""公改铁"业务的日趋成熟,航班也更加稳定,为货运时效性提供了保证。

(二) 依需提升服务实现港口方与客户"双赢"

在发展集疏运的道路上,上海港付出了大量的精力。这样的服务模式在全球疫情防控期间更凸显其优势和不可替代的作用。2021年,新冠疫情在全球蔓延,大量船舶和集装箱在海外各港滞压。面对全球船舶运力和空箱的紧缺,上海港利用自身优势,积极协调各航运公司,利用春节期间等空箱较为富余的时间段,将堆积在码头的空箱调至各内陆点。这一措施也是上海港在春节假期结束后,业务量迅速回暖、箱量迅速攀升的重要因素之一。

在这之后,上海港东北亚空箱调运中心(以下简称"空箱调运中心")应需而生。由于内陆点港口持续增加,面对的航运公司也较多,点对点的提箱需求带来了巨大的工作量,上海港搭建了针对客户、内陆点、船公司的公共空箱调运平台,统一收集各点用箱需求,替客户集中向船公司提出用箱申请,配合船舶公司,为客户提供更有效的服务。

同时,在集装箱运输市场缺箱时,空箱调运中心能够平衡各点用箱需求,分配可用箱源,同时对各点用箱操作进行考核,承担一部分箱管责任,为船舶公司的空箱使用周期把关。空箱调运中心为上海港全年创历史新高奠定了基础,也在"六稳六保"工作中,发挥了不可替代的作用。

与2021年有所不同,2022年大量空箱在春节期间回流,上海港在农历新年也没有停止忙碌,解决回流空箱的堆存问题,成了重要的任务。而渗透在内陆的各个喂给点,此次则负担起空箱疏运及堆存的角色,成为一个又一个空箱堆存分中心,为船舶公司和上海母港解了燃眉之急。这些集装箱在年后的出货恢复中,又一次起到了积极的作用。

上海港是上港集团的母港。对于母港来说,通过新辟的物流手段,稳定货源,改变托运方出货习惯,增加对母港的依赖度,这是上港集团优化上海集疏运体系的一个重要目的。而对于上港集团来说,优化集疏运体系,既是利国利民的大好事,又能给企业和客户带来成本和效率上的优势,也是打赢"蓝天保卫战"的必然手段,对环境的积极作用不容小觑。

当然,集疏运体系的优化,也需要得到全社会,尤其是各大航运公司的积极配合和响应,在空箱和舱位上,对以水路或铁路运输为主的集装箱需要客户提供相应保障,让客户对这样的新型运输模式更信任、更依赖。

思考题:

(1) 疫情下上海港"陆改水""公转铁"对港口内部的生产组织可能带来了哪些改变?

(2) 为了保证上海港"陆改水""公转铁"顺利进行,涉及的外部协调单位可能有哪些?

(3) 港口生产调度如何去适应我国港口智慧化发展需求?

引　言

港口企业的生产组织是从接待车、船开始,送走车、船为止为一个生产周期。车流、船流连续不断地到达,并经过装卸之后离去。其任务是为了保持港口畅通,加速车、船、货的周转,并按期、按时、安全优质地完成车、船装卸。提前编制港口生产计划,包括月度生产计划、昼夜生产计划等,是保证完成港口生产组织任务的重要前提。码头生产调度是港口生产运作管理系统的核心,码头生产调度工作质量直接影响到企业的经济效益,我国码头生产调度工作主要是通过编制生产作业计划,召开各类生产调度会议以及现场调度指挥来开展的。

第一节　港口企业生产运营过程

一、港口企业生产过程的概念及其组成

港口企业的生产组织是从接待车、船开始,送走车、船为止为一个生产周期。车流、船流连续不断地到达,并经过装卸之后离去。因此,港口企业的生产是以为车船服务的、一个周期连一个周期地循环进行着。港口企业生产过程的组织就是研究从车、船到达,在港进行装卸等各项作业、货物在不同运输方式之间完成的换装组织过程。

生产过程组织的合理与否,对提高效率、节约装卸成本起着重要作用。所谓科学、合理地组织生产过程,就是通过组织工作,使港口企业在保证人身安全和货运质量的前提下,使整个生产过程的各个环节相互衔接,协调配合,保证企业资源、空间、时间都得到最合理的利用,使整个生产过程获得最佳经济效益。

港口企业生产过程按其程序可划分为:生产准备过程、基本生产过程、辅助生产过程和生产服务过程四个阶段。

(一) 生产准备过程

生产准备过程是指在基本生产活动之前,港内所进行的全部技术准备和组织准备工作,主要包括:编制出装卸作业计划,并且根据计划完成货物操作过程及装卸工艺的确定,装卸地点、库场、接运工具的确定与准备,装卸机械的准备,人力资源的准备,以及货运文件的准备等。这些工作是确保基本生产过程顺利进行的前提。

(二) 基本生产过程

基本生产过程是货物在港内所进行的装卸过程,又叫货物的换装过程,是指货物从进港到出港所进行的全部作业的综合。基本生产过程是直接完成船、车货物的装卸过程,它

包括：卸船过程、装船过程、卸车过程、装车过程、库场作业过程、港内运输以及其他生产性作业等，由此可见，港口企业的生产过程最少由一个操作过程所组成。

货物在港内贮存期间，根据需要可进行库场之间搬运，这类作业应视为一个独立操作过程，但货物在同一库场内的倒垛、转堆属库场内整理工作性质的，与翻舱、散货的拆、倒、灌、绞包、摊晒货物等同属装卸辅助作业，均不计为操作过程。

港口为了便于抓好各环节之间的衔接与配合，实现装卸工作机械化和合理的劳动组织以实现港口生产全面质量管理，港口又将操作过程划分为若干个工序。

工序是组成港口基本生产过程的最小单元，是指在一个完整的操作过程中，能起独立作用的部分。通常，港口的作业过程可划分为五个工序：舱内作业工序、起落舱作业工序、水平搬运作业工序、车内作业工序和库场内作业工序。

在既定的作业工序中，完成 1 t 货物的操作，计算一个工序吨，使用机械操作的计算为机械作业工序吨，使用人力操作的计算为人力操作工序吨，工序吨的计算是衡量机械化程度的重要依据。

在进行基本生产过程组织时，要使组成操作过程各装卸工序的生产能力协调一致，否则，整个操作过程的装卸效率将受到最薄弱环节的装卸作业工序能力的制约。因此，所谓保证基本生产过程（或操作过程）的协调性和连续性，就是要保证其他非主导工序服从主导工序协调，以保证主导工序的连续性。所谓主导工序是指对整个装卸作业过程起主导作用的工序，例如组织船、库（场）作业过程，其主导工序就是指卸船（或装船）机械的效率。

（三）辅助生产过程

辅助生产过程是保证基本生产过程正常进行所必需的各种辅助性生产活动。它包括：装卸机械的维修与保养、装卸工属具的加工制造与管理、港口各项设施的维修，以及动力供应等。此外，在一条船或一列车装卸结束后所需要进行的码头、库场整理工作等，这些均属辅助生产活动。

（四）生产服务过程

生产服务过程是指为保证基本生产过程和辅助生产过程顺利开展所进行的各种服务性活动。它包括：理货业务、仓储业务、计量业务。为船舶服务的有技术供应、生活必需品供应、燃物料和淡水供应、船舶检验与修理，以及压舱水的处理等；为货主服务的有货物鉴定、检验、包装等。此外，还有集装箱清洗与检修、港内垃圾与污水处理等。在港口生产过程中，服务性生产活动也是港口生产活动不可缺少的组成部分。

在组织生产过程时，既要组织好基本生产过程，也要组织好其他三个过程，在组织生产过程中，不但要注意物质（即各项设备）的组织，而且要抓好信息的组织。在港口生产过程中，由于信息不畅通而产生的生产中断，在总的中断时间中占有很大的比重。例如，船舶积载图未能在船舶到港前收到，港口无法提前做好准备工作；外贸出口货虽然到港了，但由于某些手续没有办妥而不得不退关的现象也时有发生。

二、港口生产过程组织的基本原则

港口装卸工作比一般工业企业生产更为复杂,影响因素也多,如何科学、合理地组织生产过程,就是要通过良好的生产组织工作,使整个生产过程的各个环节相互衔接、协调配合,保证人力、物力、空间和时间得到最充分、最合理的利用,多、快、好、省地完成运输生产任务,以达到最佳经济效果。为达到这个目的,在组织生产过程中必须遵循以下几个方面的原则。

(一) 生产过程的连续性

港口生产过程的连续性主要表现如下。

(1) 港口生产过程的组织是以运输工具为对象的。因此,只有运输工具从进港开始,直到完成全部作业,将货物运出港为止,才算结束了港口的生产过程。因此,作业一旦开始,就要保证作业的连续性,但这并不意味着所有的作业都必须连续进行,主要是要保证关键作业的连续进行。例如,一艘海船有若干个舱口,在组织作业时,要保证重点舱装卸作业的连续性,至于其他非重点舱的装卸作业则不一定要求连续进行,但要注意非重点舱的作业结束时间不得晚于重点舱的作业结束时间。

(2) 一艘船舶的装卸一般都由若干条作业线组成,而一条装卸作业线又是由若干个作业工序按照一定的程序连接起来的,某一工序的中断将引起整个作业线的中断。为保证装卸作业线的连续性,必须保证各作业工序的能力与协调。

(3) 港口生产过程的连续性还应表现为四个阶段之间,即生产准备过程、基本生产过程、辅助生产过程以及生产服务过程之间组织平行作业或合理安排顺序,以避免在作业过程中由于衔接不好而使生产作业中断。

(4) 根据港口生产活动的不平衡性特点,港口企业要具备一定后备能力,而后备能力在任务非高峰期间是以闲置状态存在的,因此,不能要求港口所有资源都处于连续工作状态。

(5) 港口生产过程的连续性还表现为货物在港作业的连续性,也就是说最大限度地缩短货物在港停留时间,尽快实现货物周转。

(二) 生产过程的协调性

港口生产过程的协调性,是指港口生产各主要环节之间、作业线上各作业工序之间,在生产能力上,也即在人员、设备等各个方面配合得当。同时,还要保证装卸中各种运输工具之间配合得当。虽然,在港口装卸船舶是其主要任务,但也不应忽视对其他运输工具的装卸组织工作。因为,对其他运输工具的装卸同样占据了港口企业的很大一部分资源,如果组织得不好,也将会导致资源浪费。而且,对其他运输工具的装卸若组织得不好也会影响船舶的装卸。

(三) 生产过程的均衡性

港口生产过程的均衡性,是指在相同的时间间隔内下达的任务必须均衡,同时,也包括各个阶段、各个作业工序所完成的任务相同（或相接近）或稳步上升。由于港口生产活动受多种因素的制约，有自然的、政治的、经济的以及技术等原因的影响，因而在不同时期生产任务都有可能发生变化，导致不均衡。除此之外，由于港口并不是孤立存在的，一般总是与若干个港口相联系的，即使对某个港口某种货物的发运是均衡的，而几个港口的装卸点合在一起也可能会引起对方港口的生产任务不均衡。因此，组织好港口生产过程的均衡性是生产过程组织水平的集中表现，能给港口企业带来良好的经济效果，能避免前松后紧，防止赶任务，防止货损、货差、设备损坏，有利于安全生产和保持企业的正常生产秩序。例如，港口可以加强横向联系，及时把握各种信息流，把运输工具和货物到港的不均衡程度降到最低，也可以通过合理组织作业以及合理安排港口的资源，把不均衡性对港口所起的不良影响降到最低程度。例如，由于台风，船舶不能按时到港，可以争取更多的铁路货车到港，备足装船的货物，台风过后船舶密集到港时，就不会因等货造成船舶装货的中断；当运输工具和货物到港都较少时，可以组织一些整理库场的作业，改善装卸作业环境和条件，以利于提高装卸效率，缓解不均衡性的影响；当运输工具密集到港口时，也可以通过合理组织，以减少它们的等待时间。

（四）生产过程的经济性

港口生产过程的经济性，是指在组织港口生产过程中不仅要考虑生产效率，而且还要全面考虑其经济效益，这也是港口管理由生产型转为经营型的重要标志。为此，在船舶装卸时间相等的条件下，应该尽量采用装卸成本低的装卸工艺方案；在货物堆存的库场比较分散时，要通过方案比较确定船舶是否应该移泊，等等。在这里，既要避免片面加速运输工具的装卸而不考虑港口企业经济效益的倾向，同时也要避免片面追求港口企业的经济效益而损害社会效益的倾向。

应该看到，追求经济效益是港口企业经营的目标，也是生产过程组织优劣的重要标志。以最少的投入获得最大的产出，这一指导思想在组织港口生产过程中应自始至终得到最具体的体现。

港口生产过程组织中的连续性、协调性、均衡性和经济性是相互联系的，只有四个方面都抓好了，才能算真正组织好了港口企业的生产过程。

三、港口生产过程组织的任务

（一）保持港口畅通，加速车、船、货的周转

港口是运输网络上的各种运输工具之间的换装点，港口的畅通是保证各条运输线路畅通的关键。如果港口发生堵塞就会在各条运输线路上立即反映出来，并将引起连锁性的反应。因此，保持港口畅通是生产组织者的首要任务。只有港口畅通无阻，才能够保证车、船、货物的加速周转。

（二）保证按期、按时、安全优质地完成车、船装卸任务

车、船装卸是货物在港口实现换装的中心环节，也是生产过程组织的主要任务。它通过各种作业计划落实到具体的车、船、班组,当港口出现任务不平衡的时候,首先应当保证重点物资的运输和重点船舶的装卸。

(三) 充分合理运用港口资源和一切技术手段完成生产任务

在港口生产组织中,如何使投入的机械和人工消耗最少是一项重要任务,因为它是关系到港口经济效益高低的主要因素。所以,无论是生产过程的空间组织,还是生产过程的时间组织,都应该把提高港口经济效益,不断降低装卸成本放到重要的地位。

(四) 加强港口生产过程相关的各部门间的合作

生产过程组织的另一项重要任务是与港口生产过程有密切关系的各个部门(铁路、航运、外贸、货主等)之间的组织配合与全面协作,是保证港口生产顺利进行的不可缺少的条件。因为港口生产过程从输入到输出以及各个生产环节都涉及港、航、路、货等各个部门在技术、经济、管理、组织上的联系,因此,没有它们之间的配合与协作,港口生产过程组织也是难以实现的。

第二节　港口生产计划的编制

一、港口生产计划

计划工作是管理的重要职能。计划管理的实质就是通过有组织地对企业的生产、经济、技术活动进行科学的决策、调节与控制。港口计划的制订过程,即是对港口生产过程的空间组织和时间组织,实际上就是港口生产任务的分配过程。

港口生产计划是港口计划的主体和核心,是编制港口其他计划的依据和基础,包括货物吞吐量计划、旅客吞吐量计划、成组及集装箱运量计划、装卸工作计划、设备运用计划和船舶在港停泊计划等。

按时间划分,港口计划又分为长远计划、年度计划、季度计划、月度计划、昼夜计划、当班计划等。

港口计划的制订过程,实际上就是任务的分配过程。计划的综合平衡是港口生产计划工作的重要任务。所谓计划的综合平衡,就是把计划期内需要完成的任务与可能的生产条件(生产能力)联系起来进行对比,经过调整,使港口各要素之间、各部门之间,保持相对的平衡。只有在任务和能力相互适应的基础上,正确地制定各种计划指标,做到相互衔接、相互协调和相互适应,克服薄弱环节,防止严重脱节现象的发生,才能在保证完成计划任务的前提下,有效地节约和使用人力、物力和财力,不断提高经济效益。

港口是物流的枢纽。港口经营活动与各种运输方式和国民经济其他部门之间有着密切的联系。港口与船舶、航道,它们是互相联系的,又是相互制约的,必须合理地确定与这些部门之间的比例关系和增长速度,才能保证和促进港口与国民经济的同步发展。因此,港口计划的综合平衡,涉及外部平衡和内部平衡两个方面。外部平衡,主要是港口与国民经济之间的平衡。水运的运输量发展水平和增长速度,取决于国民经济中工农业生产的发展水平和基本建设规模。港口内部的平衡,主要是指港口内部各个环节按合理的比例发展。生产计划综合平衡主要包括以下内容。

(一) 生产任务与能力之间的平衡

港口生产任务与港口生产能力密切相关。这是编制港口计划量的主要平衡关系之一,是港口计划综合平衡的中心环节,也是搞好港口计划综合平衡的基础和依据。港口生产任务取决于国民经济各部门对水运的需求。一般来说,生产建设发展越快,需要通过流通领域的货物也就越多。港口生产任务一般取决于下述因素:

(1) 港口生产力的配置情况及港口与综合运输系统的联系条件,这是货源竞争的基本条件。

(2) 市场需求,包括货物流及其构成、国内外贸易的需求,港口的特色服务是满足这些需求的基本条件。

(3) 港口的经营战略等。确定生产任务主要是了解国民经济发展趋势、国内外经济动态,经过港口双向腹地经济调查和市场需求调查,每年年度计划编制之前必须作好这项工作。同时,每个季度到来之前也要进行腹地货源调查,以便于修订季度计划。

港口生产能力包括:码头通过能力、库场储存与通过能力、装卸机械作业能力、铁路线路通过能力、港内运输能力、船舶供应能力、计量系统的通过能力、同时开头作业能力等。

生产任务与能力两者之间必须相互适应,求得平衡,并要留有一定的后备能力。否则,会造成货物的积压或能力的浪费。

(二) 船舶运输任务与港口通过能力的平衡

港口是水运生产的重要环节。船舶运输任务的完成,要以港口通过能力为前提,如果港口建设发展速度过慢,导致港口泊位不足,船舶在港停留时间过长,以至于港口压船、压货严重,成为整个运输系统最薄弱的环节,就会制约交通运输和国民经济的发展,也会影响对外开放的成效。而抓好港口建设,加强港口经营管理,是做好船舶运输与提高港口通过能力综合平衡的关键。

(三) 港口内部的平衡

在港口内部,生产环节比较多,有码头泊位、仓库堆场、装卸机械、驳运设备等。如何使这些环节互相配合,共同组成一个有机的整体,是港口综合平衡极为重要的工作。做好内部平衡,最主要的是港口吞吐任务与各环节通过能力的平衡。对于专业性码头、综合性码头,在安排生产任务时,既要考虑设备的利用情况,又要考虑经营效果。由于货源及其他客观因素的可能变化,计划必须能相应变更;要按照专业化分工的原则,最大限度地利用人力、物力和财力,以收到最好的经济效果。

(四) 生产与建设的平衡

港口基本建设是保证扩大港口生产能力和提高港口通过能力的物质基础。基本建设规模和速度,与运输的发展是否适应,对满足生产需求有着重大的影响,必须求得相互平衡。

生产与建设是互相联系、互相制约的。一方面生产为基本建设提供生产资料和消费资料;另一方面,基本建设又向生产提供固定资产,两者互为发展的条件,又互为制约,客观上存在着一定的平衡关系。如果基本建设规模太大,超过现行生产需求,势必造成生产能力的过剩,影响生产效益的发挥;若超出港口所能提供的追加生产资料的能力,过多地占用现行生产所必需的人力、物力和财力,就必然会导致挤生产、挤生活、挤后备,其结果也会影响到基本建设本身,拉长建设周期。反之,如果基本建设规模太小,不能适应港口发展和国民经济发展的需要,落后于现行生产需求,就会延缓港口的发展。对于运输任务与基本建设之间的平衡,主要是根据计划期运输任务增长的需要,并参照基本建设计划中新增的运输船舶、新辟的航线和新建的港口码头泊位等项目进行对照研究,同时应了解其数量、建设进度和提供的能力与效益及需要是否一致。因此,港口基本建设计划主要是根据计划期内运输任务的增长对港口功能及能力拓展的需求。

（五）基本生产与辅助生产之间的平衡

为保证生产任务的完成,港口设有辅助生产部门,如机修公司、航修公司、铁路运输公司、汽车运输公司、电力公司、通信公司、理货公司、燃料供应公司等,它们既是经济独立核算企业,同时它们的规模、生产活动又主要是由港口基本生产任务派生出来的。基本生产与辅助生产是相辅相成、相互制约的,只有两者之间保持一定的比例关系,才能保证港口生产的正常进行。

（六）其他平衡

其他平衡主要包括港口对外集疏运能力的平衡;船舶运输与航道通过能力的平衡等。

为了搞好港口计划的综合平衡,应做到以下几点:

（1）计划指标要积极可靠,留有余地。

（2）安排计划既要保证重点,又要照顾一般。

（3）长期计划与短期计划要有机地结合起来,保证全面完成和超额完成计划指标。

二、港口生产作业计划的基本内容及分类

港口生产作业计划是港口企业计划的具体执行计划,它以企业计划为总目标,结合各阶段（月、旬、日、工班）的生产具体情况,规定各阶段作业的具体任务和实施办法,是整个计划的具体化,是组织企业日常生产活动的具体化。

港口生产作业计划都是以装卸对象编制的阶段性计划,通常涉及以下内容:

（1）船舶泊位的安排。

（2）装卸工艺流程的确定。

（3）根据确定的装卸工艺流程,合理地分配港口生产资源,确定各项作业的生产进度、安全质量要求以及相应的责任者。

（4）根据船方、货方的有关要求，确定与作业有关的协作单位，向它们提出协作要求，以保证装卸作业的顺利进行。

目前的港口生产作业计划一般分为月度生产作业计划、旬度生产作业计划和昼夜生产作业计划。其中，月度生产作业计划主要由吞吐量计划和装卸工作计划组成。吞吐量计划是依据港口综合通过能力和月度货源组织落实情况而编制的，反映了月度进出港口的各类货物的数量并以此确定港口月度生产任务；装卸工作计划是在吞吐量计划确定后编制的，集中反映了港口装卸作业以及与装卸作业有关的各项工作的数量与质量指标，目的是保证吞吐量计划的顺利完成。

旬度生产作业计划是月度生产作业计划的具体化，考虑十天内的船舶到港情形，具体安排各公司的旬度进出任务，根据本旬度来港船舶资料基本确定船舶的装卸货种、数量、流向与作业泊位，并初步确定船舶在港装卸停泊时间。通过旬度生产作业计划，较早发现月度生产作业计划在均衡性等方面存在的问题，便于港口各级领导及时采取调整措施。此外，旬度生产作业计划也是航运部门安排运力、调整船舶到港密度的依据。

昼夜生产作业计划是港口各级生产调度部门组织和指挥生产的主要依据，也是协调港口内部各生产环节、协调港口与其他有关单位的配合，保证港口尽可能地连续均衡生产的重要手段。该计划不但对车、船的装卸顺序、作业地点、操作方法等做了明确规定，而且对每艘船、每辆车的作业方法，所使用的机械设备、劳动力配备等方面做了详细安排，对昼夜各工班装卸的数量以及船舶车辆作业完工时间等也作了具体规定。

三、港口月度生产计划

港口月度生产计划是年度生产计划的具体化，是为了保证年度生产计划任务的完成而制定的。它主要包括港口月度吞吐量计划和港口月度装卸工作计划。

（一）港口月度吞吐量计划

港口月度货物吞吐量计划，由港口计划部门会同生产调度及货运商务等部门，根据月度货物托运计划，月度外贸进出口船货计划（外轮到港计划），各航运企业的船舶运力资料，以及港口码头泊位、仓库堆场、机械设备、劳动，以及集疏运能力等资料，经综合平衡后编制的。

港口月度吞吐量计划中规定的主要内容，有分货种、分流向、分航线的货物吞吐量和旅客发运量。货物吞吐量的货类构成及其主要流向，反映了地区之间的经济联系、腹地生产配置以及对外贸易的情况，也反映出了港口在国内外物资交流中的地位和作用。

港口月度生产计划既是编制港口月度生产方案和其他作业计划的依据，又是年度计划与作业计划之间承上启下的纽带。因此，只有确定了月度生产计划，才使港口与航运、铁路、货主之间建立起严密的协作关系。

为了提高月度吞吐量计划水平和质量，应对计划的编制、贯彻执行以及检查分析、反馈评价等工作予以足够重视，提高计划的预见性和指导性。同时，也要强调计划的严肃性,计划指标的确定、修改都必须按程序办理。

在编制计划之前,应进行运输形势分析,并对上月计划完成情况、原因和问题进行分析研究,找出工作中的强弱环节,以便作为编制计划时的参考。计划的编制必须按程序进行,编制计划所依据的各项数据,应具有可比性。货物吞吐量计划大致格式见表 9-1。

表 9-1　港口货物吞吐量计划

货类	本 期 计 划														
	总计	外　贸			内　贸										
		合计	进口	出口	合计	进口	北方沿海	南方沿海	长江	内河	出口	北方沿海	南方沿海	长江	内河
合计															
煤炭															
石油															
金属矿石															
非金属矿石															
钢铁															
矿建水泥															
化肥															
盐															
粮食															
其他															

(二) 港口月度装卸工作计划

港口月度装卸工作,是港口为保证完成月度吞吐量计划任务而对港口装卸作业所作的计划安排,并确定企业为保证企业吞吐量计划的完成,各方面工作应达到的水平。

港口月度装卸计划由港口计划部门或调度部门编制,包含的计划指标较多,各港也不尽相同。它的主要指标有按自然吨或吞吐量计算的生产任务,有按操作吨计算的装卸工作量及一系列反映效率及港口生产要素利用程度的指标等。

四、港口昼夜生产作业计划

昼夜生产作业计划是码头生产作业计划体系中最基本也是最具体的计划,港口企业的旬度、月度以及年度计划的完成,都有赖于每个昼夜计划的完成。另外,由于港口生产具有多环节、多工序、涉及面广和情况多变等特点,因此编制昼夜生产作业计划就显得特别重要而又比较复杂,要成功地编制好昼夜生产作业计划需要准确掌握以下资料。

(1) 上级指示、相关单位的协作情况和船方、货主要求等。

(2) 货物资料,包括货种、数量、流向等。

(3) 船舶资料:船型、到港时间、装卸设备、船舶积载情况等。

(4) 集疏运工具的供应情况:集疏运列车、卡车以及驳船等运输工具的到港密度与载货量。

(5) 水文气象:天气、海浪、潮汐等情况。

(6) 港口自身的实际情况:码头泊位能力、机械设备的备有量、库场堆存能力以及员工的素质和出勤情况等。

表9-2是我国某港集装箱码头公司的“昼夜作业计划表”样式。一些港口生产经营企业根据生产作业需要,将昼夜生产作业计划再进一步细分为工班计划,更详细地给出了在一个工班时间内的港口生产经营企业生产组织的安排方式。

第三节　码头生产调度方法

一、码头生产调度工作的任务和要求

码头生产调度是港口生产运作管理系统的核心,其主要任务落实在码头生产调度岗位。码头生产调度工作质量直接影响到企业的经济效益,所以如何做好码头生产调度工作已成为港口生产经营是否成功的关键。码头生产调度的任务归纳起来有:

(1) 根据国家的有关法律和政策,以及企业领导的指示,到港车船和货物以及自身的码头专业化程度等情况,与航运、铁路、物资、货主、海关等港外有关单位密切联系,加强协作配合,使装卸作业连续不断地进行。

(2) 根据货源、运输工具、机械设备、仓库场地以及劳动力等情况,配置生产作业线,具体确定采用的装卸操作方法、选用的机械类型、配备的劳动力和确定作业起止时间等。

(3) 掌握生产作业情况及其进度,预见和及时发现生产调度中的不平衡现象,采取事前计划、过程控制和事后补救相结合的方法,以保证正常的生产秩序。

鉴于上述码头生产调度任务,提出以下对码头生产调度工作的要求。

(1) 预见性:预见包括两个方面:一是采取预控措施,消除港口生产中的隐患;二是事先准备,采取有效的应急措施,有了预见性才能保证码头生产调度工作的主动性。

(2) 计划性:计划是为达到既定目标而预先规定的工作进度及其措施,计划性是码头生产调度工作的基础和依据。

表 9 - 2　某港集装箱码头昼夜作业计划表

作业类别	船名航次	作业地点	作业过程	货名	总箱			工作时间				船舶动态	上昼夜剩余			第一工班								第二工班	第三工班	昼夜合计			昼夜剩余		
																计划与实绩			配工		当班剩余										
					吨位	20 ft	40 ft	靠泊	开工	完工	离泊		20 ft	40 ft	吨位	20 ft	40 ft	吨位	工人	机械	20 ft	40 ft	吨位			20 ft	40 ft	吨位	20 ft	40 ft	吨位
吞吐箱吨合计																															
车驳库场火车作业																															
操作箱吨合计																															

吞吐箱吨

	吞吐箱吨合计			昼夜箱吨合计		
	操作箱吨			火车		
	20 ft	40 ft	吨	20 ft	40 ft	吨

操作箱吨合计

昼夜完成总数	班次		昼夜工人出勤	班次	出勤	多缺	备注
	第一班			第一班			
	第二班			第二班			
	第三班			第三班			
	合计			合计			

昼夜机械出勤	机械名称	现有台数	出勤台数			备注
			第一班	第二班	第三班	
	桥吊					
	轮胎吊					
	……					

安全生产注意事项

（3）集中性：为了有效地维护港区生产经营的统一领导，保证生产资源合理配置，以及生产活动有条不紊地正常进行，在港口采用集中管理方法是必要的。当然，这种集中管理的有效性有赖于港口两层管理之间的协调性。

（4）及时性：发现问题迅速、信息反馈及时、解决问题果断。

（5）经常性：生产一开始，就必须不间断地进行生产调度、协调和平衡，这正是港口现场生产调度指挥系统的工作。

（6）全面性：既要全面掌握港区内部人、财、物的资源配置和生产作业计划等情况，又要掌握各协作单位与港口生产密切相关的信息。

二、码头生产调度的方法

目前，我国码头生产调度工作主要是通过编制生产作业计划，召开各类生产调度会议以及现场调度指挥来开展的。

（一）码头生产调度会议制度

码头生产调度会议制度是根据港口生产经营的特点和要求确立的，是做好码头生产调度工作的重要保障，其作用在于：

（1）协调港、航、车、货等各方面的联系与配合，保证装卸运输的顺利进行。

（2）通过各种生产会议布置港口的月度、旬度和昼夜等生产作业计划。

（3）检查和总结各生产作业计划的完成情况以及安全质量情况。

（4）抓好重点船、重点舱和重点货的装卸任务。

由于码头生产调度会议是围绕着码头生产作业计划的制订、布置和生产作业计划完成情况的反馈而召开的，因此码头生产调度会议也相应划分为：月度生产会议、旬度生产会议和每日生产会议（包括交接班会、生产计划预编会和生产会等）。另外，根据港口特殊的装卸任务也可临时召开一些生产会议。

码头生产调度会议制度与港口生产运作管理中的调度机构相对应，而港口的生产调度机构的设置又与港口企业管理机构的设置相一致。港口企业管理机构是根据港口规模、港区分散或集中程度、码头专业化程度以及各自的生产经营特点等情况设置的，一般采用两层管理机构："集团公司—装卸公司"，相应地在生产调度中也采用集团公司生产调度会议和装卸公司生产调度会议两层调度会议制度。

（二）现场生产调度

一般港口除了集团公司、装卸公司两层调度部门外，在现场生产调度中还配有值班调度人员和装卸指导员（也称单船指导员），负责港口装卸生产的现场直接组织和指挥工作。

现场生产调度总的任务是以昼夜生产作业计划和调度部门布置的任务为依据，具体负责所承担船舶的劳动力和机械设备的配置、装卸工艺和流程的落实，努力做到使各装卸生产任务能平衡、安全地进行。

我国现行的码头生产调度决策过程（主要体现在生产作业计划的制订过程）是一个多环

节过程,决策中参与的人员较多。企业生产过程是指为完成企业某一目标(或任务)而进行的一系列逻辑相关的活动的有序集合。港口企业生产过程则应是指港口企业为完成装卸、搬运、储存等生产任务而进行的一系列活动。我国港口企业生产过程目前主要采用的是两层生产运作管理模式,这种模式已经经过几十年的运作,形成了一套较稳定的职责分工方法。

在港口两层生产运作管理过程中,集团公司一层主要负责以下生产安排的决策:

(1) 船舶到港后作业泊位的指定(指泊),即负责全港船舶作业任务分配。

(2) 确定重点装卸船舶的优先权,保证重点物资装卸。

(3) 确定船舶作业总体进度及要求,对现场生产调度提出指示。

(4) 全港性资源的调配(如拖轮、浮吊、铁路专用线、二线库场等)。

装卸公司一层主要负责以下生产安排的决策:

(1) 针对集团公司下达的生产任务,制定具体的生产作业计划。

(2) 根据公司可以调配的生产资源,合理安排人力、设施、设备,以最经济的方式组织生产。

(3) 向集团公司申请全港性生产资源的使用。

(4) 负责生产过程中的现场指挥。

(5) 及时反馈公司生产进度,对于生产中所遇到的重大问题请示集团公司。

三、码头生产调度的职责

码头生产调度的主要职责是负责全码头日常装卸生产的组织指挥工作,主要有下述几方面:

(1) 根据下达的运输任务,审核平衡港口各作业区吞吐量计划,具体编制月度、旬度和昼夜生产作业计划,保证全面完成装卸任务。

(2) 按照装卸工艺方案,合理利用人力、机械、泊位及其他设施,充分发挥和扩大港口通过能力,努力缩短车、船在港时间。

(3) 根据货流货种、车船到港变化情况,平衡调整码头的作业安排,组织均衡生产,保证船舶作业安全,提高货运质量。

(4) 掌握车、船装卸进度和货物集中情况,联系铁路、航运和物资部门,搞好车、船、货的衔接。

(5) 编制以专线、班轮、成组、集装箱、特运、成套设备和长重件为重点的装卸方案,并组织实施。

(6) 检查安全、生产、客货运输的质量,分析存在的问题,提出改进措施。

(7) 负责联系船舶的燃物料、淡水、伙食等项供应和船舶临时修理工作。

(8) 负责向调度会议汇报安全、生产、客货运输质量情况和存在的问题,监督检查有关生产决议的执行情况。

(9) 负责日常生产快速统计和生产日报编制工作。

(10) 参与研究制定水运合理流程图,组织合理运输,按计划组织货物集中和疏运,合理使用库场,不断扩大库场通过能力。

(11) 每天将旬计划内的外贸船舶,装卸和预计离港时间的动态告诉外轮公司。

(12) 按旬、月作出工作小结,总结推广先进经验,不断提高调度工作水平。

 案例

北斗定位技术在集装箱码头智能调度中的应用及精度分析

港口码头是服务型企业,服务质量的高低很大程度上取决于能否缩短港区内集装箱作业的通过时间(例如外集卡在港区内的提箱作业时间、船舶在泊位上的装卸作业时间等)。通过总体作业时间的缩短为港口企业带来显著的业务价值,一方面是缩短货物总的在港时间,提升客户(包括货主、船公司等)的满意度,另一方面是通过效率的提升推动港口内部运营成本的下降。在既有码头布局、工艺布置和设备配置下,利用智能调度算法和基于数字孪生的仿真推演技术等从全局角度来提升港区作业效率是解决问题的关键,而北斗定位技术系统在港区的应用是所有智能算法的基础,能够为集装箱码头的智能调度提供数字化基础设施支撑。

一、集装箱码头的定位需求和应用场景

集装箱码头需要定位的实体业务对象有集卡、桥吊、龙门吊和流动机械等,通过定位技术获取集卡和设备在港区的实时位置和运动轨迹信息,服务于港区内部装卸船和进提箱等作业的智能调度管控过程。具体业务场景主要包括集卡指令实时指派、箱区作业协同、水平运输时长预估、港区道路拥堵识别和管控、集卡行驶路径规划优化等。

(一) 集卡指令实时指派

装卸船作业的本质是调度集卡资源完成集装箱的物理位移,而调度集卡资源的重点是在合适的时间将合适的任务指令派发给合适的集卡,同时达成集卡总行驶时间最短、空载时间最短的业务目标。确保合适的任务派发、调度的关键在于对集卡位置的实时感知。具备北斗高精度定位能力的集卡按既定频率实时推送自身当前位置到位置服务平台,当装卸船任务指令生成并激活后,调度系统请求获取港区内所有集卡的实时位置信息,位置服务平台负责反馈给调度系统,后者动态计算并实时决策最适合执行任务的集卡,完成任务指派。

(二) 箱区作业协同

集卡在集装箱箱区作业需要与龙门吊进行协同,原则是尽量减少龙门吊的水平移动,以降低大车移动的时间成本和能耗成本,因此需根据集卡进入箱区的数量和顺序确定龙门吊最佳移动策略。集卡进入箱区时,箱区口电子围栏获取集卡定位终端信号,根据设置规则动态触发集卡驶入事件。为提高事件触发的稳定性,通常设置箱区口若干个贝位为集卡定位触发源。调度算法根据电子围栏获取到的集卡驶入箱区信息快速计算是否需要进行空载集卡置换或重载集卡的箱位调整等。同时,集卡触发进入箱区的事件,触发智能

调度系统提前规划龙门吊大车的移动策略,优化总体移动行程。当集卡按照智能调度系统的指示停靠在指定箱区和贝位后,再次自动触发贝位电子围栏,通知龙门吊开始垂直装卸作业,最终完成龙门吊与集卡的作业协同闭环。

(三)水平运输时长预估

利用水平运输时长预估功能对港口时空网络进行动态演进。首先,根据历史运行数据对调度系统中的机器学习算法进行训练,迭代提升算法模型的精准度。其次,在生产推理环境中,根据集卡的实时定位数据和算法模型对集卡水平运输时长进行在线预测。集卡在码头前沿和堆场中行驶,时刻处于电子围栏组成的定位矩阵中。调度系统能够实时获取集卡在当前时刻所处的电子围栏编号,并根据当前位置、目标到达位置和行驶速度等相关数据,实时计算每辆集卡的预估水平运输时长。

(四)港区道路拥堵识别和管控

港区道路拥堵识别功能为拥堵躲避和拥堵治理的决策提供智能化支撑,可显著提高实时调度的效率。融合每辆集卡的实时定位、时间偏移量和港区路段路网等数据,根据智能调度算法中的逻辑回归机器学习分类算法,动态预测港区道路的拥堵情况。系统将根据预先设置的报警规则,自动执行或建议人员调度,及时对箱区或闸口做封场和解封的处理,平衡港区作业过程,避免因拥堵造成的客户服务质量和作业效率的降低。

(五)集卡行驶路径规划优化

系统根据动态定位数据完成集卡行驶路径规划,并基于集卡行驶过程中的实时定位数据对集卡路径进行修正和优化,以达成总行驶里程最短的目标。在任务指令派发至集卡前,智能调度算法在集卡资源池中搜索最优派发策略。其中一个策略是计算所有候选集卡的最优路径,然后择优派发。最优路径规划基于时空网络计算,根据候选集卡的当前高精度定位信息和路网信息,计算出最佳行驶路径。

(六)集成高精度地图和导航

在港区实现车道级导航能够对有限的港区道路通行资源进行精细化管理和利用。基于高精度地图的导航能力,能够将智能调度的管控力度进一步细化。将集卡的高精度定位数据叠加在高精度地图之上,既可以辅助智能调度系统和调度人员实时掌控集卡的车道级定位信息,又可以帮助包括无人驾驶集卡、传统集卡在内的所有资源在混行的条件下实现道路资源的共享和均衡利用。

二、北斗定位在智能调度中的技术实现

北斗定位系统能够服务于智能调度的关键在于电子围栏技术和差分融合技术的应用。本文在北斗定位导航技术和周界防范技术的基础上提出了电子围栏和智能调度的融合应用,在满足集装箱码头自动化调度和作业上起到了关键的支撑作用。

对支持集装箱运输作业的定位系统的要求不同于对测绘场景的要求,持续、稳定、可靠的定位能力是关键,需要确保定位准确度保持在98%以上,定位精度控制在厘米级。

（一）建立港区北斗定位专网

港区作业需要全天候、全覆盖、高稳定的服务能力,构建基于地面增强系统的本地化北斗定位专网是客观需要。北斗定位专网主要由基准站、差分播发平台、定位终端、位置服务平台和大数据平台等组成。

基准站采集北斗卫星的原始观测数据后进行实时解码、格式转换、数据转发,形成标准格式的差分数据并进行存储和管理,为定位终端提供差分服务。差分播发平台通过无线互联网将港区内不同网格的差分参数向外广播,差分参数会随着时间的变化进行实时调整。定位终端利用接收到的差分参数和自身观测值进行解算,修正定位数据,避免定位数据漂移,并将修正后的定位数据通过物联网上传至位置服务平台,用于集卡和设备的实时位置和历史轨迹查询。在通常情况下,位置服务平台构建在大数据平台之上,利用大数据平台的离线数据存储计算能力和实时交互式分析能力对外提供服务,为数字孪生可视化等数字化应用提供数据支撑。

（二）建立公网/专网融合机制

北斗导航系统通过覆盖全国的地基增强系统提供公网差分服务。手机、车载等定位终端通过互联网获取差分数据,并通过自身观测值和差分数据的解算,修正定位数据,提升定位精度。基于定位服务的港口智能调度应用以专网服务为主,并以公网差分数据为补充,在专网因故障或不可抗力发生服务中断时,利用公网的冗余配置,确保定位服务不中断,持续获取高可靠、高质量的定位能力。

（三）基于北斗定位技术设置港区电子围栏

高效精准大迸发的位置服务能力是衡量电子围栏可用性的重要标准。通常设置一个电子围栏的长度为 25 m,宽度为行车道宽,满足集卡在港区允许的行驶速度和定位采样频率内能够被触发的要求。将电子围栏数据叠加在高精度地图之上,可以动态感知并直观地观测到集卡在车道级别上的位置触发信息,为智能调度算法提供精确的数据服务。港区电子围栏布局如图 9-1 所示。

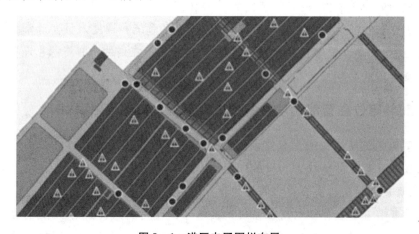

图 9-1　港区电子围栏布局

（四）建立网络重连机制

北斗定位数据通过运营商公网 4G 物联网卡传输至部署在港区内网的平台服务端。试验发现,平台展示的设备定位轨迹存在偶发性、无规律的丢失。通过分析定位终端和数据接收平台的交互日志发现,运营商公网与港区内网之间的多套安全防护措施会随机地阻断定位终端与数据接收平台间的 TCP 通信。通过建立定位终端通信模组自动重新激活的机制,可深度优化定位终端的 TCP 通信握手模式,实时监听与差分服务平台和位置服务平台的通信情况。若定位终端向平台发出的 TCP 握手请求在一定时间内未得到回应,定位终端会自动重新激活通信模组,重新与平台进行 TCP 握手连接,并循环检测 TCP 握手情况,最终达到减少网络通信造成的定位数据丢失的效果。在港区内集卡上的定位终端安装工况如图 9-2 所示。

图 9-2　在港区内集卡上的定位终端安装工况

三、试验验证和数据分析

根据经验值评估,作业指令的定位触发率达到 98% 以上,覆盖率在 90% 以上的占比达到 85% 以上,这样,才能符合智能调度算法的实时计算要求。通过搭建测试环境,并对测试数据进行观测,得出两份统计数据报告。北斗高精度定位方案的作业指令统计总条数为 3421 条,北斗高精度定位方案触发率数据报告如表 9-3 所示,北斗高精度定位方案覆盖率数据报告如表 9-4 所示。传统定位方案的作业指令统计总条数为 3454 条,传统定位方案触发率数据报告如表 9-5 所示,传统定位方案覆盖率数据报告如表 9-6 所示。

表 9-3　北斗高精度定位方案触发率数据报告

触发规则	触发条数/条	触发率/%
箱区任意贝位触发	3 420	99.97
箱区前 15 贝位触发	3 313	98.84

表 9-4　北斗高精度定位方案覆盖率数据报告

覆盖率/%	指令条数/条	占比/%
100	1 585	46.33
[90, 100)	1 325	38.73

覆盖率/%	指令条数/条	占比/%
[80, 90)	223	6.52
[70, 80)	60	1.75
[60, 70)	38	1.11
[50, 60)	33	0.97
[40, 50)	30	0.88
[30, 40)	27	0.79
[20, 30)	21	0.61
[10, 20)	29	0.85
(0, 10)	49	1.43
0	1	0.03

表 9-5　传统定位方案触发率数据报告

触 发 规 则	触发条数/条	触发率/%
箱区任意贝位触发	3 446	99.77
箱区前 15 贝位触发	2 964	85.81

表 9-6　传统定位方案覆盖率数据报告

覆盖率/%	指令条数/条	占比/%
100	51	1.48
[90, 100)	285	8.25
[80, 90)	177	5.12
[70, 80)	160	4.63
[60, 70)	258	7.47
[50, 60)	651	18.85
[40, 50)	718	20.79

续　表

覆盖率/%	指令条数/条	占比/%
[30，40)	463	13.40
[20，30)	279	8.08
[10，20)	180	5.21
(0，10)	224	6.49
0	8	0.23

　　根据上述分析可知：北斗高精度定位方案的触发率达到98％以上，覆盖率在90％以上的占比达到85％以上，符合智能调度算法的要求；而传统定位方案的数据质量较差，触发率虽然达到85％，但是覆盖率达到90％的不足10％，无法达到智能调度算法的使用要求。因此，在港口环境中，北斗定位解决方案能够满足基于智能调度算法驱动的运营管理要求，但仍然可以通过视觉感知等技术来继续提升触发率和覆盖率，以进一步提升智能调度的算法精度。

　　思考题：

　　(1) 北斗定位技术在集装箱码头智能调度中有什么作用？

　　(2) 北斗定位专网是由什么组成的？

　　(3) 北斗定位技术与传统定位技术相比，主要优势是什么？

本 章 小 结

　　本章主要介绍了港口企业生产运营的过程，码头企业生产计划的编制以及生产调度的方法，对我国码头企业生产调度决策的过程与方法进行了分析，并通过案例分析介绍了码头装卸设备调度优化的策略。

本 章 关 键 词

　　港口生产过程——是从接待车、船开始，送走车、船为止为一个生产周期，按其程序可划分为：生产准备过程、基本生产过程、辅助生产过程和生产服务过程四个阶段。

　　生产计划——包括货物吞吐量计划，旅客吞吐量计划，成组及集装箱运量计划，装卸工作计划，设备运用计划和船舶在港停泊计划等。

生产调度——码头生产调度是港口生产运作管理系统的核心,其主要任务落实在码头生产调度岗位。我国码头生产调度工作主要是通过编制生产作业计划,召开各类生产调度会议以及现场调度指挥来开展的。

本 章 习 题

(1) 港口企业生产过程有哪几个阶段,各个阶段的具体工作有哪些?

(2) 组织生产过程中必须遵循的原则是什么?

(3) 港口生产过程组织的任务是什么?

(4) 如何平衡港口的生产计划?

(5) 港口月度生产作业计划、旬度生产作业计划和昼夜生产作业计划一般都包括哪些作业内容?

(6) 现行码头的调度方法有哪些?

(7) 码头生产调度的职责包括哪些?

第十章
港口装卸工艺设计

教学目标

知识目标

(1) 能够理解港口装卸工艺设计的基本任务。

(2) 能够了解港口装卸工艺设计的原则与一般要求。

(3) 能够掌握港口装卸工艺设计的基本步骤。

(4) 能够了解港口装卸工艺设计所需要的相关资料。

(5) 能够掌握港口规模确定的计算方法。

(6) 能够掌握港口装卸工艺方案的比选与技术经济论证方法。

能力目标

(1) 能够根据统计计算法进行港口规模的确定计算。

(2) 能够利用排队论方法对港口建设规模进行理论解析计算。

(3) 能够运用计算机仿真技术对港口装卸系统进行建模。

(4) 能够对港口的装卸工艺生产系统进行技术经济论证。

素质目标

(1) 深刻掌握港口装卸工艺设计的理论知识和实践方法,培养大国工匠精神。

(2) 关注港口装卸工艺方案中的智慧和绿色发展需求,培养港口可持续发展理念。

导入案例

传统集装箱码头的全流程自动化升级改造

2022 年 7 月 1 日,全球首创传统集装箱码头全流程自动化升级改造项目在天津港全面竣工,标志着传统集装箱码头全流程自动化升级改造"天津方案"在京津冀最大集装箱码头的大规模应用落地,为全球范围内传统集装箱码头的自动化升级改造提供可资借鉴的成功范例。

天津港集团从传统集装箱码头升级改造的实际需求出发,着力解决现有设计方案下自动化集装箱码头投资大、工期长、推广难的问题,闯出了一条与西方技术工艺截然不同、更适合传统集装箱码头升级改造的"中国路径"。

自 2019 年起,天津港智慧港口建设加快推进,一系列世界性难题相继攻克,一系列突破性成果亮点频现:实现 31 台场地轨道桥全部自动化改造、全球首次无人驾驶电动集卡整船作业、全球首座智能解锁站商用落地、封闭区内无人集卡全无人运行、建设全球首个港口自动驾驶示范区、全球首创传统集装箱码头全流程自动化升级改造项目全面运营等。

天津港智慧港口建设的显著成果,受到国内外广泛认可。作为天津港集团重要合作伙伴的中国远洋海运集团继续加大投资力度,与天津港集团共同推进全球首创传统集装箱码头全流程自动化升级改造等一批重大项目,携手打造智慧港口建设新标杆、"央地合作"新典范。自天津港全球首创传统集装箱码头全流程自动化升级改造项目全面运营以来,项目团队以规模"量变"和功能"质变"为目标,继续推进另外 8 台集装箱岸桥的自动化改造,同步优化解决作业工序、内外集卡混行等复杂问题,进一步释放自动化升级改造的规模效应。目前,天津港东突堤码头北区 4 个泊位全部实现高效自动化作业,平均作业效率提升 20%,平均单箱能耗下降 20%,综合运营成本下降 10%,项目的可靠性、稳定性、实用性得到有力印证,成为由传统集装箱码头改造以来,全球投产最早、建成规模最大的自动化集装箱码头,为"天津方案"的广泛复制推广提供了有力支撑。

全球首创传统集装箱码头全流程自动化升级改造项目全面竣工后,天津港集装箱大型装卸设备自动化占比达到 49.5%,在行业内居于领先地位。未来,天津港还将在基础设施智慧化、生产操作智能化、运营管理数字化等方面持续发力,打造更多智慧港口的标杆成果,更好服务京津冀协同发展和共建"一带一路"。

思考题:

(1) 传统集装箱码头与自动化集装箱码头在装卸工艺设计上有哪些异同?

(2) 传统集装箱码头全流程自动化改造有哪些途径?

(3) 集装箱码头中的"中国方案"是怎样引领世界港口智能化升级和低碳发展的?

引　言

港口装卸工艺设计是港口设计的一个重要组成部分,装卸工艺选择的正确与否不但涉及装卸设备本身,而且也对确定港口的规模和平面布置起重要的作用。港口装卸工艺设计是在港址及设计任务既定的条件下选择港口所使用的装卸工艺,装卸工艺的设计不仅要确定装卸设备类型及数量,而且也要确定港口主要设备的性能及相互之间的配置等。因此,港口装卸工艺设计的内容包括要确定装卸机械的类型与数量、港口主要设施的规模

（如泊位数、库场面积、铁路线长度）、装卸工人的数目、港口的工艺布置以及装卸工艺的技术经济论证等。

第一节 概　　述

一、港口装卸工艺设计的任务和重要性

港口装卸工艺设计是港口工程设计的重要组成部分。它的基本任务是在港址选择、港口装卸任务确定的前提下，通过对港口装卸机械化系统方案的设计、技术经济论证和方案比选，确定港口为完成既定的装卸任务，所采用的装卸工艺和合理的装卸工作组织。

在港口工程设计中，装卸工艺设计的合理与否不仅直接影响港口工程建设和投资额，而且与码头建成投产后的使用效果也有密切的联系。合理的装卸工艺对提高港口的装卸效率和通过能力、加速车船周转、降低装卸运输成本、减轻装卸工人劳动强度等起着重要的作用。因此，在港口工程建设中要重视港口装卸工艺的设计，认真做好方案的比选工作，使所选定的方案确实是技术先进、经济合理、使用方便的优秀方案。

二、港口装卸工艺设计的原则与一般要求

（一）港口装卸工艺设计的原则

1. 合理化原则

港口装卸工艺的设计，首先要符合客观经济规律和国家的有关政策，这是使项目顺利实施的根本保证。

（1）在机械选型方面，应选用性能稳定、效率高、能耗低、安全性好、维修方便和对环境污染小的机械。

（2）在各生产环节生产效率的确定方面，要求装卸工艺的各装卸、运输、堆场与仓库的作业环节的衔接是可能的、是可靠的和合理的，相互衔接的各个环节与生产率是相适应的。

（3）在工艺操作方便和提高作业效率方面，工艺方案要采取有效措施减少装卸作业中断的时间，提高装卸作业效率。

（4）在方案实施过程中，必须要考虑施工的方便性，机械的操作、管理、维修的方便等。

2. 可靠性原则

港口装卸工艺系统的可靠性是指系统在规定条件下和规定的时间内完成规定功能的能力。港口装卸工艺系统由一系列装卸设备组成，如矿石码头装卸系统包括：桥式抓斗卸船机、带式输送机、堆料机、取料机、堆取料机、装船机、转接塔等。这些装卸设备是整个装卸系统的组成单元。港口装卸系统最基本的两种状态就是正常工作状态和故障停机状

态,而系统的正常工作状态和故障停机状态不断相互转移,循环往复,如何保证生产作业的有序进行,维持系统的正常运行至关重要。

3. 系统性的原则

在进行港口装卸工艺的设计时,系统是工艺设计立意的精髓所在,也是工艺现代化的发展方向。港口装卸工艺是水运工艺的重要组成部分,是整个运输系统的一个不可分割的环节,重大的装卸工艺的技术改造,必须和货物、运输及工属具等的改革结合起来进行。正是从"系统"这个现代化观念出发,在评估运输价值时,不宜孤立地看待一个流程设计的质量,而是应着眼于整个运输系统去进行深入的分析。

4. 方案的多样性原则

港口装卸工艺方案的决策应从全方位、多途径和多角度来制订各种方案。方案至少要有两个,以便进行对比,才能使决策趋于最优。

5. 防止污染和环境保护的原则

随着人类社会经济的高度发展和人民生活质量的不断提高,港口码头的建设项目对自然环境的影响程度已经成为项目可行与否的一个重要条件。因此,在港口装卸工艺设计中,必须要有该项目对环境的污染及其防治环境污染的措施和相关论证。

6. 考虑可持续发展原则

装卸工艺设计还应考虑可持续发展,即设计项目中对港口建设规模要留有发展的余地。例如,泊位线、仓库、堆场的面积和布局要有发展余地,而且也要考虑运输工具和装卸机械的发展前景等。

(二) 港口装卸工艺设计的一般要求

中华人民共和国交通运输部颁布的 JTS 165—2013《海港总体设计规范》对装卸工艺设计作出了如下规定:

(1) 装卸工艺设计应进行多方案的技术经济比较,满足加快车船周转、与各环节生产能力相匹配和降低营运成本的要求。应积极采用先进科学技术和现代管理方法,保证作业安全、减少对环境的影响、降低能耗和改善劳动条件。

(2) 装卸机械设备应根据装卸工艺的要求选型,所选装卸机械设备应综合考虑技术先进、经济合理、安全可靠、能耗低、污染少、维修简便等因素。现有设备满足不了装卸工艺合理的配置要求时,可根据实际需要研制和开发新设备,设备可视运量增长分期配置。

(3) 装卸件杂货宜发展成组和集装化,装卸设备能力应与之相适应。

(4) 当货类单一、流向稳定、运量具有一定规模时,可按专业化码头设计。

(5) 必须在港口进行计量、配料、保温、解冻、熏蒸、取制样和缝拆包等作业的,应在设计时一并考虑进去。

(6) 危险品码头的装卸工艺设计,应符合 GB 50016 - 2024《建筑设计防火规范》、JT 397—2007《危险货物集装箱港口作业安全规程》等现行国家标准的有关规定。

(7) 采用大型移动式装卸机械时,应设置检修和防风抗台装置。

另外,港口装卸工艺设计时也要优先选用技术可靠的国产装卸机械,专业化码头应积极稳妥地采用自动化装卸工艺。

三、港口装卸工艺设计的主要步骤

港口装卸工艺设计可以分为设计任务概述、拟定多个装卸工艺方案、对各个方案进行技术经济论证与比选、确定推荐方案等四个步骤。具体内容如图 10-1 所示。

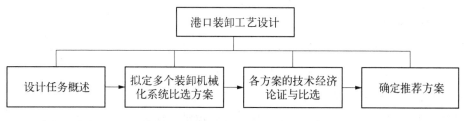

图 10-1 港口装卸工艺设计示意图

(一) 设计任务概述

在港口装卸工艺设计任务概述中,主要说明本设计的必要性、重要性和可能性。根据国民经济发展的要求,从分析评价原装卸系统,预测在计划期内港口吞吐量任务和货种、货流和货运量,以及船型、机械的发展趋势,说明本设计的重要性,然后从自然条件、地质情况、原料来源、技术状况等方面说明建设项目的可能性。

具体可包括以下内容:

(1) 建设项目的依据。

(2) 港口装卸工艺发展的沿革及特点,船型、机械等发展的趋势。

(3) 运输形势分析和吞吐量发展水平。

(4) 装卸能力与任务的适应情况及存在的问题及原因。

(5) 货种的构成、流量、流向的分析。

(6) 自然条件、地质情况、原料来源及技术情况的分析。

(7) 提出建设的方向等。

(二) 拟定多个装卸工艺方案

决策需要比较,需要拟定各种可能的方案进行比较。在拟订方案时要注意详尽性与可比性两个方面。所谓详尽性,是指所拟定的全部方案应把所有的可能方案都包括进去,否则,如果拟定的全部方案中漏掉了某些可能的方案,那么最后选择的方案就有可能不是最优的。所谓方案的可比性,是指所拟定供比较的方案都能满足设计任务及应用上的要求,而每个方案都各有优缺点,很难一眼看出孰优孰劣,必须通过对各方案的主要技术经济指标进行比较才能作出最后的取舍。

拟订方案时,每个方案都应包括以下内容:

(1) 设计任务的分析。

（2）码头结构和设计代表船型的选择。

（3）泊位数的确定及装卸工艺流程的确定和分析。

（4）主要装卸设备和辅助机械设备（包括主要装卸工属具的配备）的选型和需要量的确定。

（5）与工艺相适应的配套要求，包括库场建设规模，铁路线路及工人（驾驶员）数等。

（6）港内主要建筑物及交通道路的平面布置。

（7）环保设施及对环境污染的评价等。

（三）方案比选

选择方案就是从所拟定的多个方案中选择一个最满意的方案。选择方案的关键是确定方案评价标准问题，并通过技术经济论证。港口的经济效益一般体现在三个层面。第一层面是建港给港口自身带来的经济效益，即微观经济效益；第二层面是给船方及货主带来的经济效益，即中观的经济效益；第三个层面是给港口所在城市以及整个国民经济带来的经济效益，即宏观经济效益。

一般来说，不同的装卸工艺方案对宏观经济效益的影响的差异并不明显，所以在选择装卸工艺时应该把中观经济效益和微观经济效益结合在一起进行论证。这就使港口装卸工艺设计成了一个多目标决策的课题。在这些目标中间有可以定量的因素，也有不可定量的因素。在可以定量的目标中，既有经济目标，又有效率目标等。

在确定评价标准时，应尽量把目标减少到最低限度，如尽量用一个目标来反映多种费用目标。对于那些可以定量的非费用目标，如果能在费用目标中反映，则不必另外列出。而那些可定量的非费用目标，有的可以列为约束条件，有的则可以作为辅助指标计分。

在标准问题解决之后，就可根据标准的要求计算各项经济指标，同时对那些无法定量的指标作定性的分析，最后通过对这些标准的比较，选出最满意的方案。在计算各方案的经济指标时，为了减少计算工作量，对各方案的共同部分可不必计算（如航道、水域费用等）。

（四）确定推荐方案

根据上述论证，选取装卸工艺推荐方案，并包括如下附图：

（1）港口平面图。

（2）装卸工艺平面布置及断面图。

（3）各种装卸机械及码头结构的剖面图。

第二节　港口装卸工艺设计的资料收集

港口装卸工艺设计的原始资料是工艺设计的前提和基础条件，通常是在设计前通过调查研究和对设计任务详细分析后获取的。为了使设计方案具有先进性和可行性，在正式设计前要对国内外现有的装卸工艺进行对比分析，要了解工艺系统各组成单元的各项具体参数要求等,要总结工艺营运的生产效率和经济效果,作为具体设计时参考。

一、基础资料

(一) 货物与乘客

(1) 承运货物的种类、运量、流向及其运输的季节性等。

(2) 件杂货的各货种的包装情况,单件的大小尺寸、形状、质量,重点掌握成组方式,重、大件货物的数量,最大件货物的质量及尺寸等。

(3) 散装货物的品种、粒度及粒度分布、密度、静堆积角和动堆积角,含水量及其对运输、储存具有特别要求的特性,如某些货物的自燃、粉尘爆炸、潮解、固结、卫生要求等。

(4) 散装流体货物的品种、黏度、密度、闪点、凝固点,爆炸极限及输送储存过程的特殊要求等。

(5) 乘客的旅行性质、流向及季节性等。

(二) 船型

(1) 设计船型及兼顾船型的主要尺度：船长、型宽、型深、空载吃水和重载吃水等。船舶的舱口数、舱口尺寸、舱口布置范围、舱内情况、船舶载重量及各舱的载货量、舱盖板的尺度及开启形式、甲板上载货能力、许可载货高度等,以及滚装船舶的跳板数量、尺度及位置,码头面推荐搭接的相对高度等。

(2) 各种吨级船型的分布情况。

(3) 邮轮的游客登船通道和行李舱门的数量、位置及高度等。

(三) 集疏运货物的运输工具

(1) 铁路车辆的车型及主要尺度,列车编组情况。

(2) 公路运输车辆的车型及主要尺度。

(3) 水路集疏运的驳船船型、尺寸、作业方式及船队编组情况。

(四) 气象资料

(1) 风：了解大风的频率、风向,当地历年最大风速。根据大风的情况,考虑装卸机械的安全防护措施等。

(2) 气温：了解最高、最低气温情况,以便考虑选择机型和货物保存的条件等。

(3) 降水：结合降水情况,考虑库、场的规模和分布,散货堆场的排水要求等。

(五) 水文资料

根据潮汐资料和码头面的高程,决定装卸船机械、上下乘客设施的基本参数和要求等。

二、港口现状资料

港口现状资料,包括工程所在港口的现状情况以及设计货种的国内外同类港口的装卸工艺水平、作业方式、机械选择等。

(1) 有关货种的装卸方式、操作过程、每艘装卸船舶的作业线数量,各环节配备机型及数量、劳动组织、生产效率。

（2）港口车船运输组织及规律，收集并统计三年以上的资料，分析计算港口生产的泊位利用率及不平衡系数。

（3）港口现有装卸机械类型、规格、数量、技术状态及使用情况。

（4）港口现有库、场的条件和使用情况及改进意见。

（5）港口现有装卸工艺附属设施配置情况。

（6）港口现有基础设施情况，如航道等级、航道长度、通航要求等。

（7）当地泊位年可运营天数等。

第三节　港口建设规模的确定

确定港口建设规模是港口工程设计中的重要工作，是港口装卸工艺设计的前提，它是国家主管部门依据港口腹地的社会经济发展统计、规划和预测为基础，以结合港口建设条件编制的港口工程建设项目咨询报告的核准评估意见为依据，并在国家制订的有关港口建设法规和海港及河港总体设计规范等相关规定的指导下确定的。

确定港口建设规模的计算方法，目前主要有三种。

（1）统计计算法：由港口实际统计的数据，确定有关系数，然后根据经验公式进行计算的方法。

（2）理论解析计算法：利用运筹学的排队论进行理论解析计算的方法。

（3）计算机仿真法：利用计算机模拟仿真港口物流系统的动态变化，输出各项计算结果的方法。

一、统计计算法

统计计算法是港口工程设计确定建设规模的传统计算方法。其采用本港历年运营资料进行统计分析，确定各种系数和指标，再用相应的公式计算各生产环节的生产能力，从而确定其建设规模，这也是 JTS 165—2013《海港总体设计规范》与 JTS 166—2020《河港总体设计规范》规定的计算方法。

（一）泊位数计算

泊位数的计算应根据码头作业量，按泊位的性质（货种、进口、出口，是建设专业化码头还是综合性码头的不同要求）以及船型等情况进行计算。

$$N = \frac{Q}{P_t}$$

式中，N 为泊位数；Q 为码头年作业量（t/a），它是指通过码头装卸的货物数量（包括外挡作业货物数量），根据核定评估意见的设计通过量和操作过程确定的；P_t 为一个泊位的设计通过能力（t/a）。

（二）泊位设计通过能力的计算

泊位通过能力是指泊位在承担单一货种、单一船型和单一操作过程的条件下，泊位在一定时期内（年），利用劳动力和设备所能装卸船舶货物的最大数量。泊位设计通过能力是理论上应具备的通过能力，是在泊位设计时按照具体货种、作业线数确定的。它是提供营运能力的基础。泊位设计通过能力应根据泊位性质和设计船型等因素进行计算，大致可分为普通散杂货泊位设计通过能力计算、集装箱码头泊位设计通过能力计算等。

1. 散杂货泊位设计通过能力计算

普通散杂货泊位通过能力计算有三种方法，泊位利用率计算法、港口生产不平衡系数计算法和简单估算方法。

1）泊位利用率计算法

$$P_t = \frac{T\rho}{\dfrac{t_z}{t_d - \sum t} + \dfrac{t_f}{t_d}} \times G$$

$$t_z = \frac{G}{p}$$

式中，P_t 为泊位设计通过能力（t/a）；T 为年日历天数（d），取 365 d；ρ 为泊位利用率（%）；G 为船舶的实际装卸货量（t）；t_z 为装卸一艘船舶所需的时间（h）；t_d 为昼夜小时数（h），取 24 h；$\sum t$ 为昼夜非生产时间之和（h），包括工间休息、吃饭及交接班时间，应根据各港实际情况确定，可取 2～4 h；t_f 为船舶的装卸辅助作业、技术作业时间及船舶靠离泊时间之和（h）。辅助作业时间指开工准备作业、结束作业、排放压舱水时间；技术作业时间及船舶靠离泊时间指公估、联检、装卸船机移舱作业、船舶靠离泊、船舶进出航道时间等，无统计资料时，部分单项作业时间可按表 10-1 中所列数值选取；p 为设计船时效率（t/h），按货种、泊位性质、年运量、货舱容积、船舶性能、设备能力、作业线数和管理等因素综合考虑。

表 10-1　部分单项作业时间表

项　目	靠泊时间	离泊时间	开工准备	结　束	公　估	联　检
时间/h	0.50～2.00	0.50～1.00	0.20～1.00	0.20～1.00	1.50～2.00	1.00～2.00

泊位利用率 ρ 应根据运量、到港船型、泊位装卸效率、泊位数、船舶在港费用和港口投资及营运费用等港口实际情况和各类因素综合考虑，并应以港方、船方和货主整体的经济效益为目标确定。资料缺乏时可采用表 10-2 中的数值。

表 10 - 2　按货物划分的泊位利用率取值范围

货物流向	货种及泊位数/个								
	煤　炭			件　杂　货			散　粮		
	1	2～3	≥4	1	2～3	≥4	1	2～3	≥4
进口	0.56～0.60	0.57～0.70	0.60～0.75	0.57～0.65	0.60～0.70	0.64～0.75	0.47～0.50	0.64～0.70	0.65～0.70
出口	0.58～0.63	0.60～0.65	0.65～0.75	—	—	—	—	—	—

注：① 装卸效率高和同类泊位数多时,泊位利用率取较高值。
　　② 泊位年营运天受自然条件影响较大时,泊位利用率取较低值。

2）港口生产不平衡系数计算法

当确定泊位利用率或泊位有效利用率因条件限制有困难时,泊位设计通过能力也可采用港口生产不平衡系数计算法计算,计算公式如下：

$$P_t = \frac{T_y}{\dfrac{t_z}{t_d - \sum t} + \dfrac{t_f}{t_d}} \times \frac{G}{K_B}$$

式中, T_y 为泊位年可营运天数(d)；K_B 为港口生产不平衡系数。

港口生产不平衡系数 K_B 受港口规模、货源组织、车船运行、自然条件及生产管理等因素的影响,其数值应根据港口不少于近三年连续的吞吐任务完成情况统计资料,可按以下公式计算分析确定：

$$K_B = \frac{q_{max}}{\bar{q}}$$

式中, K_B 为港口生产不平衡系数；q_{max} 为月最大货运量(t)；$\bar{q}$ 为月平均货运量(t)。

当缺乏相关资料时,可按表 10 - 3、表 10 - 4 中所列数值计算。

表 10 - 3　港口生产不平衡系数 K_B 参照表

货　　种	年吞吐量/万吨			
	<40	40～80	80～120	>120
矿建材料	1.70～1.55	1.55～1.45	1.45～1.35	1.35～1.30
钢铁及设备	1.65～1.55	1.55～1.50	1.50～1.40	1.40～1.30
木材	1.70～1.65	1.65～1.55	1.55～1.45	1.40～1.30

续　表

货　种	年吞吐量/万吨			
	<40	40～80	80～120	>120
袋粮	1.70～1.60	1.60～1.50	1.50～1.40	1.40～1.30
水泥	1.70～1.60	1.60～1.50	1.50～1.40	1.40～1.30
化肥及农药	1.70～1.60	1.60～1.50	1.50～1.40	1.40～1.30
件杂货	1.00～1.50	1.50～1.40	1.40～1.30	1.30～1.20
综合货类	1.55～1.45	1.45～1.35	1.35～1.30	1.30～1.20

表 10-4　散货港口生产不平衡系数 K_B 参照表

货　种	年吞吐量/万吨			
	<100	100～200	200～300	>300
煤炭	1.50～1.45	1.45～1.35	1.35～1.30	1.30～1.20
金属矿石	1.50～1.45	1.45～1.35	1.35～1.30	1.30～1.25
非金属矿石	1.60～1.55	1.55～1.45	1.45～1.35	1.35～1.30
散粮	1.65～1.55	1.55～1.45	1.45～1.35	1.35～1.30
盐	1.70～1.60	1.60～1.50	1.50～1.40	1.40～1.30

注：对于外贸进口量中流通贸易量占比较大的煤炭、金属矿石港口，K_B 值可适当增大，煤炭不大于 1.50，金属矿石不大于 1.60。

3）简单估算方法

散杂货泊位年设计通过能力也可以按下式进行简单估算：

$$P_t = T \times p \times t_g \times \rho$$

式中，T 为年日历天数（d），取 365 d；p 为设计船时效率（t/h）；t_g 为昼夜装卸作业小时数（h），取 20～22 h；ρ 为泊位利用率（%）。

2. 集装箱码头泊位设计通过能力计算

集装箱码头泊位设计通过能力通常可按照下式进行计算：

$$P_t = \frac{T_y A_\rho}{\dfrac{Q}{p t_g} + \dfrac{t_f}{t_d}} Q$$

$$p = n p_1 K_1 K_2 (1 - K_3) K_4$$

式中，P_t 为集装箱码头泊位设计通过能力（TEU/a）；T_y 为泊位年可营运天数（d）；A_ρ 为泊位有效利用率(%)，取 50%～70%；可参考表 10-5；Q 为集装箱船单船装卸箱量 (TEU)，按本港历年统计资料确定，若无资料时，可按表 10-6 选用；p 为设计船时效率 (TEU/h)；t_g 为昼夜装卸作业时间，取 22～24 h；t_d 为昼夜小时数，取 24 h；t_f 为船舶装卸辅助作业及船舶靠、离泊时间之和(h)，取 3～5 h；n 为岸边集装箱装卸桥配备台数，可按表 10-7 选用；p_1 为岸边集装箱装卸桥台时效率基准值(自然箱/h)，可按表 10-8 选用；K_1 为集装箱标准箱折算系数，宜取 1.1～1.9；K_2 为集装箱装卸桥同时作业率(%)，按表 10-8 选用；K_3 为装卸船作业倒箱率(%)，按表 10-8 选用；K_4 为新型高效集装箱装卸起重机能力提高系数，如可吊双箱型或双小车型，可取 1.05～1.25。

表 10-5 集装箱泊位有效利用率参考值

泊位数/个	AWT/AST									
	5%	10%	15%	20%	25%	30%	35%	40%	45%	50%
1	0.07	0.131	0.184	0.231	0.273	0.311	0.345	0.375	0.403	0.429
2	0.265	0.362	0.429	0.481	0.523	0.558	0.587	0.613	0.635	0.655
3	0.395	0.493	0.556	0.603	0.639	0.669	0.694	0.715	0.733	0.749
4	0.481	0.575	0.633	0.675	0.707	0.733	0.755	0.773	0.788	0.801
5	0.543	0.632	0.686	0.724	0.752	0.775	0.794	0.810	0.823	0.835
6	0.590	0.674	0.727	0.758	0.785	0.805	0.822	0.836	0.848	0.859
7	0.627	0.706	0.752	0.785	0.809	0.828	0.843	0.856	0.866	0.875
8	0.657	0.732	0.775	0.805	0.828	0.845	0.859	0.871	0.880	0.889
9	0.681	0.753	0.794	0.822	0.843	0.859	0.872	0.883	0.892	0.900
10	0.702	0.770	0.810	0.836	0.856	0.871	0.883	0.893	0.901	0.908

注：① AWT 为船舶在港平均等待时间。
② AST 为平均装卸一艘船所需要的在泊位停时时间。
③ AWT/AST 为船舶待时占其泊位停时的比例，反映港口服务水平。
④ 泊位有效利用率为泊位装卸作业时间占泊位营运天数的百分比。

表 10-6 集装箱船单船装卸箱量

船舶载箱量/TEU	200～900	901～1 900	1 901～3 500	3 501～5 650	5 651～9 500	9 501～15 000	>15 501
单船装卸量/TEU	200～1 000	300～1 200	600～1 500	800～2 500	2 000～3 000	3 000～5 000	4 000～6 000

注：船舶载箱量 9 500 TEU 以下的到港集装箱船单船装卸箱量是现行 JTS 165—2013《海港总体设计规范》的数值；大于 9 500 TEU 的到港集装箱船单船装卸箱量根据调研资料得到的，供参考。

表 10-7　集装箱装卸桥配备数量

集装箱船舶吨级 DWT/t	集装箱装卸桥配备数量/台
5 000～20 000(4 501～27 500)	1～2
20 001～30 000(27 501～45 000)	2～3
30 001～50 000(45 001～65 000)	3～4
50 001～70 000(65 001～85 000)	3～4
70 001～100 000(85 001～115 000)	4～5
＞100 001(＞115 001)	5～6

注：集装箱装卸桥也可以按码头长度每80～100 m配置一台。当多个泊位连续布置时,且可在相邻泊位调配使用时可适当减少数量。

表 10-8　集装箱装卸桥台时效率基准值、同时作业率、倒箱量

船舶载箱量/TEU	200～1 900	1 901～5 650	5 651～9 500	≥9 501
台时效率 P_t/(自然箱/h)	20～25	25～30	30～35	≥35
同时作业率 K_2/%	95～85	90～80	90～75	90～70
倒箱率 K_3/%	0～5	0～7	0～7	0～8

注：① K_2取值随船舶吨级增加而减少。
② 倒箱率包括舱盖板吊下和装上作业量。

3. 液体散货码头、液化天然气码头泊位设计通过能力计算

1) 液体散货码头泊位设计通过能力计算

$$P_t = \frac{T_y A_\rho t_d}{t_z + t_f + t_p + t_h} G$$

$$t_z = \frac{G}{P}$$

式中, P_t 为泊位设计通过能力(t/a); T_y 为泊位年可营运天数(d); A_ρ 为泊位有效利用率(%),取 55%～70%,泊位数少时宜取低值,泊位数多时宜取高值; t_d 为昼夜小时数(h),取 24 h; G 为设计船型的实际装卸量(t); t_z 为装卸一艘船舶所需的净装卸时间(h),可根据同类泊位的营运资料和船舶装卸设备容量综合考虑; t_f 为船舶的装卸辅助作业、技术作业及船舶靠离泊时间之和(h); t_p 为油船排压舱水时间(h),可根据同类油船泊位的营运资料分析确定; t_h 为候潮、候流或不在夜间进出航道和靠泊、离泊需增加的时间(h),可根据船舶从进港到出港全过程的各个操作环节,绘制流程图来确定; p 为设计船时效率

(t/h)，按品种、船型、设备能力和营运管理等因素综合分析确定。

2）液体天然气码头泊位设计通过能力计算

$$P_t = \frac{T_y A_\rho t_d}{t_z + t_f + t_h} G$$

$$t_z = \frac{G}{p}$$

式中，P_t 为泊位的年设计通过能力(t/a)；T_y 为泊位年可营运天数(d)；A_ρ 为泊位有效利用率(%)，应根据年运量、到港船型、卸船效率、泊位数、泊位的年可营运天数、船舶在港费用和港口投资及营运费用等因素综合确定，可取 55%～70%；t_d 为昼夜小时数(h/d)，取 24 h/d；G 为设计船型的接卸量(t)；t_z 为装卸一艘设计船型所需的时间(h)，无准确资料时，可按 JTS 165—2013 中给定的液化天然气净卸船时间取 14～24 h；t_f 为船舶的装卸辅助作业时间(h)，是指在泊位上不能同卸船作业同时进行的各项作业时间，可根据同类泊位的营运统计资料确定；t_h 为候潮、候流或不在夜间进出航道和靠泊、离泊需增加的时间(h)，可根据船舶从进港到出港全过程的各个操作环节，绘制流程图来确定；p 为设计船时效率(t/h)，按船型、设备能力和营运管理等因素综合分析确定。

4. 滚装泊位设计通过能力

1）货物滚装、客货滚装泊位车辆通过能力

$$P_t = \frac{T_y N_1 N_2}{K_B}$$

$$N_1 = \frac{60 t_g}{t_c + t_e}$$

式中，P_t 为滚装泊位设计通过能力(辆次/年)；T_y 为泊位年可营运天数(天)；N_1 为每天最大靠泊次数；N_2 为每艘船最大装卸载车辆数，根据船型参数确定；K_B 为港口生产不平衡系数；t_g 为昼夜装卸作业时间(h)，取 12～24 h；t_c 为船舶在港时间(min)，船舶在港时间计算时，在既有汽车上下船时间、又有旅客上下船时，取其中上下船耗时大值，且各项作业不计重叠时间；t_e 为两船靠离间隔时间(min)，参考类似港口确定，取 5～30 min。

船舶在港时间 t_c 包括汽车上下船时间、旅客上下船时间和辅助作业时间，宜根据当地或类似港口统计数据确定；无实际资料时可参考下列说明选取。

（1）汽车上船速度取 2～5 辆/min，下船速度取 4～10 辆/min；艉艉直通型滚装船装卸速度取高值，其他滚装船装卸速度取低值。

（2）旅客上下船时间按每闸口流量 20～30 人/min 估算。

（3）船舶靠泊辅助作业时间取 10～20 min，离泊辅助作业时间取 8～15 min，车辆绑扎时间取 1～3 辆/min，解绑时间取 3～5 辆/min，装船与卸船间隔时间取 5～10 min。

2) 汽车滚装泊位车辆通过能力

$$P_t = \frac{T_y A_\rho}{\dfrac{Q}{pN_b t_g} + \dfrac{t_f}{t_d}} Q$$

式中，P_t 为滚装泊位年设计通过能力(辆次/年)；T_y 为泊位年可营运天数(d)；A_ρ 为泊位有效利用率，取 $50\% \sim 70\%$；Q 为船舶平均装卸车辆数(辆)；p 为每组装卸效率(辆/h)；N_b 为同时作业的组数，一般同时作业的组数不超过 6 组；t_g 为昼夜装卸作业时间(h)，取 $12 \sim 24\,h$；t_f 为辅助作业时间与船舶靠离泊时间之和(h)，根据实际资料确定，无实际资料时，取 $2\,h$；t_d 为昼夜小时数(h)，取 $24\,h$。

5. 邮轮码头泊位设计通过能力

$$P_S = 2T_y \rho T \frac{G}{K_B}$$

式中，P_S 为邮轮码头单泊位游客年通过能力(人)；T_y 为泊位年营运周数(周)；ρ 为设计船型客位平均实载率(%)；T 为泊位周平均靠离泊艘次(次/周)；G 为设计船型客位数(人)；K_B 为泊位营运不平衡系数。

(三) 库(场)容量、面积的计算

1. 件杂货、散货的仓库或堆场

1) 容量计算

$$E = \frac{Q_h K_{BK} K_r}{T_{yk} \alpha_k} t_{dc}$$

$$K_{BK} = \frac{H_{max}}{\bar{H}}$$

式中，E 为仓库或堆场所需容量(t)；Q_h 为一年货运量(t/a)；K_{BK} 为仓库或堆场不平衡系数；H_{max} 为月最大货物堆存吨天(t·d)；$\bar{H}$ 为月平均货物堆存吨天(t·d)；K_r 为货物最大入仓库或堆场百分比(%)；T_{yk} 为仓库或堆场年营运天数(d)，取 $350 \sim 365\,d$；t_{dc} 为货物在仓库或堆场的平均堆存期(d)；α_k 为堆场容积利用系数，对件杂货取 1.0；对散货取 $0.60 \sim 0.90$。

注：① 对大型散货码头，堆场容量可按与码头通过能力的比值确定，对外贸码头不应大于 10%，对内贸码头不应大于 7%。当超过上述数值时，应经技术经济论证。② 堆场容积指垛型容积。③ 年货运量指进入库(场)堆存的货物量。④ 货物在仓库或堆场的平均堆存期应考虑每天进出货物周转需要占用的面积及进出货物间隔期占用的面积。

2) 件杂货仓库或堆场总面积计算

$$A = \frac{E}{qK_K}$$

式中，A 为库或堆场的总面积(m^2)；E 为仓库或堆场所需容量(t)；q 为单位有效面积的货物堆存量(t/m^2)；K_K 为仓库或堆场总面积利用率(%)，为有效面积占总面积的百分比。

注：① 单位有效面积指堆场实际堆货面积，不包括货垛区间隔离车道、设备作业停机位、安全隔离通道。② 库(场)的总面积，包括货垛区间隔离车道设备作业停机位、安全隔离通道。③ 仓库(堆场)总面积实际布置时应考虑场地保养维护占用的面积。

3）散货堆场面积计算

一般不直接计算堆场面积，而是按照由散货物料的物理特性(如静堆积角、堆积密度)、装卸工艺方案、选用的设备决定的垛型计算货垛的容量。根据实际设计的容量确定堆场面积。散货堆场面积与件杂货堆场面积一样，分为有效面积和总面积。

4）有关数据选取

（1）货物平均堆存期。货物平均堆存期应根据不少于连续 3 年的统计资料分析确定，应考虑两批货物出入库场间隔期，可取 1～2 天。当无资料时可按表 10-9 选用。

表 10-9　货物平均堆存期

货　种	平均堆存期/d	备　注
钢铁、机械设备	7～12	包括钢板、钢材、生铁等
大宗件杂货	7～10	包括袋粮、化肥、水泥、盐等
一般杂货	10～15	—
干散货	7～15	包括煤炭、矿石、散粮等

注：① 散粮在筒仓的堆存期应考虑熏蒸后散发气体所需的时间，可取 3 天。
　　② 外贸大宗货物可适当提高平均堆存期，根据工程实际情况确定，铁矿石可取 40～60 天。

（2）单位有效面积的货物堆存量。单位有效面积的货物堆存量应根据货种、库场条件、堆垛要求及形式，以及所选用的机械和工艺要求确定，对大宗散货一般按装卸工艺选用的设备的实际堆高能力确定。

一般件杂货的单位有效面积货物堆存量可按表 10-10 选用。

表 10-10　单位有效面积货物堆存量

货物名称	包　装	单位有效面积的货物堆存量 $q/(t/m^2)$	
		仓库	堆场
糖	袋	1.5～2.0	—
盐	袋	1.8～2.5	—

续　表

货 物 名 称	包　装	单位有效面积的货物堆存量 $q/(\text{t/m}^2)$	
		仓　库	堆　场
化肥	袋	1.8～2.5	—
水泥	袋	1.5～2.0	—
大米	袋	1.5～2.0	—
面粉	袋	1.3～1.8	—
棉花	袋	1.5～2.0	—
纯碱	袋	1.5～2.0	—
纸	袋	1.5～2.0	—
杂货	箱	0.7～1.0	1.5～2.0
综合货种	—	0.7～1.0	—
生铁	—	—	2.5～4.0
铝铜锌类	—	—	2.0～2.5
马口铁、粗钢、钢板	—	—	4.0～6.0
钢制品	—	—	3.0～5.0

注：① 当成组装卸作业时,单位有效面积的货物堆存量应按设计条件确定,但不低于表列数值。
　　② 大宗货物,如化肥、糖、盐、大米等在堆场堆垛,q 取值可取上限。

2. 集装箱堆场及拆装箱库计算

1) 集装箱堆场所需容量及地面箱位数计算

$$E_y = \frac{Q_h t_{dc} K_{BK}}{T_{yk}}$$

$$N_s = \frac{E_y}{N_1 A_s}$$

式中,E_y 为集装箱堆场容量(TEU);Q_h 为集装箱堆场年运量(TEU);t_{dc} 为到港集装箱平均堆存期(d),如无本港统计资料可按表 10-11 选用;K_{BK} 为堆场集装箱不平衡系数,如无本港统计资料取 1.1～1.3;T_{yk} 为集装箱堆场年工作天数(d),取 350～365 d;N_s 为集装箱码头堆场所需地面箱位数(TEU);N_1 为堆场堆箱层数,可按表 10-12 中数据选用;A_s 为堆场容量利用率(%),可按表 10-12 中数据选用。

表 10 - 11 集装箱平均堆存期

集装箱类型	进口箱	出口箱	中转箱	空箱	冷藏箱	危险品箱
平均堆存期 t_{dc}/d	7～10	3～5	7	10	2～4	1～3
运量比例/%	约 50	约 50	0～30	10～50	1～5	1～6

表 10 - 12 集装箱堆场箱层数及容量利用率

堆场作业设备	轮胎式 龙门起重机	跨运车	轨道式 龙门起重机	正面 吊运车	空箱堆高机
堆场堆箱层数 N_1	3～5	2～3	5～8	3～4	5～8
堆场容量利用率 A_s/%	60～70	55～70	70～80	60～70	70～80

2）拆装箱库所需容量计算

$$E_w = \frac{Q_h K_c q_t K_{BW}}{T_{yk}} t_{dc}$$

式中，E_w 为拆装箱库所需容量（t）；Q_h 为集装箱码头年运量（TEU）；K_c 为拆装箱比例（%），不宜大于 15%，拆装箱比例是以码头年运量为基数的计算比例；q_t 为标准箱平均货物质量（t/TEU），缺乏资料时可取 5～10 t/TEU；K_{BW} 为拆装箱库货物不平衡系数，缺乏资料时可取 1.1～1.3；t_{dc} 为货物在库平均堆存期（d），缺乏资料时可取 3～5 d；T_{yk} 为拆装箱库年工作天数（d），取 350～365 d。

3. 液体散货码头所需油库、油罐容量计算

$$E_0 = \frac{Q_h K_{BK}}{T_{yk} \gamma \eta_y} t_{dc}$$

式中，E_0 为码头库区储罐容量（m³）；Q_h 为年货运量（t）；K_{BK} 为储存不平衡系数，参考类似码头统计资料确定，当无统计资料时，可取 1.2～1.4；T_{yk} 为库区年营运天数（d），取 350 d；γ 为所储油品的密度（t/m³）；η_y 为油罐容积利用系数，取 0.85～0.95；t_{dc} 为油品平均储存期（d），中转用储罐宜取 6～10 d，仓储用储罐宜取 30～60 d，或根据储存要求确定。

（四）集装箱码头大门所需车道数计算

$$N = \frac{Q_h(1 - K_b)K_{BV}}{T_{yk} T_d p_d q_c}$$

式中，N 为集装箱码头大门所需车道数；Q_h 为集装箱码头年货运量（TEU）；K_b 为在集装箱码头大门以内陆域范围的铁路中转、拆装箱及水转水的集装箱箱量之和占码头年运量的百分比（%）；K_{BV} 为集装箱车辆到港不平衡系数，按本港统计资料确定，无资料时可

取 1.5～3.0；T_{yk} 为大门年工作天数(d)，取 350～360 d；T_d 为大门日工作时间(h)，取 12～24 h；p_d 为单车道小时通过车辆数(辆/h)，取 20～60 辆/h；q_c 为车辆平均载箱量 (TEU/辆)，按本港统计资料确定，无资料时可取 1.2～1.6 TEU/辆。

（五）铁路装卸线通过能力

1. 通用装卸线最小长度计算

$$L_t = \frac{Q_t K_{BT} L}{T_{yt} G_t C K_L}$$

式中，L_t 为铁路装卸作业段最小长度(m)；Q_t 为铁路年货运量(t)；K_{BT} 为车到港不平衡系数，可取 1.15～1.30；L 为车辆平均长度(m)，可取 14 m；T_{yt} 为铁路装卸线年营运天数(d)，可取 360～365 d；G_t 为车辆平均载重量(t)，应视具体情况确定；C 为铁路昼夜送车次数；K_L 为装卸线利用系数，可取 0.7～0.8。

2. 大宗散货专业化装卸线通过能力计算

$$p_e = \frac{T_{yt} K_1}{\dfrac{t_{lx} + t_f}{t_d - \sum t} + \dfrac{t_{dc}}{24}} \frac{L_c}{K_{bt}}$$

$$t_{lx} = \frac{L_c}{p_{lx} K_2}$$

式中，p_e 为年通过能力(t/a)；T_{yt} 为系统年营运天数(d)；L_c 为每列车载重量(t/列)；p_{lx} 为系统额定能力(t/h)；t_{lx} 为装卸一列设计车型所需时间(h)；t_f 为铁路装卸一列车的辅助作业时间之和(h)；t_{dc} 为调车时间(h)；$\sum t$ 为昼夜非生产时间之和(包括工间休息、吃饭及交接班时间)(h)；K_{bt} 为港口铁路运输不平衡系数；K_1 为系统设备完好率；K_2 为系统装卸效率系数；t_d 为昼夜小时数(h)。

（1）辅助作业。卸车是指重车车辆被推送到作业线后，根据采用的装卸工艺，以不同的卸车模式进行卸车，包括在卸车前的车辆检查、拆解气管、车辆对位、机车解列、车门打开、车辆退出作业线等全部或一部分的作业；装车是指空车车辆被推送到作业线后，根据采用的装卸工艺以不同的装车模式进行装车，包括在装车前的车辆检查、车辆对位平车等全部或部分的作业。各项作业不计重叠时间。

（2）调车时间，指当前列车辆送到卸车线或装车线时与前一列车辆结束卸车作业或装车作业的时间差。它由铁路系统的线路布置及行车组织方式决定。

二、理论解析计算法

在港口随机服务系统中，船舶到港的时刻以及靠码头装卸服务时间事先往往无法确定而呈现随机性，因而系统的排队状况是随机的。通过大量统计资料分析表明：船舶到港时刻和装卸服务时间通常都遵循某种概率分布的。因此，可应用排队论这一处理随机系统排队现象的运筹学方法,对港口建设规模进行理论解析计算。

(一) 基本数量指标

研究排队模型的目的就是要在顾客需要和服务机构的规模之间进行权衡决策,使其达到合理的平衡。对于港口随机服务系统,就是要在建设规模和船舶在港等待时间之间进行权衡决策。

为了对一个随机服务系统进行定量分析,需要计算系统的一些数量指标。为了方便,首先对衡量排队数量指标的有关符号进行说明。

P_n:系统处于平衡状态时,系统中有 n 艘船舶的概率。

L_q:系统处于平衡状态时排队等待装卸服务的船舶平均数(排队长度的期望值)。

L:包括正在装卸的船舶在内的排队船舶平均数(包括等待装卸服务的排队长度的期望值)。

W_q:系统处于平衡状态的船舶平均排队等待时间(停留时间的期望值)。

W:装卸服务完毕以前的船舶平均排队时间(包括装卸服务时间在内的逗留时间期望值)。

λ 为船舶平均到港率(艘/d),其计算公式为

$$\lambda = \frac{P_t}{G\eta_1 365}$$

式中,P_t 为泊位设计通过能力(t/a);G 为设计船型载货量;η_1 为设计船型实际装卸率。

μ 为船舶平均装卸服务率(艘/d),其计算公式为

$$\mu = \frac{1}{D}$$

$$D = \frac{G\eta_1 365}{Qnt\eta_2 T_y} + \frac{T_f}{24}$$

式中,D 为船舶平均靠码头天数(d);Q 为码头单台装卸设备能力(t/h);n 为码头装卸设备数量;t 为昼夜纯作业时间(h);η_2 为码头装卸设备效率;T_y 为码头年可运营时间(d);T_f 为船舶装卸辅助作业时间及靠离泊间隔时间之和(h)。

ρ 为泊位利用率,其计算公式为

$$\rho = \frac{\lambda}{\mu S}$$

式中,S 为泊位数。

(二) 常见的几种排队论模型数量指标计算

对于随机型排队系统,计算基本数量指标时,都是以求解系统状态为 n(有 n 个顾客)的概率 $P_n(t)$ 为基础的。

1. $M/M/S$ 排队模型

该排队模型为船舶到港遵循的泊松分布(船舶平均到港率为 λ),装卸服务时间遵循

指数分布(船舶平均装卸服务率为 μ)的随机服务系统。

1)一个泊位($S=1$)时的随机服务系统

(1)系统中有 n 艘船舶的概率($n \geqslant 0$)为

$$P_0 = 1 - \frac{\lambda}{\mu}$$

$$P_n = \left(1 - \frac{\lambda}{\mu}\right)\left(\frac{\lambda}{\mu}\right)^n$$

注:上式仅当 $\mu > \lambda$ 时成立。

(2)系统中平均等待船舶数为

$$L = \frac{\lambda}{\mu - \lambda}$$

(3)在队列中平均等待的船舶数为

$$L_q = \frac{\lambda^2}{\mu(\mu - \lambda)}$$

(4)在系统中船舶装卸服务结束之前的平均在港时间为

$$W = \frac{1}{\mu - \lambda}$$

(5)在队列中船舶平均等待时间为

$$W_q = \frac{\lambda}{\mu(\mu - \lambda)}$$

2)多泊位($S=c$ 且 $c>1$)时的随机服务系统

(1)系统中有 n 艘船舶的概率($n \geqslant 0$)为

$$P_0 = \left[\sum_{k=0}^{c-1} \frac{1}{K!}\left(\frac{\lambda}{\mu}\right)^K + \frac{1}{c!}\frac{1}{1-\rho}\left(\frac{\lambda}{\mu}\right)^c\right]^{-1}$$

当排队船舶数不大于泊位数($n \leqslant c$)时,有

$$P_n = \frac{1}{n!}\left(\frac{\lambda}{\mu}\right)^n P_0$$

当排队船舶数大于泊位数($n > C$)时,有

$$P_n = \frac{1}{c!}\frac{1}{c^{n-c}}\left(\frac{\lambda}{\mu}\right)^n P_0$$

(2)系统中平均等待的船舶数为

$$L = L_q + c\rho$$

（3）列队中平均等待的船舶数为

$$L_q = \frac{(c\rho)^c \rho}{c!} \frac{\rho}{(1-\rho)^2} P_0$$

（4）系统中船舶装卸服务结束之前的平均在港时间为

$$W = W_q + \frac{1}{\mu}$$

（5）在队列中船舶平均等待时间为

$$W_q = \frac{L_q}{\lambda}$$

2. $M/E_K/S$ 排队模型

该排队模型为船舶到港遵循泊松分布（船舶平均到港率为 λ）、装卸服务时间遵循 K 阶爱尔兰分布（船舶平均装卸服务率为 μ）的随机服务系统。

1）一个泊位（$S=1$）时的随机服务系统

（1）系统中平均等待的船舶数为

$$L = L_q + \frac{\lambda}{\mu}$$

（2）列队中平均等待的船舶数为

$$L_q = \frac{K+1}{2K} \frac{\lambda}{\mu(\mu-\lambda)}$$

（3）系统中船舶装卸服务结束之前的平均在港时间为

$$W = W_q + \frac{1}{\mu}$$

（4）在队列中船舶平均等待时间为

$$W_q = \frac{K+1}{2K} \frac{\lambda^2}{\mu(\mu-\lambda)}$$

2）多泊位（$S=c$ 且 $c>1$）时的随机服务系统

对于泊位数 $S>2$ 的情况在数学上目前尚未完全加以描述，因该系统在数学处理上很烦琐，但就大多数实际问题而言，可通过经验式近似求解。因而在实际应用中可用下述各计算式近似求解该随机服务系统的数量指标。

（1）系统中平均等待的船舶数为

$$L = L_q + \frac{\lambda}{\mu}$$

（2）列队中平均等待的船舶数为

$$L_q = \frac{K+1}{2K} \frac{(c\rho)^c \rho}{c!\,(1-\rho)^2} P_0$$

（3）系统中船舶装卸服务结束之前的平均在港时间为

$$W = W_q + \frac{1}{\mu}$$

（4）在队列中船舶平均等待时间为

$$W_q = \frac{K+1}{2K} \frac{L_q}{\lambda}$$

（三）港口随机服务系统适合的排队模型

解决港口随机服务系统排队问题，首先要根据原始资料得出船舶到达间隔和装卸服务时间的经验分布，然后按照统计学的方法（例如 χ^2 检验法）以确定适合于哪种理论分布，并估计它的参数值。下面列举国内某个港口的船舶到港及装卸服务统计资料，供计算参考。

1. 船舶到港分布

针对国内某港四类船舶（集装箱船、散货船、油船和杂货船）日到港艘数的统计资料（见图 10-2），以每天到港的船舶艘数作为随机变量的统计分析，经 χ^2 方法检验，可认为

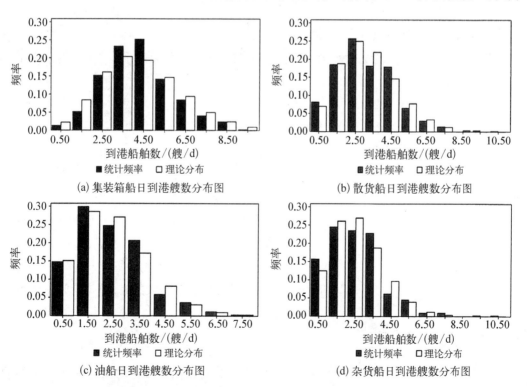

图 10-2　某港四类船舶日到港艘数分布图

服从泊松分布。理论上可以证明,若以每天到港的船舶艘数作为随机变量的分析结果服从泊松分布,那么以船舶到港的间隔时间作为随机变量的分析结果则服从指数分布规律。

2. 装卸服务时间分布

船舶在泊位上的作业时间也是随机变量,据国内外大量文献介绍,可认为是服从爱尔兰分布。以上述港口的四种货种为例,根据其船舶在泊位上的作业时间的统计结果(见图10-3),经统计检验证明,集装箱船服从三阶爱尔兰分布,散货、油和杂货船均服从二阶爱尔兰分布。

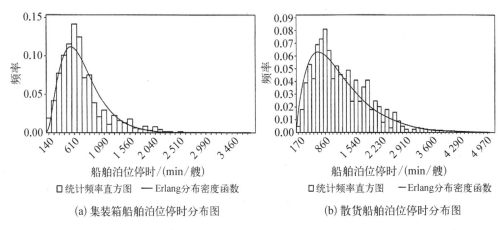

(a) 集装箱船舶泊位停时分布图   (b) 散货船舶泊位停时分布图

图 10-3 某港船舶泊位停时分布图

3. 港口随机服务系统适合的排队模型

根据各国港口大量的统计实例,可确定港口随机服务系统基本适合下面排队模型:

(1) $M/M/S$。

(2) $M/E_K/S(K=2、3)$。

各排队模型的数量指标计算可由前面所介绍的各有关公式求得。

(四) 排队系统的优化

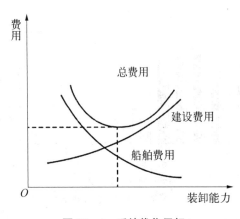

图 10-4 系统优化目标

排队系统的最优化分为系统设计最优化和系统控制最优化两类,在此只研究系统设计最优化问题。其目的在于使港口建设费用和船舶在港费用两者之和为最小,如图10-4所示。

1. 最佳泊位数的确定

当系统处于平衡状态时,单位时间总费用的期望值为

$$Z = C_s S + C_w L$$

式中,C_s 为每个泊位单位时间费用;C_w 为船舶在港单位时间费用;S 为泊位数;L 为系统中平

均等待的船舶数。

上式中,根据本节公式可依次求出 $S=1,2,\cdots,n$ 时的 L 值,C_s 和 C_w 都是给定的。自变量是泊位数 S,所以 Z 是 S 的函数 $Z(S)$。该函数可求最优解 S,使 $Z(S)$ 为最小值。

2. 泊位最佳装卸能力的确定

(1) 总费用的计算公式。

$$C = C_1 + C_2 \text{（元/t）}$$

式中,C 为总费用; C_1 为船舶费用; C_2 为设备费用。

(2) 船舶费用的计算公式。

$$C_1 = \frac{C_d W}{G} \text{（元/t）}$$

式中,C_d 为船舶在港艘天费用; W 为船舶平均在港时间; G 为设计船型载货量。

(3) 设备费用的计算公式。

$$C_2 = \frac{R}{P_t} \text{（元/t）}$$

式中,P_t 为泊位设计通过能力; R 为年设备费用。

年设备费用计算公式为

$$R = (P - L)f + Li + Pr$$

式中,P 为装卸设备总投资; L 为设备残值; i 为年利率; r 为修理、消耗品费系数; f 为资本回收系数。

资本回收系数计算公式为

$$f = \frac{i(1+i)^n}{(1+i)^n - 1}$$

式中,n 为设备折旧年限。

由以上计算公式求得的总费用 C 为最小值时的设备装卸能力即为泊位最佳装卸能力。

3. 堆场或仓库所需容量的确定

如前所述,船舶到港和靠码头装卸时间都是随机的,且都遵循概率分布。通过统计资料表明,货物在港口堆存量的变化也是随机的,且近似于指数分布。因此,可以求出平均堆存量和变动量,两者之和即为所需的堆存容量。

1) 平均堆存量 E

$$E = \frac{G\eta_1 S}{D} t_{dc}$$

式中，G 为设计船型载重量(t)；η_1 为设计船型实际装载率；S 为泊位数；t_{dc} 为货物在库场的平均堆存期(d)；D 为每艘设计船型允许的最大装卸天数(d)。

每种设计船型允许的最大装卸天数的计算公式为

$$D = \frac{T_y G \eta_1}{P_t} S$$

式中，T_y 为一码头年可运营天数(d)；P_t 为泊位设计通过能力(t/a)。

2）变动量

$$\sigma = \frac{G \eta_1 S}{D} \sqrt{\frac{D t_{dc}}{2S}}$$

三、计算机仿真法

在码头的设计中，通常需要对一些有关码头建设规模的设计参数作出决策，主要包括：泊位的个数与吨级、堆（库）场的大小、装卸设备的能力及其配置关系，以及码头陆域的车流组织模式等。这些参数的确定不仅直接影响码头建设投资的大小，而且关系到码头建成后是否能够经济有效地运营。由于受到车、船到港时间等诸多随机因素的影响，以及各种作业环节之间的动态联系与制约关系，码头的运转过程十分复杂，要对其进行定量的研究困难较大。因此，前面介绍的两种静态的设计方法有时难以适应现代码头的设计需要。随着运筹学和计算机技术的发展，港口运营大数据的积累，应用计算机仿真方法将船舶—泊位—堆（库）场—闸口、装卸设备和水平运输设备及码头运营过程中的所有有关因素作为一个完整的系统来加以研究，以达到全系统效率匹配、成本低、效益高的设计方案的目的。这为码头的设计者提供了一种新的手段。

（一）仿真的一般过程

应用仿真技术对一个系统进行分析研究时，大致可概括为如下三个步骤。

1. 系统分析

对构成系统的每个元素进行数学规律上的描述及系统规则的定量化。

2. 模型构造

基于系统分析结果，提出概念模型并利用计算机仿真软件将概念模型转变为仿真模型。

3. 仿真实验

在计算机上通过仿真模型对实际系统进行动态模仿，考察系统建成后的运行效果，发现薄弱环节（系统的瓶颈），达到优化设计方案的目的。

（二）仿真语言

自计算机仿真技术（主要指离散系统仿真）面世以来，可用于仿真建模的工具软件多达上百种，经历了从数值仿真到动画仿真的发展历程。动画仿真又可分为二维动画仿真和三维动画仿真两种,不同于普通的动画制作软件(如 3DMax),它是由仿真模型来驱动,是随着系统中各个构成单元的状态发生改变而产生动画显示画面的改变。现代的仿真软件多已形成模块化为用户提供可视化建模方法,软件界面通常由实体库窗口、属性窗口、模型窗口等多个功能窗口组成。应用可视化建模方法建模时,用户通常只需用鼠标从实体库窗口拖出代表不同功能的实体模块并在模型窗口中按照实际系统的逻辑关系将它们拼装在一起并通过属性窗口按需求设定其参数,无须编程或只需少量的编程即可完成仿真模型的建模工作。

按用途分类,仿真软件可分为两大类,即通用性软件和专业性软件。

通用性软件工具有:Witness、Arena、Anylogic、Flexsim、Plant simulation 等。通用性软件工具适用性广,可应用于很多领域,但对于特定的专业应用需要进行相应的二次开发。

专业性软件工具,专业功能强,建模工作量非常小,但在应用领域上具有一定的局限性。例如,专门针对集装箱物流系统工具 FlexTerm(即 FlexSim CT)、CHESSCON、TBA 系列等。

(三) 仿真实例

以集装箱码头的装卸系统为例,主要由装卸船、水平运输、堆场及集疏运四个子系统组成。

装卸船子系统的装卸箱作业主要由岸边起重机,简称"装卸桥"来承担;水平运输子系统主要是承担在码头前沿和堆场之间的集装箱运输。目前,多数港口采用的是拖挂车,欧洲及国内少数港口采用跨运车,一些自动化的集装箱码头则采用自动导向车或跨运车作为水平运输的交通工具;堆场子系统通常是由轨道式或轮胎式龙门起重机承担堆、取箱作业;集疏运子系统则多由来自港外的集卡或铁路集装箱专列承担取送箱作业。

各子系统具有如下特点。

(1) 船舶到港模式:船舶公司根据其航线挂靠港的运量及航程安排船舶计划,通常以班轮方式到港。

(2) 班轮装卸箱量:每航次的装卸箱量是随机的,涉及空箱、重箱、特种箱等箱种和 20 ft、40 ft、45 ft 等多种箱型。

(3) 装卸设备:由于每航次的装卸箱量是随机的,因此对装卸设备数量的需求也是随机的。

(4) 集疏港方式:每个集装箱都是按确定的船期来的,所以集疏运车辆的到港模式与船期计划密切相关。

(5) 仿真研究的目标:除研究码头、堆场装卸设备及水平运输设备的合理数量,堆存策略,堆场规模外,港区内拖挂车的车流组织也是研究重点。

(6) 模型架构:在系统分析的基础上,应用面向对象的方式来构造集装箱码头的模拟模型,定义描述系统中各有关实体的数据,同时按实际系统的运行要求给出能够向该实体施加的方法。模型的控制与驱动基本上是通过"排队"对象的方法实现的,正是由于一系列事件的发生而引发系统状态的变化,实现了码头的运转过程。

下面以某专业化集装箱码头为例,简要介绍项目内容和仿真模拟的应用。

1. 码头概况

该集装箱码头岸线长 754 m,可同时靠泊 2 艘 10 万吨级集装箱船舶,配备 6 台集装箱装卸桥(轨距为 35 m,外伸距为 65 m);码头后方为集装箱重箱堆放区,重箱区共计 36 个堆场,并由 4 条垂直于码头岸线的主干道分隔为 3 个区域,重箱堆场区采用电驱动轮胎式龙门起重机(E-RTG)作业,共配置 16 台,"堆五过六",跨距为 23.47 m,跨下布置 6 列集装箱箱位;重箱区后方为空箱堆场区,空箱堆场区采用集装箱空箱堆高机作业,最大堆码层数 7 层;空箱堆场西侧为本工程辅建区,东侧为本工程检验检疫区,辅建区西侧为本工程闸口,闸口共计 5 个车道,"三进二出"。

2. 仿真模型构建

模型包含"泊位计划模块""集装箱模块""堆场计划模块""闸口计划模块""水平运输模块""数据统计模块"和"输出模块"等模块。

1) 泊位计划模块

泊位计划模块用于构建与集装箱到港船舶和泊位相关的各参数设置,泊位计划模块的输入项目主要包括:岸线位置及长度;集装箱装卸桥数量及其参数;码头前沿车道设置;到港船舶参数(包括船舶尺寸、舱位、装卸箱量、箱型、目的地等);船舶到港计划(船舶按照计划的时间到达锚地,泊位空闲可靠泊,泊位占用需等待,船舶到港计划表可作为模拟周期循环的依据)等。

2) 集装箱模块

集装箱模块用于设置在模型中运行的集装箱类型,每种集装箱类型的输入项目主要包括:集装箱堆存期分布函数;集装箱尺寸及其比例;集装箱箱型及其比例(包括普通箱、冷藏箱、罐箱、敞顶箱、特种箱、自定义箱型等);空重箱及其比例等。

3) 堆场计划模块

堆存计划模块用于设置与集装箱堆场相关的各参数,堆场计划模块的输入项目主要包括:堆场各参数(包括尺寸、贝位、列数、层数等);堆场功能区域的划分;堆场堆存策略设置;堆场装卸车设备数量及其参数;移箱策略设置等。

4) 闸口计划模块

闸口计划模块用于设置与集装箱码头闸口相关的各参数,闸口计划模块主要输入车辆集港时间概率,这个概率可以输入统计数据,本实例以泊位计划模块作为主驱动,闸口计划作为辅助驱动运行。

5) 水平运输模块

该实例水平输送采用集装箱拖挂车。集装箱拖挂车作为任务执行器去执行系统分配的运输任务,可输入集装箱拖挂车的行驶速度、加速度、减速度、无任务停车位置等。

6）数据统计模块

数据统计模块用于统计模型运行过程中各项数据的统计工作，主要统计数据包含以下内容：

（1）码头相关统计数据包括：船舶排队长度；船舶在锚地等待时间；泊位利用率；泊位通过集装箱数量；集装箱装卸桥效率；集装箱装卸桥利用率；集装箱装卸桥作业箱量等。

（2）堆场相关统计数据包括：堆场使用容量；堆场进/出箱量；集装箱堆存时间；倒箱率；堆场装卸车设备效率；堆场装卸车设备利用率；堆场装卸车设备作业箱量等。

（3）闸口相关统计数据包括：闸口进出车辆数；闸口排队数量；车辆排队时间等。

（4）水平运输设备相关统计数据包括：水平运输设备运送箱量；水平运输设备行走距离；水平运输设备利用率等。

7）输出模块

输出模块可以进行数据、图形及视频输出。模型运行中产生的数据均可以以电子表格的形式输出，还可以对模型运行过程进行录制，录制过程中可以设置摄像机的漫游路径、模型的运行速度、模型运行时间等。

8）模型的动画展示

计算机仿真模型可以采用二维或三维动画的方式，对集装箱码头仿真结果进行动画效果演示。

（三）仿真实验及系统优化

仿真模型是一种"If‐What"型工具，不会自动给出问题的最佳答案。一般是通过方案比较，即多次模型试验的对比来回答人们的问题。例如，可结合求最小综合成本的方法，实现优化设计方案的目的。成本计算困难时，也可通过直接考察系统运行效果，进行设计方案的比选。计算机仿真没有精确的解析解，仿真的输出结果是大量数据及数据变化规律。所以，结果要由有经验的工程技术人员进行分析、评价，以确定模型的正确性，并根据系统优化的目标评价设计方案。

第四节 港口装卸工艺方案的比选与
技术经济论证

港口装卸工艺方案的比选与经济论证主要是对所拟定的装卸工艺方案进行各种经济技术指标的计算，寻求合理的经济和技术方案。在对项目的经济合理性和技术先进性的分析和论证基础上，项目还要综合考虑对国民经济和社会的影响分析，包括对区域经济影响分析、宏观经济影响分析、利益相关者经济影响分析以及对社会是否会增加就业、是否存在拆迁征地等社会影响的分析。

一、港口装卸工艺方案比选的主要技术经济指标

港口装卸工艺设计应根据方案的工艺流程、技术装备、维修难易、装卸质量、作业安全、能源和环境影响等方面进行定性和定量的技术经济分析,论证其优缺点,综合选取经济上合理、技术上先进的方案。方案的定量比选可按表 10-13 中列出的主要技术经济指标进行。

表 10-13 港口装卸工艺方案比选的主要技术经济指标

序 号	指 标 名 称	单 位	数 量	备 注
1	码头设计通过能力	$10^4 \times t/a$ 或 $10^4 \times TEU/a$		
2	泊位数	个		
3	泊位(有效)利用率	%		
4	装卸一艘设计船型的时间	d		
5	堆场面积或地面箱位数	m^2 或 TEU		
6	仓库面积	m^2		
7	装卸工人和司机人数	人		
8	劳动生产率	操作吨/(人·a)		
9	装卸机械设备总装机容量	kW		
10	与装卸工艺有关的设备和土建投资	万元		
11	装卸生产能源单耗	t(标准煤)/$(10^4 \times t)(10^4 \times TEU)$		
12	单位直接装卸成本	元/t(TEU)		
13	投资额	万元		

其中,单位直接装卸成本的计算公式为

$$S_x = \frac{C_{zx}}{Q_n} = \frac{(1+e)}{Q_n}C_{zj}$$

式中,S_x 为单位直接装卸成本(元);C_{zx} 为装卸总费用(元);Q_n 为货物吞吐量(t 或 TEU);e 为其他装卸生产直接费用与主要装卸直接费用的比值,通过调查确定;C_{zj} 为主要装卸直接费用(元),$C_{zj} = C_1 + C_2 + C_3$,其中,C_1 为机械设备年基本折旧费及年修理费的总和(元),C_2 为职工工资、福利费用的总和(元),C_3 为电力(包括动力和照明)、燃料及润油料费用的总和(元)。

港口装卸工艺设计项目方案的技术经济比选备选方案应不少于两个,备选方案的整体功能要能达到项目的目标要求,经济效率应达到可以被接受的水平,备选方案包含的范围和时间应一致,效益和费用的计算口径应一致,备选方案提供的信息资料应可靠,备选方案的经济指标值差异不大时,不能以此判断方案的优劣,只有经济指标存在足够的差异,且估算和测算的误差不足以改变评价结论时,才能作为判断方案优劣的依据之一。另外,还要综合考虑技术的先进性,以及对国民经济和社会的影响等。

二、港口装卸工艺项目评估的不确定性分析

项目经济评价所采用的数据大部分来自预测和估算,具有一定程度的不确定性。项目各阶段设计深度要求不一样,收集的资料也难以达到详尽和完整,资料的适用性随着时间的推移难免有差异。因此,项目评价计算的各种指标,存在一定程度的不确定性,而不确定性会带来各种风险。为了分析不确定因素对评价结果的影响,需要进行不确定性分析和风险分析,以预测项目可能承担的风险,确定项目可靠性,特别是经济可靠性程度,估计项目可能承担的风险,提出项目风险的预警、预报和相应的对策,为投资决策服务。项目不确定性分析主要包括盈亏平衡分析和敏感性分析等。

(一)盈亏平衡分析

盈亏平衡分析是指通过计算项目达产年的盈亏平衡点(break even point,BEP),分析项目成本与收益的平衡关系,盈亏平衡点是项目盈利与亏损的分界点,用以考察项目对产出品变化的适应能力和抗风险能力。通过分析产品产量、成本与盈利能力的关系,找出盈利与亏损在产量、产品价格、生产能力利用率等方面的界限,从而确定在经营条件发生变化时的承受能力。一般来说,影响盈亏产量的因素有固定成本、产品价格和单位产品变动成本等。

盈亏平衡点的表达形式有多种,可以用实物产量、单位产品售价、单位产品的可变成本以及年总固定成本的绝对量表示,也可以用某些相对值表示,例如生产能力利用率等,其中以产量和生产能力利用率表示的盈亏平衡点应用最为广泛。

港口项目的盈亏平衡点可以用吞吐量或产量表示,通常是根据项目正常生产年份的吞吐量、营运成本、收入水平等方面的数据进行计算,用吞吐量或生产能力利用率表示。

$$BEP_{trp} = \frac{年固定成本}{单位产品价格 - 单位产品可变成本 - 单位产品增值税及附加值}$$

$$BEP_{cur} = \frac{年固定成本}{年营运收入 - 年可变成本 - 年增值税及附加值} \times 100\%$$

其中,

$$BEP_{trp} = 设计生产能力 \times BEP_{cur}$$

式中,下标 trp 为吞吐量;cur 为生产能力利用率。

盈亏平衡点是项目的盈利与亏损的转折点,即在这一点上,销售(营业、服务)收入等于总成本费用正好盈亏平衡,而盈亏平衡点越低,表明项目适应产出品变化的能力越大,抗风险能力越强。

(二) 敏感性分析

敏感性分析是研究建设项目主要因素发生变化时,项目经济评价指标发生的相应变化,以判断这些因素对项目经济目标的影响程度。这些可能发生变化的因素称为不确定性因素。敏感性分析就是要找出项目的敏感因素,并确定其敏感程度,以预测项目承担的风险。

建设项目经济评价有一整套指标体系,敏感性分析可选定其中一个或几个主要指标进行分析,最基本的分析指标是内部收益率,根据项目的实际情况也可选择净现值或投资回收期评价指标,必要时可同时针对两个或两个以上的指标进行敏感性分析。在港口装卸工艺方案的分析评价中,有些预期的参数可能发生变动,为了决策的可靠性,对投资方案的经济收益做必要的敏感性分析。敏感度分析可按建设投资、营运收入和经营成本等各变化 10% 和 20% 计算各比选工艺方案营运的内部收益率或者净现值的变化情况,从而进行比较和选择。

三、港口装卸工艺方案的比较与选择

应用定量分析来反映客观经济过程的本质联系,是进行经济研究和提高经营管理水平的重要方法,至于采用什么方法进行定量分析,则取决于研究对象的复杂程度和特征。港口装卸工艺定量分析具有以下两个主要特征:

(1) 港口装卸工艺方案评价具有多目标特征(如安全、质量、效率、成本、工艺先进性、环保等),只有通过综合衡量才能进行评价。

(2) 港口装卸工艺方案的评价指标,有的可用确定性数值明确表示(如效率、成本等),有的则具有模糊性质(如工艺的先进性、环保等),对于模糊的经济现象不能采用通常描述确定性经济现象的数值特征去反映。

在企业经济活动分析和经营管理中,广泛采用多种最优化数学方法,传统意义上的最优问题,往往是在某些约束条件下选取最优解,但是对于复杂的经济系统来讲,无论是寻求这种最优解的过程,还是这种最优解的效用,都不能较好地解决上述多目标的模糊经济问题。模糊数学作为近年来发展起来的新学科,在更好地研究和处理经济活动中的模糊现象,把经济活动的定量分析提高到一个更高的水平方面,有着广泛的应用前景。模糊数学提出了一套定量的表示自然语言的理论与方法,使人工语言转化为计算机可以理解和处理的机器语言,进而提高和扩大了计算机应用的灵活性和智能化。同样,在解决港口装卸工艺方案选择的问题上,模糊数学综合评判的方法能取得一定的满意效果。

港口装卸工艺方案选择问题是一个多目标决策的问题,涉及政治目标、经济目标、社

会效果、环境污染、生态平衡、保护和合理利用自然资源以及国防目标等。这些目标之间的关系错综复杂，所以在装卸工艺方案的比较中对各比选方案分别进行上述的经济效益和社会效益的分析评估，在此基础上，考虑装卸工艺项目建设的一些非数量目标，如施工难易程度、工程对环境的影响、项目对未来发展的适应性、船舶靠泊的安全性等，采用综合评价方法，对比选方案进行全面的评估和论证后，确定推荐方案。

 案例

港口装卸工艺的计算机辅助设计

港口装卸工艺是一门研究货物在港装卸和搬运方法的科学，港口装卸工艺设计是港口工程设计的一个重要组成部分，对工程项目起着总揽全局的作用。由于港口装卸工艺设计具有科学性，又包含匠心独具的艺术构思，因而使工艺设计灵活多变，这给计算机在该领域的应用增添了难度。

然而，传统的由人工进行的港口装卸工艺设计劳动量大，设计过程、图形表示方法以及某些算法缺乏统一而严格的规范标准，特别是设计和方案修改周期较长，都会影响设计单位在项目投标中的竞争优势。因此，应用计算机帮助设计人员进行装卸工艺设计已经成为当前比较普遍采用的方式。

计算机辅助设计（computer aided design，CAD），就是利用计算机硬件和软件，帮助设计人员进行设计、判断、计算和绘图，以实现综合设计的一门科学。CAD 系统包括计算机主机、专用外围设备和应用软件，它是一种人机交互系统，即设计者与计算机交互作用，有效地完成预定的设计任务。

一个有效的港口装卸工艺设计系统一般包括如下内容：

1. 资料收集与分析

港口装卸工艺设计涉及面广，一般而论，它包括对以下资料的分析和使用：

① 水文、地形、地质、气象等自然资料。② 各种类型的运输工具资料。③ 各种装卸设备资料。④ 各种码头结构的参数资料。⑤ 各种货物特性资料。⑥ 码头总平面布置资料。⑦ 各种装卸方式的设计规范。⑧ 各种码头工艺图纸绘制规范。

这些资料需要通过长期的积累，建立相应的数据库和资料库，供设计时调用和查询。

2. 辅助装卸工艺设计

应用上述资料，由计算机辅助设计系统帮助设计人员完成如下设计：

① 拟定工艺方案。② 装卸工艺建设规模的确定。③ 工艺布置设计。④ 投资经济效益分析。⑤ 工艺图纸绘制。

港口装卸工艺 CAD 是一个较大的应用软件系统，所以系统开发应参照软件工程技术方法进行。在系统开发之初应首先明确所要达到的设计目标。作为原始资料的处理，CAD 系统首先应向外界获取所需的资料，并对这些资料进行分析、整理；其次着手进行工艺方案的拟定工作,在此基础上,系统进入港口规模设计,并将所确定的参数提供给投资经济效益部分计算。与此同时,也向港口工艺布置部分提供参数,并根据工艺布置设计绘制出工艺布置图,提供反映设计内容的技术文档。其中,工艺布置及工艺图绘制是工艺系统的关键之一。

由于系统在计算机上运行,设计问题的处理应充分考虑计算机的特点,以及传统设计方法的习惯。因此,在确定港口装卸工艺和建设规模时可以传统经验算法为主,并辅以计算机仿真技术的处理方法进行比较、论证。在港口装卸工艺布置中应充分考虑局部与整体的关系,既要利用计算机处理有规律事件的方便,又要不使它束缚人的创造能力等。

思考题:

(1) 计算机辅助技术有哪些功能和特点?

(2) 计算机辅助设计系统帮助港口装卸工艺设计人员完成哪些工作?

本 章 小 结

本章主要阐述了港口装卸工艺设计的基本任务、设计原则与一般要求,对港口装卸工艺设计的基本步骤进行了分析,并重点介绍了港口规模确定的三种主要方法,在此基础上,对港口装卸工艺设计方案的比选指标和技术经济论证方法进行了介绍。

本 章 关 键 词

港口装卸工艺设计——它的基本任务是在港址选择、港口装卸任务确定的前提下,通过港口装卸机械化系统方案的设计、技术经济论证和方案比选,确定港口为完成既定的装卸任务所采用的装卸工艺和合理的装卸工作组织。

港口装卸工艺设计原则——合理化原则;可靠性原则;系统性原则;方案多样性原则;防止污染和环境保护等原则;考虑可持续发展原则。

港口装卸工艺设计步骤——可以分为设计任务概述、拟定多个装卸工艺方案、各方案的技术经济论证与比选、确定推荐方案等四个步骤。

统计计算法——由港口实际统计的数据,确定有关系数,然后根据经验公式计算的方法。

理论解析计算法——利用运筹学的排队论进行理论解析计算的方法。

计算机仿真法——利用计算机模拟仿真港口物流系统的动态变化,输出各项计算结果的方法。

　　泊位通过能力——是指泊位在承担单一货种、单一船型和单一操作过程的条件下,泊位在一定时期内(年),利用劳动力和设备所能装卸船舶货物的最大数量。

　　泊位设计通过能力——即泊位理论上应具备的能力,是在泊位设计时按照具体货种、作业线数确定的,它是提供营运能力的基础。

本 章 习 题

　　(1) 什么是港口装卸工艺设计?

　　(2) 港口装卸工艺设计的主要原则和一般要求有哪些?

　　(3) 港口装卸工艺设计的主要步骤有哪些?

　　(4) 什么是泊位设计通过能力?

　　(5) 一般而言,船舶到港的数量和装卸服务时间服从怎样的概率分布?

　　(6) 计算机仿真技术的主要步骤有哪些?

　　(7) 港口装卸工艺方案比选的主要技术经济指标有哪些?

参 考 文 献

[1] 宗蓓华,真虹.港口装卸工艺学[M].2 版.北京：人民交通出版社,2003.

[2] 真虹.港口装卸工艺学[M].2 版.北京：人民交通出版社,2015.

[3] 真虹.港口管理[M].2 版.北京：人民交通出版社,2009.

[4] 刘翠莲.港口装卸工艺[M].大连：大连海事大学出版社,2013.

[5] 刘善平.港口装卸工艺[M].3 版.北京：人民交通出版社,2021.

[6] 罗勋杰,樊铁成.集装箱码头操作管理[M].2 版.大连：大连海事大学出版社,2018.

[7] 王学峰,陈舸.滚装码头[M].上海：上海交通大学出版社,2013.

[8] 杨茅甄.件杂货港口管理实务[M].上海：上海人民出版社,2009.

[9] 张德文.智慧绿色集装箱码头[M].北京：清华大学出版社,2020.

[10] 宓为建.智慧港口概论[M].上海：上海科学技术出版社,2020.

[11] 赵宁,徐子奇,宓为建.集装箱码头数字化营运管理[M].2 版.上海：上海科学技术出版社,2019.

[12] 殷明,章强.集装箱码头组织与管理[M].上海：上海交通大学出版社,2015.

[13] 程泽坤,何继红,刘广红.自动化集装箱码头设计与实践理[M].上海：上海浦江教育出版社,2019.

[14] 陶学宗.港口环境保护[M].上海：上海交通大学出版社,2018.

[15] 中交第一航务工程勘察设计院有限公司.海港工程设计手册[M].北京：人民交通出版社,2018.

[16] 李品友.液化气体海运技术[M].大连：大连海事大学出版社,2003.

[17] 钱剑安,赵声萍.危险化学品作业：初训[M].南京：东南大学出版社,2006.

[18] 徐邦祯,田佰军.海上货物运输：二/三副用[M].大连：大连海事大学出版社,2011.

[19] 邱文昌.船舶货运[M].上海：上海交通大学出版社,2015.

[20] 徐跃宗,范世东.液体石化品装储[M].武汉：武汉理工大学出版社,2010.

[21] 竺柏康.油品储运[M].北京：中国石化出版社,1999.

[22] 胡双启.燃烧与爆炸[M].北京：北京理工大学出版社,2015.

[23] 孙铮,张明齐.港口企业装卸实务[M].北京：对外经济贸易大学出版社,2010.

[24] 杨洲.船舶装卸重大件货物方案设计研究[D].大连：大连海事大学,2015.

[25] 林超明.海上重大件货物拖带运输风险评价研究[D].大连：大连海事大学,2019.

[26] 谢君.基于滚装码头的汽车物流平台研究[D].武汉：武汉理工大学,2010.

[27] 崔文罡.油码头生产作业安全风险研究[D].大连：大连海事大学,2017.

[28] 叶军.散装液体危险化学品码头安全管理研究[D].南京：南京理工大学,2006.

[29] 程义峰.船吊装卸重大件货物机理研究及实现[D].大连：大连海事大学,2017.

[30] 李飞,董辉,布少聪.北斗定位技术在集装箱码头智能调度中的应用[J].港口科技,2021(12)：16-20.

[31] 林向阳.《滚装码头设计规范》有关装卸工艺条文解析[J].水运工程,2010(7)：60-62.

[32] 肖明.超级运输：中创物流圆满完成2300吨常压塔装船任务[J].大陆桥视野,2019(8)：18.

[33] 冯飞翔,陈程,陈邦杆.吊滚结合的重大件码头装卸工艺设计[J].水运工程,2020(6)：83-86,119.

[34] 宁军锋.基于滚装和吊装的炼化厂重大件码头装卸工艺实际应用[J].中国物流与采购,2020(2)：74-75.

[35] 李益琴.重大件桥式起重机的技术特性及应用分析[J].港口装卸,2015(3)：31-34.

[36] 雷雨顺,金嘉晨,黄玲波,等.重大件货物的装卸工艺及其发展[J].中国水运(下半月),2010,10(3)：80-82.

[37] 周侃,张晶华,余华军.神华九江电厂码头重大件吊装设计[J].港口装卸,2017(2)：46-48.

[38] 李海波.双跨桥吊重大件码头装卸工艺与装备[J].水运工程,2016(5)：59-62.

[39] 李志建,郑见粹.基于固定式门式起重机的重大件码头装卸工艺[J].水运工程,2012(2)：78-80.

[40] 王洪贵,吴兆麟,王海江.重吊船大件货物吊装方案[J].船海工程,2018,47(1)：141-146.

[41] 谢玉华.船舶装运风力发电机组的安全分析[J].中国水运,2020(2)：27-28.

[42] 张飞成,任玉清,张先飞,等.联吊吊装重大件的关键问题[J].中国航海,2020,43(1)：73-77.

[43] 叶勇,李炳辰,李闯.原木在港口装卸过程中降低工残率的研究与探讨[J].港工技术,2018,55(S1)：36-39.

[44] 吴世恩.南京港龙潭集装箱码头智能闸口改造[J].港口科技,2018(10),7-9,52.

[45] 张超.上海港罗泾件杂货码头信息化建设[J].港口科技,2020(12)：26-29.

[46] 黄树洪.装卸工艺与劳动定员在散粮专用码头的应用[J].现代食品,2021,27(12)：1-5.

[47] 郑世武.天津港某散粮专业化泊位装卸工艺介绍[J].珠江水运,2020(8)：111-112.

[48] 佚名.国内首个散粮智能化自动装车系统在连云港启用[J].起重运输机械,2022(3)：2.

[49] 王科科.天津临港粮油码头散粮卸船设备比选[J].中国水运(下半月),2016,16(10)：95-96.

［50］ 山东港口日照港外理公司实现智能理货全覆盖［N］.齐鲁晚报,2021－08－23
（R03）.

［51］ 我国自动化集装箱码头已建和在建规模均居世界首位［EB/OL］.［2021－12－03］.
jtyst.fujian.gov.cn/fjjtghb/xwzx/hyxw/202112/t20211203_5786836.html.

［52］ 全国首个海铁联运集装箱自动化码头正式启用［EB/OL］.［2022－06－28］.http://
m.gmw.cn/baijia/2022-06-28/1303019138.html.

［53］ 天津港传统集装箱码头全流程自动化升级改造项目全面竣工.中国水运报,2022－
07－02.